Gotland
OSTSEE
Kljasma
Watitschen
HASAREN-
REICH
Psjol
Medwjediza
Sarkel
Wolga
Donez
Don
Magyaren
Manytsch
Dnjepr
Asowsches Meer
Kuban
Cherson
SCHWARZES MEER
Serben
Donau
Silistria
Pilska
Markianopolis
Groß-Preslaw
Warna
Mesembria
Nisch
Serdika
Berrhoia
Develtos
Agathopolis
Ragusa
Cattaro
Slawische Stämme
Philippopel
Makrolivada
Versinikia
Maritza
Adrianopel
Konstantinopel
Chalkedon
Skoplje
Štip
Warder
Struma
Strumica
Prilep
Didymoteichos
Nicomedia
Ochrida
Seres
Berat
Ostrovo
Thessalonike
Gallipoli
Abydos
Kyzikos
Nikaia
Otranto
Lemnos
Larissa
Pergamon
Lesbos
Sardes
Chios
Smirna
Ephesos
Menderes
Athen
Kephallenia
Zakynthos
Monemwasia
Rhodos
Kreta
MEER
Sinope
Amisos
Trapezunt
Amastris
Amasia
Koloneia
Heraklea
Dazimon
Klaudiopolis
Kisil Irmak
Ankyra
Östl. Euphrat
Dorylaion
Kaisareia
Melitene
Arax
Akroinon
Samosata
Tyana
Seyhan
Ceyhan
Ikonion
Anazarbos
REICH
Seleukeia
Attaleia
Haleb
Antiochia
Euphrat
Hama
Homs
Zypern
Constantia
Tripolis
Bagdad
Beirut
Damaskus
Saida
Haifa
Jaffa
Jerusalem
Askalon
Bethlehem
Damiette
Arisch
Alexandria
Birka
Heliopolis
Babylon/Fustat(Kairo)
ABBASIDEN

Das Reich und die Deutschen

Hans K. Schulze

Vom Reich der Franken zum Land der Deutschen

Siedler Deutsche Geschichte

Die Deutschen und ihre Nation

Horst Möller · Fürstenstaat oder Bürgernation
Deutschland 1763-1815

Heinrich Lutz · Zwischen Habsburg und Preußen
Deutschland 1815-1866

Michael Stürmer · Das ruhelose Reich
Deutschland 1866-1918

Hagen Schulze · Weimar
Deutschland 1917-1933

Hans-Ulrich Thamer · Verführung und Gewalt
Deutschland 1933-1945

Adolf Birke · Nation ohne Haus
Deutschland seit 1945

Das Reich und die Deutschen

Hans K. Schulze · Vom Reich der Franken
zum Land der Deutschen
Merowinger und Karolinger

Hans K. Schulze · Hegemoniales Kaisertum
Ottonen und Salier

Hartmut Boockmann · Stauferzeit und spätes Mittelalter
Deutschland 1125-1517

Heinz Schilling · Altes Reich und Fürstenstaaten
Deutschland 1517-1763

Das Reich und die Germanen

Herwig Wolfram · Herrschaftsbildungen zwischen
Antike und Mittelalter

Das Reich und die Deutschen

Hans K. Schulze

Vom Reich der Franken zum Land der Deutschen

Merowinger und Karolinger

im
Siedler Verlag

CIP-Kurztitelaufnahme der Deutschen Bibliothek

Das Reich und die Deutschen. - Berlin:
Siedler
Forts. von: Die Deutschen und ihre Nation

NE: Die Deutschen und ihre Nation

Schulze, Hans K.: Vom Reich der Franken zum
Land der Deutschen. - 1987

Schulze, Hans K.:
Vom Reich der Franken zum Land der Deutschen:
Merowinger u. Karolinger / Hans K. Schulze. -
Berlin: Siedler, 1987.
(Das Reich und die Deutschen)
ISBN 3-88680-058-X

Redaktion: Ditta Ahmadi, Berlin
Satz: Bongé + Partner, Berlin
Kartenzeichnungen: Charlotte Diehl, Berlin
Reproduktionen: Decker & Wahl, Berlin
Druck und Buchbinder: May & Co., Darmstadt

Printed in Germany 1987
ISBN 3-88680-058-X

Inhaltsverzeichnis

Prolog
Die Deutschen und ihr Reich

Deutsches Reich und deutsche Nation sind zweierlei Dinge. Friedrich von Schiller

Friedrich von Schiller schrieb diesen Satz im Jahre 1801, dem Jahr des Friedens von Luneville. Das »Heilige Römische Reich Deutscher Nation« wankte unter den Schlägen der Napoleonischen Armeen. Der Kaiser in Wien, Franz II., mußte in einen schmachvollen Frieden einwilligen, der das linke Rheinufer der französischen Okkupation preisgab. Was sollte aus der deutschen Nation werden, wenn das Reich zerbrach, das letzte politisch einigende Band, lose und ohne innere Kraft, aber für manche Deutsche noch immer von symbolischem Gehalt? Schiller - im territorial zersplitterten Thüringen -, im duodezfürstlich-kleinstädtischen Weimar heimisch geworden - verwies die Deutschen auf ihre Kultur und ihren Nationalcharakter, auf Werte also, die ihnen jenseits aller politischen Gestaltung eigen waren und die auch heute als Kennzeichen einer »Kulturnation« gelten. Auch diese Sicht gehörte zum »Geist von Weimar«.

Das Dichterwort »Deutsches Reich und deutsche Nation sind zweierlei Dinge« sollte Tröstung und Ermutigung sein und war doch zugleich Quintessenz geschichtlicher Erfahrungen und Einsichten. Friedrich von Schiller, zuzeiten auch Professor für Universalgeschichte an der Universität Jena, wußte gut, daß die deutsche Geschichte nicht aufging in der Geschichte des deutschen Reiches, sondern sich jahrhundertelang im Spannungsfeld von Reich, Staat und Volk bewegte.

Das Reich, das Schiller nicht ganz zutreffend für ein deutsches hielt, fand wenig später - im Jahre 1806 - ein ruhmloses Ende. Als Idee aber lebte es weiter, wirkungsmächtiger als in der Realität seiner letzten Jahrhunderte. Die Reichsidee faszinierte im 19. Jahrhundert Historiker, Politiker, Poeten und Träumer und verband sich mit den romantischen Vorstellungen vom Wesen des deutschen Volkes, seiner Sprache und seiner Geschichte. Der gebildete Deutsche verehrte alles Volkstümliche und träumte von vergangener mittelalterlicher Kaiserherrlichkeit, fortschrittsgläubig und nostalgisch zugleich. Und so erlebte Europa im Jahre 1871 das pompöse Schauspiel einer Kaiserproklamation, einer Wiedergeburt des deutschen Kaiserreiches im Spiegelsaal des französischen Königsschlosses Versailles. Aus dem »Deutschen Bund« wurde das »Deutsche Reich«, und der Präsident des Bundes, der König von Preußen, wurde mit dem Titel »Deutscher Kaiser« geschmückt.

Die Spannung zwischen Reich und Nation freilich blieb; die »kleindeutsche Lösung« der deutschen Frage hob sie nicht auf, denn man war sich darüber einig, daß Deutschland nicht da aufhörte, wo Österreich begann. Der Erste Weltkrieg, der »Griff nach der Weltmacht«, der Hohenzollern und Habsburg Seite an Seite sah, führte in die Katastrophe. Throne stürzten, Dynastien gingen unter,

Kaiser, Könige und Fürsten hatten ausgedient, nicht nur im Deutschen Reich, sondern auch in der Donaumonarchie. Der österreichische Vielvölkerstaat zerbrach; die Völker forderten Freiheit und nationale Selbstbestimmung. Die Deutschen des Habsburgerreiches standen plötzlich allein. Sie entschieden sich für den Anschluß an das Deutsche Reich, das gerade eben zu Demokratie und Republik gefunden hatte. Die Diskrepanz zwischen Reich und Nation schien sich endlich für alle Deutschen aufzulösen, aber das von den Siegern verkündete Selbstbestimmungsrecht der Völker galt nicht für die Besiegten. Den Deutsch-Österreichern wurde es verweigert; gewiß aus Sorge und Furcht vor einem »Großdeutschland«, das dann nach zwanzig Jahren doch noch Wirklichkeit werden sollte, nun aber nicht als demokratischer Staat, sondern unter düsteren Vorzeichen.

Das Dritte Reich erhob mit Macht den Anspruch, das Reich *aller* Deutschen zu sein. Reichsmythologie und Germanomanie feierten Triumphe, und das Ganze endete erneut in der Katastrophe. Hitlers völkische Forderung »Heim ins Reich« wurde für Millionen Wirklichkeit, freilich ganz anders als geplant. Heim in ein zertrümmertes Reich, dessen Reste die Sieger unter sich aufteilten und das nun – wenn überhaupt – nur noch als ein theoretisches Konglomerat aus Rechtsansprüchen und Verpflichtungen fortlebt: »Das deutsche Reich existiert fort, besitzt nach wie vor Rechtsfähigkeit, ist allerdings als Gesamtstaat mangels Organisation, insbesondere mangels institutionalisierter Organe nicht handlungsfähig«, so sah das Bundesverfassungsgericht am 31. Juli 1973 die Rechtslage.

Man kann das gewiß auch anders sehen, jedenfalls dann, wenn man nicht Jurist ist. Die Geschichte wird über diesen Kasus befinden, nicht der Scharfsinn der Rechtsgelehrten. Das deutsche Volk lebt jedenfalls wieder in verschiedenen Staaten. Die Österreicher sind wohl auf dem Wege zu einer eigenen Nation. Von den beiden deutschen Staaten, der Bundesrepublik Deutschland und der Deutschen Demokratischen Republik, fühlt sich der eine als der legitime Rechtsnachfolger des Deutschen Reiches, während sich der andere in den ersten Jahrzehnten seines Bestehens von diesem Erbe mit Entschiedenheit distanzierte, dann aber in kleinen und vorsichtigen Schritten zur Vergangenheit zurückfand, zuerst zum Bauernkrieg, zu Thomas Müntzer, zur Paulskirche und zur deutschen Arbeiterbewegung, nun aber auch zu Otto von Bismarck, Friedrich dem Großen und Martin Luther. Ob der Weg zurück zur Geschichte, die Besinnung auf die gemeinsame Vergangenheit, dem deutschen Volk einen Weg in eine gemeinsame Zukunft bahnen hilft, ist eine Frage, auf die es wohl noch lange keine Antwort geben wird.

Hat es überhaupt einen Sinn, unter solchen Auspizien noch nach den ersten Jahrhunderten der deutschen Geschichte zu fragen, den Anfängen des Dramas nachzuspüren, das Alexander Abusch, der spätere Kulturminister der DDR, kurz nach dem Ende des Zweiten Weltkrieges den »Irrweg einer Nation« und Ernst Niekisch »Deutsche Daseinsverfehlung« genannt hat? Ist nicht die Auflösung Deutschlands und der deutschen Nation spürbar, das Schwinden des Zusammengehörigkeitsgefühls unter den Deutschen in Ost und West offensichtlich? Ist eine Beschäftigung mit der Nationalgeschichte noch sinnvoll in einer Zeit, in der alles Geschehen zur Weltgeschichte zusammenfließt? Müssen wir uns nicht auf neue historische Horizonte einstellen, die die Nationen des alten kleinen Europa weit hinter sich lassen, auf die großen Machtblöcke, den Ostblock und die Westmächte, oder gar auf einen atlantischen oder einen pazifischen Geschichtsraum? Und gelten unsere Bemühungen nicht weit eher einem vereinigten Europa als einer Wiedervereinigung Deutschlands, wobei sich dieses vereinigte Europa nicht einmal so weit nach Osten erstrecken würde wie einst das Reich Karls des Großen?

Soweit ist es noch nicht. Noch hat Europa in der Welt einiges Gewicht, und trotz der Spaltung unseres Kontinents in Ost und West, trotz der Einbindung in die beiden großen Machtblöcke und trotz der Zukunftsvisionen vom geeinten Europa ist Europa noch immer eine Gemeinschaft von Nationen, nicht nur diesseits, sondern auch jenseits der Grenze, die es von Norden nach Süden durchschneidet. Die europäischen Völker werden sich noch lange ihren nationalen Sprachen und Kulturen, ihren spezifischen Werten und vor allem ihren geschichtlichen Traditionen verpflichtet fühlen. Und die Deutschen leben auch heute noch mitten in Europa, und es gibt, ob man das nun will oder nicht, eine offene deutsche Frage, innig verknüpft mit dem Schicksal des gesamten Kontinents. So hat das Schillerwort neue Gültigkeit gewonnen.

Was aber hat das alles mit dem Mittelalter zu tun? Wo nach Gegenwart und Zukunft des deutschen Volkes gefragt wird, darf der Blick in die Vergangenheit nicht fehlen, der vor manchem Irrtum bewahren kann. Das Bekenntnis zur deutschen Geschichte mit ihren Höhen und Tiefen schließt auch das Mittelalter ein, selbst dann, wenn in dem Wort des großen Historikers Hermann Heimpel von »Deutschlands Mittelalter - Deutschlands Schicksal« vielleicht ein wenig zuviel Pathos mitschwingt. Es ist also nicht allein die Faszination der Ursprünge, der der Historiker - und nicht nur er - allzuleicht erliegt, weil er rückschauend im Anfang den Keim alles Zukünftigen erblickt.

Die Frage nach den Anfängen des deutschen Reiches und der deutschen Geschichte war schon für Bischof Otto von Freising, den großen Geschichtsdenker des Mittelalters, ein Problem. In seiner Weltchronik blickte er zurück ins 10. Jahrhundert. Vom Zeitpunkt der Wahl Heinrichs I. zum König an, so weiß er zu berichten, rechneten manche seiner Zeitgenossen das Reich der Deutschen. Er selbst ist anderer Meinung. Für ihn gibt es kein Reich der Deutschen, sondern noch immer das römische Reich, das Imperium Romanum, das durch Karl den Großen an die Franken und durch Otto den Großen an die Deutschen gekommen sei. Der Wechsel der Dynastien und der das Reich tragenden Völker sei irrelevant für den Charakter des Reiches, das als letztes der im göttlichen Heilsplan verankerten Weltreiche bis ans Ende aller Tage Bestand haben werde.

Das Problem war für den Theologen und Geschichtsphilosophen des Mittelalters kompliziert, und das ist es für den modernen Historiker geblieben. Die Frage nach dem Beginn der deutschen Geschichte und nach dem Verhältnis von römischem, fränkischem und deutschem Reich ist in der Forschung immer wieder aufgeworfen worden und zumeist leidenschaftlich umstritten gewesen. Die

Wahl des Sachsenherzogs Heinrich zum König, die im Jahre 919 zu Fritzlar abgehalten wurde, stand dabei im Brennpunkt der Diskussionen, und ganz gewiß rangiert sie im allgemeinen Geschichtsbewußtsein als epochales Ereignis an erster Stelle, wenn es um die Gründung des deutschen Reiches und um den Anfang einer wahrhaft deutschen Geschichte geht. Doch auch andere Daten werden in der Forschung genannt: der Vertrag von Verdun von 843 zwischen Kaiser Lothar I. und seinen jüngeren Brüdern Ludwig dem Deutschen und Karl dem Kahlen, die Absetzung Karls des Dicken 887, nachdem dieser wenigstens nominell zum letzten Mal in der Geschichte das gesamte Reich Karls des Großen in seiner Hand vereinigt hatte, oder auch die Wahl Konrads I. zum ersten Herrscher im ostfränkischen Reich, der nicht der geheiligten Dynastie der Karolinger angehörte. An die Königserhebung Ottos des Großen im Jahre 936 hat man gedacht, denn damals haben sich in Aachen zum ersten Mal die Herzöge als die Repräsentanten der deutschen Stämme zu gemeinsamem politischen Handeln zusammengefunden. Selbst das 11. Jahrhundert ist als Beginn der deutschen Geschichte in Anspruch genommen worden. Und Argumente lassen sich auch für diesen Ansatz finden.

Der Wunsch, einen archimedischen Punkt im unruhigen Fluß des Geschehens zu finden, entspringt dem menschlichen Grundbedürfnis nach Ordnung, Maß und Zahl. Kritisch betrachtet verbindet sich jedoch mit keiner dieser Jahreszahlen der Beginn der deutschen Geschichte, selbst wenn eines dieser Daten als der Geburtstag des »Deutschen Reiches« akzeptiert würde. Einen Zusammenhang zwischen Nationwerdung und Reichsbildung wird man schwerlich bestreiten können, strittig sind aber die kausalen Bezüge. Führte die Entstehung des deutschen Volkes zur Verfestigung und zur Dauerhaftigkeit des ostfränkisch-deutschen Reiches oder wuchsen die germanischen Stämme umgekehrt erst innerhalb des organisatorischen Rahmens dieses politischen Gebildes zum deutschen Volk zusammen? Seit wann gibt es ein deutsches Volk, seit wann gibt es Deutschland? Wenn wir eine »Deutsche Geschichte« dieser Tage aufschlagen, so findet man sich unversehens im Neandertal wieder; in einem Lexikon der deutschen Geschichte fehlt auch Hermann der Cherusker nicht. Aber kann es denn deutsche Geschichte geben, bevor es ein deutsches Volk gibt? Sind denn die Zeiten nicht vorbei, in denen man die Germanen der Völkerwanderungszeit in schöner Naivität für die »alten Deutschen« hielt, Hermann den Cherusker als unseren ersten Nationalhelden feierte und das Frankenreich ganz selbstverständlich für die deutsche Geschichte mit Beschlag belegte?

In den Antworten auf die Frage nach dem Beginn der deutschen Geschichte, dem Werden der deutschen Nation und der Entstehung des deutschen Reiches im Mittelalter schwingt viel Subjektives und Zeitgebundenes mit, viel vom Weltbild der Epoche und vom Geschichtsverständnis des Historikers und so manche Wunsch- und Wertvorstellung, viel »Ideologie«, wie wir heute ein wenig überheblich zu sagen pflegen. Hochschätzung der Antike und ihres Fortwirkens im Mittelalter, Abwertung oder Heroisierung des Germanentums und seines Erbes, Mythisierung von Volk und Sprache oder Betonung der führenden Rolle von Politik und Macht, diese und andere Aspekte wirkten und wirken zumindest akzentuierend auf unsere Sicht ein. Ein Skeptiker mag bezweifeln, daß das geschichtswissenschaftliche methodische Instrumentarium überhaupt ausreicht, so komplizierte und vielschichtige Phänomene zu untersuchen und zu wissenschaftlich begründeten Ergebnissen zu gelangen. Die Fülle widerstreitender Auffassungen scheint dem Skeptiker Recht zu geben. Aber beweist andererseits nicht gerade die unaufhörliche, oft leidenschaftlich, fast erbittert geführte Diskussion, daß die Historiker die Antwort auf diese Fragen nicht ins Belieben des einzelnen stellen wollen, sondern der Erkenntnis des wirklichen Geschehens und seiner Triebkräfte Schritt für Schritt näher zu kommen suchen?

Wenn auch hier gefragt wird, welcher Zeitraum für die ersten Jahrhunderte der deutschen Geschichte gemeint ist, so geht es nicht ganz ohne eine gewisse Beliebigkeit ab, nicht ohne eine Vorgabe, die im Verlauf der Darstellung zu begründen und zu überprüfen ist. Es soll die These sein: Das deutsche Volk entstand in einem jahrhundertelangen Entwicklungsprozeß. Diese Volks- oder Nationwerdung trat zwischen dem 9. und 11. Jahrundert in ihr entscheidendes Stadium, doch reichen ihre Anfänge bis in die Stammeszeit der Franken und Thüringer, der Alemannen und Bayern, der Sachsen und Friesen zurück, jener Stämme also, die sich in der Völkerwanderungszeit aus kleineren altgermanischen Völkerschaften gebildet hatten und allmählich unter Einschmelzung anderer kleiner ethnischer Gruppen zum deutschen Volk wurden, ohne freilich ihre gentile Identität vollständig aufzugeben.

Noch lange stand zwischen dem einzelnen und dem Volk der Stamm. Im Vorgriff auf kommende Entwicklungen - der Historiker als rückwärtsgekehrter Prophet ist dazu befugt - pflegen diese Stämme als die »deutschen Stämme« bezeichnet zu werden. Und von dieser Warte aus beginnt die deutsche Geschichte im Schoß der fränkischen Gechichte, auch wenn das Reich der Franken nicht das

Was ist des Deutschen Vaterland?
Ist's Preußenland, ist's Schwabenland?
Ist's, wo am Rhein die Rebe blüht?
Ist's, wo am Belt die Möwe zieht?
O nein, nein, nein!
Sein Vaterland muß größer sein. Ernst Moritz Arndt 1813

Die Frage nach Deutschland als einem historisch-geographischen Begriff ist oft gestellt worden. Sie muß auch hier gestellt werden. Ernst Moritz Arndt warf sie in der euphorischen Stimmung des vaterländischen Aufbruchs gegen die Napoleonische Fremdherrschaft auf, und seine Antwort lautete: »So weit die deutsche Zunge klingt«! Volk, Vaterland und Muttersprache waren der große Dreiklang, mit dem im 19. Jahrhundert eine neue Etappe der deutschen Geschichte eingeleitet werden sollte. Die Hoffnung auf ein einiges freies Deutschland erfüllte sich nicht, und als Hoffmann von Fallersleben 1841 auf der damals britischen Insel Helgoland sein »Lied der Deutschen« dichtete, das erst viel später - in der Weimarer Republik 1922 - zur deutschen Nationalhymne werden sollte, waren »Einigkeit und Recht und Freiheit für das deutsche Vaterland« noch immer ein Wunschtraum. Und sein Deutschland »Von der Maas bis an die Memel, von der Etsch bis an den Belt« war auch nur ein Programm, ein Programm freilich, das die Hoffnungen vieler Deutschen trug, aber auch damals schon die Befürchtungen der Nachbarn weckte und wachhielt.

Gewiß gab es Zeiten, in denen Deutschland von der Maas bis an die Memel und vom Südtiroler Etschland bis an den Kleinen Belt auf der Halbinsel Jütland reichte, aber selbstverständlich war und ist Deutschland ein historisch gewachsenes Gebilde und damit auch hinsichtlich seiner räumlichen Ausdehnung den Wechselfällen der Geschichte ausgeliefert. Der romantische Traum von der innigen Verbindung von deutschem Volk und deutscher Sprache ist ausgeträumt. Die Vorstellung, daß Deutschland überall da sei, wo »die deutsche Zunge klingt«, haben wir hinter uns gelassen, auch wenn der deutsche Sprachraum, wie er sich heute präsentiert, viel mit deutscher Geschichte zu tun hat. Deutschland ist eine geschichtliche, keine natürliche Einheit; es hat seine Gestalt im Laufe seiner Geschichte vielfach verändert, und deshalb müssen wir auch nach seiner Geschichte fragen, wenn wir nach Deutschland fragen.

Seit rund einem Jahrtausend ist Deutschland das Land der Mitte, das Land im Herzen Europas, und als die Sieger nach dem Zweiten Weltkrieg Deutschland teilten, teilten sie - bewußt oder unbewußt - auch Europa. Aber als die deutsche Geschichte begann, war die Lage eine ganz andere. Die Siedlungsgebiete der Alemannen und Bayern, der Franken und Thüringer, der Sachsen und Friesen, aus denen Deutschland in seinem Kern emporwachsen sollte, bildeten den östlichen Teil des Frankenreiches. Sie lagen an der Peripherie des damaligen Europa. Lange Zeit waren die Gebiete östlich des Rheins so etwas wie ein fränkisches Kolonialland, ein halb heidnisch-barbarisches Vorfeld, ein Entwicklungsland, dem staatliche Ordnung, Christentum und die Segnungen der fränkischen Reichskultur nur mühsam vermittelt werden konnten. Das im Vertrag von Verdun im Jahre 843 geschaffene ostfränkisch-deutsche Reich schob sich erst allmählich ins Zentrum des immer weiter nach Osten vorrückenden abendländischen Kulturbereichs, und es begann, Empfangenes an andere Völker weiterzugeben. An der Geburt des Abendlandes oder - ein wenig schlichter ausgedrückt - an der Entstehung Europas gewann das deutsche Reich einen hochbedeutenden Anteil. Nicht die Geographie, die Geschichte schuf Europa. Die Lage zunächst am Rande, dann in der Mitte Europas war und ist mitbestimmend für Deutschlands Schicksal in Vergangenheit und Gegenwart. Sie bot Chancen, barg Gefahren und stellte vielfältige Aufgaben.

Deutschland besitzt ja nur im Norden und im Süden von der Natur vorgezeichnete Grenzen - im Norden die Nord- und Ostsee, im Süden die große Barriere der Alpen. Nach Westen und Osten hin ist die Landschaft weithin offen, nur an einigen Stellen gibt es von der Natur vorgegebene Hindernisse, die sich für die Abgrenzung von Herrschafts- und Siedlungsgebieten anboten. Grenzverschiebungen im Westen und Osten sind daher ein Charakteristikum der deutschen Geschichte nicht nur während des Mittelalters. Hier drängten die Deutschen nach außen, hier wirkte der Druck der

Nachbarn auf Deutschland am nachhaltigsten. Hier gab es die meisten Veränderungen, hervorgerufen durch Angriff und Verteidigung, durch freiwilligen Anschluß an das deutsche Reich, durch Assimilation fremder Volksgruppen, durch politisch-dynastische Verbindungen, durch Abspaltung und Ausgliederung einzelner Reichsgebiete.

Im Westen zogen die ostfränkischen Karolinger und ihre Nachfolger, die Ottonen und Salier, den größten Nutzen aus dem raschen Zerfall des 843 geschaffenen Mittelreiches, aus dessen Erbmasse sie nicht nur die Kaiserkrone, sondern nach und nach auch fast das ganze Territorium - Lotharingien, Burgund und Reichsitalien - unter ihre Herrschaft brachten. Freilich war die Grenze des Reiches im Westen nicht einfach und ohne Einschränkungen die Grenze Deutschlands, denn das Vorschieben der Reichsgrenze nach Westen führte zur Eingliederung von germanisch-romanischen Mischzonen und von Gebieten, in denen wohl fast ausschließlich die Vorstufen des Altfranzösischen gesprochen wurden. Die Reichsgrenze, die sich in nachkarolingischer Zeit im Westen ausformte, blieb staatsrechtlich bis in die frühe Neuzeit bestehen, aber sie zerbröckelte von innen heraus. Der lotharingisch-burgundische Raum wurde zu einer Zone intensiver fürstlicher Staatenbildung, die Krone Frankreichs drang an verschiedenen Punkten nach Osten vor, die Niederlande, Belgien, Luxemburg und die Schweiz begannen sich abzusondern und aus dem Reich zu lösen.

Diese Zone im Westen war wohl nicht nur aus politisch-dynastischen Gründen so instabil. Vielmehr war sie als Erbteil der Völkerverschiebungen der Frühzeit eine germanisch-romanische Berührungs- und Durchdringungszone, in der sich erst allmählich die germanisch-romanische Sprachgrenze ausbildete und konsolidierte, ja noch heute in gewissem Sinne in Bewegung ist, wenn auch einseitig zugunsten des Französischen. So hat es vielleicht nicht nur geographische Ursachen, wenn Europaparlament und europäische Behörden ihren Sitz in zwei Städten haben, in denen der alte sprachlich-kulturelle Gegensatz, aber auch das Miteinander verschiedener Völker und Sprachen noch nachklingen, in Straßburg und Brüssel. Und so ganz ausgestanden ist das, was einst in der germanischen Völkerwanderungszeit begann, noch immer nicht, wenn wir an den flämisch-wallonischen Gegensatz in Belgien denken.

Aus nationalstaatlicher Sicht mag man es bedauern, daß im Westen Reichsgrenze und Sprachgrenze nicht übereinstimmen und somit aus der Grenze des Reiches niemals die Grenze Deutschlands geworden ist, falls man Deutschland mit dem Siedlungsgebiet des deutschen Volkes gleichsetzt. Aber gerade deshalb ermöglichte im Mittelalter die lockere Grenze intensive kulturelle Begegnungen mit jenen Nachbarn, mit welchen die deutschen Lande einst im Reich der Franken verbunden waren. Es gab nicht nur im frühen Mittelalter, sondern auch später noch ein deutliches west-östliches Kulturgefälle auf vielen Gebieten des staatlichen, kulturellen und geistigen Lebens. Deutschland empfing wichtige Impulse vom Westen und auch vom Süden, die es nach Norden und Osten hin weitervermittelte. Dabei spielte die Tatsache eine große Rolle, daß das deutsche Reich eben auch Anteil an den alten Kulturräumen im Westen hatte, an Lothringen und Burgund, der Provence und Italien.

Wenn man das große Wort von einem »geschichtlichen Auftrag« gebrauchen will, der sich für Deutschland aus seiner Lage mitten in Europa ergab, dann bestand er am ehesten darin, Mittler zu sein zwischen West- und Südeuropa auf der einen und Nord- und Osteuropa auf der anderen Seite. Vermittlung heißt nicht bloße Übermittlung, nicht einfaches Weitertragen. Deutschland nahm Impulse auf, gestaltete sie um, reicherte Übernommenes an oder dünnte es aus und gab es im neuen – wenn man will: im deutschen – Gewande weiter. Aber es war eben die gemeinsame abendländisch-europäische Kultur, die Deutschland als das Land der Mitte weitertrug.

Die natürlichen Grenzen, die Deutschland in der Nord- und Ostsee besaß, schlossen freilich Berührungen kriegerischer und friedlicher Natur nicht aus. Hier wirkte zwar der Druck der Normannen am stärksten, aber über See liefen auch die Beziehungen zu England, zum skandinavischen Norden und zur wendischen und baltischen Ostseeküste. Erstaunlich stabil blieb im Grunde die Grenze gegen die Dänen, die »Nordmannen«, die ganz im Süden der Jütischen Halbinsel verlief. Höhepunkt des deutschen Einflusses im Ostseeraum waren die Periode der vom Erzbistum Hamburg-Bremen ausgehenden nordischen Mission in ottonisch-salischer Zeit und natürlich die Ära der Deutschen Hanse.

Vielfältiger und wechselvoller, von schicksalhafter Bedeutung noch für die Gegenwart und wohl auch für die Zukunft der Deutschen waren die Begegnungen mit den östlichen Nachbarn. Die Ostgrenze des karolingischen Imperiums fiel im großen und ganzen mit der germanisch-slawischen Siedlungsgrenze zusammen. Die karolingische Ostexpansion machte an Elbe, Saale und Böhmerwald halt. Karl der Große begnügte sich mit Feldzügen eher präventiven Charakters gegen die kleineren slawischen Stämme und Völkerschaften, und sie genügten, um Tributzahlungen zu erzwingen und ein vom Reich kontrolliertes Vorfeld zu schaffen. Schon in karolingischer Zeit wurde auch der Grundstein für die engen Beziehungen zwischen Böhmen und dem Reich gelegt. Im Südosten machte die Bedrohung durch die Awaren ein weiteres Ausgreifen notwendig und zwang zur Schaffung eines Glacis aus Markgrafschaften und Tributärfürstentümern. Trotzdem blieb das Reich der Karolinger eine romanisch-germanische Völkergemeinschaft, in der die unter fränkische Herrschaft gezwungenen Slawen keine größere Rolle spielten.

Nachdem das Frankenreich dem Vordringen der Slawen und der Awaren Einhalt geboten hatte, mußten sich die Ottonen mit den Magyaren, den Ungarn, auseinandersetzen, die seit dem Ende des 9. Jahrhunderts die europäischen Völker heimsuchten. Am Widerstand der Deutschen brach sich die letzte Welle der großen Völkerbewegungen der Spätantike und des Frühmittelalters; das waren die schmerzhaften Wehen, die die Geburt Europas einleiteten. Die von den Magyaren bewirkte Unruhe löste neue Bewegungen im Osten aus. Die Ottonen verwarfen die »karolingische Lösung« und begnügten sich nicht mehr mit bloßer Tributherrschaft, sondern leiteten die raumgreifende und folgenschwere Entwicklung ein, die als die deutsche »Ostkolonisation« oder besser »Ostbewegung« bezeichnet wird. Sie hat der Geschichte Ostmitteleuropas für Jahrhunderte ihren Stempel aufgedrückt.

Unter wechselnden Konzeptionen und in sich wandelnden Formen wurden die Grenzen Deutschlands immer weiter nach Osten vorgeschoben, wobei es an Rückschlägen und Niederlagen nicht gefehlt hat. Die kleinen elb- und ostseeslawischen Völkerschaften gingen in einem komplizierten und in der Rückschau nicht leicht erfaßbaren Assimilationsprozeß im deutschen Volk auf. Gleichzeitig formierten sich im 10. und 11. Jahrhundert aber Polen, Böhmen und Ungarn zu Völkern und Staaten und wurden nicht zuletzt unter deutschem Einfluß und durch die deutsche Mittlerrolle in die europäisch-abendländische Staaten- und Völkergemeinschaft integriert. Das Antlitz Deutschlands und Europas erfuhr im Osten tiefgreifende Veränderungen. Es läßt sich ohne Übertreibung sagen, daß Europa erst im Verlauf und als Folge dieser Assimilations- und Integrationsprozesse Gestalt gewann.

Die Kontakte des Reiches zu seinen östlichen Nachbarn und die Erweiterung Deutschlands nach Osten haben sicherlich auch mit der Natur des Landes zu tun. Im Nordosten fehlen natürliche Grenzen überhaupt, denn das norddeutsche Tiefland öffnet sich hier breit zum Osten hin und mußte den jeweils Stärkeren oder Aggressiveren zum Vordringen einladen. Und auch im südöstlichen Grenzbereich gibt es zwischen den Mittelgebirgen und den Alpen eine von der Natur geschaffene Einfall- und Ausfallpforte, den Durchbruch der Donau. Dagegen türmen sich im Süden die Alpen auf, deren Höhen nur über wenige und meist schwer begehbare Pässe zu überwinden waren. Hier machten die vordringenden Alemannen und Bayern zunächst halt, und hier fand auch die großfränkische Expansion der Merowinger für Jahrhunderte ihre Grenze. Aber trotz dieser natürlichen Barriere kam es zu engeren Beziehungen zwischen Deutschland und Italien. Schon in der Merowingerzeit waren fränkische Heere, die Kämpfe zwischen den Ostgoten und den Byzantinern ausnutzend, in Oberitalien eingedrungen. Dann hatten die Langobarden, die 568 von Osten her aus Pannonien über die Julischen Alpen nach Italien gezogen waren, die Alpenfront für einige Zeit gesichert, indem sie an den strategisch wichtigen Plätzen ihre Krieger in der Form der Wehrsiedlung, der »Arimannie«, ansiedelten. Im Bereich der Ost- und Zentralalpen kam es zu bayrisch-langobardischen Kontakten, die, wenn man der bisweilen sagenhaft überformten Überlieferung trauen darf, ziemlich intensiv waren. Im 8. Jahrhundert dann boten die Spannungen zwischen den Päpsten und den langobardischen Königen den Karolingern Gelegenheit zum Eingreifen in Italien.

Als Karl der Große 774 das Frankenreich und das Reich der Langobarden in seiner Hand in Personalunion vereinigte, erlebten diese Verbindungen einen vorläufigen Höhepunkt. Die Kaiserkrone, die Karl im Jahre 800 erlangte, wies seinen Nachfolgern immer wieder den Weg nach Süden. Vom »staufischen Drang nach dem Süden« hat man gesprochen, aber dieser Zug war nicht erst und nicht nur den Staufern eigen, sondern erfüllte als karolingisches Erbe fast alle deutschen Herrscher.

Nutzen und Nachteil, Segen und Fluch der Italienpolitik des Mittelalters sind ein Thema, das die deutsche Geschichtsschreibung lange in Atem gehalten hat. Kaiserpolitik konnte als Ablenkung der deutschen Herrscher von ihren eigentlichen Aufgaben verstanden werden, und sie wurde auch so verstanden. Bedeutete sie doch eine gewaltige Anspannung der Kräfte des Reiches, bisweilen sogar eine Überspannung. Wurden nicht die Energien nach Süden abgelenkt, die die Könige besser zum Aufbau eines deutschen Nationalstaates oder zur Ausdehnung des Reiches nach Osten benutzt hätten?

Zeitbedingt nationalstaatliche Ideen beeinflußten die wissenschaftliche Diskussion im 19. Jahrhundert; der Streit drehte sich dabei nicht allein um die Beurteilung der mittelalterlichen Kaiserpolitik, sondern auch um die kleindeutsche oder großdeutsche Lösung der nationalen Frage, wie sie sich nun stellte. Der grimmige Streit um »Universalstaat oder Nationalstaat«, als dessen klassische Protagonisten unter den Historikern stets Heinrich von Sybel und Julius Ficker zitiert werden, ist abgeklungen. Er endete nicht mit einem klaren Sieg der einen oder der anderen Partei, sondern er verebbte und wich einer differenzierteren Betrachtungsweise: Die deutschen Könige hatten sich den Aufgaben gestellt, die mit dem Anspruch auf die Herrschaft über Italien und die Kaiserwürde verbunden gewesen waren. Der Ausgriff nach Süden band Kräfte und kostete Opfer, brachte aber auch Bereicherungen und weitete den Horizont. Die Unternehmungen der Kaiser führten die Deutschen in das alte Kulturland Italien, aus dem Deutschland vielfältige und reiche Anregungen auf vielen Gebieten des Lebens empfing. Der Besitz der Kaiserkrone, die Verbindung zum Papsttum und die Herrschaft über große Teile Italiens machten Deutschland für Jahrhunderte zum mächtigsten Land Europas, verliehen ihm nach mittelalterlich-abendländischen Maßstäben Weltgeltung.

Die große Periode der Merowinger und Karolinger, um die es in diesem Buch geht, gehört zunächst einmal und vorrangig der europäischen Geschichte an. In dieser Zeit wurde die abendländisch-lateinische Kultur geboren, die den europäischen Völkern über die Jahrhunderte hinweg ein hohes Maß an geistiger, kultureller, religiöser und zivilisatorischer Gemeinsamkeit sicherte. Im Zeitalter der Merowinger und Karolinger wurde eine Brücke zwischen der römischen Antike und dem europäischen Mittelalter geschlagen: während der fränkischen Landnahme und Reichsgründung eher unbewußt-pragmatisch durch die Übernahme der noch brauchbaren Reste der spätantiken Zivilisation, während der »Karolingischen Renaissance« durch ein sehr bewußtes Anknüpfen an die Traditionen der antiken Kunst, Literatur, Philosophie und Wissenschaft.

Das Frankenreich war auch der Boden, auf dem sich im westlichen und mittleren Europa eine germanisch-romanische Symbiose vollzog, weil der fränkische »Vielvölkerstaat« die ethnische Existenz der Unterworfenen nicht antastete. In der späten Karolingerzeit begann bereits der wichtige Prozeß, der zur Aufnahme der östlichen Nachbarvölker der Slawen und Ungarn in diese europäische Völkergemeinschaft führen sollte. So hat die Geschichte der meisten europäischen Völker mehr oder weniger ausgeprägt eine fränkische Grundlage. In kaum einer Nationalgeschichte dieser Völker wird man deshalb darauf verzichten können, nach der Rolle der fränkischen Monarchie für das eigene geschichtliche Werden zu fragen.

Für die deutsche Geschichte ist das Zeitalter der Merowinger und Karolinger gewiß mehr als ein fernes Vorspiel. Die germanischen Stämme der Alemannen, Bayern, Thüringer, Ostfranken,

Sachsen und Friesen wurden auf deutschem Boden heimisch oder wurzelten fester in ihren angestammten Siedlungsgebieten. So gewann beispielsweise Bayern im großen und ganzen seine heutige Gestalt und seine stammesmäßige Formung, wurden Tirol und das ganze Österreich germanisiert. Die Unterwerfung der ostrheinischen Germanenstämme unter die Herrschaft der Merowinger und Karolinger gewährte ihnen Anteil an den Segnungen der fränkischen Reichskultur, vereinte sie unter einem Zepter und ließ allmählich ein deutsches Gemeinschaftsgefühl wachsen, das nach dem Aussterben der ostfränkisch-deutschen Könige aus der Dynastie der Karolinger seine politische Bewährungsprobe bestand.

Das fränkische Erbe in der deutschen Geschichte besteht nicht allein aus so faszinierenden Phänomenen wie der christlich-sakralen Legitimierung der Monarchie, der Allianz von Thron und Altar, der schicksalhaften Verknüpfung der deutschen Königskrone mit dem von Karl dem Großen erneuerten Imperium Romanum oder der von permanenten Spannungen erfüllten Verbindung zum Rom der Päpste und der Italienpolitik der Kaiser. Es sind vor allem unauffälligere, aber dauerhaftere und tiefere Erscheinungen: Die Reichsverfassung, die Sozialstruktur, das Wirtschaftsleben, die Formen der Rechtspflege, die Kirchenorganisation, die geistige und materielle Kultur, selbst die Grundlinien der deutschen Kulturlandschaft beruhten jahrhundertelang und zum Teil bis heute auf den Fundamenten, die in der fränkischen Zeit gelegt worden waren.

I.
Im Reich der Merowinger

In die weiten Hallen der Monarchie der Merowinger und Karolinger ziehen an der Hand der Geschichte die alten, wohlbekannten gentes ein; unter dem zerfallenden Gewölbe des stolzen Reiches treten dagegen neue Volksgebilde hervor, in denen wir die werdenden modernen Nationen erblicken müssen.[1]

Alfred Dove, 1890

1. Chlodwig und Syagrius

»Grundlegung der europäischen Einheit durch die Franken«[2] und »Gestaltung des Abendlandes«[3] sind beliebte Metaphern für jene zukunftsträchtigen Umwälzungen, die den endgültigen Zusammenbruch der römischen Herrschaft im Westen und die Landnahme und Reichsgründung der Franken in Gallien heraufführten.

Syagrius und Chlodwig, der letzte römische Heermeister auf gallischem Boden und der erste fränkische »Großkönig«, sind Symbolfiguren für eine Epoche folgenschwerer Ereignisse und krisenhafter Übergänge. Aber der römische Oberbefehlshaber und der germanische König verkörpern nicht ausschließlich das Ende der Antike und den Beginn des Mittelalters, sondern auch die Traditionsstränge zwischen diesen beiden welthistorischen Perioden, denn gerade Chlodwig nahm das antike Erbe für sich und sein Reich in Anspruch, sosehr er sich auch als germanischer König fühlte.

Turbulenzen zum Auftakt: Schon seit der Mitte des 3. Jahrhunderts überfielen fränkische Kriegerscharen die römischen Rheinprovinzen. Solange es Heerfahrten, Beutezüge und Vorstöße kleinerer landsuchender Verbände waren, konnte sich Rom erfolgreich zur Wehr setzen. Im 5. Jahrhundert war dennoch von römischer Macht und Herrlichkeit in Gallien nicht mehr viel übrig. Die Westgoten in Aquitanien dehnten ihren Herrschaftsbereich bis zur Loire und in die Provence aus. Die Burgunder, von dem römischen Heermeister Aëtius am Genfer See angesiedelt, eroberten die Landschaft an Rhône, Saône und Doubs. Die Alemannen überwanden die Rheingrenze und stießen immer tiefer nach Süden und Südwesten vor, bis in die Nordostschweiz und die Vogesen. Nur noch im nördlichen und mittleren Gallien waren die römischen Heermeister, die »magistri militum per Gallias«, die wirklichen Machthaber. Der tatkräftige Feldherr Aëtius festigte in der Mitte des 5. Jahrhunderts zum letzten Mal die römische Herrschaft über diesen Raum. Seine Nachfolger Aegidius, Paulus und Syagrius konnten seine Erfolge nicht wiederholen. Die Zeit arbeitete gegen Rom und sein Herrschaftssystem.

Die Lage war für die Franken günstig. Obwohl sie ohne einheitliche Führung unter ihren jeweiligen Kleinkönigen operierten, konnten sie ihre Herrschafts- und Siedlungsräume ausdehnen und immer wieder Beutezüge in die römischen Restprovinzen unternehmen. Schon in der ersten Hälfte des 5. Jahrhunderts wurde Trier, die ehemalige Kaiserresidenz, mehrfach angegriffen und geplündert. Kurz nach dem Tode des Aëtius, der 454 einem Mordanschlag zum Opfer fiel, wurde die Stadt dann fränkisch. Wenig später, vermutlich im Jahre 459, kam auch die andere römische Metropole, die ehrwürdige Colonia Claudia Ara Agrippinensium, Köln also, unter fränkische Herrschaft und wurde zur Residenz eines Kleinkönigs.

Was sich im 5. Jahrhundert in Gallien - aber nicht nur dort - an Machtkämpfen, Kriegs- und Beutezügen, an Stammeskämpfen und Völkerschlachten abspielte, war aber keineswegs ein welthistorisches Ringen zwischen Germanen und Römern, denn es standen vielfach Germanen gegen Germanen. Die römischen Feldherren

Der Reiterstein von Hornhausen (Kreis Oschersleben) vom Anfang des 8. Jahrhunderts ist ein Zeugnis für das archaische Kriegertum, das der Geschichte der Völkerwanderungszeit und des frühen Mittelalters das Gepräge gab. Wahrscheinlich handelt es sich um den Grabstein eines edlen Thüringers. Der tote Krieger, mit Schwert, Lanze, Schild und Maskenhelm ausgerüstet, reitet in Walhalla ein. Sein Pferd tritt auf ein Gewirr von Schlangen, die das überwundene Böse symbolisieren.

machten sich die Kriegs- und Beutelust dieser Kriegerscharen gern zunutze: Sie gliederten sie in ihr ohnehin schon weitgehend barbarisiertes Heer ein, nahmen sie als Föderaten in ihre Dienste und schlossen Bündnisse mit ihren Fürsten und Königen.

Germanische Stämme und Stammessplitter drangen schon seit Anfang des Jahrhunderts nach Gallien vor oder durchzogen das Land, zunächst die Vandalen, Alanen und Sueben, dann Westgoten, Burgunder, Franken und Alemannen. In der entscheidenden Schlacht auf den Katalaunischen Feldern bei Châlons-sur-Marne 451 führte schließlich der Heermeister Aëtius Römer, Westgoten und Franken gegen die Hunnen, auf deren Seite Gepiden und wohl auch fränkische Scharen kämpften. Der Vorstoß der Hunnen nach Westeuropa wurde gestoppt, und der Tod ihres Heerführers Attila 453/54 machte jedes weitere Vordringen unmöglich. Das Reich zerfiel.

Man darf also keinesfalls mit modernen Vorstellungen an jene Vorgänge herangehen, die den Untergang des römischen Weltreiches begleiteten. Großartige Konzeptionen lagen den Anführern der barbarischen Völkerschaften fern. Beute lockte, Ruhm und Ehre, aber auch der Wunsch nach Siedlungsland. Die Franken, so wild und ungestüm sie den Römern auch erscheinen mochten, hatten dabei Gelegenheit, römische Kultur, Wirtschafts- und Sozialord-

Abdruck des goldenen Siegelrings Childerichs I. mit dem Brustbild des Königs

nung, militärische und politische Organisationsformen und Institutionen kennenzulernen - wenngleich im Zustand der Auflösung. Für die künftige Gestaltung des Frankenreiches und damit auch Europas sollte dies wichtig werden. Vieles wurde zerstört, keineswegs aber alles.

Im Verlaufe des 5. Jahrhunderts tauchen die ersten Merowinger auf, der doch eher mythische Spitzenahn Merowech, der schon besser bezeugte Chlodio, dann Childerich I., der große Chlodwig und seine Verwandten, Verbündeten und Rivalen Ragnachar, Chararich, Sigibert, Chloderich und wie sie alle heißen mögen. Childerich I., der ein Sohn Merowechs gewesen sein soll, stand mit Syagrius, dem römischen Heermeister in Gallien (464–486), in Verbindung und kämpfte an dessen Seite gegen Westgoten, Sachsen und Alemannen. Gewiß war Childerich ein fränkischer König, ein Salier, aber er hatte wohl auch den römischen Rang eines Comes inne. In seinem Grab, das im Jahre 1653 bei Bauarbeiten entdeckt und ausgeraubt worden ist, fand sich neben anderen Kostbarkeiten sein Siegelring mit der Legende »Childirici regis«: ein Indiz dafür, daß er sich antiken Formen der Herrschaftsführung angenähert hatte und sich ihrer zu bedienen wußte. Seine letzte Ruhestätte hatte er bei Tournai gefunden, und man darf vermuten, daß dort auch das Zentrum seines Herrschaftsbereiches gelegen hat.

Zum Begründer des fränkischen Großreiches wurde Childerichs Sohn und Nachfolger Chlodwig, der sich in den fast dreißig Jahren seiner Regierung (482–511) als ein überlegener Heerführer, umsichtiger und vorausschauender Politiker, aber auch als ein skrupelloser und vor keiner Bluttat zurückschreckender Machthaber präsentierte - jedenfalls dann, wenn man den Schilderungen des Geschichtsschreibers Gregor von Tours Glauben schenkt.[4] Gewiß ist das, was der aus der gallo-römischen Oberschicht, dem senatorischen Adel, stammende Bischof über den Frankenkönig erfahren konnte, von Legenden überwuchert und mit Sagenmotiven angereichert, enthält aber doch manchen echten Kern. Auf jeden Fall lassen Gregors Erzählungen erkennen, welche Taten und Untaten man ein paar Jahrzehnte später einem germanischen König zutraute.

Es war noch immer eine Zeit für Starke und Skrupellose. Einigermaßen erstaunlich ist auf den ersten Blick die Nachsicht des römischen Bischofs mit dem fränkischen Machtpolitiker; offenbar erblickte er hinter den grausamen Taten des Barbarenkönigs das Wirken Gottes, der diesen Heiden doch noch zum rechten Glauben hatte gelangen lassen. Der gallische Episkopat mußte es Chlodwig natürlich hoch anrechnen, daß er nicht wie die anderen Germanenherrscher das Christentum in seiner arianischen Form angenommen hatte, sondern zum katholischen Bekenntnis übergetreten war.

Die politisch-militärischen Aktionen lassen sich rasch erzählen. Chlodwig griff zunächst mit Unterstützung des in Cambrai heimischen Frankenkönigs Ragnachar den in Soissons residierenden römischen Heermeister Syagrius an. Um 486 erlitt der Heermeister die entscheidende Niederlage und floh zu den Westgoten, die ihn an Chlodwig auslieferten. Der Franke ließ ihn umbringen. Der Raum bis zur Seine fiel an Chlodwig und wurde zu einem der Kerngebiete fränkischer Herrschaft. Wenig später, etwa zwischen 486 und 494, stießen die Franken dann bis zur Loire vor und wurden dadurch zu

Nachbarn der Westgoten. Das konnte kaum gutgehen. Zwar war der außenpolitische Aktionsradius Chlodwigs durch den mächtigen Ostgotenkönig Theoderich, den Dietrich von Bern der germanischen Heldensage, beträchtlich eingeschränkt, aber es gelang ihm dennoch, gegen die Westgoten und Alemannen zum Angriff überzugehen und die beiden mit den Franken konkurrierenden Völker entscheidend zu schlagen. Diese außenpolitischen Erfolge stärkten seine Position innerhalb des fränkischen Stammesverbandes, der am Ende des 5. und zu Beginn des 6. Jahrhunderts noch unter der Herrschaft mehrerer Könige stand. Chlodwig nutzte nun sein gewaltiges Prestige und seine militärische Überlegenheit, bediente sich aber auch der List und der nackten Gewalt auf dem Wege zum Alleinherrscher. Alle anderen fränkischen Könige fielen seinem brutalen Machtstreben zum Opfer, obwohl sie zu seiner Verwandtschaft, zur Sippe der Merowinger, gehörten. Als Chlodwig, der offenbar seine Residenz in Paris aufschlug, im Jahre 511 starb, hatte er alle Franken unter seiner Herrschaft im »regnum Francorum« vereinigt.

Noch in der ausklingenden Völkerwanderungszeit wogen kriegerische Erfolge und unbedingter Wille zur Macht eben sehr schwer; die Völker fügten sich willig der Herrschaft gewalttätiger und kriegstüchtiger Könige, deren expansiver Drang Ruhm und Ehre, Beute und Siedlungsland versprach, höchst erstrebenswerte Dinge in einer Zeit archaischen Kriegertums. Und Chlodwig war wohl ein exemplarischer Vertreter jener Form des germanischen Königtums, das man in der deutschen mediävistischen Forschung als »Heerkönigtum« zu bezeichnen pflegt.

So ist es gewiß nicht nur ein Produkt der Phantasie, wenn der Geschichtsschreiber Gregor von Tours Chlodwigs großen Sieg über die Alemannen um 496/97 mit dem Übertritt des Königs zum christlichen Glauben verknüpft. Gewiß schrieb er dies erst ein Dreivierteljahrhundert nach dieser ins Dämmerlicht der Sage getauchten, zum epochalen Ereignis der fränkisch-gallischen Geschichte hochstilisierten Schlacht, aber unglaubwürdig ist diese Verknüpfung von Glaubenswechsel und Schlachtenglück durchaus nicht, wenn man sie im Zusammenhang mit der kriegerischen Ideologie der ausgehenden Völkerwanderungszeit sieht. Chlodwigs Kampf schien schon verloren, als er für den schier aussichtslosen Fall des Sieges dem Christengott die Taufe und damit Treue und Gefolgschaft gelobte. Ein solches in der Not gegebenes Taufgelöbnis paßt ins Bild, sosehr es auch an die Bekehrung Kaiser Konstantins des Großen erinnert und damit als »Wandersage« entlarvt werden könnte. Gregor von Tours hat diese Parallelität bewußt ins rechte Licht gerückt: Der erste christliche Frankenkönig steht als ein »Neuer Konstantin« neben dem ersten christlichen Kaiser des römischen Reiches.

Ein epochales Ereignis war die Taufe Chlodwigs schon, obgleich auch andere Germanenkönige und ihre Völker der Faszination der christlichen Erlöserreligion erlegen waren. Allerdings hatten die ostgermanischen Stämme das Christentum in seiner arianischen Form kennengelernt und waren dem Arianismus auch nach seiner Verurteilung und Verketzerung auf den Konzilen von Nicaea 325 und Konstantinopel 381 treu geblieben. So ergab sich in ihren Reichen auf römischem Boden ein religiös-konfessioneller Gegensatz zwi-

Schwertbeschläge aus dem Grab Childerichs I.

Dem König waren nicht nur seine kostbaren Waffen und sein Streitroß, sondern auch Teile des Königsschatzes mit ins Grab gegeben worden. Mehr als hundert Gold- und zweihundert Silbermünzen wurden gefunden, dazu ein Amulett in Form eines goldenen Stierkopfes und dreißig mit Almadinen verzierte Goldbienen. Mit goldenen Bienen ließ sich Napoleon 1804 seinen Krönungsmantel schmücken. Er demonstrierte damit, daß er an die altfranzösische Königstradition anzuknüpfen wünschte.
Die meisten Grabbeigaben wurden 1831 bei einem Einbruch in die Bibliothèque Royale in Paris gestohlen.

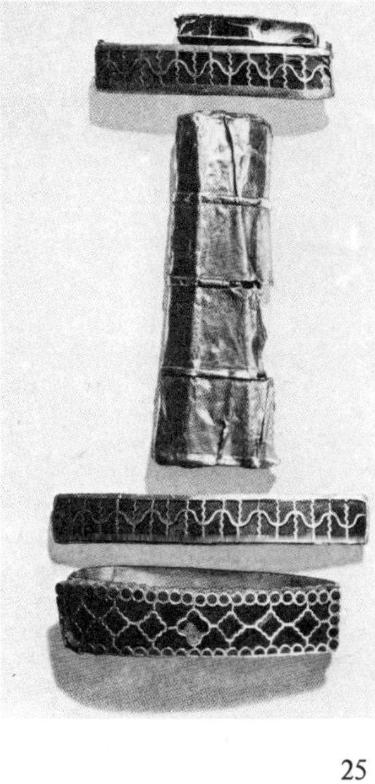

Taufszene aus einer theologischen Sammelhandschrift des frühen 9. Jahrhunderts

Der Täufling stieg in das Taufbecken und tauchte dreimal unter. Der Priester goß ihm Wasser über Kopf und Schultern.

schen den germanisch-arianischen Eroberern und den katholischen Römern, ein Gegensatz, der das Herrschen erschwerte und einer Symbiose im Wege stand, denn es fehlte die Übereinstimmung von politischer und religiöser Ordnung.

Chlodwig hat das gewiß erkannt, zögerte aber dennoch mit seinem Übertritt zum Christentum. Solange er Heide war, hofierten ihn sowohl die katholischen Bischöfe Galliens als auch die arianischen Könige der Germanen. In der gespannten religiösen Atmosphäre war schließlich ein Heide besser als ein Ketzer, und so bemühte sich Chlodwig um ein tragbares Verhältnis zu den Bischöfen seines Machtbereiches, indem er die Kirche vor allzu starker Bedrückung durch die heidnischen Franken schützte. Innerhalb seiner eigenen Familie hat er das Vordringen des christlichen Glaubens nicht behindert. Wenn Gregor von Tours zutreffend berichtet, so war es die Königin Chrodehild, die den König immer wieder bedrängte, sich taufen zu lassen. Chlodwig hatte bei einem solchen Schritt auf die religiösen Gefühle seiner Franken Rücksicht zu nehmen; denn bei aller Macht und allem Prestige, das ihm seine kriegerischen Erfolge, seine »Siegmächtigkeit«, verliehen, war er kein absolutistischer Herrscher, der einen Glaubenswechsel einfach befehlen konnte. Das bekannte Wort »cuius regio, eius religio«, das in der Zeit der Reformation und Gegenreformation die konfessionelle Spaltung besiegelte, galt noch nicht, wenngleich die Haltung des Königs und der Aristokratie natürlich schon damals auch auf kultisch-religiösem Gebiet ausschlaggebend war.

Folgen wir Gregor von Tours, so ließ sich der König mit der Einlösung seines Gelübdes viel Zeit. Bischof Remigius von Reims bereitete ihn heimlich auf den Empfang der Taufe vor. Erst als die fränkische Führungsschicht für diesen Plan gewonnen war, trat der

König mit seinem Entschluß auf einer Volks- und Heeresversammlung an die Öffentlichkeit. Ein Wunder zur rechten Zeit machte den Franken den Glaubenswechsel plausibel, und zusammen mit dem König ließen sich dreitausend Franken taufen. Das Ganze war ein wichtiger Staatsakt von weitreichenden, bis in die Gegenwart nachwirkenden Folgen für die europäische und damit natürlich auch für die deutsche Geschichte.

Der »stolze Sugambrer«, wie Bischof Remigius den König bei der Taufe nannte, beugte sein Haupt vor Christus und wurde als christlicher König auch zum Herrn der Kirche seines Reiches. Das Verhältnis von Staat und Kirche wurde auf eine neue Grundlage gestellt. Eine Entwicklung bahnte sich an, die im Laufe der Jahrhunderte über die Verchristlichung des germanischen Königsgedankens zum Kaisertum Karls des Großen, zur engen Verbindung mit Rom und zum »Heiligen Römischen Reich Deutscher Nation« führen sollte. Die Taufe des fränkischen Königs, die wahrscheinlich im Jahre 499 zu Reims vollzogen wurde, war ein für die Entstehung des christlich-katholischen Abendlandes fundamentales Ereignis. Sie schuf die Voraussetzung dafür, daß das Christentum in seiner katholischen Form an die germanischen Stämme auf deutschem Boden übertragen und an die benachbarten Völker im Norden und Osten weitergegeben werden konnte.

2. Das »Reichsvolk«

Wenn vom Frankenreich gesprochen wird, so ist immer wieder von den Merowingern und den Karolingern die Rede, von den Königen also und den Kaisern. Gewiß zu Recht, denn der Herrscher ist im frühen Mittelalter die alles überragende Gestalt, auch wenn die weltlichen und geistlichen Großen seine Herrschaft mittragen – oder auch bekämpfen. In klassischer Form hat der berühmte französische Historiker Fustel de Coulanges diese außergewöhnliche Stellung des fränkischen Königs charakterisiert: »Ce n'est pas le peuple Franc, c'est un roi Franc, qui a conquis la Gaule«[5] (Es ist nicht das fränkische Volk, es ist ein fränkischer König, der Gallien erobert hat). Man ist versucht, an Bertolt Brechts lesenden Arbeiter zu erinnern: »Caesar eroberte Gallien. Hatte er nicht wenigstens einen Koch bei sich?«

Aber so ist das gar nicht gemeint. Es geht um die Frage, ob die Eroberung Galliens und die Gründung des neuen Großreiches von einem fränkischen Volk getragen wurden, ob es eine wirkliche Völkerwanderung war, begleitet und gestützt von einer fränkischen Volkssiedlung, oder nur das Werk der merowingischen Heerkönige an der Spitze ihrer kriegerisch-adligen Gefolgschaften. Herrschaftlich-gefolgschaftliche oder bäuerliche Landnahme der Franken, das ist lange einer der Streitpunkte in der neueren deutschen, französischen und belgischen Geschichtsschreibung gewesen. Das politische Geschehen der letzten einhundert Jahre spiegelt sich da wider, das neuzeitliche Denken in Kategorien wie Volkstum und Nationalbewußtsein. Aber es handelt sich auch um eine wissen-

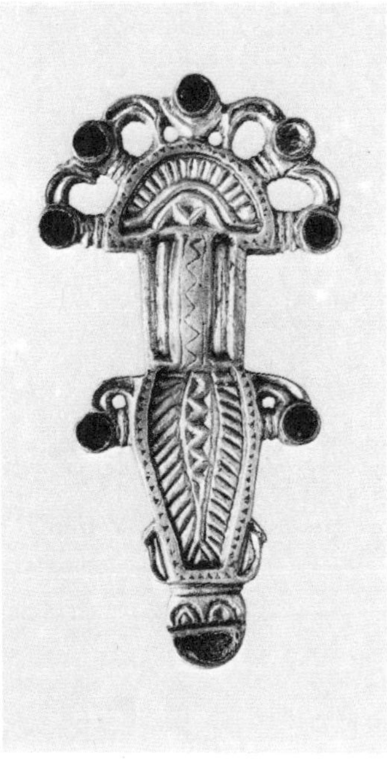

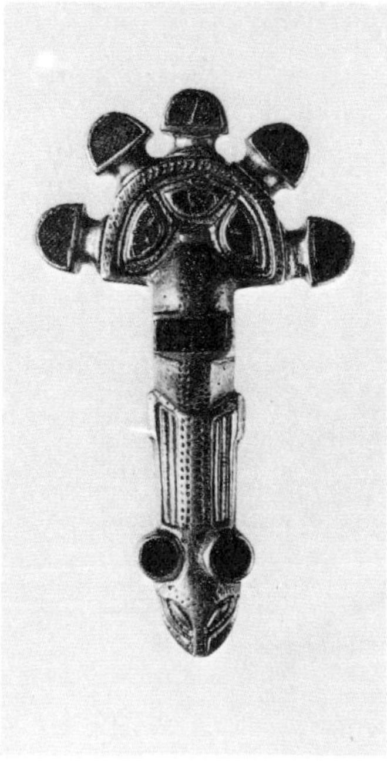

schaftliche Frage, um ein methodisch kompliziertes Forschungsproblem, das den Historiker fordert.

Voraussehen konnten die Zeitgenossen nicht, daß gerade der Vorstoß der Franken so tiefgreifend und folgenreich für Europa werden sollte, denn überall an den Grenzen und im Inneren des römischen Reiches fanden Bevölkerungsverschiebungen statt, und viel spektakulärer als die Grenzkämpfe am Niederrhein und in Gallien mit den fränkischen Heerhaufen waren die Züge der ostgermanischen Wanderstämme, die über Tausende von Kilometern führten und in die Herzlandschaften des Imperium Romanum zielten.

Die Reiche, die die Ostgermanen auf weströmischem Boden gründeten, hatten aber nicht lange Bestand. Schon im 6. Jahrhundert brachen sowohl das Vandalenreich an der nordafrikanischen Küste, auf Sardinien, Korsika und den Balearen als auch das Burgunderreich und das mächtige Reich der Ostgoten in Italien, der Provence und Dalmatien zusammen. In der Schlacht am Guadalete bei Frontera unterlagen 711 die Westgoten dem Ansturm der Mauren. Und im Jahre 774 nahm der Frankenkönig Karl der Große schließlich das Reich der Langobarden, das jüngste unter den völkerwanderungszeitlichen Germanenreichen auf römischem Boden, in Besitz.

Die germanischen Völker, die diese Reiche begründet und getragen hatten, verschwanden. Soweit sie den Zusammenbruch ihrer Herrschaft überhaupt überlebten – denn blutige Kämpfe und verlustreiche Niederlagen begleiteten stets das Geschehen –, gingen sie rasch im Romanentum auf. Die Westgoten hatten ihre Stammessprache wohl schon größtenteils vor der Zerstörung ihres Reiches zugunsten des Romanischen aufgegeben, und auch bei den Burgundern und Langobarden wurden die Stammessprachen von den romanischen Sprachen zurückgedrängt. Losgelöst von ihren

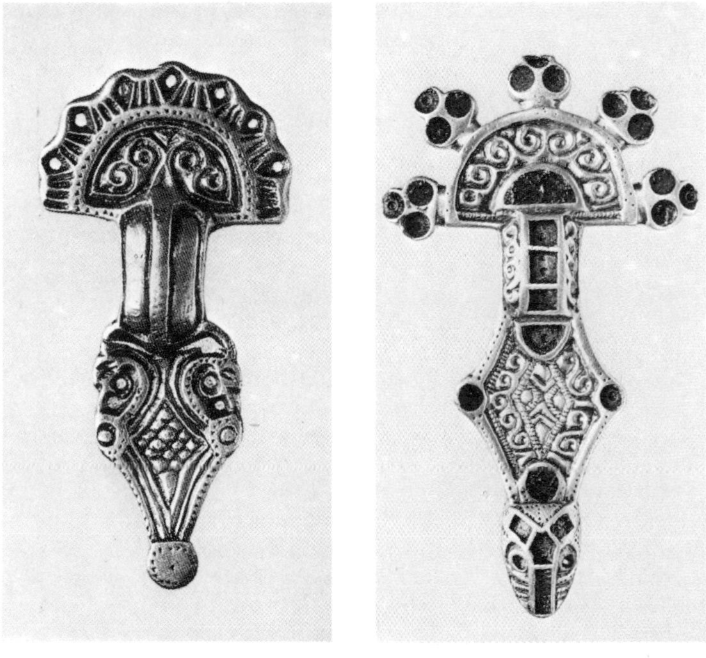

Fränkische Gewandspangen (Bügelfibeln) aus dem 6. Jahrhundert

ursprünglichen Siedlungsräumen hatten diese kriegerischen Völker, die sich als eine dünne Herrenschicht über die nicht nur zahlenmäßig, sondern auch kulturell und zivilisatorisch weit überlegene romanische Bevölkerung legten, kaum eine Chance, ihre ethnische Identität zu bewahren.

Bei den Franken war das ganz anders. Sie breiteten sich kämpfend und siedelnd immer weiter aus, ohne jedoch ihre alten Siedlungsräume aufzugeben. Im einzelnen sind die zahlenmäßige Stärke der Franken und der Umfang ihrer Landnahme umstritten, aber der besondere Charakter dieser westgermanischen Landnahme, die keine Völkerwanderung im eigentlichen Sinne war, ist unbestreitbar. So weit die Könige der Franken ihre Herrschaft auch nach Westen und Süden ausdehnten, die Verbindung mit dem fränkischen Siedlungsgebiet ging nie verloren. Es gab einen mehr oder weniger frankisierten Kernraum, der vom Niederrheingebiet über den Maas-Mosel-Schelderaum bis ins Pariser Becken reichte. So darf man wohl die Hypothese wagen, daß Expansionskraft und Dauerhaftigkeit des Frankenreiches mit der Verankerung des Herrschaftssystems in einem starken und selbstbewußten germanischen Stamm erklärt werden müssen, einem Stamm, dessen politische Führungsschicht sich als das »Reichsvolk« fühlte.

Das fränkische Stammesgebiet grenzte unmittelbar an die Siedlungsgebiete anderer westgermanischer Stämme und Völkerschaften. Diese Stämme freilich, die teils in den von ihnen germanisierten römischen Grenzprovinzen, teils in der alten »Germania libera«, dem freien Germanien, siedelten, waren zunächst nicht Freunde und Partner der Franken, sondern Gegner und Rivalen. Der Kampf der germanischen Stämme gegeneinander führte schließlich zur Eingliederung der Alemannen, Bayern, Thüringer, Friesen und am Ende auch der Sachsen in das Frankenreich, dessen germanischer Bevölkerungsanteil dadurch verstärkt wurde. Mit diesem Ausgriff der Franken nach Osten wurden erste Grundlagen für die Entstehung des deutschen Volkes gelegt. Daher ist es nicht abwegig, auch bei Betrachtungen über die deutsche Geschichte den zeitlichen Rahmen offenzuhalten, den Blick gegebenenfalls weit zurückzulenken und nach der Rolle der Franken als dem ältesten »Reichsvolk« zu fragen.

Diese Frage führt uns noch einmal in die Periode der Völkerwanderung. Zu den bleibenden Ergebnissen dieser unruhigen Zeit gehörte nicht zuletzt eine Umbildung der Stammesstrukturen. Die Wanderungen und Völkerverschiebungen waren von inneren Wandlungsprozessen begleitet, die zur Auflösung und Neubildung von Stämmen und Völkerschaften führten. Die Namen der altgermanischen Stämme, von denen uns die römischen Schriftsteller und Historiker berichten, verschwinden vielfach aus der Überlieferung. Die archaischen Kleinstämme gingen in größeren Verbänden auf; neue Völkerschaften mit neuen Namen traten in Erscheinung. Das 3. bis 5. Jahrhundert war die entscheidende Phase dieses Einschmelzungsprozesses, aus dem die »Großstämme« der Franken, Alemannen, Bayern, Thüringer und Sachsen hervorgingen.

In der Mitte des 3. nachchristlichen Jahrhunderts begannen germanische Heerhaufen die römische Herrschaft im nördlichen Gallien zu bedrängen, und für diese Gruppen tauchte bald auch der

Name »Franken« auf, ein neuer Name, der wohl »mutig«, »kühn« oder »wild« bedeutet. Mag die Etymologie des Stammesnamens in der germanistischen Wissenschaft unserer Tage auch umstritten sein, den Römern erschienen diese Germanen als die »Wilden« und »Kühnen«. So soll ein römischer Imperator gesagt haben, die Franken trügen ihren Namen zu Recht, denn sie seien hart wie Eisen und hätten wilde Herzen.[6] Nach der Unterwerfung Galliens gewann der Name zusätzlich die Bedeutung »frei«, denn die Angehörigen des siegreichen Volkes galten als die Freien schlechthin, während die besiegten Gallo-Romanen zunächst nicht als freie und vollberechtigte Angehörige des fränkischen Reiches angesehen wurden. Die Symbiose bahnte sich rasch an, doch in der Anfangsphase galt: Wehe den Besiegten.

Zahlreiche ältere Stämme waren es, denen der Sammelname der Franken nun beigelegt wurde: Brukterer, Chamaven, Amsivarier, Chattuarier und Tenkterer, wohl auch Chasuarier, Usipier, Tubanten und Chatten. Erst in der Mitte des 4. Jahrhunderts tauchte dann der fränkische Teilstamm auf, der als Führungsgruppe in den Vordergrund treten sollte: die Salier. Sie stellten auch das Königsgeschlecht, und ihr Name verewigte sich in dem ältesten und wichtigsten der fränkischen Volksrechte, der Lex Salica.[7] Diesem wurde im 7. Jahrhundert die Lex Ripuaria an die Seite gestellt, die bei den ripuarischen Franken Geltung erlangte.[8] In der älteren Forschung hat man die Salier und Ripuarier als die beiden großen fränkischen Hauptstämme betrachtet, doch waren die Ripuarier kein alter Teilstamm, sondern die Franken des Rheinlandes, die »Uferbewohner«, die zeitweilig - bis zur Einigung unter Chlodwig - unter eigenen Königen gestanden hatten und deshalb leicht als eigene ethnische Gruppe aufgefaßt werden konnten.

Rudimentär erhielt sich manche Erinnerung an die ursprünglichen Teilstämme, etwa der Name »Hamaland«, der ebenso an die Chamaven erinnert wie das dritte fränkische Rechtsbuch, die Lex Chamavorum.[9] Und in Hessen bewegt die Frage, ob die Bewohner des frühmittelalterlichen Hessengaus, der späteren Landgrafschaft Hessen oder gar des Bundeslandes Hessen etwas mit den alten Chatten zu tun haben, durchaus noch die Gemüter; wohl nicht zuletzt, weil Tacitus von der Kriegstüchtigkeit und Intelligenz der Chatten viel Rühmliches zu berichten weiß.[10] Man sieht, aus welchen Quellen Traditionsbewußtsein und Selbstverständnis eines modernen Bundeslandes gespeist werden können.

Die Stämme, aus denen sich der Großstamm der Franken formte, hatten ursprünglich wohl jeweils eigene Könige. In den Kämpfen gegen Rom traten am Ende des 4. Jahrhunderts Gennobaud, Sunno und Markomer als Anführer hervor. Ob sie schon zur Sippe der Merowinger gehörten, bleibt ungewiß. Schwer zu beantworten ist auch die Frage, auf welcher Grundlage sich diese Stämme zusammenfanden. War es ein Kultverband, ein Stammesbund auf mythischer Grundlage, oder war es das Königsgeschlecht der Merowinger, das die militärische Führung an sich riß und die Stämme zusammenschmiedete?

Man spricht gern vom »Frankenbund«, aber wir wissen nichts über Institutionen eines solchen Bundes. Erkennbar sind gemeinsame kriegerische Unternehmungen, Beute- und Landnahmezüge, die gegen die Römer und bald auch gegen andere germanische Stämme gerichtet waren. Das waren wohl mehr als vorübergehende Bündnisse; anderenfalls wären das Aufkommen des gemeinsamen Frankennamens und die Verschmelzung zu einem Stamm, einer »Gens«, wie es in den Quellen heißt, nicht zu erklären. Aus dem Kampfverband erwuchs der Stamm, das Volk. Erstaunlich ist das nicht, denn das germanische Heer war eben das »Volk in Waffen«. Die militärischen Erfolge, die sich einstellten, unterstützten diesen Vorgang und stärkten das fränkische Stammesbewußtsein. Mit der Gründung des Großreiches wurden die Franken zum »Reichsvolk«.

Bezeichnend ist, daß sich in der Titulatur des Königs als »rex Francorum« und in der Bezeichnung des Reiches als »regnum Francorum« der ausgeprägte personenverbandsstaatliche Charakter dieser Reichsbildung dokumentiert. Die Königs- und Reichstitulatur bestätigen die Franken als den staatstragenden Stamm, um diesen Sachverhalt mit einem modernen Begriff zu umschreiben. Die Gallo-Romanen und die Angehörigen anderer Stammes- und Volksgruppen waren in dieses Reich zwar integriert, aber seine Träger waren die Franken. Der König der Franken herrschte über das Reich der Franken, das Reichsheer war das Heer der Franken, der »exercitus Francorum«. Vom 5. bis zum 10. Jahrhundert waren die Könige Franken, zuerst aus dem Geschlecht der Merowinger, dann der Karolinger, und auch die Königinnen waren oft fränkischer, auf jeden Fall aber germanischer Herkunft.

Dieser Stellung entsprach ein ausgeprägtes fränkisches Stammesbewußtsein, ein Kontrastbewußtsein, das sich auch gegen die Römer richtete, denen die Franken doch das Christentum und nicht wenige wirtschaftliche und kulturelle Einrichtungen zu verdanken hatten. Die Franken verschmähten es nicht, ihr germanisches Volksrecht in lateinischen Lettern und lateinischer Sprache kodifizieren zu lassen. Im Prolog zu eben dieser Rechtsaufzeichnung kommt aber auch der fränkische Stammesstolz zum Ausdruck:[11]

Der Franken erlauchtes Volk,
Von Gott selbst geschaffen,
Tapfer in Waffen,
Fest im Friedensbunde,
Tiefdenkend im Rat,
Körperlich edel,
Von unversehrter Reinheit,
Erlesener Gestalt,
Kühn, rasch und ungestüm,
Zum katholischen Glauben
bekehrt,
Frei von Ketzerei …

Gerühmt wird die »gens Francorum«, der Stamm der Franken, als das neue auserwählte Volk Gottes. Angespielt wird ohne Zweifel auf das auserwählte Volk des Alten Bundes, auf das Volk Israel. Die Tugenden, auf die die Franken besonders stolz sind, sind freilich Tugenden kriegerischer Art: Tapferkeit im Kampf, Treue gegen den Freund, Weisheit im Rat und edle Gestalt. Dann kehrt der Prolog zur christlichen Auserwähltheit der Franken zurück, die sich durch ihren katholischen Glauben von den arianischen Ketzern abheben.

Noch eine Stufe weiter geht der jüngere Prolog:[12] Christus ist der

Das älteste fränkische Stammesrecht, die Lex Salica, ist in zahlreichen Handschriften überliefert. Die Textseite aus einer Sankt Galler Handschrift des 8. Jahrhunderts gibt den Anfang des Prologs wieder. Durch die Initiale I in Gestalt des Heilands wird das Recht unter den Schutz Gottes gestellt.

wahre Herrscher im Reich der Franken. Er liebt dieses Volk, dessen Herrscher und Heer er schützen möge. Die Franken sind den Römern im Kampf und im Glauben weit überlegen. Sie haben die Römer besiegt und das römische Joch abgeschüttelt. Nach dem Übertritt zum Christentum haben sie die Körper der heiligen Märtyrer, die die Römer mit Feuer verbrannt, mit dem Schwerte verstümmelt oder den wilden Bestien zum Zerfleischen vorgeworfen hatten, mit Gold und Edelsteinen geschmückt. Der fränkisch-germanische Stammesstolz mischt sich hier mit christlichen Vorstellungen. Der Heiland tritt selbst an die Spitze der Franken, die das auserwählte Volk eines neuen Bundes sind. Die Aufnahme dieser Aussagen in die Prologe zu dem ältesten fränkischen Rechtsbuch verleiht ihnen zusätzliches Gewicht, denn was war wichtiger als das Recht?

Schon in der Zeit ihrer Landnahme und Reichsgründung waren die Franken kein rechtlich und sozial homogenes Volk, sondern differenziert nach Rang und Würde, nach Herkunft und Geschlecht, nach Ansehen und Besitz, ständerechtlich gegliedert in Freie und Unfreie, zwischen denen eine Schicht von Halbfreien, von Liten, stand. Es dürften vor allem die Könige und ihre Gefolgsleute, die Angehörigen der führenden Sippen und ihre Leute gewesen sein, die dieses fast zum Sendungsbewußtsein gesteigerte fränkische Stammesbewußtsein gehegt haben. Wie weit es die übrigen freien Franken erfaßt hat, bleibt ungewiß und unbeweisbar, doch dürfte

Grabstein eines fränkischen Kriegers.

Der Tote, bedroht von einem Ungeheuer, kämmt sich das Haar. Er war Christ. Auf der Rückseite des Steines findet sich die älteste germanische Christusdarstellung: Christus mit Strahlennimbus, die Heilslanze in der Hand, Sieger über die Schlange zu seinen Füßen. Die christliche Botschaft wird mit der heidnisch-germanischen Gedankenwelt verbunden.

fränkisches Stammesbewußtsein auch in den niederen Schichten nicht ganz gefehlt haben; hatte doch selbst der einfache Krieger als Angehöriger des »exercitus Francorum« teil am politisch-militärischen Geschehen seiner Zeit.

Ohne Zweifel waren die Franken der Stamm, der den König stellte und das Reich trug, aber es darf nicht übersehen werden, daß im Frankenreich auch andere Völker lebten, vor allen Dingen die zahlenmäßig große, kulturell und wirtschaftlich bedeutsame galloromanische Bevölkerung. Das Frankenreich war also ein Vielvölkerstaat mit einer ziemlich komplizierten, in fortwährendem Wandel begriffenen ethnischen Struktur. Dies sollte gegen Ende des Jahrtausends für das Schicksal der fränkischen Stämme tiefgreifende Folgen haben.

3. Ein »Miracle historique«?

Die Stärke des fränkischen Reiches beruhte darauf, daß es nie die Verbindung mit der germanischen Heimat aufgegeben, sondern sich wechselweise in germanisches und römisches Gebiet ausgedehnt hatte und daß dem Vorstoß Chlodowechs nach Gallien eine Siedlungsbewegung des fränkischen Volkes parallel ging.[13]

Heinz Löwe, 1954

Wer eroberte Gallien? Wer kämpfte in den Heeren der fränkischen Könige? Wer verlieh dem Reich der Franken jene Dauerhaftigkeit, die den anderen germanischen Reichen auf römischem Boden versagt blieb? Waren die Franken ein landsuchendes Bauernvolk, oder waren es nur ihre Könige und eine kleine kriegerische Elite, die das Reich schufen und trugen und ein »historisches Wunder« vollbrachten, ein »miracle historique«, wie es der große Mediävist Ferdinand Lot 1928 genannt hat?[14]

Noch ist dieser wissenschaftliche Meinungsstreit nicht entschieden. Wie Löwe urteilten auch andere hervorragende Kenner der Materie wie Franz Steinbach und Franz Petri,[15] aber der französische Gelehrte Fustel de Coulanges hat es anders gesehen. Er hegte keine so hohe Meinung von der Volkskraft und den kolonisatorischen und zivilisatorischen Fähigkeiten des fränkischen Volkes. Es waren aber keineswegs nur französische und belgische Forscher, die in der Gründung des Frankenreiches nicht das Werk des fränkischen Stammes, sondern eine Leistung seiner Könige sahen; auch deutsche Gelehrte äußerten Gedanken, die in die gleiche Richtung zielten, freilich unter anderen Vorzeichen. Sie waren der Meinung, die fränkischen Herrscher seien weniger Stammesfürsten als

König Pharamund reitet mit den Franken in Gallien ein, Abbildung in dem Miniaturenzyklus zur Chronik Ottos von Freising aus der Mitte des 12. Jahrhunderts

Schon im hohen Mittelalter stellte man sich die Eroberung Galliens durch die Franken als ein ritterliches Unternehmen vor, nicht als Völkerwanderung mit Weib und Kind. Der Frankenkönig Pharamund ist eine Sagengestalt.

Gefolgschaftsführer gewesen, Anführer von Gefolgschaftshaufen, nicht Könige landsuchender Völker. Wertvorstellungen spielten hier mit, vielleicht sogar sehr zeitspezifische politisch-ideologische Zielvorstellungen. Auf der einen Seite jene Wertschätzung des Volkes und seiner Verwurzelung im Raum, die durch die Übersteigerung zum Blut-und-Boden-Mythos gründlich diskreditiert wurde, auf der anderen Seite die Idealisierung von Führertum und Gefolgschaftstreue, die Heroisierung der fränkischen Ausdehnungspolitik: »Heerkönige« an der Spitze von Gefolgschaftsverbänden, einer kleinen kriegerischen Elite also, überwanden das Imperium Romanum und schufen neue Reiche.

Die Kontroversen der Historiker haben jedoch nicht bloß subjektive, weltanschauliche, nationale oder zeitgebundene Motive, sondern auch objektive, vom Standort und der Person des Forschers unabhängige Ursachen. Es ist die Quellenlage, die klare Entscheidungen nicht zuläßt und daher der Interpretation einen weiten Spielraum öffnet. Siedlungs- und bevölkerungsgeschichtliche Phänomene haben selten einen direkten Niederschlag in den schriftlichen Quellen des Mittelalters gefunden, und für die Völkerwanderungszeit, um die es hier geht, gilt das erst recht. So muß die Wissenschaft andere Wege gehen. Sie hat nach der Entstehung der modernen deutsch-französischen Sprachgrenze zu fragen, die Verbreitung der germanischen Ortsnamen jenseits dieser Grenze festzustellen, den Einfluß der fränkischen Sprache auf das Französische zu gewichten und vor allem die archäologisch faßbare Hinterlassenschaft der Franken, namentlich die sogenannten »Reihengräber«, zu untersuchen.[16]

Für eine fränkische Volkssiedlung im Gefolge der kriegerischen Expansion gibt es doch mancherlei Beweise. In den ursprünglichen fränkischen Wohnsitzen ist archäologisch eine Siedlungsverdünnung zu erkennen, die sich wohl nur durch die Auswanderung größerer Gruppen erklären läßt. Erst im 7. Jahrhundert, also nach dem Ende der fränkischen Ausdehnungsbewegung, ist wieder eine Siedlungsverdichtung festzustellen, gewiß durch eine natürliche, von einer inneren Kolonisation begleiteten Bevölkerungsvermehrung. Die Franken waren in ihrem Kern ein Bauernvolk mit den für archaische Kulturstufen charakteristischen kriegerischen Zügen. Das fränkische Stammesrecht ist das Recht eines auf einer kriegerbäuerlichen Stufe lebenden Volkes, und es wäre erstaunlich, wenn die Franken nicht auch nach Siedlungsland gestrebt hätten.

In die gleiche Richtung deutet der sprachliche Befund: Franken müssen in größerer Zahl als Bauern nach dem heutigen Nordfrankreich gekommen sein, denn viele Wörter fränkischer Herkunft im französischen Wortschatz stammen aus dem bäuerlichen Leben und können deshalb nicht von den Angehörigen einer adligen Herrenschicht vermittelt worden sein.

Mit einer dichteren fränkischen Siedlung ist etwa bis zur Seine zu rechnen, zwischen Seine und Loire dagegen nur noch mit einer geringen Dichte. Ein Land mit einer überwiegend germanischen Bevölkerung wurde Nordfrankreich aber keineswegs. In den aus römischer Zeit halbwegs überdauernden Städten dominierten weiterhin die Gallo-Romanen, und auch sonst standen die Franken westlich der späteren Sprachgrenze zahlenmäßig hinter den Romanen zurück. Fränkischer Herkunft mögen im 6. und 7. Jahrhundert vielleicht zwanzig Prozent der Gesamtbevölkerung im nördlichen Gallien gewesen sein, eher sogar weniger, kaum aber mehr. Sicherheit läßt sich nicht gewinnen.

Die deutsch-französische beziehungsweise wallonisch-flämische Sprachgrenze war keine scharfe Siedlungs- und Volkstumsgrenze, sondern das Ergebnis sprachlicher Ausgleichsprozesse. Im Moselraum, um Maastricht, Tongern und Aachen wurde die provinzialrömische Bevölkerung germanisiert oder besser frankisiert, während weiter westlich die Franken schon seit dem 6. und 7. Jahrhundert ihre Muttersprache zugunsten des Romanischen aufzugeben begannen.

In diesem Verschmelzungsprozeß, der letztlich zur Romanisierung der westlichen Franken führte, zeigt sich aber ein aufschlußreicher anderer Aspekt: Die Franken dominierten zwar nicht zahlenmäßig, wohl aber politisch-militärisch. Deshalb orientierte sich die gallo-romanische, zum größten Teil sozial, wirtschaftlich und rechtlich herabgedrückte Bevölkerung im nördlichen Gallien in mancher Hinsicht an der Lebensart des Erobervolkes. Germanisch-fränkische Lebensformen verbreiteten sich, Wergeldordnung,[17] Blutrache und Sippenfehde, Gefolgschaftswesen und Königsdienst, allgemeine Wehrpflicht aller freien Männer und Heeresversammlung (»Märzfeld«, später »Maifeld«), fränkische Bewaffnung und Kampfesweise und anderes mehr.

Fränkische Namensgebung auch in alten gallo-romanischen Familien bringt den Wunsch nach Angleichung an die Franken überdeutlich und für alle erkennbar zum Ausdruck und ist schwerlich Opportunismus oder bloße Modetorheit. Dafür war im Mittelalter der Name eines Menschen zu bedeutungsvoll. Ähnlich aussagekräftig ist auch die Übernahme der fränkischen Bestattungssitte. Viele Romanen begannen, sich als Franken zu fühlen, ohne jedoch auch sprachlich frankisiert zu werden, während umgekehrt die Franken westlich der heutigen Sprachgrenzen ihre Sprache allmählich aufgaben, aber den Frankennamen behielten. Der Landschaftsbegriff »Francia« dehnte seinen Geltungsbereich bis zur Loire aus, aber diese Landschaft war sozusagen eine »Francia Romania«.

Problematisch ist der naheliegende Schluß, die Franken hätten ihre Sprache nicht als ein wesentliches Merkmal ihres Volkstums betrachtet und deshalb leichten Herzens auf sie verzichtet; die Sprache ist doch zu oft ein konstitutives Element des frühmittelalterlichen Volks- und Stammesbegriffs. Um nur ein Beispiel zu nennen: Karl der Große, der in seinem ganzen Lebensstil das Fränkische schätzte und fast demonstrativ zur Schau stellte, hat ein tiefes Gefühl für die Wichtigkeit gerade der Sprache bewiesen, als er fränkische Namen für die Monate und die Winde einzuführen versuchte. Das war sicher mehr als der kuriose Einfall eines germanophilen altfränkisch gesinnten Herrschers.[18]

4. Erben der Antike

Was unserem Bildungsempfinden als die typische, glanzvolle Leistung der Antike erscheint, sinkt in Trümmer: die römische Staatsordnung, das westliche Imperium zerbricht, der Hochstand seiner städtischen Kultur schwindet dahin, vieles vom literarischen und bei weitem das meiste vom künstlerischen Werk des Altertums wird verschüttet und ist für immer verlorengegangen.[19]

Theodor Schieffer

Vieles ging verloren, aber vieles wirkte in fränkischer Umformung auch weiter. Erben der Antike wurden die Franken nicht erst durch die »Karolingische Renaissance«, sondern schon viel früher, schon in der Gründungsperiode des fränkischen Reiches. Bewunderung für Rom, seine Militärmacht, seinen Reichtum und seine kulturellen Errungenschaften hatte die Herzen der Germanen immer erfüllt, und nach anfänglichen Ausbrüchen einer unzweifelhaft barbarischen Zerstörungswut gingen sie schonender mit dem römischen Erbe um; ganz offensichtlich im eigenen Interesse. Überraschend schnell haben sich die Gallo-Romanen ihrerseits in die neuen Verhältnisse gefügt; ohnehin an straffe staatliche Unterordnung gewöhnt, verkörperte für sie der fränkische König, der Anführer des germanischen Eroberervolkes, schon bald die Staatsgewalt. Die Annahme des christlichen Glaubens in seiner katholischen Form durch die Franken tat ein übriges.

So erlebte das Reich im Jahre 508 ein seltsames Schauspiel, das die Franken wohl mit Stolz, vielleicht aber auch mit gemischten Gefühlen beobachtet haben dürften. Sicher war es mehr für die Augen der Gallo-Romanen bestimmt. Kaiser Anastasius I. ernannte Chlodwig zum Ehrenkonsul und ließ ihm ein Purpurgewand und ein Diadem überreichen. In Tours, dessen Schutzpatron, der heilige Martin, zum fränkischen Reichsheiligen werden sollte, stellte der merowingische Heerkönig die römische Würde demonstrativ zur Schau:

Damals erhielt er vom Kaiser Anastasius ein Patent als Konsul und legte in der Kirche des heiligen Martin den Purpurrock und den Mantel an und schmückte sein Haupt mit einem Diadem. Dann bestieg er sein Pferd und streute unter das anwesende Volk mit eigener Hand Gold und Silber auf dem ganzen Weg von der Pforte der Vorhalle bis zu der Bischofskirche der Stadt mit der größten Freigiebigkeit aus. Und von diesem Tage an wurde er Konsul und Augustus genannt.

Gregor von Tours[20]

Durch die Einbindung des fränkischen Königs in das spätantike Ranggefüge machte der Kaiser den auf Dauer freilich vergeblichen Versuch, seinen Anspruch auf die imperiale Oberhoheit über alle Regionen des ehemaligen Römerreiches wenigstens protokollarisch durchzusetzen. Für Chlodwig, der die Herrschaft in Gallien kraft Kriegsrecht an der Spitze der fränkischen Heere angetreten hatte, bedeutete die Verleihung der römischen Würde die Anerkennung seiner Eroberungen durch den Kaiser, und er hat nicht gezögert, den Romanen dies durch den Staatsakt von Tours vor Augen zu führen. Nach deren Verständnis war Chlodwig nun nicht mehr nur der Anführer eines ziemlich barbarischen Eroberungsvolkes mit seltsamen Bräuchen, sondern auch der Rechtsnachfolger des römischen Kaisers. Dies mag es seinen romanischen Untertanen ermöglicht haben, sich mit der gewiß nicht immer leichten fränkischen Fremdherrschaft abzufinden. Man konnte die Dinge eben so sehen, wie es dem eigenen Selbstbewußtsein am zuträglichsten war.

Auch die reale Macht des fränkischen Königtums wuchs, denn im Zuge der Eroberung und Eingliederung von Gebieten, in denen die alte Kultur die Stürme der Völkerwanderungszeit mehr oder weniger überdauerte, übernahm es die Reste des römischen Staatsapparates, namentlich des Ämterwesens. Spätantike Ämter und römische Rangtitel lebten weiter, in der Hofverwaltung, der Regionalverwaltung und in der Kanzlei. Aber das fränkische Ämterwesen, in dem es anfangs sogar eine Ämterlaufbahn, einen Cursus honorum, gab, präsentiert sich nicht nur als eine Weiterentwicklung provinzialrömischer Institutionen; es nahm auch germanische Elemente in sich auf, vor allem aus der Sphäre des germanischen Herrenhofes, der Rechtsprechung und der Gefolgschaft. Die Treue gegenüber dem König wurde zu einem konstitutiven Bestandteil der Beziehungen zwischen Herrscher und Beherrschten.

Römisches Erbe war auch das fränkische Münzwesen. Im Frankenreich kursierten römische und byzantinische Münzen, aber auch merowingische Nachprägungen. Der angebliche Solidus (Schilling) des Kaisers Anastasius I. (491-518), der einem fränkischen Herrn als »Charonspfennig« mit ins Grab gegeben worden ist, erweist sich durch die fehlerhafte Inschrift als barbarische Imitation.

Da die befestigten Städte und Kastelle vielfach überdauerten, konnten sie in manchen Gegenden zum Mittelpunkt der Regionalverwaltung gemacht werden: folglich lebten im westlichen und südlichen Gallien die römischen Stadtbezirke, die »Civitates«, als Grafschaften weiter. Römische Bauwerke dienten, wenn nicht alles täuscht, den Merowingerkönigen als Residenzen, als Pfalzen, und es ist gewiß kein Zufall, daß das antike Palatium, die Kaiserresidenz, in dem deutschen Wort »Pfalz« auch sprachlich weiterlebt. Römisches Vorbild prägte das fränkische Münzwesen, wo das technisch-künstlerische Erbe der Antike besonders klar und nachhaltig fortwirkte; aber auch die Erhebung von Zöllen und Steuern, die Benutzung des Papyrus als Schreibmaterial und die Schriftlichkeit überhaupt sind antikes Erbe. Latein behauptete seinen Platz und etablierte sich als vornehmste und über weite Strecken fast einzige Schriftsprache der mittelalterlichen Welt.

Mögen die Franken als das Reichsvolk stark dominiert haben, schon früh umgaben sich die Merowingerkönige auch mit Männern gallo-romanischer Herkunft, denn sie erkannten rasch, daß das Reich, namentlich die Provinzen südlich der Loire, ohne die Hilfe der einheimischen Großen nur schwer zu regieren war. So rückte die alte gallo-romanische Führungsschicht, vor allem Männer aus den Familien des senatorischen Adels, allmählich wieder in wichtige Verwaltungspositionen ein; in der Kirche, auf den Bischofsstühlen, hatte sich der senatorische Adel ohnehin vielfach behaupten können. Gregor von Tours, dem wir das wichtigste Geschichtswerk dieser frühfränkischen Periode zu verdanken haben, war unverkennbar ein Mensch frühmittelalterlichen Zuschnitts. Einerseits stand er ganz in der spätantiken Tradition; andererseits aber war er in seinem ungehemmten Wunderglauben und in seiner unverhohlenen

Die Taufkapelle Saint-Jean in Poitiers ist eine der ältesten Kirchen des Abendlandes. Das im 4. Jahrhundert errichtete Baptisterium hat trotz mehrfacher Umbauten im 6. und 11. Jahrhundert seinen altchristlichen Charakter bewahrt. Es ist ein Zeugnis für die ungebrochene Kontinuität zwischen Antike und Mittelalter.

Bewunderung für die herrscherlichen Gestalten des merowingischen Königtums nicht nur ein Zeuge, sondern auch ein Produkt dieser Epoche zwischen den Kulturen.

Trotz aller Verluste an kulturellen, administrativen, wirtschaftlichen und geistigen Errungenschaften der Antike wird der Kulturzusammenhang zwischen der römischen Zeit und dem frühen Mittelalter gerade im Frankenreich deutlich spürbar.

Die römische Stadtkultur ging – trotz vieler Katastrophen für einzelne Städte und ganze Stadtlandschaften – nicht schlagartig und nicht spurlos zugrunde. Die Überlebenschancen der römischen Städte und Kastelle waren allerdings sehr unterschiedlich. Je früher, so darf man zusammenfassen, eine Landschaft von den Germanen erobert und besiedelt wurde, desto härter traf es die Städte, die geplündert, ihrer Bewohner beraubt und zerstört wurden. Mancher Römerort verschwand für immer, anderenorts blieb nur die Kontinuität der Ruinen oder des Namens. In Italien und im westlichen und südlichen Gallien blieb daher wesentlich mehr von der mittelmeerisch-antiken Stadtkultur erhalten als in den ehemaligen Rhein- und Donauprovinzen.

Die römische Stadt, die »Civitas«, war zugleich Bischofssitz. Daher gab es eine enge Verbindung zwischen städtischer und kirchlicher Kontinuität. Die Rolle der Civitates als Zentren des Christentums ist in Italien, dem südlichen und westlichen Frankreich deutlich erkennbar, aber auch im deutschen Raum ist eine Kontinuität des Bischofssitzes und frühchristlicher Gotteshäuser in Städten wie Trier, Köln, Mainz, Worms, Speyer und Straßburg nachzuweisen oder zumindest zu vermuten.

Ein anderes Element der Verbindung zwischen Antike und Mittelalter waren in der religiösen Sphäre die frühchristlichen Grabkirchen. Die altchristliche Kirche war in starkem Maße eine Kirche der Märtyrer, der Blutzeugen Christi. An den Märtyrergräbern haftete die christliche Tradition besonders stark und behauptete sich mancherorts auch in einer weitgehend heidnischen Umwelt. Diese Plätze konnten sogar in einzelnen Fällen zu Kristallisationskeimen für einen frühstädtischen Neubeginn werden, wie dies in Xanten der Fall ist, wo die mittelalterliche Stadt in Anlehnung an eine solche Memorialkirche erwuchs. Der Name Xanten ist entstanden aus dem lateinischen »ad sanctos« und bedeutet »bei den Heiligen«.

Vielleicht für die Zukunft nicht weniger wichtig als die differenzierten Kontinuitätsstränge im politisch-administrativen Bereich, im Städtewesen und in der kirchlichen Organisation war die Weitergabe kultureller Fähigkeiten und Errungenschaften auf der bescheideneren Ebene des täglichen Lebens: »Was in den Boden eingewurzelt war, wie der Weinstock, Grenzen, Stadtmauern, feste Steinbauten und manche Fertigkeiten des täglichen Lebens, das hat den Sturm der Völkerwanderung überdauert und auf die germanischen Eroberer eingewirkt.«[21]

Auf manchen Gebieten des Lebens waren die Kontinuitätsstränge so stark, daß der belgische Gelehrte Henri Pirenne die Zäsur zwischen Antike und Mittelalter nicht im Vordringen der Germanen sah, sondern erst in der Zerstörung der Einheit des Mittelmeerraumes durch das Ausgreifen der Araber.[22] Aber das Merowingerreich hatte von vornherein wenig mediterrane Züge und war trotz lateinischer Schriftlichkeit, einer von »Referendaren« geleiteten Königskanzlei, auf Papyrus geschriebenen Königsurkunden, Zöllen und Steuern doch kein römisch-antiker, sondern ein frühmittelalterlich-germanischer Staat.

So war die fränkische Reichskultur - wenn dieser recht prätentiöse Ausdruck zulässig ist - eine Symbiose, eine lebendige Mischung aus römisch-antiken, christlich-katholischen und fränkisch-germanischen Elementen. Von den Zentren in den westlichen Reichsteilen strahlte diese Kultur aus, wandelte sich, erlebte Verfalls- und Blütezeiten. Auf jeden Fall war sie von nicht zu unterschätzender Bedeutung für die Entwicklung des mittelalterlichen Europas.

Grabsteine aus dem 5. und 6. Jahrhundert beweisen, daß der christliche Glaube auch im Rhein-Main-Gebiet die Stürme der Germaneneinfälle überdauert hat. Der Grabstein eines zehnjährigen Jungen aus Wiesbaden zeigt eine Fülle von christlichen Symbolen: Das Monogramm Christi in den griechischen Buchstaben Chi und Rho, das Alpha und Omega, die Taube als Symbol des Heiligen Geistes und den Pfau als Sinnbild des ewigen Lebens.
Die Grabschrift in verderbtem Latein lautet: Hier ruht in Frieden Qualaquit, der 10 Jahre alt wurde (Hic quiescit in pace Qalaqit qui vixset an X).

Spätrömische Glasschale aus dem Grab eines fränkischen Herrn

Zu den handwerklich-technischen Fertigkeiten, die den Zusammenbruch der römischen Zivilisation in Gallien überdauerten, gehörte die Kunst der Glaserzeugung. Der hohe künstlerische Standard, den dieses Stück auszeichnet, konnte von den fränkischen Handwerkern allerdings nicht gehalten werden.

5. Germanen gegen Germanen

Fast frohlockend betrachtete der römische Geschichtsschreiber Tacitus den Kampf der Chamaver und Angrivarier gegen die Brukterer, der mit dem Untergang dieses Volkes endete. Der Kampf Germanen gegen Germanen schien ein Geschenk der Götter, und der Römer flehte die Olympier an, die Zwietracht unter den germanischen Stämmen fortdauern zu lassen: »Möge doch den Stämmen auf Dauer, wenn nicht Liebe zu uns, so doch der Haß gegeneinander erhalten bleiben, da uns unter dem gewaltigen Druck schicksalhafter Mächte, die das Reich bedrohen, das Glück keinen größeren Dienst erweisen kann als der Feinde Zwietracht.«[23]

Dieses Stoßgebet eines um das Reich besorgten Römers ist oft zitiert worden, mahnend und anklagend von denen, die die »deutsche Zwietracht mitten ins Herz« treffen wollten. Das römische Reich hat diese Zwietracht nicht gerettet; sie hat den Zusammenbruch der römischen Welt nur vollkommen gemacht. Die Völkerwanderung, zunächst charakterisiert durch den Einbruch landsuchender Wanderstämme in das Imperium, entartete bald zu einem Kampf um die Beute, den die neuen Herren gegeneinander ausfochten.

Die wechselvolle Geschichte dieser Kämpfe von Germanen gegen Germanen, die dem oströmischen Kaiser Justinian im 6. Jahrhundert im Mittelmeerraum die Chance zur Rückeroberung verlorener Gebiete bot, ist eines der großen Themen dieser Zeit. Aber auch die Franken stießen am Ende des 5. Jahrhunderts, als sie nach der Herrschaft über Gallien griffen, auf germanische Rivalen. Nach dem Sieg über Syagrius und der Okkupation seines Herrschaftsbereiches im Jahre 486 grenzte ihr Reich nämlich an die von den Westgoten und Burgundern beherrschten Gebiete. Die drohende kriegerische Auseinandersetzung zwischen den Franken und den Westgoten konnte der in Ravenna residierende Ostgotenkönig Theoderich der Große (471–526), der sich um ein stabilisierendes Bündnissystem zwischen den Königen der Germanen bemühte, zunächst noch einmal verhindern. Nicht verhindern konnte er den Kampf zwischen Franken und Alemannen, denn diese bedrängten von Osten her nicht nur das Burgunderreich, sondern gingen auch gegen die am Rhein siedelnden Franken, die Ripuarier, vor.

Eine fränkisch-alemannische Kraftprobe stand bevor, denn die Alemannen waren zu dieser Zeit noch eine Völkerschaft mit großer Expansivkraft. Hier mußten die Franken sich erst einmal behaupten, bevor sie den Entscheidungskampf gegen die Westgoten wagen konnten, den Entscheidungskampf um die Herrschaft über das heißbegehrte südliche Gallien, um Aquitanien, Septimanien und die Provence. Offenbar waren die Alemannen sogar die Angreifer; dem rheinfränkischen König Sigibert dem Alten, der in Köln residierte, brachten sie in der Schlacht bei Zülpich eine Niederlage bei. Der schwerverwundete König rief Chlodwig zu Hilfe, der, sieggekrönt und blutbefleckt, militärisch erfolgreich und erfahren, die Führung in dem alemannisch-fränkischen Ringen an sich riß. Ein Sieg über einen so gefährlichen – weil gleichartigen und gleichgesinnten – Feind mußte ihm auch im großfränkischen Stammesbund die Führungsrolle und eine hegemoniale Stellung zufallen lassen. Tatsächlich siegten die Franken, der alemannische König blieb auf dem Schlachtfeld; Chlodwig dagegen lebte im Gedächtnis der Mit- und Nachwelt als der große Sieger der Auseinandersetzung weiter.

Nur das Eingreifen Theoderichs, der den Mantel der ostgotischen Schutzherrschaft über das geschlagene Volk der Alemannen breitete, verhinderte vorläufig die vollständige Unterwerfung unter die fränkische Herrschaft. Auch in Auseinandersetzungen mit dem Reich der Burgunder war es Theoderich der Große, der den Begehrlichkeiten der Franken zunächst einen Riegel vorschob. Zwar war Chlodwig in langer und, wenn die Überlieferung nicht täuscht, sogar in glücklicher Ehe mit der burgundischen Königstochter Chrodehilde verbunden, aber das hinderte ihn nicht an dem Versuch, Streitigkeiten innerhalb des burgundischen Königshauses als Vorwand zum Eingreifen zu nutzen.

Theoderich der Große

Porträt auf einer Festmünze, die später zu einem Schmuckstück umgearbeitet wurde.

Die Burgunderkönige kamen diesmal noch davon, da auch die Westgoten unter König Alarich II. den Burgundern Schützenhilfe leisteten. Chlodwig vergaß diese Einmischung nicht. Im Jahre 507 fühlte er sich stark genug, die Rechnung mit den Westgoten zu begleichen. Unterstützt von den Rheinfranken unter Chloderich, dem Sohn Sigiberts des Alten, schlug er die Westgoten in der Schlacht von Vouillé bei Poitiers.[24] Alarich fiel, und bald konnte Chlodwig Aquitanien in Besitz nehmen und bis nach Toulouse vorstoßen. Nur mit ostgotischer Hilfe vermochten die Westgoten Septimanien mit Narbonne zu behaupten. Zugleich nutzten die Ostgoten die Gelegenheit und gliederten die Provence ihrem Reich an. Auf diese Weise sicherten sie sich die Kontrolle über die strategisch wichtigen Pässe der Seealpen.

Chlodwigs Alemannensieg – mag er nun die Initialzündung für das Bekenntnis zum Christengott gewesen sein oder nicht – lenkte die fränkische Expansionspolitik in eine neue Richtung und leitete den Ausgriff des merowingischen Frankenreiches nach Osten ein. Es war ein gleichsam atypischer, aber für die europäische Geschichte höchst folgenreicher Vorgang. Die Franken hatten ihr Reich zwar wie andere germanische Völker auch auf römischem Boden errichtet, ergänzten ihre nach Westen und Süden gerichtete Expansion nun aber durch eine Ausweitung ihres Siedlungs- und Herrschaftsraumes nach Osten. Die Stammesreiche der Alemannen und Thüringer wurden als selbständige Mächte ausgeschaltet; das »Regnum Francorum« wurde zum stärksten Machtfaktor in Europa. Nach der Eingliederung des bayrischen Stammesgebietes grenzte das Frankenreich im Osten an die Siedlungs- und Herrschaftsräume der Slawen und Awaren. Auch gegenüber den Friesen wurde zeitweilig eine Eroberungspolitik betrieben, vielleicht auch schon gegenüber Teilen des sächsischen Stammesverbandes.

Mag die Herrschaft der Merowingerkönige über die Gebiete östlich des Rheins auch recht locker gewesen sein, so wurde durch die fränkische Ostexpansion, wie man diesen Vorgang in Analogie zur hochmittelalterlichen deutschen Ostbewegung nennen könnte, das germanische Element innerhalb des Frankenreiches unzweifelhaft gestärkt. Daß dies beabsichtigt war, ist damit nicht gesagt. Der Historiker, der die Ereignisse von ihren Ergebnissen her sieht, ist leicht

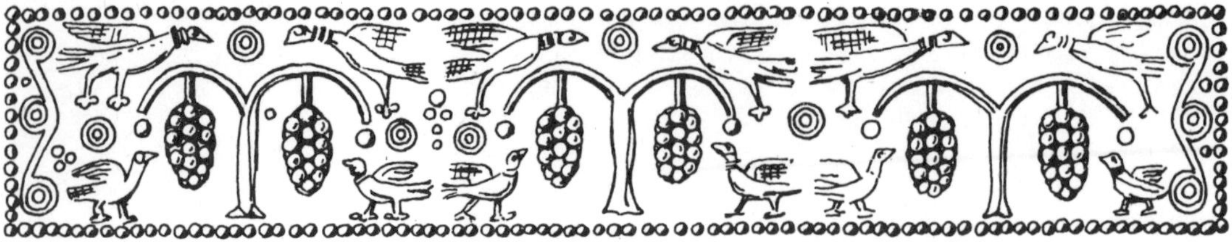

Stirnband des Spangenhelms von Stößen aus der ersten Hälfte des 6. Jahrhunderts

Der reichverzierte Helm stammt aus einer italienischen Werkstatt. Das vergoldete Stirnband zeigt die christliche Symbolik (Weintrauben und Vögel).

geneigt, hinter Geschehnissen wie der fränkischen Ostbewegung politische Konzeptionen, strategische Überlegungen oder gar eine planvolle Raumpolitik zu sehen. Es bleibt jedoch offen, wie weit die Ziele der Handelnden mit den bleibenden Folgen ihres Tuns übereinstimmten.

Die erste Phase dieser fränkischen Ostbewegung, die von beträchtlicher Bedeutung für die Entstehung Deutschlands und des deutschen Volkes werden sollte, fällt noch in die Konsolidierungsphase des Frankenreiches. Der Sieg über die Alemannen wurde von den Franken auch zur Gewinnung neuen Siedlungslandes genutzt, denn sie drängten die Alemannen nach Süden ab. Über die Vertreibung der Alemannen aus den nördlichen Teilen ihres Siedlungsgebietes berichten die schriftlichen Quellen nichts, aber an der Tatsache selbst ist kaum zu zweifeln, mögen auch alemannische Bevölkerungsreste zurückgeblieben und frankisiert worden sein.

Der Landhunger des fränkischen Stammes war offensichtlich am Ende des 5. und zu Beginn des 6. Jahrhunderts noch nicht gestillt, und ein Bevölkerungsüberschuß drängte nach außen. Die Franken nahmen das Land am Mittelrhein, Untermain, an Neckar und Tauber in Besitz, und auch die fruchtbare Wetterau wurde fränkisch. Dem gewundenen Lauf des Mains und der Fränkischen Saale folgend, schoben sie sich weiter nach Osten vor. Durch Herrschaftsbildung, administrative Durchdringung und siedlungsmäßige Erschließung dieses Raumes wurden die Fundamente für das spätere Herzogtum Ostfranken, die »Francia orientalis«, gelegt.

Die Ausdehnung nach Osten brachte die Franken in unmittelbare Berührung mit dem Reich der Thüringer, einem mächtigen Königreich mit dem Zentrum im Thüringer Becken und im Tal der Unstrut. Es reichte nach Norden bis zur Magdeburger Börde und zum östlichen Harzraum, im Osten weit über die Saale hinaus und im Westen bis ins Werratal. Der fruchtbaren Landschaft zwischen dem östlichen Harzvorland und Magdeburg haftete noch bis ins hohe Mittelalter der Name »Nordthüringgau« an, ohne Zweifel eine Erinnerung an die ursprüngliche Zugehörigkeit dieses Gebietes zum Thüringerreich. Nach Süden hatten die Thüringer vermutlich über den Thüringer Wald ausgegriffen, wie weit und wie intensiv, entzieht sich noch immer sicherer Beurteilung. Nach einer frühmittelalterlichen Quelle, dem sogenannten Geographen von Ravenna, waren Würzburg und Aschaffenburg zunächst alemannisch, die Flüsse Naab und Regen hingegen thüringisch. Beziehungen zu Thüringen spiegeln sich auch in den Orts- und Landschaftsnamen im Gebiet südlich des Thüringer Waldes wider, in den Dorfnamen auf -leben und -ungen und in den Gaunamen auf -feld. Gegen eine dichtere thüringische Besiedlung dieses Gebietes spricht hingegen der archäologische Befund, denn es gibt bisher relativ wenig eindeutig

thüringisches Fundmaterial, und da die hohe materielle Kultur der alten Thüringer archäologisch problemlos nachweisbar ist, stößt die Annahme, es handele sich bloß um eine Forschungslücke, auf gewisse Zweifel. Man kann eher annehmen, daß der Raum an Obermain, Naab und Regen bis zur Merowingerzeit zwar unter thüringischer Oberhoheit gestanden hat, aber nur schwach besiedelt war.

Die thüringisch-fränkischen Beziehungen gestalteten sich offenbar schon zu Beginn des 6. Jahrhunderts unfreundlich. Noch konnten die Thüringer Rückhalt bei Theoderich dem Großen finden. Er griff immer wieder schlichtend in die Kämpfe zwischen den germanischen Königen ein, auf diplomatischem Wege oder auch mit Waffengewalt. Sein Ziel war es wohl, ein dauerhaftes Bündnissystem zu schaffen, vor allem durch die Herstellung verwandtschaftlicher Beziehungen zwischen den germanischen Königsdynastien. Theoderichs ostgotische Königssippe, die Amaler, galt als die vornehmste Familie der germanischen Welt, und eine Verschwägerung mit ihr hob den Rang der anderen Dynastien. Theoderich selbst hatte Chlodwigs Schwester Audofleda geheiratet und auch mit den Königssippen der Westgoten, Vandalen, Thüringer und Burgunder Heiratsverbindungen geknüpft. 510 gab er seine Nichte Amalaberga dem Thüringerkönig Herminafried zur Frau. Den Herulerkönig Rodulf machte er durch die Übergabe von Pferden und Waffen zu seinem »Waffensohn«. Ganz offenbar sollten die germanischen Dynastien durch Versippung zu einer »Familie der Könige« gemacht werden. Wollte Theoderich der Große die Germanen

Ostgotische Funde aus Thüringen

Die ostgotische Prinzessin Amalaberga wurde 510 auf ihrer Brautfahrt zu dem Thüringerkönig Herminafried von einem großen Gefolge begleitet. Die engen Beziehungen zwischen Thüringen und dem Ostgotenreich gehen auf dieses Ereignis zurück.

unter seiner hegemonialen Gewalt einigen, oder ging es ihm nur um die Sicherung der ostgotischen Herrschaft in Italien? Wir wissen es nicht. Auf jeden Fall gelang es ihm, der fränkischen Expansion an einigen wichtigen Punkten Einhalt zu gebieten.

Für die Thüringer bedeutete die Einbeziehung in das Bündnissystem Theoderichs nur eine Atempause. Mit dem Tod des überragenden Ostgotenherrschers 526 brach das komplizierte Geflecht zusammen. Die Franken, inzwischen geführt von den Chlodwig-Söhnen Theuderich I. (511-533), Chlodomer (511-524), Chlothar I. (511-561) und Childebert I. (511-558), Männern von nicht weniger kriegerischer Gesinnung als ihr Vater, setzten ihre aggressive Politik fort. Für die Thüringer wirkte sich nun der Machtverlust durch die Teilung ihres Reiches unter die drei Söhne des Königs Bessinus aus, die sich in brüderlichen Rivalitäten aufgerieben hatten, auch wenn der Bericht Gregors von Tours darüber höchst sagenhafte Züge trägt.[25] Zwar war es ihrem Nachfolger, König Herminafried, der mit Theoderichs Nichte Amalaberga vermählt war, gelungen, das Reich wieder in seiner Hand zu vereinigen, aber er hatte sich dabei wohl der Hilfe der Franken bedient, und die Geister, die er gerufen hatte, wurde er nun nicht mehr los. Im Jahre 531 gewann Theuderich seinen Bruder Chlothar zum gemeinsamen Angriff auf Thüringen, und auch Teile der Sachsen wurden offensichtlich als willkommene Bundesgenossen angeworben. Die Thüringer verloren die entscheidende Schlacht. Die vollständige Ausnutzung des Sieges durch die Franken wurde nur dadurch verhindert, daß Theuderich von einem Aufstand in der Auvergne überrascht wurde, den er erst niederschlagen mußte. Unstimmigkeiten zwischen Theuderich und Chlothar kamen hinzu, so daß sich König Herminafried in Sicherheit bringen konnte. Drei Jahre später, 534, lockte ihn Theuderich nach Zülpich, angeblich zu Verhandlungen, in Wahrheit, um ihn zu ermorden. Heimtückisch stieß er ihn mit eigener Hand von einer Mauer.

Das glänzende Reich der Thüringer war zerstört. Wie tief der Fall war, wie blutig das Ende für das Volk der Thüringer, wie groß der Schmerz der Überlebenden, davon zeugen die Worte, die der spätrömische Dichter Venantius Fortunatus noch Jahrzehnte später der thüringischen Prinzessin Radegunde in den Mund legte:

Wie rasch stürzen stolze Reiche zu Boden! Lang sich hinziehende Dachfirste, die in Zeiten des Glücks da gestanden haben, liegen nun, durch die furchtbare Niederlage gebrochen, verbrannt am Boden. Die Halle, die vorher in königlichem Schmuck geprangt hatte, bedeckt jetzt an Stelle der gewölbten Decke, Trauer erregend, glühende Asche. Hochragende schimmernde Dächer, die von rötlichem Metall erglänzten, hat graue Asche niedergedrückt. Fürsten werden gefangen unter Feindesgewalt hinweggeführt, hoher Ruhm sinkt in elenden Staub hernieder. Die im Jugendalter prangende Schar kämpfender Jungmannen hat ihr Leben vollendet und liegt im schmutzigen Staube des Todes. Die dichtgedrängte Reihe der vornehmen Königsgefolgschaft hat weder Grab noch Totenehren: Das flammende rote Gold mit ihrem Haar noch überstrahlend, liegen sie mit bleichen Gesichtern auf dem Boden hingestreckt. Ach, welch Verhängnis! Unbeerdigt bedecken die Leichen das Feld, und so liegt das ganze Volk in einem einzigen Grab. Nicht allein Troja hat seinen Untergang zu beweinen; ein ebensolches Blutbad hatte auch das Thüringer Land zu erleiden. Hier wird eine würdige Frau an den flatternden Haaren fortgerissen und kann von den heimischen Göttern keinen trauervollen Abschied nehmen, nicht durfte der Gefangene einen Kuß auf die Haustür drücken und die, welche noch schauen wollten, nicht das Antlitz nach der Behausung zurückwenden. Der nackte Fuß der Gattin trat in das Blut des erschlagenen Gatten, und die zärtliche Schwester schritt vorüber an dem am Boden liegenden Bruder. Aus den Armen der Mutter gerissen, hing der Knabe an ihr nur noch mit seinem Blick, und niemand wusch unter Wehklagen seine Leiche. Weniger bedeutet es, durch ein schweres Geschick so das Leben des Sohnes zu verlieren, aber mütterliche Tränen verlor auch die Mutter unter Seufzern. Nicht kann ich, zumal als Angehörige eines fremden Volkes, das Wehklagen anderer erreichen und ganz aufgelöst im Tränensee schwimmen. Ein jeder hat sein eigenes Leid gehabt, ich allein aber das Leid aller: Der Schmerz des Reiches ist zugleich mein eigener Schmerz. Gut gemeint hat es das Geschick mit den Männern, welche der Feind getötet hat - ich allein habe alle überlebt und lebe, um sie zu beweinen.[26]

Lesepult der heiligen Radegunde aus dem Kloster Saint-Benoît

Das Lamm Gottes ist von den Evangelistensymbolen, dem Monogramm Christi, Kreuzen und Vögeln umgeben.

Dies ist die bewegende Klage einer Frau über einen Krieg, der über weite Strecken ein Vernichtungskrieg war, der Tod, Schande, Verschleppung und Sklaverei über ein Volk brachte, das zuvor reich, stolz und mächtig gewesen war. Radegunde, die Nichte des letzten Thüringerkönigs Herminafried, hatte offensichtlich den Kampf um die thüringische Königsburg gesehen und ihre Zerstörung miterlebt. Das junge Mädchen gehörte zur Beute der Franken; Chlothar nahm sie gegen ihren Willen zur Frau, denn mit dieser Ehe konnte er ein legitimes dynastisches Recht auf die Herrschaft über Thüringen anmelden. Der Mord an ihrem Bruder, den ihr Gemahl befohlen hatte, veranlaßte die Königin zur Flucht zum Bischof Medardus von Noyon. Die Kirche bot ihr Asyl. Nach der Scheidung von Chlothar nahm sie den Schleier und führte ein Leben in strenger Askese. 587

starb sie in dem Frauenkloster, das sie vor den Toren von Poitiers gegründet hatte, weit entfernt von ihrer thüringischen Heimat, die sie nie wiedergesehen, aber auch nie vergessen hat. Die erste historisch greifbare Thüringerin, deren Leben uns farbig entgegentritt, fand Verehrung als Heilige der katholischen Kirche.

Die Klage der Prinzessin Radegunde über das furchtbare Ende des Thüringerreiches war poetisch überhöht und dramatisch übersteigert, eine Fiktion war sie nicht. Die Niederlage der Thüringer gegen die Franken hatte für das Land und seine Menschen Folgen, von denen es sich nicht erholen sollte. Die waffenfähigen Männer waren wohl zum großen Teil gefallen, aber auch Frauen und Kinder müssen Opfer des blutigen Kampfes geworden sein; Verschleppung, Versklavung und Umsiedlung der Überlebenden waren in jener Zeit selbstverständlich. Selbst in den thüringischen Kerngebieten, im Thüringer Becken und im Unstrutraum, nahm die Bevölkerung spürbar ab.

Die Franken selbst waren keineswegs in der Lage, das alte Reich der Thüringerkönige in seiner ganzen Ausdehnung zu behaupten und zu beherrschen. In das ehemals thüringische Siedlungsgebiet zwischen Unstrut und Ohre haben die Merowingerkönige vermutlich bald alemannische, chattische und friesische Stammessplitter verpflanzt, von deren Existenz die Landschaftsnamen »Schwabengau«, »Hassegau« und »Friesenfeld« Zeugnis ablegen. Später ist der Raum dann unter die Herrschaft der südwärts drängenden Sachsen geraten. Das sind Vorgänge, die sich in einem doch recht entlegenen Winkel des großfränkischen Herrschaftsraumes abspielten, und dementsprechend bleibt vieles im dunkeln und gibt der Phantasie einen weiten Spielraum.

Die Räume östlich der Saale wurden von ihren thüringischen Bewohnern offensichtlich freiwillig geräumt und von den nach Westen vordringenden slawischen Stämmen in Besitz genommen. Die Gebiete südlich des Thüringer Waldes, die ohnehin wohl nur wenig bevölkert waren, standen der Besiedlung durch fränkische Kolonisten offen, die von Westen her in das Maingebiet kamen. Von Nordosten drangen slawische Siedlergruppen bis an den oberen Main und die Rednitz vor, die in karolingischer Zeit bezeugten »Main- und Rednitzwenden«. Die Thüringer wurden also in den Raum zurückgedrängt, an dem noch heute der Name Thüringen haftet, in das Gebiet zwischen dem Thüringer Wald im Süden, dem Werraland im Westen, dem Harz und der Unstrut im Norden und dem Saaletal im Osten.

In jenen Tagen, in denen das Reich der Thüringer dem Angriff der Franken und Sachsen erlag, waren die Chlodwig-Söhne nicht nur ständig bereit, die Grenzen ihrer Teilreiche gegen die Nachbarn, sondern auch gegeneinander vorzuschieben. Schon 523 unternahmen sie, wenn auch nicht in brüderlicher Einigkeit, denn Theuderich war mit einer burgundischen Prinzessin, einer Tochter des Burgunderkönigs Sigismund, verheiratet, einen Angriff auf das Reich der Burgunder. Die Franken unter König Chlodomer errangen einen großen Sieg; Sigismund (516–523) geriet in fränkische Gefangenschaft und wurde zusammen mit seiner Frau und seinen Söhnen von Chlodomer ermordet. Aber dem Bruder des ermordeten Burgunderkönigs, Godomar, gelang es, die Burgunder erneut zu sam-

Der Burgunderkönig Sigismund fand im Kloster Saint-Maurice-d'Agaune im Wallis seine letzte Ruhestätte. Auf einem kostbaren Schrein aus der ersten Hälfte des 12. Jahrhunderts ist der thronende König mit Krone und Zepter dargestellt. Vor ihm sein Schwertträger und Leute seines Gefolges.

meln und zum Sieg in der Schlacht bei Vezéronce (524) zu führen, in der Chlodomer den Tod fand. Chlodomers Reichsteil wurde von seinen Brüdern in Besitz genommen, seine Söhne wurden entweder ermordet oder zum Eintritt in den geistlichen Stand gezwungen.

Die Kämpfe gegen die Thüringer und gegen die Westgoten, die fast ganz nach Spanien abgedrängt wurden – nur Septimanien blieb westgotisch –, gewährten den Burgundern noch einmal eine Atempause. 532 erfolgte ein neuer Angriff durch Childebert und Chlothar. Sie schlugen Godomar bei Autun und nahmen das Burgunderreich in Besitz; auch Theuderich erlangte einen Anteil, obwohl er den Kämpfen zumindest zu Anfang ferngeblieben war. Das Burgunderreich – der Landschaftsname Burgund erhielt sich über die Jahrhunderte, hatte allerdings nicht immer den gleichen Inhalt – wurde zum integralen Bestandteil des Frankenreiches und bildete mehrfach das Kerngebiet eines der merowingischen Reichsteile.

Die Burgunder, schon früh kulturell und vor allem sprachlich romanisiert, fühlten sich dennoch weiterhin als besondere ethnische Gruppe, als ein »Stamm«. Sie bewahrten sich ihr burgundisches

Stammesrecht, die Lex Burgundionum, auch Lex Gundobada genannt.[27] Ihre Oberschicht spielte nach einigen Jahrzehnten neben der fränkischen Aristokratie wieder eine wichtige Rolle in Politik und Gesellschaft des Frankenreiches.

Auf die Unterwerfung des Burgunderreiches, die zwischen 532 und 534 vollzogen wurde, folgte schon zwei Jahre später, um 536/37, die Eingliederung des alemannischen Siedlungsgebietes in das Frankenreich. Das alemannische Königtum war mit dem Tode des letzten Königs, von dem nicht einmal der Name überliefert ist, in der Schlacht gegen Chlodwig erloschen. Nun wurde das Stammesgebiet zu einer Provinz, einem Dukat, des fränkischen Reiches.

6. Germanische Völker auf deutschem Boden

Denn was war dieses Deutschland anderes als das östliche Kolonialvorfeld des gallo-römischen und germanischen Frankenreichs an der Loire, an der Seine und am Rhein. Deutsche Geschichte beginnt als die Geschichte eines Koloniallandes, als Land der Rodung, wo mit Siedlungsinseln Herrschaft entstand, aber auch als die Geschichte von Stämmen, somit als die Geschichte eines Volkes, das in einem altertümlichen Stile befangen war und befangen blieb, im Stile der Völkerwanderungszeit noch im zehnten, elften und zwölften Jahrhundert.[28]

Hermann Heimpel, 1954

Chlodwig, seine Söhne und Enkel hatten ein gewaltiges Reich geschaffen, einen Herrschaftsraum, der sich über einen großen Teil des westlichen und mittleren Europas erstreckte. Voller Stolz schrieb König Theudebert I. (533-547/48), der tatkräftigste und kühnste unter den Chlodwig-Enkeln, an den byzantinischen Kaiser Justinian (527-565), er herrsche über die Franken und die Westgoten, über die Thüringer, Sachsen und Jütländer, über Norditalien und Pannonien, sein Reich reiche von den Küsten der Nordsee bis an die Ufer der Donau.[29]

Der Kaiser in Byzanz, im Begriffe, wenigstens die mediterranen Provinzen des alten römischen Reiches zurückzuerobern, hatte sich bei dem Frankenkönig nach der Ausdehnung seines Herrschaftsbereiches erkundigt und erhielt nun um 545 diese stolze, gewiß auch etwas übertreibende Antwort, denn Theudebert herrschte in Wahrheit nur über das Teilreich Austrien. Aber die byzantinisch-ostgotischen Kämpfe um Italien gaben ihm Gelegenheit, sich in den Westalpen, in Ligurien und Venetien festzusetzen, und am Ende hatte er sich einen alpenübergreifenden Herrschaftsraum geschaffen. Zum Entsetzen der Byzantiner begann der selbstbewußte Frankenherrscher sogar Goldmünzen im eigenen Namen und mit eigenem Bilde prägen zu lassen, also ein kaiserliches Vorrecht und damit kaiserlichen Rang für sich in Anspruch zu nehmen.

Politische, genealogisch-dynastisch bedingte Zersplitterung und ethnische Vielfalt waren wichtige Kennzeichen dieses merowingischen Frankenreiches. Es war ein Vielvölkerstaat, aber trotz der gewaltsamen Art und Weise seiner Entstehung kein »Völkergefängnis«, denn die Franken schonten die gentile Substanz und das Stammesbewußtsein der unterworfenen Völkerschaften, ließen ihnen ihre Eigenart in Sprache und Recht, Sitte und Brauchtum, Tracht und Bewaffnung. Das galt für die germanischen Volksgruppen wie für die Burgunder und die unter fränkische Herrschaft geratenen Volksteile der Westgoten, für Alemannen und Bayern, Thüringer und Friesen, später dann auch für Langobarden und Sachsen, die freilich erst von Karl dem Großen besiegt und unterworfen wurden.

Dies galt aber auch für die provinzialrömische Bevölkerung, die Romanen Galliens und der anderen ehemaligen römischen Provinzen. Der fränkische Vielvölkerstaat, durch Eroberungskriege geschaffen und - wie sich zeigen sollte - nur durch die ständige Kriegsbereitschaft seiner Herrscher und ihrer Helfer zusammenzuhalten und zu beherrschen, bot dennoch den Völkern und Stämmen Raum zum Eigenleben.

Es war auch ein Reich, dessen einzelne Regionen keine einheitlichen geschichtlichen Traditionen besaßen, ein Reich der Vielfalt auf fast allen Gebieten des politischen, wirtschaftlichen, sozialen und kulturellen Lebens. Die nahezu tyrannische Gewaltherrschaft, die die merowingischen Heerkönige ausübten, erstreckte sich nicht gleichmäßig über alle Teile des Reiches. Zur Herrschaftsausübung bedurften sie der Hilfe der Reichsaristokratie und lokaler Führungsschichten, deren Autonomiebestrebungen immer wieder gefährlich wurden. Dazu kam ein starkes west-östliches Kulturgefälle. In den ehemaligen römischen Grenzprovinzen an Rhein und Donau, die von den Franken in Besitz genommen worden waren, hatte antikes Kulturgut nur in Bruchstücken überdauert; die Räume jenseits von Rhein, Limes und Donau, die »Germania libera«, hatten aber nie zum römischen Reich gehört und nie die mediterrane Zivilisation kennengelernt. Schon die kulturellen Unterschiede zwischen dem von den Franken früh eroberten und besiedelten Nordfrankreich und den noch immer von spätrömischen Traditionen durchdrungenen westlichen und südlichen Provinzen, besonders Aquitanien, Burgund und der Provence, waren fühlbar genug, und noch weit stärker war das Gefälle gegenüber den Siedlungsgebieten der germanischen Stämme östlich des Rheins.

So überrascht es nicht, daß die Geschichtsschreiber der Merowingerzeit kaum etwas über Ereignisse in den östlichen Regionen des Reiches zu erzählen wissen. Als wilde und halb barbarische Völkerschaften erschienen den westfränkischen Chronisten die Stämme jenseits des Rheins, die »gentes ultra Rhenum«. Die Könige boten sie zwar zur Heerfahrt auf, riefen sie in höchster Not zu Hilfe, um in einer verzweifelten Situation doch noch bestehen zu können, aber es waren ungestüme Krieger, die da heranrückten, zügellos selbst nach den Maßstäben dieses an Brutalität gewöhnten Zeitalters.

Selbst kamen die Könige höchst selten in die Stammesgebiete jenseits des Rheins. Nur auf der Heerfahrt durchzogen sie das Land, um einen Feind an den Grenzen zu bekämpfen, Aufstände und Rebellionen niederzuschlagen. Pfalzen und Königshöfe gab es dort wohl nicht. Von keinem Hoftag, keiner Reichsversammlung wird berichtet, daß sie an einem Ort im Gebiet östlich des Rheins stattgefunden hätte. Dennoch muß man sich hüten, die östlichen Teile des Merowingerreiches nur mit den Augen der zivilisationsbewußten westfränkischen Geschichtsschreiber zu sehen. Die gesellschaftlichen Zustände waren vielleicht so primitiv nicht, und von der fränkischen Verwaltungsorganisation und Reichskultur war vielleicht doch mehr an die östlichen Stämme weitergegeben worden, als es auf den ersten Blick scheint.

Als König Theudebert um die Mitte des 6. Jahrhunderts seinen ebenso berühmten wie schwer deutbaren Brief an Kaiser Justinian richtete, waren das gesamte Siedlungsgebiet der Alemannen, das

Stammtafel der Merowinger

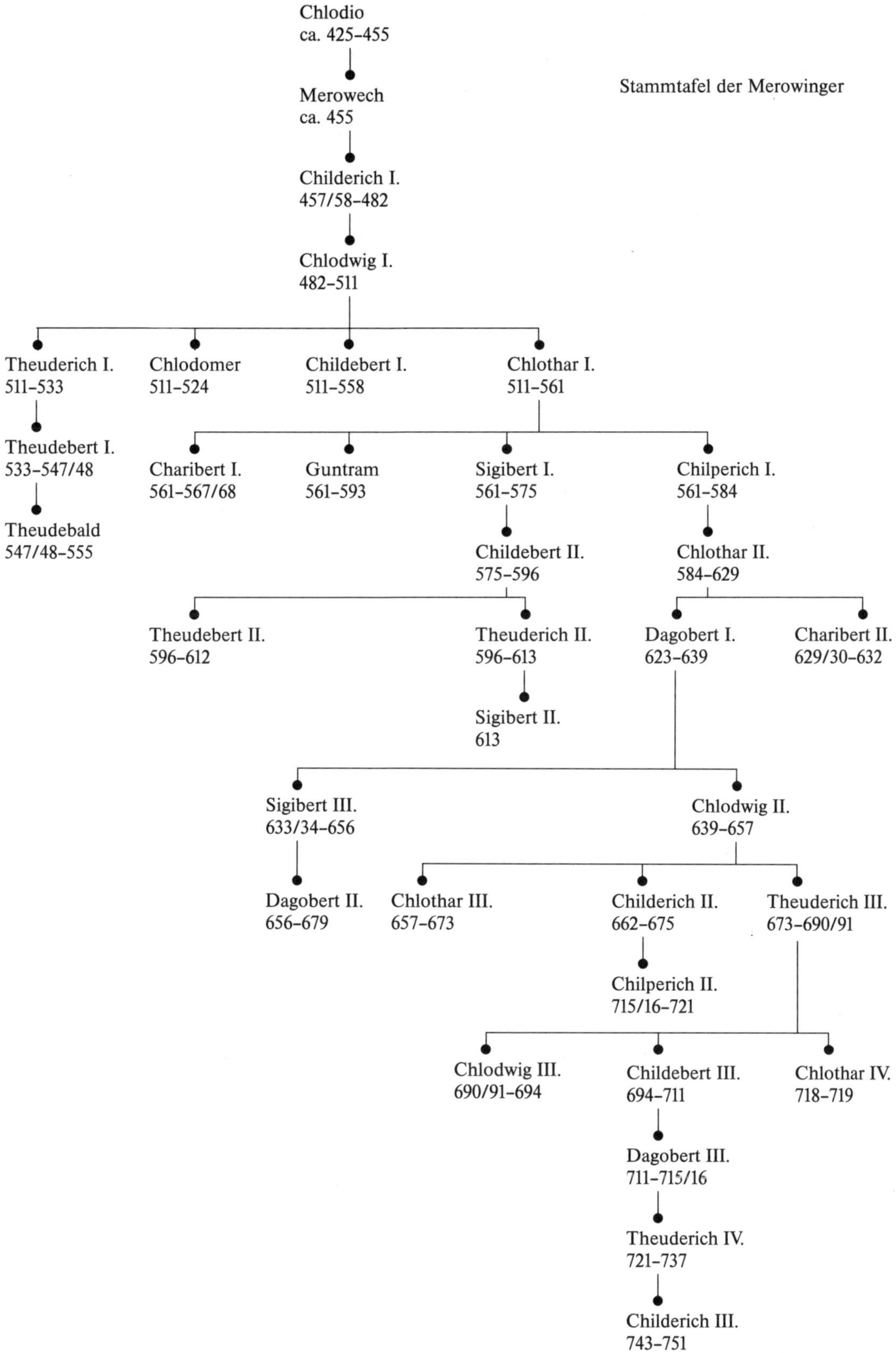

Kerngebiet des ehemaligen thüringischen Königreiches und die zwischen diesen beiden Stammesgebieten liegende Zone am mittleren und am oberen Main der fränkischen Herrschaft unterworfen. Auch das Siedlungsgebiet der Bayern wurde von Theudebert zu seiner Herrschafts- und Interessensphäre gerechnet, obgleich der Name des bayrischen Stammes noch nicht genannt wird. Wenn der König freilich die Sachsen und Jüten zu seinen Untertanen zählte, so war wohl Prahlsucht im Spiel; die fränkische Macht dürfte keinesfalls bis auf die Jütische Halbinsel gereicht haben. Hingegen hatten die Friesen im Verlauf des 6. Jahrhunderts die Oberhoheit der fränkischen Könige anerkennen müssen. Ob dies mehr als eine lockere hegemoniale Oberhoheit war, bleibe dahingestellt; war doch der Dichter Venantius Fortunatus, der Chilperich I. (561–584) als Herrscher auch über die Friesen feierte, ein Hofpoet, dem man Übertreibungen durchaus zutrauen kann.

Die Folgen, die die Ausdehnung der fränkischen Herrschaft über die östlichen Germanenvölker hatte, sind nur in groben Umrissen zu erkennen. Auch in die politischen Schicksale gewinnen wir nur selten Einblick, eher zufällig und manchmal episodenhaft. Reicher als das, was auf dem Pergament überliefert wird, sind die Schätze, die nach und nach die Erde preisgibt, die Gräber, in denen unsere Vorfahren ruhen, die Männer im Schmuck ihrer Waffen, die Frauen in reicher Tracht. Wir gewinnen Einblicke in das Wirtschaftsleben, erahnen hinter importiertem Kulturgut weitreichende Handelsbeziehungen, bewundern das handwerkliche Geschick und den künstlerischen Gestaltungswillen der Menschen jener fernen Zeit, erkennen aber auch, daß es Reiche und Mächtige gab, Arme und Schwache, eine ganze Skala von Abstufungen in einer wirtschaftlich und sozial gegliederten Gesellschaft.

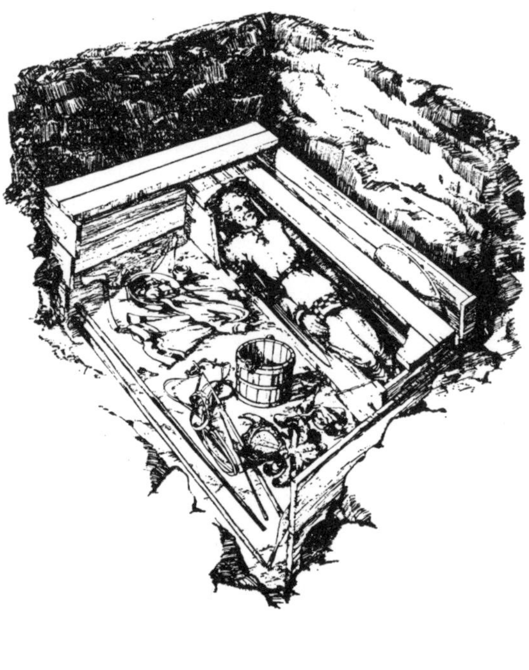

Grab eines fränkischen Edlen (Rekonstruktion der Grabkammer) aus der Zeit um 600

Die Grabbeigaben wie Kleidung und Waffen, Ton- und Glasgefäße, Speise und Trank sind Ausdruck des heidnisch-germanischen Glaubens an ein Leben im Jenseits. Der Tote sollte dort den gleichen hohen Rang einnehmen wie im Diesseits.

Das Prunkstück des »Fürstengrabes von Morken« ist dieser Spangenhelm. Nur große Herren konnten sich derartige kostbare Stücke leisten.

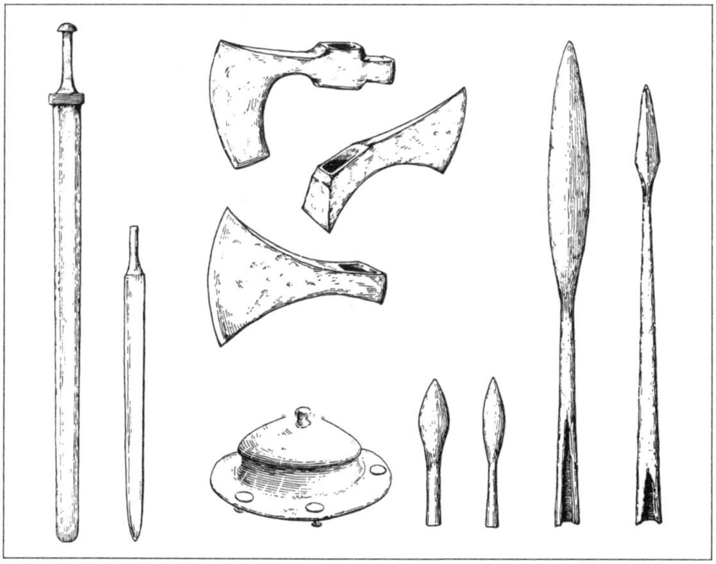

Waffen aus Thüringergräbern: Langschwert (Spatha), Kurzschwert (Sax), Streitaxt, Lanze, Pfeilspitzen und Ango. Der Ango war ein Speer mit einem eisenbeschlagenen Schaft. Der Schild aus Holz und Leder war mit einem eisernen Schildbuckel bewehrt. Unter den verschiedenartigen Streitäxten findet sich auch die Franziska, die fränkische Wurfaxt.

Wie erging es beispielsweise den Thüringern, dem Volk an der Peripherie des Merowingerreiches? Ihre Stellung war prekär: Von den Franken besiegt und unterworfen, von den Sachsen bedrängt und wohl auch bedroht von den nach Westen strebenden Slawen, hinter denen bald die Awaren in Erscheinung treten sollten. Mit der Ermordung König Herminafrieds verloren die Thüringer ihre monarchische Spitze. Das bedeutete viel, denn im eigenen Königtum sah sich der Stamm verkörpert, sein völkisches Selbstbewußtsein wurde vom Verlust des Königs tief getroffen. Das Königsheil, die heidnisch-magische Vorstellung vom König als dem Mittler zu den alten Göttern, war wichtig für das Wohl des ganzen Volkes. Der König, dem die Thüringer seither zu gehorchen hatten, der »rex Francorum«, entstammte einer fremden Königssippe, und er war fern.

Die Herrschaft über die Thüringer konnte von den Franken anfangs offenbar nur mit Gewalt behauptet werden. Die Ehe König Chlothars mit Radegunde legitimierte die fränkische Herrschaft in den Augen der Thüringer wohl nicht in dem von den Franken gewünschten Maße. Der Bruder der Königin mußte sterben, weil die neuen Herren in ihm, einem legitimen Sproß des thüringischen Königshauses, eine Gefahr sahen. Leicht hätte er zur Integrationsfigur für eine antifränkische Opposition werden, vielleicht selbst den Versuch wagen können, den Thron seiner Väter zurückzugewinnen. Abwegig waren solche Gedanken gewiß nicht, denn die spärlichen Quellen berichten von Aufständen und ihrer blutigen Niederschlagung durch fränkische Heere.

Im Jahre 555 unternahm Chlothar I., der am längsten lebende der Chlodwig-Söhne (511–561), einen Feldzug gegen die Sachsen, die sich angeblich gegen die fränkische Oberhoheit erhoben hatten. Vielleicht waren es sächsische Siedlergruppen, die sich nördlich der Unstrut auf dem Boden des ehemaligen Thüringerreiches niedergelassen hatten und die unter einer lockeren fränkischen Tributherrschaft standen. Die Franken siegten und verwüsteten auf einem Rachezug auch das Land der Thüringer, die den Sachsen Hilfe geleistet hatten. Schon im nächsten Jahr mußte der König erneut gegen die Sachsen zu Feld ziehen, denn sie hatten ihre Tributpflicht als so drückend empfunden, daß sie sich zum zweiten Male dagegen empörten. Sie baten aber rasch um Frieden, als der König mit einem überlegenen Aufgebot heranrückte. Chlothar war geneigt, ihre Unterwerfung anzunehmen, aber seine Krieger wollten nicht auf den Kampf, auf Ruhm, Ehre und Beute verzichten und zwangen ihn, die Schlacht zu eröffnen. Die Strafe blieb nicht aus. Das fränkische Heer erlitt große Verluste und konnte sich nur deshalb retten, weil die Sachsen trotz ihres Sieges verhandlungsbereit blieben. Auf 500 Rinder als jährlichen Tribut hat man sich damals geeinigt.[30]

Auch Chlothars Sohn und Nachfolger im austrischen Reichsteil, König Sigibert I. (561–575), verlor Thüringen nicht aus den Augen. 562 kam es zu Kämpfen zwischen den Franken und den Awaren, die sich im östlichen Thüringen abspielten. Sigibert errang einen Sieg, nach dem Bericht des langobardischen Geschichtsschreibers Paulus Diakonus in der Nähe der Elbe.[31]

Gewiß waren es in der Mitte des 6. Jahrhunderts stets kriegerische Aktionen, die die fränkischen Herrscher in den thüringischen Raum

Der »Dagobertsthron«

Der Faltstuhl (Faldistorium) stammt aus der Antike. Sein Gebrauch war den höheren Beamten und dem Kaiser vorbehalten. Im Mittelalter diente der mit Löwenköpfen und Tierfüßen geschmückte Faltstuhl als Thronsessel und als Sitz weltlicher und geistlicher Würdenträger. Der sogenannte Dagobertsthron ist vielleicht ein Werk der Aachener Gießhütte aus der Zeit Karls des Großen. Im Hochmittelalter diente er als Krönungssessel der französischen Könige, Napoleon ließ ihn 1804 anläßlich seiner Kaiserkrönung restaurieren.

riefen, aber dies ist ein Zeichen dafür, daß sich die tatkräftigen und kühnen Söhne und Enkel des großen Chlodwig auch um die periphersten Regionen ihrer Reiche kümmerten und vor den mühsamsten und gefahrvollsten Heerfahrten nicht zurückschreckten. Die Kriegslust und Beutegier der fränkischen Krieger, der Heermannen, für die es Beispiele in Hülle und Fülle gibt, taten ein übriges.

Die nächsten Jahrzehnte waren im Reich der Merowinger erfüllt vom Kampf der Könige gegeneinander, von Machtkämpfen und Fehden rivalisierender Adelsgruppen und inneren Wirren mannigfaltiger Art. Die ostrheinischen Völker dienten den Merowingern als Hilfstruppen in den Bruderkriegen, führten sonst aber ein Eigenleben. Erst mit der Wiederherstellung der merowingischen Königsmacht durch Dagobert I. (623–639) änderte sich das. Während seiner Regierungszeit rückte der Osten wieder in den Gesichtskreis der fränkischen Reichspolitik.

Unter Dagoberts Waffengängen ragt der großangelegte, trotzdem aber erfolglose Feldzug gegen den slawischen Herrscher Samo und sein Reich heraus.[32] Schon der Anlaß zu diesem Unternehmen in Richtung Osten, die Ermordung und Beraubung fränkischer Kaufleute in diesem fernen Slawenreich, läßt erkennen, daß Dagobert die fränkischen Belange in weitreichendem Maße zu wahren suchte und darunter eben auch den Schutz der eigenen Untertanen innerhalb eines fremden Machtbereiches verstand. Da Samo, der selbst fränkischer oder burgundischer Herkunft war und sich als Anführer einer Rebellion slawischer Stämme gegen ihre grausamen awarischen Herren zum König aufgeschwungen hatte, jede Genugtuung und Sühneleistung verweigerte, mußte Dagobert zu den Waffen greifen. Er gewann die Langobarden als Bundesgenossen, bot die Alemannen unter ihrem Herzog Chrodobert auf und führte in eigener Person das fränkische Hauptheer in Richtung Osten. Die Langobarden operierten wohl im Süden des Samoreiches, das sich bis zum Ostalpenraum erstreckte, während Dagobert durch die Mainlande nach Böhmen vordrang. Nur Langobarden und Alemannen verzeichneten Erfolge, der König hingegen erlitt bei der »Wogastisburg«, wohl in Böhmen in der Gegend um Eger, eine schwere Niederlage und gab den Versuch, Samo zu unterwerfen, auf.

Diese Niederlage hatte für Thüringen und wahrscheinlich auch für das östliche Franken verheerende Folgen. Nun drangen die Slawen mehrfach ins Reich ein. Dervan, der Fürst des slawischen Stammes der Sorben, die im Raum zwischen Saale und Elbe heimisch waren, vertauschte die fränkische Oberhoheit gegen die des siegreichen Samo. Der Abfall des Sorbenfürsten traf die fränkischen Interessen hart und wurde von Dagobert offenkundig als eine ernsthafte Bedrohung der Ostflanke des Reiches angesehen, denn er entschloß sich schon 631, also etwa ein Jahr nach der Niederlage bei der Wogastisburg, erneut zum Angriff. Diesmal bot er die Austrier auf und verstärkte sein Heer durch Kontingente aus Neustrien und Burgund unter Führung der dortigen Herzöge und Grafen.

Von Metz aus zog Dagobert über die Ardennen nach Mainz, wo ihn eine sächsische Gesandtschaft erwartete. Das Angebot der Sachsen, gegen Erlaß des schuldigen Tributs den Grenzschutz und den Kampf gegen die Slawen zu übernehmen, akzeptierte der König auf Anraten der neustrischen Großen, aber die Sachsen hatten zu viel versprochen, denn als übers Jahr slawische Scharen nach Thüringen vordrangen, versagten die Sachsen. Etwa 633 oder 634 erhob Dagobert seinen Sohn Sigibert zum Unterkönig in Austrien, vermutlich auf Wunsch der austrischen Aristokratie, die sich vielleicht dadurch einen besseren Schutz der Grenzprovinzen erhoffte. Der zur Zeit seiner Erhebung noch minderjährige Sigibert III. (633/34–656) erhielt in Bischof Kunibert von Köln und Herzog Adalgisel höchst tatkräftige Männer an die Seite gestellt, und es gelang den Franken unter dieser Führung, die Grenzen sicherer zu machen.[33]

Wesentlichen Anteil daran hatte der Thüringerherzog Radulf, der 633 mehrfach Kämpfe gegen die Slawen siegreich bestand. Radulf war von Dagobert I. zum Herzog von Thüringen, zum »dux Thoringiae«, erhoben worden. Der Chronist Fredegar, der über die Ereignisse im Ostteil des Reiches außergewöhnlich gut unterrichtet ist, nennt auch den Namen von Radulfs Vater Chamar.[34] Seine Stammeszugehörigkeit wird nicht genannt; Chamar und Radulf könnten Franken, durchaus aber auch Thüringer gewesen sein.

Herzog Radulf, gestärkt durch seine militärischen Erfolge, griff auch in die Machtkämpfe ein, die das Reich in jenen Jahrzehnten erfüllten. Fredegar weiß zu berichten, Radulf sei der Feind des Herzogs Adalgisel von Austrien gewesen und habe auch gegen König Sigibert III. rebelliert.[35] Jedoch spricht manches dafür, daß sich Radulf nicht gegen den König erhob, sondern sich nur gegen die Vorherrschaft des Herzogs Adalgisel und des Hausmeiers Grimoald auflehnte. Diese beiden waren es auch, die den König Sigibert im Jahre 640 zu einem Feldzug nach Thüringen gegen Radulf anstachelten.

Der Feldzug des Königs gegen Radulf ist aus der Überlieferung genauer zu rekonstruieren. Zunächst stieß Sigibert bei seinem Vormarsch auf einen anderen rebellischen Aristokraten, den zum Geschlecht der Agilolfinger zählenden Fara. In der Schlacht, die nach dem Übergang des königlichen Heeres über den Rhein vermutlich zwischen Mainz und Frankfurt stattgefunden hat, fiel Fara, der mit Radulf verbündet war. Sigibert durchquerte mit seinem Heer nun die »Buchonia«, das »Buchenland«, das riesige, damals wohl fast unbesiedelte Berg- und Waldland zwischen der Wetterau und Thüringen. Wahrscheinlich folgte er der Straße, die von Mainz nach Thüringen führte und nördlich von Fulda den gleichnamigen Fluß überquerte. Das Rhein-Main-Gebiet ist also wiederum Ausgangsbasis für militärische Unternehmungen in Richtung Osten. Der Ort Frankfurt führt seinen Namen sicher zu Recht. Wie oft mögen fränkische Heere hier den Main überquert haben?

Radulf wich einer offenen Feldschlacht aus und verschanzte sich in einer Burg an der Unstrut, einer Fluchtburg, die er rasch aus Holz hatte errichten lassen. Dort wurde er vom Heer des Königs eingeschlossen, aber der Angriff scheiterte an der Uneinigkeit und Untreue der königlichen Gefolgsmannen. Der Herzog nutzte seinen Sieg nicht zur Vernichtung des königlichen Heeres, sondern gewährte ihm freien Abzug. Sigibert hatte Radulf offensichtlich in seiner Würde bestätigt, und das genügte dem Herzog, der nun in Thüringen wie ein König herrschte, eine selbständige Außenpolitik betrieb, Verträge mit seinen slawischen Nachbarn abschloß und sich wenig um die Anordnungen des Merowingerkönigs und seiner Berater kümmerte.[36]

Den Königstitel beanspruchte Radulf für sich nicht; er erkannte die königliche Herrschaft nominell an, und Thüringen blieb nach wie vor im Verband des Frankenreiches. Radulf hatte Frau und Kinder, aber es bleibt unsicher, ob er eine thüringische Herzogsdynastie begründen konnte, denn er ist der einzige Thüringerherzog, den man kennt. Es mag sein, daß die späteren Würzburger Herzöge, die durch ihre Schuld am Märtyrertod des irischen Missionars Kilian und seiner Gefährten Kolonat und Totnan traurige Berühmtheit erlangten, Nachkommen des stolzen Thüringerherzogs Radulf waren.

Die Auswirkungen, die die Eingliederung Thüringens in das Frankenreich auf Verfassung und Recht, Wirtschaft, Siedlungswesen und Sozialstruktur hatte, sind nur schwer zu erkennen. Die Thüringer konnten ihre gentile Eigenart, ihre Existenz als Stamm, wahren. In den Quellen werden sie oft erwähnt, ebenfalls ihr Siedlungsgebiet, die »Thuringia«. Auch ihr angestammtes, durch uralte Gewohnheit geheiligtes Recht wurde ihnen gelassen, da die Franken keineswegs eine rechtliche Homogenität anstrebten. Zwar wurde das Thüringer Recht, die Lex Thuringorum, erst zur Zeit Karls des Großen aufgezeichnet, aber es enthält trotzdem besonders altertümliche Rechtsnormen.[37]

Archaisch war auch die soziale Gliederung der Gesellschaft, charakterisiert durch einen rechtlich klar abgegrenzten und über die anderen Schichten weit herausgehobenen Adelsstand, dessen Angehörige als »Edlinge« oder »adalingi« bezeichnet wurden. Der rechtliche und soziale Vorrang dieser Eliteschicht wurde wohl von den Franken anerkannt, und es dürfte allmählich zu einer gesellschaftlichen Annäherung zwischen den Sippen der thüringischen Edlinge und denen der reichsfränkischen Aristokratie gekommen sein. Dies sind freilich komplizierte strukturelle Prozesse, die sich den Erkenntnismöglichkeiten des Historikers kaum erschließen.

Selbst über die politisch-administrative Organisation Thüringens in der Merowingerzeit ist man nur ganz unzureichend informiert. Das eroberte Land wird wohl bald nach der Beseitigung des Königtums als »Dukat«, als Herzogtum, dem Reich eingegliedert worden sein. Angehörige der fränkischen Führungsschicht dürften ins Land gekommen sein und die Spitzenpositionen besetzt haben. Offenbar schufen die Franken auch eine Reihe von Stützpunkten, wahrscheinlich größere Burganlagen, die von einem Kranz fränkischer Siedlungen umgeben waren. Jedenfalls werden in Thüringen in den Quellen aus karolingischer Zeit Franken erwähnt, und auch Ortsnamen wie Frankenhausen weisen auf fränkische Siedlungen in Thüringen hin. Ihr Umfang ist schwer abzuschätzen, und ob man hier von »fränkischer Militärkolonisation« sprechen kann, steht dahin.

Mehr als zwei Jahrhunderte lang hatten die Alemannen unter ihren Heerkönigen gegen das römische Imperium einen erbitterten Kampf geführt. Siege und Niederlagen hatten einander abgewechselt.[38] Um das Jahr 260 gelang der Durchbruch durch den Limes, den großen römischen Verteidigungsgürtel, doch kam das Vordringen vorerst zum Stehen. Am Mittelrhein, dem Bodensee und an Iller und Lech konnte Rom noch einmal ein Verteidigungssystem aufbauen. Die vernichtende Niederlage eines großen, von mehreren alemannischen Königen geführten Heeres 357 in der Schlacht bei Argentorate, dem heutigen Straßburg, stoppte dann wiederum die alemannische Völkerbewegung.

Erst gegen Ende des 5. Jahrhunderts drangen alemannische Siedler nach Westen ins Elsaß vor. Ihr Vorstoß durch die Burgundische Pforte nach Südwesten konnte freilich von den Burgundern zurückgeschlagen werden. In der Folgezeit kamen auch Gebiete südlich des Bodensees unter alemannische Herrschaft. Die dort heimische provinzialrömische Bevölkerung wurde teilweise germanisiert, teilweise zog sie sich in den inneralpinen Raum zurück. Siedlungsgrenze gegenüber den Bayern wurde der Lech.

Die Niederlage gegen die Franken unter Chlodwig beendete die alemannische Expansion. Der Abdrängung nach Süden folgte schließlich um 536/37 die endgültige Unterwerfung des gesamten Stammes der Alemannen durch die Merowinger; ihr Herrschafts- und Siedlungsgebiet wurde ins Frankenreich eingegliedert. Die Existenz als Stamm wurde dadurch ebensowenig wie im Falle der Thüringer aufgehoben; dazu waren die Alemannen ein viel zu großer, zu volkreicher und wohl auch in seinem gentilen Selbstverständnis schon zu gefestigter Stamm.

Nach einem Bericht des byzantinischen Autors Agathias, der überraschend gut informiert ist, ließen die Franken den Alemannen das eigene Stammesrecht und erkannten damit deren Existenz als gentiler Verband an; sie begnügten sich damit, das »Staatsrecht« nach fränkischer Weise umzugestalten.[39] Das alemannische Volksrecht, spätestens in der ersten Hälfte des 8. Jahrhunderts, vielleicht schon in früherer Zeit aufgezeichnet und in zwei Fassungen, dem älteren Pactus Alamannorum und der jüngeren Lex Alamannorum, erhalten, war in karolingischer Zeit und noch später in Geltung.[40] Fränkische Einflüsse auf das alemannische Volksrecht in seiner überlieferten Form sind freilich unübersehbar und auch nicht weiter erstaunlich. Noch stärker frankisiert wurden die Herrschaftsorganisation und die Gerichtsverfassung, charakterisiert durch Errichtung eines alemannischen Dukates, durch Einführung der Grafschaftsverfassung, der Hundertschaften (»Zentenen«) und anderer fränkischer Institutionen. Genauere Einblicke in diese Sphäre sind für die ersten Jahrhunderte der fränkischen Herrschaft nicht möglich. Aus diesem Grunde ist vieles in der Forschung umstritten.

Die ersten alemannischen Herzöge, deren Namen bekannt sind, die Brüder Leuthari und Butilin, waren alemannischer Herkunft; ein deutliches Zeichen dafür, daß auch Angehörige der alemannischen Oberschicht die fränkische Eroberung überstanden und bald wieder Führungspositionen erlangten. Leuthari und Butilin waren noch von Theudebert I. eingesetzt worden. An der Spitze fränkisch-alemannischer Heerhaufen kämpften sie in Italien gegen Byzantiner und Ostgoten und fanden dabei den Tod.

Im 6. und 7. Jahrhundert werden alemannische Herzöge fast ausschließlich im Zusammenhang mit Ereignissen erwähnt, die sich im Bodenseeraum oder in der heutigen West- und Nordwestschweiz abspielten. Sicher lagen hier die Machtzentren der Herzöge, aber man wird daraus nicht zwingend den Schluß ziehen dürfen, die alemannischen Siedlungsgebiete östlich des Rheins und nördlich des Bodensees hätten ihnen nicht auch unterstanden. Es ist wohl eher die Quellenlage, die zu diesem Schluß verleitet, da diese von den westfränkischen Kulturzentren so weit entfernten Räume in der Merowingerzeit nur selten in den Gesichtskreis der Chronisten treten. Die Macht der alemannischen Herzöge dürfte sich weit nach Osten erstreckt haben, denn es ist wenig wahrscheinlich, daß die fränkischen Könige die ziemlich dicht besiedelten alemannischen Gebiete westlich und östlich des Schwarzwaldes sich selbst überlassen haben. Anderenfalls wäre die Gefahr antifränkischer Rebellionen wohl zu groß gewesen.

Die alemannischen Herzöge waren Inhaber eines fränkischen Reichsamtes und wurden von den Merowingern eingesetzt und bei Unbotmäßigkeit auch wieder entfernt. Sie führten das Heer im königlichen Auftrag und beteiligten sich an den Machtkämpfen und Hofintrigen, die sich innerhalb der fränkischen Führungsschicht abspielten, so wie andere Große auch. Das Besondere an ihrer Stellung war die enge Bindung an einen germanischen Stamm, die ihnen Rückhalt gegen das Königtum bot und ihr Prestige erhöhte. Etwas pointiert könnte man sagen, der Herzog wurde von einem königlichen Beauftragten zum Repräsentanten seines Stammes. Der Stamm fand im Herzogtum einen gewissen Ersatz für die fehlende eigene monarchische Spitze; der Herzog wurde zum natürlichen Führer des Stammesverbandes.

Die latente Schwäche des spätmerowingischen Königtums bot den alemannischen Herzögen die Möglichkeit, eine weitgehend unabhängige Position zu erringen, ohne sich jedoch formell vom

Bügelfibel aus dem »Fürstengrab von Wittislingen«

Reiche zu lösen. Sie haben vielmehr die Oberhoheit des merowingischen Königshauses stets anerkannt und dies sogar sehr demonstrativ und provozierend dokumentiert, als ihre eigene faktische Souveränität zu Beginn des 8. Jahrhunderts durch den Aufstieg der karolingischen Hausmeier und deren Reintegrationspolitik ernsthaft bedroht wurde. Durch eine streng legitimistische Haltung, ein ausdrückliches und bestimmtes Bekenntnis zur angestammten und geheiligten Dynastie der Merowinger, suchten die letzten Alemannenherzöge ihre Unabhängigkeit zu verteidigen.

Die Wiedereingliederung der Randprovinzen und deren Unterwerfung unter die Zentralgewalt gehörten offensichtlich zum »politischen Programm« der karolingischen Hausmeier Pippin und Karl Martell. Dieser Wille galt alsbald auch den Alemannen, deren Herzog Gottfried um 700 zum Anführer einer antikarolingischen Fürstenopposition wurde.[41] So wird es wenigstens in einer erst im frühen 9. Jahrhundert abgefaßten, aber glaubwürdige Traditionen weiterführenden Quelle überliefert. Herzog Gottfried war jedoch so mächtig, daß Pippin der Mittlere den offenen Kampf gegen ihn scheute. Erst nach dem Tode des Herzogs 709 unternahm der Hausmeier einen Feldzug gegen die Alemannen und deren neuen Herzog Willihari. Weitere Feldzüge in den folgenden Jahren hatten jedoch offensichtlich keinen durchschlagenden Erfolg.

Dem Hausmeier lag also viel an der Unterwerfung der alemannischen Herzöge, und nur sein Tod im Jahre 714 gewährte noch einmal einen längeren Aufschub. Pippins illegitimer Sohn Karl Martell stand zunächst vor der Aufgabe, seine Stellung als Nachfolger seines Vaters zu festigen, bevor er eine nach außen hin aktive Politik in Angriff nehmen konnte. Zudem wurden seine militärischen Kräfte durch die Auseinandersetzungen mit dem mächtigen Herzog Eudo von Aquitanien und die Kämpfe gegen die Araber, die Sachsen und die Friesen so stark beansprucht, daß er sich um friedliche Beziehungen zu den Alemannen bemühen mußte. Mit Herzog Lantfried, einem Sohn Gottfrieds, hatte er sich offenkundig arrangiert, denn er konnte im Jahre 725 einen Feldzug gegen die Bayern unternehmen, bei dem er Alemannien durchzog; ohne die Rückendeckung der Alemannen wäre dieser Heereszug ein selbstmörderisches Unterfangen gewesen. Die Gründung der Abtei Reichenau auf der Insel im Bodensee 724 dürfte der Herzog mit Unterstützung Karl Martells unternommen haben. Die Errichtung des Inselklosters, über die in der freilich arg verfälschten Gründungsurkunde berichtet wird, erfolgte im einträchtigen Zusammenwirken von Hausmeier und Herzog im Namen des fränkischen Königtums.[42] Der Gründerabt Pirmin und sein erster Nachfolger in der Reichenauer Abtswürde, Heddo, galten als Vertrauensleute Karl Martells; sie wurden deshalb später von Herzog Lantfrieds Bruder Theutebald vertrieben.

Die Phase friedlicher Koexistenz zwischen Karl Martell und dem alemannischen Herzog Lantfried fand um 730 ein Ende. Der Hausmeier führte sein Heer gegen den Herzog, der noch im selben Jahr starb. An seine Stelle trat sein Bruder Theutebald, der von Karl Martell wohl nicht als »dux Alamannorum« anerkannt wurde, aber trotzdem die Führung des Stammes übernahm, ob mit oder ohne »reichsrechtliche Legitimation«, das sei dahingestellt. Als Karl Martell 741 seinen Machtbereich unter seine beiden Söhne Karl-

Scheibenfibel aus dem »Fürstengrab von Wittislingen«

Der Schmuck gehörte zur Tracht einer vornehmen alemannischen Dame, die in der Mitte des 7. Jahrhunderts beigesetzt wurde.

Pferdetrensen und Steigbügel

Die alemannische Oberschicht war schon in der Völkerwanderungszeit beritten. Den Steigbügel lernten die Alemannen allerdings erst im 7. Jahrhundert kennen. Reitzubehör, manchmal auch das Streitroß, wurde dem Toten mit ins Grab gegeben, damit er auch im Jenseits standesgemäß auftreten konnte.

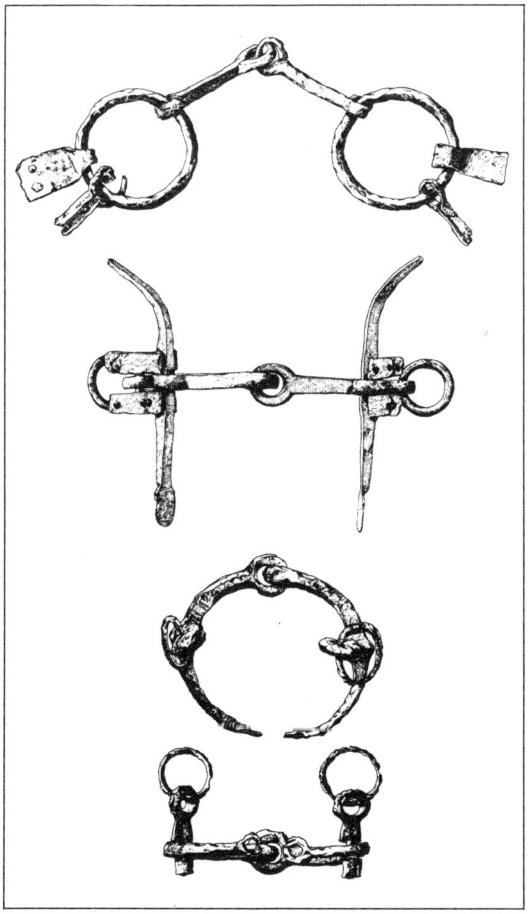

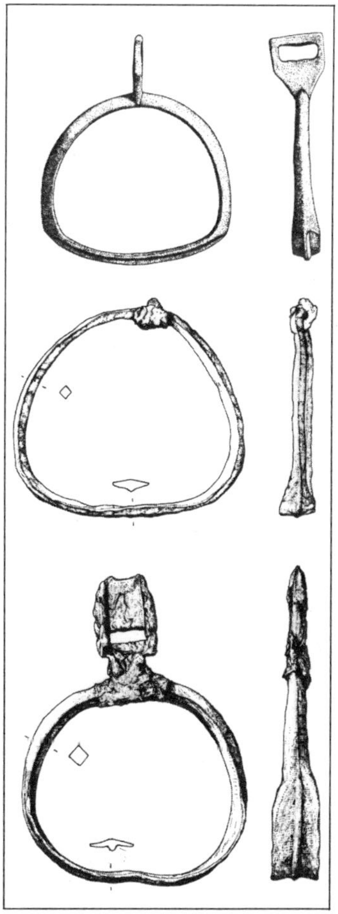

mann und Pippin teilte, wurde Alemannien dem Reichsteil Karlmanns zugeschlagen.

Nach dem Tode des mächtigen Hausmeiers Karl Martell (741) kam es zu einer ausgedehnten Aufstandsbewegung, an der sich die ewig unruhigen Aquitanier, die Sachsen und auch die Alemannen unter Theutebald beteiligten. Karlmann und Pippin warfen die Erhebungen gemeinsam nieder, drangen in Alemannien ein und rückten bis zur Donau vor. Die Alemannen mußten sich unterwerfen, Geiseln stellen, Treueide leisten und Tribute zahlen. Befriedet war das Land allerdings noch nicht, denn 745 versuchte Theutebald erneut, die verlorene Position zurückzugewinnen. Mit einem alemannischen Heer fiel er in dem Moment ins Elsaß ein, als Karlmann durch Kämpfe gegen die Sachsen in seinem Handlungsspielraum eingeschränkt war. Der Hausmeier kehrte jedoch nach Südwestdeutschland zurück und vertrieb Theutebald und seine Scharen.

Ein Jahr später erfolgten die endgültige Niederwerfung der Alemannen und die blutige Abrechnung mit den Trägern des antikarolingischen Widerstandes: das berüchtigte »Blutbad von Cannstatt«.[43] Die karolingischen Herrscher hatten ihr Ziel erreicht. Das alemannische Herzogtum als Zwischeninstanz war beseitigt und dessen Herrschaftsbereich unmittelbar der Zentralgewalt unterstellt. Fränkische Grafen wurden als Vertrauensleute nach Alemannien entsandt und loyale alemannische Adelsgeschlechter in den Dienst der Krone genommen. Die »Frankisierung« Alemanniens wurde vorangetrieben.

Die »Findelkinder der Völkerwanderung« hat man die Bayern genannt, liebevoll und ein wenig spöttisch zugleich. Ihre Herkunft bleibt bis heute voller Rätsel. In der Mitte des 6. Jahrhunderts erscheinen sie auf der Bildfläche. Sie haben ihre Wohnsitze schon in jenen Landschaften aufgeschlagen, in denen dieser beharrende und bewahrende deutsche Volksstamm bis heute lebt. Als der römische Dichter Venantius Fortunatus um 560/70 von einer Pilgerfahrt zum Grabe des heiligen Martin von Tours nach Italien zurückkehrte, besuchte er in Augsburg das Grab der Märtyrerin Afra und traf dann östlich vom Lech auf das Volk der Bayern, der östlichen Nachbarn der Alemannen.[44] Zwar werden die Bayern in der Geschichte des gotischen Volkes von Jordanes schon 469/70 erwähnt, doch werden hier offensichtlich die ethnographischen Zustände des 6. Jahrhunderts ins 5. Jahrhundert zurückverlegt.[45]

Einen ersten Hinweis auf die Herkunft der Bayern gibt der Name. »Baio-varii« heißen sie, »Männer aus Baio«. Das ist gewiß das alte Keltenland Böhmen, an dem der Name der Bojer hängenblieb, und das von den Germanen »Baiaheim« genannt wurde. Dort haben sich germanische Stammessplitter, vielleicht Markomannen, Hermunduren und Thüringer, zusammengeschlossen und sind in den Donauraum und das Alpenvorland vorgedrungen. Vielleicht hat die Entstehung des Langobardenreiches unter König Wacho (511–539) diese »Protobajuwaren« zum Abzug veranlaßt. Andere germanische Stammessplitter mögen hinzugekommen sein, vielleicht Heruler, Rugier, Quaden-Sueven, Langobarden und von Westen her auch Alemannen. Mancherorts trafen die germanischen Einwanderer noch auf provinzialrömische Bevölkerungsgruppen, die allmählich assimiliert wurden und so zur Entstehung des Stammes beitrugen. Die Ethnogenese, die Stammesbildung, vollzog sich offenbar sehr rasch, denn seit ihrem ersten Auftauchen in den Quellen um die Mitte des 6. Jahrhunderts sind die Bayern ein geschlossener germanischer Stamm, deutlich unterschieden von ihren Nachbarn, den Langobarden, Ostgoten, Alemannen, Franken und Thüringern. Deutlich unterschieden werden aber auch noch lange die – eine germanische Sprache sprechenden – Bayern von den Nachkommen der provinzialrömischen Bevölkerung, den Romanen, die an einem spätantiken Vulgärlatein festhielten, aus dem sich dann das Ladinische und das Rätoromanische entwickelten.

So haben sich die Bayern gleichsam in die Geschichte hineingemogelt, eingeschlichen in ein Machtvakuum, das in den ehemaligen römischen Provinzen Rätien und Norikum durch den Rückzug der Römer entstanden war. Der germanische Heerführer Odoaker, der Herr über Italien, ließ 488 Ufernorikum, das Land an der Donau, von den römischen Beamten und Truppen räumen. Dem Exodus schlossen sich viele Bewohner an; der Raum stand landsuchenden germanischen Verbänden offen.

Von heroischen Taten, die man der Nachwelt hätte überliefern müssen, waren Landnahme und Stammesbildung der Bayern wohl nicht begleitet. Aber wo sind sie geblieben, die kriegerisch-heroischen Völkerschaften, die damals Geschichte machten, die Ostgoten, Langobarden, Rugier, Heruler, Gepiden oder auch die Hunnen und Awaren? Die Bayern haben sie alle überdauert, haben sich in den fruchtbaren Auen an der Donau, an der Isar und am Inn häuslich niedergelassen, haben das Voralpenland in Besitz genommen und den ganzen Raum dicht mit ihren Höfen, Weilern und Dörfern überzogen. Die zahlreichen Ortsnamen auf -ingen markieren diese Zone der germanischen Landnahme. Nach Westen drang die Siedlung bis zum Lech vor, wo sie sich wohl mit der alemannischen Siedlung traf und mischte, nach Osten stießen die Bayern bis zum Wienerwald vor, nach Norden in den später oft bezeugten bayrischen Nordgau, nach Süden bis in den Alpenraum.

Am Alpenrand und in den inneralpinen Landschaften trafen die Bayern auf größere Bevölkerungsgruppen provinzialrömischer Herkunft, die sich in diese von der Natur geschaffenen Schutzzonen zurückgezogen hatten. Diese »Alpenromanen«, von den Bayern »Walha«, also »Welsche« genannt, bewahrten sich noch einige Jahrhunderte – in den Dolomitentälern sogar bis zur Gegenwart – ihr Volkstum und ihre Sprache; sie vermittelten den Germanen auch mancherlei Fertigkeiten und Kenntnisse, und sie haben wohl – ganz sicher läßt sich das freilich kaum beweisen – mancherorts auch ihr Christentum über die Stürme der Völkerwanderungszeit retten können. Zahllose Ortsnamen erinnern auch in den längst germanisierten Bereichen an das Romanentum, und Namen wie »Walchensee« und »Wallgau« sind eindeutige Zeugnisse.

Sie hatten sich bewahrt, aber glücklich darf man sich das Schicksal der Romanen nicht vorstellen. Viele von ihnen wurden verknechtet und von ihren germanischen Herren ausgebeutet, andere begegnen uns später als Knechte, »Barschalken«, der bayrischen Herzöge. Die Bayern haben sich den unterworfenen Romanen gegenüber als das überlegene Volk gefühlt, haben ein starkes Selbstwertgefühl entwikkelt und die Romanen offenbar sogar verachtet, wie ein althochdeutscher Spottvers verrät:[46]

Tole sint Walha,	*Töricht sind die Welschen,*
spahe sint Peigira	*klug sind die Bayern*

Wie Stammesbildung und Landnahme der Bayern auf ehemals römischem Reichsboden im einzelnen vor sich gegangen sind, wissen wir nicht; um einen ganz friedlichen Vorgang wird es sich kaum gehandelt haben. Soweit die provinzialrömische Bevölkerung nicht geflohen war, wurde sie überschichtet und dürfte in aller Regel sozial herabgedrückt worden sein. Dennoch war die Landnahme der Bayern eine »bäuerliche Landnahme«, die Inbesitznahme und Besiedlung des Landes durch ein in seiner Mehrheit doch wohl kriegerbäuerliches Volk. Diese landsuchenden Verbände nahmen zuerst die fruchtbaren Böden der Altsiedellandschaften unter den Pflug, dann drangen sie in die Wälder und die Gebirgstäler vor. Diese Binnenkolonisation war ein mehrere Jahrhunderte andauernder Prozeß; die reichlicher fließenden Quellen der Karolingerzeit, namentlich die Urkunden und Traditionsbücher, lassen die Rodungstätigkeit und die Gründung neuer Siedlungen gut erkennen.

Bei ihrem kolonisatorischen Vordringen nach Osten und Südosten stießen die Bayern auf die von Osten her vorgedrungenen Slawen, so daß es in verschiedenen Gegenden zu germanisch-slawischer Mischsiedlung kam. Im Alpenraum dagegen – die Bayern schoben sich über den Brenner ins Eisacktal und dann auch ins Pustertal vor – begegneten sie Alpenromanen. Schon um 765 waren Bozen und Meran in bayrischer Hand, doch handelte es sich damals mehr um eine politisch-militärische Herrschaft, noch nicht um bäuerliche Landnahme. Erst die im 10. Jahrhundert intensiv einsetzende bayrische Rodungs- und Siedlungstätigkeit hat allmählich zur Germanisierung Südtirols geführt.

Wann und unter welchen Umständen die Bayern unter fränkische Oberhoheit gerieten, wird von keiner Quelle berichtet. Theudebert I. beanspruchte bereits die Herrschaft über den Donauraum bis an die Grenzen Pannoniens, und dieser Anspruch, den er in seinem Brief an den Kaiser vorbrachte, mag den Tatsachen entsprochen haben, denn man hört in den folgenden Jahrzehnten nichts von gewaltsamen Aktionen der Franken gegen die Bayern. An der Spitze des Stammes standen in der zweiten Hälfte des 6. Jahrhunderts bereits Herzöge, die mit einer an Sicherheit grenzenden Wahrscheinlichkeit von den fränkischen Königen eingesetzt worden waren.

Schon am Ende des 6. Jahrhunderts war die Herzogswürde im Geschlecht der »Agilolfinger« erblich geworden. Die Agilolfinger waren vermutlich nicht bayrischer, sondern fränkischer oder burgundischer Herkunft. Auch an eine langobardische Abstammung hat man gedacht, doch bestanden wohl nur Heiratsverbindungen und engere politische Beziehungen zu den langobardischen Königen. Heiratete doch schon Theudelinde, die Tochter Garibalds I., des ersten namentlich bekannten Bayernherzogs, den Langobardenkönig Authari. Im Dom zu Monza wird noch heute der aus ihrem Besitz stammende berühmte »Schatz der Theudelinde« aufbewahrt.

Der Dukat war seiner Entstehung nach ein Amtsherzogtum, der Herzog im Prinzip ein vom fränkischen König eingesetzter Amtsinhaber. Allerdings pflegten sich im Mittelalter der Amtsauftrag und die eigenständige Herrschaftsausübung nicht selten bis zur Ununterscheidbarkeit zu vermischen, und so erlangten die Bayernherzöge offenbar schon bald einen hohen Grad an Unabhängigkeit, eine »vizekönigliche« Stellung. Dazu trug die Erblichkeit der Herzogswürde im Hause der Agilolfinger, die sogar im bayrischen Volksrecht garantiert wurde,[47] nicht unerheblich bei. Souveränität haben die Bayernherzöge allerdings nicht besessen und auch keineswegs erstrebt. Der bayrische Dukat löste sich niemals formal vom Frankenreich.

Die späteren Merowingerkönige waren allerdings weder willens noch fähig, das von den fränkischen Machtzentren so weit entfernte Herzogtum ständig unter Kontrolle zu halten, abgesehen vielleicht von Dagobert I., der noch einmal eine aktivere Ostpolitik betrieben hat. Erst die Karolinger haben dann versucht, den außenpolitischen Handlungsspielraum der Agilolfinger einzuengen und Bayern stärker ins Reich einzubinden. Karl Martell und Pippin mußten sich mit der formellen Anerkennung ihrer Herrschaft durch die Bayern begnügen, und selbst Karl der Große hatte noch seine Schwierigkeiten mit dem selbstbewußten Herzog Tassilo III. (748–788), der seine Selbständigkeit zäh zu behaupten suchte. Erst 788 konnte er Tassilo endgültig ausschalten, das Herzogtum als Institution beseitigen und die Verwaltung des Landes Grafen und Grenzgrafen (Markgrafen) anvertrauen.

Die Franken haben sich nicht mit einer rein herrschaftlich-politischen Ostexpansion begnügt, sondern ein zentrales Gebiet östlich des Rheins auch unmittelbar rodend und siedelnd in Besitz genommen. Vom Mittelrhein aus drangen sie mainaufwärts nach Osten vor und drängten die Alemannen nach Süden und die Thüringer nach Norden hin ab. Sie schufen einen fränkisch besiedelten Raum, für den sich allmählich der Name »Ostfranken« einbürgerte. Dieses Ostfranken war ein Raum zwischen den Stämmen, zwischen den Hessen und Thüringern im Norden und den Alemannen und Bayern im Südwesten und Südosten.

Für die Bildung des Neustammes der Ostfranken dürfte es von Gewicht gewesen sein, daß das fränkische Königtum die Gaue an Main, Neckar und Tauber zu einem Herzogtum zusammenfaßte. Wann dies geschah, bleibt ungewiß, wie so vieles in jenem fränkischen Kolonialland östlich des Rheins, aber dieses merowingische Herzogtum Ostfranken, das vermutlich in enger Verbindung zu Thüringen stand, jedenfalls zeitweilig, könnte den äußeren politisch-administrativen Rahmen für die ostfränkische Stammesbildung abgegeben haben. Stammesbildung war, wie Reinhard Wenskus gezeigt hat, kein naturhaft-biologischer Prozeß, sondern in starkem Maße abhängig von dem Vorhandensein einer politischen Organisation, eines herrschaftlichen oder auch genossenschaftlichen Rahmens.[48]

Ein ostfränkisches Herzogsgeschlecht, dessen Hauptsitz der Marienberg bei Würzburg war, wird in der Passio sancti Kiliani und im Martyrologium des Fuldaer Abtes Hrabanus Maurus faßbar.[49]

Der irische Missionar Kilian erlitt am Ende des 7. Jahrhunderts in Würzburg den Märtyrertod, wobei ein Herzog Gozbert seine Hand im Spiel hatte. Ein wahrer Kern steckt wohl in dieser Überlieferung, obgleich sie erst im 9. Jahrhundert aufgezeichnet wurde. Daß der Name des heiligen Kilian im Briefwechsel und den Lebensbeschreibungen des heiligen Bonifatius nicht erwähnt wird, verwundert nicht, denn Bonifatius liebte es, seine Vorgänger auf dem ostrheinischen Missionsfeld mit Stillschweigen zu übergehen.

An der Existenz einer ostfränkisch-thüringischen Herzogsfamilie am Ende des 7. und zu Beginn des 8. Jahrhunderts ist jedenfalls nicht zu zweifeln, denn ein Herzog Heden unterstützte in den ersten beiden Jahrzehnten des 8. Jahrhunderts die missionarischen Bemühungen des heiligen Willibrord, der sich offensichtlich um die Christianisierung Ostfrankens und Thüringens bemühte. Das Ende des Herzogtums muß rasch gekommen sein, denn als Bonifatius im hessisch-thüringisch-mainfränkischen Raum Missionierung und Kirchenorganisation in Angriff nahm - und das war zu Beginn des dritten Jahrzehnts des 8. Jahrhunderts -, gab es in diesen Regionen keine Herzöge mehr. Es waren jetzt die karolingischen Hausmeier selbst und einige einheimische Aristokraten, die dort die Herrschaft ausübten.

Wie sah es am Ende der Merowingerzeit im östlichen Franken aus? Herzogliche Burgen waren vorhanden, Würzburg und Hammelburg an der Fränkischen Saale werden genannt. Sie waren keine bloßen Fluchtburgen, sondern dienten als Stützpunkte der herzoglichen Macht und als Regierungszentren. Herzog Heden der Jüngere traf dort beispielsweise mit dem heiligen Willibrord zusammen und ließ für ihn zwei Urkunden ausstellen, die dank glücklicher Zufälle im Urkundenbuch des Klosters Echternach, dem kostbaren Liber aureus, erhalten geblieben sind.[50] Anwesend waren auch die Gemahlin Hedens, die Herzogin Theodrada, ihr Sohn Thuring und zwei Grafen.

Würzburg tritt uns in der Kilianstradition als Residenz der Herzöge entgegen. Die zentrale Bedeutung dieser Burg wird zudem in der Tatsache greifbar, daß der heilige Bonifatius hier später die Gründung des ostfränkischen Bistums vornahm. So ist der Marienberg bei Würzburg, der noch heute die mächtige Festung der Fürstbischöfe von Würzburg trägt, eine der ältesten und ehrwürdigsten Stätten geschichtlichen Lebens in Deutschland. Eine Stätte erhabener, aber auch blutiger Ereignisse, mit dem Martyrium Kilians und seiner Gefährten beginnend und vielleicht mit den Zerstörungen im Bombenkrieg noch nicht zu Ende. Vor den Mauern der Festung Marienburg brachen sich die Wellen des großen Bauernkrieges, in den bischöflichen Folterkammern wurde der größte Künstler Würzburgs, der Bildschnitzer Tilman Riemenschneider, zum Krüppel, und die Erstürmung der Festung durch König Gustav Adolf von Schweden im Dreißigjährigen Krieg mündete in ein grauenvolles Blutbad.

Einige Schlaglichter fielen auf Ostfranken, als Bonifatius 741/42 mit Unterstützung des Hausmeiers Karlmann das Bistum Würzburg ins Leben rief. Um seine Aufgaben erfüllen zu können, brauchte ein Bischof eine Ausstattung. Der Hausmeier versah daher das junge Bistum mit Einkünften verschiedener Art, eine Grundausstattung, die zur Basis für das spätere reiche Fürstbistum Würzburg werden sollte. Die Originalurkunde Karlmanns ist zwar nicht erhalten, doch läß sich ihr Inhalt aus den Bestätigungsurkunden späterer Kaiser und Könige sicher erschließen.[51] Das Land war damals in zahlreiche kleinere Siedlungslandschaften gegliedert, in »Gaue«, die ihren Namen meist von einem Fluß empfangen hatten. Die Bewohner, sowohl die Ostfranken, als auch die weiter östlich siedelnden Slawen, hatten eine Abgabe an den fränkischen König zu zahlen, die in der Volkssprache »steora« oder »ostarstuopha« genannt wurde, also »Steuer« oder »Osterzins«. Diese Abgabe war einmal im Jahr, sicherlich um die Osterzeit, fällig. Das Bistum erhielt vom Hausmeier Karlmann den zehnten Teil der Abgaben, das heißt, den Belangen des fränkischen Herrschers blieb weiterhin der Löwenanteil vorbehalten.

Das Land war mit einem Netz von Königshöfen überzogen, die in den Urkunden genannt werden, weil dem Bistum Würzburg der zehnte Teil von ihren Erträgen übereignet wurde. Sie waren oft mit einer königlichen »Eigenkirche« verbunden und lagen in den siedlungsgünstigsten Bereichen der Gaue, wohl in den ältesten Siedlungskammern mit den besten Böden. Die Schaffung dieser Königshöfe, die man sich als große grundherrlich organisierte Wirtschaftshöfe vorzustellen hat, war also offensichtlich unter wirtschaftlichen Gesichtspunkten erfolgt, gewiß nicht unter militärischen oder strategischen, denn solchen Zwecken konnten die Burgen weit besser dienen. Wann dieses System von Königshöfen geschaffen wurde, ist schwer zu sagen, vielleicht schon zur Zeit Dagoberts I., vielleicht aber auch erst unter den karolingischen Hausmeiern. Auf jeden Fall bauten die Karolinger ihre Positionen im ostfränkischen Raum nach der Beseitigung der Herzöge kräftig aus und machten Ostfranken zu einer der zentralen Landschaften des Reiches, zu einer Königslandschaft par excellence.

Sind die Hessen Chatten? Diese Frage hat stammes- und traditionsbewußte Hessen schon oft leidenschaftlich bewegt. Gibt es einen Zusammenhang zwischen dem germanischen Volksstamm der Chatten, der um Christi Geburt im Flußgebiet der Eder, der Fulda und der Lahn siedelte, und den Bewohnern des nördlichen Teils des heutigen Bundeslandes Hessen? Gibt es Traditionsstränge, die zu den Chatten zurückreichen, deren Lob der Römer Tacitus in höchsten Tönen sang? Der Gleichklang der Namen Chatten und Hessen legt das nahe, doch die Philologen hegen ihre Zweifel, und auch der Historiker ist ein wenig bedenklich. Klafft doch eine unausfüllbare Lücke in der Überlieferung zwischen der Zeit der Chatten, die in den römischen Quellen zum letzten Mal zum Jahre 213 genannt werden, und den ersten Erwähnungen des Volkes der Hessen in der Zeit des Bonifatius im Jahr 721, in dem der Missionar Amöneburg aufsuchte, den ersten Ort Althessens, dessen Name uns überliefert wird.[52]

Ein halbes Jahrtausend also liegt tiefes Dunkel über Althessen. Gehörte es überhaupt zum Reich der Merowinger? Wir können es nur vermuten. Vielleicht spielte ein Akt des blutigen Dramas, in dessen Verlauf der skrupellose Machtpolitiker Chlodwig seine Mitkönige und ihre Familien auslöschte, im heutigen Nordhessen.

Chlodwig stiftete damals den Sohn des rheinfränkischen Königs Sigibert zum heimtückischen Mord an dem eigenen Vater an, und Sigibert fiel diesem Verbrechen zum Opfer, als er gerade auf der Jagd in der Buchonia weilte.

Sigibert war von Köln aus zur Jagd aufgebrochen und hatte dann den Rhein überschritten, aber es ist natürlich fraglich, ob er mit seinem Jagdgefolge so weit nach Osten geritten ist. Ausschließen kann man es nicht, denn um starkes Wild zu jagen, Auerochsen, Wisente, Elche, Wildpferde und Bären, nahmen die Könige und ihre Gefolgsleute ganz gern einen längeren Ritt und ein paar Strapazen in Kauf, war doch die Jagd die Lieblingsbeschäftigung adliger Herren.

Sonderbar ist das Dunkel über den Hessen. Die Thüringer wagten einige Aufstände gegen die fränkische Herrschaft, es kam zu Kämpfen gegen die Slawen, Awaren und Sachsen, die alemannischen Herzöge griffen in die Reichspolitik ein, auch von den Bayern erfahren wir einiges, aber über die Hessen und das Hessenland wird bis 721 nicht das geringste berichtet. Greifbar ist nur, daß die Heereszüge nach Thüringen offenbar in der Regel vom Rhein-Main-Gebiet aus über Frankfurt durch die Buchonia führten. Das Gebiet der Chatten wird – wie der Briefwechsel des Bonifatius zeigt – in der ersten Hälfte des 8. Jahrhunderts von einigen Kleinstämmen bewohnt. Die Bewohner der Landschaft an der Eder, der Diemel und der Fulda werden als Hessen bezeichnet.[53] Sind das die Nachkommen der Chatten, die hier in einem Restgebiet sitzengeblieben sind? Der Hauptteil des Volkes hat vermutlich an den völkerwanderungszeitlichen Angriffen auf das römische Gallien teilgenommen und ist im Großstamm der Franken aufgegangen.

In den Lebensbeschreibungen des heiligen Bonifatius, die nur wenige Jahre nach seinem Märtyrertod 754 niedergeschrieben wurden und die als recht zuverlässig gelten, wird ein anderes Bild der Hessen sichtbar. Die Hessen treten stärker hervor, von den anderen Kleinstämmen ist keine Rede mehr. Der Name »Hessen« hat sich über den Hessengau hinaus ausgebreitet und die anderen Stammesnamen überdeckt und verdrängt. Die intensivere Erfassung und Durchdringung des Gebietes durch die fränkische Staatsgewalt, die offenbar zu Beginn des 8. Jahrhunderts einsetzte, Rodung und Siedlung, Bevölkerungswachstum und größere Mobilität haben wahrscheinlich diesen Prozeß bewirkt. Freilich, ein wirklicher Stamm wie die Alemannen und Bayern, die Thüringer, Sachsen und Friesen sind die Hessen im Frühmittelalter wohl nicht geworden. Sie treten als Stamm kaum hervor, haben offenbar kein eigenes hessisches Stammesrecht, kein hessisches Stammesherzogtum, und auch das mächtigste hessische Adelsgeschlecht, die Konradiner, werden niemals als »Hessen« bezeichnet, sondern gelten als Franken. Einer stammesmäßigen Konsolidierung, die durchaus im Bereich des Möglichen lag, war gewiß die Tatsache hinderlich, daß das »Hessenbistum« Büraberg bei Fritzlar schon nach wenigen Jahren wieder beseitigt und zum Erzbistum Mainz geschlagen wurde.

Die politische Karriere des Namens »Hessen«, der zum Namen eines großen Bundeslandes geworden ist, begann also nicht schon im frühen Mittelalter, sondern erst im 13. Jahrhundert mit der reichsrechtlichen Anerkennung der »Landgrafschaft Hessen« für Heinrich I., den Enkel der heiligen Elisabeth.

Ein »altes edles Volk«, eine »gens antiqua et nobilis«,[54] sind die Sachsen für den ottonischen Geschichtsschreiber Widukind, Mönch im sächsischen Benediktinerkloster Corvey, vielleicht ein Nachkomme jenes sächsischen Volksführers Widukind, der viele Jahre lang den Freiheitskampf der Sachsen gegen die fränkischen Heere angeführt hat. Vornehmer Herkunft war Widukind von Corvey ganz gewiß und deshalb auch in besonderer Weise von sächsischem Stammesstolz erfüllt, einem Stammesstolz, der am Beginn des 10. Jahrhunderts durch den Aufstieg des sächsischen Geschlechtes der Liudolfinger (Ottonen) zur Königswürde neue Nahrung erhalten hatte. Und so blickt Widukind am Anfang seiner Sachsengeschichte auf die sagenhafte Vorgeschichte seines Volkes zurück: *So werde ich denn zu Anfang etwas über Ursprung und Zustand des Volkes sagen, wobei ich diesem Teile fast ganz der Sage folge, da diese allzuferne Zeit im dunkeln liegt. Die Meinungen sind unterschiedlich. Die einen glauben, die Sachsen stammten von den Dänen und Nordmannen ab, andere aber glauben an Herkunft von den Griechen, denn die Sachsen seien die Reste des makedonischen Heeres, das Alexander dem Großen gefolgt und nach dessen frühem Tod über den ganzen Erdkreis zerstreut worden sei.*[55]

Die Sachsen seien, so erzählt Widukind weiter, in Hadeln, einer Landschaft an der unteren Elbe, gelandet. Die Herren des Landes, die Thüringer, widersetzten sich der sächsischen Landnahme, doch siegten die Sachsen mit List und Gewalt über die Thüringer. Auch den Namen »Sachsen« weiß Widukind zu deuten; bei der heimtükkischen Ermordung thüringischer Fürsten griffen die Eindringlinge zu ihrem großen Messer, dem »Sax«, der ihnen dann den Namen gab.

Auch von der Landnahme der Angeln und Sachsen in Britannien weiß Widukind zu berichten, und ausführlich erzählt er vom gemeinsamen Kampf der Sachsen und Franken gegen die Thüringer und vom Untergang des Thüringerreiches und seiner Könige. Der fromme Klosterbruder aus edlem Geschlecht kennt sie gut, die alten Heldenlieder seines Volkes, in denen sich die ganze Unruhe der Wanderzeiten widerspiegelt, die Suche nach Siedlungsland, der Kampf um Beute, Ruhm und Ehre, die Brutalität gegenüber dem Feind, heimtückischer Verrat und Treue bis in den Tod.

Erinnerungen an das wirkliche Geschehen sind in diesen Sagen und Heldenliedern bewahrt, freilich poetisch überhöht, phantastisch ausgeschmückt und sogar mit Namen und Gestalten angereichert, die wohl niemals gelebt haben. Sie sind Zeugnisse für die Gedankenwelt und das Lebensgefühl des frühmittelalterlichen Menschen, in dessen Mentalität noch viele Traditionen aus der Welt des altgermanischen Kriegertums fortlebten, selbst hinter Klostermauern. Aber wenn nicht alles täuscht, war die kriegerische Landnahme doch das hervorstechendste Merkmal der altsächsischen Geschichte.

Der Stamm der Sachsen, im zweiten nachchristlichen Jahrhundert nördlich der Elbe wohnend, benachbart den Angeln und Jütländern, breitete sich in der Merowingerzeit nach Süden hin aus, erobernd, siedelnd und andere germanische Stämme überlagernd. Kleinstämme und Stammessplitter gingen im Großstamm der Sachsen auf: Chauken, Angrivarier, Cherusker, wohl auch Semnonen,

Langobarden und Thüringer, später kamen noch Boruktuarier und Hattuarier hinzu. Landnahme und Stammesbildung der Sachsen vollzogen sich wohl im 5. und 6. Jahrhundert, in einer Zeit also, die sich in ein von sagenhafter Überlieferung nur mäßig erhelltes Dunkel hüllt. Die Eroberung großer Teile der britischen Insel durch sächsische Scharen, unterstützt durch Angeln und Jüten, und der von der sächsischen Stammessage heroisierte siegreiche Kampf gegen das mächtige Reich der Thüringer rücken den Landhunger, die Kriegslust und die expansive Kraft der Sachsen in ein helles Licht. Erst das merowingische Frankenreich war in der Lage, dem weiteren Vordringen der Sachsen Einhalt zu gebieten, freilich nur mit Mühe und unter großen militärischen Anstrengungen.

Am Rande der Mittelgebirgsschwelle etwa endete das sächsische Stammesgebiet, an einigen Stellen reichten sächsische Siedlungen noch in die Mittelgebirgslandschaft hinein. Elbe, Saale und Unstrut, der Harz, das Tal der oberen Leine, Diemel und Ruhr markieren ungefähr die Grenzen gegenüber dem fränkischen Machtbereich im Süden, beziehungsweise den Siedlungsgebieten der Slawen im Osten. Im Westen verlief die Grenze zwischen dem sächsischen und dem fränkischen Siedlungsraum ohne jegliche natürliche Abgrenzung durch das offene Land östlich des Niederrheins. Die Sachsen waren hier etwa bis an die Ijssel vorgedrungen. Die Verletzlichkeit dieser offenen Flanke des Frankenreichs registrierte schon Einhard, der Biograph Karls des Großen.[56] Nach Norden hin grenzte das sächsische Gebiet an das Stammesgebiet der Friesen, durch die großen Moore von der friesischen Küstenregion geschieden. Nur zu beiden Seiten der Unterelbe hatten die Sachsen Zugang zur Nordseeküste.

Höchst bemerkenswert erschien schon den Zeitgenossen die politische Ordnung Sachsens. Einen König hatten die Sachsen nicht, so wissen der angelsächsische Gelehrte Beda Venerabilis in seiner Kirchengeschichte und der unbekannte Verfasser der Vita Lebuini antiqua, der Lebensgeschichte des angelsächsischen Missionars Lebuin, fast gleichlautend zu berichten.[57] Eine politische Ordnung ohne einen König erregte Erstaunen im frühmittelalterlichen Europa, und die altsächsische Stammesverfassung, aristokratisch und demokratisch zugleich, merkwürdig rational und doch wieder auch urtümlich anmutend, fasziniert auch die moderne Geschichtswissenschaft immer aufs neue. Noch im 8. Jahrhundert lebten die Sachsen auf einer Kulturstufe, die nicht weit von der der ersten nachchristlichen Jahrhunderte entfernt war. Und so ist es kein Wunder, daß der Mönch Rudolf von Fulda nach der Fuldaer Handschrift der »Germania« des Tacitus griff, um mit ihren Worten die Zustände bei den Sachsen vor der fränkischen Eroberung zu beschreiben.[58]

Der Stamm der Sachsen war in drei Stände gegliedert, in »Edlinge«, »Frilinge« und »Laten«, unter denen noch die Sklaven standen, die wohl nicht eigentlich als Angehörige des Volkes galten, da sie unfrei und auch nicht wehrfähig waren. Hoch standen die Edlinge über den Frilingen und Laten, die ihrerseits recht nahe aneinandergerückt waren. Heiratsverbindungen zwischen den Ständen waren bei Todesstrafe verboten.[59] Diese schroffe Scheidung der Stände innerhalb eines Stammes, die an das indische Kastensystem erinnert, war wohl ein Erbteil der kriegerischen Landnahme und der von Überschichtungsprozessen begleiteten Stammesbildung, denn den bevorrechteten Stand der Edlinge bildeten wohl die Nachkommen des ursprünglichen altsächsischen Eroberervolkes.

Die Siedlungsstruktur Altsachsens war durch eine Vielzahl von Gauen gekennzeichnet, kleinen Siedlungskammern, die gegeneinander durch Wälder und Heiden, Ödland, Moore und sumpfige Niederungen abgegrenzt waren. Für die notwendige Ordnung innerhalb der Gaue waren »Gaufürsten« verantwortlich, für die die Quellen das befremdliche Wort »Satrapen« benutzen. Die Satrapen waren die Statthalter des persischen Großkönigs, und so ist zu vermuten, daß auch die sächsischen Gauhäuptlinge eine nur delegierte Gewalt besaßen, wohl auf Grund einer Wahl durch die Gaugenossen. Größere landschaftliche Verbände waren die »Heerschaften« Engern, Westfalen, Ostfalen und Nordalbingien, die vermutlich in der Wehrverfassung als Aufgebotsbezirke eine Rolle spielten.

Alljährlich fand eine große Stammesversammlung in Marklô statt, einem Ort, dessen Name »Grenzwald« bedeutet und den man im Herzen des Sachsenlandes zu suchen hat, vielleicht an der Grenze zwischen den Heerschaften Engern und Ostfalen. Man wird an das altisländische Allthing erinnert, aber auch an die Beschreibung, die Tacitus von der altgermanischen Volksversammlung gibt. In feierlicher Form und unter Anrufung der Götter wurde das Thing eröffnet. Alle Anwesenden, auch die Gesandtschaften fremder Völker, sollten unter dem Schutz des Thingfriedens stehen. Die Gesetze des Stammes wurden in Marklô verkündet, Urteile in wichtigen Rechtsfällen gesprochen und Beschlüsse für Kriegs- und Friedenszeiten gefaßt.[60]

In der altgermanischen Volksversammlung und auch im nordgermanischen Thing kamen alle freien Männer eines Volkes oder einer Landschaft zusammen; dagegen war Marklô eine Delegiertenversammlung, denn neben dem Gaufürsten schickte jeder Gau je zwölf Edlinge, zwölf Frilinge und zwölf Laten dorthin. Das oberste Entscheidungsgremium des sächsischen Stammes war also ein Repräsentativversammlung, in der alle drei Stände gleichmäßig vertreten waren, wenn nicht an Gewicht und Autorität ihrer Delegierten, so doch wenigstens an Zahl. Und das, obgleich die Edlinge eine herausragende Rolle im Recht und sicher auch im wirtschaftlichen, sozialen und kultischen Leben gespielt haben.

Drohte ein Krieg, so wurde ein »Herzog« gewählt, der aber nur für die Dauer der Kämpfe die militärische Führung des Stammes übernahm. Ob die Sachsen in der Frühzeit Könige besessen haben, ist schwer zu sagen, aber natürlich nicht auszuschließen, denn die Angelsachsen auf der britischen Insel kannten das Königtum. Allerdings ist die Annahme, das Königtum sei bei den Altsachsen erst durch eine »antimonarchische Reaktion« ausgelöscht worden, eine reine Hypothese;[61] denn bei den Festlandsachsen wird niemals ein König erwähnt, auch in den Heldensagen nicht, die Widukind von Corvey kannte. Und da Tacitus ganz eindeutig berichtet, daß es zu seiner Zeit bei den germanischen Stämmen Monarchien und Republiken gab, hindert uns nichts, in der sächsischen Verfassung eine Fortsetzung der altgermanischen republikanisch-aristokratischen Volksordnung zu sehen.

Kein deutscher Volksstamm kann auf eine so lange Geschichte zurückblicken wie die Friesen. Mit großer Zähigkeit hat dieses Küsten- und Seefahrervolk seine Wohnsitze an den Gestaden der Nordsee und auf den vorgelagerten Inseln über zwei Jahrtausende gegen das andrängende Meer und gegen die feindlichen Nachbarn verteidigt. Der Kernbereich seines Siedlungsgebietes, das schon bei Tacitus am Ende des ersten nachchristlichen Jahrhunderts erwähnt wird, lag zwischen der Ems und dem heutigen Ijsselmeer. Im frühen Mittelalter dehnten die Friesen ihren Siedlungs- und Herrschaftsraum sowohl in westlicher als auch in östlicher Richtung aus. Nach Westen hin stießen sie zur Rheinmündung vor, nach Osten hin nahmen sie jenseits der unteren Weser einen Küstenstreifen in Besitz, und schließlich begannen sie um 800 die heutigen Nordfriesischen Inseln und einen Streifen an der schleswig-holsteinischen Nordseeküste zu besiedeln.

Natürlich kam es zu Konflikten mit den mächtigeren Nachbarn im Westen, den Franken. Wahrscheinlich mußten die Friesen im 6. Jahrhundert die Oberhoheit der fränkischen Könige anerkennen und Tribut zahlen; denn von König Chilperich I. (561–584) weiß der Dichter Venantius Fortunatus zu berichten, er habe auch über die Friesen geherrscht. Die Schwäche des merowingischen Königtums nach dem Tode Dagoberts I., des letzten großen Vertreters dieser Dynastie, im Jahre 639 dürfte den Friesen Gelegenheit geboten haben, ihre Freiheit wiederzuerringen.

Am Ende des 7. und in den ersten Jahrzehnten des 8. Jahrhunderts herrschten bei den Friesen mächtige Fürsten, denen in manchen Quellen sogar der Königstitel beigelegt wird. Die karolingischen Hausmeier versuchten, die verlorenen Positionen zurückzugewinnen. Pippin der Mittlere konnte um 690 dem friesischen Herzog Radbod das Gebiet um Utrecht wieder entreißen. Zu Beginn des 8. Jahrhunderts kam es zu einer Annäherung zwischen Radbod und den Karolingern, denn Grimoald, ein Sohn Pippins des Mittleren, heiratete eine Tochter Radbods namens Theudesinde. Die innerfränkischen Wirren nach dem Tode Pippins des Mittleren und seines legitimen Erben Grimoald im Jahre 714 stärkten die Stellung Radbods, der das Gebiet zwischen der Weser im Osten und dem Sinkfal (bei Brügge) im Westen beherrschte. Er starb 719 auf der Höhe seiner Macht. Sein Sohn und Nachfolger Bobbo wurde 734 von Karl Martell besiegt und fiel in der Schlacht. Mit ihm erlosch das friesische Herrschergeschlecht, das aber in Liedern und Sagen des friesischen Volkes weiterlebte.

Karl Martell unterwarf Friesland bis zur Lauwers in der Gegend von Groningen. Sehr intensiv war die fränkische Herrschaft auch in diesem Teil Frieslands nicht. Die Friesen hielten zäh an ihrem alten Götterglauben fest, und Friesland blieb im ganzen 8. Jahrhundert ein Betätigungsfeld für opferwillige, nach dem Martyrium strebende Missionare. Erst von Karl dem Großen wurden die nordfriesischen Gaue im Zuge der Sachsenkriege der fränkischen Herrschaft unterworfen.

II.
Der Aufstieg der Karolinger

1. Die letzten Merowinger

Die Geschichte schreiben die Sieger! Jedenfalls haben ihre Versionen die größere Chance, der Nachwelt überliefert und von ihr geglaubt zu werden. Auf der Seite der Sieger steht Einhard, der Höfling, der Vertraute und Jahre später auch Biograph Karls des Großen. Wenig Rühmenswertes weiß er von den letzten Königen aus der Dynastie der Merowinger zu berichten:

Das Geschlecht der Merowinger, aus dem die Franken sich ihre Könige zu wählen pflegten, dauerte bis zu König Hilderich, der auf Befehl des römischen Bischofs Stephan abgesetzt, geschoren und ins Kloster geschickt wurde. Aber obwohl es erst mit ihm ausgestorben ist, so war es doch längst ohne alle Lebenskraft und hatte außer dem eitlen Königstitel nichts Ruhmvolles mehr, denn die Macht und die Regierungsgewalt waren in den Händen der Pfalzvorsteher, welche Hausmeier hießen und denen die ganze Herrschaft oblag. Dem König blieb nichts anderes, als zufrieden mit dem bloßen Königsnamen, mit langem Haupthaar und ungeschorenem Bart auf dem Throne zu sitzen und den Herrscher zu spielen, die aus aller Welt kommenden Gesandten anzuhören und ihnen beim Abschied die eingelernten oder anbefohlenen Antworten wie aus eigener Machtvollkommenheit zu erteilen, da er außer dem nutzlosen Königstitel und einem unsicheren Lebensunterhalt, den ihm der Hausmeier nach Gutdünken zubilligte, nur noch ein einziges, noch dazu sehr wenig einträgliches Landgut besaß, auf dem er ein Wohnhaus und wenige Knechte hatte, die ihm das Notwendigste lieferten und ihm dienten. Wenn er sich irgendwohin begeben mußte, fuhr er auf einem Wagen, den ein Joch Ochsen zog und ein Rinderhirt nach bäuerlicher Art lenkte. So fuhr er zur Pfalz, so zur Volksversammlung, die jährlich zum Nutzen des Reiches zusammentrat, und so kehrte er dann wieder nach Hause zurück. Die Reichsverwaltung aber und die Innen- und Außenpolitik leitete der Hausmeier.[1]

Das Zeitalter der Merowinger erscheint auch nach mehr als einem Jahrtausend als das dunkelste in der Geschichte Europas. Eine Welle der Barbarisierung war über die ehemaligen römischen Provinzen hereingebrochen. Chlodwig, dessen ungestümer und unbarmherziger Machthunger den gallo-romanischen Geschichtsschreiber Gregor von Tours mit unverhohlener Bewunderung erfüllte, stellt sich manchen Historikern eher als halbromanisierter Gefolgschafts-, sprich Bandenführer, denn als germanischer König dar, als ein Barbar, dem bloß das allgemeine Chaos zu Ruhm und Macht verhalf und der sich mit den Seinen in den Trümmern der römischen Welt einrichtete, so gut es eben ging.

Was war das auch für eine Dynastie! Die Schaffung des fränkischen Großreiches gelang Chlodwig nur, weil er die übrigen fränkischen Könige ermordete! Kann man Chlodwigs Verwandtenmorde zur Not als »Reichsgründung mit Blut und Eisen« rechtfertigen, so kaum die Bluttaten seiner Nachkommen. Aber nicht nur Brudermord und Bruderkrieg kennzeichnen die Geschichte der Merowingerzeit; auch die Unterwerfung der Thüringer und der Burgunder geht mit gräßlichen Mordtaten einher, und das fränkische Eingreifen in die ostgotisch-byzantinischen Kämpfe in Italien mündet in

Miniatur aus dem Sankt Galler Folchard-Psalter, 9. Jahrhundert

Der mit Ochsen bespannte Reisewagen war das traditionelle Fahrzeug der merowingischen Könige.

sinnloses Beutemachen und Gemetzel. Bald werden die besten Kräfte des Reiches in grausamen Bürgerkriegen und Adelsfehden aufgerieben. Die hochfahrende Sippe Chlodwigs verkommt.

Und doch haben die Merowinger ein großes germanisch-romanisches Reich errichtet, eine Brücke von der Antike zum Mittelalter geschlagen, Latein als Schrift- und Staatssprache gerettet, dem katholischen Christentum zum Siege verholfen und den historisch so folgenreichen Bund zwischen Thron und Altar geschlossen. Die Quellen, vor allem Gregor von Tours und der recht barbarische Chronist Fredegar, schildern Kriege und Fehden, Mord und Totschlag mit sichtlicher Freude am grausigen Detail. Aber steht es in den Annalen der Karolingerzeit eigentlich anders? Gibt es keinen Familienzwist im Hause der Karolinger, keinen Mord an Verwandten und Freunden? Keine Quelle berichtet vom Schicksal der Frau und der Kinder König Karlmanns, die 774 nach Eroberung des langobardischen Königreichs in die Hände Karls des Großen fielen. Waren die letzten Karolinger besser als die letzten Merowinger? Der Unterschied liegt wohl eher bei den Gewährsleuten, die eben freundlicher zu der Sippe Karls des Großen sind; die karolingische »Hausüberlieferung« wirkt hier nach;[2] andere Quellen sind gleichsam offizielle Dokumente oder wenigstens offiziöse Berichte, viele jedenfalls mit erkennbar prokarolingischer Tendenz.[3]

Der Dynastiewechsel des Jahres 751 war eigentlich längst fällig gewesen, denn machtlos waren die Nachkommen der großen Heerkönige der frühmerowingischen Periode schon lange. Weshalb mögen die karolingischen Hausmeier mit dem Griff nach der Krone gezögert haben? Es gab etwas, was sich durch Reichtum und Macht allein nicht ersetzen ließ, jedenfalls nicht in den Augen des fränkischen Volkes und seiner aristokratischen Eliten. Das war die Heiligkeit der angestammten Dynastie, die Kraft, die den Merowingerkönigen innewohnte, ihr »Königsheil«. Die Götter haben - so ein bei den germanischen Völkern verbreiteter Glaube - den Königen ein Charisma verliehen, das den König und sein Geschlecht über die anderen Menschen hinaushebt und mit einer magisch-sakralen Sphäre verbindet. Der König führt das Heer, und deshalb muß sich das Königsheil zunächst einmal als Kriegsglück bewähren, als »Siegmächtigkeit«, wie man mit einem archaisierenden Ausdruck zu sagen pflegt. Der siegreiche Heerführer kann zu königlichen Würden aufsteigen, sein Heervolk hebt ihn auf den Schild und spendet waffenklirrend Beifall. Der Speer als kriegerisches Attribut gehört zu den Herrschaftssymbolen des germanischen Königs; wenn man will, kann man an den Speer Wotans, des germanischen Göttervaters, denken.

Doch gibt es auch friedliche Komponenten im germanischen Königtum. Aus dem Bereich des Hauses, einer befriedeten und geschützten Sphäre also, stammen Formen des Herrschaftsantrittes. Der König besteigt den Thron, den man mit dem Hochsitz in der Halle des germanischen Hauses vergleichen kann. Das Krönungsmahl erinnert an das »Erbbier« im bäuerlichen Bereich, und der »Umritt« des neuen Königs durch sein Reich zeigt Verwandtschaft mit dem Flurumgang des Bauern bei der Übernahme des Hofes. So knüpfte das Volk über die Siegmächtigkeit hinaus weitere Erwartungen an die Person seines Königs: Gutes Wetter und reiche Ernte, Erfolg bei Jagd und Fischfang, günstige Winde für die Seefahrt und Fruchtbarkeit bei Mensch und Tier. Man mutete dem König also eine ganze Menge zu. Heerkönig und Sakralkönig zugleich hatte er zu sein, Siegmächtigkeit und Fruchtbarkeitszauber in seiner Person zu vereinen. Dieses Charisma, so glaubte man, vererbe sich in der Königssippe von Generation zu Generation, und deshalb standen die Germanen stets mit einer rational unerklärlichen Treue zu ihrem Königsgeschlecht.

Die Sippe des sagenhaften Königs Merowech hob sich einzigartig und unvergleichbar aus dem Volk der Franken heraus. Nur sie war wahrhaftig adlig, göttlichen oder wenigstens übermenschlichen Ursprungs. Berichtet doch der altfränkische Chronist Fredegar in der Sage vom mythischen Ursprung der Merowinger, daß ein Meeresungeheuer in Gestalt eines Stieres die im Meer badende Gattin des Königs Chlodio beglückte, die dann den Stammvater Merowech gebar.[4]

Der Stier war wohl wirklich das Zeichen der Sippe, ihr Totem, denn die Stiersymbolik findet sich in den Beigaben des Childerichgrabes bei Tournai, eines Königsgrabes des 5. Jahrhunderts, und auch der von Ochsen gezogene Reisewagen des letzten Merowingers hat gewiß mehr mit dem Fruchtbarkeitszauber einer uralten Bauernkultur, vielleicht sogar mit dem altgermanischen Nerthuskult zu tun, als mit Not und Armut. Selbst den Schattenkönigen werden die Franken nichts zugemutet haben, was sich mit der königlichen Würde nicht vereinbaren ließ, denn sie hatten sich doch noch immer vor allem Volk und auch vor den Gesandtschaften fremder Völker und Reiche als die Repräsentanten fränkischer Macht und Größe zu zeigen. Einhard war dieser heidnischen Welt des Numinosen zu weit entrückt, als daß er sie noch hätte verstehen können. Das Königtum der Karolinger, das er vor Augen hatte, war weit stärker christlich, biblisch-alttestamentarisch fundiert.

Mit »langem Haupthaar und ungeschorenem Bart« saßen die Könige aus dem Geschlecht der Merowinger auf dem Thron, wie Einhard verächtlich berichtet. Das lange Haupthaar war aber schon in der Frühzeit ihr königliches Signum. Gregor von Tours nennt sie »gelockte Könige«.[5] In magischer Weise war das Charisma der

Merowinger mit ihrer Lockenpracht verbunden. Nur derjenige unter ihnen war regierungsfähig, der sich im Schmuck seines wallenden Haupthaares dem Volke zeigen konnte. Um einen Rivalen auszuschalten, genügte es, ihn scheren zu lassen. Parallelen zur biblischen Gestalt des Helden Samson drängen sich auf.

Trotz der Annahme des Christentums blieben heidnisch-germanische Vorstellungen vom Königsheil lebendig und ragten als archaischer Überrest urtümlichen Königsglaubens ins christliche Mittelalter hinein. Dies band die fränkische Königswürde für Jahrhunderte an die geheiligte Dynastie der Merowinger. Hin und wieder erhoben zwar Usurpatoren Ansprüche auf den Thron, stets aber unter dem Vorwand, auch in ihren Adern fließe Merowingerblut. Die Zugehörigkeit zur allein königswürdigen Familie der Merowinger war eine unabdingbare Voraussetzung für den Griff nach der Krone.

Legitime oder illegitime Abkunft von einem der Könige spielte keine Rolle. Alle Söhne eines Merowingers konnten Ansprüche auf einen Anteil am Reich erheben, auch die Bastarde. Allein auf das Blut des königlichen Vaters kam es an; das der Mutter spielte keine Rolle, sie mochte eine Königstochter sein oder auch eine leibeigene Dienstmagd. Nur germanischer Herkunft mußte sie sein, wenn nicht alles täuscht, denn alle Königinnen und Konkubinen der Merowinger waren Germaninnen, mit Ausnahme der schönen Römerin Deoteria, die dem König Theudebert I. den Theudebald gebar; aber der König mußte sie unter dem Druck der Heeresversammlung verstoßen, um seine Verlobte, die langobardische Königstochter Wisegarde, zu heiraten.[6] Das Thronrecht Theudebalds wurde davon nicht berührt; er folgte 547/48 seinem Vater.

Das Frankenreich galt gleichsam als Eigentum der Merowingersippe. Es wurde vererbt und geteilt, nicht wesentlich anders als ein großes Landgut. Jeder Königssohn konnte einen Reichsteil für sich fordern, und da die Merowingerkönige nichts von Geburtenkontrolle hielten und sich nach Lust und Laune, gelegentlich auch nach der Staatsräson mit Königstöchtern und Stallmägden verbanden, wimmelte es bald von Merowingersprossen. Eine Atomisierung des Reiches in unzählige Teile verhinderten die Merowinger selbst, indem sie sich bei passender Gelegenheit gegenseitig umbrachten. Zu Beginn des 8. Jahrhunderts gab es daher nur noch wenige Merowinger, so daß der neustrische Hausmeier Raganfred nach dem Tode Dagoberts III. (715/16) die letzten Reserven mobilisieren und sich einen König aus dem Kloster holen mußte. Der ehemalige Mönch ließ sich die Haare wieder wachsen, und als die Tonsur verschwunden war, legte er den für einen echten Merowinger unschicklichen Namen Daniel ab und bestieg als Chilperich II. den Thron seiner Väter.[7]

Heidnisch-germanische Züge fallen im Königtum der Merowinger überall ins Auge, und doch mischten sich zahlreiche Elemente spätrömischer und christlicher Natur hinein und hoben es auf ein höheres Niveau. Die Symbiose zwischen germanischen, römischen und christlichen Traditionen wandelte das archaische Königtum Germaniens zum christlichen Königtum des europäischen Mittelalters. Mit Chlodwigs Übertritt zum katholischen Christentum wurde der Bund zwischen Thron und Altar im Reich der Franken besiegelt. Aber schon zuvor hatten sich katholische Bischöfe bemüht, christliche Vorstellungen vom gerechten Herrscher dem König nahezubringen:

Du mußt Ratgeber um dich versammeln, die deinem Ruf förderlich sind. Deine Gunstbezeigungen seien rein und ehrenhaft. Du sollst deine Bischöfe achten und ihren Rat befolgen. Wenn du mit ihnen übereinstimmst, wird es deinem Lande wohl ergehen. Fördere dein Volk, richte die Unterdrückten auf, sorge für Witwen und Waisen. Die Gerechtigkeit spreche aus deinem Munde. Verlange nichts von Armen und Fremden, nimm keine Geschenke oder Bestechungsgelder an. Dein Palast stehe einem jeden offen, keiner verlasse ihn traurig. Mit Hilfe des vom Vater ererbten Reichtums befreie Gefangene und Sklaven.[8]

So schrieb Bischof Remigius von Reims an König Chlodwig, und mehr und mehr brachten die Bischöfe im Reich der Franken christliche Herrscherethik ins Spiel, konfrontierten die Herrscher mit ihren Forderungen und veränderten so allmählich die geistigen Grundlagen des Königtums. Elemente der heidnisch-germanischen Herrscherlegitimation blieben zwar erhalten, aber die Kirche vertrat den Standpunkt, daß der irdische König seine Würde von Gott erhalten habe und daher sein Königsamt auch im christlichen Sinne ausüben müsse. Der König als »minister Dei«, als »Diener Gottes«, hatte die Herrschertugenden der Gerechtigkeit (iustitia), Frömmigkeit (pietas) und Demut (humilitas) zu bewahren. Konkret hieß das: Gerechtigkeit gegenüber jedermann, Schutz der Armen, Witwen und Waisen, Mildtätigkeit gegenüber Gefangenen und Fremden, Schutz der Kirchen und der Geistlichkeit, Verteidigung des christlichen Glaubens und ein persönliches Verhalten nach den Grundsätzen der christlichen Moral.

Das Leben der allermeisten Merowinger entsprach den Geboten der christlichen Herrscherethik zwar nur wenig oder gar nicht, auch wenn sie sich als christlich-katholische Herrscher fühlten. Am ehesten mag Guntram (561–593) dem Idealbild Genüge getan haben, wenn man Gregor von Tours Glauben schenken darf, der ihn als einen fast heiligmäßigen König schildert. Die Geistlichkeit maß das Königtum an ihren Forderungen, stärkte aber auch seine Machtstellung, denn der König als Stellvertreter Gottes auf Erden wurde nun mit einer neuen christlichen Aura umgeben. Das Gebet für den König fand Eingang in die kirchliche Liturgie.

Dies alles ist der Hintergrund jener Zähigkeit, mit der die Franken an ihrem angestammten Königsgeschlecht festgehalten haben, auch dann noch, als dieses zur Führung des Reiches nicht mehr fähig war. Natürlich gab es für die fränkische Aristokratie handfeste Gründe für ihre Treue zu den machtlosen Merowingern, die dem Machtstreben der Herzöge und Grafen keinen Widerstand leisten konnten. Aber es gibt keinen Zweifel, daß die merowingischen Schattenkönige auch und vor allem durch ihre Verwurzelung in den heidnisch-sakralen Stammestraditionen und ihre Einbindung in die göttliche Weltordnung christlicher Prägung so lange geschützt wurden. Für viele Franken war die Herrschaft der Nachkommen des Merowech die Garantie für den Bestand des Frankenreiches.

2. Arnulfinger und Pippiniden

Immer wieder: Die Geschichte wird von den Siegern geschrieben, nicht von den Besiegten. So hatte sich nach der prokarolingischen, die siegreiche Dynastie schon in ihren Ursprüngen verklärenden Überlieferung der Aufstieg der Karolinger stetig und mit naturnotwendiger Konsequenz vollzogen, sichtbar begünstigt durch Gottes allmächtigen Ratschluß. Tapferkeit und Siegeswille, Reichtum und Führungsqualitäten, Herrschertugenden also, aber auch Frömmigkeit, Milde und sogar Heiligkeit der Vorfahren gaben aus der Sicht rückblickender Hofchronisten schon einen Vorgeschmack auf jenes denkwürdige Ereignis in Soissons am Weihnachtstag des Jahres 751, als Pippin dem Jüngeren der Griff nach der fränkischen Königskrone endlich glückte.

Der Weg der Karolinger auf den Thron war lang und steinig, nicht frei von Um- und Irrwegen, und an manchen Stellen lag das Scheitern näher als der Erfolg. Die Schicksalsschläge, die die Hausmeier aus dem Geschlecht der Arnulfinger und Pippiniden trafen, sind hinter dem Schleier, den die absichtsvoll verdunkelnden Chronisten und Annalisten über sie gebreitet haben, nur noch zu erahnen.

Die beiden Stammväter des karolingischen Hauses, Bischof Arnulf von Metz und der Hausmeier Pippin der Ältere, treten zu Beginn des 7. Jahrhunderts erstmals ins Licht der Geschichte. Beide waren verstrickt in das blutige Geschehen des ausgehenden 6. und beginnenden 7. Jahrhunderts, dessen Protagonistinnen zwei Frauen waren, die Königinnen Fredegunde und Brunichilde. Am Sturz der Königin Brunichilde waren Arnulf und Pippin maßgeblich beteiligt. An dem furchtbaren Ende, das ihr König Chlothar II. 613 bereitete, waren sie wohl auch nicht ganz unschuldig. Denn die Geschichte der Karolinger beginnt mit einem Verrat, einem Verrat an der Königin Brunichilde. Gingen Arnulf und Pippin doch vor der entscheidenden Schlacht gegen Chlothar II. ins feindliche Lager über, zusammen mit großen Teilen des austrischen Heeres. Rühmlich waren ihre ersten Schritte in die Unsterblichkeit nicht.

Arnulf, der als Verwalter königlicher Besitzungen, als »Domestikus«, zu den Großen des Reiches gehörte, fühlte sich denn auch schuldig, wollte der Welt entsagen und als Mönch in das Kloster Lérins eintreten. Dann nahm er aber doch 614 die Wahl zum Bischof von Metz an, und das hieß, daß er weiter in die Händel dieser Welt verstrickt blieb. Er übernahm für den jungen König Dagobert I., der von seinem Vater Chlothar II. 623 als Unterkönig im austrischen Reichsteil eingesetzt worden war, die vormundschaftliche Regentschaft und diente ihm zusammen mit seinem zum Hausmeier avancierten Waffengefährten Pippin als treuer und zuverlässiger Ratgeber.

Auch unabhängige Quellen rühmen Arnulfs Güte und seinen frommen, fast heiligmäßigen Sinn, mit denen er freilich in der blutigen und unheilvollen Zeit wenig auszurichten wußte. Wohl deshalb verzichtete er einige Jahre später doch auf seine bischöfliche Würde und zog sich in die Vogesen, den Wasgenwald, zurück, wo er als Büßer und Eremit in der Nähe des Klosters Remiremont lebte. Er

Stammtafel des karolingischen Hauses

Das zentrale Medaillon dieser Seite aus der Wolfenbütteler Handschrift der Kölner Königschronik (13. Jahrhundert) ist zwar Kaiser Karl dem Großen vorbehalten, doch werden der heilige Arnulf und seine Gemahlin als Stammeltern der Dynastie besonders herausgehoben.

starb im Rufe der Heiligkeit, fand in seiner ehemaligen Bischofsstadt – in Sankt Arnulf zu Metz – seine letzte Ruhestätte und wurde wohl bald vom Volke als Heiliger verehrt.

Pippin der Ältere hingegen, der nach dem kleinen belgischen Städtchen Landen, wo einer volkstümlichen Überlieferung folgend sein Grabhügel gezeigt wird, auch »Pippin von Landen« genannt wird, diente zunächst weiterhin am Hofe Dagoberts I. als Hausmeier für den austrischen Reichsteil. Dem Inhaber dieses Amtes, dem »Maior domus«, oblag ursprünglich nur die Aufsicht über das Hofgesinde und die königliche Hofhaltung, doch erweiterten sich seine Befugnisse um die Oberaufsicht über das Königsgut, die Krondomänen, und um den Oberbefehl über die Antrustionen, die Angehörigen der königlichen Leibwache. Auch Aufgaben in der allgemeinen Reichsverwaltung wuchsen ihm zu, so daß er zum Stellvertreter des Herrschers und bei Minderjährigkeit oder Führungsschwäche des Königs zur politisch dominanten Figur werden konnte. Das Amt war also für die fränkischen Großen begehrenswert. Seine Inhaber kamen in aller Regel aus der Aristokratie und verfügten selbst über Großgrundbesitz, zahlreiche abhängige Leute und eine kriegerische Gefolgschaft. Freilich waren sie auf die Unterstützung durch ihre Standesgenossen angewiesen, die sie in der Form der Schwurfreundschaft, der Verschwägerung oder der Gefolgschaft an sich zu binden suchten.

Jedoch war die Position eines Hausmeiers im 7. Jahrhundert noch recht prekär. Das mußte auch Pippin der Ältere erfahren. Als König Dagobert I. im Jahre 629 seinem Vater Chlothar II. als Alleinherrscher im Gesamtreich folgte und 631 seine Residenz von Metz nach Paris, von Austrien also nach Neustrien, verlegte, wurde der zuvor so mächtige Hausmeier entmachtet. Dagobert, der das merowingische Königtum zu letzter Macht und Größe führte, degradierte ihn zum Prinzenerzieher für seinen Sohn Sigibert. Dieses Amt erwies sich jedoch als Sprungbrett für eine zweite Karriere, denn als Sigibert III. nach dem Tode seines Vaters 639 den Thron bestieg, wurde Pippin sogleich wieder mit seiner alten Würde eines Maiordomus von Austrien ausgestattet. Damit war er erneut der maßgebende Mann in diesem Teil des Frankenreiches, dessen Politik er von nun an zusammen mit Bischof Kunibert von Köln bestimmte. Dieses für die Zeit charakteristische Zusammenwirken des Hausmeiers mit einem Angehörigen der – ebenfalls in der Regel der Aristokratie entstammenden – hohen Geistlichkeit setzte sich auch nach dem Tode Pippins (640) fort, denn dessen Sohn Grimoald konnte nicht zuletzt dank der Unterstützung durch Kunibert von Köln nach der Beseitigung eines Rivalen um 643 in die Position seines Vaters als austrischer Hausmeier einrücken. Eine Tendenz zur Erblichkeit des Maiordomats zeichnete sich ab.

Grimoalds Stellung in Austrien schien so gefestigt, daß er einen raschen Griff nach der Krone wagte, freilich nicht für sich selbst, sondern für seinen Sohn, und auch nicht in der Form eines »Staatsstreiches«, sondern auf dem Umweg über eine Adoption. Er veranlaßte den kinderlosen König Sigibert III., seinen Sohn zu adoptieren und damit in die Sippe der Merowinger aufzunehmen. Aus dem Pippiniden wurde also ein Merowinger, und er erhielt den merowingischen Königsnamen Childebert. Selbst ein so mächtiger Haus-

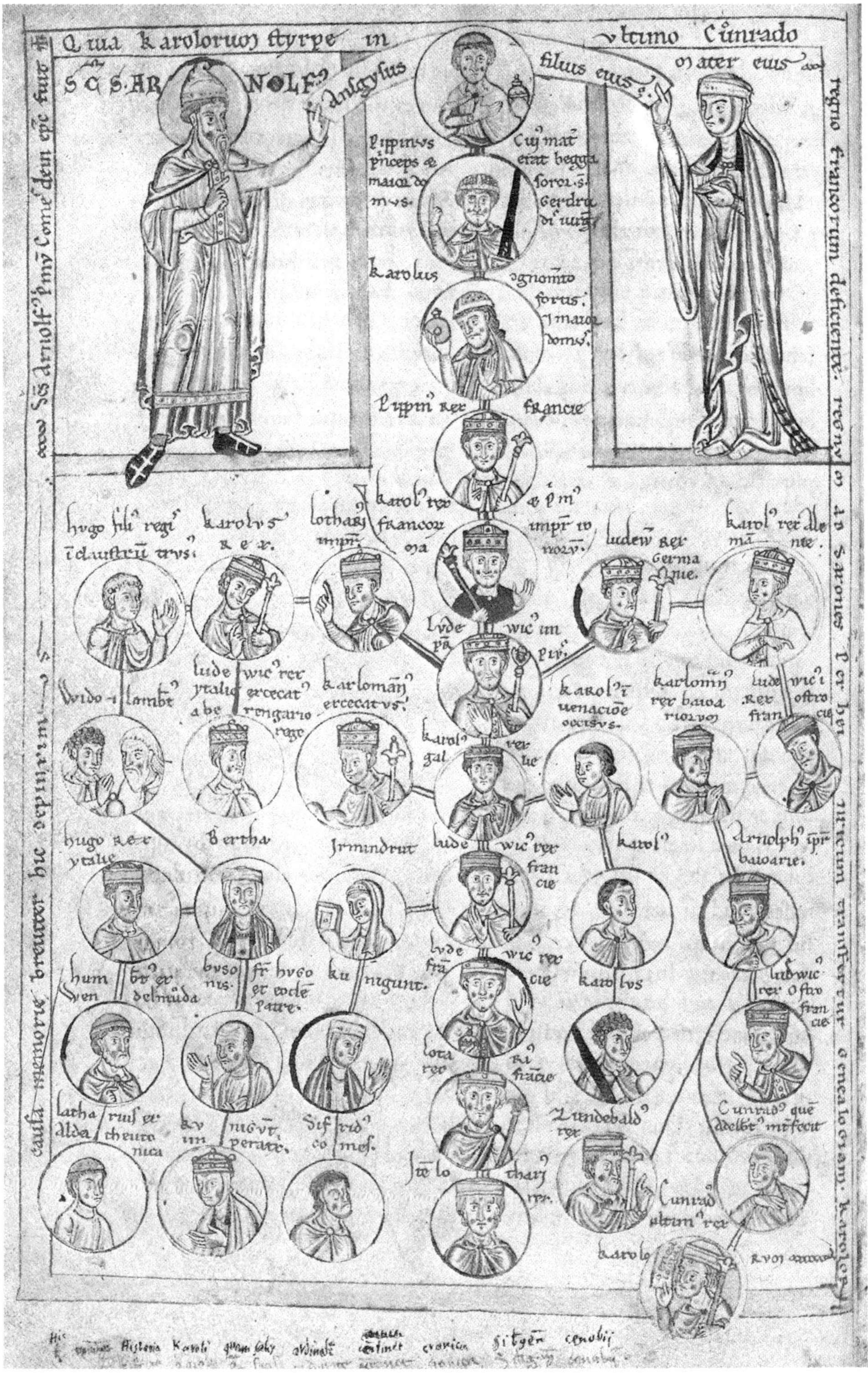
Quia karolorum styrpe in ultimo Cunrado
filius eius
Mater eius
Bertha
hugo rex ytalie
karolus
Cunrad

meier wie Grimoald konnte es damals nicht wagen, das Thronrecht der Merowingersippe anzutasten.

Jedoch bekam König Sigibert III. am Ende doch noch einen Sohn. Dagobert II. bestieg den Thron als unmündiges Kind, wurde aber von Grimoald schnell gestürzt und nach Irland ins Kloster geschickt. Der Hausmeier machte nun den eigenen Sohn zum König in Austrien, der als »Childebert der Adoptierte« etwa zwischen 660 und 662 den Thron innehatte. Aber dieser Staatsstreich Grimoalds führte rasch zum Ende der Pippiniden. Der Hausmeier wurde von seinen Gegnern in eine Falle gelockt und an den neustrischen König Chlothar III. (657–673) ausgeliefert. Wohl im Jahre 662 starb Grimoald in Paris unter Qualen im Kerker; das Schicksal seines Sohnes Childebert ist unbekannt. An seine Stelle trat als König in Austrien Childerich II. (662–675), ein jüngerer Bruder Chlothars III.

Die blutigen Auseinandersetzungen zwischen den merowingischen Königen, den Hausmeiern und den Adelsfraktionen dauerten an; die Akteure wechselten rasch, auch das Szenarium, aber die Handlung dieses Schauspiels hatte immer nur ein Thema, den erbitterten Kampf um die Macht. Es hatte den Anschein, als seien die Großen des Reiches einzig bemüht, dem allgemeinen Chaos Dauer zu verleihen. In der trümmerhaften Überlieferung, in der fast ausschließlich von Aufstieg und Fall, von Kampf und Tod die Rede ist, wird das düstere Pathos dieser »dark and bloody ages« lebendig.

Schon nach drei Generationen war 662 das Haus der Pippiniden im Mannesstamm erloschen. Von Grimoalds Schwestern leitete Gertrud als Äbtissin das pippinidische Hauskloster Nivelles, das Itta, die Frau Pippins des Älteren, um 645 gestiftet hatte, die andere Schwester, Begga, war mit Ansegisel, einem Sohn Arnulfs von Metz, verheiratet. Der Sohn Ansegisels und Beggas wurde nach seinem Großvater mütterlicherseits Pippin genannt. In seiner Person flossen die großen Besitzungen und ausgedehnten Herrschaftsrechte der Arnulfinger und Pippiniden zusammen. Pippin der Mittlere, volkstümlich auch Pippin von Herstal genannt, führte nicht nur im Namen die Familientradition der Pippiniden weiter, so daß wir von einem Geschlecht der »Arnulfinger-Pippiniden« sprechen können, das erst seit dem 9. Jahrhundert nach seinem größten Sohn den uns geläufigen Namen »Karolinger« trägt.

Die herausragende Gestalt in den wildbewegten Jahrzehnten, die dem mißglückten Griff nach der Krone folgten, war zunächst der mächtige Hausmeier Ebroin, der einerseits die Merowinger endgültig zum Schattendasein verurteilte, andererseits aber auch die fränkischen Großen in ihre Schranken wies. Wenn man einem machthungrigen Aristokraten wie Ebroin ein politisches Programm unterstellen darf, dann das der Wiedervereinigung des Frankenreiches unter Führung Neustriens, wo mit Paris und dem merowingischen Königskloster Saint-Denis, mit Soissons, Reims, Tours und Tournai alte fränkische Machtzentren lagen. Ohne Kampf und ohne Rückschläge auch für Ebroin ging das nicht ab, und in dieses Chaos von Krieg und Fehde, von Intrigen und Verschwörungen, von Mord und Verrat war bald auch Pippin der Mittlere, der Träger der arnulfingisch-pippinidischen Tradition, verwickelt, allerdings ohne zunächst gegen Ebroins straffes Regiment etwas ausrichten zu können. Ebroin wurde um 680 ermordet; er wurde nicht zum Stammvater einer Dynastie, sondern blieb der große einzelne, dessen machtpolitisches Programm, wenn man so modern sprechen darf, andere in die Tat umsetzten.

Die Schlacht bei Tertry im Jahre 687, in der Pippin, unterstützt vom Adel Austriens, den neustrischen Hausmeier Berchar und seinen König Theuderich III. (673–690/91) entscheidend schlug, ist von der karolingischen Hausüberlieferung zum epochalen Ereignis hochstilisiert worden und hat Eingang in alle Geschichtsbücher gefunden.[9] Wie dem auch sei, nach dem Sieg von Tertry und der Ermordung Berchars (688) war Pippin jedenfalls zweifellos der mächtigste Mann im ganzen Reich. Der Merowingerkönig Theuderich III. mußte ihn anerkennen und ihm die Zügel der Regierung anvertrauen. Pippin der Mittlere überließ die Hausmeierwürde bald seinem Sohn Grimoald II., während er seinen ältesten Sohn Drogo zum Herzog in der Champagne erhob und ihn mit der Witwe des Hausmeiers Berchar vermählte. Die Karolinger griffen damit von ihren austrischen Machtzentren nach Neustrien aus.

In den Jahrzehnten, die auf die Schlacht bei Tertry folgten erlebte das Haus der Karolinger einen ersten Machthöhepunkt. Pippin der Mittlere konnte sich auf die reichen arnulfingisch-pippinidischen Hausgüter stützen, die in den fruchtbaren Altsiedellandschaften des Maas-Moselraumes lagen und die sich in dieser Zeit im Zuge des allgemeinen Landesausbaus durch Rodung und Siedlung in den angrenzenden Waldungen, besonders der Ardennen und der Eifel, ausdehnten. Die Gründung von Eigenklöstern trug ein übriges zur Schaffung wirtschaftlich-kultureller Zentren und zur Vergrößerung von Macht und Ansehen des Hauses bei.

Gleichsam das Herzstück des karolingischen Eigenbesitzes war der Raum um Lüttich mit Herstal, Hermalle, Jupille und Chèvremont. Diente das im Tal gelegene Jupille als Pfalz und bequemer Aufenthaltsort, so war der hochaufragende Chèvremont eine den dichtbesiedelten Lütticher Raum beherrschende Festung, ein Platz, an dem Pippin der Mittlere in der von ihm gestifteten Marienkirche seine letzte Ruhestätte zu finden hoffte. Zudem besaß Pippin als faktischer Inhaber der Regierungsgewalt die Verfügung über die Reste der merowingischen Krondomänen und über die noch immer ausgedehnten Reichsforsten; auch Einkünfte aus dem Münz-, Markt- und Zollregal dürften in seine Hände geraten sein. Zwar unterschieden die Karolinger zwischen ihren Hausgütern und dem Reichsgut, aber sie konnten natürlich den Fiskalbesitz zur Stärkung ihrer Macht und zur Durchsetzung ihrer eigenen politischen Ziele einsetzen.

Militärisch konnte sich Pippin auf seine Gefolgsleute und auf zahlreiche Anhänger unter den führenden Familien Austriens stützen, mit denen er wohl vielfach in der Form der Schwurfreundschaft verbunden war. Pippin der Mittlere war gewiß so etwas wie der Exponent des aufstrebenden austrischen Adels. Für die militärische Kraft der Karolinger war es wichtig, daß sie als Hausmeier im Namen des Königs den fränkischen Heerbann befehligten, das heißt, sie konnten im Bedarfsfall alle wehrpflichtigen Männer zur Heerfahrt aufbieten. Gerade in den alten fränkischen Kernländern gab es noch immer eine große Zahl von freien kleineren Grundbesitzern und Bauern, auf deren Wehrkraft die Karolinger zurückgreifen konnten.

Wenn von der Herrschaft Pippins im ganzen Reich die Rede war, so war das weit übertrieben. Pippin der Mittlere, »Herzog und Fürst der Franken«, wie er sich nannte, und sein König erhoben zwar diesen hohen Anspruch, aber in Wirklichkeit beherrschten sie nur die fränkischen Kernländer Austrien, Neustrien und Burgund, während sich das Land südlich der Loire, das Herzogtum Aquitanien, unter seinem Herzog Eudo dem Pippinschen Zugriff entziehen konnte. Vor allem hatten sich die germanischen Stammesgebiete im Osten des Reiches ziemlich verselbständigt, auch wenn sie nominell innerhalb des großfränkischen Reichsverbandes verblieben waren. Die germanischen Herzöge, so kann man vielleicht sagen, herrschten mit vizeköniglicher Machtfülle. Hier regte sich Widerstand gegen die karolingische Reintegrationspolitik.

Die Herzöge Alemanniens und Bayerns, namentlich der alemannische Herzog Gottfried, waren Bollwerke dieser antikarolingischen Opposition, deren Aktionen in unserer trümmerhaften und noch dazu prokarolingisch eingefärbten Überlieferung nur einen schwachen Niederschlag gefunden haben. Ob sich auch die mainfränkisch-thüringischen Herzöge den Machtansprüchen der Karolinger widersetzten, ist schwer zu entscheiden. Ihr Herrschaftsbereich war enger mit dem austrischen Kernraum verknüpft als die alemannischen und bayrischen Stammesgebiete. Da Herzog Heden zu Beginn des 8. Jahrhunderts mit dem auch von den Karolingern geförderten angelsächsischen Missionar Willibrord zusammenarbeitete, wird zumindest für diese Zeit ein friedliches Zusammenwirken zwischen Heden und Pippin anzunehmen sein. Die fränkische Zentralgewalt war jedenfalls im ostfränkisch-hessischen Raum stärker vertreten, denn in die Zeit Pippins des Mittleren fällt die Errichtung der fränkischen Großburgen im nördlichen Hessen, die offensichtlich nicht nur der Abwehr sächsischer Einfälle dienten, sondern auch Bastionen der fränkischen Staatsgewalt waren.

Der alemannische Herzog Gottfried, wohl die treibende Kraft einer in unseren Quellen nur umrißhaft faßbaren antikarolingischen Allianz, war offenbar so mächtig, daß Pippin der Mittlere sich mit

Steinernes Südtor der fränkischen Burg auf dem Christenberg, Rekonstruktion

Ausschnitt aus der Apokalypse von Saint-Amand

Freie Bauern und kleine Grundherren zogen als Fußtruppen ins Feld. Ihre Hauptwaffe war der Speer.

ihm nicht auf eine bewaffnete Auseinandersetzung einließ. Erst nach des Herzogs Tod (709) begann eine Serie von fränkischen Feldzügen gegen Gottfrieds Nachfolger Willehari, der doch wohl nicht nur ein alemannischer Teilherzog war. Pippin dem Mittleren lag offenbar sehr viel an einem Sieg über Willehari, denn zwischen 709 und 712 fielen Jahr für Jahr fränkische Heere in Alemannien ein.[10] Ein durchgreifender Erfolg war ihnen nicht beschieden, und der Tod des mächtigen Hausmeiers gewährte den Alemannen nach 714 Ruhe.

Erfolgreicher operierte Pippin im Norden, wo der Druck der Friesen auf die Grenzen des fränkischen Gebietes immer stärker geworden war. Der Friesenherzog Radbod war so mächtig geworden, daß er königsgleiches Ansehen genoß. Sein Herrschaftsbereich erstreckte sich schließlich von der Gegend um Brügge im Westen bis zur Weser im Osten. Nach dem Siege Pippins in der Schlacht bei Dorestad (um 690) kam Westfriesland bis zum Altrhein unter fränkische Herrschaft. Die Beziehungen zwischen dem Hausmeier und dem Herzog waren jedoch keineswegs nur feindlicher Natur, denn durch die Ehe zwischen Pippins Sohn Grimoald und Radbods Tochter Theutsinda wurden auch familiäre Bande geknüpft, natürlich mit den üblichen politischen Absichten.

Als Pippin der Mittlere im Jahre 714 starb, brach eine neue Zeit der Wirren an. Stärke und Dauerhaftigkeit der Herrschaft waren abhängig von der Kraft der Persönlichkeit, die sie trug. Die beiden Söhne Pippins, Herzog Drogo von der Champagne und der Hausmeier Grimoald II., waren bereits tot. Den Platz des mächtigen Pippin nahmen nun Grimoalds Sohn Theudoald und Pippins Frau Plektrud ein, ein Kind und seine Großmutter. Auch der König, der Merowinger Dagobert III. (711–715/16), war noch ein Kind.

Die tatkräftige Großmutter tat alles, um die Herrschaft für ihren Enkel zu sichern. Sie hatte – das war wichtig – den Schatz Pippins in ihrer Gewalt; sie machte Köln zu ihrer Residenz und gewann Anhänger unter dem austrischen Adel. Vor allem aber schaltete sie ihren Stiefsohn Karl aus, Pippins Sohn aus einer Friedelehe, einer Nebenehe, mit Chalpaida. Dieser Mann, dem man später den Beinamen »Martell«, der »Hammer«, verlieh, wird in unseren Geschichtsbüchern als der Retter des christlichen Abendlandes vor dem Islam gefeiert. Mag sein, daß Plektrud ihn nicht mochte, weil er der Sohn einer Nebenbuhlerin war; Monogamie war nicht das Lebensgesetz der vornehmen Franken. Jedenfalls hielt sie den späteren Karl Martell erst einmal in den Mauern von Köln in Haft.

Die Chance, die ihnen der Tod des mächtigen Hausmeiers und der Zwist im Hause der Karolinger bot, ließen sich die fränkischen Großen, wie zu erwarten, nicht entgehen. Eine neue Periode der Adelsanarchie schien anzubrechen und das von Pippin mühsam konsolidierte Frankenreich wieder im Chaos zu versenken. Die Neustrier lehnten sich gegen die Vorherrschaft Austriens auf und wählten den westfränkischen Großen Raganfred zum Hausmeier. Selbständigkeitsbestrebungen regten sich auch in Burgund, geführt von den Bischöfen von Auxerre und Orléans. Raganfred und die neustrischen Großen scheuten sich nicht, sich mit den Friesen und Sachsen zu verbünden. Die Sachsen fielen ins Reich ein und plünderten die Grenzlandschaften am Niederrhein, die Friesen drangen bis unter die Mauern von Köln vor, wohin sich Plektrud zurückgezogen hatte.

In dieser allgemeinen Verwirrung gelang Karl Martell die Flucht aus der Haft, und er ergriff sogleich die Zügel. Angesichts der Bedrängung durch Neustrier, Friesen und Sachsen leisteten ihm die austrischen Großen Gefolgschaft; 717 siegte er über das neustrische Heer, zwang Plektrud, ihm Köln zu übergeben und den väterlichen Schatz auszuliefern. Seine rechtlich prekäre Position legitimierte er dadurch, daß er wieder einen merowingischen Prinzen als Chlothar IV. auf den Thron setzte, denn den König Chilperich II. (715/16–721), den Nachfolger Dagoberts III., hatten unglücklicherweise die Neustrier in ihrem Besitz.

Als Hausmeier Chlothars IV. erlangte Karl Martell eine amtsrechtlich abgesicherte Stellung im merowingischen Staatsgefüge, und das war wohl wichtig. Stets haben die Großen in ihrem Kampf um die Macht nämlich auch nach den Ämtern bei Hofe und in der Regionalverwaltung gestrebt, die eben nicht nur leere Titel waren, sondern den persönlichen Rang erhöhten und ihnen Machtmittel an die Hand gaben, die sie im eigenen Interesse nutzen konnten.

Karl Martell schlug die Sachsen zurück und drang selbst tief in ihre Gaue ein, in der üblichen Weise bis zur Weser das Land verheerend. Zur rechten Zeit für den Hausmeier starb Radbod, sein mächtiger friesischer Widersacher, dessen weniger angriffslustiger Nachfolger Bobbo keine große Gefahr mehr darstellte. Auch die Neustrier rang Karl Martell schließlich nieder, obgleich sie sich mit dem Herzog Eudo von Aquitanien verbündet hatten. In einer Schlacht bei Soissons schlug er sie 719, verfuhr aber milde mit den besiegten Gegnern und überließ selbst seinem Rivalen Raganfred, dem neustrischen Maiordomus, mit der Grafschaft Angers an der Loire noch einen bescheidenen Wirkungsbereich. Bedenklich war, daß Herzog Eudo den König Chilperich mit nach Aquitanien genommen hatte, denn nun konnte er den Merowinger bei passender Gelegenheit als den rechtmäßigen Frankenherrscher präsentieren und gegen Karl Martell ausspielen. Nach Chlothars IV. Tod trat der Herzog den König Chilperich an Karl Martell ab, wohl gegen Anerkennung seiner Souveränität, vielleicht aber auch, weil Eudo die Gefahr erkannte, die Südfrankreich von den Sarazenen drohte, die wenige Jahre zuvor mit der Eroberung der iberischen Halbinsel begonnen hatten.

Der Besitz des Merowingerkönigs und des Hausmeieramtes legitimierte die Machtposition Karl Martells und grenzte sie sehr deutlich gegen die anderer fränkischer Herren ab, auch gegen die der Herzöge in Aquitanien, im Elsaß, in Alemannien, Bayern, Ostfranken-Thüringen und Friesland. Langsam gewöhnten sich die großen Herren wieder an Ordnung, aber große Illusionen über den allgemeinen Zustand darf man sich wohl nicht machen, denn nach wie vor gab es mächtige Familien, die über reichen Besitz, eine kriegerische Gefolgschaft und zahllose abhängige Bauern verfügten. Sie besetzten Bischofsstühle und Abteien mit ihren Angehörigen und vererbten geistliche Würden wie Landgüter vom Vater auf den Sohn oder vom Onkel auf den Neffen.

Die weltlichen Ämter und Würden waren ohnehin längst erblich geworden, nicht nur in den herzoglichen Geschlechtern. Überall herrschten »weltlich-geistliche Dynastien«,[11] in Neustrien und Austrien, Burgund, Aquitanien und Churrätien; neben und unter ihnen gab es noch zahlreiche kleinere begüterte Familien freien Standes. Die großen Geschlechter fühlten sich den Karolingern ebenbürtig, wenn nicht gar überlegen, wie die Agilolfinger, auch wenn sie sich der größeren Machtfülle der Hausmeier beugen mußten.

Karl Martell stützte sich auf seinen ausgedehnten Grundbesitz, der sich breit gestreut über den Raum zwischen Lüttich und Metz erstreckte, aber auch auf die königlichen Rechte, die er als Inhaber des Maiordomats ausüben konnte, vor allem auf den Heerbann, das Recht, die Franken zum Feldzug aufbieten zu können, sowohl die Aristokratie als auch die noch immer zahlreichen freien Heermannen. Als Hausmeier gebot er auch über die Krondomänen, die er für seine Ziele nutzte und aus denen er dem jeweiligen Schattenkönig den Lebensunterhalt nach Gutdünken zuteil werden ließ. Die königlichen Pfalzen und Gutshöfe standen ihm offen, und auch die königlichen Rechte gegenüber Bistümern und Klöstern suchte er wahrzunehmen, wobei er freilich auf den Widerstand der Familien stieß, die bisher die Hand auf diese Pfründen gelegt hatten. Jedenfalls gewann er Macht über das Reich, auch wenn sich Aquitanien, Bayern und Alemannien noch nicht beugen wollten. Das Reich war in vielfältiger Hinsicht in seinem Bestand bedroht, durch die Adelsanarchie im Inneren, durch separatistische Bestrebungen in den Randlandschaften, den »Außendukaten«, durch äußere Feinde wie Friesen, Sachsen, Slawen und Awaren, zu denen sich als äußerst bedrohlicher Gegner noch die Sarazenen gesellten.

Das mag Karl Martells Aufstieg an die Spitze des fränkischen Staates begünstigt und ihm die Gefolgschaft, die Waffenhilfe und die Treue der Aristokratie stammfränkischer Abkunft gesichert haben. Faktisch regierte er allein, die Mitwirkung der Merowinger auf dem Thron beschränkte sich auf das Zeremonielle. Er lenkte die Innen- und Außenpolitik, berief und leitete die fränkischen Reichs- und Heeresversammlungen, führte das Heer und vergab Ämter und

Würden; er war auch derjenige, an den sich der Papst und die angelsächsischen Missionare wandten, als sie das Christentum im Bannkreis der fränkischen Reichsgewalt verbreiten und festigen wollten.

Aber Karl Martell übte die Herrschaft trotz aller tatsächlichen Machtfülle noch lange im Namen eines merowingischen Königs aus und hütete sich, den Bogen zu überspannen und den legitimistisch gesinnten Kräften einen Vorwand zur Rebellion im Namen der angestammten Dynastie zu liefern. Mochten die Kinder auf dem Königsthron doch ein beschauliches Dasein im Schatten der Macht führen, solange Karl Martell selbst in ihrem Namen herrschen konnte. Also erhob er nach dem Tode Chilperichs II. wieder einen merowingischen Prinzen zum König, Theuderich IV., einen Sohn Dagoberts III. Erst als dieser 737 starb, ließ er den Thron vakant, vielleicht um zu demonstrieren, wie nutzlos die Merowinger waren, vielleicht auch, um auf diesem Wege den Griff nach der Krone behutsam vorzubereiten.

Auch ein anderer merkwürdiger Vorgang könnte diesem Ziel gedient haben, das Karl Martell wohl nicht für sich selbst, sondern für seine Söhne im Auge hatte: die Adoption seines jüngeren Sohnes Pippin durch den Langobardenkönig Liudprand.[12] Adoption bedeutete Aufnahme in ein anderes Geschlecht, im Falle Pippins in eine Königsfamilie. Der Karolingersproß wurde damit zum langobardischen Königssohn.

Die karolingische Hausüberlieferung preist die Taten Karl Martells, seine Kriege, seine Siege, seinen legitimen Kampf gegen die Stiefmutter Plektrud, die als herrschsüchtig, anmaßend und grausam geschildert wird.[13] Karl hingegen erscheint als strahlender Held mit einem starken Willen zur Macht, dessen Unternehmungen sichtbar unter Gottes Schutz stehen. Aber letztlich tritt seine Gestalt, seine Persönlichkeit nur umrißhaft aus dem Dunkel. Wenig erfahren wir über den Menschen, und wir gehen wohl nicht fehl in der Annahme, daß sein Bild auch schon verblaßt war, als man die Geschichte des karolingischen Hauses mehr als sechs Jahrzehnte nach seinem Tode aufzeichnete. Im populären Geschichtsbild unserer Tage lebt Karl Martell, der Großvater Karls des Großen, sowohl negativ weiter als »Räuber von Kirchengut« als auch als »Retter des Abendlandes vor dem Islam« und als »Schöpfer und Ahnherr des europäischen Rittertums«. Diese Charakterisierungen sind allesamt stark übertrieben, aber nicht ganz falsch, und als einprägsame Formeln sollen sie gelten. Die verschiedenen Aspekte seines Wirkens hängen wohl auch eng miteinander zusammen, sind freilich in unseren Quellen nur schemenhaft zu erkennen.

Am besten überliefert sind Karls Siege über die Araber, die Scharen des »wilden Volkes der Sarazenen«, wie es in der Sprache der Quellen heißt. Hier leistete er in der westlichen Hemisphäre der abendländisch-christlichen Kultur einen Dienst, den ihm die Geschichte nicht vergessen hat, auch wenn die wirklich große epochale Wende vielleicht schon kurz zuvor am Bosporus eingesetzt hatte. Konstantinopel, die Hauptstadt des oströmisch-byzantinischen Reiches, wurde im Herbst 716 von arabischen Flotten und Heeren eingeschlossen. Der Kampf um die gewaltigen, von Kaiser Theodosius II. 412 bis 439 erbauten Mauern der Stadt am Bosporus mußte zum weltgeschichtlichen Ereignis werden, denn der Fall

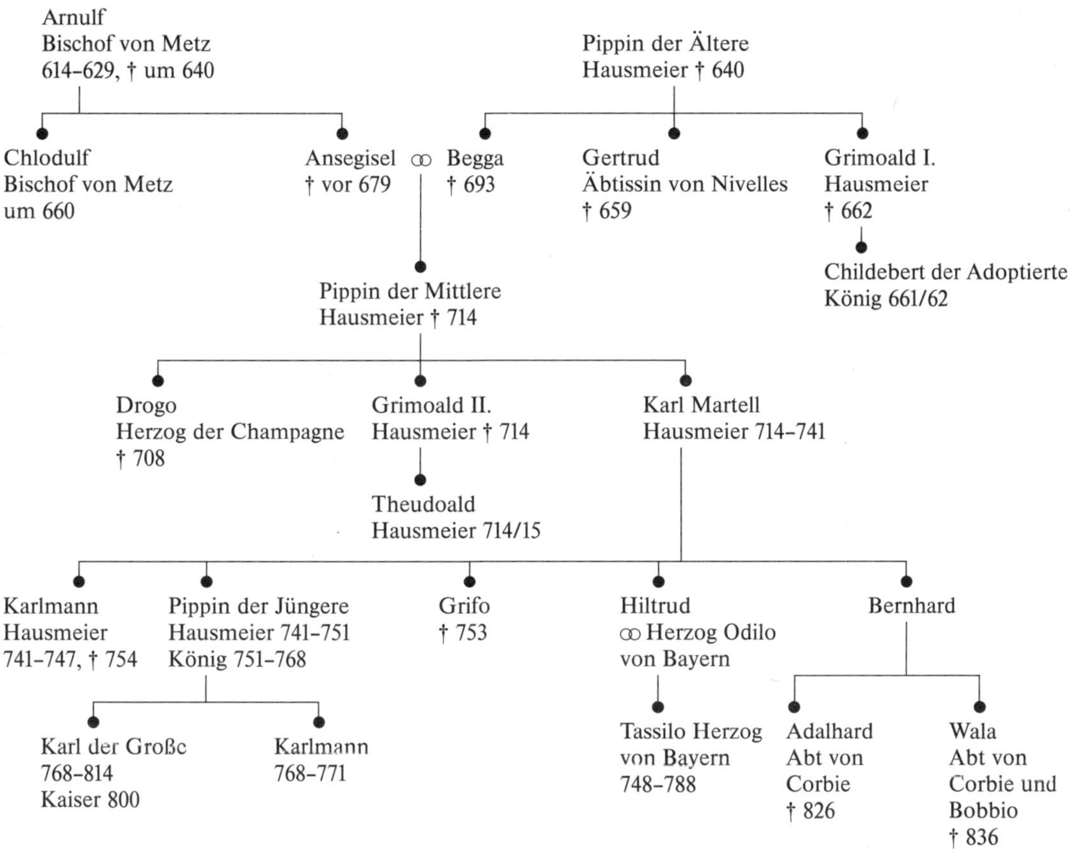

Arnulfinger und Pippiniden

Konstantinopels hätte das Tor nach Europa weit aufgestoßen, und wer wagt zu sagen, wo die arabische Flut zum Stehen gekommen wäre? Nicht undenkbar, daß aus St. Peter zu Rom eine Moschee geworden wäre, wie später aus der Hagia Sophia. Aber vorerst hielt das Sperrfort Europas stand, heldenmütig wurde der Belagerung getrotzt, und nach fast einem Jahr wurden die Araber zurückgedrängt. Zwar dauerten die Kämpfe an, aber der islamische Angriffsschwung hatte zumindest im Osten einen Rückschlag erhalten. Konstantinopel erfüllte seine geschichtliche Mission als christliches Bollwerk noch mehr als sieben Jahrhunderte, bis zu jenem 29. Mai 1453, an dem der letzte byzantinische Kaiser im Kampf gegen die Osmanen fiel und aus Konstantinopel Istanbul wurde.

Die Araber, von ihrem Propheten Mohammed politisch geeint und religiös geprägt, hatten unter den Nachfolgern des Propheten in einem atemberaubenden Sturmangriff Syrien, Mesopotamien, Persien, Armenien und Ägypten erobert und stießen auch nach Westen im nordafrikanischen Raum über Tripolis und Tunis bis an die Meerenge von Gibraltar vor, an der sich Afrika und Europa so nahe kommen wie Asien und Europa am Bosporus.

Hier glückte den Arabern der Durchbruch. Das Westgotenreich, der westlichste Eckpfeiler des christlichen Europas, war durch innere Auseinandersetzungen zwischen Königtum und Adel geschwächt, das Heer durch lange Friedenszeiten unerfahren und durch soziale Umgestaltungen in seiner Stärke beeinträchtigt, und eine westgotische Flotte, die den Arabern rechtzeitig hätte entgegentreten können, fehlte überhaupt, trotz der ausgedehnten Küstenregionen. So genügte eine einzige Schlacht, um das einst so mächtige Reich der Westgoten zu vernichten. Unter Führung des Fürsten Tarik setzten die Araber über die Meerenge, deren Felsbastion noch heute als Gibraltar, »Berg des Tarik«, die Erinnerung an den sarazenischen Heerführer wachhält.

Am 23. Juli 711 verlor Roderich, der letzte König der Westgoten, bei Arcos de la Frontera in der Nähe von Cádiz Schlacht und Leben; westgotische Heerscharen verteidigten sich noch an einigen festen Plätzen und in unzugänglichen Bergregionen, in Asturien und am Rande der Pyrenäen, aber die arabische Herrschaft über die iberische Halbinsel wurde dadurch nur wenig beeinträchtigt. Die arabischen Heerscharen überschritten auch die Pyrenäen und eroberten Septimanien, machten 720 Narbonne für einige Jahrzehnte zu ihrem Hauptstützpunkt in dieser Region, erstürmten Carcassonne, Nîmes und Arles und drangen plündernd und eine breite Spur der Verwüstung hinterlassend durch das Tal der Rhône weit nach Norden bis in die Gegend von Autun vor.

Die Prognose für das Frankenreich war düster. Man nahm dort – verstrickt in Fehden und Kriege gegeneinander – die Gefahr kaum wahr; an der Spitze Könige, die keine waren, dazu rebellische Große, unbotmäßige Herzöge und Grafen, und ein Hausmeier, der das wankende Reich nur mühsam wieder festigen konnte. Kein Zweifel, einem konzentrierten arabischen Angriff wäre es wohl erlegen, denn diesseits des großen Sperriegels der Pyrenäen gab es kein Bollwerk mehr wie im Osten Konstantinopel. Man mag sich ausmalen, was im Bereich des Möglichen lag. Statt christlicher Kirchen Moscheen und Minarette; Kalifate und Emirate statt Herzogtümern und Grafschaften; ein arabisch-romanischer Lebens- und Kulturkreis im westlichen und südlichen Europa. Jenseits von Rhein und Donau aber die germanischen und slawischen Stämme, eine halbbarbarische, in urtümlichen Lebens- und Denkformen verharrende archaische Welt. Es hätte weder eine abendländisch-christliche Kultur gegeben noch ein Europa, von dem aus die Weltgeschichte ihren Anfang nehmen konnte.

Ob es Karl Martells Verdienst war, daß es anders kam? Man wird die Dinge so sehen dürfen, obwohl die sarazenischen Angriffe auf Aquitanien, die Provence und Burgund in den zwanziger und dreißiger Jahren des 8. Jahrhunderts meist kleinere Unternehmungen waren, eher auf Kampf, Ruhm und Beute gerichtet als auf dauerhafte Eroberung. Aber wie leicht konnten Streifzüge zur Errichtung von Stützpunkten und schließlich zur Besetzung führen. Die Schlacht bei Tours und Poitiers im Jahre 732, die Karl Martells Ruhm als Retter des christlichen Europas begründete, war freilich mehr als ein Scharmützel im Verlaufe eines sarazenischen Streifzuges. Es war ein großes Heer, das Abd-Ar-Rahman, der Statthalter des Kalifen in Spanien, heranführte, geschickt die Kämpfe zwischen Karl Martell und Herzog Eudo von Aquitanien ausnutzend. Fränkische Quellen berichten sogar, der unterlegene und von dem Karolinger gedemütigte Herzog habe selbst die Sarazenen um Waffenhilfe gegen die

Franken gebeten, aber das ist wohl eher eine verleumderische Verdrehung der Tatsachen. Abd-Ar-Rahman überquerte die Garonne, eroberte Bordeaux und zog weiter nach Poitiers, das ebenfalls der Zerstörung anheimfiel. Der arabische Stoß richtete sich also ins Herz des Frankenreiches, in die fränkischen Kernlandschaften zwischen Loire, Seine und Rhein.

Karl Martell mußte handeln; mit einem starken fränkischen Heer warf er sich den Arabern entgegen, deren nächstes beuteverheißendes Ziel Tours war, die Stadt des fränkischen Reichsheiligen Martin. Fiel sie den Heiden in die Hände, wären die Folgen für das Selbstbewußtsein der Franken unabsehbar gewesen. Auf dem Wege zwischen Poitiers und Tours erwarteten die Franken den Feind. Abd-Ar-Rahman zögerte, erst nach sieben Tagen wagte er den Angriff. Er fiel in der Schlacht, und die Reste seines Heeres zogen im Schutze der folgenden Nacht nach Süden ab; an eine Verfolgung war nicht zu denken, denn der fränkische Heerbann bestand noch immer fast ausschließlich aus Kriegern, die nach alter Sitte zu Fuß kämpften. Im Zeichen des Kreuzes hatte Karl Martell über die Scharen gesiegt, die unter dem Zeichen des Halbmondes fochten; die welthistorische Bedeutung der Schlacht konnten die Akteure wohl kaum wahrnehmen.

Weniger ins allgemeine Geschichtsbewußtsein eingedrungen und doch nicht ohne Auswirkungen auf das Schicksal des christlichen Europas waren die Erfolge Karl Martells 737 über die inzwischen erneut ins Rhônetal eingedrungenen Araber, die Wiedereroberung der schwer zugänglichen Festung Avignon und der fränkische Angriff auf Narbonne, das Zentrum der arabischen Herrschaft in Septimanien. Nun zeichnete sich das Ende des arabischen Vordringens ab. Es war nur noch eine Frage der Zeit, wann die Araber in die Defensive gedrängt würden. Die Eroberung Septimaniens durch Karl Martells großen Sohn Pippin den Jüngeren in den fünfziger Jahren, der Spanienfeldzug Karls des Großen 778 und der Sieg der Asturier in der Schlacht am Guadalete im Jahre 781 waren die Vorboten der Reconquista, die freilich erst nach Jahrhunderten mit der Rückgewinnung Granadas 1492 vollendet werden sollte.

3. Der Griff nach der Krone

Endlich war es soweit. Karl Martell hatte sich vor seinem Tode am 21. Oktober 741 der Zustimmung der fränkischen Aristokratie zur Reichsteilung versichert und seinem ältesten Sohn Karlmann Austrien, Alemannien, Thüringen und das östliche Franken, dem jüngeren Pippin Neustrien, Burgund und die Provence zugewiesen. Bayern und Aquitanien blieben unter ihren Herzögen unter einer bloß nominellen Oberhoheit der beiden Hausmeier. Karl Martell hatte also den merowingischen Teilungsgedanken für sein Haus usurpiert. Karlmanns Rückzug aus dem Getümmel dieser Welt in die Stille des Klosters im Jahre 747 machte Pippin den Weg zur Alleinherrschaft und schließlich zum Königsthron frei. Seine Herrschaft ruhte am Ende der vierziger Jahre auf festen Fundamenten. Rein machtpolitisch gesehen wäre der Griff nach der Krone nicht gefährlich gewesen. Aber da gab es anderes, Unwägbares, Irrationales, das den letzten Merowinger Childerich III. schützte und ihn fast sakrosankt machte. Zwar hatte Karl Martell zuletzt ohne einen König regieren können, aber die Söhne mußten in der Bedrängnis ihrer ersten Jahre noch einmal zu dem bewährten Mittel greifen und einen Merowinger hervorzaubern und auf den Thron setzen, um ihrer Herrschaft den Schein der Rechtmäßigkeit zu verleihen. Hielten die Franken doch mit großer Treue an ihrem angestammten Königsgeschlecht fest, dessen Ursprünge sich im Dunkel der grauen Vorzeit verloren und dessen Charisma ihrem Reiche Dauerhaftigkeit zu verleihen schien, selbst dann noch, als die Königssippe zur Führung des Zepters unfähig geworden war.

Macht war also nicht alles. Der Glaube des Volkes, der tief in den heidnisch-sakralen Stammestraditionen wurzelte, schützte die blassen Nachkommen des großen Chlodwig. Natürlich verbanden sich mit diesen irrationalen Vorstellungen bei den Großen des Reiches auch handfeste politische Interessen. Für sie waren die Hausmeier zwar ein vornehmes fränkisches Geschlecht, aber weit entfernt von der charismatischen Weihe, mit der die merowingische Königssippe umgeben war. Pippin mußte also trotz seiner unanfechtbaren äußeren Machtstellung sehr behutsam zu Werke gehen. Er konnte auf seine kriegerischen Erfolge verweisen, auf seine »Siegmächtigkeit«, eine Eigenschaft, die schon seinen Vorfahren eignete und die doch nach germanischer Auffassung ein essentieller Bestandteil des Königsheils war. Hatte er nicht die Nachbarvölker unterworfen, befriedet, und das zerbröckelnde Reich der Merowinger wieder gefestigt? Diese Seite seines Wirkens wird er wohl immer wieder herausgestellt haben, um seinen Franken seine besondere Eignung zur Führung des Stammes und des Reiches vor Augen zu führen.

Um die Anhänger der alten Rechtsordnung für sich zu gewinnen und oppositionellen Strömungen innerhalb der fränkischen Aristokratie zu begegnen, griff Pippin auf eine Institution zurück, die in der ersten Hälfte des 8. Jahrhunderts zunehmend an Gewicht gewonnen hatte, die Kirche. Die Hausmeier haben die christliche Durchdringung des Reiches gefördert, selbst Kirchen und Klöster gestiftet, die angelsächsische Mission unterstützt und besonders den missionarischen und kirchenorganisatorischen Maßnahmen des Angelsachsen Winfrid-Bonifatius ihren Schutz angedeihen lassen. In der Familientradition ist nicht nur das Andenken an die Siege der Vorfahren gepflegt worden, sondern auch die Erinnerung an fromme und heiligmäßige Mitglieder des Geschlechts, an den heiligen Arnulf von Metz, an die fromme Stammutter Begga, an die heilige Äbtissin Gertrud von Nivelles. Alles spricht dafür, daß die Arnulfinger-Pippiniden mit der Berufung auf ihre vom christlichen Geiste erfüllten Ahnen ein Äquivalent zum merowingischen Geblütscharisma schaffen wollten.

Im Zuge kirchenreformatorischer Bestrebungen, so fragmentarisch sie in der Mitte des 8. Jahrhunderts auch noch waren, hatte die Stimme des Papstes an Gewicht gewonnen. Der Nachfolger des Apostelfürsten Petrus galt im Frankenreich als höchste kirchliche Autorität, und Pippin konnte damit rechnen, daß seine Stellungnahme bei den Franken nicht auf taube Ohren stoßen würde. Zudem verschmolzen weltliche und geistliche Fragen immer mehr, und das galt auch für das Herrschaftssystem des Frankenreiches, das durch die Diskrepanz zwischen den machtlosen merowingischen Schattenkönigen und der Macht der in ihrem Namen herrschenden Hausmeier in Unordnung geraten war.

In dieser Lage wurde 751 eine Gesandtschaft nach Rom geschickt, deren führende Köpfe Bischof Burchard von Würzburg und Abt Fulrad von Saint-Denis waren. Wohl im Auftrag Pippins und der fränkischen Heeresversammlung sollte sie den Papst fragen, ob es richtig sei, daß im Reiche der Franken Könige regieren, die nur den königlichen Namen, nicht aber die königliche Macht besäßen. Die Antwort des Papstes Zacharias war voraussehbar und lautete wie gewünscht: Es sei besser, denjenigen auch König zu nennen, der die königliche Gewalt ausübe, als jenen, der ohne königliche Gewalt nur den Königsnamen innehabe. Der Papst begründet seine Entscheidung, Pippin sei zum König zu erheben, mit dem Hinweis auf die göttliche Weltordnung, in der alles seinen ihm gemäßen Platz haben müsse. Der König stehe in dieser Ordnung an der Spitze der streng hierarchisch aufgebauten weltlichen Rangordnung. Ein ohnmächtiger, zu einer Marionette herabgesunkener König müßte als eine schwere Störung der von Gott geordneten Welt empfunden werden. Gedanken des Kirchenvaters Augustinus sind hinter den knappen Sätzen der karolingischen Annalistik spürbar.[14]

Als die Gesandtschaft aus Rom zurückgekehrt war, konnte Pippin den letzten Schritt wagen. Am Ende des Jahres 751, wahrscheinlich am Weihnachtstage, traten die Franken zu einer Reichsversammlung in Soissons zusammen und wählten Pippin nach althergebrachter Sitte zum König. Childerich III., der letzte Merowingerkönig, wurde von nun an als Mönch hinter Klostermauern verwahrt. Die Wahl Pippins zum König der Franken fand wahrscheinlich in der Form einer Akklamation statt, an die sich die Huldigung durch die Aristokratie und eine Thronerhebung anschlossen. Dies waren die rechtserheblichen Formalakte der Königserhebung; dem neuen König wurde durch die Zustimmung und die Mitwirkung der Franken und ihrer Aristokratie eine unanfechtbare Legitimierung seiner Würde verliehen.

Relief König Pippins in der Kirche auf dem Petersberg bei Fulda aus dem 12. Jahrhundert

Der König sitzt auf einem Faltstuhl und hält Reichsapfel und Lilienzepter in den Händen. Der Strahlennimbus symbolisiert die Sakralität seines Herrschertums. Pippin hatte das Kloster Fulda tatkräftig gefördert. Die älteste im Original erhaltene Urkunde Deutschlands ist eine Schenkung des Königs an Fulda von 760.

Aber Pippin ging noch einen Schritt weiter. Das fehlende Geblütscharisma der Merowingerkönige ließ er durch eine christliche Zeremonie ersetzen, durch die Königssalbung. Fränkische Bischöfe salbten den König mit dem heiligen Öl und verliehen ihm damit eine besondere sakrale Würde und Weihe.[15]

Im Alten Testament findet sich die Salbung des Herrschers durch den Priester als wichtigster Akt der Königserhebung. Da die Salbung der alttestamentarischen Priesterkönige Saul, David und Salomon auf den Befehl Gottes hin vorgenommen wurde, empfängt der gesalbte König seine Würde von Gott selbst. Die Autorität des Alten Testaments wog schwer: Pippin erschien als der neue David, der an die Stelle des von Gott verworfenen Saul trat, wie er selbst an den Platz des Merowingers Childerich. Das junge karolingische Königtum der Franken wurde in feierlicher Form an das Königtum des Alten Bundes angeschlossen und gewann eine unerhörte, weil in den biblischen Traditionen selbst wurzelnde Sakralität. Der König wurde zum »Gesalbten des Herrn«, zum »christus Domini«. Die Königssalbung fand allmählich Eingang in das Zeremoniell der europäischen Königserhebung, und der alttestamentarische König David wurde zum Prototyp des abendländischen Königtums. Die Herrscherweihe zeigte eine unverkennbare Verwandtschaft mit der Priester- und Bischofsweihe, durch die der Geistliche einen »character indelebilis« erhielt, der ihn über die Laien hinaushob. Und so galt die Herrscherweihe als ein Sakrament gleich der Priesterweihe, wenn auch nicht unbestritten.

Wie dem auch sei, die neue sakralisierte Form der Königserhebung machte es deutlich: Im Zusammenspiel von geistlicher und weltlicher Macht, von »regnum« und »sacerdotium«, war eine neue Form des mittelalterlichen Königtums geboren worden, ein Königtum, das seine ideologische Legitimation in exzeptioneller Weise in christlichen Traditionen und Gedanken, Bildern und Symbolen suchte.

Aber nicht alles Merowingische wurde über Bord geworfen. Das Königtum, das Pippin 751 für sich und sein Geschlecht begründete, führte andererseits auch die Traditionen des merowingischen Königtums fort, und die junge Dynastie hatte allen Grund, neben dem neugewonnenen Gottesgnadentum diese altfränkischen Wurzeln nicht zu zerstören. Daher enthält das Königtum der Karolinger auch einen festen traditionsgesättigten Kern, der freilich in unserer christlich geprägten Überlieferung weit weniger gut erkennbar ist als die von der Kirche vertretene »Königstheologie« des Gottesgnadentums.

Es ging Pippin darum, eine neue Königsdynastie zu begründen, die an die Stelle der alten zu treten imstande war. Glückliche Umstände erlaubten es ihm, sich dabei sogar des Papstes zu bedienen. Als Papst Stephan II. im Jahre 754 ins Frankenreich kam, um die Hilfe der Franken gegen die Langobarden zu erbitten, ließ sich der König von ihm noch einmal mit einer sakralen Weihe versehen. Diese Wiederholung der Salbungszeremonie hat ihr Vorbild in den wiederholten Salbungen der alttestamentarischen Könige, aber Pippin ließ vom Papst zugleich seine beiden Söhne Karl und Karlmann salben. Gleichzeitig verbot der Papst kraft seiner apostolischen Autorität den Franken, jemals einen König zu wählen, der nicht aus

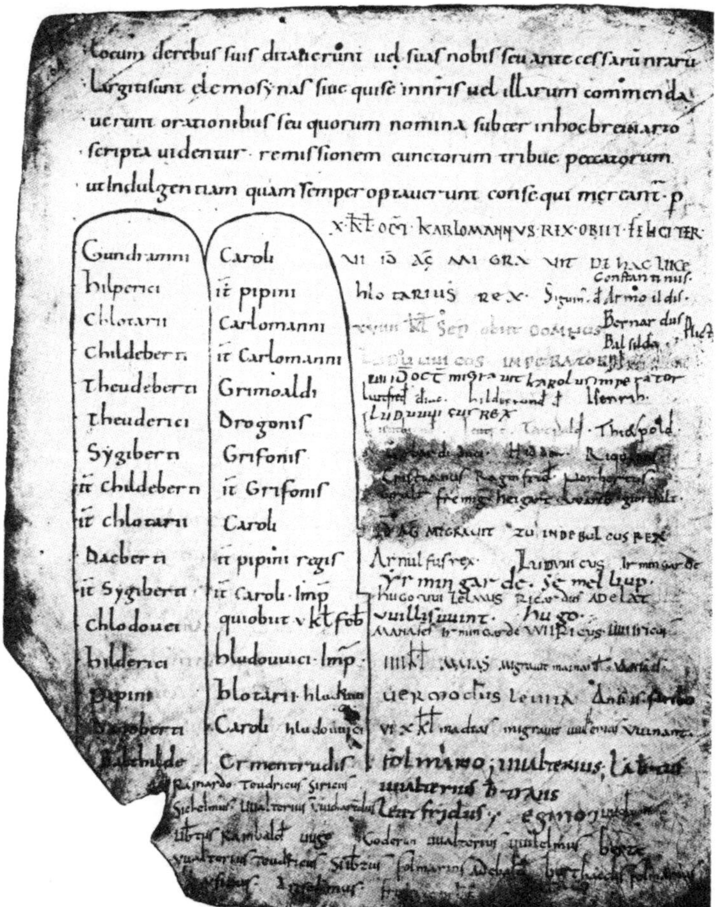

Im Gedenkbuch des Klosters Remiremont sind Merowinger und Karolinger brüderlich vereint

Zu den Aufgaben der Mönche gehörte das immerwährende Gebet für die Lebenden und die Toten. In Gedenkbüchern, Nekrologien oder Verbrüderungsbüchern wurden die Namen der Mönche und der Wohltäter verzeichnet, deren Gedächtnis gefeiert werden sollte. In den Reichsabteien wurde an erster Stelle der Könige und der Angehörigen der königlichen Familie gedacht.

Pippins Geschlecht stamme. Schärfste Kirchenstrafen, Interdikt und Exkommunikation, drohte er ihnen an.[16]

Auf diese Weise wurde der alttestamentarisch-christliche Gedanke in den Dienst einer heidnisch-germanischen Sache gestellt und diente der Begründung einer neuen Königsdynastie. Seither ragten die Karolinger als die vornehmste Familie des Reiches genauso aus dem fränkischen Volk heraus, wie dies zuvor bei den Nachkommen des legendären Merowech der Fall gewesen war. Die Karolinger schufen sich einen Mythos des Blutes, dessen Nachwirkungen bis in die Neuzeit hinein im hochadligen Stammes- und Standesdenken spürbar sind.

Neben dem Bemühen um die Begründung einer eigenen neuen Königsdynastie steht das Bestreben, in die ehrwürdigen Königstraditionen der alten Dynastie hineinzuwachsen. Schon die Wahl des Krönungsortes Soissons, eines alten merowingischen Pfalzortes, war gewiß nicht zufällig. Auch sonst zeigten sich die karolingischen Herrscher gern in jenen Pfalzen, die auch von den Merowingerkönigen bevorzugt wurden. Selbst im Tode beanspruchten sie ihren Platz neben den alten Königen in dem merowingischen Grabkloster

Saint-Denis bei Paris, wo schon Karl Martell begraben lag und wo König Pippin und seine Gemahlin ihre letzte Ruhestätte fanden.

Auch Karl der Große hatte zunächst die Dionysiuskirche für sich als Grablege ausersehen, bis dann die Pfalzkapelle in Aachen zur vornehmsten Königskirche des Reiches wurde. Daneben lebte die arnulfingisch-pippinidische Tradition weiter in Nivelles, wo Himiltrud, die erste Gemahlin Karls des Großen, und gewiß weitere Angehörige des arnulfingisch-pippinidischen Hauses ruhen, und in Sankt Arnulf zu Metz. Hier fanden Herzog Drogo von der Champagne, mehrere weibliche Familienmitglieder, darunter Hildegard, die dritte Frau Karls des Großen, und Erzbischof Drogo von Metz ihre letzte Ruhestätte. Als einziger Herrscher ruht dort Kaiser Ludwig der Fromme.

Karl der Große ging in dem Bestreben, die Bande zwischen der eigenen Dynastie und dem erhabenen, inzwischen wohl erloschenen Königsgeschlecht der Merowinger zu knüpfen, noch einen bedeutsamen Schritt weiter. Seine beiden ältesten Söhne Karl und Pippin trugen die Leitnamen der eigenen Familie, aber die 778 geborenen Zwillinge erhielten die merowingischen Königsnamen Ludwig und Lothar, modernere Formen von Chlodwig und Chlothar. Der Sinn dieser Namensgebung wurde von den Franken ohne Zweifel verstanden. Die neue Dynastie knüpfte an die alte an, die Sippe der Karolinger führte die merowingischen Traditionen fort, die mächtigen Heerkönige des frühfränkischen Heldenzeitalters erlebten eine Wiedergeburt. Namen waren für den mittelalterlichen Menschen nicht Schall und Rauch, sondern hatten tiefere, essentielle Bedeutung und stellten ihre Träger bewußt in blutsmäßige und ideologische Zusammenhänge hinein.

Über Ludwig den Frommen wurde das merowingische Namensgut dann an die späteren Karolinger weitergegeben. So war es kein Wunder, daß man nach einigen weiteren Jahrzehnten auf die Idee kam, die Karolinger stammten wirklich von den Merowingern ab. Anläßlich der Krönung Karls des Kahlen im Jahre 869 in der Stephanskathedrale zu Reims führte Erzbischof Hinkmar von Reims die Genealogie der Karolinger nicht nur bis zum heiligen Arnulf zurück, sondern weiter bis zu Chlodwig, dem ersten christlichen König des fränkischen Volkes.

In der neuen christlichen Begründung der Herrschaft der karolingischen Könige drängte sich der Gedanke des Gottesgnadentums immer mehr in den Vordergrund. Die christlichen Gemeinden hatten einst dem römischen Staat gegenüber eine distanzierte Haltung eingenommen. Christus hatte gesagt: »Mein Reich ist nicht von dieser Welt«, und daher war das römische Imperium nicht wichtig für die ersten Christen, die in der Erwartung der baldigen Wiederkehr des Herrn und der Errichtung des Reiches Gottes lebten. Auf Dauer war diese staatsfremde, wenn auch nicht staatsfeindliche Haltung nicht durchzuhalten. Die Christen mußten sich mit ihrer Stellung zur weltlichen Herrschaft auseinandersetzen, und sie erkannten die Obrigkeit als gottgewollt und von Gott gesetzt an. Das Bibelwort »Durch mich regieren die Könige« legitimierte gerade die königliche Herrschaft, und so fand dieser Satz schließlich sogar einen Platz auf der Krone des Heiligen Römischen Reiches.

Die Geistlichkeit hat diesen fundamentalen Satz der christlichen

Das Bildprogramm der Reichskrone spiegelt die biblisch begründete Herrscherauffassung wider. Die mit Edelsteinen und Halbedelsteinen reich geschmückte Krone stammt zwar erst aus dem 10. Jahrhundert, steht aber ganz in der Tradition der karolingischen Herrschertheologie.

Staatsauffassung in der Karolingerzeit voll zur Geltung bringen können. Königssalbung und -weihe dokumentierten doch zur Genüge, daß Gott selbst durch die Hand des Priesters in der feierlichen Königsweihe dem König die Herrschaft verlieh. So schrieb Papst Stephan II. 755 an König Pippin und seine beiden Söhne: »Der König der Könige und der Herr der Herrschenden hat Euch über die Völker und Stämme gesetzt, damit durch Euch die heilige Kirche Gottes erhöht werde.«[17]

Nicht die Wahl durch die Franken begründete also nach päpstlicher Auffassung das Königtum Pippins, sondern Christus selbst, der »rex regum et dominus dominantium«, hat ihn und seine Söhne zur Herrschaft berufen und ihnen den Schutz seiner heiligen Kirche anvertraut. Pippin hat sich diese christliche Begründung seiner Herrschaft zu eigen gemacht und sein Gottesgnadentum bejaht.

Ein weiterer Schritt auf diesem Wege war die Aufnahme der Gottesgnadenformel in die Herrschertitulatur durch Karl den Großen. Der göttliche Ursprung des Königtums wird nicht mehr nur gelegentlich in programmatischen Äußerungen betont, sondern erhält

Buchmalerei des 9. Jahrhunderts in einem Sakramentar aus der Hofschule des westfränkischen Königs Karl des Kahlen

Karolingisches Gottesgnadentum: Der König, vielleicht Pippin, wird von Gott selbst gekrönt. Der Nimbus und die beiden heiligen Bischöfe an seiner Seite heben die Sakralität des Königtums hervor.

als »Devotionsformel« einen festen Platz im Königstitel. Das bedeutet Anerkennung des göttlichen Willens und damit Unterwerfung und Devotion, zugleich aber auch eine Erhöhung der geistigen Fundamente des mittelalterlichen Herrschertums, das nicht mehr irdischen, sondern transzendentalen Ursprungs war. Darin lag die Ambivalenz der Gottesgnadenformel.

4. Das Bündnis

Im Spätherbst des Jahres 753 geschah etwas ganz Unerwartetes, nie Dagewesenes: Papst Stephan II. brach zu einer Reise ins Reich der Franken auf. Zum ersten Mal in der Geschichte überschritt ein Papst die Alpen. Geleitet und geschützt von einer fränkischen Gesandtschaft zog er über das Hochgebirge nach Norden. Ein Vergnügen war das keineswegs in der schon frühwinterlichen Jahreszeit, und »völlig entkräftet durch die Kälte und den Schnee, die Hitze und die Überschwemmungen, die reißenden Flüsse und wilden Gebirge und noch viele andere Gefahren« kam der Papst in dem berühmten Benediktinerkloster Saint-Maurice d'Agaune im Wallis an.[18] Dort empfing ihn eine der bedeutendsten Persönlichkeiten der fränkischen Diplomatie, Abt Fulrad von Saint-Denis, und geleitete ihn weiter durch Burgund nach Neustrien. König Pippin erwartete den Papst in Ponthion, einer Königspfalz südöstlich von Châlons-sur-Marne. Bis tief ins Herz des Frankenreiches mußte sich der Heilige Vater begeben, um den König zu treffen. Als Ausgleich dafür wurde ihm ein höchst ehrenvoller Empfang bereitet, als er sich am sicher ganz bewußt gewählten Epiphaniastage Ponthion näherte. Der König schickte seinen ältesten Sohn Karl, um den Papst zu begrüßen und ihm das Geleit zu geben. Zum ersten Mal trat als Zwölfjähriger der Mann ins Licht der Geschichte, der einer ganzen Periode der europäischen Geschichte seinen Stempel aufdrücken sollte, Karl der Große.

Auch Pippin selbst kam dem Papst ein Stück des Weges entgegen, begrüßte ihn mit einem Kniefall und leistete ihm einen Ehrendienst, indem er sein Pferd eine Strecke am Zügel führte. Unter feierlichen geistlichen Gesängen vollzog sich der Einzug in die Pfalz Ponthion. Das war gewiß vorher abgesprochen und in Szene gesetzt worden, um den Papst als den Stellvertreter des heiligen Petrus zu würdigen. Das Ganze erinnert an byzantinisches Hofzeremoniell, nur daß es der Papst ist, der fast kaiserliche Ehrungen empfängt. Kein Wunder, daß in der Vita Stephans II. dieser ehrerbietige Empfang, in dem der König als Marschall des Papstes diente, gebührend hervorgehoben wird.

Am nächsten Tage wurde dann das Gegenbild sichtbar: Der Papst und seine geistlichen Begleiter warfen sich »in Sack und Asche« vor dem König zu Boden und erflehten im Namen Gottes und der Apostel Petrus und Paulus die Hilfe des Herrschers gegen die Langobarden und ihren hochfahrenden König Aistulf. Nicht eher wollte sich der Papst vom Boden erheben, bis ihm der König Pippin mit seinen Söhnen und den fränkischen Großen die Hand gereicht und Schutz und Hilfe für die Kurie und das Volk von Rom versprochen habe. Die Szene, an alttestamentliches Vorbild anknüpfend, offenbarte die Ohnmacht des vom byzantinischen Kaiser im Stich gelassenen und von den Langobarden bedrohten Papstes, wirkungsvoll kontrastiert durch die Macht des fränkischen Königtums, das berufen erschien, die Stadt am Tiber, in der die Gebeine der Apostelfürsten Petrus und Paulus ruhten, kraftvoll zu schützen.[19]

Konnten sich Pippin und seine Franken diesem Auftrag entzie-

Buchmalerei aus dem Barberini-Psalter

Der Streit um die Bilderverehrung erschütterte im 8. und frühen 9. Jahrhundert das von allen Seiten bedrohte oströmische Reich.
Kaiser Leon V. (813-820) leitet die Beseitigung der Christusbilder. Neben ihm der Patriarch Nikephoros von Konstantinopel.

hen, bei dem es um Rom ging, dem Mittelpunkt des christlichen Glaubens? Bedeutungsvolles kündigte sich an, ein folgenschweres Bündnis zwischen dem Papsttum und dem fränkischen Königtum und ein nicht weniger folgenschweres Engagement des nordalpinen Frankenreiches und seiner mittelalterlichen Nachfolgestaaten in Italien.

Welche machtpolitischen Konstellationen aber hatten den Papst über die Alpen ins Reich der Franken geführt? War sein Schutzherr nicht der Kaiser in Konstantinopel? Schickte der Papst nicht in althergebrachter Weise Briefe nach Konstantinopel, um seine Wahl anzuzeigen und sich zum rechten Glauben zu bekennen? Datierte er seine Briefe nicht stets nach den byzantinischen Kaiserjahren? Gewiß, aber die Herrschaft des byzantinischen Kaisers in Italien war dem Zusammenbruch nahe. Zwar waren Kaiser Leon III. mit dem Beinamen der Isaurier (717-741) und seine Söhne Konstantin V. (741-775) und Leon IV. (775-780) tatkräftige Herrscher, die das Reich wieder festigten, aber sie waren in schwere Kämpfe gegen die Araber und vor allem gegen das kriegerische Volk der Bulgaren verwickelt. Es war hinzugekommen, daß sich die Herrscher durch ihren Kampf gegen die Bilderverehrung innenpolitische Feinde gemacht hatten. So schenkten die Kaiser den Besitzungen in Italien nur wenig Aufmerksamkeit, und die regionalen Machthaber im Exarchat Ravenna und im Dukat von Rom mußten sehen, wie sie mit den dortigen Schwierigkeiten fertig wurden.

Rom gehörte im 8. Jahrhundert unbestritten zum oströmisch-byzantinischen Imperium, aber die Bindungen zum Osten wurden zunehmend und spürbar lockerer. Der Cäsaropapismus, den die byzantinischen Kaiser ansteuerten, entsprach nicht den Vorstellungen des Bischofs von Rom, der sich als Nachfolger und Stellvertreter des Apostelfürsten Petrus fühlte. Der dogmatische Streit um die Bilderverehrung tat ein übriges, denn während Konstantin V. die Verehrung der Heiligenbilder als eine Erfindung des Teufels durch Konzilsbeschluß verbieten ließ und alle Bilderverehrer grausam verfolgte, waren die Ikonoklasten in den Augen der Päpste schlimme Häretiker. Die innerkirchlichen Zwistigkeiten förderten die geistige

Trennung des Westens von dem sich immer stärker gräzisierenden Osten. So erscheint es als geheime Ironie des Schicksals, daß gerade jener Papst Zacharias, der durch sein Responsum im Jahre 751 den Karolingern den Weg zum Thron ebnete, der letzte Papst griechischer Abstammung war.

Das unruhestiftende Element auf der Apenninhalbinsel aber waren die Langobarden. Im ersten Anlauf hatten sie nach 568 große Teile Ober- und Mittelitaliens unter ihre Herrschaft gebracht und waren weit nach Süden vorgestoßen. Eine vollständige Eroberung Italiens verhinderte ihre Uneinigkeit, wohl auch ihre geringe Erfahrung bei der Belagerung fester Städte und das Fehlen einer langobardischen Flotte. So hatten sich die Byzantiner in der Küstenregion an der nördlichen Adria, auf Istrien, im Exarchat Ravenna und der Pentapolis, halten können, desgleichen in Rom, Neapel, Apulien, Kalabrien und Sizilien. Die byzantinischen Herrschaftsbereiche Italiens boten ein lohnendes Betätigungsfeld für den Tatendrang der langobardischen Heerführer und Heermannen.

Die Traumziele der Langobarden waren Rom und Ravenna. Sie nahmen immer wieder Anlauf, um die byzantinischen Bastionen über den Haufen zu werfen. Der mächtige König Liutprand (712 bis 744) hätte wohl die Chance gehabt, unter Ausnutzung der politischen und der religiös-dogmatischen Divergenzen innerhalb des oströmischen Reiches Italien unter seiner Herrschaft zu vereinen, wenn er dieses Ziel konsequent und unter Anspannung aller Kräfte angestrebt hätte. Er tat das nicht, sondern zögerte und war immer wieder zu Kompromissen bereit. Bedrohlich wurde die Lage für das Exarchat Ravenna und den Dukat von Rom nur in den dreißiger Jahren, als Liutprand den Druck verstärkte, so daß sich Papst Gregor III. um 739/40 im Namen Roms um Hilfe an den Hausmeier Karl Martell wenden mußte.

König Ratchis (744-749), Miniatur aus einer Handschrift mit den Gesetzen der Langobarden

Das war ein revolutionärer Schritt in einer verzweifelten Situation, denn der Papst bot den Franken die Schutzherrschaft über Rom an, und das kam letztlich einer Absage an die Oberhoheit des Kaisers gleich. Karl Martell reagierte sehr vorsichtig und hielt sich aus dem italienischen Abenteuer, das da lockte, heraus. Zudem war ihm die Waffenhilfe der Langobarden gegen die Sarazenen höchst willkommen, und familienpolitisch waren Verbindungen durch die Waffensohnschaft seines Sohnes Pippin zu dem angesehenen Langobardenkönig Liutprand geknüpft worden. Also ließ es Karl Martell bei diplomatischen Aktivitäten bewenden und spielte den ehrlichen Makler zwischen dem Papst und dem langobardischen König. Mit Zacharias, dem Nachfolger Gregors III., schloß Liutprand einen Friedensvertrag über zwanzig Jahre, und selbst von der Eroberung Ravennas nahm der alternde Herrscher nach einer Intervention des Papstes Abstand.

Wenig später starb der Langobardenkönig. Sein Nachfolger Ratchis, zuvor als Herzog von Friaul Herr über Nordostitalien, setzte die Politik seines Vorgängers fort, aber er scheiterte und wurde von seinem Bruder Aistulf vertrieben. König Aistulf (749–756) war aus anderem Holz geschnitzt als seine Vorgänger und machte sich bei seinen Langobarden durch eine aggressive Politik gegenüber Rom und Ravenna einen Namen. Im Jahre 751 gelang ihm der große Schlag. Er eroberte Ravenna, die einstige Kaiserresidenz und jetzigen Sitz des Exarchen. Eine der wichtigsten Bastionen des oströmischen Reiches in Italien war damit gefallen, und es war zu erwarten, daß Aistulf bald auch den Dukat von Rom mit Krieg überziehen würde. Kaiser Konstantin V. griff militärisch nicht ein, und der um Hilfe flehende Blick der Päpste richtete sich wieder nach Norden. Verlor der Kaiser nicht alle seine Herrschaftsrechte, mußte man ihn nicht verlassen, wenn er die ihm von Gott anvertrauten Untertanen nicht mehr schützen konnte? Hatte Papst Zacharias nicht nach diesen Prinzipien geurteilt, als ihn die Franken um eine Rechtsbelehrung über die Könige in ihrem Reiche baten? Was sollte ein Kaiser, der sich auf der Apenninhalbinsel jetzt als so machtlos erwies wie einst die merowingischen Kinderkönige im Frankenreich?

Die Antwort des Papstes an die fränkischen Gesandten mußte eine Herausforderung sein, ein scharfer Affront gegen den angestammten Herrscher im fernen Konstantinopel. Aber was blieb dem Papsttum anderes übrig, als eine Wende zu vollziehen, die weltgeschichtliche Bedeutung gewinnen sollte - die Abkehr von dem aus spätantiken Traditionen lebenden oströmisch-griechischen Kaisertum und die Hinwendung zu der aufstrebenden Großmacht nördlich der Alpen. Als sich Aistulf zum großen »Marsch auf Rom« anschickte, machte sich Papst Stephan II. auf den Weg nach Norden. In der langobardischen Königsstadt Pavia saßen die beteiligten Mächte noch einmal an einem Tisch, der König der Langobarden, der Papst, fränkische und byzantinische Gesandte. Aber Aistulf war zu keinen Zugeständnissen bereit, und so zog der Papst weiter, den Tagen von Ponthion, Quierzy und Saint-Denis entgegen.

Auf den feierlichen und großartigen Empfang des Papstes in der Pfalz Ponthion und die demütige Bitte des Heiligen Vaters um Schutz und Schirm für die römische Kirche folgte im April auf dem Reichstag zu Quierzy die berühmte »Pippinische Schenkung«.[20] Der König und seine Söhne versprachen mit Zustimmung der Großen ihres Reiches die Restitution der von den Langobarden bedrohten oder schon eroberten byzantinischen Besitzungen in Italien, insbesondere des Exarchats Ravenna, des Dukats von Rom, der Städte der Pentapolis zwischen Ravenna und Ancona, Venetiens und Istriens und der langobardischen Herzogtümer Spoleto und Benevent.

Dies ist die Geburtsstunde des Kirchenstaates, des »Patrimonium Petri«, dessen letzter Rest, der Vatikan, noch heute von der einstigen weltlichen Macht und Größe des Papsttums zeugt. Wiederum einige Wochen später, im Juli 754, wiederholte, wie schon erwähnt, der Papst in Saint-Denis an Pippin die Königsweihe und vollzog auch an den Königssöhnen Karl und Karlmann die Salbungszeremonie. Gleichzeitig verlieh er ihnen den Titel »Patricius Romanorum«, also »Schutzherr der Römer«, eine Würde, die üblicherweise nur der byzantinische Kaiser zu vergeben befugt war und die bisher dem Exarchen von Ravenna und dem Dux von Rom zukam.

All das ist einigermaßen rätselhaft und nicht leicht zu durchschauen. Mit welchem Recht verschenkte der König der Franken Städte und Länder, die ihm nicht gehörten, auch nicht dem Papst, sondern ganz unbezweifelbar dem oströmischen Kaiser? Und mit welchem Recht verlieh der Papst eigentlich weltliche Titel, so als sei er selbst der Inhaber kaiserlicher Machtbefugnisse? Den Schlüssel liefert vielleicht ein anderes berühmt-berüchtigtes Dokument des skrupellosen päpstlichen Machtwillens, die »Konstantinische Schenkung«, auch unter dem zutreffenderen Namen »Konstantinische Fälschung« bekannt.[21]

Schon früh hatte sich die Legende der Gestalt des ersten christlichen Kaisers Konstantin des Großen und des Papstes Silvester I. bemächtigt. Der Papst habe den römischen Kaiser auf wunderbare Weise vom Aussatz geheilt und dafür den Vorrang des Papstes vor dem Kaiser verbrieft bekommen und die kaiserlichen Insignien und die Oberhoheit über Rom, Italien und die ganze westliche Reichshälfte empfangen. In der bedrängten Situation, in der sich das Papsttum in der zweiten Hälfte des 8. Jahrhunderts befand, fertigte man in der päpstlichen Kanzlei die angeblich authentische Urkunde über diese Schenkung an. Erst im 15. Jahrhundert konnte sie endgültig als eine Fälschung entlarvt werden. Es ist wohl nicht abwegig zu glauben, daß Stephan II. dieses Dokument auf seiner gefahrvollen und politisch höchst riskanten Reise ins Frankenreich mit sich führte und den im Umgang mit Urkunden und Schriften nicht sehr vertrauten Franken vorlegte, um seine Ansprüche zu untermauern und sein Recht zu dokumentieren. Ganz sicher ist das nicht, aber das Restitutionsversprechen Pippins und die Verleihung der Patriziuswürde an die Karolinger fänden damit eine einleuchtende Erklärung.

Wie dem auch sei, Pippin nahm seine Verpflichtung, für die Sache des Apostelfürsten in den Kampf zu ziehen, sehr ernst. Der Papst versprach Vergebung der Sünden und himmlischen Lohn, der Krieg gegen die Langobarden wurde gleichsam sakralisiert, zum »Heiligen Krieg« erklärt. Nicht alle fränkischen Herren sahen das so. Widerstand gegen einen Feldzug nach Italien regte sich und mußte erst mühsam überwunden werden. Der Widerstand gewann eine neue Dimension dadurch, daß Pippins Bruder Karlmann das Kloster Monte Cassino verließ und ins Frankenreich kam, gewiß auf Wunsch des Langobardenkönigs Aistulf, der wohl hoffte, mit Hilfe des ehemaligen Hausmeiers das Bündnis zwischen dem Papst und den Franken sprengen zu können. Aber es gelang dem König, seinen Bruder und dessen Söhne hinter Klostermauern verschwinden zu lassen und ein fränkisches Heer doch über die Alpen zu führen.

Die Langobarden leisteten überraschend wenig Widerstand, und auch die Franken waren an unnötigem Blutvergießen offenkundig nicht interessiert. Der erste Friede von Pavia im Oktober 754 wurde von dem immer unruhigen Aistulf nicht gehalten; durch einen zweiten Feldzug wurde er 756 zum zweiten Frieden von Pavia gezwungen, der dem Papst die Herrschaft über einen großen Teil der von ihm beanspruchten Gebiete garantierte. Der Tod des Langobardenkönigs am Ende des Jahres 756 befreite den Papst von einer noch immer schweren Gefahr, und so schrieb Stephan II. einen von christlicher Nächstenliebe nicht eben durchtränkten Nachruf: »Der Tyrann und Teufelsjünger Aistulf, der Säufer von Christenblut, der Zerstörer der Kirchen Gottes, ist durch göttlichen Schlag getroffen und in den Höllenrachen versenkt worden.«[22] Aistulfs Nachfolger Desiderius (756-774) hielt sich zunächst gegenüber dem Papst zurück, aber auch König Pippin und seine Franken zeigten wenig Neigung zu weiteren italienischen Abenteuern.

III.
Bonifatius:
»Apostel der Deutschen«

Textseite aus dem Ragyndrudis-Codex, einer theologischen Sammelhandschrift aus Luxeuil, Anfang 8. Jahrhundert

Die Handschrift war im Besitz des heiligen Bonifatius. Der Überlieferung nach hielt er den Codex, der Beschädigungen durch Axthiebe aufweist, seinen Mördern entgegen.

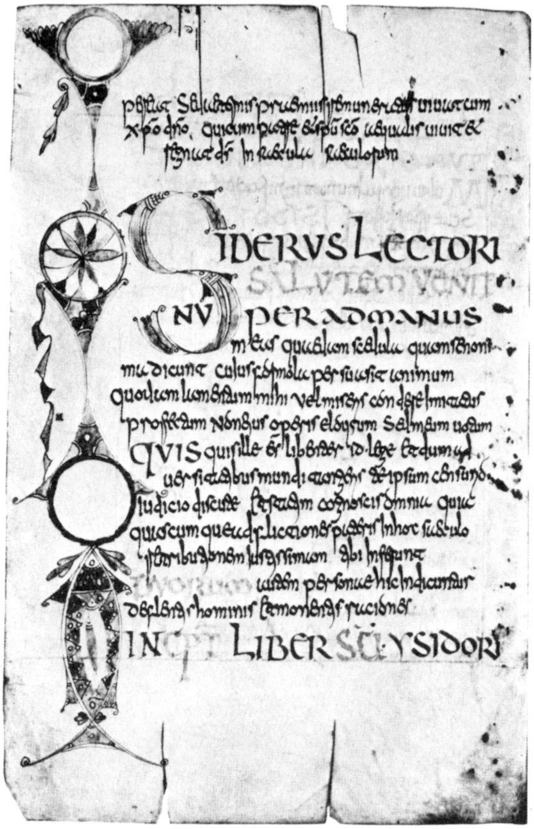

Bonifatius läßt die Donareiche bei Geismar fällen und aus ihrem Holz eine Kirche bauen. Er wird auf dem spätmittelalterlichen Holzschnitt als heiliger Bischof mit Mithra und Krummstab dargestellt.

Schon im Mittelalter haben die Fuldaer Mönche den heiligen Bonifatius nicht nur als den Gründer ihres Klosters verehrt, sondern auch als den Apostel Germaniens. Hat der Missionar und Kirchenreformer Winfrid-Bonifatius, der im Jahre 716 sein Heimatkloster Nursling bei Winchester verließ, um den blutsverwandten Germanenstämmen auf dem Festland den christlichen Glauben zu verkünden, diesen Ehrentitel »Apostel der Deutschen« verdient?

Dramatische Bilder drängen heran: Sein heroisches Ende unter den Axthieben heidnischer Friesen; der ehrwürdige, im höchsten Alter noch stattliche Greis, der das Martyrium sucht, aber in Todesnot den Mördern das Evangelium entgegenstreckt, das ihn dann doch nicht schützen kann. Im Domschatz zu Fulda wird das Buch gezeigt und als kostbare Reliquie verehrt.

Und eine andere Szene, die als einprägsames »Bild aus deutscher Vergangenheit« früher jedes Geschichtsbuch zierte: Bonifatius legt die Axt an den gewaltigen Stamm der Donareiche zu Geismar, voll Vertrauen in die Kraft seines Gottes, wohl wissend um den Schaden, den sein Bekehrungswerk erleiden wird, wenn die heilige Eiche den Schlägen seiner Axt trotzt. Gab es doch in jenen Tagen im Volk der Hessen nicht wenige, die sich der Taufe zu entziehen suchten, die in heiligen Hainen Opfer darbrachten, Bäume, Quellen und Felsen verehrten, dem heidnischen Totenkult ihren Tribut zollten, Wahrsagern, Sehern, Losdeutern und Zauberern vertrauten, das Wort Gottes aber nicht ernst nahmen.

Das demonstrative Tun des Missionars, das ungeheuren Eindruck machen mußte in einer Welt, in der die Tat und das gesprochene Wort, begleitet und unterstrichen von dem symbolträchtigen Gestus, die wichtigsten Kommunikationsmittel waren, galt ihnen. Wem war das geschriebene Wort denn im frühen Mittelalter schon zugänglich, zumal in den ersten Jahrzehnten des 8. Jahrhunderts

Sakramentar des 10. Jahrhunderts (Sacramentarium Fuldense)

Leben und Tod des heiligen Bonifatius: Durch Bekehrung und Taufe wurde er zum »Apostel der Deutschen«. Sein Leben erreichte seinen Kulminationspunkt im Martyrium. Am 5. Juni 754 fanden Bonifatius und seine Gefährten bei Dokkum in Friesland den Tod im Dienste des christlichen Glaubens.

und so nahe an der Peripherie des Frankenreiches, so weit entfernt von den Zentren der fränkischen Reichskultur? Durch symbolträchtiges Tun mußten die Glaubensboten Herz und Verstand der Menschen zu erreichen, zu erschüttern, zu gewinnen suchen.

Das tat Bonifatius, und es erwies sich, daß die Zeit der alten Götter und ihrer heiligen Baumriesen in den deutschen Landen abgelaufen war. Vorüber die Zeit der Naturreligion, vorüber die Zeit, in der der Mensch voll mystischen Schauers dunkle Haine betrat, um in der Natur selbst die Gottheiten zu verehren. So stürzte die Donareiche zu Boden, zerbarst in Stücke, aus denen Bonifatius ein Haus für seinen Gott erbaute, für den siegreichen Gott, der nicht mehr eins ist mit der Natur, wie die alten Götter es waren, die in der Natur wirkten und in ihr verehrt wurden, sondern der als der Schöpfergott hoch über dem Kosmos thront.

Der Baum fiel als Sinnbild der alten Zeit. Die heiligen Haine wichen bald Kirchen und Klöstern, die Natur wurde dem Spirituellen geopfert. Dem Klang der Axt folgte das Geläut der Glocke, ein Leitmotiv der folgenden Periode, ein anheimelndes Geräusch, in das sich freilich viel zu oft das Klirren der Waffen mischte.

Was Bonifatius tat, war leicht einsehbar, seine Symbolik überzeugend und dauerhaft über die Jahrhunderte. Einiger Mut gehörte auch dazu, aber allzuviel konnte dem Missionar und seinen Gefährten an jenem denkwürdigen Tag des Jahres 723 wohl nicht geschehen. Der Ingrimm der Donarverehrer wurde von den fränkischen Waffen im Zaum gehalten, denn das alles spielte sich im Angesicht der Türme und Mauern der Büraburg ab, die hoch aufragte über dem Tal der Eder. Die militärische Macht des fränkischen Reiches war hier zugegen, im Grenzraum zwischen Hessen und Sachsen, und das Schauspiel mag auch für die Augen der heidnischen Sachsen bestimmt gewesen sein, nicht allein inszeniert für die letzten Getreuen Thors im hessischen Volk.

So wird auch bei der berühmtesten missionarischen Tat des Bonifatius eine Konstellation sichtbar, die dem »bonifatianischen Zeitalter« der deutschen Geschichte das Gepräge gab: die Verbindung zwischen Mission und fränkischem Staat, eine Verbindung, die freilich nicht immer ein einfaches Miteinander, sondern ein von Spannungen erfülltes Beziehungsgefüge war. Verschiedene Kräfte waren am Werk, die arnulfingisch-pippinidischen Hausmeier und späteren karolingischen Könige, die Herzöge der fränkischen Randprovinzen, die Angehörigen der großfränkischen Aristokratie, die großen Herren der ostrheinischen Stämme, der Papst, Bonifatius und seine Helfer, ihre irischen und angelsächsischen Vorgänger im missionarischen Streben und nicht zuletzt die Vertreter des fränkischen Episkopats und des fränkischen Klerus.

England in der ersten Hälfte des 8. Jahrhunderts

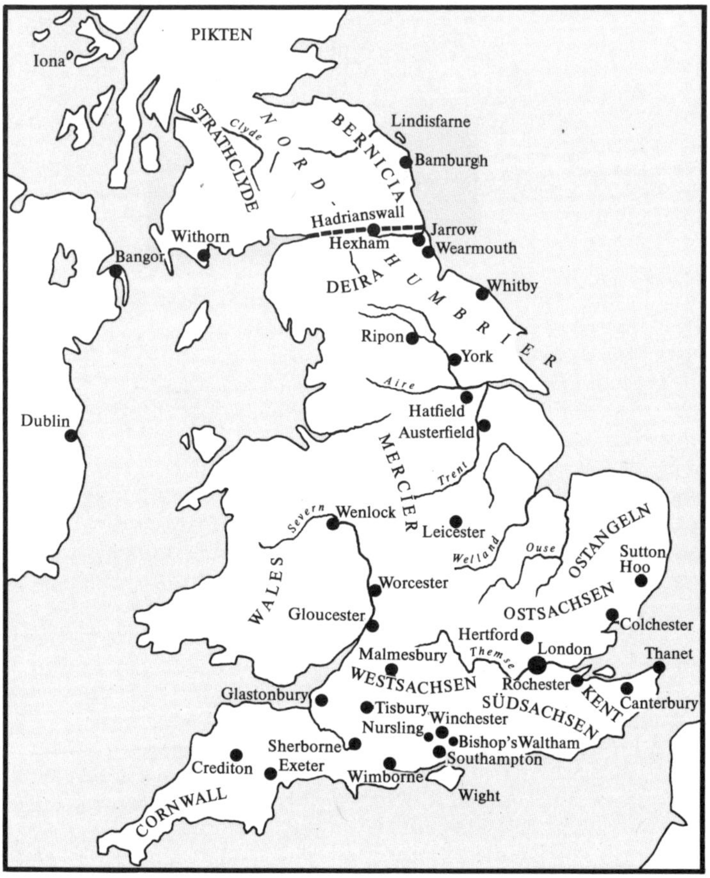

Miniatur aus dem Kölner Evangeliar (9. Jahrhundert)

Papst Gregor der Große genoß als bedeutender Kirchenlehrer große Verehrung. Sein Name ist mit der Reform der Liturgie und des Kirchengesangs (Gregorianischer Gesang) eng verbunden.

Das aktivste Element in diesem spannungsreichen Kräftespiel waren die angelsächsischen Missionare. Sie verfolgten unbeirrbar die reinsten, klarsten und uneigennützigsten Ziele, erfüllt vom Ideal der asketischen Pilgerschaft im Dienste des christlichen Glaubens, der Peregrinatio pro Deo.

Aber weshalb kamen die Glaubensboten gerade von den nordwestlichen Inseln zu den ostrheinischen Germanenstämmen? Waren Italien und die gallo-romanischen Regionen des Frankenreiches nicht nach wie vor die Kernräume der lateinisch-katholischen Christenheit, die eben in dieser Ära ihr eigenes Profil entwickelte und sich vom griechisch-byzantinischen Kirchenwesen zu lösen begann? Mußten die Ströme christlichen Lebens nicht von dort in die deutschen Lande hineinfließen? Aber vom Westen und Süden gingen kaum mehr Impulse aus. Auch das Papsttum, von einem ökumenischen Sendungsbewußtsein noch weit entfernt, legte keinen missionarischen Eifer an den Tag. Es waren vielmehr erst die Angelsachsen, allen voran Winfrid-Bonifatius, die die Päpste in die Germanenmission hineinzogen, und selbst dann agierten die Päpste nicht, sondern sie reagierten nur. Sie nahmen die ehrenvolle Schirmherrschaft, die ihnen die eifrigen Verehrer des Apostels Petrus antrugen, zwar huldvoll an, aber sie übten Zurückhaltung und wurden selbst nie aktiv.

Weshalb aber gerade die Angelsachsen? Im Laufe des 7. Jahrhunderts hatte sich auf der Insel ein blühendes kirchliches Leben entfaltet. Unter Papst Gregor dem Großen (590–604) waren Benediktinermönche aus Rom nach England gekommen und hatten die Christianisierung in die Wege geleitet. Die Verbindungen nach Rom waren immer wieder erneuert worden, und die angelsächsische Kirche hatte sich ihre Romverbundenheit bewahrt und im Nachfolger des Apostels Petrus stets die höchste kirchliche Autorität gesehen. Neben den Einwirkungen aus Rom und dem Frankenreich standen irische Einflüsse. Die Verbindung dieser verschiedenen Elemente führte ein »Goldenes Zeitalter« für die angelsächsische Kirche herauf. Eine besondere Blüte erlebten die Klöster, die von stärkster Religiosität erfüllt waren, aber auch zu Heimstätten einer hohen monastischen Kultur und Gelehrsamkeit wurden. Verbreitung und Intensivierung des christlichen Glaubens waren für die angelsächsischen Mönche ganz selbstverständliche Aufgaben. Wo fand dieser Drang mehr und bessere Aktionsfelder als bei den stammverwandten Festlandsgermanen? Der Wunsch nach Verkündigung des Evangeliums trieb immer wieder angelsächsische Missionare auf den Kontinent und erlegte ihnen die freiwillige Heimatlosigkeit auf, so wie vor ihnen schon die irischen Wandermönche in die Ferne gezogen waren, die von Geheimnissen umwitterten Iro-Schotten, deren längst verwehten Spuren Gelehrte und Liebhaber mit einem erstaunlichen und nie erlahmenden Eifer nachspüren.

Winfrid war einer dieser angelsächsischen Glaubensboten, ein »Spätberufener«, der schon in der Mitte des fünften Lebensjahrzehnts stehend sein Heimatkloster und sein Heimatland verließ, eine gereifte Persönlichkeit, theologisch und literarisch hervorragend gebildet, ein perfekter Lateiner und Stilist. »Zucht und Weisheit benediktinischen Mönchtums, festgefügte Kirchenordnung kanonischer Prägung, lebendiges Bewußtsein universalkirchlicher Verbundenheit mit Rom - dies wurden ihm die verpflichtenden Ideale und Werte«, so charakterisiert ihn Theodor Schieffer, der sich wohl am eindringlichsten mit der Lebensgeschichte und der Gestalt des Missionars auseinandergesetzt hat.[1]

Im Frühjahr des Jahres 716 schiffte sich Winfrid-Bonifatius in London ein, landete an dem friesischen Handelsplatz Wijk bij Duurstede am Niederrhein und begann mit der Mission unter den Friesen, den Spuren seines Vorgängers und späteren Lehrmeisters Willibrord folgend. Der Zeitpunkt des Unternehmens war jedoch denkbar schlecht gewählt. Das Frankenreich, das der Heidenbekehrung im westlichen Friesland Rückhalt gewährt hatte, geriet nach dem Tode Pippins des Mittleren 714 in eine gefährliche innenpolitische Krise, die der Friese Radbod kaltblütig zur Rückeroberung des südwestlichen Friesland nutzte. Für die streitbaren Friesen hatten mit ihren Siegen die alten Götter noch einmal ihre Kraft bewiesen, denn den Franken hatte ihr Gott ganz offenkundig nicht helfen können. Die Neigung der Friesen, sich der Religion der Franken zu öffnen, war dementsprechend gering.

Schon im Herbst kehrte Winfrid in sein Heimatkloster Nursling zurück, freudig von seinen Mitbrüdern empfangen, die ihn bald nach seiner Rückkehr zum Abt wählten. Aber Erfüllung fand er in der neuen Würde nicht. Der Drang, die eigenen christlichen Ideale in die Ferne zu tragen, sie in Mission und Seelsorge fruchtbar zu machen, war übermächtig geworden und erwies sich stärker als alle Bande, die ihn an die Mitbrüder, Freunde, Verwandten und an die Heimat fesselten. 718 verließ er seine Heimat erneut, diesmal für immer.

Das Echternacher Evangeliar, ein Meisterwerk insularer Buchkunst, entstand Ende des 7. Jahrhunderts in Northumbrien. Die kostbare Handschrift gelangte wahrscheinlich durch den angelsächsischen Missionar Willibrord nach Echternach.
Die Seite zeigt das Symbol des Evangelisten Matthäus in ornamentaler Verfremdung.

Er hatte gelernt. Zunächst suchte er Rückhalt bei der Instanz, die für ihn die höchste Autorität auf dieser Erde verkörperte, dem Papst. Als Pilger zog er von dem Handelsplatz Quentowik an der Kanalküste aus auf der alten Pilgerstraße über den Mons Iovis, den späteren Großen Sankt Bernhard, nach Rom, um sich in der Stadt der Apostelfürsten das geistliche Rüstzeug für sein eigenes Apostolat zu holen. Von Papst Gregor II. erhielt er am 15. Mai 719 den erbetenen Missionsauftrag und empfing den altrömischen Heiligennamen Bonifatius, den er künftig fast ausschließlich führte. Erfüllt von missionarischem Sendungsbewußtsein, kehrte er aus der Ewigen Stadt in die Regionen nördlich der Alpen zurück.

Die apostolische Vollmacht zur Mission bezog sich ganz allgemein auf die »Völker Germaniens«, und so blieb es Bonifatius überlassen, sich seine Missionsfelder selbst auszuwählen. Er wählte Thüringen. Hier hatte vor ihm schon Willibrord, sein Landsmann, aus der Hand des Herzogs Heden Güter empfangen. Der Herzog hegte wohl die Hoffnung, mit Hilfe der angelsächsischen Missionare den christlichen Glauben in den Herzen der Thüringer verankern zu können. Willibrords Liebe galt aber der Bekehrung der Friesen, und er scheint im thüringisch-ostfränkischen Raum nur vorübergehend Station gemacht zu haben. Bonifatius stieß jetzt nördlich des Thüringer Waldes auf Priester, die in seinen Augen sittlich verwahrlost waren und einem häretisch-synkretistischen, kaum christlich zu nennenden Glauben huldigten. Es ist zu vermuten, daß Bonifatius auf die Spuren einer älteren Missionsbewegung traf. Waren es alleingelassene Gehilfen Willibrords, die sich ihrer halbheidnischen

Umwelt angepaßt hatten, so gut es eben ging? Die angelsächsisch klingenden Namen Torchtwine, Berehthere, Eanbrecht und Hunraed deuten in diese Richtung.[2]

Bonifatius suchte Kontakt zu den Großen des Landes, redete ihnen ins Gewissen, gab dennoch rasch auf und ging erst einmal nach Utrecht zu Willibrord, der in jenen Tagen noch die überragende Gestalt unter den angelsächsischen Glaubensboten war. Auch er hatte die Verbindung zum Papst gesucht, seine missionarischen Bestrebungen vom Heiligen Vater absegnen lassen und schließlich 695 vom Papst Sergius I. das Pallium, das heißt die Würde eines Erzbischofs, empfangen. Seine Kathedralkirche errichtete er in Utrecht, das allerdings nie zum Erzbistum werden sollte, weil sich der Plan, eine friesische Kirchenprovinz zu begründen, auch in den folgenden Jahrzehnten nicht realisieren ließ.

Noch in einer anderen Richtung war Willibrord seinem Landsmann und Schüler Bonifatius einen Schritt voraus, in der Anlehnung an die Repräsentanten der weltlichen Macht. Er suchte und fand Kontakte zum Hausmeier Pippin dem Mittleren, zu dessen Gemahlin Plektrud und später zu Karl Martell, aber auch zu Angehörigen der fränkischen Reichsaristokratie. Die Hausmeier förderten seine missionarischen Bemühungen in Friesland, die dadurch freilich dem Wechselspiel in den fränkisch-friesischen Beziehungen ausgesetzt waren.

Durch tatkräftige Unterstützung der aus dem hohen fränkischen Adel stammenden Äbtissin Irmina von Oeren konnte Willibrord in Echternach ein Kloster ins Leben rufen, das er 706 dem Hausmeier Pippin und dessen Gattin Plektrud übereignete, um deren Schutz für seine junge Gründung zu gewinnen. Echternach wurde rasch zu einer bedeutenden Pflegestätte monastischer Kultur, die den missionarischen Unternehmung Willibrords und seiner Gefährten immer wieder als Stützpunkt, Schulungszentrum und Refugium diente. Willibrord fand hier seinem Wunsche entsprechend 739 seine letzte Ruhestätte. Schon früh, vielleicht noch im 8. Jahrhundert, entwickelte sich eine volkstümliche Wallfahrt, die noch heute in der merkwürdigen und in ihrem Sinngehalt unerforschten »Echternacher Springprozession« weiterlebt.

Bonifatius absolvierte als Mitarbeiter des schon recht betagten Erzbischofs seine Lehrzeit in der Friesenmission, die nach Radbods Tod (719) wieder in Gang kam. Differenzen blieben nicht aus, denn Willibrord wollte den Jüngeren zum Bischof weihen und ihn damit für immer an Friesland binden. Bonifatius berief sich auf seinen päpstlichen Missionsauftrag, der ihn zu Mission und Seelsorge bei allen Völkern Germaniens verpflichte und ihm das Eingehen einer anderen Bindung als die an den Apostolischen Stuhl verwehre. Der Bericht der Bonifatius-Vita über die Diskussion zwischen diesen beiden kraftvollen und glaubensstarken Persönlichkeiten mag im Kern zutreffend sein. Aber das Zerwürfnis war wohl ernsterer Natur. Willibrords Name taucht in der doch so umfangreichen Korrespondenz des Bonifatius erst ganz spät einmal auf, und zwar Jahre nach Willibrords Tod im Zusammenhang mit dem Streit um den Fortbestand des Bistums Utrecht.[3]

Der Erzbischof mußte seinen begabten Helfer 721 ziehen lassen. Bonifatius schuf sich im mitteldeutschen Raum nunmehr sein eige-

Sankt Willibrord, Echternacher Graduale aus dem 12. Jahrhundert

Der Friesenmissionar thront in strenger, fast herrscherlicher Haltung auf einem Faltstuhl und trägt das Pallium als Zeichen der erzbischöflichen Würde.

nes Missionsfeld. Hessen, Ostfranken und Thüringen wurden zum Zentrum seines missionarischen, seelsorgerischen und kirchenorganisatorischen Wirkens. Vielleicht dachte er auch an die Bekehrung der Sachsen, deren Stammesverwandtschaft mit den Angeln und Sachsen auf der Insel ihm stets bewußt war. Als fernes Ziel, das er nie erreichen sollte, schwebte sie ihm vor Augen.

Zweifellos gab es damals schon Christen in Hessen, Thüringen und den Landen am Main, denn diese Regionen gehörten seit fast zwei Jahrhunderten zum Frankenreich. Der Prozeß der »Frankisierung«, der Übertragung westlicher Verfassungs-, Verwaltungs-, Lebens- und Wirtschaftsformen in die ostrheinischen Landschaften, war in Gang gekommen, zwar erst zaghaft, aber unübersehbar. Herzöge regierten im Namen des fränkischen Königs das Land, vielleicht auch schon Grafen. Seit der Wende vom 7. zum 8. Jahrhundert gab es auch Burgen, die dem Schutz des Landes und der Sicherung der fränkischen Herrschaft dienten.

Wenigstens in den herausragendsten dieser Landesburgen dürfte

Der Wirkungsbereich der Missionare Bonifatius, Willibrord und Pirmin

es schon vor dem Eintreffen des Bonifatius und seiner Gefährten Kirchen oder Kapellen gegeben haben. Auf der nordhessischen Büraburg bei Fritzlar läßt sich das seltene Brigidenpatrozinium als Zeugnis für eine frühe Zeit deuten, doch hat man die Gründung dieses Kirchleins sicher zu Unrecht iro-schottischen Wandermönchen zugeschrieben. Auch die archaisch anmutende Rundkirche auf der Würzburger Marienburg könnte vorbonifatianischen Ursprungs sein, zumal am Würzburger Herzogshof im letzten Viertel des 7. Jahrhunderts der irische Wanderbischof Kilian (Killena) mit seinen Begleitern Kolonat und Totnan gewirkt und mit ihnen zusammen wegen einer höchst leichtfertigen Einmischung in die Eheprobleme der herzoglichen Familie den Märtyrertod erlitten hatte. Soviel darf man der Kilianstradition entnehmen, obgleich die Lebens- und Leidensgeschichte des Heiligen erst nach der feierlichen Erhebung seiner Gebeine im Jahre 752 aufgezeichnet wurde.[4]

Bonifatius fand also wenigstens Ansatzpunkte für seine missionarische Arbeit vor, nur schienen ihm die schlechten Christen weit schlimmer als die echten Heiden. In Thüringen erlebte er nach eigener Einschätzung Jammervolles. »Ketzer, Hurer und Ehebrecher«[5] waren für ihn die Geistlichen, die er dort antraf, und noch um 732 gab es in diesem Lande Priester, die den heidnischen Göttern opferten, Menschen, die von Heiden die Taufe empfangen hatten, Christen, die Pferdefleisch aßen und sogar ihre Sklaven an die Heiden verkauften, von denen diese alsbald den Göttern als Opfer dargebracht wurden. Zugegeben, man ist genötigt, diese Dinge mit den Augen des gestrengen, man möchte sagen fundamentalistischen Gottesstreiters und denen seines Biographen zu sehen, der eine erfüllt von missionarischem Fanatismus und dem Streben nach einem reinen und sittlich makellosen Christentum, der andere getragen von einem hagiographischen Enthusiasmus, der zur Heroisierung seines Helden führte. Die doch raschen und letztlich dauerhaften Missionserfolge des Bonifatius und seiner Helfer lassen vermuten, daß die Zustände im mitteldeutschen Raum nicht ganz so trostlos waren, wie dies dem sensiblen und in religiös-dogmatischen Fragen pedantischen Missionar erschien.

Auf seiner ersten Missionsfahrt nach Hessen durchzog Bonifatius - von Mainz kommend - die fruchtbare und dichtbesiedelte Wetterau und gelangte weiter nördlich zur Amöneburg, einer Burg auf einem hochaufragenden Basaltfelsen in der weiten, von dem Flüßchen Ohm durchflossenen Beckenlandschaft. Hier wandte er sich an die Herren der Burg, die Brüder Dettic und Deorulf, Christen zwar, aber nur dem Namen nach - wer fand schon Gnade mit seinem Glauben vor den gestrengen Augen des künftigen Blutzeugen Christi? Er führte sie auf den rechten Weg zurück und taufte viele Menschen, wie es in seiner Vita mit der in Missionsberichten üblichen und daher wenig aussagekräftigen Formel heißt.[6] Die Amöneburg war ein wichtiger Platz in diesem Raum, und deshalb gründeten die Missionare ein kleines Kloster als Missionszelle für die weitere Arbeit.

Auch einen anderen Platz dürfte Bonifatius bald aufgesucht haben, den Christenberg am Rande des ausgedehnten Königsforstes Burgwald. Hier erhob sich eine gewaltige fränkische Festung,

Die Marienkapelle auf der ehemaligen Herzogsburg Würzburg ist vielleicht eine Gründung der ostfränkisch-thüringischen Herzöge. Die Datierung der Rotunde auf die Zeit um 700 ist allerdings nicht sicher.

und es ist unwahrscheinlich, daß der Missionar an diesem bedeutungsvollen Ort achtlos vorübergegangen ist. Die Anfänge der altertümlichen Kirche, die noch heute inmitten der seit einem Jahrhundert verfallenen Burg steht, gehen sicher in das 8. Jahrhundert zurück, denn sie besaß noch lange als Titularkirche eines Dekanats und als Mutterkirche eines großen Pfarrsprengels eine hervorgehobene Position im Rahmen der hessischen Kirchenorganisation.

Während über einen Aufenthalt des Missionars auf dem Christenberg nur Vermutungen angestellt werden können, ist seine missionarische Tätigkeit an der nordhessischen Grenze in der Vita bezeugt: An der Grenze zu Sachsen befreite er das Volk der Hessen, das bis dahin noch im Irrglauben heidnischer Gebräuche befangen war, aus der Gefangenschaft der bösen Geister durch die Verkündigung der evangelischen Botschaft, heißt es in seiner Lebensbeschreibung. Er hat sich also schon auf seiner ersten Missionsfahrt bis in das Kerngebiet der Hessen vorgewagt, wo der alte Götterglaube wohl noch recht lebendig war.

Um das Christentum bei den Völkern Germaniens fest zu verankern, bedurfte es eines stabilen organisatorischen Rahmens. Bonifatius trat deshalb zum zweiten Mal eine Romreise an. Mit großem Gefolge traf er am Ende des Jahres 722 in Rom ein und empfing dort am Andreastag von Papst Gregor II. die Bischofsweihe, auf den unabweisbaren Wunsch des Papstes hin, versteht sich, denn niemals hätte der Biograph des Heiligen zugeben können, daß Bonifatius diese Würde selbst angestrebt hat. Im Frühjahr des folgenden Jahres kehrte Bonifatius ins Frankenreich zurück, mit päpstlichen Empfehlungsschreiben an einige thüringische Große, an das Volk der Sachsen und wahrscheinlich auch an Karl Martell versehen.[7] Bonifatius suchte den Hausmeier auf und empfing von ihm einen an die geistlichen und weltlichen Würdenträger des Frankenreiches adressierten Schutzbrief.[8]

Karl Martell saß zu Beginn der zwanziger Jahre fest im Sattel und wandte seine Aufmerksamkeit auch den Verhältnissen in den östlichen Reichsteilen zu. Zum Programm der Wiederbefestigung der Herrschaft in den noch nicht dauerhaft gesicherten Gebieten gehörte offensichtlich auch die missionarische und kirchenorganisatorische Durchdringung der östlichen Randlandschaften, denn der Hausmeier förderte nicht nur Bonifatius im mitteldeutschen Raum, sondern auch Willibrord in Friesland und Pirmin in Alemannien.

Die Aufnahme in den besonderen »Schutz und Schirm« des Hausmeiers ermöglichte es Bonifatius, den päpstlichen Missionsauftrag, der im Schutzbrief Karl Martells im übrigen mit keinem Wort erwähnt wird, in die Tat umzusetzen. Die regionalen Machthaber waren zu seiner Unterstützung verpflichtet, hatten ihm Hilfe angedeihen zu lassen und sich bei Rechtsstreitigkeiten für ihn einzusetzen. Im Zweifelsfalle konnte er sogar an das vom Hausmeier beherrschte königliche Hofgericht appellieren.

Mit der weltlichen Macht im Rücken missionierten Bonifatius und seine Helfer, auch sie offenbar überwiegend angelsächsischer Herkunft, sehr erfolgreich unter den Hessen. Der Höhepunkt ihres missionarischen Wirkens, die Fällung der Donareiche und die Errichtung der Peterskirche zu Fritzlar, fällt in diese Periode. In Fritzlar gründete Bonifatius ebenfalls eine Missionsstation, aus der

Im Skriptorium der Abtei Echternach knüpfte man an die angelsächsische Schrift- und Buchkultur an und entwickelte sie weiter. Insulare und kontinentale Stilelemente flossen in dem Evangeliar aus dem späten 8. Jahrhundert zusammen.
Im Mittelpunkt des ornamental gestalteten Kreuzes steht das Christusmedaillon, umgeben von den Symbolen der vier Evangelisten.

sich das Peterskloster entwickelte. Mit der Donareiche war die letzte Bastion des alten Götterglaubens in Hessen gefallen. Nun galt es, die im ersten stürmischen Anlauf errungenen Erfolge durch die Gründung von Pfarrkirchen und durch geduldige Erziehungsarbeit zu sichern.

Nachdem die Bekehrung der Hessen einen vorläufigen Abschluß gefunden hatte, nahm Bonifatius seine thüringischen Missionspläne wieder auf. Schon 722 hatte er von Papst Gregor II. ein Empfehlungsschreiben an die Repräsentanten des thüringischen Adels erhalten. Gegen Ende des Jahres 724 empfing er ein ähnliches Schreiben, gerichtet an das ganze Volk der Thüringer.[9] Der Papst forderte die Bewohner des Landes darin auf, die Botschaft des Evangeliums zu hören, ihre Herzen Gott zu öffnen, dem Götterglauben und allen heidnischen Gebräuchen zu entsagen und sich taufen zu lassen. Bonifatius widmete sich ein ganzes Jahrzehnt, von 725 bis 735, der missionarischen Arbeit in Thüringen, wo freilich nicht nur echte Heiden zu bekehren, sondern auch »verirrte Schafe« auf den Weg des rechten Glaubens zurückzuführen waren. Er bemühte sich um die Gewinnung der noch heidnischen Teile der Bevölkerung, um die Erneuerung des kirchlichen Lebens, um die Verbreitung christlicher Lebensformen und Moralvorstellungen. Nicht zuletzt sorgte er für den Aufbau einer Kirchenorganisation, die der Mission und der Seelsorge den nötigen Rückhalt verleihen konnte.

Einfach war diese Aufgabe nicht, denn Bonifatius hatte nur

wenige Gefährten, deren Zahl selten genug durch neue Helfer vergrößert wurde, die aus England zu ihm kamen. Die Zahl der Kirchen wuchs rasch, jedenfalls rascher als die Zahl der Priester, so daß manche von ihnen ausgedehnte Pfarrsprengel mit mehreren Kirchen und Kapellen zu versorgen hatten. Die Angelsachsen, die zur bonifatianischen Missionsgruppe stießen, waren zumeist gelehrte Männer, und so wurde das von Bonifatius in Ohrdruf am Nordrand des Thüringer Waldes gegründete Kloster bald zur Ausbildungsstätte für den Priesternachwuchs.

Die Schreiben, die der Missionar verschickte oder erhielt, vermitteln Einblicke in die Sorgen und Nöte seines Daseins im Thüringer Land am Rande der abendländischen Christenheit. Freilich konnte Bonifatius auch Erfolge nach Rom und nach England melden, und er erlebte während seiner thüringischen Missionstätigkeit eine Erhöhung seines persönlichen Ranges in der kirchlichen Hierarchie, denn Papst Gregor III. ernannte ihn 732 zum Missionserzbischof und übersandte ihm das Pallium als äußeres Zeichen dieser Dignität. In der zweiten Hälfte des Jahres 737 zog Bonifatius noch einmal nach Rom, wo ihm Papst Gregor III. einen ehrenvollen Empfang bereitete und ihn in aller Form zum päpstlichen Legaten in Germanien ernannte. Die stattliche Schar von Gefährten, die den Erzbischof nach Rom begleitete, konnte er dort um einige neue Jünger vergrößern; darunter waren so bedeutende Gestalten wie sein späterer Nachfolger Lul von Mainz und die beiden Brüder Willibald und Wunibald. Willibald hatte eine Wallfahrt nach Jerusalem unternommen, hatte Konstantinopel und Kleinasien gesehen, eine Weile in Monte Cassino gelebt und ging nun willig mit Bonifatius nach Thüringen an die äußerste Peripherie der christlichen Kulturwelt.[10] Dazu gehörte Enthusiasmus.

Die Stunde schien günstig. Bonifatius und seine Gefährten hegten in jenen Jahren weitreichende missionarische, reformatorische und kirchenorganisatorische Pläne, von den Päpsten nach Kräften gefördert. Die Erhebung des Missionars zur Würde eines Erzbischofs hatte letztlich nur Sinn, wenn die Schaffung einer Kirchenprovinz wenigstens als Fernziel angestrebt wurde. Um die organisatorische Zusammenfassung der Missionsgebiete kam man auf Dauer nicht herum. Zu realisieren waren derartige Aufgaben natürlich nur mit Hilfe der weltlichen Mächte, aber gerade da stieß Bonifatius auf Widerstände. Sein scharfes Vorgehen gegen die Angehörigen des fränkischen Episkopats und der Geistlichkeit, deren Leben seinen Vorstellungen nicht entsprach, hatte ihm manche Feinde geschaffen:

Der welt- und waffenfrohe Episkopat des benachbarten Austrasien und der Adel, der sich am Kirchengut bereicherte, also die politisch, sozial und wirtschaftlich herrschende Schicht, trat jetzt in offene Feindschaft zu ihm, die Errichtung angelsächsisch geleiteter, kanonisch geformter Bistümer hätte einen Einbruch in ihre Machtposition, einen Fremdkörper im Reichsepiskopat bedeutet.[11]

Die eher weltlich-aristokratisch gesinnten Inhaber der alten Bischofssitze an Rhein und Mosel, in Köln, Mainz, Worms, Speyer und Trier, hatten zwar so gut wie nie missionarischen Eifer an den Tag gelegt, fühlten sich nun aber durch den reformatorischen Eifer der Angelsachsen nicht nur in ihren Positionen bedroht, sondern fürchteten zu Recht um die Chance, ihre Diözesangewalt weiter nach Osten auszudehnen.

Stimmungen dieser Art konnte Karl Martell unter dem austrischen Episkopat nicht einfach ignorieren. So war es kein Wunder, daß er in der Frage einer ostrheinischen Kirchenprovinz vorsichtig taktierte. Die Notwendigkeit zur Gründung von Bistümern hat er aber eingesehen. So konnte Bonifatius wohl noch im Jahre 741 in seinem Missionsgebiet die drei Bistümer Büraburg, Würzburg und Erfurt ins Leben rufen und mit Zustimmung des Papstes Bischöfe einsetzen.[12] Die Diözesangliederung lehnte sich an die Stammesgrenzen an, so daß die Hessen, die Ostfranken und die Thüringer jeweils einem Oberhirten unterstellt wurden. Dies ist ein Zeichen dafür, daß die Stammeszugehörigkeit in dieser Zeit noch von hoher Bedeutung war. Die Bischofssitze wurden jeweils an zentralen Plätzen errichtet, in der fränkischen Grenzfestung Büraburg, also im althessischen Kerngebiet, in Würzburg, dem Zentrum der ostfränkischen Mainlande, und in Erfurt, dem natürlichen Mittelpunkt des Thüringer Beckens. Das Bistum Würzburg erhielt von dem Hausmeier Karlmann schon bald eine großzügige materielle Grundlage und wurde mit zahlreichen königlichen Eigenkirchen und mit Einkünften aus den königlichen Domänen und dem »Steueraufkommen« reich ausgestattet. Wenig später konnte noch ein Bistum in Eichstätt im bayrischen Nordgau gegründet werden.

Noch bevor Bonifatius die mitteldeutschen Bistümer ins Leben rufen konnte, eilte er in seiner Eigenschaft als päpstlicher Legat für Germanien nach Bayern, wo er mit Zustimmung und Unterstützung des Herzogs Odilo von Bayern die bayrische Kirche im römisch-kanonischen Sinne reorganisierte.

Missionierungsarbeit hatte Bonifatius in Bayern nicht mehr zu leisten, denn das Land war längst für den christlichen Glauben gewonnen worden und ermangelte nur noch einer festen innerkirchlichen Struktur. Es ist wahrscheinlich, daß spätantikes Christentum an einigen Plätzen die Stürme der Völkerwanderung überdauert hat, auch wenn dafür kaum sichere und überzeugende Beweise zu erbringen sind. So verführerisch der Gedanke ist, die rätselhaften Katakomben Salzburgs mit dem verborgenen Fortleben einer Christengemeinde unter den Alpenromanen in Verbindung zu bringen, er wäre mehr ein Produkt der Phantasie als der gelehrten Kombination. Auch für das Wirken iro-schottischer Wandermönche im bayrischen Raum gibt es nur schwache Spuren, etwa in der legendären Gründungsgeschichte des Klosters Weltenburg am Donaudurchbruch bei Kelheim.

Das Christentum hatte in Bayern im Zusammenhang mit der Unterwerfung des bayrischen Stammesgebietes unter die fränkische Herrschaft Eingang gefunden. Die Agilolfinger und die anderen Angehörigen der politischen Führungsschicht dürften sich schon früh zum christlichen Glauben bekannt haben. Vom merowingischen Königtum gingen zwar keine missionarischen Impulse aus, aber die ersten Glaubensboten, die für uns faßbar werden, kamen vom Westen, der heilige Emmeram, der heilige Rupert und der heilige Korbinian. Ihr Wirken fällt in die Regierungszeit des Herzogs Theodo (ca. 680–725), der sich bemühte, etwas Ordnung in die kirchlichen Verhältnisse seines Landes zu bringen.

Von dem vielleicht aus Poitiers stammenden Wanderbischof Emmeram ist nur Legendäres, Phantastisches überliefert. Sein Wanderziel war eigentlich das Land der Awaren, aber Herzog Theodo überredete ihn zur Mission in Bayern, wo er im Raum um Regensburg wirkte. Weil er aus christlicher Nächstenliebe die Schuld an der Verführung einer Tochter des Herzogs auf sich nahm, fiel er der Rache ihres Bruders zum Opfer. In der Georgskirche in Regensburg fand er seine letzte Ruhestätte, die zur Keimzelle für das berühmte Benediktinerkloster Sankt Emmeram zu Regensburg wurde.

Die Einmischung in die Familienangelegenheiten der Aristokratie bedeutete mit ziemlicher Sicherheit Martyrium, zumindest aber mancherlei Verfolgungen. Dem heiligen Kilian war es in Würzburg so ergangen, und auch dem heiligen Korbinian in Freising erging es schlecht, als er Einspruch gegen die Ehe des Herzogs Grimoald erhob, der die Witwe seines Bruders geheiratet hatte.

Der dritte im Terzett der großen bayrischen Glaubensstreiter, der heilige Rupert von Salzburg, war Bischof von Worms und hatte seine Heimat vielleicht verlassen, weil er der antikarolingischen Adelsopposition nahestand. Er wirkte unter den Romanen und Bayern des Salzburger Raumes und gründete wahrscheinlich das Peterskloster in Salzburg, dem antiken Iuvavum. Jedenfalls bildeten sich sowohl in der alten Herzogsresidenz Regensburg als auch in Freising, Salzburg und Passau Bischofssitze heraus, betreut von Bischöfen, die in der Regel zugleich die Abtswürde des Klosters an ihrem Bischofssitz innehatten. Feste Sprengel gab es noch nicht.

Herzog Odilo (736–748) sah jedoch die Notwendigkeit, die Kirche seines Landes besser zu organisieren, denn der Aufbau einer bayrischen Landeskirche war geeignet, seine politische Eigenständigkeit gegenüber dem Hausmeier zu stärken. Der Herzog nahm deshalb Verbindung zum Papsttum und zu Bonifatius auf, die er beide zur Mitarbeit gewinnen konnte. Bonifatius griff also reformierend und organisierend in die kirchlichen Verhältnisse Bayerns ein und schuf in Anlehnung an die vorgefundenen kirchlichen Zentren die Diözesaneinteilung, die in ihren Grundzügen noch heute Bestand hat. Mit der Schaffung der Bistümer Salzburg, Regensburg, Freising und Passau wurde der Grundstein für die später ganz Bayern umfassende Kirchenprovinz Salzburg gelegt.

Sein Engagement im Dienste der kirchenpolitischen Bestrebungen des Herzogs Odilo führte Bonifatius auf ein nicht ungefährliches Terrain. Unversehens konnte er in die bayrisch-fränkischen Gegensätze verwickelt werden und die Unterstützung der karolingischen Hausmeier verlieren, auf die er doch so dringend angewiesen war. Bonifatius wußte gut um diese Abhängigkeit von den weltlichen Machthabern: »Ohne den Schutz des Frankenfürsten kann ich weder das Kirchenvolk leiten noch die Priester und die Geistlichen, die Mönche und die Gottesmägde beschirmen noch ohne seinen Auftrag und die Furcht vor ihm heidnische Bräuche und die Greuel des Götzendienstes in Germanien bekämpfen«, schrieb er an Bischof Daniel von Winchester.[13]

Auf der anderen Seite bezogen die karolingischen Hausmeier die Ausbreitung des Christentums, die Verbesserung des religiösen Lebens und den Auf- und Ausbau kirchlicher Organisationsformen durchaus als Faktoren in ihr politisches Kalkül ein. Im Gesamtrah-

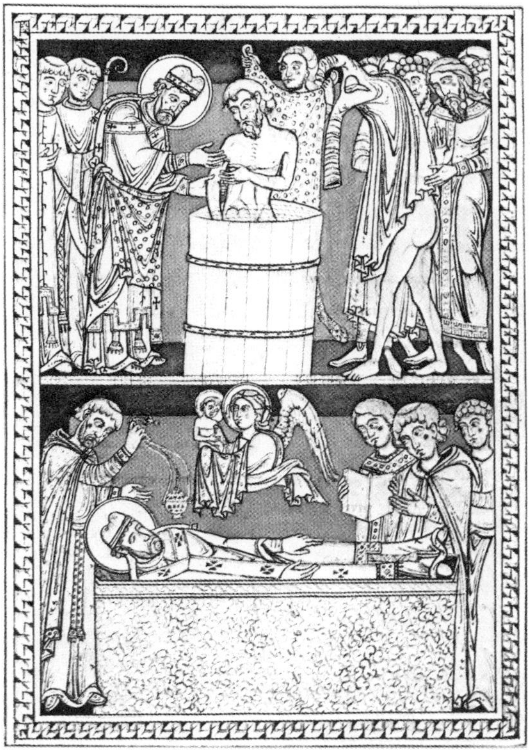

Leben und Tod des heiligen Rupert, Federzeichnung aus einem Salzburger Antiphonar

Der Bayernmissionar tauft Heiden. Im Unterschied zu Bonifatius erleidet er kein Martyrium, sondern stirbt selig im Kreise seiner geistlichen Brüder.

men der Reintegrationspolitik, die gegenüber den ostrheinischen Stämmen betrieben wurde, spielten Mission und Kirchenorganisation eine wichtige Rolle, so daß sich die Interessen der irischen, fränkischen und angelsächsischen Glaubensboten in den Grundlinien mit denen der Hausmeier deckten. Auch die Reformen des religiösen Lebens, die Bonifatius anstrebte, konnten zur Intensivierung der Herrschaft der Hausmeier dienlich sein, denn eine zerrüttete, den verweltlichten Bischöfen und Äbten aristokratischer Herkunft ausgelieferte Kirche war nur schwer zur Konsolidierung des fränkischen Staatswesens zu nutzen.

Die scharfen Angriffe, die Bonifatius immer wieder gegen die Lebensführung des fränkischen Episkopats und der Geistlichkeit richtete, und sein energisches Drängen auf grundlegende Reformen entsprachen also durchaus den politischen Zielvorstellungen der Karolinger, denen freilich auch die religiöse Motivation nicht abgesprochen werden soll. Das gilt namentlich für Karlmann und Pippin, von denen der letztere in der Abtei Saint-Denis erzogen worden war, der erstere möglicherweise in Echternach. Die von 741 bis 747 andauernde Periode ihrer zwar nicht gemeinsamen, aber doch auf Zusammenwirken angelegten Regierung brachte die Periode der großen Reformsynoden. Die enge Verbindung von weltlichen und geistlichen Fragen findet darin ihren Ausdruck, daß die Synoden offenbar im Zusammenhang mit dem Märzfeld, der großen fränkischen Heerschau und Reichsversammlung, stattfanden; nur die letzte der bonifatianischen Reformsynoden, die des Jahres 747, war eine rein geistliche Zusammenkunft, bezeichnend für die Krise der bonifatianischen Reformbewegung in jenen Tagen.

Es ging um eine großangelegte Reform der Organisationsstruktur und des sittlich-religiösen Lebens der Kirche im Frankenreich, eine gewaltige Aufgabe, der sich der mittlerweile siebzigjährige, für mittelalterliche Verhältnisse hochbetagte Bonifatius unterzog. Entscheidende Beschlüsse wurden gleich auf der ersten Reformsynode, dem Concilium Germanicum, gefaßt, die auf Befehl und unter der Leitung des Maiordomus Karlmann im Frühjahr 742 oder 743 im austrischen Reichsteil tagte.[14]

Die Verlautbarung der Synodalbeschlüsse wurde gleichsam mit drei Paukenschlägen eröffnet. Karlmann verkündete, er habe Bischöfe eingesetzt, die dem Erzbischof Bonifatius, dem Legaten des heiligen Petrus, unterstellt sein sollten. Offensichtlich hatte er die Schaffung eines Metropolitanverbandes im Auge, der große Teile Germaniens umfassen sollte. Durch die Errichtung von Erzbistümern sollten die Diözesen zusammengefaßt und der Leitung eines Oberhirten unterstellt werden. Der besseren Kommunikation unter der höheren Geistlichkeit und der Durchsetzung der kanonischen Vorschriften diente die Bestimmung, daß alljährlich eine Synode zusammentreten solle. Da es der Hausmeier war, der diese Kirchenversammlung nicht nur einberief, sondern auch leitete, mußte dieser Brauch den Einfluß der Hausmeier auf die Kirche gewaltig stärken und zu einer engeren Verbindung zwischen Staat und Kirche führen. Einen Zündstoff von kaum zu überbietender Brisanz barg die auf den ersten Blick doch ganz selbstverständliche Bestimmung über die Rückgabe entfremdeten kirchlichen Besitzes an die rechtmäßigen Eigentümer: »Und die entfremdeten Kirchengüter haben wir den Kirchen restituiert und zurückgegeben.«[15] Es ging dabei um kirchliche Besitzungen, die Karl Martell säkularisiert hatte, um seine Krieger damit auszustatten und für ihre Dienste zu belohnen; es ging aber sicher auch um Güter, die sich weltliche Herren in der Periode des Niedergangs der fränkischen Kirche widerrechtlich angeeignet hatten. Es war leicht vorauszusehen, daß sich hier der Widerstand der Betroffenen regen würde.

Zwei weitere zentrale Punkte der Reform waren die Durchsetzung der Episkopalverfassung und die Hebung von Moral und Sittlichkeit in den Reihen der fränkischen Geistlichkeit. Der Bischof sollte zum wirklichen Oberhirten seiner Diözese gemacht werden. Alle Priester waren seiner Autorität unterworfen, schuldeten ihm unbedingten Gehorsam, hatten vor ihm alljährlich Rechenschaft über ihre Amtsführung abzulegen und ihren rechten Glauben zu bekennen. Auf der anderen Seite wurde dem Bischof die regelmäßige Visitation seines Sprengels zur Pflicht gemacht. Er war für die innere Ordnung und die Einhaltung der kanonischen Vorschriften in seinem Amtsbereich verantwortlich und sollte im Zusammenwirken mit dem Grafen die Überreste des Heidentums und die im Volke noch stark verbreiteten abergläubischen und heidnischen Bräuche bekämpfen. Wanderbischöfe und umherziehende Priester, die nicht in dieses System paßten, sollten nur nach einer Überprüfung ihrer Eignung durch eine Synode zum Gottesdienst zugelassen werden. Es ging also darum, die Episkopalverfassung zum tragenden Pfeiler der kirchlichen Organisation und des religiösen Lebens zu erheben. Dies ist in der Tat ein dauerhaftes Ergebnis der bonifatianischen Reformperiode gewesen.

Die zweite Gruppe von Beschlüssen zielte auf die Verbesserung der moralischen Qualitäten der Geistlichkeit. »Falschen Priestern, ehebrecherischen und unzüchtigen Diakonen und Klerikern« sollten ihre Pfründen entzogen werden, moralische Vergehen der Diener Gottes und der Mägde Christi wurden mit strengen Bußen geahndet.[16] Den Geistlichen wurde das Waffentragen generell verboten, und auf den Heerfahrten, die offenbar auch beim Klerus sehr beliebt waren, sollten nur so viele Priester mitziehen, wie für Gottesdienst und Seelsorge erforderlich waren. Weltliche Eitelkeit signalisierende Kleidung wurde untersagt. Auch die Freuden der Jagd mit Hunden, Habichten und Falken sollten den Dienern Gottes künftig verschlossen bleiben. Für das Klosterleben konnte auf die Benediktinerregel verwiesen werden, die für Mönche und Nonnen verpflichtend sein sollte.

Die Beschlüsse der Reformsynode, die Karlmann selbstbewußt und gleichsam mit königlicher Machtvollkommenheit verkündete, hörten sich gut an, und gewiß dürfen wir dieses erste fränkische Reformkonzil als epochales Ereignis betrachten. Aber es konnte doch erst ein Anfang sein. Ein guter Anfang zwar, aber ein Blick auf die Liste der anwesenden Bischöfe läßt den eingeschränkten geographischen Wirkungsbereich erkennen und den Widerstand und die Obstruktion erahnen, die in den Reihen des fränkischen Episkopats latent geübt wurden. Anwesend waren im wesentlichen die Bischöfe, die Bonifatius selbst ordiniert hatte, seine Schüler zumeist: Burchard von Würzburg, Witta von Büraburg, Willibald von Eichstätt und Bischof Dadan, der entweder in Erfurt oder Utrecht seinen Sitz hatte. Aus dem alten fränkischen Kernland war nur der Kölner Bischof Reginfried gekommen, aus Alemannien nur Heddo von Straßburg. Immerhin gehörte der letztere zum innersten Kern des Pirmin-Kreises. Das verlieh seiner Anwesenheit Gewicht. Das Fehlen der vier bayrischen Bischöfe ist angesichts der gespannten Beziehungen zwischen den Hausmeiern und Herzog Odilo nicht verwunderlich, während die austrischen Bischöfe unter Führung Milos von Trier und Gewilibs von Mainz den Reformbestrebungen feindselig oder wenigstens abwartend gegenüberstanden.

Dennoch ließ sich die Sache der Reformer zunächst gut an, denn Pippin der Jüngere schwenkte auf die reformatorische Linie seines Bruders ein, und weitere Synoden konnten in beiden Reichsteilen stattfinden, Estinnes-au-Mont und Soissons werden als Tagungsorte genannt.[17] Auch der Kreis der Teilnehmer wurde erweitert, denn Bischöfe aus Austrien und Neustrien fanden sich nun in größerer Zahl ein. In einem Punkt allerdings war sehr rasch ein geordneter Rückzug auf eine mittlere Linie erforderlich, in der Frage nach der Rückgabe des entfremdeten Kirchengutes.

Die völlige Restituierung der säkularisierten Güter hätte gerade diejenigen Kreise getroffen, auf deren Hilfe die Hausmeier angewiesen waren, sowohl die großen Familien des Landes als auch die Schicht der Reiterkrieger, die wohl gerade mit Hilfe der Säkularisationen in die Höhe gekommen war. Das hätte die Schlagkraft des fränkischen Heerbannes stark beeinträchtigt, und so wird in der Kompromißformel der Synode von Estinnes, die gleichzeitig mit dem Märzfeld zusammengetreten war, gerade dies als Grund für den Verzicht auf die Maximalforderung genannt. Wegen der drohenden Kriege und der Angriffe fremder Völker, so heißt es dort, soll zur Unterstützung unseres Heeres ein Teil des Landes den bisherigen Inhabern weiterhin zur Verfügung stehen und erst nach deren Tod an die Kirche zurückfallen.[18] Und selbst dann sollte der Hausmeier zum Nutzen des Reiches im Falle der Not den Besitz erneut vergeben dürfen. Die Eigentumsrechte der Kirche sollten allerdings durch die Zahlung eines sehr niedrigen Anerkennungszinses abgesichert werden. Eine vollständige Rückgabe an die Kirche war nur für den Fall vorgesehen, daß das entsprechende Gotteshaus Mangel und Not zu leiden hatte.

Einige Fortschritte zeichneten sich auch beim Aufbau der Metropolitanverfassung ab, denn Rouen, Sens und Reims wurden zu Erzbistümern erhoben, und ihren Oberhirten wurde von Papst Zacharias schon bald das Pallium verliehen. Die Freude der Reformpartei wurde allerdings dadurch sicher beträchtlich getrübt, daß sich der Angelsachse Abel als Erzbischof von Reims gegen Milo von Trier, den hartnäckigen Gegner der Reform, nicht behaupten konnte. Ein Wermutstropfen war natürlich auch das Scheitern des Kölner Erzbistumsplanes, den Bonifatius verfochten hatte und der kurz vor der Verwirklichung zu stehen schien. Die Hausmeier Karlmann und Pippin hatten ihm Köln als Metropolitansitz zugewiesen oder wenigstens in Aussicht gestellt, und Papst Zacharias hatte im Oktober 745 die Gründung einer Kirchenprovinz bestätigt.[19] Die neue Erzdiözese sollte offenbar die alten Bistümer Tongern, Utrecht, Mainz, Worms und Speyer mit den eben ins Leben gerufenen Missionsbistümern Büraburg, Erfurt, Würzburg und Eichstätt vereinen. Alte Kerngebiete und wichtige Randlandschaften des fränkischen Reiches wären kirchlich Bonifatius unterstellt worden und hätten ihm eine überragende und seine Reformpläne gewaltig fördernde Machtstellung innerhalb der Reichskirche verschafft. Eine Verwirklichung dieses Projektes hätte Bonifatius eine hervorragende Ausgangsbasis für die Bekehrung der Sachsen geboten. Der Plan stieß jedoch offensichtlich auf derart große Widerstände unter den fränkischen Bischöfen, daß er in letzter Sekunde scheiterte.

Bonifatius mußte mit dem Bistum Mainz zufrieden sein, dessen Bischof Gewilib von der Synode 745 auf Betreiben des Bonifatius und seines reformfreudigen Anhangs seines Amtes enthoben worden war. Der Sturz des reformfeindlichen Bischofs Gewilib von Mainz machte den Weg frei für die Eingliederung dieser wichtigen Diözese in die Front der bonifatianischen Bistümer. Der Grund für seine Absetzung wirft ein höchst bezeichnendes Licht auf die kriegerische Gesinnung dieser kampfesfrohen und jagdfreudigen Bischöfe. Auf einer Heerfahrt gegen die Sachsen lockte Gewilib einen feindlichen Krieger, der einstmals seinen Vater und Vorgänger im Bischofsamt getötet hatte, in einen Hinterhalt und erschlug ihn mit eigener Hand. Wie selbstverständlich stellte er seine aus der Sippenehre erwachsene Pflicht zur Blutrache über seine Verpflichtung zur christlichen Nächstenliebe, die ihm sein Priestertum eigentlich mit aller Strenge auferlegte! Unwillkürlich gedenkt man des Martyriums, dem Bonifatius entgegensah, weil er seinen Begleitern verbot, die Waffen gegen die Angreifer zu gebrauchen. Ein starker Kontrast auch zu Milo von Trier, der eines Todes starb, nicht eben eines geistlichen Herrn würdig: Kein Martyrium war ihm beschieden, er verunglückte tödlich - der unbezwingbaren Jagdleidenschaft der fränkischen Herren frönend - auf der Sauhatz.

Zum Erzbistum wurde Mainz damals allerdings noch nicht. Bonifatius blieb Titularerzbischof mit der Kathedralkirche in Mainz, aber ohne eine Kirchenprovinz, einen Metropolitanverband. Immerhin gelang es ihm, die Mainzer Diözese um Hessen und Thüringen zu vergrößern und damit die wesentlichsten Regionen seines eigenen Missionsfeldes unter eine einheitliche bischöfliche Gewalt zu stellen. Die beiden Bistümer Büraburg und Erfurt wurden aufgehoben. Das Vorgehen war kirchenrechtlich ohne Zweifel bedenklich, und wohl deshalb wird die Gründung dieser beiden Bistümer in der von Lul von Mainz in Auftrag gegebenen Bonifatius-Vita mit Stillschweigen übergangen.

Zwar ist der Kölner Erzbistumsplan des Bonifatius nicht geglückt, aber es entstand nun die ausgedehnte Diözese Mainz, der Grundstein für die spätere Entwicklung der Mainzer Kirchenprovinz, die im Laufe des 9. und 10. Jahrhunderts zum größten abendländischen Metropolitanverband wurde. Von der Unterelbe bis zum Alpenhauptkamm reichend, verklammerte sie Sachsen, Thüringen, Hessen, Rheinfranken, Ostfranken und Alemannien. Seit der Erhebung des Bonifatius-Schülers Lul zum Erzbischof 780/81 konnte der Erzbischof von Mainz als Primas Germaniae stets den höchsten Rang unter den geistlichen Würdenträgern des Reiches für sich beanspruchen. So barg das Scheitern die Keime für künftige wirkungsmächtigere Entwicklungen in sich. Letztlich aber neigte sich die Periode der Kirchenreform, der Bonifatius mit erstaunlicher Energie seinen ganz persönlichen Stempel aufdrücken konnte, rascher ihrem Ende zu als nach den stürmischen Anfangserfolgen zu erwarten war. Karlmanns Rückzug aus der Politik schwächte die Position der von den Angelsachsen getragenen Reformbewegung, denn Pippin operierte viel vorsichtiger als sein in religiösen Fragen engagierterer Bruder und suchte nur die notwendigsten Maßnahmen durchzusetzen, ohne mit den konservativ eingestellten fränkischen Bischöfen zu brechen. Zu diesem Zweck nahm er auch Kontakt zum Papsttum auf, bezeichnenderweise direkt und unter Umgehung des päpstlichen Legaten Bonifatius. Das Antwortschreiben des Papstes Zacharias vom 5. Januar 747 beweist die Ernsthaftigkeit der Reformbemühungen des Hausmeiers, der in seinem Bericht an den Papst ganz offenkundig die kirchlichen Zustände seines Reiches in einem rosigen Licht hatte erscheinen lassen; sicher ein Kontrast zu dem düsteren Bilde, das man an der Kurie aus den Schilderungen des päpstlichen Legaten hatte gewinnen müssen.

Die Reformbewegung war nun offensichtlich in ein Übergangsstadium getreten. Die Reformen sollten fortgeführt werden, und deshalb konnte Bonifatius im Jahre 747 noch einmal eine große Reformsynode abhalten und eine Gruppe von dreizehn Bischöfen aus verschiedenen Reichsteilen um sich versammeln. Diese letzte Synode bekräftigte und präzisierte die Ideen der Reformpartei, brachte aber keine neuen Impulse, sondern war mehr »das letzte Aufflackern des spezifisch bonifatianischen Reformwillens«.[20]

Schon zeichnete sich ab, daß die Führung der fränkischen Kirche an Kräfte übergehen würde, die nicht mehr angelsächsischer, sondern einheimischer Herkunft waren. So wurden in der Folgezeit

Bischof Chrodegang von Metz und Abt Fulrad von Saint-Denis die einflußreichsten kirchlichen Berater Pippins und übernahmen auch die Führung bei der behutsamen Fortsetzung des Reformwerkes. »Als Franken, die stolz sind auf ihre religiöse Haltung, nehmen sie das Geschick ihres aufblühenden Reiches und ihrer Kirche selbst in die Hand, indem sie bewußt aus der eigenen festländischen, gallo-romanisch-fränkischen Geisteshaltung heraus handeln.«[21] Die Schüler und Gefährten des Bonifatius wurden allerdings aus den Ämtern, die sie erhalten hatten, nicht vertrieben. Sie behielten die Leitung ihrer Bistümer, Klöster und Kirchen auch nach dem Tode ihres Meisters bei und waren klug genug, sich mehr oder weniger den veränderten Machtverhältnissen anzupassen. Willibald betreute bis zu seinem Tode 786 oder 787 das Bistum Eichstätt, Bischof Burchard von Würzburg spielte sogar eine wichtige Rolle in der fränkischen Landeskirche, und Lul von Mainz kämpfte nicht ganz vergeblich um das bonifatianische Erbe, denn um 780 konnte er immerhin das Pallium empfangen und den Grundstein für die spätere Machtstellung des Erzbistums Mainz legen. In Friesland führte der Bonifatius-Schüler Gregor als Abt des Utrechter Martinsklosters und Administrator des Bistums Utrecht die Mission unter den Friesen im Sinne seines Lehrers weiter.

Winfrid-Bonifatius, zur Legende geworden, als Missionserzbischof, Kirchenreformer und Legat des Papstes, hatte den Boden des Kontinents als Mönch betreten, und den Idealen des benediktinischen Mönchtums ist er auch lebenslang treu geblieben. Freiwillig hatte er das unstete Leben asketischer Peregrinatio auf sich genommen. Nur selten weilte er längere Zeit an einem Ort. Dreimal reiste er nach Rom, oftmals mußte er den Hof der fränkischen Hausmeier aufsuchen, an Reichsversammlungen und Synoden in Austrien und Neustrien teilnehmen, und jahrelang war er in den Stammesgebieten östlich des Rheins unterwegs, zwischen Bayern im Süden und Friesland im Norden. Oft mag er sich nach der Stille eines Klosters gesehnt haben. Zwar hatte er mit klarem Blick erkannt, daß die Kirche im Reich der Franken der diözesanbischöflichen Autorität und Disziplinargewalt bedurfte, aber seine Liebe gehörte der tieferen und religiös fundamentaleren Lebensform des Mönchtums. So lebte dieser Geist in den Missionsstationen, die er auf der hessischen Amöneburg, in Fritzlar und im thüringischen Ohrdruf ins Leben gerufen hatte, und die später zu echten Benediktinerklöstern wurden.

Erst als die Missionierungsarbeit zu einem gewissen Abschluß gekommen und die Bistümer Würzburg, Büraburg, Erfurt und Eichstätt fundiert worden waren, verwirklichte Bonifatius einen Plan, den er sicher schon lange im geheimen gehegt hatte: die Gründung einer Abtei als Pflegestätte wirklichen monastischen Lebens in Einklang mit den strengen Regeln, die vom Vater des abendländischen Mönchtums, Benedikt von Nursia, gesetzt worden waren. Am 12. März 744 trat das Salvatorkloster Fulda ins Leben. Die Intentionen, die Bonifatius mit der Errichtung dieses Klosters in der Waldeinsamkeit der Buchonia verfolgte, hat er später in seinem Bericht an Papst Zacharias selbst in Worte von erhabener Feierlichkeit gefaßt:

Es gibt da eine waldreiche Stätte in einer Einöde von ungeheurer Weltabgeschiedenheit inmitten der Völker unseres Missionsfeldes, auf der wir ein Kloster erbaut und Mönche angesiedelt haben, die nach der Regel des heiligen Vaters Benedikt leben, Männer von strenger Enthaltsamkeit, die auf Fleisch, Wein und Bier verzichten und keine Knechte besitzen, zufrieden mit dem, was sie mit eigener Hand erarbeiten. Diesen Ort habe ich von frommen und gottesfürchtigen Männern, vor allem von dem Fürsten der Franken Karlmann seligen Angedenkens, durch redliches Bemühen erworben und zu Ehren des heiligen Erlösers geweiht. An diesem Platz möchte ich mit Eurer huldvollen Zustimmung für einige Zeit oder auch nur für wenige Tage den vom Alter matt gewordenen Leib sich in der Stille erholen und nach meinem Tode ruhen lassen. Es wohnen nämlich die vier Völker, denen wir das Wort Christi durch Gottes Gnade verkündet haben, im Umkreis um diesen Ort herum, und mit Eurer Gunst kann ich ihnen, solange ich lebe und geistig rüstig bin, weiterhin dienen. Es ist nämlich mein Wunsch, wenn die Gnade Gottes sich zu Euren Gebeten gesellt, in Verbundenheit mit der römischen Kirche und der Dienstbarkeit gegen Euch inmitten der Völker Germaniens, zu denen ich gesandt worden bin, zu bleiben und Eurem Gott zu folgen.[22]

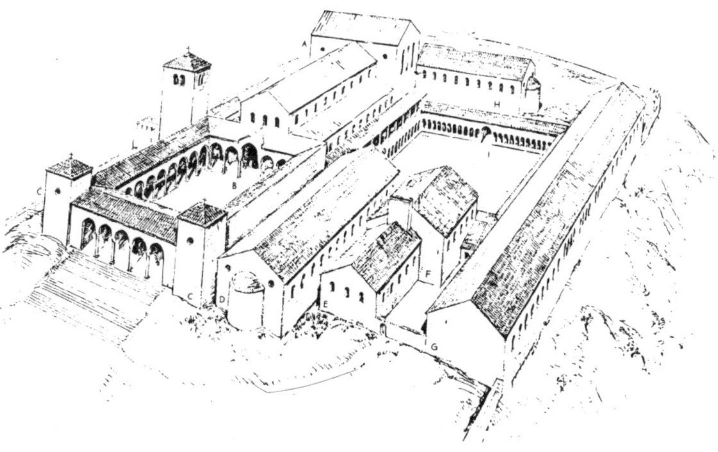

Die Benediktinerabtei Monte Cassino um 1100, Rekonstruktion

Monte Cassino, 529 von Benedikt von Nursia gegründet, ist das Mutterkloster des Benediktinerordens. Der erste Fuldaer Abt Sturmi reiste dorthin, um die rechte Anwendung der Benediktinerregel kennenzulernen.

Ein Hort strengen asketischen Lebens im Sinne des benediktinischen Mönchtums sollte das Salvatorkloster am Ufer der Fulda werden, ein »Monte Cassino des Nordens«. Inmitten der Völker, deren Glauben er gestärkt und gereinigt hatte, die er zum Christentum bekehrt oder auf deren Erleuchtung er noch hoffte, wollte Bonifatius im Leben eine Stätte der Einkehr und Besinnung und im Tode einen Ort der ewigen Ruhe finden. Die vier Völker, die ihm am Herzen lagen, waren ohne Zweifel die Hessen, die östlichen Franken, die Thüringer und die noch heidnischen Sachsen. Es zeigte sich bald, daß Bonifatius tatsächlich etwas Dauerndes geschaffen hatte, einen geistlichen und geistig-kulturellen Mittelpunkt im Herzen des weiten Raumes, der einmal Deutschland werden sollte.

Von Dauer war auch das Bekehrungswerk, das Bonifatius und seine Gefährten vollbracht hatten, trotz des tragischen Endes der letzten Missionsfahrt ins heidnische Friesland. Viele Tausende waren zum rechten Glauben zurückgeführt oder überhaupt erst für das Christentum gewonnen worden, hatten die Taufe empfangen und das Taufgelöbnis gesprochen. Glückliche Zufälle haben es gefügt, daß ein Taufgelöbnis, ein kostbares Zeugnis der deutschen Sprache, erhalten geblieben ist:[23]

forsàchistu diabolae?
et respondeat: ec forsacho diabolae.
end allun diobolgeldae?
respondeat: end ec forsacho allun diobolgeldae.
end allun dioboles wercun?
respondeat: end forsacho allun dioboles wercun.
gelobistu in got alamehtigan fadaer?
ec gelobo in got alamehtigan fadaer.
gelobistu in crist gotes suno?
ec gelobo in crist gotes suno.
gelobistu in halogan gast?
ec gelobo in halogan gast.

Entsagest du dem Teufel?
Und er soll antworten: Ich entsage dem Teufel.
Und allem Teufelsbund?
Er soll antworten: Und ich entsage allem Teufelsbund.
Und allem Teufelswerk?
Er soll antworten: Und ich entsage allem Teufelswerk.
Glaubst du an Gott, den allmächtigen Vater?
Ich glaube an Gott, den allmächtigen Vater.
Glaubst du an Christus, Gottes Sohn?
Ich glaube an Christus, Gottes Sohn.
Glaubst du an den Heiligen Geist?
Ich glaube an den Heiligen Geist.

Das Ergebnis der missionarischen Bemühungen ist deutlich. Die Heiden entsagten ihrem Glauben an »thunaer ende woden ende saxnote ende allun them unholdun the hira genotas sint« (Donar und Wotan und Saxnot und all die Unholde, die ihre Genossen sind), wie es in einem Zusatz zur Taufformel heißt. Aber was ging dem Bekenntnis zur Heiligen Dreifaltigkeit, das bei der Taufe abgelegt wurde, eigentlich voran? Auf welche Weise wurden die Menschen für den christlichen Glauben gewonnen?

Da das Bekehrungswerk der bonifatianischen Periode keine Zwangsmission war, wie sie dann Karl der Große in Sachsen praktizieren ließ, mußten sich die Glaubensboten Gedanken über die Methoden ihres Vorgehens machen. So empfing Bonifatius, der stets in einem sehr regen geistigen Austausch mit den führenden Geistern seiner angelsächsischen Heimatkirche blieb, einen Brief seines Freundes Daniel von Winchester, der nicht nur ein »Bildungsdokument aus der lateinisch-angelsächsischen Kulturwelt« ist,[24] sondern welt- und lebenskluge und sehr beherzigenswerte Ratschläge für die geistige Auseinandersetzung mit den Anhängern des gemanischen Götterglaubens enthält.[25]

Die Argumente, die der gelehrte Bischof seinem Freund Bonifatius an die Hand gab, bewegten sich durchaus auf einem Niveau, das das Vorstellungsvermögen der Heiden nicht überforderte. Bonifatius sollte in seinen Predigten auf den Unterschied zwischen dem

Die karolingische Krypta der Fuldaer Michaeliskirche ist einer der ältesten erhaltenen Kirchenräume Deutschlands, 819 bis 822 unter Abt Eigil erbaut

Im »Monte Cassino des Nordens« orientierte man sich an den bedeutendsten Vorbildern: Die Rundkirche auf dem Mönchsfriedhof war eine Kopie der Grabeskirche in Jerusalem, die Ratgar-Basilika (791-819), eine der größten Kirchen nördlich der Alpen, eine Nachbildung der Peterskirche in Rom.
Aus karolingischer Zeit sind in Fulda nur wenige Bauten erhalten geblieben. Der Aufstieg der Äbte zu Fürstäbten und Fürstbischöfen führte zur Umgestaltung Fuldas in eine barocke Residenzstadt. Auch die Ratgar-Basilika mußte im 18. Jahrhundert einem barocken Neubau weichen.

ewigen Gott und den wie Menschen gezeugten und geborenen heidnischen Göttern hinweisen, auf Gott den Allmächtigen als den Schöpfer des Himmels und der Erde und auf die Machtlosigkeit der Götter, deren Reich täglich kleiner würde und die nicht einmal in der Lage seien, ihre Kultstätten vor der Vernichtung durch die Christen zu schützen. Nur noch im Norden, in den vor Kälte starrenden Ländern, hätten die Götter ihre Verehrer, während die fruchtbaren und sonnigen Landschaften schon längst den Christen zugefallen seien.

Bischof Daniel hatte in seinem Brief auch zu einem behutsamen Vorgehen gemahnt, mit Worten und mit Werken, um die Heiden nicht zu verbittern und zu reizen, sondern ihnen Zeit zum Nachdenken zu geben, damit sie ihre Irrlehren erkennen und ihre Herzen dem christlichen Glauben freudig öffnen. Das war gewiß ein guter Ratschlag, aber in bestimmten Situationen mußten die Missionare doch zu anderen Mitteln greifen, um zum Erfolg zu gelangen. Der

Reliquienkästchen, wahrscheinlich gegen Ende des 7. Jahrhunderts im burgundisch-fränkischen Raum angefertigt

Fränkische oder angelsächsische Missionare dürften das kostbare Reliquiar nach Friesland gebracht haben.

Christengott forderte den ganzen Menschen und duldete keine anderen Götter neben sich. Diese Exklusivität befremdete die Heiden, die an einen bunten und vielgestaltigen Götterhimmel gewöhnt waren. In dieses Pantheon auch den Gott der Missionare aufzunehmen, leuchtete ihnen ein, doch weshalb deswegen den anderen Göttern gleich die Treue und die Gefolgschaft aufsagen?

Deshalb mußten die Glaubensboten mitunter ein heidnisches Heiligtum zerstören oder entweihen, um die Macht ihres Gottes und die Ohnmacht der alten Götter zu demonstrieren, wie Bonifatius dies tat, als er die Donareiche fällte. Auch von Willibrord wird erzählt, er habe auf der den Friesen heiligen Insel »Forsites« - vielleicht auf Helgoland - die den Göttern geweihten Tiere geschlachtet und im heiligen Forsitesquell sogar drei Männer getauft. Das ebenso frevelhafte wie riskante Unternehmen kostete freilich einem Gefährten Willibrords das Leben, da Herzog Radbod die Schändung des heiligen Eilandes durch ein blutiges Opfer sühnte.[26] Die Friesen waren von anderem Schrot und Korn als einstmals die Alemannen, die es staunend und klaglos hinnahmen, daß der irische Missionar Columban während eines Opferfestes den heiligen Bierkessel platzen ließ und Wotan um seinen Ehrentrunk brachte.[27]

Innerhalb der Reichsgrenzen stand hinter den Missionaren der fränkische Staat. Auch die Autorität des Papstes als Stellvertreter des Apostels Petrus war hilfreich, wenn es galt, die politische Führungsschicht zu gewinnen. Mission in einer ständisch gestuften Gesellschaft war in dieser Zeit selbstverständlich Mission von oben. Die Großen einer Landschaft mußten gewonnen werden, dann würde das Volk mit einiger Sicherheit ihrem verpflichtenden Beispiel folgen. Daher spielte in der Friesenmission immer wieder der Herzog Radbod eine ausschlaggebende Rolle. Für die Bekehrung der Hessen war es ohne Zweifel höchst förderlich, daß Bonifatius gleich zu Beginn die beiden Kommandanten auf der Amöneburg für sich gewinnen konnte, die Brüder Dettic und Deorulf. Und folgerichtig wandte sich Papst Gregor II. um 722 in einem Brief an die

Thüringer, namentlich adressiert an die edlen Herren Asulf, Godolaus, Wilar, Gundher und Alvold, die freilich schon Christen waren.[28]

Aber nicht nur die führenden Schichten, sondern auch das Volk mußte gewonnen werden. Dem diente die öffentliche Predigt vor einer größeren Volksmenge, möglichst mit anschließender Massentaufe, damit der Erfolg auch sichtbar wurde. Die Missionare beherrschten selbstverständlich die Landessprache und bedurften offensichtlich keines Dolmetschers, um die Heilige Schrift in der Volkssprache vortragen und erläutern zu können. In der missionarischen Arbeit und beim Gottesdienst stellte die Kirche auch den Glanz und Reichtum zur Schau, über den sie verfügte, die prunkvollen Gewänder, die goldenen Kreuze, Tragaltäre, Kelche und Schalen, sowie kostbare liturgische Handschriften. Willibrord ließ auf seinen Missionsfahrten ein großes goldenes Kreuz aufrichten, Bonifatius schlug bei der Predigt eine prachtvolle Bibelhandschrift auf. So brachte die Kirche das Neue sichtbar zur Geltung, übernahm aber gern die alten heiligen Stätten, um an der Stelle eines heidnischen Heiligtums eine Kirche oder eine Kapelle zu setzen. Die Sakralität des Ortes blieb auf diese Weise gewahrt.

Aber auch nach der Taufe gab es noch viel zu tun. Der Briefwechsel des Bonifatius macht sichtbar, mit welchen Alltagsproblemen sich die Kirche im Frankenreich herumzuschlagen hatte. Wie einen gesunden Mittelweg finden zwischen den kanonischen Vorschriften und den traditionellen Gewohnheiten, zwischen der erforderlichen Strenge und jener Nachsicht, die vonnöten war, um ständige Reibungen zu vermeiden? Die Diskrepanz zwischen Wunsch

Das Cadmug-Evangeliar galt im Mittelalter als ein Autograph des heiligen Bonifatius und gewann dadurch den Rang einer »Berührungsreliquie«. Das Evangeliar im Taschenbuchformat stammt zwar aus der Bibliothek des heiligen Bonifatius, wurde aber Anfang des 8. Jahrhunderts von dem irischen Mönch Cadmug geschrieben.
Die Abbildung zeigt das Symbol des Evangelisten Johannes und den Anfang des Johannesevangeliums, geschrieben in einer flüchtigen irischen Minuskel.

Holzschnitt aus dem Heiligenleben des Jacobus a Voragine, Augsburg 1472

Der heilige Pirmin vertreibt die giftigen Schlangen von einer Insel im Bodensee und gründet dort die Abtei Reichenau. Die Gründung eines Klosters war religiöse und kulturelle Tat zugleich.

Als der Priester des Herrn Pirmin die Insel betrat, geschah es auf Gottes Befehl, daß jenes schauderhafte Gezücht von Ottern und Schlangen sich windend ins Wasser flüchtete. Drei Tage und drei Nächte war die ganze Oberfläche des Sees bedeckt mit einer gewaltigen Menge grausiger Schlangen.
Das Leben des heiligen Pirmin

und Wirklichkeit hat Bonifatius bis ans Ende seiner Tage in Atem gehalten und ihn bedrückt. Das alles drängt die Vorstellung von einem »bonifatianischen Zeitalter« auf, und so verhält es sich wohl auch; aber Vorsicht und Umsicht sind geboten, um nicht der Suggestivkraft der Quellen zu erliegen und sich der Tyrannei der Überlieferung zu beugen. Man erfährt eben sehr viel über Winfrid-Bonifatius, aber wenig über seine Zeitgenossen, jedenfalls vergleichsweise. Die Neigung des literarisch und theologisch hochgebildeten Bonifatius, seine Liebe zu Buch und Schrift, seine Bedenklichkeit in vielen Fragen des religiösen und kirchlichen Lebens, seine Anhänglichkeit an seine angelsächsische Heimat und sein Bedürfnis nach Kommunikation, nach Trost und Rat durch die fernen Freunde haben ihren Niederschlag in einer umfangreichen Korrespondenz gefunden. In Mainz und Fulda pflegte man sein Angedenken, und in seiner Heimat beschloß schon bald nach seinem Martyrium eine Generalsynode, seinen Todestag feierlich zu begehen. Die dringenden Bitten des Erzbischofs Cuthbert von Canterbury und des Bischofs Milret von Worchester um eine Darstellung »des ehrwürdigen Lebens und ruhmvollen Sterbens« des Missionars veranlaßten Lul von Mainz, den in Mainz lebenden angelsächsischen Priester Willibald mit der Abfassung einer Lebensbeschreibung zu betrauen, die weite Verbreitung fand.[29] Vor allem aber wurde wiederum auf Wunsch Luls eine Sammlung der bonifatianischen Korrespondenz zusammengestellt, mehrfach erweitert und in verschiedenen Fassungen der Nachwelt überliefert. Da Bonifatius in seinen Briefen von allem berichtet, was ihn bewegte, und auch vor Gefühlsäußerungen nicht zurückschreckte, wird er wie wenige jener Zeit auch als Mensch in seinem Widerspruch lebendig.

Während Bonifatius im thüringisch-mainfränkischen Raum auf den Spuren seines großen angelsächsischen Landsmannes, des heiligen Willibrord, wandelte und im friesischen Missionsfeld mit ihm wenigstens für eine kurze Zeitspanne zusammenwirkte, ist er einem anderen bedeutenden missionarischen Zeitgenossen, dem heiligen Pirmin, nie begegnet. Das erschien schon bald als so merkwürdig, daß der Autor der Pirmin-Vita sich genötigt fühlte, eine Begegnung der beiden großen alten Männer noch kurz vor Pirmins Tod 753 und dem Aufbruch des Bonifatius zu seiner letzten Missionsreise zu erfinden.[30] Stattgefunden hat dieses Zusammentreffen nach allem, was man weiß, nur in der Phantasie des Erzählers.

Pirmin, der rätselhafte Fremdling, vielleicht aus dem westgotischen Spanien oder Südfrankreich ins östliche Frankenreich gekommen, wirkte im alemannischen Raum, im Elsaß und am Bodensee. Er war nicht der Apostel des längst christianisierten Alemanniens, wohl aber derjenige, der den Glauben im Volke verankerte und vertiefte. Für die Zwecke der praktischen Seelsorge verfaßte er ein Handbuch, einen Leitfaden, den Scarapsus, der einen Abriß der Heilsgeschichte enthält, von Schöpfung, Sündenfall und dem Leben und dem Erlösungstod Christi berichtet und dann die Vorschriften für ein Leben im Geiste des Christentums erläutert.[31]

Pirmin war als Abtsbischof trotz seines Wirkens in den christlichen Gemeinden wohl noch stärker im monastischen Denken befangen als Bonifatius, und so galt seine reformatorische Tätigkeit

Fragment eines Steinreliefs aus dem 8. Jahrhundert mit einer Kreuzigungsszene, gefunden auf der Insel Man in der Irischen See

Die irische Kunst übertrug orientalische Einflüsse in die insulare Formensprache. Gemessen an der Figur des Longinus, der dem Heiland die Seite öffnet, ist Christus von überwältigender Größe. Die Gestalt des Gekreuzigten ist ins Ornamentale übersetzt und der menschlichen Sphäre entrückt.

nicht dem Aufbau einer Diözesanverfassung, die es im alemannischen Bereich in Rudimenten aus spätrömischer Zeit und neuen Ansätzen schließlich auch noch oder schon wieder gab, sondern in der Gründung oder Reformierung von Klöstern, deren Unabhängigkeit von der episkopalen Gewalt er zu verstärken und zu sichern suchte.

Die Gründung des Klosters auf der Bodenseeinsel Reichenau 724 im Zusammenwirken mit Karl Martell und einheimisch-alemannischen Adelskreisen hatte für den Bodenseeraum große Bedeutung. Die rasch aufblühende Abtei wurde zum wichtigen religiösen und kulturellen Zentrum und strahlte mit der Entsendung von Mönchsgemeinschaften nach Pfäfers um 735/40 und Niederaltaich 741 ins benachbarte Churrätien und Bayern aus. Nicht weniger wichtig war die Gründung des Klosters Murbach im Elsaß 728 mit Unterstützung und im Auftrag des elsässischen Herzogshauses der Etichonen. Weitere »Pirminsklöster« waren Hornbach, Gengenbach, Schwarzach, Schuttern, Maursmünster und Neuweiler.

Der Evangelist Johannes, irische Miniatur aus der Mitte des 8. Jahrhunderts

Die Gestalt des Evangelisten, durch den Adler als Johannes gekennzeichnet, wird von einer reichen Tier- und Flechtband-ornamentik umrahmt.

Im Unterschied zu Bonifatius hat Pirmin an der Lebensführung der fränkischen Geistlichkeit offenbar weniger Kritik geübt, so daß er mit dem fränkischen Episkopat ohne größere Reibungsverluste zusammenarbeiten und auch die Unterstützung aristokratischer Geschlechter gewinnen konnte: »Die Leistung Pirmins, nicht die eines Heidenbekehrers, sondern eines Volkserziehers und Klosterreformators, diente auch den Interessen des Hausmeiers und der fränkischen Aristokratie. Der Einzelgänger oder sogar Flüchtling... fügte sich der Welt, die ihn aufgenommen hatte. Dennoch hat sein Wirken zur Umgestaltung dieser Welt beigetragen und über ihn hinaus fortgelebt.«[32]

Bonifatius, Willibrord und Pirmin waren die überragenden Gestalten der fränkischen Kirchengeschichte der ersten Hälfte des 8. Jahrhunderts. Bedeutend und wirkungsmächtig war aber auch der gelehrte und scharfsinnige Gegenspieler des Bonifatius, der eigenwillige Ire Feirgil, bekannt unter dem latinisierten Namen Virgil.

Ursprünglich war Virgil Abt des Klosters Aghaboe in Südirland. Sein Weg führte ihn aber in den südöstlichen Teil des Frankenreiches, wo er bald eine führende Stellung in der bayrischen Kirche erlangte. Im Auftrag Herzog Odilos suchte er offenbar den Einfluß des Bonifatius zurückzudrängen und die Kirche des bayrischen Herzogtums von der angelsächsisch-fränkischen Hegemonie zu emanzipieren. Wohl um 745 wurde er Abt des Salzburger Petersklosters und verwaltete mit Hilfe des gleichfalls aus Irland stammenden Klosterbischofs Dobdagrec die Diözese Salzburg. Virgil tat wohl manches für die Mission unter den Slawen Karantaniens, auch wenn es stark übertrieben wäre, ihn einen »Apostel der Slawen« zu nennen. Die erste Hälfte des 8. Jahrhunderts war eine kriegerische Zeit, eine Zeit der Männer, vielleicht mehr als andere Perioden. Frauen erscheinen in dieser Männerwelt fast nur dann, wenn sie in den Bannkreis der Kirche und des religiösen Lebens geraten. Persönlichkeiten wie Plektrud, die Gemahlin Pippins des Mittleren, die im Kampf um die Nachfolge ihres Gatten tatkräftig Partei ergriff, waren selten, und auch bei ihr denkt man eher an ihre Mitwirkung bei der Gründung des Klosters Echternach und des Damenstifts Maria im Kapitol zu Köln als an ihr erfolgloses politisches Engagement. Bedeutende Frauengestalten jener Zeit waren weiterhin die Äbtissinnen Irmina von Oeren bei Trier und Adela von Pfalzel; auch Erentrudis, die Nichte des heiligen Rupert, die erste Äbtissin des Stifts Nonnberg in Salzburg, hat sich ihrer Zeit deutlich eingeprägt.

In überraschender Zahl treten Frauen im Umkreis des heiligen Bonifatius in Erscheinung, fromme Frauen aus seiner angelsächsischen Heimat zumeist, Äbtissinnen und Nonnen. Bonifatius wechselte Briefe mit ihnen, gab ihnen Ratschläge, empfing von ihnen

Die heilige Irmina und der Hausmeier Pippin der Mittlere als Gründer der Abtei Echternach, darunter die Kopie der Stiftungsurkunde Pippins und seiner Gemahlin Plektrudis.

tröstlichen Zuspruch, verkehrte mit diesen literarisch und theologisch hoch gebildeten Damen durchaus auf der Basis der Gleichberechtigung und auf gleich hohem geistigem Niveau. In dem bonifatianischen Briefkorpus sind erstaunlich viele Briefe von Frauen geschrieben oder an Frauen gerichtet. Etwa zwanzig Briefe sind überliefert, und zahlreiche andere sind verlorengegangen. Häufige Briefpartnerinnen waren die Äbtissinnen Bugga und Eadburg von Thanet.

Die angelsächsischen Damen waren sogar ziemlich unternehmungslustig und liebten Pilgerfahrten nach Rom. Eine solche Pilgerfahrt plante auch Äbtissin Bugga. Bonifatius erteilte ihr hierfür brieflich gute Ratschläge. Sie konnte ihr Vorhaben ausführen und traf in Rom sogar mit Bonifatius zusammen, als dieser auf seiner dritten Romreise 737/38 dort weilte; auch von ihrer glücklichen Rückkehr in ihr heimatliches Kloster wird eingehend berichtet.

Nicht immer aber nahmen die Pilgerfahrten angelsächsischer Frauen ein solch gutes Ende. Deshalb wandte sich Bonifatius in einem sehr eindringlichen Schreiben an den Erzbischof Cuthbert von Canterbury und bat ihn, Maßnahmen gegen das Überhandnehmen der Romfahrten von Frauen zu treffen. Zu viele von ihnen wären den Versuchungen dieser doch abenteuerlichen Reise nicht gewachsen und erlitten sittlich Schiffbruch. In vielen fränkischen und italischen Städten, so schrieb der besorgte Bonifatius, gebe es Dirnen angelsächsischer Herkunft.

Einige fromme Frauen kamen zu Bonifatius, um ihn bei seiner Arbeit im mitteldeutschen Raum zu unterstützen, zum Beispiel die Nonne Thekla, die später Äbtissin des Klosters Kitzingen am Main und des Tochterklosters Ochsenfurt wurde. Bekannter als Tekla ist die heilige Lioba, die ebenfalls aus England zu Bonifatius stieß. Wer im heutigen barocken Fulda nach den Spuren der mittelalterlichen Glanzzeit des Salvatorklosters forscht, begegnet in der Krypta der romanischen Kirche auf dem Petersberg der Erinnerung an die heilige Lioba, deren Gestalt uns nicht nur im Briefwechsel des Bonifatius, sondern auch in ihrer Beschreibung durch den Mönch Rudolf von Fulda lebendig wird. Das junge Mädchen mit dem angelsächsischen Namen Leobgyth schrieb um 732 an Bonifatius, den Freund ihres verstorbenen Vaters Dynne, und bat ihn um Einschluß in sein Gebet, aber auch um die Korrektur ihres Briefstiles. Also hatte sie selbst geschrieben. Ihr Brief, in dem selbst Hexameter nicht fehlen, ist ein »Dokument literarischen Bildungswillens« eines jungen Mädchens aus der Frühzeit unserer europäischen Kultur.[33] Lioba kam später auf den Kontinent, wo sie nach einiger Zeit die Leitung des Klosters Tauberbischofsheim übernahm, das Bonifatius um 755 gegründet hatte. Etwa 780 hat sie in Fulda auf dem Petersberg ihre letzte Ruhestätte gefunden.

In seinem letzten Lebensjahrzehnt ist Bonifatius nicht mehr der willensstarke und tatkräftige Missionar und Glaubensstreiter, sondern ein eher pessimistischer, resignierender, sogar larmoyanter und am Erfolg seines Wirkens zweifelnder Mensch. Immer wieder beklagt er die Bosheit und die sittliche und religiöse Verworfenheit des verweltlichten fränkischen Klerus, dessen Gesellschaft er jedoch nicht meiden konnte, wenn er die Basis seines Werkes nicht gefährden wollte. Ohne die Unterstützung durch die Hausmeier ging es nicht, aber an ihrem Hofe traf er auf jene Priester, die in seinen Augen Sünder schlimmster Art waren. So suchte er Trost in Rom und bei Freunden in der alten und der neuen Heimat, schrieb an den Bischof Daniel von Winchester, an die Äbtissin Eadburg von Thanet, an die angelsächsischen Nonnen Lioba, Thekla und Gunhild, an Erzbischof Cuthbert von Canterbury und an den römischen Archidiakon Theophylakt.

Bewegende Briefe waren dies, am bewegendsten einer seiner letzten, den der greise Erzbischof an den »neuen Mann« richtete, an Abt Fulrad von Saint-Denis, mit der herzlichen und menschlich tief anrührenden Bitte, sich seiner Freunde und Schüler anzunehmen, die er bald verlassen müsse. Fulrad, der zu den Vertrauten König Pippins gehöre, möge beim König für die Gefährten des Bonifatius bitten, »denn es handelt sich fast nur um Landfremde. Einige sind als Priester an vielen Orten zum Dienst an der Kirche und den Menschen eingesetzt; andere sind Mönche in unseren Klöstern oder für Kinder bestellt, die lesen und schreiben lernen sollen; es gibt auch einige ältere Leute, die lange Zeit mit mir gelebt, gearbeitet und mir geholfen haben. Für sie alle bin ich bekümmert, daß sie nach meinem Tode nicht verlorengehen, sondern den Rat und den Schutz Eurer Erhabenheit erfahren und nicht zerstreut werden wie Schafe, die keinen Hirten haben, und nicht die Völker unweit der Grenze zu den Heiden hin die Gebote Christi verlieren.«[34]

Es waren gewiß nicht nur die Widerstände, auf die er bei der Verwirklichung seiner reformatorischen und kirchenorganisatorischen Ideen und Prinzipien stieß, sondern wohl auch die Gebrechen seines hohen Alters und die Ahnung des nahen Todes, die ihm die Gegenwart und die Zukunft in einem tristen Grau erscheinen ließen. Natürlich waren nicht alle Blütenträume gereift, aber Winfrid-Bonifatius hatte doch viel erreicht, mehr, als er hatte erwarten dürfen, als er in das fremde Land kam. Große Landstriche hatte er für das Christentum gewonnen oder wenigstens einem reineren Christentum zugeführt. Kirchen und Klöster waren in Mitteldeutschland gebaut und Stätten christlicher Unterweisung und seelsorgerischer Betreuung geschaffen worden. Er hatte – eine eindrucksvolle, mitreißende und faszinierende Persönlichkeit – Jünger um sich versammelt, die seine Arbeit unter schwierigsten Bedingungen und nicht selten unter Gefahr für Leib und Leben unterstützten und schließlich auch weiterführten, etwa Burchard von Würzburg, Willibald von Eichstätt, Lul als Bischof und schließlich als Erzbischof von Mainz oder Abt Sturmi von Fulda.

IV.
Der »Heerkönig«: Karl der Große

Aber nicht allein die allgemeinen Tendenzen entscheiden in dem Fortgang der Geschichte; es bedarf immer großer Persönlichkeiten, die sie zur Geltung bringen.

Leopold von Ranke

1. Im Nimbus des Siegers

»Friedenskaiser« hat sich Karl der Große nach der Kaiserkrönung in Rom, die am Weihnachtstag des Jahres 800 stattgefunden hatte, selbst genannt; die Befriedung seines riesigen Reiches und der benachbarten Reiche, Völker und Stämme war in der Tat einer der zentralen Punkte seines kaiserlichen Regierungsprogramms. Als Kaiser hat Karl der Große keinen Angriffskrieg mehr geführt. Eine Pax Carolina sollte es für sein Reich geben, wie es einst unter Augustus, dem ersten der römischen Imperatoren, eine Pax Augusta gegeben hatte. Das gelang zwar nicht ganz, doch das war eher programmwidrig. Karl der Große residierte jetzt in Aachen, regierte von dort aus das Reich und schickte nur seine Söhne und seine Heerführer ins Feld. Allein die endgültige Befriedung Sachsens lag ihm so am Herzen, daß er sie 804 durch eine Heerfahrt in die sächsischen Gaue nördlich der unteren Elbe selbst vollendete. Außerdem mußte er 810 dem hochmütigen Dänenkönig Göttrik an der Spitze seines Heeres in eigener Person gegenübertreten, um noch einmal das ganze Gewicht seines unerhörten Kriegsruhms in die Waagschale zu werfen.

Der Kaiser hatte allen Grund, sich nicht nur als Friedensbringer feiern zu lassen, sondern auch den Nimbus seiner Unbesiegbarkeit zu wahren. Deshalb verschmähte er auch andere schmückende Attribute nicht und nannte sich in antikisierender Titulatur »unbesiegbarer und siegreicher Triumphator«.

Albrecht Dürer malte Karl den Großen 1512 im Auftrag des Nürnberger Stadtrates im Krönungsornat, in unbeweglicher, fast byzantinisch anmutender majestätischer Haltung, das Zeremonienschwert und den Reichsapfel in den Händen. Das war das Bild derjenigen, die im Herbst des Mittelalters noch von des Reiches Macht und Herrlichkeit träumten und einen Herrscher vor Augen hatten, »der das Remisch reich / Den teitschen under tenig macht«. In Wirklichkeit hat Karl der Große die kaiserlichen Gewänder nur sehr selten angelegt.[1] Gewöhnlich trug er die fränkische Tracht wie alle seine Krieger, denn Krieger und Heerführer war er nun einmal zuerst und vor allem germanischer »Heerkönig«, wie wir mit einem dem Altnordischen entlehnten Wort zu sagen pflegen.

Als Heerkönig stand er auch dem Sankt Galler Mönch Notker dem Stammler vor Augen, als dieser auf Wunsch Kaiser Karls des Dicken (876–887) alle die Anekdoten und Geschichten niederschrieb, die man sich im Kloster und in der Welt über den großen Karl erzählte, den »eisernen Karl«, dessen siegreiches Schwert in jener unheilvollen Zeit der Agonie des Karlsreiches schmerzlich vermißt wurde. Als Karl der Große 774 nach Italien zog, um das Reich der Langobarden zu erobern, standen König Desiderius und Otker, ein ehemaliger Gefolgsmann Karls, auf den Mauern der langobardischen Königsstadt Pavia und beobachteten den Aufmarsch der fränkischen Truppen:

Als nun der Troß erschien, leichtbewaffnet und schlagfertiger als die Heerscharen eines Darius oder Julius Caesar, sprach Desiderius zu Otker: Ist Karl bei diesem großen Heere? Aber der antwortete:

Noch nicht. Als er aber das Volksheer sah, das aus dem ganzen Reich zusammengeströmt war, meinte er mit aller Entschiedenheit zu Otker: Sicherlich stolziert Karl in diesen Scharen einher! Otker versetzte: Aber nein, auch jetzt noch nicht. Da wurde es ihm heiß, und er sagte: Was sollen wir tun, wenn noch mehr mit ihm kommen? Otker sagte: Du wirst sehen, wie er kommt. Ich weiß aber nicht, was mit uns geschehen soll. Und während sie so sprachen, erschien die Palastwache, die niemals die Waffen aus der Hand legte. Als Desiderius sie sah, sagte er betroffen: Das ist Karl. Aber Otker erwiderte: Nein, auch jetzt noch nicht. Danach sah man die Bischöfe, Äbte und die Geistlichen der Hofkapelle mit ihrem Gefolge. Als er diese erblickte, konnte Desiderius, nunmehr des Lebens überdrüssig und sich nach dem Tode sehnend, kaum noch die Worte stammeln: Wir wollen hinabsteigen und uns in der Erde verbergen vor dem Wüten eines so ungeheuren Gegners. Darauf sagte Otker, der einst in seinen besseren Tagen die Kriegsmaschinerie des unvergleichlichen Karl kennengelernt hatte: Wenn du siehst, wie die Ebene von Eisen starrt wie ein Saatfeld und wie der Po und der Tessin mit Meereswogen schwarz vor Eisen gegen die Mauern der Stadt anbranden, dann kommt Karl! Noch hatte er dies nicht zu Ende gesprochen, da begann es im Westen, Nordwesten und Norden sich wie eine dunkle Wolke zu zeigen, die den hellsten Tag in schauerliche Schatten wandelte. Als der Kaiser aber näher kam, glänzte den Eingeschlossenen vom Schein der Waffen ein Tag entgegen, der dunkler war als jede Nacht. Und nun sah man den eisernen Karl selbst, mit dem Eisenhelm auf dem Haupt, mit Eisenspangen an den Armen und mit einem Eisenpanzer, der die eiserne Brust und die platonischen Schultern schützte, die hochaufragende eiserne Lanze in der Linken, weil die Rechte immer das unbesiegbare Schwert führte. Die Außenseite seiner Schenkel, die bei anderen, um leichter aufs Pferd steigen zu können, ungepanzert ist, war bei ihm durch Eisenschuppen geschützt. Was soll ich von den Beinschienen reden, die auch beim ganzen Heer aus Eisen waren? Am Schild war nichts außer Eisen zu sehen, und auch sein Roß spiegelte in Temperament und Farbe das Eisen wider. Dieser Rüstung eiferten alle, die ihm voranzogen, ihn umgaben oder ihm nachfolgten, überhaupt seine ganze Umgebung nach Möglichkeit nach. Eisen erfüllte die weite Ebene. Des Eisens Glanz warf die Strahlen der Sonne zurück.[2]

Vom Anblick des eisernen Karl und seines schwerbewaffneten Heeres tief erschüttert, so erzählt Notker, ergab sich Pavia schon am nächsten Tage. Die Geschichte ist zwar in dieser Form eine Legende, denn die Stadt ergab sich erst nach fast zehnmonatiger Belagerung, aber doch eine ferne Widerspiegelung der Wirklichkeit.

Auch bei Einhard, der so viel Persönliches, fast Intimes über Karl zu berichten weiß, kommen die Kriegstaten des Herrschers an erster Stelle, denn sie waren es, die seinen Ruhm begründeten. Und noch viel eklatanter ist das Übergewicht des Krieges in den fränkischen Reichsannalen, in denen Heerfahrt auf Heerfahrt vor dem Leser abrollt. In den ersten drei Jahrzehnten seiner Herrschaft zog Karl der Große Jahr für Jahr an der Spitze des fränkischen Heeresaufgebotes ins Feld, und man spürt die maßlose Verwunderung des Chronisten, als er zum Jahre 790 vermerken muß, der König habe keine Heerfahrt unternommen.[3] Dies war seltsam und der Erwähnung wert in dem vom Kampf geprägten frühmittelalterlichen Europa, in dem der König der geborene Heerführer und das Volk im politi-

Karl der Große im Krönungsornat, Gemälde von Albrecht Dürer

Reichsadler und Lilienwappen kennzeichnen ihn als Herrscher über das Heilige Römische Reich Deutscher Nation und Frankreich.

schen Sinne fast identisch mit dem Heer war. Die Krieger, das »Volk in Waffen«, erwarteten, daß sich ihr König alljährlich an ihre Spitze stellen und ihnen durch einen Kriegszug zu Sieg, Ruhm und Beute verhelfen würde.

So stieg Karl der Große als Heerkönig germanischer Prägung zum mächtigsten Herrscher der abendländischen Christenheit und zum ersten Kaiser im mittelalterlichen Europa empor. Sein Aufstieg stand im Zeichen des Krieges, und er bewegte sich in Bahnen, die den fränkischen Herrschern seit den Tagen eines Chlodwig vorgezeichnet waren.

Der junge König erbte vom Vater nicht nur die Herrschaft, sondern auch die Kriege. Pippin hatte das Reich vor seinem Tode am 24. September 768 unter seine beiden Söhne Karl und Karlmann geteilt. Die neue Dynastie übernahm mithin das alte merowingische Teilungsprinzip, das das Reich so oft ins Chaos gestürzt hatte, aber für die Franken noch immer die einzig denkbare Form der Herrschaftsübertragung war.

Am 9. Oktober 768 wurden Karl und Karlmann in feierlicher Form von den Franken zu Königen erhoben, in Noyon der eine, in Soissons der andere. Karl erhielt die nördliche Reichshälfte, die im wesentlichen Austrien und Neustrien umfaßte, Karlmann die südliche, nämlich Burgund, die Provence und Septimanien, das Elsaß und Alemannien. Im Herzogtum Bayern übte Herzog Tassilo III. eine fast souveräne Herrschaft aus, und auch Aquitanien und die Gascogne hatten sich der karolingischen Dynastie noch nicht endgültig gebeugt. Die Integration der Herzogtümer am östlichen und westlichen Rande des Reiches gehörte wohl zum »politischen Testament« Pippins, der schon im Alter von vierundfünfzig Jahren gestorben war. In Aquitanien hatte er sich auf dem Weg zum Sieg befunden, und Karl, der tatkräftigere der beiden Söhne, setzte die offensive Politik seines Vaters fort, während der jüngere Karlmann eine eher abwartende Haltung einnahm.

Schon im ersten Frühjahr seiner Herrschaft führte Karl sein Heer über die Loire nach Süden gegen Herzog Hunald von Aquitanien, der wieder an die Spitze der Aquitanier getreten war, nachdem sein Sohn Waifar 768 den Tod gefunden hatte. Vor dem anrückenden Karl floh Hunald in die Gascogne zu Herzog Lupus. Der Herzog lieferte ihn jedoch aus, als Karl der Große drohte, im Weigerungsfalle die Gascogne zu verheeren. Mit Hunald als Gefangenem kehrte der Sieger nach Austrien zurück, wo er das Weihnachtsfest in der Königspfalz Düren bei Aachen und das Osterfest in Lüttich feierte und damit zu erkennen gab, daß die alte arnulfingisch-pippinidische Machtbasis auch künftig die Kernlandschaft des Reiches sein sollte.

Während Karl also seine Siegmächtigkeit unter Beweis stellte, beteiligte Karlmann sich nicht an der Heerfahrt gegen die Aquitanier, was ihm in der späteren, ganz auf Karl den Großen eingeschworenen Geschichtsschreibung als Verrat an seinem Bruder angekreidet wurde. Ob zu Recht oder Unrecht, sei dahingestellt; Spannungen zwischen den Königen machten sich jedenfalls bemerkbar, und Konflikte waren vorauszusehen. Der plötzlich Tod des erst zwanzigjährigen Karlmann am 4. Dezember 771 löste den gordischen Knoten, denn die weltlichen und geistlichen Großen des Karlmannschen Reichsteiles unter Führung des Abtes Fulrad von Saint-

Denis und des Erzbischofs Wilchar von Sens erkannten Karl als ihren König an; Karlmanns Gemahlin Gerberga flüchtete mit ihren beiden kleinen Söhnen und wenigen Getreuen zum langobardischen König Desiderius. Nun war Karl der Große Alleinherrscher und konnte die ganze militärische Kraft des Frankenreiches für seine Unternehmungen einsetzen.

2. Eresburg und Irminsul

Nicht lange nach der Thronbesteigung Karls des Großen wagte sich der Priester Liafwin (Lebuin), ein Helfer des Friesenmissionars Gregor von Utrecht, in die Höhle des Löwen, ins Land der Sachsen, um sich den Traum aller angelsächsischen Glaubensboten zu erfüllen und die stammverwandten Festlandsachsen für das Christentum zu gewinnen. Ein paar tastende Versuche hatte er unternommen und an den Höfen sächsischer Edlinge auch Gehör gefunden, wo man den biblischen Geschichten wohl so hingebungsvoll lauschte wie den Vorträgen fahrender Sänger. Dann ging der Gottesstreiter Liafwin aber aufs Ganze; alle Warnungen seiner sächsischen Gastfreunde in den Wind schlagend, begab er sich nach Marklô, wo alljährlich die Sachsen zu ihrer Stammesversammlung zusammenkamen. Der Zeitpunkt schien Liafwin wohl günstig, denn diesseits und jenseits der Grenze wird man gewußt oder wenigstens geahnt haben, daß der neue König der Franken auch die Lösung des Sachsenproblems in Angriff nehmen würde.

Wie eine jede altgermanische Stammes- und Kultversammlung begann auch die zu Marklô mit der Anrufung der alten Götter und der feierlichen »Hegung« des Things, der Verkündung des »Thingfriedens«. Nach der Lebensbeschreibung Liafwins folgte nun der mutige Auftritt des Missionars:

Aber siehe da, plötzlich tritt der selige Lebuin mitten in ihren Kreis, angetan mit geistlichen Gewändern, mit dem Kreuz und dem Evangelium in den Händen, und spricht mit lauter Stimme: Hört, hört! Ich bin der Bote des allmächtigen Gottes und bringe Euch seine Botschaft. Man schwieg, und Lebuin fuhr fort: Es befehlen Euch der Gott des Himmels und der König der Erde und sein Sohn Jesus Christus. Er wird Euch, wenn Ihr seine Gefolgsmannen werdet und tun wollt, was er Euch durch seine Knechte befiehlt, so viele Güter geben, wie Ihr zuvor nie besessen habt.[4]

Natürlich kannte Liafwin die Abneigung der Sachsen gegen jede Form der monarchischen Herrschaft. Propagandistisch wirkungsvoll bemühte er sich, ihnen die Gestalt des himmlischen Friedenskönigs nahezubringen, indem er die Herrschaft des Himmelskönigs geschickt mit der eines irdischen Monarchen konfrontierte und den Sachsen mit jenem König drohte, der sich jenseits der Grenze zum Kampf rüstete:

O Sachsen, ein König von jener Art, wie Ihr Euch Könige vorstellt, bisher aber nicht geduldet habt, wird der himmlische König, der Euch überwindet und Euch sich untertan macht, nicht sein. Wenn Ihr aber nicht seine Mannen werden wollt, dann läßt er Euch sagen: Im Nachbarland steht ein König bereit, der in Euer Land eindringen, es ausplündern, verwüsten und in langen Kriegen zermürben wird, der Euch in die Verbannung führen, töten oder enterben und Euer Erbe an die verteilen wird, an die es ihm gefällt. Ihm werdet Ihr und Eure Nachkommen unterworfen sein.[5]

Die Sachsen dürften diese unverhüllte Drohung verstanden haben, aber sie waren nicht geneigt, die Konsequenzen zu ziehen. Furcht kannten sie nicht, denn zu oft schon hatten sie sich mit den

Franken herumgeschlagen und doch stets ihre Freiheit verteidigt. Ihr heidnischer Götterglaube schied sie von den Franken und war für sie wohl zum Wahrzeichen und Symbol echten sächsischen Stammestums geworden, zum Garanten ihrer politischen Freiheit, ihrer urtümlichen Gesellschaftsordnung und ihrer angestammten Lebenswelt. Die Annahme des christlichen Glaubens, zu der das Frankenreich sie mittels angelsächsischer Stammesbrüder zu bewegen suchte, war für sie gleichbedeutend mit Fremdherrschaft. Deshalb löste Liafwins Predigt zornige Reaktionen aus; unter Bruch des geheiligten Thingfriedens bedrohten die Sachsen den Missionar mit dem Tode. Nur ein Wunder rettete ihn vor dem Martyrium. Natürlich bewahrheiteten sich die Prophezeiungen Liafwins schon bald, denn die Vita bietet eine Vaticinatio ex eventu, eine Weissagung aus bereits Geschehenem.

In den beiden Jahren, die auf den siegreichen Kampf gegen die Aquitanier folgten, verzichtete Karl der Große auf kriegerische Unternehmungen. Die Spannungen zwischen ihm und seinem Bruder mahnten wohl zur Vorsicht. Im Jahre 772 aber konnte er in der nun unangefochtenen Position des Alleinherrschers die Franken zur alljährlichen Reichsversammlung und Heerschau nach Worms rufen und das Heer im Anschluß daran gegen den alten Feind, die Sachsen, ins Feld führen.

Niemand konnte ahnen, daß dieser Feldzug der Auftakt zu einem Krieg werden würde, der länger dauern sollte als der Dreißigjährige Krieg. Karls Biograph Einhard hat ihn später als »den langwierigsten, grausamsten und mühevollsten Kampf« charakterisiert, den das Volk der Franken jemals gekämpft habe.[6] Vielleicht war diese Heerfahrt zunächst nur als Vergeltungsakt gegen die Sachsen gedacht, für den es an Vorwänden nie fehlte, da die Sachsen ziemlich oft die Grenzen überschritten und ohne Gewissensqualen Kirchen und Klöster plünderten; vielleicht sollte sie ein Präventivschlag sein, denn südlich der Alpen braute sich einiges zusammen; vielleicht wollte Karl aber auch nur sein Heer erproben und sich selbst als siegreicher Heerkönig bestätigt sehen. Wir wissen es nicht, und die meisten Krieger werden sich darüber auch keine Gedanken gemacht haben, denn es war Sitte, nach der großen Waffenschau auf dem »Maifeld« auch gegen einen Feind zu ziehen und die Waffen zu gebrauchen.

Das fränkische Heer zog von Worms aus vermutlich durch die Wetterau und durch das Hessenland, überschritt wahrscheinlich bei Fritzlar die Eder und eroberte die am Oberlauf der Diemel gelegene Eresburg, eine der großen sächsischen Wallburgen. Auf dem weiteren Vormarsch ließ der König die Irminsul zerstören, eine gewaltige hölzerne Säule, die kultische Verehrung genoß. Dieses altsächsische Stammesheiligtum wurde so gründlich zerstört, daß keine Spur zurückgeblieben ist. So bleibt ihre Lage unsicher, obwohl einiges für jenen Platz auf der Eresburg spricht, an dem sich noch heute eine Kirche erhebt. Gold und Silber, das die Sachsen ihren Göttern als Opfer darzubringen pflegten, wurden offenbar in reicher Fülle erbeutet, denn die wortkargen Reichsannalen berichten ausdrücklich davon.[7] Ohne auf Widerstand zu stoßen, drangen die Franken bis an die Weser vor, wo es zu Verhandlungen mit dem Gegner kam. Die Sachsen mußten zwölf Geiseln stellen, sicher wie üblich junge vornehme Herren aus der Schicht der Edlinge. Das fränkische Heer trat daraufhin den Rückzug an. Nur in der Eresburg blieb eine fränkische Besatzung zurück. Aus der sächsischen Volksburg wurde ein fränkischer Stützpunkt, ein Pfahl im Fleische, ein Stachel im Herzen aller freiheitsliebenden Sachsen.

Und noch ein hochempfindlicher Nerv war bei den sonst im Geben und Nehmen harten Sachsen getroffen worden: Die Franken hatten das sächsische Heiligtum brutal geplündert und zerstört. Hatten sie damit nicht offen und vor aller Augen demonstriert, daß

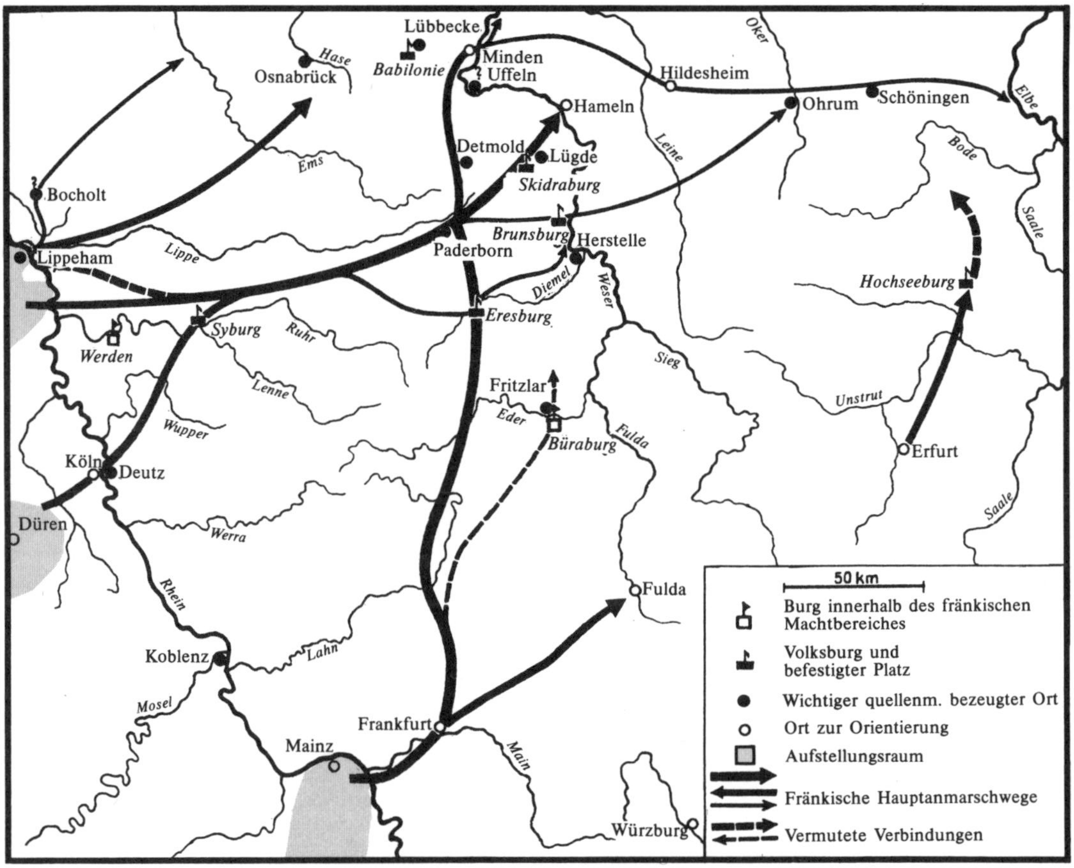

Sachsenfeldzüge

sie nicht nur gegen das Volk der Sachsen kämpften, sondern auch gegen den sächsischen Glauben? Mit dem Sturz der Irminsul wurde der Sachsenkrieg zum ersten Religionskrieg der europäischen Geschichte. Würde auf die Eroberung nicht bald die Zwangsmissionierung folgen? Der Kampf der Sachsen um die Freiheit wurde zugleich zum Kampf für den Glauben der Väter und Vorväter.

Natürlich wußten die Sachsen von Karls Krieg gegen die Langobarden in Oberitalien und nutzten die vielen Monate, in denen das fränkische Heer vor den Mauern von Pavia lag, zum Losschlagen. Sie eroberten die Eresburg zurück, fielen ins Frankenreich ein und zerstörten Fritzlar. Die Bewohner des hessischen Grenzgebietes flüchteten sich in die von starken Mauern und einem ausgedehnten

Sachseneinfall 774

Eine phantasievolle und in ihrer Ausgestaltung gänzlich anachronistische Darstellung des Kampfes zwischen den Sachsen und Franken aus der Hessischen Chronik des Wigand Gerstenberg. Im Hintergrund die Büraburg und die spätmittelalterliche Stadt Fritzlar mit der hochragenden Stiftskirche.

Wallsystem geschützte Büraburg, die dem Ansturm der Sachsen erfolgreich trotzte. Nach der Rückkehr aus Italien im Herbst 774 mußte Karl der Große wie stets seine Heermannen entlassen. So begnügte er sich mit der Entsendung von vier Eliteverbänden aus Berufskriegern, deren rasche Schläge genügten, um den fränkischen Waffen bei den Sachsen wieder Respekt zu verschaffen.

Ausgestanden war die Sache damit aber nicht, denn in diesem Winter wurde offenbar von Karl und seinen Ratgebern der Plan gefaßt, das Sachsenland zu erobern und ins Frankenreich einzubeziehen. Dies bedeutete zugleich die Ausbreitung des christlichen Glaubens, notfalls auch mit Gewalt. Der wiedererwachte fränkische »Imperialismus« verband sich mit dem apostolischen Missionsauftrag, eine unheilvolle und unchristliche Allianz, wie sich zeigen sollte. Dies fühlten auch die sensibleren und nachdenklicheren Geister jener Zeit.

Alkuin, einer der gebildetsten und nobelsten Ratgeber Karls des Großen, äußerte sich in einem Brief an den Erzbischof Arn von Salzburg kritisch über die in Sachsen angewandten Methoden der Bekehrung.[8] Einhard fühlte sich später gedrängt, den blutigen Krieg seines Helden gegen die Sachsen mit entlarvender Weitschweifigkeit zu entschuldigen. Die Treulosigkeit des Volkes, das immer wieder vom christlichen Glauben abfiel, die Verträge brach, die Eide mißachtete und sich – ohne Rücksicht auf die dem sicheren Tode verfallenen Geiseln – empörte, rechtfertigte nach seiner Meinung Karls brutales Vorgehen.[9]

Bald zeigte sich, wie schwer das sächsische Volk zu besiegen war. Karl hatte zwar die uneinnehmbare Königsstadt Pavia bezwungen, König Desiderius als Gefangenen fortgeführt und das mächtige Reich der Langobarden einigermaßen mühelos seiner Herrschaft unterworfen, aber bei den Sachsen gab es keine Hauptstadt zu belagern und keinen König zu besiegen, es gab keinen obersten Heerführer und nicht einmal ein gemeinsames Vorgehen der sächsischen Aufgebote. Das war die Schwäche und die Stärke des sächsischen Widerstandes zugleich. Die »Heerschaften«, die Aufgebote der Landschaften Engern, Westfalen, Ostfalen und Nordalbingien, kämpften einzeln unter selbständigen Führern und mußten einzeln unterworfen werden. Die Franken hielten sich in den ersten Jahren an die sächsischen Burgen, die erobert, in fränkischer Manier mit steinernen Toren und Mauern befestigt und mit einer ständigen Besatzung versehen wurden. Die Sachsen wichen offenen Feldschlachten aus, griffen in der Regel nur kleinere Abteilungen an und unterwarfen sich, wenn die geballte Masse des fränkischen Heerbannes anrückte. War die fränkische Heeresmacht abgerückt, regte sich alsbald neuer Widerstand. So wurden in rascher Folge Verträge geschlossen und wieder gebrochen, Eide geschworen und Geiseln gestellt, die Unterwerfung gelobt und ein neuer Aufstand entzündet.

Es sieht so aus, als habe auch die Gesellschaftsstruktur der Sachsen zur Destabilisierung der Lage beigetragen. Eine tiefe Kluft lag zwischen der Schicht der Edlinge und den darunter stehenden Schichten der Frilinge und Laten, und es scheint, als hätten nicht wenige der Edlinge mit dem Christentum und der Herrschaft des fränkischen Königs sympathisiert, um ihre bevorrechtete Stellung zu wahren. Karl der Große kam der sächsischen Führungsschicht offenbar weit entgegen und setzte auch sächsische Edlinge als Grafen ein, von denen einige als Kollaborateure bekämpft und von ihren Landsleuten vertrieben wurden. Es mag sein, daß die unteren Schichten, die waffenfähig und waffengeübt waren, zäher am alten naturverbundenen Götterglauben festhielten als die Edlinge, die die Zeichen der Zeit wohl besser zu erfassen wußten. Soziale Spannungen spielten in die politischen Geschehnisse hinein, aber es wäre eine zu kühne Hypothese, den anhaltenden Widerstand gegen die fränkische Okkupation mit einer revolutionären Erhebung der Frilinge und Laten gegen die Herrenschicht der Edlinge in Verbindung zu bringen.

Karl der Große erzielte rasch Erfolge und zwang im Sommer 775 zuerst die Ostfalen unter ihrem Anführer Hessi, dann die Engern unter Brun und zuletzt auch die Westfalen zur Anerkennung seiner Herrschaft. Einen erneuten Aufstand während seines Italienzuges 775/76 warf er nach seiner Rückkehr mühelos nieder. Er befestigte erneut die wichtige Eresburg und ließ – vermutlich in Paderborn – eine fränkische Burg erbauen, die den programmatischen, den Herrschaftsanspruch des Königs dokumentierenden Namen »Karlsburg« erhielt. Dort mußten sich die Sachsen wiederum unterwerfen: *Die Sachsen kamen eingeschüchtert aus allen Himmelsrichtungen im Quellgebiet der Lippe zusammen und übergaben unter Stellung von Bürgen ihr Land, versprachen Christen zu werden und stellten sich unter die Herrschaft des Königs Karl und der Franken. Und da baute König Karl mit den Franken die Eresburg wieder auf und noch eine Burg an der Lippe, und dorthin kamen die Sachsen mit Frau und Kind in endloser Zahl und ließen sich taufen und stellten die vom König geforderten Geiseln«,* wissen die Reichsannalen zu berichten.[10]

Karl der Große betrachtete Sachsen fortan nicht mehr als Feindesland, sondern als Reichsgebiet, obgleich er in weite Teile des Landes noch nie einen Fuß gesetzt hatte. Um seinen Anspruch zu demonstrieren, lud er Franken und Sachsen zum Reichstag 777 nach Paderborn. Es war dies der erste Reichstag, der außerhalb des alt-

Die Moschee von Córdoba

Spanien erlebte vom 8. bis 10. Jahrhundert unter arabischer Herrschaft eine hohe kulturelle Blüte. Córdoba war während dieser Periode die bedeutendste Stadt Europas.

Karl der Große belagert die von den Mauren verteidigte Stadt Pamplona, Relief auf dem Aachener Karlsschrein vom Anfang des 13. Jahrhhunderts

Gott erhört die Gebete des christlichen Königs und bringt die Mauern der Festung zum Einsturz. Das Bildprogramm des Schreins spiegelt das ins Sakrale gesteigerte Herrschertum der Staufer, die 1165 die Heiligsprechung Karls des Großen erzwungen hatten.

fränkischen Raumes stattfand. Ganz gewiß hat Karl zu diesem wichtigen Ereignis eindrucksvolle Bauten für sich und seine Umgebung errichten lassen, und natürlich fehlte auch eine Kirche nicht. Wieder fanden Massentaufen statt, und ohne Zweifel machte es auf die Sachsen Eindruck, als vor dem König arabische Gesandte aus dem fernen Spanien erschienen, um ihn gegen den Emir von Córdoba zu Hilfe zu rufen. Im gerade eroberten Sachsen beschloß Karl der Große im Hochgefühl seiner Siege den Heerzug ins maurische Spanien. Die zweitausend Kilometer von Paderborn nach Córdoba schienen ihn nicht zu schrecken. Und bis vor die Tore von Saragossa sollte er ja auch kommen.

Im Bericht der Reichsannalen über den Reichstag zu Paderborn taucht zum ersten Mal der Name jenes Mannes auf, der bis zum heutigen Tag in unserem Geschichtsbewußtsein die Symbolfigur des Freiheitskampfes des sächsischen Volkes gegen die Übermacht Karls des Großen geblieben ist: Widukind. Der westfälische Edling beugte sich nicht, sondern floh zu den Dänen und bereitete eine erneute Erhebung vor. Karls spanisches Abenteuer war die große

Chance. Die Sachsen machten die Karlsburg dem Erdboden gleich, fielen ins Rheinland ein, zogen plündernd und zerstörend rheinaufwärts und schickten sich an, durch den Lahn- und Hessengau in ihre Heimat zurückzukehren.

Der Sachseneinfall verbreitete Furcht und Schrecken. In Panik räumten die Fuldaer Mönche ihr Kloster, ihren kostbarsten Schatz bergend, den Leichnam des heiligen Bonifatius. Das Blatt konnten Widukind und seine Anhänger freilich nicht mehr wenden. Karl der Große setzte seine »scarae«, seine Elitetruppen, in Marsch, von denen die Sachsen an der Eder zum Kampf gestellt und geschlagen wurden. Im nächsten Jahr führte der König das Heer wieder in eigener Person nach Sachsen. Die Westfalen, Ostfalen und Engern unterwarfen sich erneut. Auf der Heerfahrt des Jahres 780 stießen die Franken weit nach Osten vor und erreichten in der Gegend von Magdeburg die Elbe. Zum ersten Mal stand Karl der Große an den Ufern des Stromes, der die Welt der Germanen von der der Slawen trennte. Zwei Jahre zuvor hatte er mit seinem Heer am eintausendfünfhundert Kilometer entfernten Ebro gestanden.

Im Jahre 782 fand wieder ein Reichstag im Sachsenland statt, in Lippspringe. Mit der Einführung der Grafschaftsverfassung nach fränkischem Muster fügte der König Sachsen auch in organisatorisch-institutioneller Hinsicht in den Reichsverband ein. Fränkische und sächsische Herren wurden mit der Verwaltung von Grafschaften betraut, in denen sie im Namen ihres Königs Gericht hielten, die öffentliche Ordnung wahrten und das Heeresaufgebot befehligten. Unter den Grafen sächsischer Herkunft war auch Hessi, der ehemalige Anführer der Ostfalen. Teile der alten sächsischen Elite söhnten sich mit dem Herrschaftsanspruch des fränkischen Königs aus und wurden für ihre Loyalität mit den neugeschaffenen Führungspositionen belohnt. Die personelle Integration der altsächsischen Oberschicht bahnte sich an.

3. Das Blutbad an der Aller

Da Karl der Große Sachsen seit 782 als festen Bestandteil seines Reiches betrachtete, bot er zu einem Feldzug gegen die in Thüringen eingefallenen Sorben im selben Jahr nicht nur die Ostfranken, sondern auch die Sachsen auf. Widukind entrollte jedoch erneut die Fahne des Aufruhrs, und die fränkischen Truppen unter dem Grafen Theoderich, dem Kämmerer Adalgis, dem Marschall Geilo und dem Pfalzgrafen Worad mußten sich erst einmal gegen die Rebellen wenden. Am Süntel im Weserbergland stellten sich die Sachsen zum Kampf. Und nun führten die Rivalitäten unter den ruhmsüchtigen fränkischen Heerführern zu einer Katastrophe: Ohne das Eingreifen des Grafen Theoderich abzuwarten, stürzten sich Adalgis, Geilo und Worad mit ihren Kriegern auf den Feind und erlitten eine vernichtende Niederlage. Von den Sachsen umzingelt, wurden sie fast bis auf den letzten Mann niedergehauen; der Kämmerer und der Marschall, vier Grafen und an die zwanzig weitere Würdenträger deckten das Schlachtfeld. Nur Pfalzgraf Worad entkam dem Gemetzel.

In den Reichsannalen, dem offiziösen Geschichtswerk der Karolingerzeit, wird die Niederlage in der Schlacht am Süntel nicht nur verschwiegen, sondern sogar in einen Sieg umgemünzt.[11] Nur zwischen den Zeilen erkennt man die Katastrophe. Die Niederlage war bitter, so bitter, daß sie noch lange im Gedächtnis der Überlebenden haftenblieb. So konnte der unbekannte Verfasser der Einhardsannalen, einer stilistischen und inhaltlichen Überarbeitung der Reichsannalen, die fälschlich Karls Biographen Einhard zugeschrieben wurde, seinem Werk einen sehr lebendigen Augenzeugenbericht über jene Ereignisse einfügen, die zum Desaster am Süntel geführt hatten.[12]

Es war klar, Karl der Große mußte sofort zurückschlagen, und er tat es mit der ihm in bedrohlichen Situationen eigenen Härte. Mit rasch zusammengerafften Kriegerscharen stieß er tief in die sächsischen Kernräume vor. An der Mündung der Aller in die Weser traf er auf die Sachsen, die sich aber nicht zum Kampf stellten, sondern sich erneut unterwarfen. Der König hatte leichtes Spiel, weil Widukind unter den sächsischen Großen offenbar nur wenige Freunde hatte. Mag sein, daß sie fürchteten, Widukind würde im Falle eines Sieges über die Franken selbst zu mächtig werden und nach der Königswürde streben. Die sächsischen Großen schoben alle Schuld auf Widukind und lieferten diejenigen bereitwillig aus, die sich an der Rebellion beteiligt hatten. Bei Verden an der Aller ließ der König an einem Tag viereinhalbtausend Sachsen enthaupten, eine für damalige Zeiten ungeheure Zahl, ein Blutbad ohnegleichen. Nach den Maßstäben der Zeit war das, was Karl befahl, nur »Rache und gerechte Sühne«, um die Worte Einhards zu gebrauchen.[13]

Widukind war nicht unter den Opfern. Er war wiederum zu den »Nordmannen«, also zu den Dänen, geflohen und nutzte bald die Erbitterung des Volkes über das Blutbad an der Aller, um eine neue Empörung anzufachen. Jenseits des Teutoburger Waldes, in der Nähe des altsächsischen Gerichtsplatzes »Theotmalli«, dem heutigen Detmold, stieß Karl der Große 783 mit seinem Heer auf die Sachsen. Diese Schlacht bei Detmold war die erste große offene Feldschlacht, welche die Sachsen Karl dem Großen lieferten, und sie wehrten sich mit dem Mut der Verzweiflung. In den fränkischen Quellen ist wieder von einem Sieg Karls und von hohen Verlusten auf seiten der Sachsen die Rede, aber in Wirklichkeit endete der Kampf unentschieden, denn der König mußte sich nach Paderborn zurückziehen, um die Verstärkungen abzuwarten, die aus den fränkischen Kerngebieten herangeführt wurden. Dann erst wandte er sich nach Norden, wo ihm die Sachsen an der Hase, einem Nebenfluß der Ems, noch einmal eine Schlacht lieferten. Diesmal siegte Karl.

Das fränkische Heer verwüstete nun das Land, aber der Aufstand erlosch nicht. Teile der Friesen schlossen sich sogar den Sachsen an, und im nächsten Jahr mußten die Franken unter Führung des Königs und seines ältesten Sohnes Karl gleich mehrmals nach Sachsen ziehen, um die Westfalen und Ostfalen wieder zu unterwerfen.

Um die Rebellen endgültig in die Knie zu zwingen, beschlossen die Franken auf einem Hoftag zu Worms, im gleichen Jahr noch einmal nach Sachsen zu ziehen und dort den Winter über zu bleiben. Das war eine ganz ungewöhnliche Maßnahme und sicher auch ein riskantes Unternehmen, denn es war schwer, ein Heer im Winter zu versorgen und die rückwärtigen Verbindungs- und Nachschubwege zu sichern. So kam es, daß Karl der Große das Weihnachtsfest nicht wie gewohnt in einer seiner fränkischen Pfalzen feierte, sondern auf dem Hofgut Lüdge in der Nähe von Bad Pyrmont. Den Rest des Winters verbrachte er auf der Eresburg, um von dort aus seine Scharen zu Streif- und Plünderungszügen auszusenden. An diesem Platz fühlte er sich so sicher, daß er sogar seine junge Frau Fastrada und seine Kinder herbeiholen ließ.

Noch im Jahre 785 riskierte es Karl der Große, einen weiteren Reichstag auf sächsischem Boden abhalten zu lassen, und zwar wiederum in Paderborn, das er zum Zentrum seines sächsischen Herrschaftsraumes ausersehen hatte. Es wurde eine Demonstration der Stärke: Zur Befriedung des Landes erging eine Art »Notverordnung«, ein überstrenges Gesetz zum Schutze der Kirchen, der Priester und der königlichen Grafen, zur Bekämpfung des Heidentums und heidnischer Bräuche und zur Aufrechterhaltung der öffentlichen Ordnung im Sinne des fränkischen Staates. Mit beklemmender Monotonie wurden fast alle Vergehen mit derselben Strafe bedroht, mit dem Tod.[14]

Karls Maßnahmen hatten Erfolg. Widukind und seine Gefolgsleute sahen endlich die Sinnlosigkeit ihres Kampfes ein und waren zum Frieden bereit, zumal ihnen der König goldene Brücken baute. Nachdem er ihnen Geiseln für ihre Sicherheit gestellt hatte, ließen sich Widukind und sein Schwiegersohn Abbio am Weihnachtstage des Jahres 785 in der Pfalz Attigny taufen. Der König selbst war ihr Pate. Auf Karls Wunsch hin verkündete Papst Hadrian I. anläßlich der Taufe Widukinds ein dreitägiges Dankfest für die Christenheit, so hoch schätzte der König dieses Ereignis ein. Widukind, der Heros der Sachsenkriege, verschwindet nun aus der Geschichte; vielleicht ist er, freiwillig oder nicht, ins Kloster Reichenau eingetreten, wo ein Mönch mit dem seltenen Namen Widukind nachweisbar ist. Sein

Das Grabmal Widukinds aus dem 12. Jahrhundert in der Stiftskirche zu Enger, die als Gründung des Sachsenherzogs gilt.

Geschlecht blühte weiter: Königin Mathilde, die Mutter Ottos des Großen, gehörte zu seinen Nachkommen. Vergessen war er auch später nicht, selbst Kaiser Karl IV. besuchte im Jahre 1377 sein Grab in der Stiftskirche zu Enger und erwies ihm seine Verehrung.

Mit der Unterwerfung Widukinds schien Karl der Große vollständig und endgültig den Sieg über die Sachsen errungen zu haben, aber das erwies sich nach wenigen Jahren als Trugschluß. Ein knappes Jahrzehnt lang blieben sie ruhig, und der König konnte zu seinen Feldzügen gegen Herzog Tassilo III. von Bayern, die Awaren und slawische Völkerschaften auch sächsische Kontingente aufbieten. Als er aber zu Beginn der neunziger Jahre mit den Vorbereitungen zur Vernichtung des Awarenreiches beschäftigt war, erhoben sich die Sachsen erneut, um die verhaßte fränkische Herrschaft abzuschütteln. Der König mußte den Awarenkrieg seinem Sohn Pippin und dem Markgrafen Erich von Friaul überlassen, um selbst wieder gegen seine beharrlichsten Feinde ins Feld zu ziehen.

Die alte Not begann von neuem: Alljährlich zogen die Franken nach Sachsen, plünderten und verwüsteten das Land, nahmen die Unterwerfung der Sachsen entgegen und kehrten unter Mitnahme von Geiseln in ihre Heimat zurück. Von 794 bis 799 mußte Karl der Große jedes Jahr sein Heer nach Sachsen führen; 797 legte er seine Krieger dort wieder ins Winterquartier. Im Jahre 804 führte er dann den letzten Schlag, der die Unterwerfung Sachsens vollendete: Aus den nördlichen Gauen des Landes wurden zehntausend Sachsen mit Weib und Kind weggeführt und in anderen Regionen des Reiches angesiedelt.[15] Bei diesen Deportationen blieb es nicht; die sächsischen Gaue jenseits der unteren Elbe, die in den letzten Jahren das Zentrum des antifränkischen Widerstandes gewesen waren, übergab Karl seinen Bundesgenossen, den Abodriten. Ein Zeichen für Stärke war das gewiß nicht, aber er rechnete wohl damit, daß sich der tatkräftige Abodritenfürst Thrasko und der aggressive Dänenkönig Göttrik gegenseitig neutralisieren würden; eine Rechnung, die eine Zeitlang aufging.

Immer wieder waren fränkische Heere über die Jahre hinweg nach Sachsen eingedrungen, hatten das Land verheert, die Heiligtümer zerstört, die sächsischen Burgen gebrochen und Zwingburgen an ihre Stelle gesetzt. Mit brutalen Maßnahmen hatte Karl der Große das Volk schließlich in die Knie gezwungen, mit Ausnahmegesetzen und drakonischen Strafen, mit Hinrichtungen und Deportationen großen Stils, sogar mit Abtretung sächsischen Bodens an die Abodriten, die alten fremdstämmigen Feinde der nordalbingischen Sachsen. Mit äußerster Gewalt wurden die Sachsen zur Annahme des Christentums gezwungen. »Tod oder Taufe« hieß die Devise, von der friedlichen Mission eines Bonifatius und seiner angelsächsischen und irischen Glaubensbrüder war nicht mehr die Rede. Karl der Große wurde zum »Apostel mit der eisernen Zunge«.[16]

Der moderne Mensch ist leicht geneigt, seine Sympathie den Sachsen und ihrem zähen Freiheitskampf zu schenken. Der um die Freiheit kämpfende westfälische Edling Widukind wird ihm näher stehen als Karl der Große, der Angreifer, der nur ein Ziel kannte, den Sieg. Für die Geschichte des deutschen Volkes haben die Taten Karls des Großen freilich ungleich mehr Gewicht als der Wider-

Reliquiar aus dem letzten Drittel des 8. Jahrhunderts

Die Reliquien der Heiligen wurden als Unterpfand des Heils in kostbaren Reliquiaren aufbewahrt. Das reich mit Edelsteinen, Perlen und antiken Gemmen geschmückte Bursenreliquiar aus dem Stift Enger in Westfalen galt schon im Mittelalter als ein Geschenk Karls des Großen an den Sachsenherzog Widukind.

standswille Widukinds. Die Einbeziehung der Sachsen in das Frankenreich, die Christianisierung und die Vermittlung der fränkischen Reichskultur an diesen volkreichen germanischen Stamm war eine der Grundvoraussetzungen für die Entstehung des deutschen Volkes. Auffallend ist, daß die Sachsen selbst dem fränkischen Herrscher schon bald seine Taten und Untaten vergeben haben; wie bereits Einhard wußte, sind sie mit den Franken »ein Volk« geworden, geeint durch einen König und einen Glauben.[17]

4. Die »Eiserne Krone«

Mehr als drei Jahrzehnte dauerte es, bis Karl der Große das Volk der Sachsen endgültig gebändigt und in das Frankenreich eingegliedert hatte. Um so überraschender ist es, daß ein einziger Feldzug genügte, das stolze und mächtige Volk der Langobarden zu unterwerfen, das doch weite Teile Italiens beherrschte und seit langem für die letzten Bastionen des byzantinischen Kaiserreiches auf der Apenninhalbinsel eine tödliche Bedrohung war. Wie ein Kartenhaus stürzte das jüngste der völkerwanderungszeitlichen Germanenreiche in sich zusammen. Der langobardische König mit dem lateinischen Namen Desiderius flüchtete hinter die festen Mauern seiner Hauptstadt Pavia. Nach dem Fall dieser bis dahin unbezwingbaren Festung, den weniger die fränkischen Waffen als Hunger und Seuchen bewirkten, schickte der Sieger den Besiegten in ein fränkisches Kloster und machte sich selbst zum König der Langobarden.

Karl verzichtete darauf, das Reich der Langobarden zu zerschlagen, sondern übernahm das Erbe der langobardischen Könige. Das war etwas Neues, etwas fast Revolutionäres in der Geschichte des fränkischen Reiches, denn erstmals trat ein anderes Volk, die Langobarden, neben das alte Reichsvolk der Franken. Mit diesem Schachzug hoffte der König, die stammesstolzen Langobarden mit seiner Herrschaft auszusöhnen, die eben keine Fremdherrschaft sein sollte. Zudem konnte er als »rex Langobardorum« die Anerkennung seiner Oberhoheit über die langobardischen Dukate Spoleto und Benevent in Mittel- und Süditalien beanspruchen, die sich seinem Eroberungsdrang einigermaßen erfolgreich widersetzt hatten. Auch dem byzantinischen Kaiser und dem Papst konnte Karl seit 774 in seiner doppelten Würde als König der Franken und Langobarden nun noch selbstbewußter entgegentreten.

Die kleine goldene Krone, die im Dom zu Monza aufbewahrt und als die »Eiserne Krone der Langobarden« verehrt wird, hat Karl der Große allerdings nie getragen. Keine Quelle verrät, in welchen zere-

Die langobardischen Herrscher Authari, Theodelinde und Agilulf, Holzschnitte aus der Schedelschen Weltchronik, um 1500

moniellen Formen er die Herrschaft im Reich der Langobarden ergriff, ob er überhaupt einen Thron bestieg und sich eine Krone aufs Haupt setzte oder ob ihm die Huldigung der langobardischen Großen genügte; gewiß, er mußte auf die Gefühle seiner stammesstolzen Franken die größte Rücksicht nehmen.

Italienische Königskrönungen sind erst seit der Mitte des 9. Jahrhunderts bezeugt; die erste in Rom, die folgenden in der alten langobardischen Königsstadt Pavia, an deren Stelle schließlich Mailand trat, die »heimliche Hauptstadt« der Lombardei. Nur einmal wird ein mittelalterlicher König in der Johannisbasilika von Monza gekrönt, der Staufer Konrad III. 1128 als Gegenkönig, aber auch er hat die Krönung im selben Jahr in Mailand wiederholen lassen.

Irgendwann in der staufischen Epoche nahmen im Bannkreis der lombardischen Krönungsorte Pavia, Monza und Mailand die Sagen von der Eisernen Krone Gestalt an, und noch viel später, erst im 15. Jahrhundert, sah man in dem zierlichen goldenen Reif mit dem schmalen eisernen Ring im Inneren, der im Domschatz von Monza aufbewahrt wurde, die legendäre »Eiserne Krone«. Deutungen gab es viele. Karl der Große habe sie schmieden lassen, um zu zeigen, daß er den König der Langobarden besiegt und das Land mit Waffengewalt seiner eisernen Herrschaft unterworfen habe. Doch auch bei den Lombarden war der sagenumwobene Ostgotenkönig Theoderich unvergessen, und so wurde die Krone gern mit seiner Gestalt verknüpft. Er soll lange in Mailand residiert und seine eiserne Krone der Johanniskirche in Monza zum Geschenk gemacht haben. Eine andere Ursprungslegende führt sogar in die Zeit des römischen Weltreiches zurück, zu Kaiser Maximilian, der zwischen 285 und 305 Mailand für einige Jahre zur Kaiserresidenz der westlichen Reichshälfte erhoben hatte.

Die Legenden wurden geschichtsmächtig: Die Eiserne Krone wurde zum Symbol der Herrschaft über das Königreich Italien, denn man nahm die Sagen ernst, und da zum Eisen das Gold und das Silber gehören, entwickelte sich die Fabel von den drei Kronen: Der Kaiser empfängt drei Kronen, eine goldene zu Rom als römischer Kaiser, eine silberne als deutscher König und eine eiserne als

Die Eiserne Krone der Langobarden

Kronen waren Symbole königlicher und kaiserlicher Machtentfaltung. Manche von ihnen haben überragende Bedeutung für das nationale Selbstverständnis gewonnen, etwa die Wenzelskrone für Böhmen und die Stephanskrone für Ungarn.
Da der eiserne Reif der langobardischen Krone der Legende nach aus einem Nagel vom Kreuze Christi geschmiedet wurde, gewann diese Krone auch Reliquiencharakter.

Kreuz des Königs Desiderius, norditalienische Arbeit aus der zweiten Hälfte des 8. Jahrhunderts

Diese reichgeschmückten Kreuze dienten als Vortrage- und Altarkreuze oder auch dem privaten Gebet des Königs.

König von Italien. San Ambrogio zu Mailand wurde zur Krönungskirche.

Wie immer es sich aber in der Wirklichkeit verhalten haben mag – der goldene Reif im Domschatz zu Monza ist die älteste Krone des Abendlandes. Sicher hat er einmal das Haupt einer Königin oder einer Fürstin geschmückt. Die Krone der langobardischen Königin Theodelinde, die vor ihrem Tode 627 die Kirche zu Monza stiftete, ist diese Krone zwar nicht, denn ihre Schmuckformen weisen in die spätkarolingische Periode. Sie könnte aber der Kaisertochter Gisela gehört haben, der Tochter Ludwigs des Frommen und Mutter Kaiser Berengars I.

Der erste Kaiser, der sie wirklich bei seiner Krönung zum König von Italien trug, war Karl V. im Jahre 1530, der letzte mehr als dreihundert Jahre später (1838) Ferdinand I., der berühmteste Napoleon, bei dessen Mailänder Krönung 1805. Zu den Herrschaftszeichen der italienischen Könige gehörte sie bis zum Ende der Monarchie nach dem Zweiten Weltkrieg. Und da der Weg vom Herrschaftszeichen zur Reliquie nicht weit ist, genießt die Krone seit dem Ende des 16. Jahrhunderts auch religiöse Verehrung als kostbare Reliquie, die einen Nagel vom Kreuz Christi birgt.

Der Sturz des Langobardenkönigs Desiderius war jäh und tief. Er hatte das Unheil, das ihn überfiel, durch seine aggressive Politik selbst heraufbeschworen. Im blinden Vertrauen auf die Kriegstüchtigkeit seines Volkes und auf den Schutz, den ihm die Alpen vor überraschenden fränkischen Angriffen vermeintlich boten, schickte er sich an, die Machtverhältnisse in Italien zu seinen Gunsten zu verändern. Zwar wußten die Langobarden, daß ihnen nördlich der Alpen in den Franken ein gefährlicher Gegner erwachsen war, doch schien dessen Schlagkraft durch die Aufteilung des Reiches unter die Söhne Pippins entscheidend geschwächt.

Desiderius setzte jedoch nicht nur auf die militärische Karte, sondern suchte seinen Einfluß auch durch eine kluge Heiratspolitik zu stärken. Die Herzöge Arichis von Benevent und Tassilo III. von Bayern wurden seine Schwiegersöhne, der eine konnte gegen die byzantinischen Bastionen in Süditalien eingesetzt werden, der andere sicherte die wichtigen Pässe im mittleren und östlichen Alpenraum. Zudem griff die Mutter der beiden fränkischen Könige, die Königinwitwe Bertrada, nachdrücklich, wenn auch ohne dauernden Erfolg zugunsten des langobardischen Königs in die internationale Politik ein. Sie entfaltete eine zielstrebige diplomatische Aktivität und suchte durch eine Reisediplomatie zwischen ihren Söhnen Karl und Karlmann sowie Tassilo von Bayern, König Desiderius und dem Papst Stephan III. (768–772) zu vermitteln.

Das Gerücht von einer Heiratsverbindung zwischen dem fränkischen und dem langobardischen Königshaus mußte den Papst zutiefst beunruhigen. Das Schreiben, das er in seinem Zorn an die beiden fränkischen Könige richtete, ließ an Deutlichkeit nichts zu wünschen übrig:

Was für ein Wahnsinn ist es, Euer edles fränkisches Volk, das alle Völker überstrahlt, und Euer glänzendes und edles Königsgeschlecht durch eine Verbindung mit dem treulosen und stinkenden Volk der Langobarden zu beflecken, das überhaupt nicht unter die Völker zu zählen ist und von dem die Aussätzigen abstammen. Kein vernünftiger Mensch

wird glauben, daß sich gefeierte Könige durch eine so verdammenswerte, abscheuliche und widerwärtige Berührung beflecken.[18]

Die Königinwitwe reiste selbst nach Italien, kam im Spätsommer 770 nach Rom, beruhigte den Papst und begab sich nach Pavia, wo sie eine der Töchter des Königs als Braut für ihren Sohn Karl in Empfang nahm. Es war naheliegend, auch an eine Vermählung ihrer Tochter Gisela mit dem langobardischen Thronfolger Adelchis zu denken.

So schien nach der Hochzeit mit der langobardischen Königstochter der Friede zwischen den Franken und den Langobarden gesichert. Schon im Jahre 771 nutzte Desiderius jedoch die unklaren Machtverhältnisse nördlich der Alpen und die innerstädtischen Parteikämpfe in Rom zu einem Angriff auf die Stadt, zog aber nach einem Abkommen mit Papst Stephan III. wieder ab. Karl der Große sah darin wohl einen Bruch der Abmachungen und verstieß seine langobardische Gemahlin schon nach knapp einjähriger Ehe.

Die offiziösen fränkischen Annalen übergehen Karls langobardische Ehe mit Schweigen. Karls Biograph Einhard, der davon berichtet, kennt schon nicht einmal mehr den Namen der unglücklichen Königstochter.[19] Der Name Desideria ist eine Erfindung späterer Historiker. Nach wenigen Monaten vermählte sich Karl mit Hildegard, einem Mädchen aus dem alemannischen Herzogsgeschlecht.

Papst Stephan III. hatte sich zu einem Arrangement mit dem langobardischen König bequemen müssen, aber sein Nachfolger Hadrian I. (772–795) setzte mehr auf die fränkische Karte und lehnte ein Bündnis mit Desiderius ab. Er tat dies zwar mit höchst diplomatischen Worten, aber der König verstärkte seinen Druck, bedrängte Ravenna, stellte territoriale Forderungen und verlangte vom Papst, die Söhne des fränkischen Königs Karlmann, die nach dessen Tod mit ihrer Mutter zu den Langobarden geflüchtet waren, zu Königen der Franken zu salben. Hätte Hadrian I. diese Forderungen erfüllt, wäre Desiderius nicht nur der mächtigste Herrscher Italiens geworden, sondern hätte als Schutzherr der Königinwitwe Gerberga und der minderjährigen Könige auch jederzeit die Möglichkeit gehabt, in die inneren Angelegenheiten des Frankenreiches einzugreifen und vielleicht sogar in dem Nachbarreich eine neue Periode der Bruderkriege heraufzubeschwören.

Der Hilferuf des Papstes kam Karl dem Großen daher wohl nicht ungelegen. Die päpstlichen Gesandten erreichten den König im März 773 in der Pfalz Diedenhofen. Sie hatten den Seeweg nehmen müssen, denn die Langobarden beherrschten die Straßen durch Oberitalien und die Zugänge zu den Alpenpässen. Karl hatte keine Schwierigkeiten, die fränkischen Großen von der Notwendigkeit eines Feldzuges gegen die Langobarden zu überzeugen. Elementare Interessen standen auf dem Spiel.

Das fränkische Heeresaufgebot sammelte sich in Genf und überschritt im Sommer 773 in zwei Heeressäulen die Alpen; die eine passierte den Großen Sankt Bernhard, die andere unter Führung des Königs den Mont Cenis. Die Langobarden konnten die Klausen bei Susa und Aosta nicht halten und zogen sich eilends in die Städte zurück, den festen Mauern aus römischer Zeit mehr vertrauend als dem eigenen Mut. Desiderius selbst floh nach Pavia, Adelchis übernahm die Verteidigung von Verona, wo auch Gerberga und ihre Kinder Zuflucht gesucht hatten.

Es wurde der unblutigste Krieg, den Karl der Große jemals geführt hat. Das fränkische Heer lagerte vor Pavia, und der König fand sogar Zeit, während der Belagerung nach Rom zu reisen, nicht als Eroberer wie andere germanische Könige vor ihm, sondern als treuer Gefolgsmann des Apostels Petrus und als Verbündeter des Papstes. Ganz wohl war es Hadrian I. beim Herannahen des mächtigen Königs nicht, aber zwischen Freude und Furcht schwankend, bereitete er ihm einen ehrenvollen Empfang. Man entschied sich für das Empfangszeremoniell, das dem Exarchen, dem ranghöchsten Vertreter des Kaisers, gebührte:

Bei Ad Novas am See von Bracciano begrüßten die städtischen Behörden den König am Ostersamstag 774; eine römische Meile vor der Stadt standen die Miliz und die Schuljugend mit Palmwedeln und Ölzweigen. Unter Gesang und lautem Zuruf trugen sie ihm die heiligen Kreuze entgegen. Als Karl dies erblickte, stieg er vom Pferde und ging zu Fuß zur Peterskirche. Er küßte jede Stufe der Treppe und fand oben den Papst inmitten seiner Geistlichkeit. Sie umarmten sich, der König faßte die rechte Hand Hadrians, und gemeinsam betraten sie die Kirche, während Lobgesänge ertönten. Am Grabe des Apostelfürsten warfen sie sich mit ihrem Gefolge nieder und dankten ihm für den Sieg, den Gott ihnen auf seine Fürsprache hin gegeben hatte.[20]

Die Peterskirche mit den Apostelgräbern lag damals noch vor den Mauern der Stadt. Zum ersten Mal durfte Karl der Große dann Rom betreten. Die »Ewige Stadt« schlug ihn als Hauptstadt und Mutter des römischen Weltreiches in ihren Bann, und als Grabstätte des Apostelfürsten Petrus erfüllte sie ihn mit Ehrfurcht. Trotz starker Entvölkerung und vieler Ruinen war sie noch immer beeindruckend mit ihren monumentalen Zeugen einstiger imperialer Größe und ihren vielen prächtigen steinernen Kirchen. Die Feierlichkeiten der Ostertage boten dem Papst willkommene Gelegenheit, den ganzen Prunk der Kirche zur Schau zu stellen.

Hadrian I. versäumte nicht, sich von Karl die Versprechungen seines Vaters, die »Pippinsche Schenkung«, bestätigen zu lassen. Da der heilige Petrus selbst der Empfänger war, wurden die Urkunden in feierlicher Form an seiner Grabstätte niedergelegt. Der König war tief beeindruckt und fühlte sich nun wirklich als der Schutzherr des Papstes und der Stadt Rom. Dem fränkischen Königstitel fügte er den Titel »Schutzherr der Römer«, »patricius Romanorum«, hinzu.

Mit der Kapitulation der Hauptstadt Pavia war der Widerstand der Langobarden gebrochen und das Schicksal seines Königsgeschlechts besiegelt; Desiderius, seine Frau und seine Tochter, wohl die vom Unglück verfolgte Desideria, wurden als Gefangene hinweggeführt, während der Königssohn Adelchis in Byzanz Zuflucht suchen mußte. Eine besondere Anhänglichkeit an ihre Königssippe hatten die Langobarden im Unterschied zu fast allen anderen germanischen Stämmen nie an den Tag gelegt, und das erleichterte Karl dem Großen wohl auch die Übernahme der Herrschaft. Die langobardische Aristokratie huldigte ihm. Durch die bisher im germanischen Recht unbekannte Konstruktion der Personalunion behielten die Langobarden ihre Stellung als »Reichsvolk«. Der neue König suchte die Großen des Langobardenreiches für sich zu gewinnen und beließ offensichtlich viele von ihnen in ihren Positionen, bevor er mit seinen Gefangenen, den üblichen Geiseln und dem in Pavia erbeuteten langobardischen Kronschatz ins Frankenreich zurückkehrte. Welches Schicksal mögen Karlmanns Witwe Gerberga und ihre Söhne erlitten haben?

Aber während Karl der Große die folgenden Jahre wieder einmal in Sachsen zu kämpfen hatte, gefährdete eine Rebellion im nordöstlichen Italien die fränkische Herrschaft. Führer der Aufstandsbewegung war Herzog Hruodgaud von Friaul, aber auch Herzog Arichis von Benevent, der Schwiegersohn des Desiderius, war in die Verschwörung eingeweiht. Vielleicht rechneten die Aufständischen sogar damit, daß der oströmische Kaiser dem Königssohn Adelchis Truppen zur Rückkehr in die Heimat zur Verfügung stellen würde. Über Dalmatien und Istrien war Friaul, das Zentrum des Aufstandes, leicht zu erreichen. Karl erkannte sofort die Gefahr. Mit der ihm eigenen Tatkraft raffte er Truppen zusammen, zog trotz der im Winter zu erwartenden Widrigkeiten über die Alpen und warf den Aufstand nieder. Treviso und Cividale wurden erobert, Herzog Hruodgaud fand bei den Kämpfen den Tod, ein Teil der Rebellen floh nach Byzanz oder zu den Awaren.

Jetzt steuerte der König einen härteren Kurs. Die Teilnehmer am Aufstand wurden enteignet und viele von ihnen als Geiseln in die Gebiete nördlich der Alpen gebracht. Die Verwaltung des Landes vertraute der König nun nach fränkischem Muster Grafen an; die Herzogtümer wurden beseitigt, abgesehen von den Dukaten Spoleto und Benevent, die sich dem fränkischen Zugriff noch immer entzogen. Die Führungspositionen übertrug Karl der Große zuverlässigen Männern nordalpiner Herkunft, Franken, Burgundern, Alemannen und Bayern, während die Langobarden im allgemeinen nur noch »im mittleren Staatsdienst« als Krongutverwalter (»Gastalden«), Richter und Schultheißen tätig sein durften. Die Bischöfe und die Äbte waren zunächst noch Langobarden oder Italiener, aber die karolingischen Herrscher bemühten sich in den folgenden Jahrzehnten, auch kirchliche Positionen mit Leuten aus dem Frankenreich zu besetzen. So führte die Eroberung des Langobardenreiches im nördlichen Italien zu einer Verstärkung des germanischen Elements, das jedoch allmählich ebenso der Romanisierung unterlag wie die Langobarden selbst.

Ohne Zweifel waren es die von den Langobarden bedrängten und vom byzantinischen Kaiser im Stich gelassenen Päpste, die den fränkischen Herrschern den Weg nach Süden gewiesen und das Schicksal Italiens in neue Bahnen gelenkt haben. Karl Martell hatte sich den flehentlichen Bitten Gregors III. um Hilfe gegen die Langobarden noch versagt, und Stephan II. hatte sich erst dem fränkischen König Pippin zu Füßen werfen müssen, um ihn und die fränkischen Großen zum Angriff auf das Langobardenreich zu bewegen; erst Karl der Große war ohne Zögern dem Hilferuf Hadrians gefolgt. Das aber war es nicht allein.

Der Alpenraum gehörte längst zur fränkischen Interessensphäre, und es war verlockend, von hier aus in den mediterranen Raum einzudringen. Die lichtdurchflutete und für nordalpine Verhältnisse unvorstellbar fruchtbare oberitalienische Tiefebene, die mehrere Ernten im Jahr hervorbrachte, mußte den Franken wie ein Paradies

Grabplatte des Papstes Hadrian I.

Zwischen Karl dem Großen und Hadrian I. waren enge, fast freundschaftliche Bande geknüpft worden. Als der Papst 795 starb, ließ der König in Aachen aus dunklem belgischem Sandstein eine Grabplatte anfertigen und nach Rom senden. Karls »Hofdichter« Alkuin verfaßte die Grabinschrift, die in den klaren Formen der altrömischen Majuskelschrift, der Capitalis quadrata, eingemeißelt wurde.

vorkommen. Das Schutzbedürfnis der Päpste verband sich mit dem fränkischen Imperialismus, der in Karl dem Großen wieder einen ungeheuer tatkräftigen Exponenten hervorbrachte. Die Franken fühlten sich als Gefolgsleute des Apostelfürsten Petrus und ihre Könige als Schutzherren der Päpste und der Heiligen Stadt. Mit diesen Ideen legitimierten sie ihre aggressive Italienpolitik.

Die Folgen waren - das kann einmal ohne Übertreibung gesagt werden - von welthistorischem Ausmaß. Die Päpste, eben noch in der Gefahr, zu langobardischen Landesbischöfen degradiert zu werden, fanden Rückhalt bei jenem Herrscher, der sich anschickte, eine hegemoniale Stellung in Europa einzunehmen und einen Rang neben, nicht unter dem oströmischen Kaiser für sich zu beanspruchen. Im fränkischen Machtbereich wurde die römische Kirche als höchste geistliche Autorität anerkannt und mit Hilfe Pippins und Karls des Großen der Grundstein für den Kirchenstaat, das »Patrimonium Petri«, gelegt, die Basis der weltlichen Herrschaft des Papstes.

Zunächst im Schutz und Schatten der Kaiser und Könige, dann im zerstörerischen Wettstreit mit ihnen, tritt das Papsttum seinen Weg an die Spitze der katholischen Christenheit an, der über Gregor VII. (1073-1085), den Papst des Investiturstreits, und Innozenz III. (1198-1216) zur Verkündung des päpstlichen Weltherrschaftsanspruches durch Bonifatius VIII. (1294-1303) führen sollte. Das Rom der Päpste, Sehnsucht und Ziel unzähliger Pilger, war unter den großen Päpsten des Hochmittelalters nicht mehr nur religiöser Mittelpunkt der abendländischen Christenheit, sondern auch geistlich-weltliche Metropole.

Die Kehrseite der Medaille war weniger glänzend. Italien war politisch zu einem Nebenland des Frankenreiches degradiert, dessen Erbe dann das deutsche Reich antrat. Das Schwergewicht des Abendlandes hatte sich aus dem mediterranen Raum nach Norden verlagert, die alte Rangordnung in ihr Gegenteil verkehrend. Die ehemaligen Provinzen Galliens und Germaniens triumphierten über das einstige Mutterland. Der Kampf um die Herrschaft über Italien wurde zu einem der Grundthemen der europäischen Geschichte. Die Beherrschung erst durch die Franken, dann durch die Deutschen brachte dem Land weder Frieden noch politische Einheit. Auch die größten unter den Kaisern waren nicht fähig, die tiefgreifenden Interessengegensätze zwischen Kaisertum und Papsttum zu überwinden und alle jene partikularen Kräfte aristokratisch-feudaler und bürgerlich-kommunaler Art niederzuhalten, denen in Italien die Ferne der Kaiserherrschaft so reiche Entfaltungsmöglichkeiten bot.

5. Hochverrat oder Das Ende der Agilolfinger

Im Juni des Jahres 794 trat auf Befehl Karls des Großen zu Frankfurt am Main - gleichzeitig mit dem Reichstag - eine Synode zusammen. Vor den Teilnehmern, zahlreichen Bischöfen und anderen geistlichen Würdenträgern aus ganz Gallien, Germanien und Italien und den beiden päpstlichen Legaten Theophylakt und Stephanus, ließ der König, der den Vorsitz führte, ein bemerkenswertes Schauspiel über die politische Bühne gehen.

Tassilo III., der ehemalige Herzog der Bayern, trat in den Kreis der Synodalen, bekannte reumütig seine Verbrechen, die er in der Zeit König Pippins und Karls des Großen gegen das Frankenreich begangen hatte, bat den König demütig um Vergebung seiner Schuld, und erklärte, daß er reinen Herzens sei und allen Haß und alle Rachegedanken aus seinem Inneren verbannt habe. In feierlicher Form verzichtete er für sich, seine Söhne und Töchter auf das Herzogtum Bayern und auf allen weltlichen Besitz. Der König gewährte ihm huldvoll Verzeihung und ließ ihn in das Kloster zurückgeleiten, aus dem er gekommen war. Über den Verzicht Tassilos auf die herzogliche Würde, den er nicht nur für sich, sondern für sein ganzes Geschlecht aussprach, wurde eine Urkunde in dreifacher Ausfertigung hergestellt. Ein Exemplar kam ins Pfalzarchiv, das zweite wurde in der Pfalzkapelle, an einem sakralen Ort also, niedergelegt, und das dritte durfte Tassilo mit in sein Kloster nehmen, in dem er den Rest seines Lebens verbringen sollte.[21]

Kein Zweifel, die Angelegenheit schien dem König wichtig und war offenbar von höchster politischer Brisanz. Weshalb eigentlich dieses Schauspiel, dieses öffentliche Schuldbekenntnis und dieser rechtsförmliche, urkundlich bekräftigte Verzicht auf eine Würde, die Tassilo schon lange nicht mehr besaß?

Seit sechs Jahren lebte der ehemalige Herzog als Mönch in klösterlicher Haft, sein Sohn Theodo teilte sein Schicksal, und auch seine Gemahlin Liutperga und seine Töchter hatten den Schleier nehmen müssen. Auf dem Reichstag des Jahres 788 zu Ingelheim hatte das Heer des Frankenreiches einen harten Spruch gefällt und Tassilo wegen Fahnenflucht zum Tode verurteilt. Karl der Große, als christlicher Herrscher zur Milde verpflichtet, hatte Gnade walten lassen und dem Herzog den Eintritt ins Kloster gestattet. Der König hatte, glaubt man den prokarolinigschen Quellen, Gnade vor Recht ergehen lassen, aber so ganz mit rechten Dingen war es in Ingelheim offenkundig nicht zugegangen, und so sah er sich sechs Jahre später bemüßigt, seine unmittelbare Herrschaft über Bayern nochmals durch einen Verzicht Tassilos legitimieren zu lassen.

Das war so einfach nicht. Die Agilolfinger herrschten von alters her über das Volk der Bayern. Ihr Geschlecht, älter und edler im Ursprung als das der Karolinger, reichte bis in die Mitte des 6. Jahrhunderts zurück, versippt und verschwägert mit den Königsfamilien der Langobarden. Hinzu kam, daß Herzog Tassilo III., verheiratet mit einer Tochter des letzten langobardischen Königs, auch ein

Enkel Karl Martells und ein Vetter Karls des Großen war. Vor allem aber – und das erklärt wohl am ehesten das Manöver des Königs – besaßen die Agilolfinger ein erbliches Anrecht auf die bayrische Herzogswürde, nicht allein durch eine lange Tradition geheiligt, sondern auch im Stammesrecht der Bayern, der Lex Baiuvariorum, kodifiziert. Der Herzog, so heißt es dort, soll immer aus dem Geschlecht der Agilolfinger gewählt werden.[22]

Aber die Karolinger hatten die Beseitigung der Herzogtümer nun einmal in ihr politisches Programm aufgenommen, denn die Herzöge als Herren über weite Machtbereiche waren ihrer Herrschaft zu gefährlich. Das Reich sollte in Grafschaften aufgegliedert werden, in kleinere Verwaltungsbezirke, deren Inhaber weniger mächtig und leichter zu beherrschen waren. Als letzter Dukat fiel Bayern diesen Bestrebungen zum Opfer.

Ohne starke Widerstände ließ sich das nicht bewerkstelligen, denn die Herzöge hatten eine starke Stellung im Lande inne und fanden lange Rückhalt an ihrem Stamm. Zwar gab es auch andere vornehme Geschlechter in Bayern, von denen einige mit dem König sympathisierten, aber ernsthafte Konkurrenten hatten die Agilolfinger unter der bayerischen Aristokratie nicht. Der Abstand zwischen ihnen und den anderen vornehmen Sippen war zu groß.

Tassilo III. regierte von 748 bis 788, eine sehr lange Zeit für frühmittelalterliche Verhältnisse. Beim Tode seines Vaters Odilo noch minderjährig, geriet er bald in Abhängigkeit von Pippin III. Mündig geworden, leistete er im Jahre 757 zu Compiègne dem König in feierlicher Form den Lehnseid auf die Reliquien der Heiligen. »Diese Lehensbindung sollte hinfort die Grundlage der Beziehungen zwischen Franken und Bayern werden, und wie sehr man dabei auch an die Zukunft dachte, zeigt die Tatsache, daß der junge Tassilo seinen Eid nicht nur Pippin, sondern auch dessen beiden Söhnen Karl und Karlmann leisten mußte und daß in Compiègne auch eine Anzahl bayerischer Adliger in die fränkische Vasallität eintrat.«[23] Zu Beginn der sechziger Jahre gewann Tassilo jedoch seine Handlungsfreiheit zurück. Obgleich zur Heeresfolge verpflichtet, nahm er 763 an dem von König Pippin angesagten Feldzug gegen Herzog Waifar von Aquitanien nicht teil. Er richtete offensichtlich sein Augenmerk auf die Festigung der herzoglichen Macht in Bayern, den Ausbau seines Landes und die Gründung und Förderung von Kirchen und Klöstern.

Außenpolitische Erfolge gegenüber den karantanischen Slawen, die im großen und ganzen erfolgreiche Abwehr der Awarenangriffe und die Sicherung der bayrischen Stellung an der Etsch und Eisack stärkten Tassilos Selbstbewußtsein. Seine Position gegenüber den fränkischen Herrschern war stark, solange er Rückhalt am Reich der Langobarden fand. Der Sturz des Königs Desiderius beraubte ihn dieser Rückendeckung und machte seine Lage höchst prekär. Tassilo taktierte vorsichtig und war bereit, die Suprematie Karls des Großen anzuerkennen. Auf einem Hoftag zu Worms 781 erneuerte er seinen Treueid und stellte zwölf vornehme Geiseln.

Aber Karl der Große wollte das Herzogtum offensichtlich beseitigen. Drei fränkische Heere zogen nach Bayern. Karl selbst führte die Franken nach Augsburg auf das Lechfeld, von Norden stießen die Ostfranken, Thüringer und Sachsen vor, und aus Italien marschierte

Der »Tassilokelch« aus dem Kirchenschatz von Kremsmünster

Das Kloster Kremsmünster wurde 777 von Tassilo III. gegründet. Der reich mit Medaillons, Palmetten, Flechtwerk und Tierornamenten verzierte Kelch ist eine Stiftung des Herzogs und seiner Gemahlin, der langobardischen Königstochter Liutberga; vielleicht war er ursprünglich der Hochzeitskelch des Herzogspaares.

Karls Sohn Pippin mit dem langobardischen Aufgebot heran. Tassilo hatte keine Chance, zumal eine profränkische Partei unter den Bayern gegen ihn Front machte. Doch er war klug und unterwarf sich kampflos, leistete den Lehnseid, stellte erneut Geiseln - darunter seinen Sohn Theodo - und wurde vom König, der keine andere Wahl hatte, wieder mit dem Herzogtum Bayern belehnt.

Karl der Große war mit dem Ergebnis jedoch nicht zufrieden, und der Herzog war es auch nicht. Was nun folgte, war ein verzweifelter Versuch Tassilos, seine Stellung zu behalten. Er schickte eine Gesandtschaft zu den Awaren, wohl um im Osten den Rücken freizubekommen, und er versuchte auch, jene bayrischen Herren, die königliche Vasallen geworden waren, wieder fester an seine Person zu binden. Dies verstand Karl der Große als Provokation. Er entbot ihn zum Reichstag 788 nach Ingelheim, wo bayrische Große als Denunzianten auftraten und mancherlei Dinge erzählten, die den Herzog und die Herzogin belasten sollten; von Meineid war die Rede, von Mordanschlägen auf die Lehnsleute des Königs und von hochverräterischen Verbindungen zu den Awaren. Mochte der Herzog auch die eine oder andere unvorsichtige Äußerung getan haben,

Hochverrat hatte er sicher nicht begangen. Die Anklagen waren offensichtlich falsch, aber der Sturz Tassilos war beschlossene Sache und ein abgekartetes Spiel. Man erweiterte die Anklage um den Tatbestand der Fahnenflucht, der »harisliz«, der »Heerverlassung«, ein schweres Verbrechen, dessen sich Tassilo angeblich schuldig gemacht hatte. Der Fall lag zwar schon ein Vierteljahrhundert zurück, aber im germanischen Rechtsdenken gab es keine Verjährung, und so wurde der Herzog schuldig gesprochen. Die Strafe: der Tod. Der König war der Richter, aber nach germanischem Rechtsbrauch sprach nicht er das Urteil, sondern die Gemeinde der Rechtsgenossen, in diesem Falle das versammelte Heervolk. Der harte Spruch bot Karl dem Großen Gelegenheit, sich als milde und barmherzig zu erweisen und um Gnade für seinen Vetter zu bitten. Dennoch war und blieb die Affäre dubios, und es verwundert nicht, daß Karls getreuer Biograph Einhard mit einigen nichtssagenden Worten darüber hinweggeht.[24] Mit dem Schuldbekenntnis Tassilos auf dem Frankfurter Reichstag 794 fand die Integration des bayrischen Herzogtums ins nunmehr zentralistisch regierte Frankenreich ihren formaljuristischen Abschluß.

Für die Entstehung des deutschen Volkes und des deutschen Reiches war die Aufhebung des von seinen Herzögen mit fast vizeköniglicher Macht beherrschten Herzogtums Bayern ohne Zweifel ein Markstein. Die Entstehung eines selbständigen, nach Südosten und in den Donauraum hinein orientierten bayrischen Herrschaftsbereiches wurde verhindert, und die Bayern kamen wie die anderen deutschen Volksstämme auch unter unmittelbare königliche Herrschaft. Auf diese Weise wurden sie Schritt für Schritt an die anderen Stämme herangeführt.

Für jedes Nachdenken über das Geheimnis der Entstehung des deutschen Volkes ist die Verurteilung des Herzogs Tassilo auf dem Ingelheimer Reichstag des Jahres 788 auch aus einem ganz anderen Grunde ein bemerkenswertes Ereignis. Zum ersten Mal taucht in einer Quelle der Begriff der deutschen Sprache auf, der »theodisca lingua«.[25] Das Verbrechen des Herzogs wird mit dem Wort »harisliz« bezeichnet, das der Annalist ausdrücklich hervorhebt, denn es war wichtig, vor Gericht sich der richtigen Worte zu bedienen. »Harisliz« bedeutet »Heeresverlassung«, das heißt Fahnenflucht. Die Sprache des fränkischen Heeres, das sich 788 aus Franken, Bayern, Sachsen und Langobarden zusammensetzte, war also die »theodisca lingua«, die »Volkssprache«, abgeleitet vom germanischen Wort »thiot« Volk. Gewiß sprachen die verschiedenen germanischen Stämme innerhalb des Reiches ihre Stammessprachen, und die Verständigung bereitete mit Sicherheit mancherlei Schwierigkeiten, aber dennoch besaßen die Sprachen so viele Gemeinsamkeiten und unterschieden sich so tiefgreifend vom Lateinischen und den werdenden romanischen Sprachen, daß sie als eine Sprachfamilie empfunden und als »deutsche Sprache« bezeichnet wurden. Natürlich gehörten auch die Alemannen, die Thüringer und die Friesen dieser deutschen Sprachgemeinschaft an, und das Gewicht der sprachlichen Gemeinsamkeit erwies sich im Laufe der folgenden Jahrhunderte als so groß, daß die nationale Gemeinschaft der Deutschen von ihr den Namen empfing, eine ganz ungewöhnliche und in der Entstehungsgeschichte der europäischen Nationen singuläre Erscheinung.

6. Der Ring der Awaren

Karls Sieg über die Awaren und die Erstürmung ihrer Hauptbefestigung, die man den »Ring« nannte, waren in den Augen der Mit- und Nachwelt ganz sensationelle Waffentaten. Der Krieg gegen die Awaren, der trotz der größten Anstrengungen erst nach acht Jahren siegreich zu Ende gehen sollte, war für Einhard der bedeutsamste Krieg Karls des Großen nach dem Kampf gegen die Sachsen:

Wie viele Schlachten während dieses Krieges geschlagen wurden, wieviel Blut geflossen ist, wird daran erkennbar, daß Pannonien entvölkert und der Platz, wo einstmals die Königsburg des Khagan lag, jetzt ganz verödet und ohne jede Spur menschlichen Lebens ist. Der gesamte Adel der Hunnen kam in diesem Kriege um, und ihr ganzer Ruhm erlosch. Das ganze Geld und die in Jahrhunderten angehäuften Schätze wurden erbeutet. Kein Krieg seit Menschengedenken brachte den Franken solch gewaltigen Reichtum, denn während man sie bis dahin beinahe als arm ansehen konnte, fanden sich in der Königsburg solche Schätze an Gold und Silber und wurde in den Schlachten solch kostbare Beute gemacht, daß man zu Recht annahm, die Franken hätten gerechterweise den Hunnen das abgejagt, was diese früher anderen Völkern ungerechterweise geraubt hatten.[26]

Der Awarenschatz, der in die Hände der Franken fiel, muß in der Tat riesig gewesen sein, denn jahrhundertelang hatten diese zu den Turkvölkern zählenden Reiternomaden geraubt, geplündert und die von ihnen unterworfenen Stämme ausgebeutet. Nicht zuletzt hatten sie vom byzantinischen Kaiserreich gewaltige Summen in gemünztem Gold erpreßt. Die Beute, die die fränkischen Heere im Reich der Awaren machten, war so groß, daß drei Transporte notwendig waren, um sie nach Aachen zu bringen. Nicht weniger als fünfzehn vierspännige Ochsenkarren seien dazu erforderlich gewesen. Die königliche Schatzkammer zu Aachen füllte sich mit unvorstellbaren Reichtümern. Der Awarenschatz erregte die Gemüter und beflügelte die Phantasie, zumal Karl der Große die Kostbarkeiten nutzte, um seinen neu erworbenen Reichtum im ganzen Abendland zu demonstrieren. Den Löwenanteil erhielt wohl der Papst, aber auch die geistlichen und weltlichen Großen des Reiches und die königlichen Gefolgsleute wurden reich beschenkt. Dem angelsächsischen König Offa von Mercien schickte Karl ein Schwert, einen Gürtel und seidene Gewänder aus der Awarenbeute.

Nicht nur das Gold der Awaren beschäftigte damals die Phantasie der Menschen, sondern auch die Erstürmung der Hauptburg und Residenz des Awarenfürsten, des Khagans. Diese mit Schätzen angefüllte Hauptburg, der »Ring der Awaren«, ist bald zur Legende geworden. Schon zur Zeit Ludwigs des Frommen, als Einhard seine Karlsbiographie schrieb, war die Stätte wüst und leer, und mit dem Volk der Awaren schwand auch bald jedes Wissen um die Lage dieses Platzes, der wohl im Herzen des pannonischen Tieflandes irgendwo zwischen Donau und Theiß zu suchen ist. Dabei war die Eroberung des Awarenringes nicht einmal eine großartige Waffentat gewesen; fast kampflos drangen Markgraf Erich von Friaul und wenig später noch einmal König Pippin ein. Aber in der Erinnerung

Kanne aus dem Klosterschatz von Saint-Maurice d'Agaune

Die reichverzierte und aus massivem Gold angefertigte Kanne gilt als Geschenk Karls des Großen an die Abtei und könnte ein Stück aus der Awarenbeute gewesen sein, vielleicht aber auch ein Geschenk des Kalifen Harun al-Raschid an den Kaiser.

der Kriegsteilnehmer lebte das Land der Awaren als eine gewaltige Festung weiter, und so hörte noch der Mönch Notker von Sankt Gallen in seiner Jugend durch den alten Kriegsmann Adalbert, einem Gefolgsmann des großen Markgrafen Gerold von der bayrischen Ostmark, die Geschichte der neun Ringe, die als unbezwingbare Landwehren das Reich der Awaren schützten. Nach den Kriegserinnerungen Adalberts waren dies Holz-Erde-Befestigungen, die mit Bäumen und Büschen bepflanzt und wie die spätmittelalterlich-frühneuzeitlichen Landwehren zu undurchdringlichen Verhauen geformt waren. Phantasie und Wirklichkeit vermischten sich in den Erinnerungen des greisen Veteranen wohl unentwirrbar miteinander.[27]

Für die fränkischen Krieger, die im Jahre 791 auf Befehl ihres Königs zum ersten Feldzug gegen die Awaren aufbrachen, war dieser Angriff auf einen unbekannten, aber gefürchteten Feind, dieser Vorstoß in die unbekannten Weiten Pannoniens gewiß etwas Abenteuerliches, und auch ihrem Anführer war das Vorhaben offenkundig nicht so ganz geheuer. Bevor Karl der Große sein Heer über die Enns führte, den Grenzfluß zwischen Bayern und dem Reich der

Awaren, ließ er einen feierlichen Feldgottesdienst abhalten und drei Tage lang Messen lesen. Gottes Segen wurde für das Heer erfleht und zu Christus um den Sieg über die Awaren gebetet. Der Klerus im ganzen Reich wurde zu Bußübungen und Bittgottesdiensten verpflichtet. Der Kampf gegen die heidnischen Awaren, die alten Feinde der christlichen Völker, die »Geiseln Gottes«, erhielt nach dem Willen des Königs, der auf die Furcht und die Abscheu vertrauen konnte, die die östlichen Steppenvölker schon seit Jahrhunderten bei den seßhaften europäischen Völkern verbreitet hatten, den Charakter eines heiligen Krieges.

Wie alle Reiternomaden waren auch die Awaren tapfere Krieger, hervorragende Reiter, geübt im Umgang mit Pfeil und Bogen, weitreichenden und wuchtigen Waffen. Der Steigbügel ermöglichte ihnen den wirkungsvollen Gebrauch nicht nur des Bogens, sondern auch des Reitersäbels und der Lanze. Die awarischen Reiterheere pflegten unvermutet hervorzubrechen und vermochten es, sich ebenso rasch wieder zurückzuziehen. Im 5. Jahrhundert waren sie am Kaspischen Meer aufgetaucht, dann weiter nach Westen vorgedrungen und im 6. Jahrhundert schließlich zu gefährlichen Gegnern des oströmischen Reiches geworden. Immer wieder mußten ihnen die Kaiser riesige Summen als Jahresgelder zahlen, die in Wirklichkeit nichts anderes waren als Tribute. Unter ihrem Khagan Bajan waren sie bis an die untere Donau vorgestoßen, hatten im Bunde mit den Langobarden das Gepidenreich in der Theißebene vernichtet und nach dem Abzug der Langobarden 568 nach Italien die weiten Ebenen zu beiden Seiten der mittleren Donau in Besitz genommen, deren Natur ihren Lebensgewohnheiten reiche Entfaltungsmöglichkeiten bot.

Am meisten aber lockte die Awaren der Süden, die Provinzen des oströmischen Reiches, dessen Hauptstadt Konstantinopel sie im Jahre 626 vergeblich belagerten. Auch in andere Himmelsrichtungen dehnten sie ihre Streifzüge aus. Im Jahre 610 fielen sie ins langobardische Italien ein und plünderten Friaul. Die Herzogsstadt Civi-

Relief eines awarischen Kriegers, der die für die Steppenreiter typischen Waffen trägt: einen Säbel und einen Köcher mit sechs Pfeilen

dale fiel durch Verrat in ihre Hände. Paulus Diaconus, der Geschichtsschreiber des langobardischen Volkes, hat das blutige Geschehen der Nachwelt überliefert. Von unerhörten Grausamkeiten berichten die Chronisten, was gewiß nicht alles erfunden war. Mit brutalsten Methoden hielten die Awaren die slawischen Völker in Pannonien, dem Ostalpenraum, Böhmen und Ostmitteldeutschland in entwürdigender Knechtschaft. Der Zorn der Unterdrückten entlud sich in den zwanziger Jahren des 7. Jahrhunderts in einem gewaltigen Aufstand unter dem fränkischen Kaufmann Samo, der für einige Jahrzehnte ein großes Slawenreich beherrschte.

Die karantanischen Slawen im Ostalpenraum hatten sich mit bayrischer Hilfe um 740 von der awarischen Herrschaft befreit, und die Grenze zwischen den Bayern und den Awaren hatte sich wohl einigermaßen stabilisiert. Der Sturz Tassilos III. 788 löste deshalb bei den Awaren Unruhe aus. Sie unternahmen mehrere Einfälle ins bayrische Siedlungsgebiet und nach Friaul. In fränkischen Quellen wird von erfolgreichen Abwehrschlachten an der Donau und in Italien berichtet. Dabei wird nicht versäumt, die Schuld an den Awareneinfällen dem abgesetzten Bayernherzog und seiner langobardischen Gemahlin Liutperga in die Schuhe zu schieben.

Vielleicht hat es sich bei den Vorstößen der Awaren bloß um Streifzüge gehandelt, deren Gefährlichkeit von den tendenziösen fränkischen Kriegsberichterstattern übertrieben wurde. Möglicherweise glaubte Karl der Große aber auch ernstlich an eine Gefahr aus dem Osten. Jedenfalls wandte er sich unverzüglich nach Osten. Er kam 788 nach Bayern in die alte Herzogsresidenz Regensburg und ergriff auf diese Weise in sinnfälliger Form Besitz von dem Land, dessen Herzog er gerade entmachtet hatte. Als Stellvertreter des Königs übte hier Graf Gerold mit dem Titel eines Präfekten eine Art Oberhoheit über den Bereich des ehemaligen Herzogtums aus. Gerold war eng mit den Agilolfingern verwandt, als Schwager Karls des Großen aber auch dem karolingischen Haus verbunden. Die Verwaltung war Grafen anvertraut, die zum großen Teil fränkischer Herkunft waren. Gleichzeitig traf Karl der Große Maßnahmen zur Sicherung der Grenzen gegen die Awaren, wahrscheinlich durch die Einsetzung von Grenzgrafen mit besonderen militärischen Vollmachten und wohl auch durch die Errichtung von Grenzbefestigungen.

Die Awaren beobachteten das, was sich an ihrer Westgrenze tat, offensichtlich mit dem größten Mißtrauen, zu Recht, wie sich erweisen sollte. Sie schickten eine Gesandtschaft, die Karl der Große in Worms empfing und anhörte, woraufhin er dann seinerseits Legaten an die awarischen Fürsten entsandte. Strittig blieben verschiedene Grenzfragen. Ob Karl der Große überhaupt an einer friedlichen Regelung interessiert war, ist sehr fraglich, denn Sachsen schien befriedet und Bayern fest in das Reich integriert, den slawischen Großstamm der Wilzen hatte er ein Jahr zuvor durch einen weitausgreifenden Feldzug niedergeworfen und zur Stellung von Geiseln gezwungen, und mit den Völkerschaften der Abodriten und Sorben war er verbündet. Er war also in der Lage, das gesamte Reichsheer gegen die Awaren ins Feld zu führen und den Bayern zu beweisen, daß sie mit der Unterstellung unter die unmittelbare königliche Herrschaft keinen schlechten Tausch gemacht hatten.

Der Bau des Karlsgrabens

Die stattlichen Reste des etwa dreißig Meter breiten Grabens regten die Phantasie der Nachwelt an, wie die farbige Federzeichnung in der Würzburger Bistumschronik des Lorenz Fries von 1546 zeigt.

Im Jahre 791 begab sich Karl der Große schließlich nach Regensburg, wo er gegen die Awaren das Heer sammelte, das aus Franken, Sachsen und Friesen, sicher auch aus Bayern und Alemannen bestand. Die Friesen hatten sich als Schiffer im Feldzug gegen die Wilzen bewährt, bei dem sie die Elbe und Havel befahren hatten. Vielleicht waren sie aufgeboten worden, weil der König die Donau als Heerweg nutzen wollte. Tatsächlich wird in den Schilderungen des fränkischen Angriffs ein strategischer Plan sichtbar. Von Friaul aus stieß König Pippin ins Awarenreich vor, während Karl der Große das Hauptheer in zwei Marschkolonnen teilte, die zu beiden Seiten der Donau in Richtung Osten vorrückten, die Nordarmee unter dem Grafen Theoderich und dem Kämmerer Meginfrid, die Südarmee unter königlichem Kommando. Wohl überraschend für die Awaren war das Auftauchen der Flotte, die zwischen den beiden Heersäulen auf der Donau operierte und auch die Versorgung der Truppen sicherte. So räumten die Awaren kampflos ihre Stellungen auf der Höhe des Wiener Waldes, und die fränkischen Heere drangen ungehindert bis an die Raab vor. Letztlich stießen die beiden Armeen ins Leere, weshalb sie an der Raab umkehrten, nicht zuletzt auch deshalb, weil eine Seuche unter den Pferden ausbrach, die ein weiteres Vordringen in die Weiten des Donaubeckens nicht ratsam erscheinen ließ.

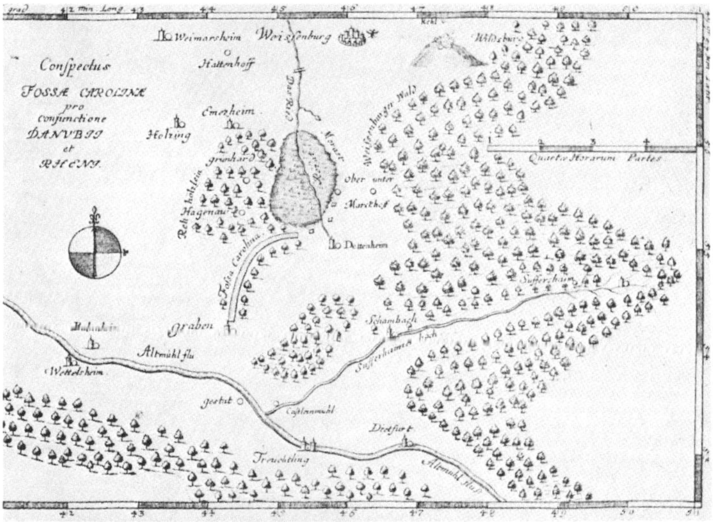

Der Karlsgraben (»Fossa Carolina«) auf einer Karte von 1729

Karl der Große dürfte erkannt haben, daß er allenfalls einen Achtungserfolg errungen und Stärke demonstriert hatte, mehr nicht. Möglicherweise waren schon in Regensburg, vor Beginn des Feldzugs, Stimmen gegen das Unternehmen laut geworden. Die offiziöse fränkische Geschichtsschreibung berichtet jedenfalls mit bemerkenswerter und daher wohl verräterischer Umständlichkeit, daß der Awarenkrieg beschlossen wurde, weil die Awaren große und untragbare Übeltaten gegen die heilige Kirche und die Christenheit verübt hätten.[28] Ein Grund für einen großen Krieg, der allen einleuchtete, war das nicht, auch wenn sich der König als Schutzherr der Kirche und des christlichen Volkes fühlte.

Karl der Große war nicht gewillt, sich mit dem Ergebnis des Feldzuges von 791 zu begnügen, sondern plante nun einen entscheidenden Schlag gegen die Awaren. Er blieb bis zum Herbst 793 in Regensburg und traf umfangreiche Vorbereitungen, darunter ungewöhnliche Maßnahmen wie den Bau einer transportablen Schiffsbrücke: »Flußschiffe wurden mit Ankern und Seilen so verbunden, daß eine Brücke entstand, die man zusammensetzen und wieder auseinandernehmen konnte«, berichten die Reichsannalen.[29] Auch das abenteuerliche Projekt eines Rhein-Main-Donau-Kanals, das der König in diesen Monaten mit großem Arbeitseinsatz in die Wege leitete, steht sicher mit den Kriegsvorbereitungen in Zusammenhang. Die Regnitz und die Altmühl, die Nebenflüsse des Mains und der Donau, sollten durch einen schiffbaren Graben miteinander verbunden werden. Eine glückliche Hand hatte Karl der Große dabei nicht, denn der Plan scheiterte an der mangelhaften Technik, die den schwierigen geologischen Gegebenheiten dieses Raumes nicht angemessen gewesen zu sein scheint.

Auch aus der geplanten militärischen Großoffensive wurde nichts. Wieder einmal hatten sich die Sachsen erhoben und dem Grafen Theoderich, der friesische Aufgebote heranführen sollte, im Rüstringerland an der unteren Weser eine schwere Niederlage beigebracht. Für den König hatte Sachsen noch immer Vorrang, und so überließ er die Fortsetzung des Awarenkrieges dem Bayernpräfekten Gerold, dem Markgrafen Erich von Friaul und dem jungen König Pippin von Italien. Diese Herren ließen sich die Chance, den eigenen Kriegsruhm zu steigern, nicht entgehen. Sehr bald zeigte sich, daß den Awaren von der Mark Friaul aus über den Karst oder durch das Tal der Drau leichter beizukommen war als von Bayern aus durch das Donautal. Der erste spektakuläre Erfolg ging auf das Konto des Markgrafen Erich von Friaul, der im Bunde mit einem slawischen Fürsten Woinimir wohl Ende des Jahres 795 den legendären Awarenring erobern und den Schatz als Siegeszeichen an seinen König nach Aachen schicken konnte. Im folgenden Sommer unternahm Pippin, unterstützt von alemannischen und bayrischen Aufgeboten, einen Feldzug nach Pannonien. Er stieß weit nach Osten vor, plünderte und zerstörte seinerseits den Ring, nahm die Unterwerfung des Khagans entgegen und trieb die Scharen der Awaren, die sich nicht beugen wollten, zur Flucht über die Theiß nach Osten. Dies alles geschah, während einer der awarischen Fürsten, der »Tudun«, mit Karl dem Großen verhandelte, sich sogar in Aachen taufen ließ und für sich und sein Volk die fränkische Oberhoheit anerkannte. Karl beeilte sich, den Triumph seiner Waffen über diese gefährlichen Feinde der Christenheit im ganzen Reich verkünden zu lassen, und er gilt bis zum heutigen Tag als der Sieger über die Awaren.

Der rasche Zusammenbruch des Awarenreiches setzte die damalige Welt in Erstaunen. Zu den Nutznießern gehörten die von Osten herandrängenden Bulgaren, denen sich Teile der Awaren unterwerfen mußten. Der berühmte Bulgarenkhan Krum (803-814) soll gefangene Awaren gefragt haben, womit der Untergang ihres Herrschers und ihres ganzen Volkes zu erklären sei, und zur Antwort bekommen haben:

Weil die gegenseitigen Anschuldigungen zunahmen und weil man die tapferen und vernünftigen Leute ausrottete. Verbrecher und Diebe wurden mit den Richtern einig. Dazu kam die Trunkenheit; es gab immer mehr Wein, und die Leute wurden trunksüchtig. Weiter die Bestechlichkeit und die Schacherei; ein jeder gab sich als Kaufmann aus, und man betrog sich gegenseitig.[30]

Sittlicher Verfall, Abkehr von den bisher gültigen ethischen Normen und innere Machtkämpfe, von denen auch die fränkischen Quellen zu berichten wissen, hatten das Awarenreich also offenbar in eine tiefe Krise gestürzt. Als im Westen und auch im Osten - das sollte nicht vergessen werden - mächtige äußere Feinde auftauchten, war die Katastrophe unvermeidlich.

Das Ende des Awarenreiches besiegelte zugleich das Schicksal des Volkes. Binnen wenigen Jahrzehnten verschwand es vom Erdboden, obwohl Karl der Große zwar einen Angriffs- und Eroberungskrieg, aber durchaus keinen Vernichtungskrieg geführt hatte. Natürlich war Blut geflossen und floß auch weiter, denn in den Jahren 797, 799 und 802 wagten die Awaren immer wieder Aufstände, die niedergeschlagen wurden und zweifellos viele Opfer forderten - auch unter den Franken. So fielen im Jahre 799 die beiden ranghöchsten fränkischen Würdenträger im Südosten, Präfekt Gerold von Bayern und Markgraf Erich von Friaul, und 802 die Grafen Chadaloh und Goteram im Kampf gegen die Awaren.

Den ethnischen Kern des Awarenvolkes, die »echten Awaren«, Träger der awarischen Traditionen in Sprache, Bewaffnung, Kampfesweise und Lebensformen, hatte stets nur eine kriegerische Herrenschicht gebildet, die wohl nie mehr als einige zehntausend Menschen zählte. Nach dem Zusammenbruch ihrer politischen Herrschaft hatten die Steppennomaden kaum Überlebenschancen, zumal sich der Haß der bisher unterdrückten Slawen offenbar mit elementarer Wucht entlud. 805 bat einer der inzwischen zum Christentum übergetretenen Fürsten, der Kapkhan Theodor, die Franken um Hilfe gegen die Angriffe der Slawen. Auf seinen Wunsch hin erhielt sein Volk Wohnsitze im Gebiet zwischen Donau, Raab und Neusiedler See zugewiesen, eine Mischung aus Reservat und Tributärfürstentum. Karl der Große stellte auch die Würde des Khagans wieder her, der bei der Taufe den Namen Abraham empfing.

817 wurden in Pannonien neben den Slawen noch die Awaren genannt, und im Jahre 822 erschienen awarische Gesandte mit den üblichen Geschenken vor Kaiser Ludwig dem Frommen auf dem Frankfurter Reichstag, zum letzten Male, dann verschwand dieses Volk aus der Geschichte. »Sie verschwanden wie die Obor, die weder Sippen noch Nachkommen mehr haben«, sagt ein altslawisches Sprichwort.[31]

7. »Das Volk in Waffen«

Jahr für Jahr zog das fränkische Heer in den Krieg, von verschwindend wenigen Ausnahmen abgesehen. Unter Karl dem Großen war das so, und unter seinen beiden Vorgängern Karl Martell und König Pippin ist es nicht anders gewesen, und diese beiden hatten nur fortgesetzt, was bei den Franken nun einmal Brauch war.

Das fränkische Heervolk versammelte sich alljährlich im Frühling zur großen, »Märzfeld« genannten Heerschau. König Pippin verlegte sie im Jahre 755 in den Mai, denn das fränkische Heer wurde in zunehmendem Maße zur Reiterarmee, und im März gab es noch zu wenig Futter für die Pferde. Vielleicht spielte auch der Gedanke an die bevorstehenden Kämpfe gegen die Langobarden eine Rolle, die Furcht vor den Schwierigkeiten eines Alpenübergangs im zeitigen Frühjahr. Über die Motive kann man nur Vermutungen anstellen. Auf jeden Fall wurde aus dem Märzfeld nun das »Maifeld«. Es war Heerschau, Musterung und Volksversammlung zugleich und konnte auch zum Forum der politischen Willensbildung werden, denn das Heer galt als das »Volk in Waffen«. Volk und Heer werden in den Quellen vielfach synonym gebraucht.

Das Heer war einer der tragenden Pfeiler der politischen Ordnung des Frankenreiches. Als Karl der Große im Jahre 780 Maßnahmen zur Bekämpfung einer großen Hungersnot ergriff, befahl er zunächst einmal der Geistlichkeit, Messen zu lesen und Psalter zu beten, zuerst für den König, dann für das Heer der Franken und erst zuletzt für die Beendigung der Hungersnot.[32] Das Gebet für König und Heer hatte Vorrang vor demjenigen zur Abwendung einer großen Gefahr für das Leben der übrigen Menschen.

Waren die Beratungen auf dem März- oder Maifeld abgeschlossen, die Krieger versammelt und gemustert, begann – in der Regel unter Führung des Herrschers selbst – der Feldzug. Er zog sich einige Wochen oder sogar ein paar Monate bis in den Sommer hin. Die Krieger waren lange unterwegs vom Aufbruch zur Heerschau bis zur Heimkehr, der Zeit der »Schaftlege«, wenn der Krieger seinen Speer, die Hauptwaffe der Franken, in die Ecke lehnte.

Wer aber waren die Krieger, die dem Aufgebot ihres Königs folgten? Was dachten sie über die Feldzüge, die sie auf sein Geheiß hin unternahmen? Waren sie große Herren oder kleine Bauern? Gab es

Flugbahn der Franziska (Wurfaxt)

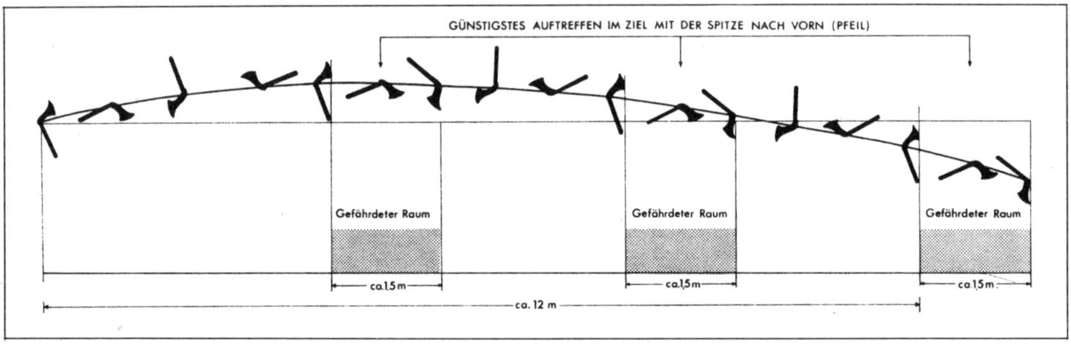

eine allgemeine Wehrpflicht? Wer rüstete das Heer aus, und aus welchen Verbänden und Truppengattungen setzte es sich zusammen? Gab es eine »feudale Kriegskunst«,[33] eine Strategie und Taktik, die Karl der Große als Feldherr befolgte? Wie groß waren die fränkischen Heere? Viele Fragen drängen sich auf, die sich nicht eben leicht beantworten lassen. Und dementsprechend widersprüchlich sind auch die Antworten, die die Geschichtswissenschaft bis jetzt gegeben hat.

In der karolingischen Heeresverfassung mischten sich altertümliche und neuere, in die Zukunft weisende Züge. Diese Synthese aus Archaischem und Modernem gelang, wie die militärischen Erfolge Karls des Großen beweisen. Aus heterogenen Elementen formte er die schlagkräftigste Armee des Abendlandes. Zu den Geheimnissen seiner Erfolge gehörte die permanente Kriegsbereitschaft seiner Heermannen. Das Recht auf das Führen der Waffen war ein Vorrecht des freien Mannes, die Wehrhaftmachung durch die Verleihung der Waffen, eine Frühform der »Schwertleite«, war die tiefgreifende Zäsur zwischen Kindheit und Jugend. Schon mit vierzehn oder fünfzehn Jahren wurde der Knabe wehrfähig und wehrpflichtig und blieb es bis ins hohe Alter. Die Waffen folgten dem Mann ins Grab, wenigstens so lange, bis der christliche Glaube die altgermanischen Jenseitsvorstellungen endgültig verdrängt hatte. Das Kriegertum hatte bei den Germanen als die dem Manne angemessene Lebensform gegolten, und die Tugenden, die im Kampfe gefragt waren, hatten höher gestanden als die des Friedens. Jetzt, im Zeitalter der Karolinger, änderte sich daran nicht allzuviel.

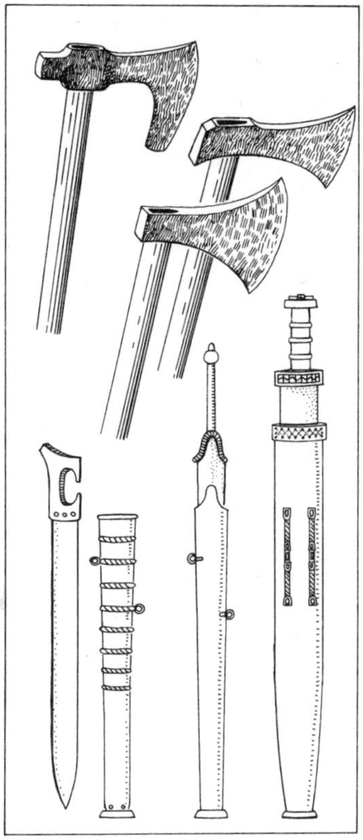

Fränkische Waffen

Noch immer galt der Grundsatz von der allgemeinen Wehrpflicht aller Freien, nicht nur für die Franken und die Angehörigen der anderen germanischen Stämme, sondern auch für die Romanen. Das Recht, den Heerbann aufzubieten, gebührte dem König, dem damit ein entscheidendes, wenn nicht sogar das entscheidende Machtmittel zur Verfügung stand. Der königliche Befehl erging an die lokalen Machthaber, zumal an die Grafen, die dann in ihrem »Aushebungsbezirk« die geforderten Kontingente mobilisierten. Der Graf führte im allgemeinen das Aufgebot seiner Grafschaft dem königlichen Heer zu. Wer dem »Einberufungsbefehl« ohne echte Not nicht Folge leistete, hatte die hohe »Heerbannbuße« verwirkt. Befreiung von der Heerfahrt oder Erlaß der Bannbuße waren dem König vorbehalten.

Die Männer, die dem Aufgebot zu folgen hatten, waren zwar alle freien Standes, befanden sich aber keineswegs alle in der gleichen wirtschaftlichen und sozialen Position. Unter den einfachen gesellschaftlichen Verhältnissen der altgermanischen Periode und der Völkerwanderungszeit hatte der Germane noch Krieger, Bauer und Jäger in einer Person sein können, aber unter den komplizierten Bedingungen der Karolingerzeit war dieses altgermanische Bauernkriegertum kaum noch praktikabel. Von alters her hatte der Krieger für seine Bewaffnung und Verpflegung selbst zu sorgen. In einer Zeit, in der die Feldzüge immer ausgedehnter wurden, stellten sie immer höhere Anforderungen an das Leistungsvermögen des einzelnen. Auch die Bewaffnung wurde immer kostspieliger. Unter diesen Umständen wurde auch die Einstellung zum Kriege differenzierter. Ruhm und Ehre, reiche Beute und neues Land erwarteten die einen vom Kampf – und mancher gab sein Land an ein Kloster, um dafür Pferd und Waffen einzutauschen –, für andere wurden die Feldzüge zur ungeliebten Verpflichtung.

Mit den Fortschritten im Wirtschaftsleben, mit der Intensivierung der Landwirtschaft, die arbeitsaufwendiger, aber auch lohnender wird, schwindet in der bäuerlichen Lebenswelt die kriegerische Gesinnung, der altgermanische Kampfgeist, den einst Tacitus so zu loben wußte. Die großen Herren erhalten Ämter und Lehen in den eroberten Gebieten, die Vasallen vergrößern ihren Lehnsbesitz und haben Anteil an der Beute, die kleinen Freien kehren mit wenig oder nichts auf ihre Höfe zurück. Der Krieg lohnt sich für sie nicht mehr. Kriegsmüdigkeit wird spürbar in dieser Schicht. Freiwillig oder gezwungen begeben sich freie Bauern in die Abhängigkeit von geistlichen oder weltlichen Grundherren, um sich auf diese Weise der Wehrpflicht zu entziehen. Auch der Eintritt in den geistlichen Stand war ein Weg, der oft beschritten wurde.

Das fränkische Königtum war jedoch nicht gewillt, dieser Entwicklung tatenlos zuzusehen und diese Dezimierung seines militärischen Potentials hinzunehmen. Am Prinzip der persönlichen Wehrpflicht aller Männer freien Standes wurde festgehalten, aber abgestuft nach der wirtschaftlichen Leistungsfähigkeit. Wollte man es modern formulieren, so ging es also um mehr »Wehrgerechtigkeit«. Wer mindestens zwölf Hufen Land besaß, hatte in guter Bewaffnung als »Panzerreiter« auszurücken, gehörte also zur militärischen Elite. Persönlich wehrpflichtig war derjenige, der wenigstens drei Hufen sein eigen nannte. Er diente in leichter Bewaffnung und zu Fuß. Weniger begüterte Freie wurden zu »Gestellungsverbänden« zusammengefaßt und hatten zu mehreren jeweils einen Mann auszurüsten. Durch diese »Heeresreform« Karls des Großen zu Beginn des 9. Jahrhunderts sollten die für die kleinen Freien ruinösen Belastungen der Heerfahrt gemildert werden, ohne daß der König auf das Volksaufgebot verzichten mußte. Die Kampfkraft des fränkischen Reichsheeres beruhte noch immer zu einem nicht unbeträchtlichen Teil auf den zu Fuß kämpfenden Kriegern.

Die allgemeine Entwicklung ging jedoch in eine andere Richtung. Sie tendierte zu einer strikten und grundsätzlichen Trennung von Kriegertum und Bauerntum, zur Entstehung einer kriegerischen Elite, zum Kriegertum als exklusiver Form adliger Existenz. Das neue dynamische Element in diesem Entwicklungsprozeß war das Lehnswesen, die Vasallität. Sie hat immer mehr die Struktur der mittelalterlichen Gesellschaft geprägt, fortwirkend bis weit in die Neuzeit hinein. In der marxistischen Periodisierung hat sie als »Feudalismus« (»feudum« gleich »Lehen«) einer ganzen, mehr als ein Jahrtausend umfassenden Geschichtsperiode den Namen gegeben.

Die Anfänge dieser Institution waren bescheiden. Bereits in merowingischer Zeit ist es vorgekommen, daß sich Personen freien Standes unter den Schutz des Königs oder eines anderen mächtigen Herrn stellten, ohne auf ihre Freiheit zu verzichten. Durch einen Symbolakt, der »Kommendation« oder »Handgang« genannt wurde, verpflichteten sie sich zu Gehorsam und Dienst gegenüber ihrem Herrn, der ihnen dafür den Lebensunterhalt gewährleistete. Während der Zeremonie des Handganges legte der Mann seine gefalteten Hände in die des Herrn. Das ist ein uralter Verknechtungsritus, denn der Unterworfene bietet seine Hände zur Fesselung dar. Auch das Wort »Vasall«, das aus dem Keltischen stammt und ursprünglich »Knecht« bedeutet, ist ein Indiz dafür, daß die Wurzeln des Lehnswesens in einer sehr niederen sozialen Sphäre zu suchen sind.

Eine zweite Wurzel der Vasallität war das germanische Gefolgschaftswesen, der freie Kriegerverband, der sich um einen Gefolgsherrn scharte, mit ihm lebte, kämpfte und starb. Das aus altgermanischen Traditionen gespeiste gefolgschaftliche Denken blieb auch im merowingischen Frankenreich lebendig und beeinflußte spürbar das politische und gesellschaftliche Leben, vor allem durch den Treueid, der den persönlichen Bindungen ein gewisses Maß an Stabilität verlieh. An die Stelle der Gehorsamspflicht trat die Verpflichtung zur Treue, die aber nicht nur den Vasallen, sondern auch den Herrn band. Aus der Unterordnung wurde in gewissem Umfang ein Verhältnis auf Gegenseitigkeit. Dadurch erfuhr der Vasall, der Lehnsmann, eine erhebliche Aufwertung seines Prestiges, und der Symbolakt der Kommendation verlor den Charakter eines Versklavungsritus. Die Beziehungen zwischen dem Herrn und seinen Vasallen wurden durch die Übernahme des Treueids aus dem Gefolgschaftswesen veredelt. Der Lehnsmann verpflichtete sich durch feierliche Eidesleistung auf das Evangelium oder die Reliquien der Heiligen zur Treue gegenüber seinem Herrn und zu Hilfe und Beistand. Dafür empfing er von seinem Herrn ein »Benefizium«, ein »Lehen«, das ihn in die Lage versetzte, die Vasallendienste zu leisten. Der agrarisch-naturalwirtschaftlichen Grundstruktur der frühmittelalterlichen Gesellschaft entsprechend, bestand das Lehnsobjekt in aller Regel aus Grundbesitz.

Immer mehr wurde es zur Hauptverpflichtung des Vasallen, dem Lehnsherrn im Frieden mit Rat und Tat zur Seite zu stehen, ihn in den Krieg zu begleiten und an seiner Seite zu kämpfen. »Rat und Hilfe« nannte man diese Verpflichtung des Lehnsmannes zur »Heer- und Hoffahrt«.

Das karolingische Königtum hat die Chancen zu nutzen gesucht, die die Entwicklung des Lehnswesens bot. Die Großen des Reiches erhielten ein Lehen vom König und wurden damit zu »Kronvasallen«, durch Kommendation, Treueid und Lehen unmittelbar und sehr persönlich an den Herrscher gebunden. Der König nahm aber auch weniger bedeutende Leute in seine Vasallität auf, so daß auch kleine Lehnsleute zu den Kronvasallen gehörten. Geistliche Würdenträger und weltliche Herren schufen sich ihrerseits Vasallenverbände, die zum größten Teil aus kleineren Freien bestanden, denen der Eintritt in die Vasallität die Möglichkeit zum sozialen Aufstieg bot. Auch Halbfreie und Unfreie konnten von ihrem Herrn mit Lehen ausgestattet und zum Kriegsdienst herangezogen werden. Die Aufnahme in die Schicht der Vasallen führte also zur Erlangung der Waffenfähigkeit, des Waffenrechts. Das war ein neuer, in die Zukunft weisender Faktor.

Nachhaltig waren die Folgen für die Wehrverfassung, denn während sich auf der einen Seite die militärische Bedeutung des Volksaufgebotes abschwächte, wuchs auf der anderen Seite das Gewicht der Vasallen. Ihnen war es auf Grund der Ausstattung mit größeren Lehnsgütern möglich, als gutbewaffnete und im Kampf geübte Reiter ins Feld zu ziehen. Sie fühlten sich allerdings in erster Linie - wenn nicht sogar ausschließlich - ihrem Lehnsherrn zur Waffenhilfe und zur unbedingten Gefolgschaft verpflichtet, so daß es für das Königtum nicht leicht war, die Vasallenkontingente in die Heeresorganisation einzubauen. Karl der Große griff hier durch und verpflichtete die Lehnsherren, an der Spitze ihrer Mannen dem königlichen Heerbann Folge zu leisten. Falls der Lehnsherr, der »Senior«, nicht aufgeboten wurde, sollten seine Vasallen dem militärischen Kommando des zuständigen Grafen unterstellt werden.

Die These, wonach »alle Staatsverfassung ursprünglich Kriegsverfassung, Heeresverfassung« sei,[34] erscheint auf den ersten Blick überzogen, doch werden bei näherer Betrachtung die engen Verbindungen sichtbar, die zwischen der wirtschaftlichen Basis, der sozialen Struktur, den technischen Möglichkeiten, der politischen Kultur und der Mentalität einer Gesellschaft und ihrer Heeresorganisation und Wehrverfassung bestehen. Das Kriegswesen ist auf allen Stufen der menschlichen Kulturentwicklung ein ganz zentraler Teil der gesellschaftlichen Ordnung gewesen, und das gilt bis in die Gegenwart hinein.

Das fränkische Heer galt zwar als »das Volk in Waffen«, aber es war zur Zeit der Karolinger keineswegs ein homogener Heerhaufen, sondern eine gutausgerüstete, aus verschiedenen Kontingenten zusammengesetzte und in sich strukturierte Armee. Notker der Stammler hat uns in seiner Erzählung vom »Eisernen Karl vor Pavia« eine gewiß übertriebene, im Kern aber wohl zutreffende Schilderung einer solchen Armee überliefert. Sie bestand danach aus dem Troß, dem Volksaufgebot, der Palastgarde, den geistlichen Würdenträgern mit ihrem Gefolge und dem König mit seinen Begleitern und seiner Leibwache. In dichterischer Übertreibung läßt Notker ein riesiges Heer aufmarschieren, das die ganze weite Ebene um die langobardische Königsstadt erfüllt. Wie groß die Heere der Karolingerzeit letztlich waren, ist allerdings schwer zu sagen, denn es gibt keine zuverlässigen Methoden, die Heeresstärke zu ermitteln. Man schätzt, daß in der Regel zwei- bis dreitausend Reiter und einige tausend Krieger zu Fuß aufgeboten wurden. Eine außergewöhnliche Armee, wie Karl der Große sie 778 für den Spanienfeldzug und 791 gegen die Awaren zusammengestellt hatte, mag also aus zehn- bis zwölftausend Mann bestanden haben. Mehr als Schätzungen sind das nicht.

Fränkischer Krieger, Elfenbeinschnitzerei aus dem 10. Jahrhundert

Den Kern des Reichsheeres stellten unter Karl dem Großen noch immer die Franken, verstärkt durch Aufgebote aus anderen Reichsteilen. So bot der König für den Spanienfeldzug 778 auch Truppen aus Aquitanien, Septimanien, Burgund, der Lombardei, Alemannien und Bayern auf. An dem großangelegten Feldzug gegen das Awarenreich 791 nahmen neben fränkischen Aufgeboten auch Sachsen, Friesen, Thüringer und Langobarden teil. Die geographische Lage des Kriegsschauplatzes bestimmte also weitgehend die Zusammensetzung der Armee, allerdings wurden auch Kontingente über große Entfernungen herangeführt.

Die Kampfkraft der fränkischen Heere beruhte zu einem guten Teil auf der schwerbewaffneten Reiterei. Diese »Panzerreiter« waren allerdings noch nicht die ganz in Eisen gehüllten Ritter des Hoch-und Spätmittelalters, sondern Berittene in einem leichten

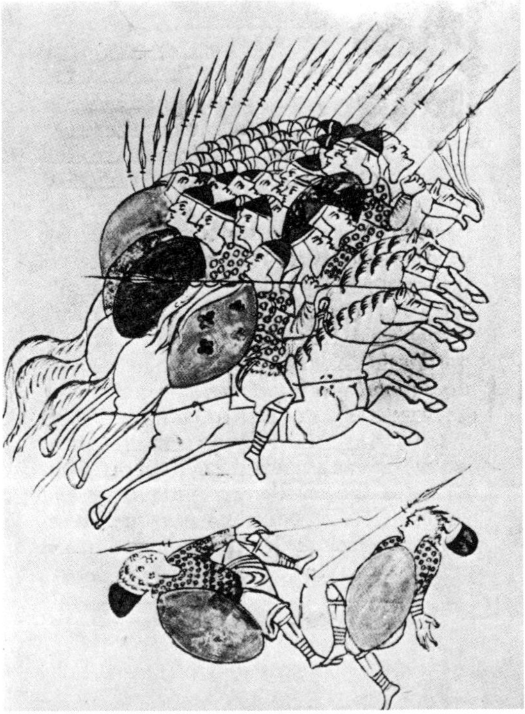

Fränkische Reiterei, Illustration zum Buch der Makkabäer in einer Handschrift des frühen 10. Jahrhunderts

Panzerhemd mit Helm, Schild, Kurzschwert und Lanze. Diese fränkischen Waffen, vor allem die Panzer und Schwerter, waren von hoher Qualität und demzufolge bei benachbarten Völkern berühmt und begehrt. Karl der Große suchte deshalb den Waffenexport zu verhindern und erließ sogar ein striktes Verbot, Waffen außerhalb der Grenzen seines Herrschaftsgebietes zu verkaufen - sicher mit mäßigem Erfolg, denn das Waffengeschäft muß besonders gewinnbringend gewesen sein, wie die hohen Strafen für Waffenschmuggel und die hohen Belohnungen für die Aufdeckung zeigen.[35]

Die zahlenmäßig stärksten Kontingente wurden wahrscheinlich noch immer von den Fußtruppen gestellt. Ihr militärischer Wert war aber im Sinken begriffen, obgleich Karl der Große ihre Ausrüstung und Bewaffnung zu verbessern suchte und entsprechende Anweisungen erteilte. Die Reiterei, bestehend aus den schwerbewaffneten Panzerreitern und leichter Kavallerie, wurde immer mehr zur entscheidenden Waffengattung.

Den größten Teil des Reichsheeres bildeten Krieger, für die der Krieg noch eine periodische Angelegenheit war. Sie wurden im Bedarfsfalle im Frühjahr aufgeboten und kehrten nach der Beendigung des Feldzuges im Spätsommer in ihre Heimat zurück. Daneben gab es offensichtlich Ansätze zu einem stehenden Heer, denn Karl der Große setzte oftmals »Scharen« für besondere Aufgaben ein, rasch einsatzfähige, bewegliche, mit großer Wahrscheinlichkeit berittene Verbände. Diese »Scharen« sind vermutlich aus der Königsgefolgschaft der Merowingerzeit hervorgegangen. Ihre Angehörigen dürften am Königshof und in der Umgebung der Königspfalzen gelebt haben. Berufskrieger waren wohl auch erfor-

Das »Rolandshorn« aus Toulouse

In Sage und Lied wurde der Tod des Markgrafen Roland poetisch verklärt. Der Held, angeblich ein Neffe Karls des Großen, verschmähte es bis zuletzt, durch einen Ruf mit seinem Horn Olifant Hilfe herbeizuholen.

derlich als ständige Besatzungen auf den Reichsburgen, die die fränkischen Herrscher an strategisch wichtigen Punkten anlegen ließen, vor allem in gefährdeten Grenzregionen.

Auch wenn die Feldzüge Karls des Großen nicht immer von Erfolg gekrönt waren, sein Kriegsruhm war und blieb ungeheuer. Aber war er wirklich ein begnadeter Feldherr, besaß er einen Blick für Strategie und Taktik? Das ist schwer zu sagen. Gewiß war die Demonstration militärischer Stärke und Überlegenheit ein essentielles Element der fränkischen Kriegführung, aber man wird dem Kaiser Feldherrntalente sicher nicht absprechen können. Seine militärischen Unternehmungen hat er so sorgsam wie möglich geplant, die geographischen Verhältnisse im Operationsgebiet erkunden lassen und das Heer in geeigneter Form zusammengestellt. Der Einsatz friesischer Kontingente im Kampf gegen die Slawen und Awaren zum Beispiel war darin begründet, daß Karl der Große die Benutzung der Wasserstraßen Elbe, Havel und Donau für die Kriegführung vorgesehen hatte, und die Friesen waren erfahrene Schiffer. Der zeitliche Zusammenhang zwischen den Vorbereitungen des Awarenkrieges und den Arbeiten an dem gescheiterten Projekt des »Karlsgrabens« macht es fast zur Gewißheit, daß der Idee eines Rhein-Main-Donau-Kanals auch militärstrategische Überlegungen zugrunde lagen.

Für Karls großräumige militärische Unternehmungen ist es charakteristisch, daß er gleichzeitig mit mehreren Armeen operierte und zusätzlich noch die kampfkräftigen und beweglichen »Scharen« aussandte. Bei den damaligen begrenzten Möglichkeiten der Kommunikation barg diese Taktik Chancen und Risiken. Blutige Schlachten hat Karl der Große nur ganz selten schlagen müssen, denn seine Gegner unterwarfen sich meist oder wichen dem Kampf aus. So war auch die Zahl der Gefallenen bei den Franken selten sehr hoch. Schmerzlich war der Verlust der von dem Markgrafen Roland geführten Nachhut der Spanienarmee, die im Tal von Roncesvalles von den Basken niedergehauen wurde. Und ein noch größeres Debakel war die Vernichtung der fränkischen Truppen in der Schlacht am Süntel durch die sächsischen Aufständischen.

Vernichtungskriege hat Karl der Große nicht geführt, obgleich seine Siege über die Awaren für dieses Volk der Anfang vom Ende waren, sogar eines sehr raschen Endes. Grausam genug waren und blieben die Kriege, deren Begleiterscheinungen auch die Frauen und die Kinder trafen. Notker berichtet sogar, Karl der Große habe auf einem Rachezug gegen slawische Stämme, die in Ostfranken eingefallen waren, selbst die Knaben mit dem Schwert messen und alle, die größer als ein Schwert waren, köpfen lassen.[36] Sicher verbürgt ist das nicht, aber man weiß aus anderen Quellen, daß dies eine altfränkische Sitte war. Karls Vorgehen gegen die Sachsen, das berüchtigte Blutbad an der Aller, ist nur das herausragende Ereignis eines auch sonst sehr blutigen Krieges gewesen.

Nicht weniger grausam war die fränkische Politik der verbrannten Erde, der Vernichtung der Wohnstätten und der Verwüstung der Felder. Neue Elemente der karolingischen Unterwerfungsstrategie waren das Überwintern im Feindesland, die gezielten Plünderungszüge und schließlich die Deportation der Menschen aus den Widerstandszentren. Die Befriedung des Reiches, die Karl dem Großen schließlich im wesentlichen gelungen ist, war alles andere als ein friedliches Geschehen.

V.
Zwischen Rom und Aachen

1. Kaiser wider Willen?

Denar Karls des Großen

Auf seinen Münzen ließ sich Karl der Große im Gewand der römischen Kaiser darstellen. Die Umschrift »Karolus imp(erator) Aug(ustus)« betont die kaiserliche Würde. Das M unter der Büste des Kaisers verweist auf Mainz als Münzstätte. Das Bild dürfte ein Porträt Karls des Großen sein.

Eine von einer »Handvoll altertumsbegeisterter römischer Kleriker inszenierte Komödie« haben moderne Historiker die Kaiserkrönung Karls des Großen spöttisch und zugleich scharfsinnig genannt, denn tatsächlich haftet diesem Ereignis ja etwas sehr Theatralisches an, etwas von einem Coup de théâtre mit dem Heiligen Vater als Dramaturg, Regisseur und Hauptakteur in einer Person und den Römern als Claqueuren.

Aber welchen Part spielte Karl der Große? War er eingeweiht in das Szenarium, in dem sich der Papst die dankbare Rolle des Kaisermachers vorbehalten hatte und in dem auch den Römern eine hochbedeutsame Rolle zugewiesen wurde, nämlich die der staatsrechtlich relevanten Akklamation, der Zustimmung zur Kaisererhebung? Oder hatte der Papst nur die Gunst der Stunde genutzt, auf den Überraschungseffekt vertraut und den König überrumpelt? War Karl in Rom Kaiser wider Willen geworden?

Als sich der König am heiligen Weihnachtstage während der Messe vor dem Grabe des heiligen Apostels Petrus gerade vom Gebet erhob, setzte ihm Papst Leo eine Krone aufs Haupt, und das ganze römische Volk brach in den Ruf aus: Dem erhabenen Karl, dem von Gott gekrönten großen und friedenstiftenden Kaiser der Römer Leben und Sieg! Und nach diesen Lobpreisungen wurde er vom Papst nach der Sitte der alten Kaiser durch die Proskynese verehrt und unter Verzicht auf den Titel eines Patrizius nunmehr Kaiser und Augustus genannt.[1]

So würdigen die Reichsannalen jenes denkwürdige Ereignis, das sich am 25. Dezember des Jahres 800 in der Petersbasilika zugetragen hat. Dieser zeitgenössische Bericht ist wohl der objektivste, aber er verrät nur das, was sich vor aller Augen abgespielt hat und läßt die Hintergründe im dunkeln.

Der Verdacht, daß die Weihnachtsmesse, die nach altem Brauch in der Peterskirche am Grabe des Apostels gefeiert wurde, von Papst Leo III. ein wenig eigenmächtig zur Krönungsmesse ausgestaltet worden ist, stützt sich vor allem auf den Bericht Einhards über Karls Aufenthalt in Rom, wo es heißt:

Damals empfing er den Titel »Kaiser und Augustus«, und das war ihm zu Anfang so zuwider, daß er versicherte, er würde an jenem Tage trotz des hohen Festes die Kirche nicht betreten haben, wenn er den Plan des Papstes hätte voraussehen können.[2]

Aus dieser Äußerung Karls des Großen, die er wohl einmal im vertrauten Kreise getan haben muß, sprechen weniger Bescheidenheit und Demut gegenüber der neuen Würde als Mißvergnügen und Unmut. Mag sein, daß ihm der Zeitpunkt ungelegen kam oder daß er das Zeremoniell als unpassend empfand, man weiß es nicht. Der erfahrene Politiker muß wohl gespürt haben, daß etwas Weltbewegendes geschehen war, das nicht überall Freude und Zustimmung auslösen würde. Hat er auch geahnt, daß einmal eine Zeit kommen würde, in der die Päpste aus ihrer Rolle im Krönungszeremoniell einen Rechtsanspruch auf die Verfügungsgewalt über die Kaiserkrone ableiten würden? Entwicklungen und Verwicklungen waren vorauszusehen, die selbst einem der ganz Großen der Weltgeschichte Unbehagen bereiten mußten.

Aber hatte nicht alles längst auf diesen Akt der Kaiserkrönung hingedrängt? Die fränkische Monarchie hatte unter Karl dem Großen ihren absoluten Machthöhepunkt erreicht. Das Reich der Franken erstreckte sich von den Pyrenäen im Westen bis an die Elbe und die Saale im Osten. Im Südosten stand nach den Siegen über die Awaren ein weites Vorfeld unter fränkischer Herrschaft, und als König der Langobarden verfügte Karl der Große über das langobardische Italien und beanspruchte die Oberhoheit über die Herzogtümer Spoleto und Benevent. Von der Mark Friaul aus bedrängten die Franken die byzantinischen Besitzungen in Venetien, Istrien und Dalmatien. Als »Patrizius der Römer« war Karl der Große zum Schutze des Papstes, der Stadt Rom und des Kirchenstaates verpflichtet, aber da nach germanischer Rechtsauffassung Schutz und Herrschaft nur zwei Seiten einer Medaille waren, fühlte sich der König vorrangig als Herr des Papstes und der Stadt Rom. Wer Schutz ausübt, dem gebührt auch die Herrschaft.

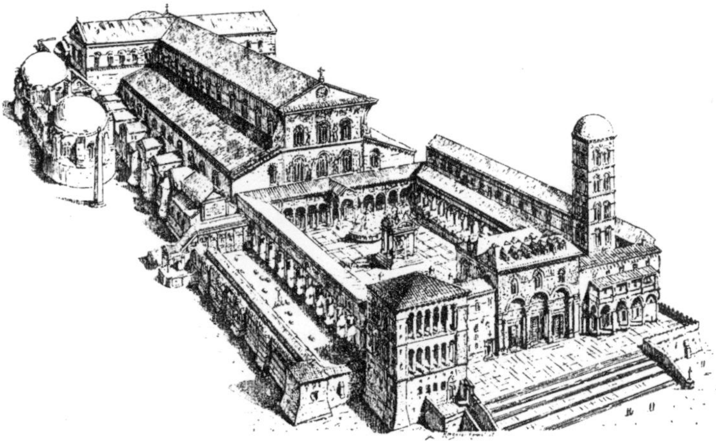

Die Peterskirche, Rekonstruktion

Die unter Kaiser Konstantin dem Großen erbaute Peterskirche lag zur Zeit Karls des Großen noch vor den Toren Roms. Die ehrwürdige Konstantinsbasilika mußte unter Papst Julius II. 1506 einem Neubau weichen.

Karl der Große hatte erfolgreich gegen heidnische Völkerschaften gekämpft, gegen Sachsen, Awaren und Sarazenen, er hatte die Grenzen der christlichen Welt weiter hinausgeschoben, und er hatte fast das gesamte christliche Abendland unter seinem Zepter vereinigt. Die anderen Könige spielten neben ihm keine große Rolle mehr, weder die im skandinavischen Norden und auf der Jütischen Halbinsel, noch die auf den Britischen Inseln und im Norden der Iberischen Halbinsel. Er herrschte unangefochten über Italien, Gallien und Germanien, und, kein Zweifel, ihm hatte Gott, der »König der Könige«, die Herrschaft über die Christenheit anvertraut. Von seinen legitimen Söhnen hatte er Pippin und Ludwig zu Königen in Italien und Aquitanien gemacht, während der älteste Sohn Karl so etwas wie die rechte Hand des Vaters war, vor allem als tatkräftiger Heerführer neben oder an Stelle des Vaters.

Die tatsächliche Machtstellung drängte nach einer ideologischen Aufwertung von Karls Königtum, und seine Hoftheologen machten sich darüber mancherlei Gedanken. Alttestamentliche Königsvorstellungen wurden wiederbelebt, wie dies die aus dieser Sphäre stammende Salbungszeremonie nahelegte, und so galt Karl der Große als »neuer David«, als vorbildhafte Verkörperung christli-

Das Westwerk des sächsischen Klosters Corvey in seiner heutigen Gestalt

Das Westwerk in karolingischer Zeit, Rekonstruktion

chen Königtums. Auch theokratische Gedanken tauchten auf; Gott selbst hatte dem König seine Würde verliehen, die ihn zum Stellvertreter Gottes auf Erden machte. Der König vereinte weltliche und spirituelle Züge in seiner Person und stieg dadurch auf die Stufe der Priesterkönige des Alten Testaments empor. Diese und ähnliche ideologische Übersteigerungen des karolingischen Königtums prägten die karolingische Hoftheologie, und ein gewisses theokratisches Sendungsbewußtsein war sicher auch bei Karl selbst vorhanden. Auf jeden Fall drängte die Frage nach einer Lösung, welche Rangordnung zwischen dem fränkischen König, dem byzantinischen Kaiser und dem Papst eigentlich herrschen sollte.

Im Juni des Jahres 799 sandte Alkuin, der Hoftheologe des Königs, einen Brief an Karl den Großen, in dem er diese Rangordnung auf Grund der Weltlage zu bestimmen suchte. Drei Mächte gab es nach Alkuins Auffassung, die alle anderen in dieser Welt weit überragten: das Papsttum, das Kaisertum und das Königtum. Der Papst, die spirituelle Großmacht der frühmittelalterlichen Welt, ist zwar von dem Apostelfürsten selbst als Stellvertreter eingesetzt worden, aber Papst Leo III. war auf der Flucht zu Karl dem Großen, schwere Anklagen waren gegen ihn erhoben worden, und die apostolische Würde war in den Staub gesunken. Noch schlimmer stand es um das Kaisertum in Konstantinopel, das die Kaiserin Irene durch die Blendung des eigenen Sohnes entwürdigt hatte. Hoch über Kaiser und Papst steht die königliche Würde, von Jesus Christus selbst an Karl den Großen verliehen. Der König lenkt die Christenheit, auf ihm ruht die Hoffnung der Kirche, er überragt die beiden anderen Gewalten an Macht, Weisheit und Würde.[3]

Die »Kaiserloge« im Westwerk des Klosters Corvey

Die sakrale Weihe des karolingischen Königtums fand sinnfällig Ausdruck durch den herausgehobenen Platz des Königs in der Kirche. Ihm war in den Reichskirchen die Empore im Westen vorbehalten. Auf dem Thron sitzend konnte er mit direktem Blick auf den Hauptaltar am Gottesdienst teilnehmen, umgeben von seinem Hofstaat, aber getrennt von den übrigen Gläubigen.

Alkuins Ideal war das alttestamentarische Königtum, und er hat deshalb den Schluß, daß Karl dem Großen der Kaisertitel gebühre, nicht gezogen. Aber in der Umgebung des Königs hegte man wohl Kaiserträume, zumal in Konstantinopel eine Frau regierte und man sich auf den Standpunkt stellen konnte, der Kaiserthron sei vakant. Eine Frau als Kaiserin war für die Franken eine etwas absonderliche Vorstellung. So gab es im Frankenreich im Kreise derjenigen, die sich über die rechte Ordnung im Kosmos des Mittelalters ihre Gedanken machten, auch eine Stimmung, die das Kaisertum Karls des Großen vorbereiten half. Man wußte am fränkischen Hof natürlich, daß Karls Königtum - mochte man es auch ideologisch steigern und überhöhen, mit alttestamentlich-theokratischen Zügen ausstatten wie man wollte - immer vom Glanz des kaiserlichen Namens überstrahlt werden würde. Offen sprach es niemand aus, aber der Wunsch nach Wiederherstellung des römischen Kaisertums im Abendland durch Karl den Großen war eine naheliegende Folge der Weltgeltung des karolingischen Reiches.

Auch die Päpste waren an der Steigerung von Karls Rang sehr interessiert, denn Hadrian I. (772–795) und Leo III. (796–816) hatten mit Byzanz gebrochen. Hadrian hatte 781 aufgehört, nach den Regierungsjahren der oströmischen Kaiser zu datieren, ein demonstrativer Akt, der in Konstantinopel als Aufkündigung der Gemeinschaft verstanden werden mußte. Papst Leo III. schickte nach seiner Wahl die Schlüssel zum Petrusgrab und das Banner der Stadt Rom sogar an Karl den Großen und erkannte damit die Oberhoheit des Königs in symbolischer Form an. Umgekehrt entfernte sich das oströmische Reich immer weiter von der Welt des lateinischen Christentums, und der Patriarch von Konstantinopel nahm nun den Platz ein, den der Papst räumte. Die Wiederherstellung des römischen Reiches mit Rom als Mittelpunkt war verlockend für das Papsttum, das eines starken Rückhalts durch eine weltliche Macht bedurfte, um seine universalkirchlichen Ziele zu verwirklichen.

Die welthistorische Stunde kam rascher als gedacht, nicht zwangsläufig, sondern im Zusammenspiel verschiedener Kräfte und Geschehnisse. Papst Leo III. hatte mächtige Gegner unter der hohen Geistlichkeit und der römischen Aristokratie, die auf seinen Sturz hinarbeiteten und auch vor Gewalttaten und Grausamkeiten nicht zurückschreckten. Am 25. April 799 überfielen sie den Papst während einer Prozession, rissen ihn vom Pferd, versuchten ihn zu blenden und ihm die Zunge herauszureißen. Der übel zugerichtete Papst wurde in ein Kloster gesperrt, konnte aber fliehen und sich unter den Schutz fränkischer Königsboten stellen. Zum zweiten Mal mußte ein Papst als Bittsteller und Schutzsuchender die Alpen überschreiten und den fränkischen Herrscher zu Hilfe rufen.

Karl der Große empfing den Papst nicht in Aachen, seiner Lieblingspfalz und Residenz, sondern in Paderborn. Zwar gab es auch hier im Sachsenland mittlerweile eine Königspfalz und ein repräsentatives Gotteshaus, aber im Juli 799 glich der Ort doch weit mehr einem Feldlager. Der König trat dem Papst im Kreise seiner Krieger als mächtiger siegreicher Feldherr entgegen, als Triumphator über die Sachsen und damit zugleich als ein Vorkämpfer für den christlichen Glauben.[4] Zwar wurde Leo III. ehrenvoll empfangen, aber die Ereignisse in Rom hatten ihn in eine wenig beneidenswerte Lage gebracht, denn auch seine römischen Gegner hatten eine Gesandtschaft nach Paderborn geschickt und warteten mit schweren Anklagen gegen den Papst auf. So war der Heilige Vater während seines Aufenthaltes in Paderborn von Juli bis Oktober 799 Bittsteller, Gast und Angeklagter zugleich, und sein Schicksal lag in den Händen des fränkischen Königs. Karl der Große war zum Richter über den Papst geworden. Er hielt die Sache eine Weile in der Schwebe und ließ Leo III. schließlich mit Geleitschutz nach Rom zurückführen. Der König dürfte schon damals einen Zug nach Rom beschlossen haben, und es ist wahrscheinlich, daß in Paderborn auch über die Kaiserfrage gesprochen worden ist.

Im Herbst des Jahres 800 zog Karl dann mit seinem Heer nach Italien. Als er sich der Hauptstadt der Alten Welt näherte, kamen ihm der Papst und die Römer bis zum zwölften Meilenstein entgegen und empfingen ihn mit kaiserlichen Ehren. Spektakuläres kündigte sich an: Acht Tage später wurde unter Vorsitz des Königs Gericht über den Papst gehalten, und da nun niemand mehr als Ankläger auftreten wollte, durfte sich der Angeklagte durch einen Eid reinigen. Der Papst vollzog diese rituelle Reinigung in einem feierlichen Akt am 23. Dezember vor dem Apostelgrab in der Petersbasilika. Nach diesem Akt wieder mit der Fülle der apostolischen Autorität ausgestattet, konnte er zwei Tage später an der gleichen Stelle Karl dem Großen die Kaiserkrone aufs Haupt setzen. Im Anschluß daran salbte und krönte er Karls ältesten Sohn zum König.

Karl blieb mehrere Monate in Rom und nahm in demonstrativer Form kaiserliche Rechte wahr. Er hielt Gericht über die Verschwörer

Orientalischer Stoff aus dem Karlsschrein

Unter den Geschenken, die Kalif Harun al-Raschid an Karl den Großen sandte, war auch ein Elefant namens Abul Abaz. Das Tier wurde zu Schiff aus Italien nach Marseille gebracht und dem Kaiser im Juli 801 in Aachen übergeben. Es war so kostbar, daß sogar die Reichsannalen seinen Tod im Jahre 810 erwähnen.

und verurteilte sie zum Tode, begnadigte sie aber auf Fürsprache des Papstes und schickte sie in die Verbannung. Er regierte für eine Weile von Rom aus, schickte ein Heer unter König Pippin gegen die Beneventaner, ordnete stadtrömische und italische Angelegenheiten, kümmerte sich um das Papsttum und die Kirche und empfing die Gesandtschaften fremder Völker, darunter auch Gesandte des Kalifen Harun-al-Raschid aus Bagdad. Der neue Kaiser aus dem Norden stellte also seine Würde in der einstigen Hauptstadt des römischen Reiches zur Schau, und dies dürfte in der Welt des Mittelmeerraumes, in der Berührungszone zwischen dem arabisch-islamischen, dem byzantinisch-griechischen und dem abendländisch-katholischen Kulturkreis seinen Eindruck nicht verfehlt haben.

Die Kontakte zwischen Karl dem Großen, dem Herrn des christlichen Abendlandes, und dem Abbasidenkalif Harun al-Raschid, dem Nachfolger des Propheten Mohammed, haben im Frankenreich Aufsehen erregt. Die fremden Gestalten der arabischen Gesandten und die kostbaren exotischen Geschenke aus dem fernen Orient beflügelten die Phantasie. In Wirklichkeit waren die Beziehungen zwischen dem Frankenreich und dem Kalifat von Bagdad nur sehr locker und beschränkten sich auf gelegentliche Gesandtschaften und den Austausch von Geschenken. Eine fränkische Gesandtschaft war Ende 797 nach Bagdad aufgebrochen und

Petrus überreicht dem Papst das Pallium und Karl dem Großen das Banner der Stadt Rom, Nachzeichnung des Mosaiks im Speisesaal des Laterans durch Ciacconio, Ende des 16. Jahrhunderts

kehrte im Mai 801, begleitet von arabischen Gesandten, ins Frankenreich zurück. Es mag sein, daß sich Karl der Große um Abmachungen zum Schutz der Pilger bemühte, die die heiligen Stätten im arabischen Palästina aufsuchen wollten.

Die Wochen und Monate, in denen der neue Kaiser in Rom residierte, waren für ihn eine Zeit höchsten Triumphes. Seine drei Söhne trugen Königskronen; er selbst herrschte als Kaiser unangefochten über die abendländische Christenheit. Aber dennoch, der kühne Schachzug Leos III. – ob nun von Karl vorausgesehen oder nicht – hatte eine komplizierte politisch-diplomatische und ideologische Situation heraufbeschworen. Drei Fragen bedurften der Klärung: Wie sollte das Verhältnis zwischen dem Papsttum und dem neuen Kaisertum auf Dauer gestaltet werden? Wie war das »Zweikaiserproblem« lösbar? Denn schließlich gab es den Kaiser in Konstantinopel, der unbestritten und unbestreitbar der Rechtsnachfolger der römischen Imperatoren war. Und schließlich, was bedeutete das Kaisertum für die Verfassung des fränkischen Reiches?

Den Papst hatte Karl der Große schon vor der Kaiserkrönung in seine Schranken gewiesen. In einem berühmten Schreiben an Papst Leo III. hatte er 796 seine Auffassung vom Verhältnis der geistlichen und weltlichen Gewalt unzweideutig formulieren lassen:

Unsere Aufgabe ist es, die heilige Kirche Gottes nach außen gegen den Ansturm der Heiden und die Verwüstung der Ungläubigen mit den Waffen zu verteidigen, nach innen aber die Anerkennung des katholischen Glaubens zu befestigen. Eure Aufgabe, heiligster Vater, besteht darin, wie Moses mit zu Gott erhobenen Händen unser Tun zu unterstützen, damit durch Eure Vermittlung, unter der Führung und Gnade Gottes, das christliche Volk überall über die Feinde seines heiligen Namens den Sieg davontrage und der Name unseres Herrn Jesus Christus auf dem ganzen Erdkreis verherrlicht werde.[5]

In diesem hochoffiziellen Schreiben, das mit einiger Sicherheit von Karls Hoftheologen Alkuin konzipiert worden war, nahm der König den Schutz der Kirche gegen äußere Feinde und die Festigung des Glaubens innerhalb der christlichen Gemeinschaft für sich in Anspruch, während der Papst diesen Kampf durch seine Gebetshilfe zu unterstützen hatte, wie einst Moses den Kampf gegen die Amalekiter.

Der Papst sah das etwas anders, wie ein berühmtes Mosaik in der Kirche San Giovanni im Lateran zeigt: Leo III. und Karl der Große knien vor dem Apostel Petrus, der ihnen ihre Würden und ihre Aufgaben verleiht. Der Papst empfängt das Pallium als Zeichen der geistlichen Macht, der König das Banner der Stadt Rom, deren Schutz er übernehmen soll.

Die Kaiserkrönung in der Peterskirche hatte dem Papst einen großen Prestigegewinn gebracht. Er hatte das Zeremoniell der byzantinischen Kaisererhebung geschickt variiert und sich als Kaisermacher wirkungsvoll in Szene gesetzt. Vorläufig freilich mußte sich der Papst dem mächtigen Kaiser noch beugen. So datierte er in den päpstlichen Urkunden und Briefen nach den Kaiserjahren Karls des Großen und ließ Münzen prägen, die auf der einen Seite den Namen des Apostels Petrus und das Papstmonogramm trugen, auf der anderen den Namen und den monogrammatischen Titel des Kaisers. Diese Gemeinschaftsmünze war Ausdruck der Verbindung von Kaisertum und Papsttum im Abendland.

2. Das Zweikaiserproblem

Am byzantinischen Kaiserhof hat man stets an der Vorstellung von der universalen Macht des Kaisers festgehalten und auf keinen Fußbreit römischen Bodens verzichtet, schon gar nicht auf die Stadt Rom selbst. Ein römisches Reich, das Rom nicht wenigstens ideell einschloß, wurde als Absurdität empfunden, und so war Karl der Große, der jetzt in Rom residierte und selbstbewußt die Gesandtschaften fremder Völker empfing, in den Augen der Byzantiner nichts anderes als ein frecher Usurpator, ein Barbarenkönig, der mit Hilfe des Bischofs von Rom - der seinerseits nichts anderes war als ein intriganter, schismatischer und abtrünniger Untertan des Kaisers in Konstantinopel - nach der höchsten Würde dieser Welt zu greifen wagte. Zwar war der Franke Herr über Gallien, Germanien und Italien, aber was bedeutete das schon ohne die Herrschaft über die Kaiserstadt am Bosporus? Also war man in Byzanz auf einen Marsch auf Konstantinopel gefaßt, denn was hatte man anderes von einem Usurpator zu erwarten? Wo anders als in der Reichshauptstadt konnte dieser die erforderliche Legitimation erwerben?

Aber Karl der Große war kein zweiter Alexander und hat derartig abenteuerliche Eroberungspläne wohl nie ins Auge gefaßt. Vielmehr zeigte er Byzanz gegenüber Beruhigungsgesten. Als der befürchtete fränkische Angriff - sehr zum Erstaunen der Byzantiner - nicht erfolgte, schickte die Kaiserin Irene im Herbst 801 eine Gesandtschaft zu Sondierungsgesprächen nach Aachen, und Karl seinerseits entsandte hochrangige Diplomaten, den Bischof Jesse von Amiens und den Grafen Helmgaud, nach Konstantinopel. Beide Seiten bemühten sich offensichtlich um eine friedliche Lösung des »Zweikaiserproblems«.

Byzantinische Goldmünze mit dem Bildnis der Kaiserin Irene, geprägt in der Zeit ihrer Alleinherrschaft 797 bis 802

Als der fränkische Usurpator nicht an der Spitze seines Heeres nach Konstantinopel zog, sondern eine Gesandtschaft schickte, verbreitete sich am Kaiserhof das Gerücht, Karl der Große habe die Kaiserin Irene um ihre Hand gebeten. Ein phantastischer Gedanke: die Wiedervereinigung des römischen Weltreiches durch eine Heirat zwischen dem gerade wieder verwitweten Karl und der fast fünfzigjährigen Irene. Der Franke verlegt seine Residenz an den Bosporus, und gemeinsam nimmt das Kaiserpaar den Kampf gegen den Islam zur Rückeroberung des Imperium Romanum auf. Die fränkischen Quellen berichten nichts über ein derartiges Eheprojekt, das denn auch wohl nur byzantinischer Hofklatsch war.

Ende Oktober 802 wird die Kaiserin Irene von hochrangigen Hofbeamten unter Führung des Nikephoros gestürzt. Damit ist allen pikanten Spekulationen der Boden entzogen. Karl der Große wollte von Anfang an nicht mehr und nicht weniger als die Anerkennung seines kaiserlichen Ranges, wohl wissend, daß es zwar stets nur *ein* römisches Reich, zuzeiten aber mehrere Kaiser gegeben hatte. Der neue Kaiser Nikephoros (802-811) verweigerte ihm freilich diese Anerkennung, und an der gemeinsamen Grenze im Südosten kam es sogar zu kriegerischen Auseinandersetzungen um den Besitz von Venetien, Istrien und Dalmatien. Die Franken mußten hier der byzantinischen Seeherrschaft ihren Tribut zollen, aber auch

Verhandlungen zwischen Ludwig dem Frommen und dem byzantinischen Kaiser, Miniatur aus einer Chronik der Bibliothèque Nationale in Paris

Ein Treffen der beiden Herrscher hat in Wahrheit nie stattgefunden.

Byzanz mußte sich mit der Oberhoheit über die Küstenregionen begnügen. Nikephoros konnte ohnehin nie selbst eingreifen, da er alle Hände voll zu tun hatte mit dem Kampf gegen den Kalifen Harun-al-Raschid und vor allem gegen die Bulgaren unter ihrem Großkhan Krum (802–814). Auf einem der Feldzüge gegen die Bulgaren fand der Kaiser am 26. Juli 811 im Balkangebirge den Tod. Der siegreiche Bulgarenkhan ließ sich aus dem Schädel seines getöteten Feindes eine Trinkschale fertigen.

Die Niederlage, bei der das gesamte oströmische Heer vernichtet wurde, war schwer, und der neue Kaiser Michael I. (811–813) mußte auf die Vorschläge eingehen, die Karl der Große im Frühjahr 811 seinem Vorgänger Nikephoros unterbreitet hatte. Für den Verzicht auf Venetien und die dalmatinische Küste forderte der Franke seine Anerkennung als Kaiser. Im Frühjahr 812 erschienen die Gesandten

Michaels I. in Aachen, nahmen die von Karl und den fränkischen Großen unterfertigte Vertragsurkunde in Empfang und erwiesen Karl dem Großen in feierlicher Form kaiserliche Ehren.[6]

Unter dem Druck der Verhältnisse hatte Byzanz nachgeben müssen, aber als wirklich ebenbürtig haben die Kaiser des Ostens die des Westens nie angesehen. Noch Otto der Große mußte das erfahren, als er für seinen Sohn um eine byzantinische Kaisertochter warb. Karl der Große sah das anders und sprach 813 in einem hochoffiziellen Schreiben an seinen byzantinischen Amtskollegen vom Frieden zwischen dem »östlichen und dem westlichen Kaiserreich«, der nun endlich hergestellt sei.[7] De facto war es ja auch so. Das Imperium Romanum lebte als abendländisches und als byzantinisches Kaisertum weiter, und das von Karl dem Großen begründete Reich sollte das der Rivalen im Osten um fast ein halbes Jahrtausend überdauern.

3. Die Aachener Kaiseridee

Zwölf lange Jahre hatte Karl der Große um die diplomatische Anerkennung durch den byzantinischen Kaiserhof ringen müssen, und als er Kaiser Michael I. schließlich »seinen geliebten und verehrten Bruder« nennen durfte, neigten sich seine Tage dem Ende zu. Obwohl Karl die dunklen Vorzeichen, die seinen Tod ankündigten, verachtete, ordnete er im Jahre 813 endgültig die Nachfolge im Reich und in der Kaiserwürde:

Als der Kaiser aber fühlte, daß der Tag seines Todes nahte, denn er war schon sehr alt geworden, rief er seinen Sohn Ludwig zu sich mit dem ganzen Heervolk, den Bischöfen, Äbten, Heerführern, Grafen und Würdenträgern. Er hielt mit ihnen in der Pfalz zu Aachen einen Reichstag ab, friedlich und ehrenvoll, ermahnte sie zur Treue gegenüber seinem Sohn und fragte sie alle, vom Höchsten bis zum Geringsten, ob es ihnen recht sei, wenn er seinen kaiserlichen Namen auf seinen Sohn Ludwig übertrüge. Sie antworteten freudig, das sei Gottes Ratschluß und Eingebung. Am nächsten Sonntag legte er königlichen Ornat an und setzte sich die Krone aufs Haupt. Prächtig geschmückt, wie es sich für ihn gebührte, schritt er zu der Kirche, die er selbst von Grund auf erbaut hatte und trat vor den Altar, der an höherer Stelle als die übrigen Altäre errichtet und unserem Herrn Jesus Christus geweiht war. Auf diesen ließ er eine goldene Krone, eine andere, als er selbst auf dem Haupt trug, niederlegen. Nachdem er und sein Sohn lange gebetet hatten, wandte er sich in Gegenwart der Bischöfe und Edlen an seinen Sohn und ermahnte ihn, Gott den Allmächtigen zu lieben und zu fürchten, seine Gebote streng zu befolgen, die Kirchen Gottes zu leiten und vor bösen Menschen zu schützen. Er befahl ihm, gegenüber seinen Schwestern und den jüngeren Brüdern, den Neffen und den anderen Verwandten stets unwandelbare Barmherzigkeit zu üben. Die Priester solle er ehren wie Väter, das Volk lieben wie Söhne, die hochfahrenden Menschen auf den Weg des Heiles zwingen, ein Tröster der Klöster und ein Vater der Armen sein ... Nachdem er diese und viele andere Worte vor der Versammlung zu seinem Sohn gesprochen hatte, fragte er ihn, ob er diesen Geboten gehorsam sein wolle. Dieser erwiderte, er werde mit Freuden gehorchen und mit Gottes Hilfe die Gebote halten, die ihm der Vater gegeben habe. Dann befahl ihm der Vater, die Krone, welche auf dem Altar lag, mit eigener Hand zu erheben und sie sich aufs Haupt zu setzen zur Erinnerung an alle die Gebote, die ihm der Vater gegeben hatte. Er aber vollzog den Befehl des Vaters. Als dies geschehen war, hörten sie die Messe und kehrten zusammen in den Palast zurück.[8]

So beschreibt Thegan in seiner Biographie Ludwigs des Frommen die Regelung der Nachfolge durch Karl den Großen. Andere Berichte weichen etwas davon ab und sprechen von einer Krönung Ludwigs des Frommen durch den Vater. Das mag auf sich beruhen, denn viel wichtiger ist etwas anderes, der Ort des Geschehens an jenem Septembersonntag des Jahres 813. Nicht in Rom durch den Papst wurde Ludwig der Fromme mit dem kaiserlichen Diadem geschmückt, sondern in der fränkischen Pfalz zu Aachen durch den alten Kaiser selbst. Nicht das Volk von Rom machte ihn durch seine

Akklamation zum Imperator, sondern das fränkische Heer und die weltlichen und geistlichen Würdenträger des Frankenreiches gaben ihre Zustimmung zur Kaiserkrönung. Ganz bewußt und demonstrativ stellte Karl der Große sein Kaisertum neben das des Ostens, denn diese Form der Nachfolgeregelung und der Kaiserkrönung entsprach dem byzantinischen Zeremoniell. In Konstantinopel empfing der Thronfolger die Krone aus der Hand des alten Kaisers. Diese Übernahme des byzantinischen Krönungszeremoniells sollte nicht nur die Gleichrangigkeit des westlichen und des östlichen Kaisertums betonen, sondern war auch ein Affront gegen den Papst und die Römer, die nicht noch ein weiteres Mal die Chance haben sollten, als Kaisermacher zu fungieren. Aachen sollte neben Rom und die Goldene Stadt am Bosporus treten, als ein neues Rom nördlich der Alpen.

Bot die »Aachener Kaiseridee« tatsächlich die Chance, die Spannungen zu überwinden, die die Kaiserkrönung Karls des Großen hervorgebracht hatte? Konnte aus dem westlichen Teil des Imperium Romanum ein Imperium Christianum werden, ein christlich-abendländisches Kaiserreich mit Aachen als einem neuen glanzvollen Mittelpunkt? Für eine kurze Spanne Zeit war diese Aachener Kaiseridee vielleicht wirklich mehr als eine Utopie.

Karl der Große hatte die Kaiserkrone in Rom empfangen und für einige Monate in Rom residiert und kaiserliche Herrschaft ausgeübt. War dies ein Versuch, das Kaisertum wieder in Rom zu verankern und die Stadt am Tiber zu neuer Macht und Größe emporzuheben? So sehr wahrscheinlich ist es nicht, denn der Papst und die Römer hätten es wohl kaum als besonders beglückend empfunden, wenn auf dem Palatin wieder ein Kaiser heimisch geworden wäre, und Karl der Große selbst, Franke in Haltung und Lebensart, Fühlen und Denken, hat gewiß gespürt, wo die Wurzeln seiner Macht lagen. Nördlich der Alpen war in dem romanisch-germanischen Frankenreich ein neuer wirtschaftlich, politisch und kulturell aufblühender Geschichtsraum entstanden, der nicht vom Palatin aus zu beherrschen war. Die Einheit der mediterranen Welt, die gebieterisch nach Rom als Zentrum verlangte, war unwiederbringlich dahin. So hat Karl Rom im April des Jahres 801 wieder verlassen, um nie mehr zurückzukehren.

Auf dem Weg zurück ins Frankenreich hielt der Kaiser Gericht in der Nähe von Bologna und fällte ein Urteil im Streit zwischen dem Bischof Vitalis von Bologna und dem Abt Anselm von Nonantula. Die Titulatur, die Karl der Große in dieser Urkunde vom Mai 801 erstmals verwendete, läßt erkennen, wie er die Kaiserwürde verstanden wissen wollte: Er nannte sich »Karl, von Gott gekrönter allergnädigster und erhabener, großer und friedenbringender Kaiser, der das römische Reich regiert, und auch durch die Gnade Gottes König der Franken und der Langobarden«.[9]

Dieser ziemlich barocke Titel zeigt die Schwierigkeiten, die die Verknüpfung der Kaiserwürde mit der bisherigen herrscherlichen Stellung Karls des Großen bereitete. Denn als »König der Franken und Langobarden« war dieser zunächst einmal ein germanischer Stammeskönig, und eben darauf beruhte seine Macht. Er konnte es sich kaum leisten, auf diese gentilen Grundlagen seiner Herrschaft zu verzichten und die Franken zugunsten der Römer aus ihrer Stellung als »Reichsvolk« zu verdrängen. Der König der Franken und Langobarden führte nun zwar den kaiserlichen Titel und regierte das römische Reich, aber er wollte kein »Kaiser der Römer« sein. Auch die Krönung durch den Papst wollte er vergessen machen, denn mit der Wendung »von Gott gekrönt« wird Gott selbst als Koronator eingeführt und der Papst zum Werkzeug degradiert. So ist die Titulatur, die Karl der Große bis an sein Lebensende beibehielt, als der etwas gezwungene Versuch zu interpretieren, das römische Kaisertum mit der traditionellen politischen Ordnung des fränkischen und langobardischen Königreiches in Einklang zu bringen.

Karl der Große kehrte also wenige Monate nach der Kaiserkrönung nach Aachen zurück, das schon seit der Mitte der neunziger Jahre des 8. Jahrhunderts mehr und mehr Residenzcharakter gewonnen hatte, so daß es dem Dichter des Paderborner Epos bereits vor der Kaiserkrönung als das »kommende Rom« erschienen war.[10] Aber natürlich war die »Aachener Kaiseridee« ohne die Anknüpfung an Rom und die Antike nicht mit Leben zu erfüllen. Karl der Große sah sich nicht mehr nur in der Nachfolge des alttestamentarischen Davidskönigtums, sondern auch in der Tradition des ersten christlichen Herrschers über das römische Reich, des Kaisers Konstantin. Sein Streben nach diplomatisch-protokollarischer Anerkennung durch den byzantinischen Kaiserhof war zugleich ein Kampf um seinen Anteil am politischen und ideologischen Erbe Konstantins des Großen.

Auf dem weiteren Weg von Rom über Bologna nach Aachen ließ Karl in Ravenna, neben Rom die zweite wichtige Kaiserstadt Italiens, das Reiterstandbild Theoderichs des Großen beschlagnahmen und nach Aachen bringen, wo es vor der Pfalz aufgestellt wurde. Dies war ganz unstreitig ein politisch-demonstrativer Akt, nicht etwa das Werk eines Kunstliebhabers oder gar eines Kunsträubers. Die Reiterstatuen auf hervorragenden Plätzen verkörperten die antiken Traditionen, und auch Aachen, das neue Rom, bedurfte eines solchen Schmuckes. In Rom gab es das Reiterstandbild des Kaisers Marcus Aurelius auf dem Kapitol, in Konstantinopel das des Kaisers Justinian auf dem Augusteum. Mit der Aufstellung eines solchen Standbildes sollte ohne Zweifel der Rang Aachens erhöht und ihm Anteil am antiken Erbe verschafft werden. Weshalb holte sich Karl der Große dann aber keinen Kaiser nach Aachen, sondern einen germanischen Herrscher, der zwar groß und mächtig, aber doch nur König war? Eine sichere Antwort auf diese Frage gibt es nicht, nur die Vermutung, daß Karl in dem ostgotischen Herrscher über Rom und Italien einen seiner Vorgänger sah und er dieses Erbe in seiner Pfalz nördlich der Alpen sichtbar zur Schau stellen wollte.

Der Dichter des Paderborner Epos, eines Poems über jenen denkwürdigen Empfang des Papstes Leo durch Karl den Großen zu Paderborn im Jahre 799, eröffnet sein Werk mit einem Lobgesang auf den König, den er mit schmückenden Beiworten wie »Haupt der Welt, Liebling und Zier seines Volkes, verehrungswürdiger Gipfel Europas, gütiger Vater, Heros und Augustus« auszeichnet. Und der Dichter fährt fort:

Er ist aber auch Herr einer Stadt, wo sich ein zweites Rom in neuer

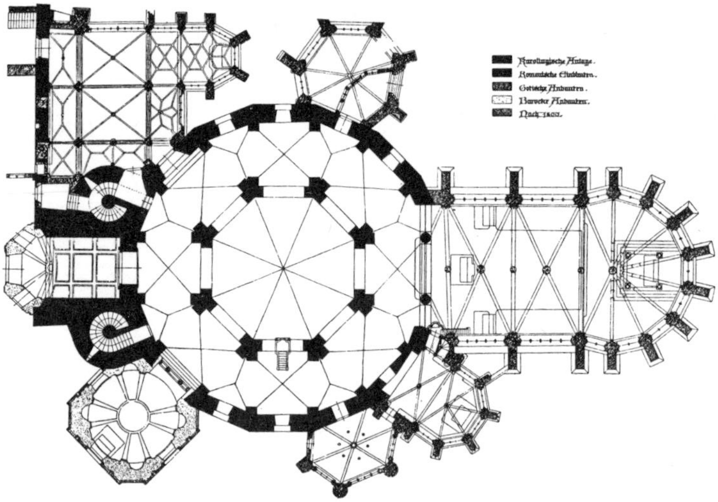

Grundriß des Aachener Münsters

An den karolingischen Zentralbau ist ein gewaltiger gotischer Chor angefügt worden.

Der perspektivische Schnitt durch das Oktogon des Aachener Münsters zeigt den doppelgeschossigen polygonalen Umgang mit der Kaiserloge im Westbau

Blüte mit großer, gewaltiger Masse zum Himmel erhebt, mit hohen Kuppelbauten bis an die Sterne reicht. Da steht in seiner Pfalz der huldreiche Karl, bezeichnet die einzelnen Plätze, bestimmt, wo die ragenden Mauern verlaufen des künftigen Rom. Hier soll das Forum erstehen, hier der ehrwürdige Senat, wo das Volk Recht und Gesetze und heilige Weisungen empfangen soll.

Noch ist der Aufbau des künftigen Rom nicht vollendet:
Eifrig müht sich die tätige Schar; die einen behauen den Marmor für hochragende Säulen und führen die Mauern der Burg auf, andere wälzen eifrig die Steinblöcke herbei. Dort gräbt man den Hafen, gründet tief die Fundamente des Theaters und wölbt mit hoher Kuppel die Halle. Hier bemühen sich andere, warme Heilquellen zu erschließen, fassen das

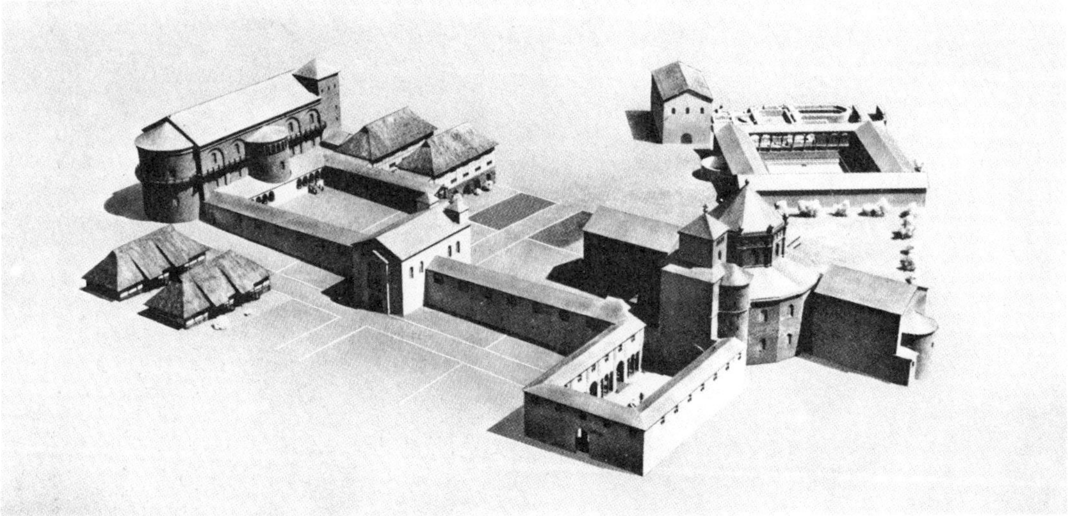

Die Pfalz in Aachen zur Zeit Karls des Großen, Modell nach der Rekonstruktion von Leo Hugot

Das Erscheinungsbild der Aachener Pfalz wird durch die beiden Hauptbauten geprägt, die Königshalle und die Pfalzkapelle. Weltliches und geistliches Zentrum des Karlsreiches sind aufeinander ausgerichtet. Vom Palast aus ist die Marienkapelle über einen Verbindungsbau zu erreichen. Den Zugang zur Pfalz sichert ein stattliches Torhaus. Im Hintergrund die Badeanlagen, in denen Karl der Große Entspannung suchte.

San Vitale zu Ravenna ist das architektonische Vorbild der Aachener Pfalzkapelle. Der fränkische Baumeister Odo von Metz orientierte sich an den Formen der spätantiken Kirche (erbaut 521-547), gestaltete sie jedoch im Geiste der karolingischen Renaissance, so daß die Aachener Marienkapelle alles andere als eine sklavische Kopie der Kirche San Vitale geworden ist.

von Natur kochende Wasser des Bades in Marmor und hauen aus marmornen Stufen schön gestaltete Bänke. Unablässig sprudelt aus heißer Quelle siedendes Wasser und verteilt sich in Bächen über die Stadt hin. Dort bauen wieder andere dem König der Ewigkeit mit gewaltigen Anstrengungen einen herrlichen Tempel. Schon ragt zu den Sternen das heilige Haus mit geglätteten Mauern.[11]

Des Staunens wert war das schon, was da in Aachen geschah, an dem uralten Kultplatz des keltischen Wasser- und Heilgottes Grannus. Steinerne Bauwerke waren wieder selten geworden nördlich der Alpen, abgesehen von bedeutenden Kirchen und Klöstern und den meist ruinenhaften Resten römischer Städte. Karl der Große ließ hier nun eine Residenz errichten, wie es im Frankenreich keine

Die »Kaiserloge« mit dem Marmorthron Karls des Großen im Obergeschoß des Aachener Münsters

zweite gab. Die weitläufige Pfalzanlage, in großen Zügen, wenn auch nicht in allen Einzelheiten rekonstruierbar, umfaßte ein steinernes Palastgebäude, die Pfalzkapelle, Wohnräume für die kaiserliche Familie, die Hofbeamten, die Vertrauten des Kaisers und das Hofgesinde, Gebäude zur Abhaltung von Versammlungen und Synoden und nicht zuletzt auch eine oder sogar zwei geräumige Badeanlagen. Der Palast (»Aula regia«) mit der Königshalle war durch einen Säulengang mit dem Obergeschoß der Pfalzkapelle verbunden, wo noch heute der Marmorthron Karls des Großen steht. Im Binnenhof zwischen Palast und Pfalzkapelle ließ der Kaiser das Reiterstandbild Theoderichs des Großen aufstellen. Aus jener Zeit stammt noch der Grannusturm neben dem heutigen Rathaus, das sich auf den Grundmauern der Aula regia erhebt, und im Oktogon des Münsters ist uns die Pfalzkapelle Karls des Großen erhalten, ganz ohne Zweifel das bedeutendste Bauwerk der Karolingerzeit. Die Bäder, in denen Karl so oft Entspannung und Erquickung suchte, dürften im Bereich des heutigen Kaiserbades gelegen haben.

Mosaik aus San Vitale zu Ravenna

Bedeutende Kirchen wie die Aachener Pfalzkapelle oder die Kirche von Germigny-des-Prés wurden in der Zeit Karls des Großen mit Mosaikbildern ausgeschmückt. Die Mosaiken von Ravenna waren die künstlerischen Vorbilder für die nordalpinen Mosaikarbeiten.

Noch längst sind die Geheimnisse, die sich um das neue Rom Karls des Großen ranken, nicht gelüftet. War der Palast mit dem gewaltigen Grannusturm auf dem Hügel des Pfalzgeländes eine Nachahmung einer antiken Aula Palatina, eines Kaiserpalastes, oder nicht doch eher eine in germanischer Bautradition stehende Königshalle, die der größte König des frühmittelalterlichen Europas eben in Stein errichten ließ? Steht die Aachener Pfalzkapelle in der Tradition byzantinischer Palastkapellen, und hat sie wirklich ihr unmittelbares Vorbild in der Kirche San Vitale zu Ravenna oder ist sie ein Werk fränkischer, am antiken Erbe geschulter Baukunst und Baugesinnung? Und wie läßt sich das Rätsel um jenes Bauwerk lösen, das den Namen »Lateran« empfing, genau wie der Palast Konstantins des Großen in Rom, der nach der Verlegung der Kaiserresidenz nach Konstantinopel zum Sitz der Päpste geworden war? Sollte der Stellvertreter des Apostelfürsten vielleicht eines Tages seinen Sitz von Rom in den Lateran zu Aachen verlegen? Ein phantastischer Gedanke, aber haben nicht einige Jahrhunderte später die Päpste für ein halbes Jahrhundert in Avignon residiert? Und was bezweckte

Das Grab Karls des Großen, der »Proserpina-Sarkophag«

Der christliche, von Gott gekrönte Kaiser, der sich seinen Aachener Thron nach dem Vorbild des Thrones König Salomons erbauen ließ, um den christlich-alttestamentarischen Charakter seines Königtums zu betonen, wählte sich einen reliefgeschmückten römischen Sarkophag mit Motiven aus den heidnischen Göttermythen als letzte Ruhestätte. Hatten ihm seine Hoftheologen den Mythos vom Raub der Proserpina im christlichen Sinne allegorisch umgedeutet?

Die Bronzebärin, eine römische Skulptur aus der Zeit um 200 n. Chr., hat wahrscheinlich einen Brunnen im Atrium der Aachener Pfalzkapelle geschmückt.

Karl der Große mit der Herbeischaffung von Marmor, Säulen und Mosaiken aus den italischen Kaiserstädten Rom und Ravenna? Ging es nur um wertvolles Baumaterial für die Aachener Pfalz oder wollte er damit seine Ansprüche auf das Erbe der Antike sichtbar machen?

Wie dem auch sei, Ideen und Traditionen, wertvolle Materialien und Kunstwerke, Handwerker und Künstler kamen nach Aachen, um hier für Karl eine würdige Residenz zu schaffen. Die Pfalzkapelle mit ihren Altären und Reliquienschätzen wurde zum irdischen Abbild des himmlischen Jerusalem und zugleich kultisch-religiöser Mittelpunkt der kaiserlichen Herrschaft, wo der Thron Karls des Großen, Herrschaftszeichen und Reliquienschrein zugleich, die Einheit von geistlicher und weltlicher Macht symbolisierte. Die von den karolingischen Hoftheologen propagierten theokratischen Züge in Karls Herrschaftstheorie und Herrschaftspraxis konnten sich hier voll entfalten.

Hatte Aachen wirklich die Chance, zur Hauptstadt des Karlsreiches zu werden und sich zu den beiden großen Schwesterstädten Rom und Konstantinopel zu gesellen? Karl kannte zwar Rom, die riesige Stadt, die von ihrer einstigen Größe zehrte, nicht aber die Weltstadt am Bosporus, die »Goldene Stadt«, das »Paris des Mittelalters«, wie man sie genannt hat. Zu wenig Menschen, vielleicht einige Zehntausend, in den viel zu weitläufigen Stadtmauern der einstigen Millionenstadt Rom, eine hunderttausend Menschen zählende Bevölkerung in Konstantinopel. In Aachen mögen einige tausend Menschen gelebt haben. Weder mit Rom noch mit Konstantinopel konnte Aachen wirklich konkurrieren, aber das war wohl

Der Löwenkopf vom Hauptportal, der »Wolfstür«, des Aachener Münsters, ein Werk der karolingischen Kunst

Der hohen künstlerischen Gestaltungskraft der Antike, wie sie etwa in der Bronzebärin zum Ausdruck kommt, konnte die von Einhard geleitete Aachener Gießhütte Ebenbürtiges an die Seite stellen. Die gewaltigen Flügel der »Wolfstür« wurden in Aachen gegossen.

auch nicht die Absicht Karls und seiner Berater. Nicht eine Stadt im antiken Sinne sollte Aachen sein, wiewohl ein Platz für Händler und Handwerker nicht ganz fehlte, sondern ein weltlich-geistliches Herrschaftszentrum, die Residenz des Kaisers und - den bunten Faden der Phantasie weitergesponnen - der Sitz des Hofes, Ort der Regierungstätigkeit, der Repräsentation und des höfischen Lebens, vielleicht sogar der künftige Sitz der Päpste.

Für eine Stadt im vollen Sinne dieses Begriffs fehlten in dem agrarisch strukturierten Frankenreich noch alle Voraussetzungen; Handel, Handwerk und Geldwesen waren wenig entwickelt, wenngleich nicht ganz unbedeutend, und auch die soziale Gliederung der Gesellschaft war der Entfaltung städtischen Lebens nicht eben günstig. Wer je durch Italien und seine Städte gezogen war, wußte das. Wie sollte es Karl nicht wissen?

Die Funktion einer Residenz konnte Karl der Große seiner Lieblingspfalz Aachen aber verleihen. Seit 794 verbrachte er hier die Wintermonate und feierte in der Marienkirche fast ohne Ausnahme das Weihnachtsfest. Hier traten die fränkischen Reichssynoden zusammen und wurden wichtige Regierungshandlungen vollzogen, hier empfing der Herrscher die Gesandtschaften fremder Völker und Reiche, hier nahm er die Anerkennung seiner Kaiserwürde durch die Abgesandten des byzantinischen Kaisers entgegen und vollzog die wohl bedeutsamste Regierungshandlung seiner letzten Lebensjahre, die Kaiserkrönung seines Sohnes. In der Pfalzkapelle zu Aachen ließ er seinen Marmorthron errichten, und in diesem sakralen Bau wollte der Kaiser auch seine letzte Ruhestätte finden. Ganz ohne Zweifel sollte eine neue Tradition begründet werden, die Aachener Pfalz als Ort der Krönung, Sitz der Herrschaft und nicht zuletzt Grabmal für den Begründer des neuen abendländischen Kaisertums.

Wirkliche Zukunft war der Aachener Kaiseridee nicht beschieden. Zu eng war das Kaisertum seinem Ursprung nach mit Rom verknüpft, und dem Papsttum war es durch den Coup vom Weihnachtstag des Jahres 800 gelungen, diese Verknüpfung noch zu verstärken. Die Päpste waren nicht gewillt, noch einmal einen Auszug des Kaisertums aus Rom zu akzeptieren und eine Loslösung der Kaiseridee von Rom zuzulassen. Die »Konstantinische Schenkung« war ein wichtiges Unterpfand für den päpstlichen Anspruch auf die Vergabe der Kaiserkrone. Offenbar hat Papst Leo III. die Gefahr gesehen, die mit dem Auf- und Ausbau Aachens zur Kaiserresidenz nördlich der Alpen heraufzog. Als er sich ziemlich überraschend im Jahre 804 zu einem Besuch im Frankenreich entschloß, vermied er es offenbar bewußt, mit dem Kaiser das Weihnachtsfest in Aachen zu begehen, denn dadurch wäre in den Augen der Welt der fränkische Pfalzort neben Rom gerückt worden. Kaiser und Papst feierten Weihnachten in der Pfalz Quierzy, wo ein halbes Jahrhundert zuvor das welthistorische Bündnis zwischen den Karolingern und dem Papsttum besiegelt worden war. Erst dann war der Papst auch zu einem Besuch Aachens bereit, wo er späterer Überlieferung zufolge die eben vollendete Pfalzkapelle weihte.

Die Aachener Krönung Ludwigs des Frommen konnte kein Papst verhindern, aber Leos Nachfolger Stephan IV. (816-817) durfte die Kaiserkrönung wiederholen, zwar nicht in Rom, aber auch nicht in

Papst Paschalis I. (817-824), Mosaik in Santa Prassede in Rom

Der Papst, bekleidet mit den priesterlichen Gewändern, der Tunizella, Stola und Kasel, hält das Modell der von ihm ausgeschmückten Kirche in Händen.

Aachen, sondern in Reims, wo König Chlodwig, der Namenspatron Ludwigs des Frommen, die Taufe empfangen hatte. In der Reimser Marienkirche salbte der Papst am 5. Oktober 816 den neuen Kaiser und setzte ihm eine Krone aufs Haupt, die einstmals Kaiser Konstantin der Große getragen haben soll. Der Papst hatte sie eigens aus Rom mitgebracht, ein Beweis dafür, daß die Wiederholung der Kaiserkrönung für das Papsttum ein politisches Desiderat gewesen war. Stephan IV. wird auch nicht versäumt haben, bei dieser Gelegenheit an den Inhalt der Konstantinischen Schenkung zu erinnern.

Ausgeschaltet war Aachen dadurch als Schauplatz der Kaiserkrönung aber noch nicht ganz, denn auch Ludwig der Fromme krönte im Jahre 817 mit Zustimmung der Großen des Reiches seinen ältesten Sohn Lothar in Aachen zum Kaiser, so wie er selbst wenige Jahre zuvor von seinem Vater gekrönt worden war. Ansätze zu einer Aachener Krönungstradition waren also vorhanden, aber sie wurden aus politischen und ideologischen Gründen nicht weiterentwikkelt. Auch Kaiser Lothar gab dem Papst Gelegenheit, die Krönung zu wiederholen, in feierlicher Form am 5. April 823, einem Ostertage, am rechten Ort, zu Rom in der Peterskirche. Seither war die Kaiserkrönung im ganzen Mittelalter fest mit der Ewigen Stadt verbunden. Wer Kaiser werden wollte, mußte den Zug nach Rom antreten und den Papst für seine Pläne gewinnen.

VI.
Das Karlsreich

1. Zwischen Ebro und Elbe

Leopold von Ranke sah in Karl dem Großen einen Herrscher, der tatkräftig und vom Glück begünstigt das Werk seines Vaters und Großvaters fortführte und vollendete.[1] Das ist gewiß richtig. Das Karlsreich ruhte auf Fundamenten, die König Pippin und Karl Martell gelegt hatten. Der Kaiser selbst hat das anerkannt und in seinen amtlichen Verlautbarungen oft genug ehrfürchtig der Verfügungen seiner Vorgänger, der »Könige der Franken«, gedacht. Wenn Ranke ihm aber die Originalität seines Wirkens abspricht, so geht der große Historiker hier entschieden zu weit. Karl der Große hat nicht nur vollendet, was Pippin und Karl Martell ins Werk gesetzt hatten, sondern er wußte auch neue Wege zu beschreiten. Seine beiden Vorgänger hatten sich nur in dem geographischen Rahmen des merowingischen Frankenreiches bewegt, von Pippins Abstechern nach Italien abgesehen. Karl der Große sprengte diesen Rahmen, eröffnete neue geschichtliche Perspektiven und erweiterte die fränkische zur europäisch-abendländischen Welt. Sein Imperium gewann außenpolitisch einen Rang, der es auf eine Ebene mit den anderen beiden Großmächten jener Zeit hob, mit dem byzantinischen Kaiserreich und dem Kalifat von Bagdad.

Aber das war es nicht allein und vielleicht nicht einmal das Entscheidende. Neue Räume zu unterwerfen und sich einen Platz unter den etablierten Mächten zu erstreiten, waren eine Sache, eine andere, diese Machtposition zu behaupten und dem Reich die dafür erforderliche Stabilität zu verleihen, eine Stabilität, die nur durch eine feste innere Ordnung gewonnen werden konnte.

Solange das Reich expandierte, war sich Karl der Große breiter Zustimmung und tatkräftiger Unterstützung durch den kriegs- und beutelüsternen fränkischen Kriegeradel sicher. Aber wie waren diese Herren in friedlicheren Zeiten zu beherrschen? Wie war die Aristokratie in den Reichsverband einzufügen? Wie konnte ihr ein angemessener Anteil an der Herrschaft überlassen, sie zugleich aber dem königlichen Willen untergeordnet werden? Karl Martell und Pippin standen vor diesem Dilemma, und auch Karl dem Großen sind Krisen nicht erspart geblieben, die wohl ernster waren als die Quellen verraten wollen. Letztlich hat er die Großen des Reiches doch gezügelt. Nithard, ein Enkel Karls des Großen und einer der wenigen frühmittelalterlichen Historiker weltlichen Standes, sieht darin sogar die größte Leistung seines großen Großvaters:

Das aber, meine ich, verdient vor allem höchste Bewunderung, daß er – ein Werk, das selbst Rom nicht zu vollbringen vermochte – die wilden und eisernen Herzen der Franken und der anderen Germanen durch gemäßigten Schrecken so bändigte, daß sie offen in seinem Reich nichts zu unternehmen wagten, als was sich mit dem gemeinen Besten vertrug.[2]

Das Verhältnis zur Aristokratie, dem Helfer und Rivalen des Königtums zugleich, war ein entscheidender Punkt der karolingischen Innenpolitik, aber nicht das einzige Problem. Die Beherrschung des fränkischen Reiches erforderte die äußerste Anspannung aller Kräfte und die Intensivierung des politischen, wirtschaftlichen, religiösen, geistigen und künstlerischen Lebens. Auch hier führte der Herrscher nicht nur Begonnenes fort, sondern setzte auch Neues, Zukunftweisendes und lang Nachwirkendes in Szene.

Die staatsmännischen Leistungen Karls des Großen treten in ein klareres Licht, wenn man sich die Ausdehnung seines Reiches vergegenwärtigt und die Völker und Länder betrachtet, die es umschloß:

Dies sind die Kriege, welche der großmächtige König während der siebenundvierzig Jahre, die er regierte, in verschiedenen Ländern mit der größten Einsicht und durchaus glücklich geführt hat. Durch sie hat er das Reich der Franken, das er von seinem Vater schon groß und mächtig übernommen hatte, so herrlich erweitert, daß sein Umfang fast verdoppelt ward. Denn während früher nichts weiter als der zwischen Rhein und Loire, zwischen Ozean und dem balearischen Meer gelegene Teil Galliens und von Germanien der Teil zwischen Sachsen und Donau, Rhein und Saale, an der Grenze zwischen Thüringern und den Soraben, der von den sogenannten Ostfranken bewohnt wird, und außerdem nur noch die Alemannen und Bayern zum Frankenreich gehörten, hat er durch die erwähnten Kriege zuerst Aquitanien, Waskonien, das ganze Pyrenäengebirge und das Land bis zum Ebro unterworfen, der im Gebiet der Navarrer entspringt, die fruchtbarsten Gefilde Spaniens durchfließt und unter den Mauern der Stadt Tortosa ins balearische Meer mündet; hierauf ganz Italien, das sich von Aosta in einer Länge von mehr als tausend Meilen bis Südkalabrien ausdehnt, wo bekanntlich die Grenze zwischen Griechen und Beneventanern ist; ferner Sachsen, das keinen kleinen Teil von Germanien ausmacht und für doppelt so breit gilt als der von den Franken bewohnte, während es ihm in der Länge gleichkommen mag; sodann beide Pannonien, das auf der andern Donauseite anstoßende Dakien, auch Istrien, Liburnien und Dalmatien, mit Ausnahme der Seestädte, die er aus Freundschaft und wegen des mit ihm geschlossenen Bündnisses dem Kaiser von Konstantinopel überließ; endlich auch alle die barbarischen und wilden Völkerschaften, die Germanien zwischen Rhein und Weichsel, Meer und Donau bewohnen, so ziemlich die gleiche Sprache reden, in Sitten und Tracht aber sehr voneinander verschieden sind, und zwar so, daß er sie tributpflichtig machte. Die bedeutendsten darunter sind die Wilzen, Sorben, Abodriten, Böhmen; mit diesen hat er auch Krieg geführt, die übrigen weit zahlreicheren unterwarfen sich ihm freiwillig.[3]

Das Reich, das Einhard hier beschreibt, umfaßte also nicht nur die alten fränkischen Kernlande Neustrien und Austrien, dazu Burgund, Aquitanien, die Gascogne, Septimanien und die Provence, sondern nunmehr auch sämtliche germanischen Stammesgebiete östlich des Rheins. Ferner den Ostalpenraum, große Teile der ehemals awarischen Pannonischen Tiefebene, die Lombardei und große Teile Italiens mit der Insel Korsika. Im Norden wurde das Karlsreich von der Nordsee und dem Ärmelkanal begrenzt, im Nordosten reichte es sogar bis an die Ostsee, im Westen bespülten es die Wellen des Atlantischen Ozeans, und im Mittelmeerraum reichte es bis an den Golf von Lion, das Ligurische und Tyrrhenische Meer und die Adria. Es war ein gewaltiges Reich auch nach modernen Maßstäben, ein Imperium, das sich vom Ebro bis zur Elbe und Saale erstreckte, von der Jütischen Halbinsel bis zu den Abruzzen.

Weit mehr als tausend Kilometer waren es von der Spanischen Mark bis zu den östlichen Marken und Tributärfürstentümern, rund tausend von der Nord- und Ostsee bis zum Mittelmeer und zwölfhundert von Aachen nach Rom. Die Entfernungen, die man zurücklegen mußte, waren in Wirklichkeit noch um einiges größer, denn die Straßenführung paßte sich viel mehr als in unserer technisierten Welt den von der Natur vorgezeichneten Verkehrslinien an. Der Lauf der Flüsse und Bäche, sumpfige Niederungen und Moore, Berge und Wälder waren natürliche Verkehrshindernisse und wirkten auf den Verlauf der Fernwege ein. Man folgte gern den Höhenzügen, und mied die schwer passierbaren Niederungen; auf der Kammlinie von Hügelketten, am Höhenrand oder auf der hochwasserfreien Niederterrasse boten sich dem Verkehr die günstigsten Bedingungen. Die Straßen, auch die wichtigsten Fernverbindungen, konnten weder mit den römischen Straßen noch mit denen späterer Jahrhunderte konkurrieren. Wenig oder überhaupt nicht gepflegt, verliefen sie im offenen Gelände als breite Trassen, auf denen sich der Reisende seinen Weg suchte, so gut es eben ging. Die Pflasterung der alten Römerstraßen war wohl längst versunken, auch wenn die frühmittelalterlichen Fernwege ihnen noch immer folgten, jedenfalls in großen Linien.

Der schlechte Zustand der Landwege verwies den Reisenden, auch den König, auf die Wasserwege, die nicht selten ein bequemeres Fortkommen und einen leichteren Transport größerer Warenmengen ermöglichten. Naturgemäß spielten Rhein und Donau eine herausragende Rolle, der Rhein als die zentrale Nord-Süd-Route, die Donau als Verbindung zwischen dem Reich und dem Südosten. Wichtige Verkehrswege waren Main und Mosel, Maas und Schelde, Seine und Loire, Marne, Garonne und natürlich die Rhône. Auch viele andere Flüsse dienten dem Schiffsverkehr, selbst kleinere, heute nicht mehr schiffbare Gewässer. Kaum etwas spiegelt die große Bedeutung der Wasserstraßen klarer wider als der Versuch Karls des Großen, Rhein und Donau mit Hilfe eines Kanals zu verbinden.

Gleichermaßen bedeutungsvoll für Politik und Wirtschaft waren die Übergänge über die Alpen. Kaiser- und Italienpolitik waren daher eng mit dem Kampf um die Sicherung und Beherrschung der Paßstraßen verbunden. Man folgte auf dem Weg über die Alpen auch im frühen Mittelalter den Pfaden, die schon in römischer Zeit und sicher bereits in noch früheren Perioden begangen worden sind. Unter den Pässen über die Westalpen ragten der Große und der Kleine Sankt Bernhard, der Mont Genèvre, der Mont Cenis, der Julier-, Septimer- und Splügenpaß heraus, natürlich auch die Straße über die Seealpen, die Ligurien und die Provence verbindet. Im mittleren und östlichen Alpenraum waren der Reschenpaß und der Brenner die am häufigsten benutzten Übergänge. In den Ostalpen gab es mehrere Verbindungswege nach Friaul, Istrien und nach Pannonien und Kroatien.

Bei der Art der Herrschaftsführung – der König übte, wie man zutreffend gesagt hat, sein »hohes Gewerbe« im Umherziehen aus – spielten Verkehrsprobleme eine wichtige Rolle. Daher hat sich Karl der Große um eine Verbesserung der Verkehrsverhältnisse bemüht, nicht nur durch spektakuläre Projekte wie den Kanalbau und die Errichtung der für jene Zeit einzigartigen Rheinbrücke bei Mainz, sondern auch durch Maßnahmen zur Instandhaltung von Straßen,

Wegen und Brücken. Die Sorge für die öffentlichen Aufgaben war den Grafen übertragen, denen auch der allgemeine Schutz der Reisenden anvertraut war.

Das Reich der Franken war ein »Vielvölkerstaat«. Die Expansionspolitik Karls des Großen hat diesen Wesenszug noch verstärkt. Das germanische Bevölkerungselement, zunächst von den Franken, Burgundern, Alemannen, Bayern, Thüringern und einigen Westgoten vertreten, war durch die Unterwerfung der Sachsen und Friesen vermehrt worden. Durch die Eroberung des Langobardenreiches kamen auch die Angehörigen dieses kleinen, aber kriegstüchtigen Volkes hinzu. Die Zahl der romanischen Untertanen wuchs gewaltig durch die Einverleibung der ober- und mittelitalischen Gebiete. Im Osten kamen die Reste der Awaren und verschiedene slawische Stämme und Volksgruppen unter fränkische Herrschaft oder Hegemonie. Gespannt blieben die Beziehungen zu den Basken und den Bretonen, die sich dem großfränkischen Herrschaftsanspruch niemals wirklich und dauerhaft beugten.

Einem »Völkergefängnis« glich das Karolingerreich allerdings nicht, auch wenn sich die Franken nach wie vor als das »Königsvolk« fühlten. In der Armee, dem »Heer der Franken«, marschierten die Aufgebote der anderen Volksgruppen und Stämme mit. Neben den Angehörigen der fränkischen Aristokratie, die in der Hof- und Regionalverwaltung dominierten, spielte auch der Adel aus anderen Regionen eine nicht unbeträchtliche Rolle. Für die Spitzenschicht des Karlsreiches, die Reichsaristokratie, war die gentile Zugehörigkeit offenbar von geringer Bedeutung. Allerdings fällt die Tatsache ins Auge, daß sich die politische Führungsschicht nahezu ausschließlich aus Angehörigen germanischer Stämme rekrutierte.

Die Franken haben nicht versucht, die Völker zwischen Ebro und Elbe in ethnischer Hinsicht zu »frankisieren«. Trotz fränkischer Reichsstruktur und fränkischer Reichskultur, die sich mehr oder weniger intensiv überall ausbreiteten, brauchten die Menschen nicht um ihre ethnische Identität zu fürchten. »Umvolkungsprozesse« im Sinne einer Romanisierung oder Germanisierung, die stets im sprachlichen Bereich ansetzten, vollzogen sich lautlos in Form der allmählichen und sicher niemals erzwungenen Assimilierung. Unter dem Dach des Imperiums gab es ein kräftiges Eigenleben der Volksgruppen, aus denen sich die europäischen Nationen bilden sollten.

2. Die staatliche Ordnung

Aus der Sicht der mittelalterlichen Verfassungsgeschichte ist das Karlsreich eine Ausnahmeerscheinung, wenn man scharf zuspitzen will, ein Anachronismus.[4]

Walter Schlesinger, 1966

Wie war dieser riesige Vielvölkerstaat überhaupt zu beherrschen? Wie sah der »Regierungsapparat« aus, der dem König zur Verfügung stand? Gab es Institutionen, die so gestaltet waren, daß der neuzeitliche Begriff des Staates nicht als ein krasser Anachronismus erscheint? Gibt es doch nicht wenige moderne Historiker, die meinen, dieser Begriff erwecke falsche Vorstellungen und sei nicht geeignet, die politisch-administrative Ordnung des frühen Mittelalters zu definieren.

Dennoch: Das Karlsreich war ein Staat, freilich anders strukturiert als der Staat der Moderne, mit einem Staatsapparat, der aus der Sicht perfekter Staatlichkeit rudimentär erscheinen mag, aber den gesellschaftlichen Zuständen, den technischen Möglichkeiten und nicht zuletzt der Gedankenwelt der Menschen jener Periode gerecht wurde. Altertümliches verband sich mit Neuartigem zu einer Verfassungsstruktur, die für Jahrhunderte die staatliche und politische Kultur Europas prägen sollte.

Die innere Ordnung des Reiches beruhte in der Grundsubstanz auf merowingischen Fundamenten, die allerdings von Karl dem Großen und seinen Vorgängern um- und ausgestaltet worden waren. Ihnen war es im Laufe eines Jahrhunderts gelungen, die Großen des Reiches, die sich von der königlichen Macht weitgehend emanzipiert hatten, wieder an die Krone zu binden. Hauptkontrahenten waren die Herzöge, die in der westlichen Hälfte des Frankenreiches über gewaltige Herrschaftsbereiche verfügten und in der östlichen Hälfte sogar eine stammesfürstlich-vizekönigliche Position errungen hatten. Die Beseitigung der Herzöge und die Aufhebung des Dukats als einer Institution der Reichsverfassung wurde daher einer der wichtigsten Punkte des karolingischen Regierungsprogramms. Die ehemaligen Herzogtümer blieben zwar als Stammesgebiete oder als Großlandschaften erhalten, so daß sie von Fall zu Fall wieder eine Rolle spielen konnten, aber im Prinzip wurde das gesamte Reich in Grafschaften gegliedert. Die Grafen, die es schon in merowingischer Zeit gegeben hatte, wurden wieder unmittelbar zu königlichen Amtsträgern; der Prozeß der »Verherrschaftlichung« der Grafschaften, der sich unter den schwachen Merowingerkönigen vollzogen hatte, wurde angehalten und sogar rückgängig gemacht. Die Karolinger, namentlich Karl der Große, haben den Amtscharakter der Grafschaft wieder zur Geltung gebracht, Rechte und Pflichten der Amtsinhaber festgelegt und sich das Recht zur Ein- und gegebenenfalls auch zur Absetzung vorbehalten.

Die Grafschaften waren zumindest unter Karl dem Großen und seinen unmittelbaren Nachfolgern das Gerüst der Regionalverwal-

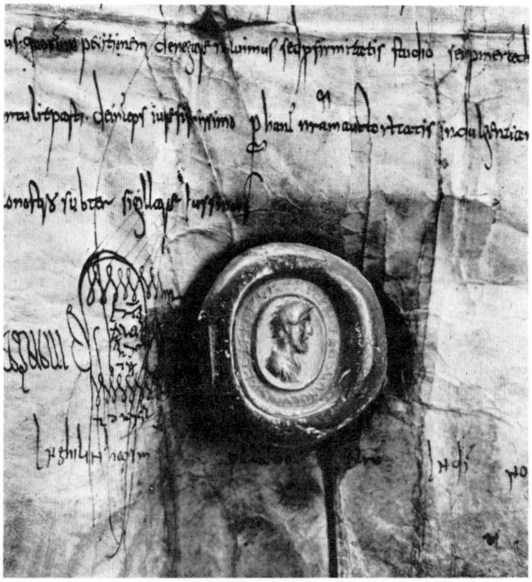

Siegel Karls des Großen

Das Bildnis zeigt nicht Karl den Großen, sondern einen römischen Kaiser, vielleicht Commodus oder Antoninus Pius. Der antike Imperator steht für den Herrscher schlechthin und wird nur durch die Umschrift »Christus, schütze Karl, den König der Franken« auf Karl den Großen bezogen.

tung. Es ist daher keineswegs ein Anachronismus, von einer »karolingischen Grafschaftsverfassung« zu sprechen. Das Reich war lükkenlos in Grafschaftsbezirke gegliedert, vielleicht mit Ausnahme einiger großer Wald-, Gebirgs- und Grenzregionen. Räumliche Grundlage der Grafschaft waren in den westlichen Teilen des Reiches die ehemaligen römischen Stadtbezirke, die »Civitates«, in den fränkisch-germanischen Gebieten die natürlichen Siedlungslandschaften, die meist als »Gaue« bezeichnet werden. Die Grafschaften waren in der Regel nicht sehr groß, so daß die Macht, die der einzelne Graf besaß, keine ernsthafte Gefahr für den Herrscher darstellte. Die genaue Ausdehnung einer Grafschaft ist nur in Ausnahmefällen zu ermitteln, denn es existieren keine Beschreibungen und erst recht keine Karten. Nicht einmal ihre Zahl ist festgehalten worden. Immerhin weiß man, daß es mehrere hundert waren. In manchen Gegenden werden Untergliederungen der Grafschaft faßbar, »Zentenen«, »Hundertschaften« oder »Goe«, die wohl vorwiegend der Rechtspflege und der Aufrechterhaltung der öffentlichen Ordnung dienten.

Der Graf war der Vertreter des Königs innerhalb seiner Grafschaft und als solcher ein »Multifunktionär«. Er war verpflichtet, in regelmäßigen Zeitabständen das Grafengericht abzuhalten, für Recht und Ordnung zu sorgen, die dem König zustehenden Abgaben einzuziehen und an den Fiskus abzuführen, für die Instandhaltung von Befestigungsanlagen, Wegen und Brücken Sorge zu tragen, Königsboten und Gesandtschaften zu beherbergen und zu geleiten, den Frieden zu wahren und die Kirchen, Witwen, Waisen und Armen vor Bedrückung zu schützen. Zu diesen allgemeinen Verwaltungs- und Gerichtsfunktionen trat noch eine militärische Aufgabe. Für die freien wehrpflichtigen Männer war die Grafschaft zugleich der Aushebungsbezirk. Der Graf hatte die Wehrpflichtigen im Namen des Königs aufzubieten, die Kriegstüchtigen auszuwählen, ihre Bewaffnung und Tauglichkeit zu überprüfen, die »Heer-

Bildnis eines vornehmen Herrn, Fresko in Sankt Benedikt zu Mals

Würde und Standesbewußtsein strahlt das Bildnis dieses vornehmen Herrn in fränkischer Tracht aus. Er dürfte der Graf der Grafschaft Vintschgau in Südtirol und ein Förderer der Kirche Sankt Benedikt zu Mals gewesen sein. Der viereckige Nimbus zeigt, daß das Bild noch zu seinen Lebzeiten gemalt wurde. Wandmalereien aus karolingischer Zeit sind nur noch selten erhalten. Ein berühmter Freskenzyklus findet sich in der Kirche Sankt Johann zu Müstair in Graubünden.

bannbuße«, die Strafe für ein Versäumnis, einzutreiben und das Aufgebot seiner Grafschaft dem königlichen Heer zuzuführen.

Die Amtsgewalt des Grafen erstreckte sich im Prinzip über den gesamten Bereich seiner Grafschaft und über alle darin lebenden Menschen freien Standes. Allerdings gab es Gebiete, die vom König mit »Immunität« ausgestattet worden waren, vor allem kirchliche Institutionen, Bistümer und Abteien. Sie wurden dadurch der Amtsgewalt des Grafen in einem gewissen Ausmaß entzogen. Der Graf durfte die Immunitätsbezirke in amtlicher Eigenschaft nicht ohne die Erlaubnis des Immunitätsinhabers betreten, insbesondere nicht, um dort Amtshandlungen vorzunehmen. Die gräflichen Aufgaben nahm im Immunitätsgebiet der betreffende Herr selbst oder bei Kirchen der »Vogt« als Schutzherr wahr.

Karl der Große vervollständigte die Grafschaftsverfassung durch die Schaffung von Markgrafschaften an den Reichsgrenzen. Der Schutz der besonders gefährdeten Grenzregionen gegen überraschende feindliche Angriffe war eine besonders schwer zu lösende Aufgabe. Da es kein stehendes Heer gab, dauerte die Bereitstellung einer ausreichenden Zahl von Kriegern immer ihre Zeit. Deshalb wurden den Grafen in den Grenzzonen größere Bezirke unterstellt und auf militärischem Gebiet weitreichende Vollmachten erteilt. Sie konnten die Truppen auch ohne besonderen königlichen Befehl aufbieten und die Verteidigung der Burgen organisieren, die an wichtigen Punkten der Reichsgrenze angelegt wurden. Die Markgrafen besaßen also eine größere Selbständigkeit in ihrer Amtsführung. Die Markgrafschaften wurden vielfach auch um neueroberte Gebiete erweitert und dienten als Ausgangsbasis für die weitere Expansion. An der ausgedehnten Ostgrenze des Reiches waren den Markgrafschaften an verschiedenen Stellen außerdem halbautonome, zu Tributzahlungen verpflichtete Fürstentümer vorgelagert. Das ganze System der Markgrafschaften und der abhängigen Fürstentümer war naturgemäß starkem Druck ausgesetzt und dementsprechend labil, so daß man die Marken schon unter den Karolingern häufig neu organisierte, um veränderten militärischen Erfordernissen Rechnung zu tragen.

Jenseits der Pyrenäen war die Spanische Mark gegen die Sarazenen geschaffen worden, wahrscheinlich als erste Institution dieses Typs und als Muster für andere. Zum Schutz gegen die in der Bretagne sitzenden Bretonen, die nie ganz integriert werden konnten, wurde die Bretonische Mark errichtet. Gegen die Dänen entstand ebenfalls eine Grenzmark, der »Limes Danicus«. Im östlichen Thüringen schützte die Sorbenmark das Land gegen slawische Einfälle. Im Südosten wurde im Zusammenhang mit den Kämpfen gegen die Awaren ein ganzes Markensystem geschaffen, das später immer wieder um- und ausgestaltet wurde. Von fortwirkender Bedeutung waren die bayerische Ostmark, aus der im 12. Jahrhundert das Herzogtum Österreich hervorgehen sollte, die Karantanische Mark im Flußgebiet von Drau und Save sowie südlich der Alpen die Mark Friaul.

Allerdings waren die karolingischen Markgrafen und Grafen keine Beamten im modernen Sinne, keine preußischen Landräte, denen eine eingespielte Bürokratie zu Gebote stand. Ebensowenig waren die Bewohner einer Grafschaft obrigkeitsgläubige und an

Gehorsam gewöhnte Untertanen. Es gab Konflikte und Widerstände, Kompetenzüberschreitungen und Gehorsamsverweigerungen, und der Graf mußte sehen, wie er sich durchsetzte - notfalls mit Gewalt. Er mußte schon deshalb mit Macht und Autorität ausgestattet sein. In der Regel war er schon von Geburt ein großer Herr. Er entstammte einer vornehmen Familie und besaß eigene Machtmittel, die er auch für seine Amtsaufgaben einsetzen konnte. Verliehenes Amt und ererbte Herrschaft konnten daher leicht miteinander verschmelzen. Die Grafen strebten danach, sich in ihren Grafschaften dauerhaft zu etablieren und ihr Amt nach Möglichkeit an ihre Söhne weiterzugeben. Der König hatte zwar das Recht, einen Grafen seines Amtes zu entheben, aber er riskierte damit fast immer einen Konflikt mit einer Adelsgruppe und griff daher selten ohne Not zu dieser Maßnahme.

Die Funktionsfähigkeit der Grafschaftsverfassung hing maßgeblich von der Stärke des Königtums ab und natürlich auch von der Treue der Amtsträger zu ihrem Herrn. Karl der Große hatte die Grafschaftsverfassung zu einem brauchbaren Herrschaftsinstrument machen können. Die wichtigsten Grafschaften und Markgrafschaften besetzte er mit Leuten seines Vertrauens, meist vornehmen Franken. Die Vereinigung von mehreren Grafschaften in einer Hand ließ er nur in wenigen Ausnahmefällen zu. »Der umsichtige Karl«, so berichtet der Sankt Galler Mönch Notker der Stammler, »überließ keinem seiner Grafen, ausgenommen denen in der Mark und an der Grenze zu den Barbaren, irgendwann mehr als eine Grafschaft.«[5] Zu den Ausnahmefällen gehörte Graf Udalrich, der Bruder der Königin Hildegard, der über mehrere Komitate im Bodenseegebiet verfügte. Die Verwandtschaft mit dem Königshause, die Königsnähe, führte in der Regel zu sozialem Aufstieg.

Die königlichen Beamten der Regionalverwaltung waren weisungsgebunden, berichts- und rechenschaftspflichtig, empfingen königliche Befehle und Mandate, hatten die Betroffenen davon in Kenntnis zu setzen oder sie auch öffentlich bekanntzugeben. Die Kommunikation mit der Zentralverwaltung vollzog sich in einem gewissen Umfang in schriftlichen Formen. Zahlreiche Dokumente aus der Zeit Karls des Großen und seiner Nachfolger belegen das. Allerdings war es nicht übertrieben schwer, Verordnungen zu erlassen und Befehle zu erteilen, wohl aber die Ausführung zu erzwingen. Die lokalen Amtsträger waren schwer kontrollierbar, und Klagen über Amtsmißbrauch, Pflichtversäumnisse und lässige Dienstauffassung wurden oftmals laut. Karl der Große suchte auch hier nach Abhilfe und schuf sich in der Institution der Königsboten ein wirksames Kontrollinstrument.

Schon in der Merowingerzeit hatten die Könige Männer ihres Vertrauens mit besonderen Vollmachten ausgestattet, in Vertretung des Herrschers Weisungen zu übermitteln und Regierungshandlungen vorzunehmen. Der »Königsbote« amtierte also im Namen des Königs. Aber erst Karl der Große machte aus der speziellen Beauftragung von Fall zu Fall eine Institution der Reichsverfassung. Er setzte die Königsboten gezielt ein, um die Amtsführung der lokalen Beamten zu kontrollieren. Sie übermittelten königliche Befehle, nahmen Klagen und Beschwerden der Untertanen entgegen, hielten Gerichtstage ab, auf denen gegen die Urteile des

Bildnis eines Geistlichen, Fresko in Sankt Benedikt zu Mals

Der geistliche Herr, vielleicht der Abt des Klosters Müstair im benachbarten Graubünden, wird durch das Modell der Kirche als Stifter dieses Gotteshauses charakterisiert. Die Kirche, die er in Händen hält, entspricht ziemlich genau dem noch erhaltenen Bauwerk. Abt und Graf, geistliche und weltliche Würdenträger, haben bei der Gründung der Kirche zusammengearbeitet.

Grafengerichts Revision eingelegt werden konnte, empfingen im Namen des Herrschers den Treueid der Untertanen und trugen problematische Rechtsfälle dem königlichen Hofgericht zur Entscheidung vor.

Karl der Große hatte zunächst königliche Vasallen als Königsboten eingesetzt, zum Teil Leute niederen Standes, die sich ihrer Aufgabe nicht immer gewachsen zeigten. Es fehlte ihnen nicht nur an der nötigen Autorität, sondern sie waren auch Bestechungsversuchen leicht zugänglich. Als Kaiser reformierte Karl im Jahre 802 das System und betraute Angehörige der obersten Führungsschicht mit diesem Amt. Erzbischöfe, Bischöfe, Äbte und Grafen besaßen als hochgestellte Persönlichkeiten vornehmer Herkunft eine Autorität, die sie auch als Königsboten mit Erfolg den lokalen Machthabern gegenüber zur Geltung bringen konnten.

Ein Problem war dabei jedoch die Kontrolle der Kontrolleure, das der Kaiser zu lösen suchte, indem er jeweils zwei Königsboten, meist einen Herrn geistlichen Standes und einen Laien, zu einer Kommission vereinte. Sie waren verpflichtet, viermal im Jahr, im Januar, April, Juli und Oktober, ihre Kontrollbezirke (Missate) zu bereisen und dort nach dem Rechten zu sehen. Ob eine Einteilung des Reiches in solche Missate erreicht wurde, ist nicht ersichtlich. Beabsichtigt war sie sicher. Das System konnte freilich nur funktionieren, solange ein starker Herrscher an der Spitze des Reiches stand. In der spätkarolingischen Verfallszeit verlor das Instrument der Königsboten rasch an Effektivität und verschwand wieder aus dem politischen Leben.

Die Rolle des Königs in der mittelalterlichen Herrschaftstheorie und -praxis forderte persönliche Herrschaftsausübung, denn man erwartete, daß der Herrscher das Königtum so weit wie möglich in eigener Person zur Geltung brachte. Karl der Große hat dieses »persönliche Regiment« bis ins hohe Alter wahrgenommen, auch dann noch, als ihm seine unangefochtene Machtstellung die partielle Delegation von Aufgaben erlaubte. Die Herrschaft ging vom König und seinem Hof aus, und die Hofverwaltung war zugleich die zentrale Reichsverwaltung.

Die Karolinger führten auch auf diesem Sektor die merowingischen Traditionen weiter, allerdings mit einigen bedeutsamen Modifizierungen. Sie hüteten sich, einen Hofbeamten mit so umfassenden Vollmachten auszustatten, wie sie sie selbst als Hausmeier besessen hatten. Dieses Amt war von Pippin nach seinem Aufstieg zur Königswürde abgeschafft worden. Andere Hofämter wurden beibehalten, namentlich die des Kämmerers, Marschalls, Mundschenks und Truchsesses. Dem Kämmerer war die Sorge für die gesamte königliche Hofhaltung und den Schatz anvertraut, der Marschall galt als der ranghöchste Hofbeamte, zuständig für den Marstall, die Rüstkammer und die Leitung der Reisetätigkeit des Hofes, während dem Truchseß und dem Mundschenk die Aufsicht über Küche und Keller übertragen war. Zeremonienmeister, Quartiermeister und der Schwertträger komplettierten den Kreis der obersten Hofbeamten. Ihnen unterstanden die zahlreichen niederen Hofbediensteten und das einfache Haus- und Hofgesinde männlichen und weiblichen Geschlechts. Charakteristisch für den fränkischen Hof war es, daß die Inhaber der Hofämter zwar generell

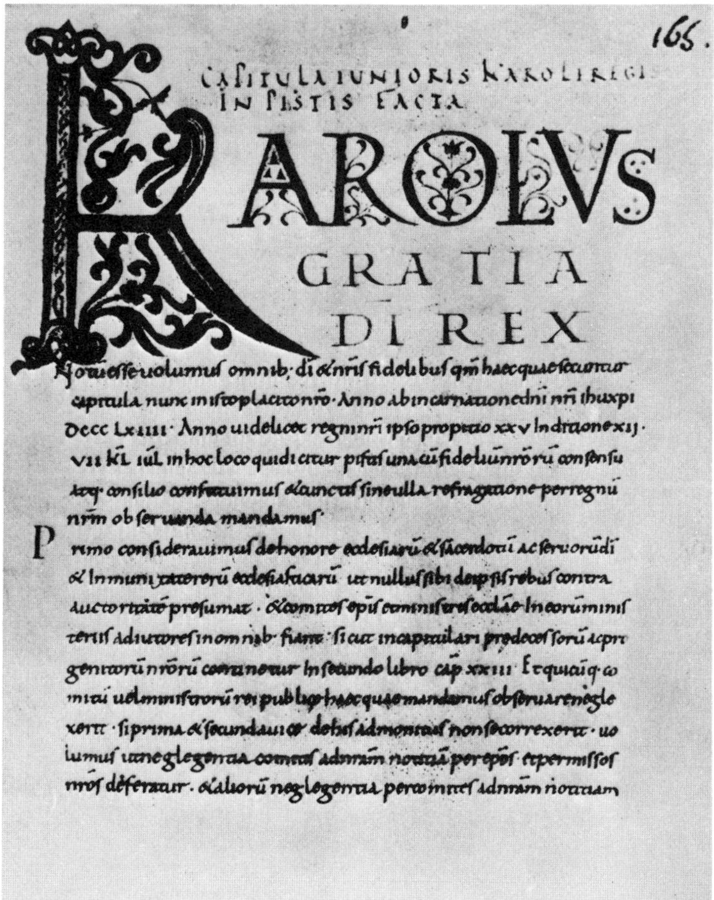

Kapitular Karls des Kahlen vom Jahre 864 aus einer Dubliner Handschrift

Die Kapitulariengesetzgebung hatte ihre Blüte unter Karl dem Großen (768-814) und Ludwig dem Frommen (814-840). Im westfränkischen Reich wurden auch unter Karl dem Kahlen (840 bis 877) zahlreiche Kapitularien erlassen, während im ostfränkischen Reich die Verwendung der Schrift in Verwaltung und Rechtspflege rasch zurückging.

bestimmte Funktionen hatten, aber über ihr eigentliches Ressort bei Hofe hinaus mit umfassenderen Aufgaben betraut werden konnten. Die Inhaber höherer Hofämter erschienen zum Beispiel als Heerführer, als Beisitzer im Königsgericht oder als Leiter von Gesandtschaften im diplomatischen Dienst.

Der Herrscher, der die Richtlinien der Politik bestimmte und in dessen Hand die letzten Entscheidungen lagen, umgab sich mit einem Beraterstab, mit einem Kreis von persönlichen Vertrauten ohne festen Aufgabenbereich. Die Männer in der Umgebung des Königs dienten gleichsam als Minister ohne Portefeuille. Wichtigere Fragen und Entscheidungen wurden auf Hof- und Reichstagen behandelt und unter Hinzuziehung der Großen des Reiches beraten. Ihre Zustimmung war zwar nicht unbedingt von rechtserheblicher Bedeutung, erhöhte aber die Chance, die Beschlüsse auch zu realisieren. Selbst ein Herrscher wie Karl der Große hat sich deshalb bemüht, für seine Entscheidungen einen breiten Konsens innerhalb der politischen Führungsschicht herbeizuführen.

Vom Hof, der Zentrale, wurden in großer Fülle Gesetze und Verordnungen erlassen, vielfach mit Rat und Zustimmung der Großen des Reiches und unter Umständen auch mit der »Vollbort«, dem

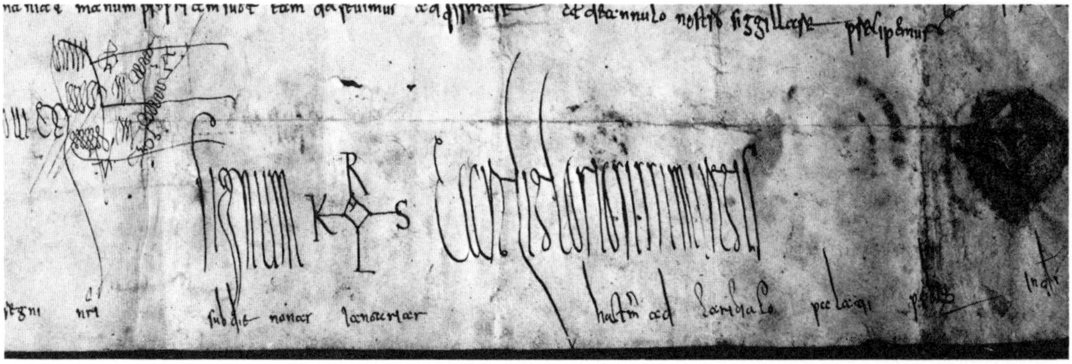

Signumzeile einer Urkunde Karls des Großen mit dem Monogramm des Herrschers

Im 8. und 9. Jahrhundert nahm das Urkundenwesen einen gewaltigen Aufschwung. Vor allem Bistümer und Klöster waren bestrebt, ihre Privilegien und Besitztümer urkundlich gegen jeden Angriff abzusichern.
Die Königsurkunde wurde vom Herrscher nicht unterschrieben, sondern nur durch den eigenhändigen »Vollziehungsstrich« im Monogramm beglaubigt. Das Monogramm ist aus den Buchstaben des Namens zusammengefügt; die Konsonanten stehen außen, die Vokale innen.

lautstarken Beifall des versammelten Heervolkes. In der Form der Kapitularien, so genannt nach ihrer Gliederung in Kapitel, wurden die königlichen Verordnungen festgehalten und verbreitet. Die Kapitularien enthalten – zumeist in bunter Mischung ohne systematischen Aufbau – Verordnungen zur Regelung aktueller Probleme des weltlichen und kirchlichen Lebens, der Verwaltung, der Rechtspflege, des Kriegswesens, der Wirtschaft und vieler anderer Bereiche. Am Inhalt dieser Texte läßt sich das innenpolitische Regierungsprogramm Karls des Großen ablesen, freilich werden auch die Schwierigkeiten deutlich, die sich seiner Verwirklichung entgegenstellten. Den programmatischen Charakter der königlichen Verfügung muß man stets im Auge behalten, denn noch viel krasser als in unserer Zeit war im Mittelalter die Diskrepanz zwischen dem Wortlaut obrigkeitlicher Verordnungen und den Chancen ihrer Realisierung.

Die Regierungszentrale des Karlsreiches war stets da, wo sich der König gerade aufhielt. Der zentrale Regierungsapparat – die Hofbeamten und der engere Beraterkreis, die Angehörigen der Hofkapelle und der Reichskanzlei – folgte dem Herrscher auf seinen Reisen, jedenfalls in einem gewissen Umfang, denn selbst auf Kriegszügen mußten Verwaltungsaufgaben erledigt werden. In Krieg und Frieden regierte Karl der Große »vom Sattel aus«, war er doch namentlich in den ersten drei Jahrzehnten seiner Herrschaft ständig innerhalb oder außerhalb seines Reiches unterwegs. Sein Reiseweg, sein »Itinerar«, der sich in großen Zügen rekonstruieren läßt, zeigt die räumlichen Schwerpunkte seines Wirkens. Der Krieg führte ihn nach Aquitanien und in das Land jenseits der Pyrenäen, bis nach Pannonien, nach Italien und vor allem immer wieder nach Sachsen. Im Frieden – oder besser in den friedlicheren Monaten des Jahres – bewegte er sich in den altfränkischen Landschaften Neustriens und Austriens, in den Landschaften am Mittel- und Niederrhein, auch im ostfränkischen Maingebiet. Dies waren die Kernräume, in denen die Pfalzen, Königshöfe und Krondomänen lagen, Brennpunkte des politischen Geschehens, an denen sich das Heer versammelte und die Großen des Reiches zu Hof- und Reichstagen zusammengerufen wurden. In diesem Raum pflegte Karl der Große auch die hohen Kirchenfeste zu feiern und im Herbst die Hofjagden abzuhalten.

Wichtige Pfalzorte waren zur Zeit Karls des Großen Quierzy,

Herstal bei Lüttich, Diedenhofen, Worms, Ingelheim, Düren und Nimwegen, in Sachsen Paderborn, in Ostfranken Salz, in Bayern Regensburg. Sie alle übertraf dann seit den neunziger Jahren des 8. Jahrhunderts die Pfalz in Aachen, die nun für fast zwei Jahrzehnte wirklichen Residenzcharakter erhielt. Der Ort war durch die Eroberung des Sachsenlandes aus seiner peripheren Lage herausgerückt worden, ohne allerdings im geographischen Sinne zum Zentrum des Reiches geworden zu sein. Aber er lag verkehrsgünstig, denn sowohl das Pariser Becken als auch das neuerworbene Sachsen waren von hier aus leicht zu erreichen, ebenso der Rhein, die wichtigste Wasserstraße des Reiches, die Karl der Große gern benutzte. Vor allem aber lagen in diesem Raum die karolingischen Hausgüter und Krondomänen, die eine wichtige materielle Grundlage für die Ausübung der königlichen Herrschaft darstellten. Zudem waren es fränkisch besiedelte Gebiete; das war wichtig, denn die fränkische Aristokratie bildete noch immer die politische Elite, und das wehrhafte fränkische Volk stellte noch immer den Kern des Reichsheeres, das in den Quellen oft genug ausdrücklich als das »Heer der Franken« bezeichnet wird. Den merowingischen Traditionen des fränkischen Königtums erwies Karl der Große seine Reverenz mit Besuchen in Orten wie Reims, Soissons oder Saint-Denis, wo sein Vertrauter Fulrad als Abt wirkte. Das Land zwischen Schelde, Maas, Mosel und Rhein, in dem sich der Herrscher zu Hause fühlte und wo er vielleicht auch das Licht der Welt erblickt hatte, war das Herzstück des Karlsreiches.

3. »Dys recht satzte der keyser«

»Dys recht satzte der keyser«, das glaubte man noch im späten Mittelalter vom Recht des Sachsenspiegels.[6] Der Kaiser, der den Sachsen dieses Recht verliehen hatte, konnte natürlich niemand anders als Karl der Große gewesen sein. Gedachte doch der Verfasser dieses Rechtsbuches, der Ritter Eike von Repkow, des großen Kaisers als eines Gesetzgebers. Deutlich zeigt diesen Glauben eine Miniatur in einer Handschrift des Sachsenspiegels aus der Lüneburger Ratsbibliothek: Karl der Große überreicht dem Sachsenherzog Widukind feierlich den Sachsenspiegel; im Hintergrund bescheiden Eike von Repkow, die Szene betrachtend. Zeitliche Distanzen verblaßten, wenn es um die Idee von Recht und Gerechtigkeit ging, die Karl der Große verkörperte.

Als Gesetzgeber, als Quelle des Rechts, als weiser und gerechter Richter lebte er in der Erinnerung weiter. Die Guten belohnend, die Bösen bestrafend, die Niedrigen erhöhend, die Überheblichen demütigend, so steht Karl der Große in den Anekdoten des Sankt Galler Mönches Notker über den Schwächen seiner Mitmenschen, in Scherz und Ernst der Gerechtigkeit zum Siege verhelfend, gelegentlich tatkräftig unterstützt von himmlischen und höllischen Mächten. Habsucht und Machtgier der weltlichen und geistlichen Großen finden ihre gerechte Strafe auf Erden durch den gerechten Herrscher oder gar im Höllenrachen. So glaubte - und hoffte - das bedrängte Volk. Besonders übel erging es vielen Bischöfen in den Erzählungen des Sankt Galler Klosterbruders, der den Weltklerus mit den Ressentiments und der selbstgefälligen Heilsgewißheit des Mönchs unter die Lupe nahm.

Das Bild Karls des Großen als Gesetzgeber war aber bereits seinen Zeitgenossen vertraut. In den Jahrbüchern des ostfränkischen Klosters Lorsch wird zum Jahre 802 berichtet, der Kaiser habe die Großen des Reiches und das Volk zusammengerufen und mit Hilfe von rechtskundigen Männern alle Gesetze sammeln lassen, damit jedem Menschen sein angestammtes Recht zuteil werden könne. Verbesserungswürdige Gesetze habe er korrigieren und das verbesserte Recht aufschreiben lassen. Den Richtern habe er befohlen, nach dem geschriebenen Recht zu urteilen, keine Geschenke anzunehmen, sondern allen Menschen, Armen und Reichen, Gerechtigkeit widerfahren zu lassen.[7]

Auch Einhard berichtet von den Bemühungen des Kaisers um die Gesundung der Rechtspflege, sieht aber die Unvollkommenheit des Erreichten:
Nach der Annahme des Kaisertitels sah er, daß den Gesetzen seines Volkes viele Mängel anhafteten, denn die Franken hatten zwei Rechte, die in sehr vielen Punkten voneinander abwichen. Daher wollte er Fehlendes ergänzen und Verkehrtes und Unbrauchbares verbessern. Jedoch konnte er diese guten Vorsätze nicht ausführen. Nur einige wenige neue Paragraphen ließ er den Volksrechten hinzufügen. Jedoch ließ er von allen Stämmen, die unter seiner Herrschaft standen, das noch nicht aufgeschriebene Recht sammeln und kodifizieren.[8]

Einhard sieht Karls legislatorische Anstrengungen im Zusam-

Karl der Große überreicht Herzog Widukind den Sachsenspiegel, Miniatur in einer Sachsenspiegelhandschrift aus der Zeit um 1400

Karl der Große hatte zwar die Kodifizierung des altsächsischen Rechts veranlaßt, der Sachsenspiegel aber wurde erst zwischen 1220 und 1235 verfaßt.

menhang mit der Erlangung der Kaiserkrone, im großen und ganzen wohl nicht zu Unrecht, obgleich Karl auch schon als König einiges ins Werk gesetzt hatte. Die Kaiserwürde gab ihm unzweifelhaft Auftrieb; denn die Gesetzgebung galt als ein bedeutsames kaiserliches Vorrecht. Dem Vorbild der römischen Imperatoren nachzueifern, lag nahe und war fast Verpflichtung, zumal es den ureigensten Intentionen Karls entsprach. Er fühlte sich in besonderer Weise berechtigt, eine Revision der uralten, von der Tradition geheiligten Volksrechte ins Auge zu fassen. Behutsam mußte das geschehen, denn Neues war bedenklich, Altes gut; altes Recht war gutes Recht, das Recht der Väter und Vorväter, mündlich überliefert und in festgefügten Formen angewandt, in vorgeschriebenen Worten und Gebärden. Es stand unter der Obhut überirdischer Mächte, durch die feierliche »Hegung« des Things, durch Reinigungseid und Gottesurteil mit der Sphäre des Sakralen metaphysisch verbunden. So darf man es wohl nicht der Führungsschwäche des Kaisers zuschreiben, wenn er seine Vorsätze nicht verwirklichen konnte.

Unter der Regierung seines Sohnes Ludwig des Frommen sollte der Erzbischof Agobard von Lyon vom Kaiser nicht nur die Wahrung der Reichseinheit, sondern darüber hinaus die Schaffung eines einheitlichen Rechts fordern. Dem Kirchenfürsten erschienen die Stammesrechte, deren Herkunft aus dem Dunkel der Heidenzeit unvergessen war, als archaische Relikte, die es zu beseitigen galt. Doch einen solchen Schritt hatte nicht einmal Karl der Große auf der Höhe seiner Macht wagen können. Das Selbstbewußtsein der Stämme und Volksgruppen war in jener Frühzeit fast naturnotwendig mit einem Leben nach dem eigenen angestammten Recht verbunden. Und der Kaiser selbst hat sich stets als Franke gefühlt und hätte einen Verzicht auf sein fränkisches Recht gewiß kategorisch abgelehnt.

Jeder im Frankenreich hatte also das Recht, nach den Gesetzen seines Stammes gerichtet zu werden. Kein kluger Herrscher tastete dieses Prinzip der Personalität des Rechts an. Im Gegenteil, die Kodifizierung, Verbesserung und Novellierung des überlieferten Rechtsgutes stärkte das rechtliche Eigenleben der einzelnen Stammes- und Volksgruppen. Die Idee eines für alle gültigen »Reichs- oder Kaiserrechtes« hatte keine Chance. Die Vielfalt unterschiedlicher und miteinander konkurrierender Rechte blieb für die Rechtsgeschichte der europäischen Völker noch jahrhundertelang charakteristisch.

Frieden, Recht und Ordnung, das waren Forderungen, denen sich ein König zu stellen hatte, der dem Ideal des »gerechten Königs«, des »rex iustus«, zu entsprechen suchte. Karl der Große hat Bedeutendes für die Rechtssicherheit in seinem Reich getan oder wenigstens den Willen dazu gezeigt. Das war nicht eben leicht, denn man war schnell mit dem Schwert bei der Hand und suchte sich sein Recht oder das, was man darunter verstand, zu verschaffen, auf eigene Faust, ohne erst vor Gericht zu ziehen. Aristokratie und Kriegeradel übten lieber Selbstjustiz und Blutrache, als sich einem Richterspruch zu beugen.

Der König verwies nun die streitenden Parteien auf den ordentlichen Rechtsweg, um Fehden und Blutrache einzudämmen, Sühne zu leisten und zu empfangen. Straftaten konnten noch immer, altgermanischem Rechtsbrauch folgend, durch die Zahlung einer Buße an den Geschädigten oder seine Gesippen gesühnt werden, jedenfalls dann, wenn der Täter ein freier Mann oder eine freie Frau war. Die Volksrechte enthalten in ihrem Kern Kataloge mit Strafbestimmungen und regeln bis ins einzelne die Höhe und Art der Sühnezahlungen. An manchen Punkten präsentieren sich die Bußgeldkataloge mit beckmesserischer Akribie. Selbst ein Totschlag konnte durch die Zahlung des »Wergeldes« an die Erben des Getöteten gesühnt werden. Die Annahme der Sühne war freilich nicht immer durchsetzbar, denn aus Gründen des Ehrgefühls galt es nicht gerade als mannhaft, die Buße für eine Bluttat anzunehmen und – wie man plastisch sagte – »seinen Bruder im Beutel zu tragen«.

Frieden, Recht und Ordnung im Inneren konnten nur dann gewährleistet werden, wenn das Instrumentarium der Rechtspflege Wirkung zeigte. Oberster Richter im Reich war der König selbst, in dessen Namen die Grafen die Gerichtsbarkeit innerhalb ihrer Amtsbezirke ausübten. Nach mittelalterlichem Brauch leitete der Graf als

Miniatur in einer juristischen Sammelhandschrift vom Anfang des 9. Jahrhunderts

Der Mann in fränkischer Tracht mit dem Richterstab in der Hand dürfte der Graf sein, der die Handschrift anfertigen und sich zusammen mit seiner vornehm gekleideten Frau darstellen ließ. Der Kodex enthält eine Sammlung von Volksrechten und Kapitularien und war offensichtlich im Besitz eines in Oberitalien tätigen fränkischen Grafen.

Richter die Verhandlung, verkündete das Urteil und sorgte für seine Vollstreckung. Den Urteilsspruch fällte nicht der Richter. Das war vielmehr Aufgabe rechtskundiger Männer aus der Gerichtsgemeinde, die Schöffen genannt wurden. Gerichtspflichtig vor dem Grafengericht, der zentralen Institution der Rechtspflege im Reiche der Karolinger, waren alle erwachsenen freien Männer. Das Gericht tagte öffentlich und unter freiem Himmel; alle gerichtspflichtigen Bewohner der Grafschaft hatten den Verhandlungen als »Umstand« beizuwohnen, nur zwingende Gründe, die »ehaffte not«, entschuldigten Versäumnisse.

Der Besuch des Gerichts war also nicht nur ein Recht des freien Mannes, sondern auch eine Pflicht, und da es viele Gerichtstage im Jahr gab, konnte dies zur drückenden Last werden. Karl der Große griff deshalb hier ein und milderte die Gerichtspflicht für die kleineren bäuerlich lebenden Freien. Waren sie weder Kläger noch Beklagter, so brauchten sie das Grafengericht nur noch dreimal im Jahr zu den festen Terminen des »ungebotenen Things« zu besuchen. Zum »gebotenen Thing« erschienen nur noch die Schöffen, angesehene und begüterte Herren, die es sich ohne Mühe leisten konnten, ihre Zeit mit »ehrenamtlicher« Tätigkeit zu verbringen.

Der König galt nicht nur als Inhaber der obersten Gerichtsgewalt und als Garant der Rechtssicherheit, sondern er wirkte auch in der Realität als oberster Richter. Das königliche Hofgericht, das in der Gegenwart des Königs tagte, war das höchste Gericht des Reiches. Als Schöffen oder Urteilsfinder fungierten nur die Herren aus der Umgebung des Königs und Angehörige der Aristokratie, die sich gerade bei Hofe befanden. Der König konnte überall da, wo er sich gerade aufhielt, auch Gericht halten, so daß das königliche Hofgericht ein »wanderndes Gericht« war, ohne festen Sitz und mit einem Minimum an Bürokratie. Neben dem Kanzleipersonal gab es die Pfalzgrafen, ständige Beisitzer und in Vertretung des Königs auch vorsitzende Richter beim Hofgericht. Im Prinzip konnte der König alle Prozesse vor seinen Richterstuhl ziehen, aber in der Regel diente das Königsgericht als Berufungsinstanz, als Gericht für besonders wichtige Rechtsangelegenheiten und als Standesgericht für hochgestellte Persönlichkeiten wie Bischöfe, Äbte, Markgrafen, Grafen und Kronvasallen. Der König war als Richter nicht an die Strenge des geltenden Rechts gebunden, sondern konnte »nach Billigkeit« richten, begnadigen und mildere Urteile fällen. Legislative, Exekutive und jurisdiktionelle Gewalt waren also in der Person des Königs vereint.

Trotz aller Bemühungen Karls des Großen um Rechtssicherheit und Ordnung im Inneren, idyllisch waren die Zustände auch unter seiner straffen Herrschaft nicht. Klagen über Amtsmißbrauch, Bestechlichkeit, Korruption und Unterschlagungen wurden immer wieder laut. Die Verlockungen zur persönlichen Bereicherung und Machtsteigerung, die an einen Amtsinhaber herantraten, waren groß, denn eine feste Besoldung gab es nicht. Karls Versuch, mit der Intensivierung der Kontrolle durch die Königsboten den Mißständen zu begegnen, war bemerkenswert, aber nicht immer und überall auch effektiv. Die großen Herren, die im Lande mit oder ohne königlichen Auftrag herrschten, dachten nicht selten weniger an ihren Dienst für das Reich als an ihren eigenen Vorteil, und mit dem Begriff des »Gemeinwohls« wußten sie wohl wenig anzufangen. Ideale dieser Art, vom König und seinen Hoftheologen propagiert, blieben der Sphäre des politischen Denkens, der Königstheologie, verhaftet, und ihre praktischen Wirkungen dürfen nicht überschätzt werden.

Der Schutz der Armen, Witwen und Waisen war oberste königliche Pflicht, und in zahlreichen Verlautbarungen wurden die Amtsträger daran gemahnt. Der Unterdrückung der Machtlosen durch die Mächtigen sollte Einhalt geboten werden. Unter den »Armen« sind in aller Regel die weniger begüterten, bäuerlich lebenden Freien zu verstehen, die vielfach von wirtschaftlich-sozialem Abstieg, ja von der Gefahr der Verknechtung bedroht waren. Neue wirtschaftlich-soziale Entwicklungen zersetzten das alte gesellschaftliche Gefüge des Frankenreiches, intensiviert durch Machtgier und Habsucht der Großen, die andere von sich abhängig machten und die freien Bauern um Hab und Gut, nicht selten sogar um die persönliche Freiheit brachten.

Karl der Große betrieb eine »Freienschutzpolitik«, namentlich durch Erleichterungen in der Gerichts- und Heerfahrtspflicht, aber auch durch einen konsequenten Kampf gegen den Mißbrauch von weltlicher oder geistlicher Autorität und Macht. Seine Maßnahmen waren gewiß klug und weitsichtig, letztlich aber vergeblich, denn gesellschaftliche Entwicklungsprozesse haben vielschichtige und tieferliegende Ursachen und sind durch gesetzlich-administrative Maßnahmen ebensowenig zu stoppen wie durch moralisch-religiöse Appelle, schon gar nicht angesichts der im Karlsreich vorhandenen Strukturen.

VII.
Natur, Wirtschaft, Gesellschaft

Die mittelalterlichen Menschen führten ein hartes Leben, besonders nördlich der Alpen, wo die Wälder noch wenig gerodet, die Siedlungen weit verstreut und die Verbindungswege schlecht waren. So zart man empfinden konnte und so manches an technischem Können man besaß, man war doch, zumal vor den Kreuzzügen, recht wenig darauf eingestellt, sich's behaglicher einzurichten als die Väter und Ahnen. – Die Natur war voll Geheimnis und voll Macht, des Schöpfers Werk, zu scheuen und zu ehren. Aber war sie dem Menschen gut? Sie schenkte das »liebe Brot«, und wie fröhlich blühten die Blumen, sangen die kleinen Vögel. Aber sie brachte auch Hagel und Blitz, Mißernte und Hunger, oft bis zum Tod.[1]

Wolfram von den Steinen, 1959

1. Der Mensch in seiner Umwelt

Allmählich waren Unrast und Unruhe der Völkerwanderungszeit in Mitteleuropa verebbt, und die Menschen gingen wieder daran, sich in ihrer Umwelt einzurichten. Bereits seit der Merowingerzeit erweiterten sie ihren Lebensraum nicht mehr nur im Kampf gegen die Nachbarvölker, sondern auch im Kampf gegen die Natur. In dieser großen Auseinandersetzung erwies der Mensch des Frühmittelalters seine Kraft, drängte die Urlandschaft zurück und erweiterte das Kulturland. Das »Land der Deutschen« erhielt erste Konturen, ein Grundmuster, das noch heute in großen Zügen Gültigkeit besitzt.

Für die Entstehung der deutschen Kulturlandschaft war die Eingliederung der ostrheinischen Stammesgebiete in das Reich der Franken eine der wesentlichen Voraussetzungen. Vom Westen her kamen fruchtbare Anregungen, ein kulturelles, landwirtschaftliches und technologisches Wissen, das das west-östliche Kulturgefälle allmählich abschwächte.

Dieser Prozeß trug nicht wenig zur Umgestaltung des Landschaftsbildes bei, nicht nur im östlichen Franken, wo die Siedlungsbewegung zum größten Teil von fränkischen Kolonisten getragen wurde, sondern auch in anderen Regionen.

Als Brennpunkte des politischen Lebens entstanden Burgen, Pfalzen und Königshöfe; Bischofssitze und Klöster wurden zu wichtigen Kristallisationskeimen für Kult und Kultur, für Wirtschaft und Verkehr. Der relative Frieden, den das Frankenreich unter den großen Karolingern genoß, förderte das Wirtschaftswachstum und begünstigte die Zunahme der Bevölkerung, die den ökonomischen Bedingungen der Zeit entsprechend eine Ausweitung des Siedlungslandes notwendig machte.

Im frühen Mittelalter war Deutschland ein Waldland. Wald und Heide bedeckten mehr als drei Viertel seiner Fläche. Wälder von undurchdringlicher Dichte überzogen die Mittelgebirge, wie dies einige Gebirgszüge noch in ihren Namen erkennen lassen. Harz und Haardt sind Ableitungen von »hardt«, dem althochdeutschen Wort für Wald. Auch der Spessart, der »Spechteshard«, »Spechtswald«, gehört in diese Gattung. Ungezählte Ortsnamen legen Zeugnis ab von der ursprünglichen Waldbedeckung in ihren Endungen auf -wald, -holz, -hain und -hagen, auf -rode und -reut oder in den auf

Ein Dorf im frühen Mittelalter: Kirchheim bei München, Rekonstruktion nach dem Grabungsbefund

Brandrodung weisenden Endungen -brand, -schwend, -schwand oder -loh. Baum und Strauch hatten auf den Fluren dieser Dörfer im Verlaufe des Mittelalters der Axt und dem Feuer weichen müssen.

Der Wald des frühmittelalterlichen Deutschland war sehr viel artenreicher als der heutige Wald. Neben Eichen, Buchen, Tannen, Fichten und Kiefern, die fast ausschließlich das Gesicht unserer Wälder bestimmen, waren Linden, Ulmen, Weißdorn und die harten, oft uralten Eiben verbreitet; in feuchten Lagen wuchsen Stieleichen, Weiden, Erlen und Espen. Birken und Lärchen fehlten nicht. Im Flachland und den tieferen Regionen der Mittelgebirge und der Alpen herrschte der Laubwald vor, der dann in höheren Lagen vielfach in Nadelwald überging. Gegenden mit milderem Klima waren von Eichenmischwäldern überzogen. Der Schwarzwald, der schon in karolingischer Zeit »Nigra silva« hieß, verdankt seinen Namen dem dunklen Grün seiner Tannen. Auch in den Vogesen wuchs vorwiegend Nadelwald.

Die natürlichen Bedingungen für Wohnen und Wirtschaften waren in den einzelnen Landschaften sehr unterschiedlich. Es gab fruchtbare, aber auch siedlungsfeindliche Regionen. Das bergige Land war letztlich nur für den Wald geeignet. Siedlungsfeindlich waren auch die versumpften Niederungen in den Tälern der Flüsse und Ströme, die großen Moore in Nieder- und Oberdeutschland, die unfruchtbaren Sandgebiete und natürlich die höheren Lagen der Alpen. Daraus ergab sich eine sehr ungleichmäßige Verteilung der Bevölkerung, die in den siedlungsgünstigen Landschaften zusammengedrängt wurde, während ausgedehnte Gebiete siedlungsarm oder sogar völlig siedlungsleer waren. Von diesem schon in die vor- und frühgeschichtliche Zeit zurückreichenden Gegensatz von Altsiedellandschaften und Wildnis ist also bei der Frage nach der Entwicklung der deutschen Kulturlandschaft des Mittelalters auszugehen. Auch in den Altsiedellandschaften gab es vielfach noch Wald, wenn auch in gelichteten Beständen, eingeordnet in die bäuerliche Wirtschaftsweise. Aufgelockert waren gewiß auch die Waldungen am Rande der Siedlungskammern, aus denen man Bau- und Brennholz gewann, die man zur Waldweide benutzte und aus denen man Laub und Streu holte. Je weiter freilich der Wald von den Siedlungen entfernt war, desto mehr bewahrte er den Charakter eines undurchdringlichen, nur auf wenigen Pfaden passierbaren Urwaldes.

Die Altsiedellandschaften, die vielfach auch als Offenlandschaften bezeichnet werden, waren schon zu Beginn des Mittelalters ziemlich dicht besiedelt. Wenn sich auch nur in den wenigsten Fäl-

Thüringer Bauernhof mit Wohnstallhaus, Speicher und Spinn- und Webhütte

len die Größe der Siedlungen und die Zahl ihrer Bewohner ermitteln lassen, kann man doch sagen, daß es neben den vielen kleinen Siedlungen wie Weilern und Einzelhöfen auch an größeren Dörfern nicht fehlte. Dicht besiedelt waren jene Gebiete, die zum mitteldeutschen Lößgürtel gehörten, aber auch das Rhein-Main-Gebiet, die hessische Wetterau, die Oberrheinische Tiefebene, das Thüringer Becken, das alemannische Gäuland, Teile Bayerns und Schwabens sowie der Raum um den Bodensee.

Die offenen Landschaften, die »Gefilde« oder »Gaue«, bildeten die Ausgangsbasis für das große Siedelwerk des Mittelalters, das in manchen Gegenden schon in der Merowingerzeit begann und sich in verschiedenen Etappen bis ins frühe 14. Jahrhundert fortsetzte. Zunächst rodete man vorwiegend im Bannkreis der Altsiedelgebiete, dann wurden die Siedlungskammern immer weiter in die großen Waldungen vorgetrieben. Wo es Klima, Geländeformen und Bodengüte gestatteten, wurden neue Höfe, Weiler und später ganze Dörfer gegründet. Auch da, wo Wald erhalten blieb, wurde er durch die verschiedenen Formen der Nutzung in seinem Charakter verändert. Der Urwald lichtete sich zur lockeren Waldung. Deutschland wurde insgesamt waldärmer. Vor allem der Laubwald wurde stark zurückgedrängt, da die Rodungsbauern gerade die fruchtbaren Böden der Gegenden mit mildem Klima unter den Pflug nahmen. Der Nadelwald auf den ärmeren Böden in höheren Lagen war zwar weniger gefährdet, wurde aber gleichfalls zurückgedrängt.

Es sind vor allem die Ergebnisse archäologischer Forschung, die die allmähliche Ausweitung des Kulturlandes schon in der Merowingerzeit belegen. Im Lichte der schriftlichen Quellen zeigt sich dann eine weitere große Rodungsperiode, die unter den ersten Karolingern einsetzte und wenigstens bis in die erste Hälfte des 9. Jahrhunderts andauerte. Schon in den ersten Urkunden, die den deutschen Raum betreffen, finden sich Zeugnisse für Rodung und Landesausbau, für die Gründung von Siedlungen und die Kultivierung neuen Ackerlandes. »Neubrüche« werden erwähnt, »Bifänge«, wie sie mit einem ausdrucksstarken althochdeutschen Wort genannt werden, »eingefangenes Land« also, das in feierlicher Zeremonie in den vom Rechtsbrauch geforderten uralten Formen in Besitz genommen, in seinen Grenzen bezeichnet und schließlich durch harte Arbeit der Wildnis entrissen worden war. Vom Mutterdorf aus drangen Siedler in die benachbarten Wälder vor, stießen aber auch schon einmal tiefer in die Waldgebirge hinein. Manche Klöster wurden in den noch wenig berührten waldreichen Regionen gegründet, etwa Sankt Gallen, Fulda und Hersfeld. Sie förderten direkt oder indirekt die Kultivierung der Einöde, des Waldes oder auch des Sumpfes. Die Pirminsmönche auf der Insel im Bodensee, die erst nach mühevoller Arbeit den Namen »Reichenau« verdiente, sind dafür ein Beispiel.

Die Rodungsarbeit war schwer und gefahrvoll. Dem Kolonisten standen entbehrungsreiche Jahre bevor, wenn er mit der Axt und dem Feuer dem Urwald zu Leibe rückte. Oft genug schlug die Natur zurück, wurde zum Angreifer. Der Wald breitete sich wieder aus, wenn man ihm nicht fortgesetzt Widerstand leistete.

Die Rodung galt als ein gottgefälliges Werk, als eine Kulturtat. Die Gewinnung fruchttragenden Landes wurde hoch gepriesen, denn sie war zugleich auch Kampf gegen eine von dämonischen Mächten erfüllte und beherrschte Umwelt. Der Wald war Heimat und Wirkungsfeld böser Geister, unheimlicher Geschöpfe, die dort ihr Wesen trieben, eine Sphäre zauberischer Mächte und wilder Tiere. Daher war die Gründung von Klöstern und Zellen in der Einöde den Mönchen zwar nicht generell vorgeschrieben, als Teil der Askese aber erwünscht. Zum gottgefälligen Büßerleben zogen sich Eremiten, Klausner und Inklusen in die Waldeinsamkeit zurück und lebten dort in Höhlen oder Hütten, vom Volke mit schaudernder Ehrfurcht bestaunt.

Der Wald war Feind und Freund des Menschen zugleich. Räuber, Friedlose und Entwurzelte verbargen sich dort, der Flüchtling fand Schutz vor seinen Häschern, der Schwächere rettete sich vor einem überlegenen Feind in die Wildnis, die undurchdringlichen Urwälder schützten vor unverhofften Überfällen, umgrenzten und umhegten die offenen Gaulandschaften. Der Wald lieferte Bau- und Brennholz, Reisig und Streu für den Winter, Wildbret, Beeren und Pilze und heilende Kräuter. Der Mischwald bot reiche Bienenweide, ganze Bienenvölker lebten dort oft wild oder halbwild in hohlen Bäumen. Angesichts der besonderen Bedeutung von Honig und Wachs für Ernährung und Beleuchtung wurde die Bienenzucht schon früh zum florierenden Erwerbszweig. Im Wald glühten die Kohlenmeiler, gewannen die Kohlenbrenner Holzkohle und Pech. Wichtig war die Waldweide für Kühe und Ziegen, vor allem aber für die Schweinemast im Herbst, wenn es reichlich Eicheln und Bucheckern gab.

Dennoch ist es ein Trugschluß anzunehmen, es habe im Mittelalter immer und überall Wald in Hülle und Fülle gegeben. Schon bald künden die Quellen vom Streit um den Wald, um Nutzungsrechte, um Rechtsansprüche. Dorfgemarkungen und Markgenossenschaften grenzten Wälder aus; neben den Gemeinschaftswald traten private Forsten. Der König nahm große Gebiete als »Königsforst« in Besitz. »Wildbanne« wurden geschaffen, in denen der König oder weltliche und geistliche Herren die hohe Jagd auf edles Wild beanspruchten und durchsetzten. Im Alpenraum schuf man die »Bannwälder«. Sie standen unter absolutem Schutz und sollten die Siedlungen vor Lawinen und Bergstürzen bewahren. Diese Aufgabe haben sie bis heute.

Der Schutz, den man dem Wald allmählich angedeihen ließ, entsprang wirtschaftlicher Notwendigkeit. Ohne Wald war bäuerliches Wirtschaften nur schwer möglich; Schutz vor Raubbau, Überweidung und übermäßiger Rodung waren lebensnotwendig, vor allem seit dem Spätmittelalter. Unter strenge, sogar barbarische Strafen wurde das Entrinden oder Fällen starker fruchttragender Eichen und Buchen gestellt. Man regelte den Vieheintrieb, zählte genau die »Haupter«, die jeder Bauer zur Mast in den Markwald treiben durfte. War der Wald im Herreneigentum des Adels oder der Kirche, so erhob die Herrschaft den »Waldzins«, kontrollierte die Nutzung, schränkte die Rodung ein oder untersagte sie wohl auch ganz. Kunde von diesem Schutz des Waldes kommt zwar erst aus den spätmittelalterlich-frühneuzeitlichen Ordnungen, die die Wissenschaft seit den bahnbrechenden Arbeiten der Brüder Grimm als

»Weistümer« zu bezeichnen pflegt. Manches davon - wenn auch nicht alles - mag in ältere Perioden zurückreichen, denn der Nahrungsspielraum wurde ständig enger und forderte immer härtere Anordnungen.

Im 20. Jahrhundert ist Deutschland noch immer eines der waldreichsten Länder Europas. Der Wald ist freilich aus den ebenen Landschaften in Gebirge und Hügelland zurückgedrängt, soweit ihm nicht sumpfige Niederungen und wenig fruchtbare Sandgebiete überlassen blieben. Der Höhepunkt der Rodungen lag allerdings im hohen Mittelalter, denn so manche Region, die der Mensch des Mittelalters gerodet und unter den Pflug genommen hat, wurde im späten Mittelalter dem Wald und der Heide zurückgegeben. Hunderte und Aberhunderte von Dörfern und Fluren wurden wüst, bedeckten sich wieder mit Wald. Und nicht selten zeugen die Reste einer steinernen Dorfkirche mitten im Wald vom einstigen menschlichen Wirken. Das waren Korrekturen am Siedlungsbild, strukturelle Anpassungen könnte man sagen, erzwungen durch das Nachlassen der natürlichen Bodenfruchtbarkeit, aber auch durch den spätmittelalterlichen Bevölkerungsschwund und die dadurch ausgelöste Agrarkrise.

Die Wandlungen, denen die Natur des Landes unterlag, haben auch die Tierwelt seit dem frühen Mittelalter verändert. Vom Aussterben bedroht waren im Mittelalter und in der frühen Neuzeit allerdings nur die großen Wildarten und die Raubtiere. Die Lichtung des Urwaldes, die Zurückdrängung des Waldes überhaupt und seine extensive Nutzung schränkten den Lebensraum der Waldtiere immer weiter ein. Die hochberühmten Jagdtiere Auerochse (Ur) und Wildpferd, Wisent und Elch, die noch zur Jagdbeute der karolingischen Könige gehörten, wurden in den meisten Landschaften schon im frühen Mittelalter ausgerottet oder in die Weiten des Ostens abgedrängt. Immer seltener wurden im Laufe der Jahrhunderte in Deutschland Bär und Wolf, Luchs und Wildkatze, Fischotter und Biber, Steinadler und Lämmergeier, Uhu und Kolkrabe und Schwarzstorch. Im Alpenraum verschwand der Alpensteinbock, der in der Neuzeit nur in den königlichen Jagdrevieren um den Gran Paradiso durch die italienischen Herrscher vor der gänzlichen Ausrottung bewahrt wurde.

Die Flüsse und Bäche, Seen und Teiche waren sehr fischreich. Neben den noch heute vorkommenden Fischarten fing man in Rhein und Donau Lachse und Störe, Huchen und Hausen. Auch künstliche Fischteiche wurden schon angelegt. An den Küsten spielte der Heringsfang eine wichtige Rolle. An der südlichen Ostseeküste erschien der Hering bis zum 13. Jahrhundert in großen Schwärmen, doch dann blieben die Fische aus, berührten nur noch Südschweden und verschwanden am Ausgang des Mittelalters vollständig aus der Ostsee.

Jagd und Fischerei waren für die Versorgung des Menschen von einiger Bedeutung; der Fisch diente nicht nur als Fastenspeise, sondern in manchen Gegenden auch als Grundnahrungsmittel. Das Wild lieferte neben dem Wildbret Pelzwerk und Leder. Die Niederjagd und der beliebte und verbreitete Vogelfang wurden im frühen Mittelalter noch von breiten Volksschichten betrieben, während die

»hohe Jagd« mehr und mehr von den Königen, Fürsten, Grafen und Herren okkupiert wurde. Die Jagd auf Hochwild und Raubtiere, aber auch die edle Jagd mit der Meute und dem Beizvogel gehörten zu den Hauptvergnügungen der Aristokratie, und selbst mancher geistliche Herr huldigte der Jagdleidenschaft mehr, als es seinem geistlichen Amt und seiner Würde guttat. Die Jagdreviere der Karolinger lagen vorzugsweise in den Ardennen und in den Wäldern des Rhein-Main-Gebietes, die vielfach zu Königsforsten gemacht worden waren. Von Karl dem Großen ist manche Jagdgeschichte überliefert, und Ludwig der Fromme gilt als leidenschaftlicher Nimrod, als »ein großer Jäger vor dem Herrn«.

Jagdleidenschaft und Hege des Wildes auf der einen, Wildschaden in Feld und Flur auf der anderen Seite waren nicht immer in Einklang zu bringen. Das Wild brach in die Felder ein, die durch Zäune geschützt werden mußten. Bären und Wölfe rissen das Vieh, Wolfsplagen waren nicht selten. Karl der Große befahl deshalb seinen Domänenverwaltern, die Wolfsjagd stärker zu betreiben:

Uns soll gemeldet werden, wieviele Wölfe jeder Domänenverwalter erlegt hat, und man soll uns ihre Felle senden. Im Mai soll man die jungen Wölfe aufspüren und fangen, mit Hilfe von Gift, Wolfsangel, Wolfsgruben und Hunden.[2]

Trotz der rücksichtslosen Verfolgung durch den Menschen hielten sich Bär und Wolf in Deutschland bis ins 17. und 18. Jahrhundert, wenn auch nur in wenigen Exemplaren. In Märchen und Sagen, im Glauben und Aberglauben sind die Ängste vor dem Wolf noch lebendig. Er galt als Geschöpf des Bösen, heimtückisch und blutgierig; Hexen und Teufel erscheinen in Wolfsgestalt, und selbst Menschen verwandeln sich des Nachts in »Werwölfe«.

In Dichtungen und Sagen hat die Jagd ihren volkstümlich-literarischen Niederschlag gefunden. Auf der Jagd soll der Merowingerkönig Sigibert heimtückisch ermordet worden sein. Den unverwundbaren Siegfried ereilte nach der erfolgreichen Jagd im Odenwald das gleiche Schicksal. Beglückende Botschaft hingegen, die Nachricht von seiner Wahl zum deutschen König, erreichte nach einer volkstümlichen Legende den Sachsenherzog Heinrich, als er sich am »Vogelherd« dem freilich ungleich harmloseren Vergnügen des Vogelfanges hingab. Hofjagden waren schon im frühen Mittelalter gesellschaftliche Ereignisse ersten Ranges, wie die poetische Schilderung des Aufbruchs des königlichen Hofes zu einem Jagdausflug im Paderborner Epos dokumentiert:

Hier im Schatten des Waldes pflegt Vater Karl, der ehrwürdige Held, sich auf freier Bahn im geliebten Spiele zu tummeln,
hier jagt er das Wild mit der Meute und erlegt mit schwirrendem Pfeile das Rotwild im Tann.
Sobald mit hellen Strahlen Phöbus, die Sonne, erscheint und sein Licht mit feurigem Schein die Berge hin wandert, über hochragende Felsen und die Wipfel der Bäume hinstreift, erhebt sich eilends vom Lager die erlesene Jugend am Hofe des Königs; die Schar der Edlen, die da von überall her sich versammelt, steht wartend am Tore.
Lärm erhebt sich, lautes Rufen schallt durch die Stadt, von den Giebeln der ehernen Dächer hallt es zurück, und gewaltiges Brausen steigt himmelan.[3]

2. Ländliche Lebenswelt

Hirse

(links Rispenhirse, rechts Kolbenhirse)

Emmer

(links Wildemmer, rechts Kulturemmer, daneben Ähre nach dem Dreschen)

Zwergweizen

(links grannenloser Zwergweizen = Dinkelweizen, rechts begrannter Zwergweizen = Igelweizen)

Einkorn

(links Wildeinkorn, rechts Kultureinkorn)

Roggen

(links Wildroggen, rechts Kulturroggen)

Dinkel

(links Ähre auf dem Halm, rechts nach dem Dreschen)

Die Gesellschaftsordnung des Frankenreiches war in ihren Grundzügen bäuerlich-aristokratisch, auch in den Regionen, in denen das antike Städtewesen in ansehnlichen Resten überdauert hatte. Händler und Handwerker fehlten nicht, aber viele von ihnen lebten auf dem Lande und waren in diese ländliche Lebenswelt eingeordnet. Das galt auch für den Adel und die Geistlichkeit, die politischen und geistigen Eliteschichten. Der Adel lebte auf seinen ländlichen Herrenhöfen, und auch die Geistlichkeit und das Mönchtum waren eng mit der bäuerlichen Sphäre verbunden. Selbst die Königspfalzen lagen in karolingischer Zeit vorzugsweise auf dem Land und waren in ihrer Mehrheit große Gutshöfe mit einigen repräsentativen Gebäuden für den König und sein Gefolge. So ist es sicher kein Zufall, daß die umfangreichste königliche Verordnung aus der Zeit Karls des Großen eine Anweisung über die effektive Verwaltung und Bewirtschaftung der Krondomänen ist.

Diese bäuerlich-aristokratische Gesellschaft war eng mit der Natur und der Landschaft verbunden, paßte sich dem Rhythmus der Jahreszeiten an und ordnete sich dem kosmischen Geschehen unter. Die Natur war noch nicht oder nur sehr unvollkommen beherrschbar. Den Menschen fehlten die Fähigkeiten, Kenntnisse und Mittel, ihr ohne Mühe zu entlocken, was zum Leben notwendig war. Im Kampf ums Dasein, mit oder gegen die Gewalten der Natur, gab es Erfolge, aber auch Katastrophen und Niederlagen.

Das tägliche Brot war eine Gabe des Himmels, die der Mensch der Erde abringen mußte. Die Achtung vor ihm spiegelt sich im Glauben und Aberglauben, im Rechtsleben und Volksbrauch. Die Getreidesorten, die man kannte, warfen nur geringe Erträge ab. Sie waren noch wenig kultiviert, kleinwüchsig und hatten spärliche Ähren. Hafer, Gerste und den einfachen Weizen, Einkorn genannt, kannten schon die Germanen, die von den Slawen dann den Roggen übernahmen. Uralte, heute fast ausgestorbene Getreidearten sind auch Hirse und Spelt. Die Verbreitung der verschiedenen Getreidesorten, von denen es jeweils regionale Variationen gab, hing stark von den klimatischen und geographischen Bedingungen ab. Hafer und Gerste ließen sich als widerstandsfähige Sorten überall anbauen, während Weizen und Spelt im wärmeren Süden und Westen besser gediehen als im Norden und Osten, wo der Roggenanbau dominierte.

Getreide und Getreideprodukte waren die Grundnahrungsmittel der mittelalterlichen Bevölkerung, aber weniger in Form von Brot als in Form von Suppe und Brei. Märchen und Sagen spiegeln hier gewiß die Wirklichkeit. Dazu kamen Hülsenfrüchte, Blatt- und Wurzelgemüse, die nicht auf Feldern, sondern in hausnahen Gärten angebaut wurden. Aus römischem Erbe stammten in Deutschland die veredelten Obstsorten. Eine entscheidende Verbesserung der Qualität der Biere wurde durch die Verwendung des Hopfens erreicht, der schon im 8. Jahrhundert im fränkischen Reich angebaut wurde und dann im 12. Jahrhundert in Bayern, Franken und Niedersachsen blühte. Wegbereiter des guten Hopfenbieres waren die

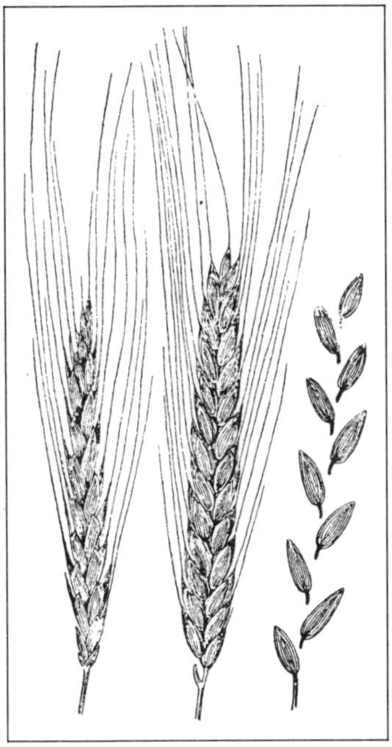
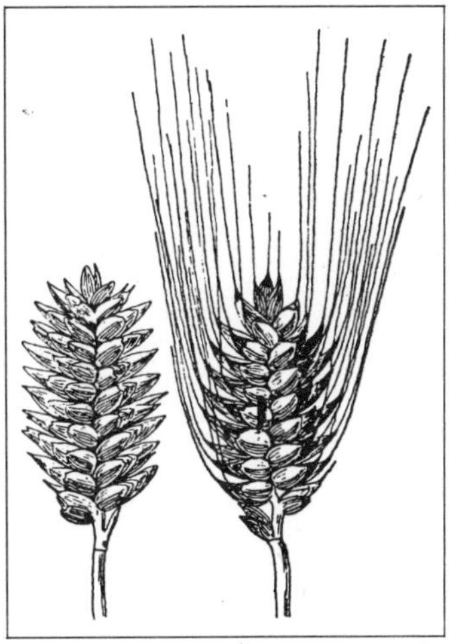
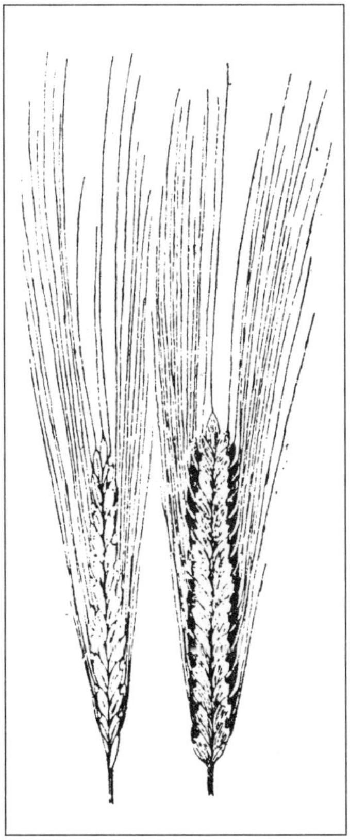
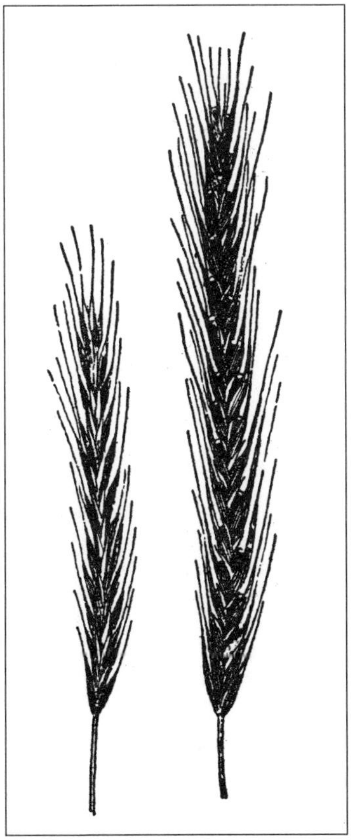

Altsächsische Bauernhäuser, Modelle nach den Ergebnissen der Ausgrabungen in der Siedlung Warendorf in Westfalen

Mönche. Weit verbreitet war auch Flachs zur Herstellung von Leinen. Es fehlte natürlich noch die erst aus Amerika importierte Kartoffel, mit deren Hilfe man in der Neuzeit erstmals den Hunger in Mitteleuropa besiegte. Ebenso fehlte die Zuckerrübe, so daß zum Süßen nur der Honig blieb.

Bienenzucht besaß daher eine beträchtliche volkswirtschaftliche Bedeutung, die durch die Erzeugung von Wachs für die festliche Beleuchtung der Kirchen und Wohnstätten der Reichen und Wohlhabenden noch gesteigert wurde. Wachszinsige oder Zerozensualen nannte man diejenigen, die auf Grund ihres Status zur Lieferung von Wachs an die Kirchen verpflichtet waren. Vor allem die Reichswälder um Nürnberg waren reich an Bienenvölkern, deshalb ist die alte Reichsstadt Nürnberg noch heute die Stadt der mit Honig gesüßten Lebkuchen.

Für die Viehhaltung waren in vielen deutschen Landschaften die Voraussetzungen günstig. Die reichhaltigen Niederschläge und die kühlen Temperaturen garantierten grüne Wiesen und Weiden. Die

Der frühmittelalterliche Adelshof, der in Barbing bei Regensburg bei Grabungen aufgedeckt wurde, unterschied sich nur durch seine Größe von gewöhnlichen Bauernhöfen.

Viehwirtschaft des Mittelalters war weitgehend Weidewirtschaft. Der Weidegang, besonders die Waldweide und die Beweidung der brachliegenden Felder waren von größter Bedeutung, denn es fehlte an Futterpflanzen - abgesehen vom Hafer, der den Pferden und Hunden vorbehalten war. Die Stallfütterung begann erst im Spätherbst und wurde nur den Pferden und dem Zuchtvieh zuteil. Sie bestand lediglich aus Heurationen, so daß das Vieh nach langen harten Wintern bisweilen so schwach war, daß es auf die Weiden gefahren werden mußte. Auch Stroh war meist knapp, weil das Getreide auf niedrigem Halm wuchs; statt dessen wurde Laub aus den Wäldern in die Ställe gestreut.

Das größte Gewicht für die Versorgung mit Milch und Fleisch hatten die Rinder- und Schweinezucht, daneben auch die Schaf- und Ziegenhaltung. Die Rinder waren wesentlich kleiner als heute, Nachkommen des Auerochsen, den der Mensch schon in der jüngeren Steinzeit zum Haustier gemacht hatte. Die Schweine waren hochbeinige, borstige und meist magere Tiere, dem Wildschwein noch sehr ähnlich und weit entfernt vom veredelten deutschen Landschwein. Bildliche Darstellungen vermitteln einen guten Eindruck von diesem Borstentier.

Schon seit dem frühen Mittelalter gab es Bemühungen um eine Verbesserung der Rassen. Bereits in der Merowingerzeit pflegten die Franken die Schweinezucht, und sie besaßen eine höchst differenzierte und spezialisierte Schweinezuchtterminologie, die im fränkischen Volksrecht in der altertümlichen altfränkischen Sprache des frühen 6. Jahrhunderts überliefert ist. Als Pferdezüchter hingegen waren schon im 6. Jahrhundert die Thüringer berühmt. Später züchtete man aus den kleinen und zähen, nur als Reittier brauchbaren germanischen Pferden durch das Einkreuzen arabischen Blutes gute und temperamentvolle Reitpferde. Bald konnten Pferde auch als Zugtiere vor den Wagen oder den Pflug gespannt werden. Das wichtigste Zugtier war und blieb im frühen Mittelalter allerdings der Ochse.

Die Palette der Haustiere des Mittelalters war bunt. Von den Römern hatte man Esel und Maultier übernommen. Natürlich

Die bäuerliche Arbeit im Kreislauf des Jahres: Salzburger Monatsbilder aus dem Anfang des 9. Jahrhunderts

In seinem »Monatsgedicht« beschreibt der Mönch Wandalbert von Prüm das ländliche Leben, wie es sich am Niederrhein im frühen 9. Jahrhundert im Rhythmus der Monate und der Jahreszeiten vollzog:

Juli
Jetzt färbt gelb sich die üppige Saat
An den Spitzen der Halme,
Und die Gerste, gesät beim Beginn
Der herbstlichen Fröste,
Steht schon reif und weckt
Die Hoffnung auf baldige Ernte.
Wenn nun Phöbus auch noch
Mit der richtigen Hitze die Äcker erwärmt,
Gewährt ein günstiger Wind
Die Ernte des Weizens.

fehlte der Hund nicht, der Haus und Hof bewachte und für die Jagd ganz unentbehrlich war. Schon die frühmittelalterlichen Rechtstexte bezeugen die Wertschätzung, die er genoß. Weniger geachtet als gefürchtet war die Katze, die mit der Nacht und dem Dämonischen, mit Hexen und Teufelswerk in Verbindung gebracht wurde. Der Hahn mit seinem Schrei weckte den Bauern; als Haustier war er geachtet, aber auch mit ihm verband sich Unheimliches. Viel Freude hatte man an gezähmten Waldtieren, am Raben, am Kranich, an Habicht und Falke, natürlich auch an den Singvögeln, am Buchfinken, Stieglitz, Dompfaff, dem »Gimpel«, am Kreuzschnabel oder am sprechenden gelehrigen Star.

Vermutlich waren es die Römer, die die Rebe und ihre Kultur aus dem Süden in das Gebiet nördlich der Alpen brachten. Dieses Erbe übernahm das Mittelalter gern und willig. Der Weinbau blühte in römischer Zeit an Rhein und Mosel und überdauerte dort auch die Stürme der Völkerwanderungszeit. Bereits aus merowingischer Zeit gibt es viele Zeugnisse für den Weinbau im linksrheinischen Gebiet, und unter den Karolingern verbreitete sich die Rebe auch östlich des Rheins im Gebiet von Neckar und Main. Zunächst beschränkte sich

Pferdegespann vor einem vierrädrigen Reisewagen, Miniatur in der Trierer Apokalypse aus der Zeit um 800

Pflügender Bauer mit Ochsengespann

der Anbau auf die klimatisch bevorzugten Landschaften, in denen auch heute noch Weinreben wachsen. Nicht der »Weinberg«, sondern der »Weingarten« bestimmte das Landschaftsbild. Man bevorzugte die Ebene und ging erst nach 900 allmählich zum Terrassenanbau über. Seit dem 10. Jahrhundert breitete sich die Rebe auch in den steilen, aber geschützten und sonnigen Engtälern von Rhein, Mosel, Kocher, Jagst und Tauber aus. Manche berühmte Lage wurde erst im 12. und 13. Jahrhundert dem Weinbau erschlossen.

Charakteristisch für das hohe und spätere Mittelalter war die weite Verbreitung der Rebe nach Norden und Osten; selbst in Sachsen, Brandenburg, Mecklenburg, Pommern, Schlesien, Ost- und Westpreußen wurde Wein angebaut. Die Rebflächen in Grünberg in Schlesien, im Elbtal bei Lößnitz und Meißen, an Saale und Unstrut in Thüringen sind Rudimente aus dieser Zeit. Das etwas mildere Klima des Hochmittelalters mag die Verbreitung des Weinbaus ermöglicht haben, wohl auch die geringeren Ansprüche, die man an die Qualität des Weins stellte, seine schlechte Lagerfähigkeit und die Verteuerung durch weite Transportwege. Die Klimaverschlechterungen zwischen 1450 und 1550 führten schließlich zum Rückzug in wärmere Regionen.

Die Rebkultur gibt heute den Weinbaugebieten ihr eigenes unverwechselbares Gesicht, prägt das Bild der Landschaft, der Städte und Dörfer, bestimmt sehr stark Sozialstruktur und Wirtschaftsleben, auch das religiöse und kulturelle Dasein. Schon im frühen Mittelalter dürften sich ähnliche Züge ausgeformt haben. Der Weinbau war eine sehr arbeitsintensive Wirtschaftsform und gewährte dadurch vielen Menschen ihren Lebensunterhalt. Die Dörfer in Weinbaugebieten waren schon im 8./9. Jahrhundert recht

Die Ausbreitung des Weinbaus im Mittelalter

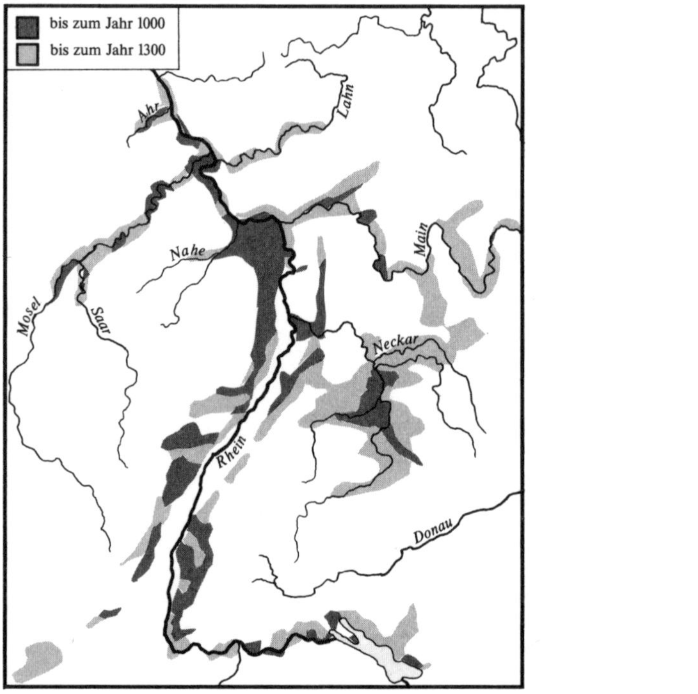

groß und bevölkerungsreich, die Besitzverhältnisse sehr kompliziert. Kirchen und Klöster strebten nach dem Besitz von Weinbergen, um den erforderlichen Meß- und Tischwein marktunabhängig herstellen zu können, aber auch weltliche Abnehmer garantierten diesem begehrten Produkt stets einen guten Absatz. Begünstigt waren dabei natürlich die Weinbaugebiete, die über gute Verkehrsverbindungen verfügten wie das Rhein- und Main-Gebiet. Die Ausfuhr von Wein nach England und Skandinavien wird schon früh bezeugt.

Dem mittelalterlichen Menschen war der Weinstock zugleich christliches Symbol: Nach dem Johannesevangelium Kap. 15, V. 1–6 erschien Christus als der lebenspendende Weinstock, der Wein als Hinweis auf das Blutopfer Christi; Vögel, die zwischen Weinlaub und Trauben sitzen, symbolisieren die ewigen Freuden der Seligen im Paradies.

Die Ernteerträge waren nördlich der Alpen für heutige Begriffe unvorstellbar niedrig. Das Getreide brachte kaum mehr als das Dreifache der Aussaat, das »dritte Korn«, wie es in späteren Quellen heißt. Auf schlechteren Böden und unter ungünstigen klimatischen Verhältnissen war die Ernte noch geringer, unter besseren Bedingungen wohl auch reicher. Über das »vierte Korn« war aber kaum hinauszukommen, und das auch nur dann, wenn das Jahr gut war, das Wetter günstig und keine der vielen Plagen hereinbrach, mit denen die Menschen des Mittelalters immer zu rechnen hatten und gegen die sie mancherlei Schutzheilige anriefen, vorsorglich auch heimlich Fruchtbarkeits- und Wetterzauber veranstalteten. Verheerend wirkten Naturkatastrophen wie Überschwemmungen, Hagelschlag, übermäßige Regenperioden oder sommerliche Hitzewellen, schlimm waren auch Wildschäden, Mäusefraß und Schädlingsbefall aller Art. Selbst gewaltige Heuschreckenschwärme suchten Deutschland mehrfach heim und vernichteten nicht nur die Ernte, sondern überhaupt alles Grün! Dazu kamen die Schrecken, die der Mensch dem Menschen bereitete, Plünderungen und Verwüstungen im Kriege und in den ständigen Adelsfehden. Der Krieg und die Fehde richteten sich damals wie heute nicht bloß gegen den militärischen Feind, sondern auch gegen all das, was zu ihm gehörte. Der Gegner wurde auch dadurch geschädigt, daß man die Felder verwüstete, Obstbäume umschlug, Weinberge ausrodete, Vieh und Menschen wegtrieb oder abschlachtete.

»Verheerend« waren die Folgen derartiger Katastrophen in erster Linie natürlich für die Angehörigen der niederen Bevölkerungsschichten. Waren doch bei den geringen Ernteerträgen kaum Reserven vorhanden, von den mangelhaften Konservierungs- und Lagerungsmöglichkeiten einmal ganz abgesehen. Allenfalls in großen Grundherrschaften, wie auf den Krondomänen und auf den Gütern reicher Kirchen und Klöster konnten Vorräte angelegt und gespeichert werden. In den Chroniken und Annalen stößt man immer wieder auf Berichte von Naturkatastrophen und anderen Unglücksfällen, die Hungersnöte, Seuchen, Krankheit, Not und Tod nach sich zogen. War manche Hungersnot auch nur auf einen Landstrich begrenzt, so änderte das nicht viel am Leiden der dort lebenden Menschen, denn der Transport des Lebensnotwendigen aus anderen Landschaften war schwierig. Die Transportmittel und die Verkehrsverhältnisse gestatteten kaum den Transport von Massengütern, ohne diese Waren stark zu verteuern. Gewissenlose Händler nutzten die Notlage aus und forderten Wucherpreise. Schon in der Zeit der Karolinger führten die Chronisten darüber bewegte Klage. Die Kirche, die reichen Bischöfe, Äbte und Prälaten waren aufgerufen, in der Not zu helfen, und nicht wenige taten das und opferten sogar einmal den Kirchenschatz, Kelche, Schalen und Ornate. Aber es gab auch die schwarzen Schafe, für die stellvertretend der hartherzige Erzbischof Hatto von Mainz steht, der in jüngeren Sagen als abschreckendes Beispiel weiterlebt. Was er tat, war schlimm, und schlimm war auch sein Ende, in seinem Mäuseturm bei Bingen mitten in den Strudeln des Rheins.

Besonders schlimm wurde die Lage, wenn Not die Bauern zwang, das Saatgetreide zu verbrauchen. Einem Hungerjahr mußte dann das nächste folgen. Die vom Hungertode Bedrohten verließen in Scharen ihre Heimat, bettelten, vagabundierten, stahlen und raubten, ernährten sich von Eicheln und Gras, und bisweilen berichten die Quellen aus solchen Notzeiten sogar von Kannibalismus.

3. Gottes Kind - dem Kloster hörig

Na rechter warheit so hevet egenscap begin van dwange unde van venknisse unde van unrechter gewalt, de man van aldere in unrechte gewonheit getogen hevet unde nu vor recht hebben wel.[4]
Eike von Repkow, Sachsenspiegel

Es ging bei dieser Frage um die geistige Bewältigung eines für Kirche und Welt, für Theologie und gesellschaftliche Ordnung brennenden Problems: Wie konnten Gottes Kinder, nach seinem Bilde erschaffen und durch Leidensweg und Opfertod seines Sohnes Jesus Christus erlöst, in Sklaverei verfallen? War die Passion Christi vergeblich gewesen? Wo lagen Ursprünge und Ursachen für die Herrschaft des Menschen über den Menschen, für die Scheidung der Menschen in Freie und Sklaven, in Herren und Knechte, die doch der Gleichheit aller Menschen vor Gottes Angesicht und Richterstuhl so zuwiderlief? Die Antwort, die Eike von Repkow, der rechtskundige sächsische Ritter, zu Beginn des 13. Jahrhunderts gab, war die Antwort einer neuen Zeit, kühn und revolutionär, eine klare, rational begründete Ablehnung aller Lehren über den Ursprung der Unfreiheit, die bisher das politisch-theologische Denken des Mittelalters beherrscht hatten.

Der große christliche Theologe Augustinus (354-430) hatte es in seinem Werk über den Gottesstaat anders gesehen:
Die Freiheit ist das ursprünglich Natürliche, und die Sklaverei hat ihre letzte Ursache in der Sünde ... Also hat die Sklaverei, die darin besteht, daß ein Mensch an einen anderen durch die soziale Stellung in Unterwürfigkeit gekettet wird, ihren letzten Grund in der Sünde; denn dazu kann es nur kommen durch einen Urteilsspruch Gottes, und bei Gott gibt es keine Ungerechtigkeit.[5]

Die Sklaverei wurde als Folge der Sündhaftigkeit des Menschengeschlechts interpretiert. Das war die herrschende Lehre, die sich in mancherlei Varianten im politisch-theologischen Schrifttum des Mittelalters wiederfindet. An abweichenden Meinungen hat es nicht ganz gefehlt, doch blieb ihr Echo gering. Unfreiheit und Dienstbarkeit waren auf der einen Seite Strafe, auf der anderen aber auch Verheißung, gesteigerte Heilsmöglichkeit, Hoffnung auf Wiedergutmachung im Jenseitigen. Diese theologische Überhöhung und Idealisierung der Knechtschaft findet ihren bezeichnenden Ausdruck in der Titulatur des Papstes, der sich als Haupt der katholischen Christenheit in anmaßender Bescheidenheit »Knecht der Knechte Gottes« nennt, aber auch im Aufruf des Bischofs Rather von Verona (931-968) an alle diejenigen, die in Knechtschaft leben:
Du bist ein Knecht? Sei getrost! Du wirst ein Freigelassener des Herrn sein, wenn du deinem irdischen Herrn getreulich dienst.[6]

Die Theologen - und nur ihre Stimmen sind klar und deutlich zu vernehmen - haben die Diskrepanz zwischen der Gleichheit aller Menschen vor Gott und der Ungleichheit vor den Menschen gesehen, sie erklärt und im großen und ganzen auch gerechtfertigt mit mühsam gesuchten Argumenten und nicht ohne Tröstungen für die da unten. Religiöse Begründungen für den herrschaftlichen Aufbau der menschlichen Gesellschaft zu finden, war nicht schwer, denn sie hatte ihr Gegenstück in der transzendentalen und kosmischen Ordnung, in den Hierarchien der Engel, Heiligen und Märtyrer.

Das gleiche Ordnungsprinzip, die gleiche Skala der Werte beherrschte den Himmel und die Erde. Deshalb konnten die Theologen das hierarchische Prinzip, die Antinomie von Herrschaft und Knechtschaft, nicht antasten, ohne zugleich die geistigen Grundlagen der bestehenden Machtverhältnisse, der Rechtsordnung, des wirtschaftlichen und gesellschaftlichen Lebens zu zerstören. Die Kirche als die Organisationsform der Gemeinschaft der Gläubigen hatte sich in die gesellschaftlichen Strukturen des Mittelalters eingefügt und wies nur im geistigen Bereich über sie hinaus. Mit der Idee von der Gemeinschaft aller Menschen in Christo erhöhte sie die Würde des Menschen; Gotteskindschaft und der Besitz einer unsterblichen Seele waren nicht an Rang und Stand gebunden, sondern konnten auch dem Geringsten nicht genommen werden. Die Freiheit der Seele wurde zum Grundrecht des mittelalterlichen Menschen.

Fränkisches Paar in festlicher Tracht

Wie die Dinge nun einmal lagen, hätte die Kirche mit einer anderen Haltung auch wenig ausrichten können. Es gab im Mittelalter eben Freie und Unfreie, im gesellschaftlichen Leben und in ihrer rechtlichen Stellung durch eine tiefe Kluft voneinander getrennt. So begnügte sie sich damit, im Sinne einer Humanisierung der Beziehungen zwischen den Sklaven und ihren Herren zu wirken. Als Christ und Mensch hatte auch der Unfreie zumindest einen moralischen Anspruch auf menschenwürdige Behandlung. So sollte die eigenmächtige Tötung des Sklaven durch seinen Herrn ohne richterlichen Urteilsspruch nach einem Beschluß der Mainzer Synode von 845 mit der Exkommunikation bestraft werden.[7] Unter den Schutz der Kirche gestellt wurde auch die Ehe zwischen Unfreien, da die Ehe ein Sakrament war und folglich nicht der Willkür menschlicher Entscheidungen ausgesetzt werden konnte. Freilich durften Unfreie nur mit Zustimmung ihrer Herren eine legitime Ehe eingehen, die dann allerdings nicht mehr getrennt werden konnte. Zwischen den Forderungen der christlichen Ethik und der Wirklichkeit lagen jedoch manchmal Welten.

Die Gliederung der Menschen in verschiedene, fest gegeneinander abgegrenzte Stände ist eine der Grundlagen der mittelalterlichen Gesellschaftsordnung. Die Schranken zwischen den Ständen waren fest, von Recht und Sitte bestimmt. Die frühmittelalterliche Gesellschaft war in Geburtsstände gegliedert. Der Mensch erbte den Stand der Eltern, wurde in seinen Stand hineingeboren. Der fundamentale Unterschied war dabei der zwischen Freien und Unfreien. Nur der Freie war voll handlungs- und rechtsfähig, besaß politische Rechte, war gerichtsfähig und gerichtspflichtig, wehrfähig und wehrpflichtig und gehörte zum »Volk« im Sinne einer politischen Gemeinschaft.

Der Unfreie dagegen war juristisch gesehen keine Person, sondern eine Sache. Er war seinem Herrn zu unbedingtem Gehorsam verpflichtet, konnte verkauft, vertauscht und lange Zeit sogar straflos getötet werden. Die Tötung eines fremden Sklaven war kein Mord oder Totschlag, sondern eine Sachbeschädigung, für die der Täter regreßpflichtig gemacht wurde. Ursprünglich waren die Unfreien weder rechts- noch vermögensfähig, und auch das Eingehen einer vollgültigen Ehe war ihnen verwehrt. Erst allmählich besserte sich ihr Los, denn Wandlungen im wirtschaftlichen und sozialen Gefüge forderten neue Lösungen.

Zwischen den Freien und den Unfreien, die man auch als »Manzipien« bezeichnet und für die der Ausdruck »Sklaven« nicht ganz unangemessen ist, gab es Zwischenschichten, die sich aus freigelassenen Unfreien oder in Abhängigkeit geratenen Freien zusammensetzten. Sie waren beschränkt rechts- und vermögensfähig und der Herrengewalt weniger stark unterworfen. Sie konnten im allgemeinen auch nicht ohne den Grund und Boden, den sie bewohnten und bewirtschafteten, verkauft, vertauscht oder verschenkt werden. Eine mehr oder weniger moderate persönliche Abhängigkeit war typisch

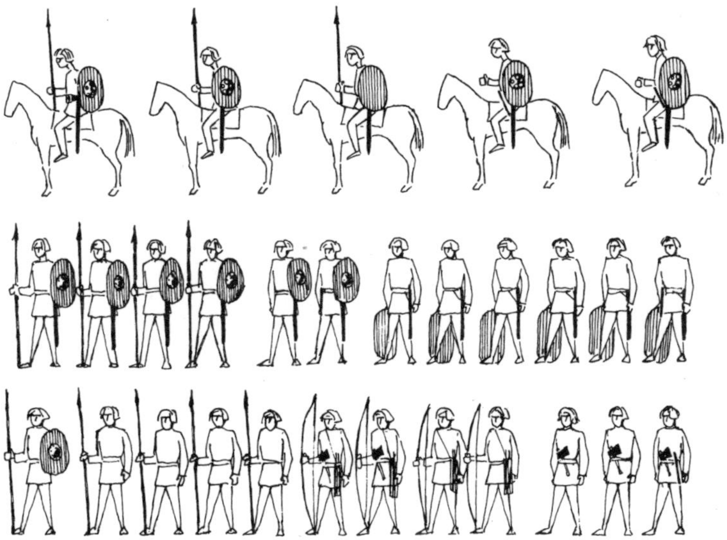

Waffenträger in einem thüringischen Gräberfeld

Aus den Waffen, die den Männern mit ins Grab gegeben wurden, lassen sich Rückschlüsse auf ihre rechtliche, wirtschaftliche und soziale Stellung ziehen. Die gutbewaffneten Reiter dürften dem thüringischen Adel angehört haben. Die Krieger zu Fuß waren wohl Freie und Halbfreie.

für den rechtlichen, wirtschaftlichen und sozialen Status dieser Menschen.

Der Stand der Freien war in sich keineswegs homogen. Auf der einen Seite gab es arme Freie, die ständig vom Absinken in die Unfreiheit bedroht waren, auf der anderen die mächtige Führungsschicht, deren Angehörige über umfangreichen Grundbesitz verfügten, die wichtigsten Ämter und Würden bekleideten, sich eine kriegerische Gefolgschaft hielten und im Namen des Königs und kraft eigener Machtvollkommenheit Herrschaft ausübten. Diese Eliteschicht war zwar noch nicht rechtlich gegenüber dem Einheitsstand der Freien abgegrenzt, so daß der Aufstieg noch immer möglich war, wohl aber auf dem Wege zu einem Geburtsstand. Man kann deshalb diese politisch, wirtschaftlich und gesellschaftlich über die Masse der Freien hinausragende Schicht durchaus als Adel oder als Aristokratie bezeichnen. Ihre Angehörigen galten als »Edle«, das heißt als Menschen vornehmer Abstammung.

Über diesem recht zahlreichen, durch Besitz- und Herrschaftsrechte in einzelnen Landschaften verwurzelten Kriegeradel standen in karolingischer Zeit einige wenige besonders mächtige Geschlechter, deren Angehörige immer wieder in die Spitzenpositionen des Reiches berufen wurden. Ihr Tätigkeitsbereich war weiträumiger, mit König und Reich eng verbunden. Sie stellten die Paladine, die Stützen des karolingischen Königtums, später dann auch seine Gegenspieler. Gesellschaftliche Stellung, Funktionen und Wirkungsbereich dieser zahlenmäßig kleinen Führungselite werden durch den für sie geprägten Begriff der »Reichsaristokratie« recht plastisch eingefangen.

Die rechtlich-soziale Schichtung der frühmittelalterlichen Gesellschaft ist in großen Zügen erkennbar: die fundamentale Trennung von Freiheit und Unfreiheit, die mannigfachen Formen der geminderten Freiheit und die in sich wieder heterogenen Schichten des grundherrlichen Adels und der hohen Aristokratie. Kaum beantworten läßt sich jedoch die Frage nach dem zahlenmäßigen Anteil der einzelnen Stände an der Gesamtbevölkerung. Es gab, soviel ist sicher, einen starken Unterbau der hierarchisch strukturierten Gesellschaft aus Unfreien und Halbfreien. Sicher mehr als 50 Prozent der Bevölkerung dürften dazugehört haben. Von den noch zahlreichen Freien befanden sich manche in einer wirtschaftlich und sozial so gedrückten Lage, daß man sie ungeachtet ihres freien Standes dieser breiten Unterschicht zurechnen muß. Es gab aber auch viele mehr oder weniger begüterte Freie, die teils großbäuerlich, teils schon als kleinere Grundherren lebten und selbst Knechte und abhängige Bauern besaßen. Der Übergang zwischen dem großen freien Bauern, dem kleinen Grundherrn und dem Adel war noch fließend. Zahlenmäßig klein war die Schicht der hohen Aristokratie, bestehend aus einigen Dutzend miteinander versippter und verschwägerter Familien; freilich war auch diese Gruppe nach unten nicht gänzlich abgeschlossen.

Wie abgrundtief der Graben war, der den Adel zwar nicht von den Freien, wohl aber Freie und Unfreie trennte, illustriert eine Geschichte, die man sich im Kloster des heiligen Gallus erzählte und die von dem Sankt Galler Mönch Ekkehard überliefert wird: Bei einem Festmahl zu Ehren König Konrads I. erlaubte sich Bischof Salomo von Konstanz, der zugleich Abt von Sankt Gallen war, einen Scherz mit den Brüdern Erchanger und Berthold, den mächtigsten Herren unter den alemannischen Großen:

Zwei Oberhirten, durch und durch Waldmenschen, struppig und mit wallenden Bärten fast ehrwürdig anzusehen, hatten tags zuvor den Befehl erhalten, sich Tag und Nacht nach Wildbret umzusehen. Der erste hatte einen Bären, der zweite einen Hirsch erlegt und frisch aus der Wildnis herbeigeschafft. Diener meldeten dies leise Salomo bei Tische, und er befahl, daß die Männer das Wild den Brüdern, die als Fürsten einen Tisch für sich hatten, persönlich präsentieren sollten. Man gab aber vor, es seien Nachbarn und freie Leute. Als sie nun erschienen, standen die beiden Brüder vor ihnen auf, zogen ihre Hüte, verneigten sich ehrerbietig und dankten den Jägern. Der Bischof sah's und hatte sein stilles Vergnügen, da er der früheren Reden gedachte. Jene dagegen, sobald sie sich des Irrtums bewußt wurden, ließen das Wild vor dem Bischof niederlegen und ihm ausrichten: »Behalte dein Eigentum!

Uns reicht es, dem Gespött zu dienen.« Aus Furcht vor dem König jedoch beherrschten sie sich und unterdrückten ihren Zorn.[8]

Der freie Mann hatte also Anspruch auf Ehrerbietung, die ihm auch die mächtigsten Männer des Landes nicht versagten. Aber hier hatten Erchanger und sein Bruder sich vor Knechten verneigt und waren zum Gespött geworden! In ihrem Kampf mit dem Bischof ging es nun nicht mehr allein um die Macht, sondern auch um die Ehre. Aus dem Scherz, der eben nicht als harmlos empfunden werden konnte, wurde blutiger Ernst. Am Ende fielen die Häupter der Brüder unter dem Beil des Henkers.

Das frühmittelalterliche Ständesystem war stabil, seine Schranken fest, aber für den einzelnen nicht unüberschreitbar. Auch in der frühmittelalterlichen Sozialordnung gab es soziale Mobilität, die die Chance zum Aufstieg, aber auch die Gefahr des Absinkens in sich barg. Individuelles Schicksal bestimmte vielfach den Lebensweg, trotz der Dauerhaftigkeit des Systems selbst.

Der Abstieg bedeutete nicht selten: Versklavung durch kriegerische Ereignisse, Verschleppung von Frauen und Kindern in Gefangenschaft und Knechtschaft, Verkauf als Sklaven sogar in weite Ferne, in den Orient und die arabischen Staaten. Innerhalb des eigenen Volkes mußten sich manche Menschen in Schuldknechtschaft begeben oder – durch wirtschaftliche Not veranlaßt – in die Abhängigkeit von einem weltlichen Herrn oder einer Kirche. Gottes Kind wurde dem Kloster hörig, suchte den Schutz der Kirche und diente fortan den Heiligen und dem Herrn Abt. Meist erfolgte in diesen Fällen die Ergebung in eine leichtere Form der persönlichen Abhängigkeit, vielfach in Gestalt der »Wachszinsigkeit«.

Voll Sorge über Mißstände in Staat und Kirche beriet sich Karl der Große im Jahre 811 mit den Bischöfen und Äbten seines Reiches. Zu den schweren Verfehlungen, die dabei zur Sprache kamen, gehörte auch das ungehemmte Gewinnstreben gewissenloser Geistlicher, die die Seelenängste einfältiger Gemüter ausnutzten, um das Gut der Kirche zu mehren. Fromme Stiftungen zugunsten der Kirche waren notwendig und erwünscht, aber sie durften nicht erschlichen werden und schon gar nicht dazu führen, daß die Erben des Stifters pauperisiert und zu »landschädlichen Leuten« wurden.

Es ist auch zu fragen, ob derjenige wirklich der Welt entsagt hat, der täglich seinen Besitz auf jegliche Art und Weise zu vermehren sucht, indem er bald durch Anpreisung der himmlischen Seligkeit, bald durch Androhung ewiger Höllenstrafen im Namen Gottes oder eines Heiligen den Reichen wie den Armen, die einfältiger von Natur sind und weniger gelehrt und vorsichtig, ihrer Güter beraubt und ihre rechtmäßigen Erben um ihr Erbteil bringt. So zwingen sie viele Menschen dazu, aus Not Schandtaten und Verbrechen zu begehen. Notgedrungen übt derjenige, dem das väterliche Erbe von einem anderen geraubt wurde, Diebstahl und Raub aus.[9]

Der Abstieg konnte auch durch eheliche oder eheähnliche Verbindungen zwischen Menschen verschiedenen Standes eintreten. Die Kinder aus solchen unebenbürtigen Verhältnissen, legitimen oder illegitimen, folgten nach einem uralten Rechtssatz der ärgeren Hand, das heißt dem rechtsständisch niedriger eingestuften Partner. Der Herr einer unfreien Frau konnte deren Kinder immer als seine Unfreien in Anspruch nehmen.

Auf der anderen Seite konnten Unfreie aber auch die Freiheit erlangen, auf rechtmäßige oder unrechtmäßige Weise. Die Freilassung wurde vor dem König, vor dem Richter oder auch am Altar einer Kirche in den vom Recht geforderten Formen vollzogen. Sie führte nicht immer zur vollen Freiheit. Nicht selten wurden dem Freigelassenen bestimmte Verpflichtungen auferlegt. Er blieb unter der Schutzherrschaft seines bisherigen Besitzers und leistete ihm Dienste und Abgaben.

Aufstiegschancen boten sich im Dienste der Kirche, des Königs oder anderer weltlicher Herren. Die Kirche forderte, daß ein Geistlicher vor dem Empfang der Priesterweihe freigelassen werde, denn wer dem höchsten Herrn diente, durfte keines Menschen Knecht sein. Selbst ein Aufstieg in der kirchlichen Hierarchie war dann möglich, blieb aber gewiß die Ausnahme. Im Dienste des Königs und weltlicher Herren erfolgte der Aufstieg durch Kriegsdienst, gewiß im Zusammenhang mit der Entstehung der Vasallität. Haß und Verachtung gegen Emporkömmlinge werden in den Quellen immer wieder spürbar recht deutlich geäußert.

Vielschichtige soziale Wandlungsprozesse waren also im Gange. Tendenziell zielten sie auf die Herausbildung eines adligen Berufskriegerstandes auf der einen und eines mehr oder weniger abhängigen Bauerntums auf der anderen Seite. Für die kleineren Freien, die

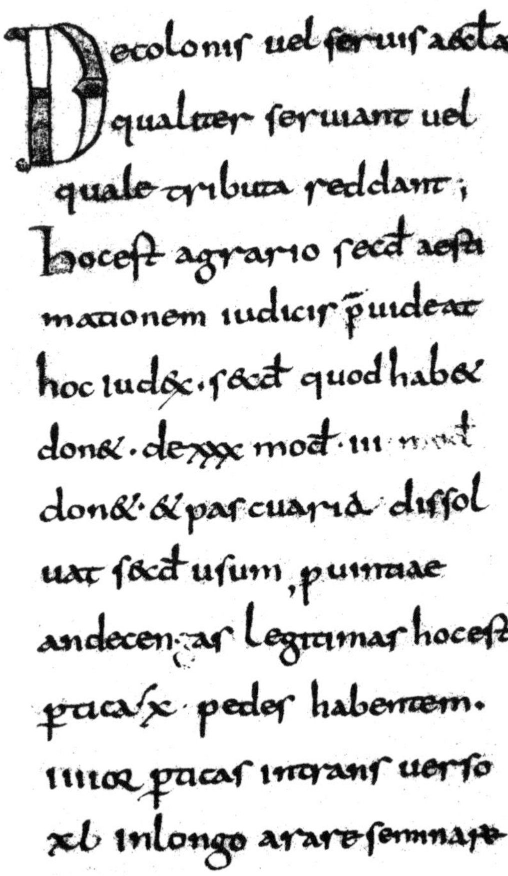

Das »Kolonenstatut« des bayerischen Stammesrechts, Ausschnitt aus der Ingolstädter Handschrift, einem Kodex in »Taschenbuchformat«

Miniaturen aus »De universo« von Hrabanus Maurus, Handschrift um 1023

in einem bäuerlichen Dasein befangen waren, bedeutete dies zum Teil Verlust der vollen persönlichen Unabhängigkeit, Verlust der Wehrfähigkeit und Unterwerfung unter die Herrschaft des Adels oder der Kirche. Die Formierung eines Bauernstandes wurde auch dadurch bewirkt, daß durch die Freilassung von Unfreien eine bäuerlich lebende Schicht von unten aufstieg. Die Freigelassenen wurden vielfach mit einem Hof ausgestattet und wurden damit zu selbständig wirtschaftenden, in der Regel aber grundherrlich gebundenen Bauern. In den Dörfern lebten freie, unfreie und halbfreie Bauern, die aber alle durch die ihnen gemeinsame landwirtschaftliche Tätigkeit miteinander verbunden waren. Die rechtsständischen und besitzrechtlichen Unterschiede traten allmählich hinter der sie verbindenden Existenz als Bauern zurück.

Die Entstehung dieses relativ homogenen Bauernstandes hing ohne Zweifel auch mit Veränderungen im Wirtschaftsleben zusammen. Die Zunahme der Bevölkerung führte nicht nur zur Gewinnung neuer Anbauflächen durch umfangreiche Rodungen, sondern auch zu einer Intensivierung der landwirtschaftlichen Produktion. Ein wichtiger Fortschritt, der zu einer Steigerung der Erträge führte, war die Ausbreitung der Dreifelderwirtschaft. In regelmäßigem Turnus wechselten Wintergetreide, Sommergetreide und Brache. Das Brachfeld wurde mehrfach gepflügt und diente zugleich als Weideland. Der Boden konnte sich in dieser Zeit regenerieren. Verbunden war die Einführung der Dreifelderwirtschaft, die sich freilich nicht überall durchsetzte, mit einer Verstärkung des Getreideanbaus und offenbar mit der Aufgliederung der Dorfflur in Gewanne (Zelgen). Sommer- und Winterfeld wurden zum Schutz der Saat vor Wildschäden mit Zäunen umgeben. Um eine in einzelne Gewanne gegliederte Flur in der Form der Dreifelderwirtschaft nutzen zu können, mußten die Dorfbewohner bei der Feldbestellung gemeinsam vorgehen und die Zeiten von Saat und Ernte festlegen. Dieser »Flurzwang« führte zu genossenschaftlichen Zusammenschlüssen. Ob auch Verbesserungen in der Agrartechnik eine Rolle gespielt haben, ist schwer zu sagen.

Jedenfalls erforderte die Landwirtschaft nunmehr so viel Einsatz, daß die Bauern immer mehr an ihre Höfe gebunden wurden. Die wirtschaftliche Entwicklung der Karolingerzeit bot die Möglichkeit zum Verkauf landwirtschaftlicher Produkte auf den Märkten, die es an den Brennpunkten des kulturellen, wirtschaftlichen und politischen Lebens gab. Damit war für die Bauern auch ein Anreiz zur Erzeugung von Überschüssen, zur Produktion für den Markt, gegeben.

Eine wichtige Rolle in diesen wirtschaftlichen und sozialen Wandlungsprozessen hat die Grundherrschaft gespielt. Quellen verschiedener Art lassen die innere Struktur dieser Wirtschafts- und Sozialform erkennen.

»Von den Hörigen und Knechten der Kirche, wie sie dienen und welche Abgaben sie leisten müssen«, mit diesen Worten beginnt ein besonderer Abschnitt im Volksrecht der Bayern, aufgezeichnet in der ersten Hälfte des 8. Jahrhunderts.[10] Es geht dabei um die Verpflichtungen der Leute, die zu einer kirchlichen Grundherrschaft gehörten. Die Hörigen, die selbständig Höfe bewirtschafteten, mußten der Herrschaft ein Zehntel des Ernteertrages abliefern, dazu den Weidezins nach dem Brauch des Landes, sowie Honig, Hühner und Eier. Die Frondienste, die von ihnen gefordert wurden, waren in ihrem Umfang festgelegt. Auf dem Herrenland mußten die Bauern pflügen, säen, Zäune gegen das Wild errichten, ernten und die Ernte in die Scheunen einfahren. Ihnen oblag auch die Pflege des Saatgutes. Im Weingarten mußten Rebstöcke gepflanzt, gepfropft und beschnitten werden, Zäune waren aufzustellen, die Weingärten umzugraben, die Trauben zu ernten. Dazu kamen Frondienste mit Pferd und Wagen, freilich nur bis zu einer Entfernung von 50 Meilen, weit genug nach mittelalterlichen Maßstäben. Wurde auf dem Herrenhof gebaut, waren Baufronden zu leisten und der Kalkofen mit Holz und Kalkstein zu bestücken.

Die Hörigen saßen zwar auf grundherrlichem Land, waren aber frei oder wenigstens halbfrei, im Unterschied zu den unfreien Knechten. Diese hatten nicht nur Abgaben zu leisten, sondern mußten drei Tage in der Woche auf dem Herrenhof arbeiten. Die übrigen drei Tage standen ihnen für die eigene Wirtschaft zur Verfügung. Der Sonntag war Feiertag, durch strenge Strafen geschützt vor der Entweihung durch Arbeit.

Die Grundherrschaft, deren Wurzeln in den westlichen Teilen des Frankenreiches bis in die Spätantike zurückreichen, war also auch in den Gebieten östlich des Rheins in der ersten Hälfte des 8. Jahrhunderts zu einer Institution geworden, die rechtlicher Regelungen bedurfte. Sie breitete sich im Laufe der Karolingerzeit noch weiter aus und wurde zur dominierenden agrarischen Wirtschaftsform. Große Ländereien befanden sich im Besitz des Königtums, der Kirche und der Aristokratie, die von abhängigen Bauern, den Hörigen oder »Grundholden«, bewirtschaftet wurden. Kleinere Grundherrschaften befanden sich in den Händen des Kriegeradels, dessen Angehörige ebenso wie die Kirche und die Großen des Reiches nach der Ausdehnung ihres Grundbesitzes auf Kosten der kleineren freien Bauern strebten. Die Zahl der freien, grundherrlich nicht gebundenen Bauern nahm wohl ständig ab.

Die Entwicklung und Ausbreitung der Grundherrschaft waren sicher nicht nur Folgen von wirtschaftlichen Zwängen, Not und Unterdrückung, sondern hatten ihre tieferen Ursachen darin, daß die Grundherrschaft sich als eine Wirtschafts- und Sozialform erwies, die den ökonomischen, technischen und sozialen Erfordernissen der mittelalterlichen Gesellschaft weitgehend Rechnung

LXX. Volumus quod in horto omnes herbas habeant, id est: Lilium, rosas, fenigrecum, costum, saluiam, rutam, abrotanum, cucumeres, pepones, cucurbitas, fasiolum, ciminum, rosmarinum, careium, cicerum italicum, squillam, gladiolum, dragantea, anesum, coloquentidas, solsequiam, ameum, silum, lactucas, git, eruca alba, nasturtium, parduna, puledium, olisatum, petresilinum, apium, leuisticum, sauinam, anetum, fenicolum, intubas, diptamnum, sinape, satureiam, sisimbrium, mentam, mentastrum, tanazitam, neptam, febrefugiam, papauer, betas, uulgigina, mismaluas id est altaas, maluas, carrutas, pastenacas, adripias, blidas, rauacaulos, caulos, uniones, britlas, porros, radices, ascalonicas, cepas, alia, uuarentiam, cardones, fabas maiores, pisos mauriscos, coriandrum, cerfolium, lacteridas, sclareiam. Et ille hortulanus habeat super domum suam Iouis barbam. De arboribus uolumus quod habeant pomarios diuersi generis, prunarios diuersi generis, sorbarios, mespilarios, castanearios, persicarios diuersi generis, cotoniarios, auellanarios, amandalarios, morarios, lauros, pinos, ficus, nucarios, ceresarios diuersi generis. Malorum nomina: gozmaringa, geroldinga, crouedella, spirauca, dulcia, acriores, omnia seruatoria et subito comessura, primitiua. Perariciis seruatoria trium et quartum genus: dulciores et cociores et serotina. Piraros diuersi generis.

EXPLICIT CAPITULARE DOMINICUM.

Hamedii id sunt coniuratores quos nos geidon dicim(us); Mosani id sunt propinqui. Solsaticum id est ab tecticum. Solsatiuit id est abiectiuit. Leudis [illegible] id est uueregildus. Concapulauit id est concidit forheo; Liuoras id est uulneras;

Die »Landgüterordnung« Karls des Großen: Verzeichnis der Bäume, Sträucher und Pflanzen, die in den Obst-, Gemüse- und Kräutergärten der Krondomänen angepflanzt werden sollten.

trug. Sie war so wandlungs- und anpassungsfähig, daß sie für viele Jahrhunderte das Gesicht der europäischen Agrarlandschaft prägte, das bis weit in die Neuzeit hinein vom Gegensatz zwischen der Grund- und Gutsherrschaft und dem abhängigen Bauerntum bestimmt wurde.

Der Herrenhof oder »Fronhof« war der wirtschaftliche, rechtliche und organisatorische Mittelpunkt der Grundherrschaft. Das zum Hof gehörige Land wurde vom Hofgesinde mit Hilfe der Dienste der grundhörigen Bauern bewirtschaftet. Der größere Teil des grundherrlichen Landes war an Bauern verliehen, die für die Überlassung des Nutzungsrechtes dem Grundherrn Abgaben zahlten und Frondienste leisteten.

Die rationelle Nutzung und Verwaltung ausgedehnter grundherrlicher Komplexe bedurfte umfassender rechtlicher Regelungen. Sie wurden bereits im frühen Mittelalter in Ausnahmefällen auch schriftlich festgehalten. Gerade aus karolingischer Zeit sind einige wichtige Dokumente überliefert, die Einblicke in die innere Struktur der Grundherrschaft ermöglichen, darunter das Inventar des Wirtschaftshofes Staffelsee in Bayern.[11] Er war kurz nach 800 in den Besitz des Bistums Augsburg gelangt, und wohl aus diesem Grunde wurde eine recht ausführliche Beschreibung angefertigt. Zum Hof Staffelsee gehörten als Herrenland 740 Tagewerk Ackerland, dazu Wiesen, die einen Ertrag von 610 Fuder Heu abwarfen. Ein Tagewerk entsprach einem Morgen, so daß der Hof Staffelsee ein recht stattliches Besitztum von fast 200 Hektar Ackerland darstellte. Reichhaltig war auch der Viehbestand: zwar nur ein Pferd, jedoch sechsundzwanzig Zugochsen, zwanzig Kühe, einundsechzig Jungrinder, fünf Kälber und ein Bulle. Dazu siebenundachtzig Schafe, vierzehn Lämmer, siebzehn Böcke, achtundfünfzig Ziegen, zwölf Zicklein, vierzig Schweine, dreißig Ferkel, dreiundsechzig Gänse, fünfzig Hühner und siebzehn Bienenvölker. Die Vorräte bestanden aus Getreide, Speckseiten, Fleisch, Würsten, Schmalz, Käse, Honig, Butter, Salz und Seife. Zum Inventar gehörten eine Bettdecke mit fünf Federkissen, ein eiserner Leuchter, mehrere Kessel, Kesselhaken und Fässer, Sicheln und Sensen, Hacken, Äxte, Ziegen- und Schaffelle und ein Fischnetz. Auffällig ist das Fehlen von Ackergeräten, die offenbar von den frondienstpflichtigen Bauern gestellt werden mußten. Dagegen gab es eine Webhütte, in der sechsundzwanzig Frauen arbeiteten, sowie eine Mühle, die jährlich zwölf Scheffel Getreide abwarf. Zum Herrenhof gehörten dreiundzwanzig Bauernhöfe, deren Inhaber zu Abgaben und Diensten verpflichtet waren. Die Höhe und Art der Abgaben waren genau festgelegt, ebenso der Umfang der Frondienste.

Nur in einer einzigen Handschrift ist die wichtigste Quelle für die karolingische Grundherrschaft und die in ihrem Rahmen betriebene Landwirtschaft erhalten geblieben, die »Landgüterordnung« Karls des Großen.[12] Es ging dem Herrscher, der sich auch um Alltägliches kümmerte, dabei um die Verbesserung der Verwaltung und Bewirtschaftung der Krondomänen, um die Beseitigung von Mißständen, um die Erhöhung der Rechtssicherheit für die Angehörigen der königlichen Grundherrschaft und vor allem um die ausschließliche Nutzung der Erträge für das Königtum. In siebzig Paragraphen wurden detaillierte Regelungen getroffen.

Selbst wenn man annehmen muß, daß die Landgüterordnung Karls des Großen ein zu farbiges Bild vom Stand der Landwirtschaft auf den königlichen Domänen zeichnet, so ist doch sicher, daß im Rahmen der Großgrundherrschaft eine effektivere und vielseitigere Agrarwirtschaft möglich war als in der freibäuerlichen Individualwirtschaft. Die Grundherrschaft bot der bäuerlichen Bevölkerung ein gewisses Maß an Schutz und Sicherheit bei Unglücksfällen und Naturkatastrophen. Der Grundherr war unter Umständen zur Stellung von Saatgut, Zuchtvieh, Arbeitsgeräten und Baumaterial verpflichtet, um in Notlagen die Existenz des bäuerlichen Betriebes zu sichern. Daran war er selbstverständlich auch um des eigenen Nutzens willen interessiert. Freilich sollte man das grundherrlich-bäuerliche Verhältnis auch nicht idealisieren, sowenig man es allein aus der Perspektive des Klassenkampfes betrachten darf.

4. Wagemutige Fernhändler und hofhörige Handwerker

Nur soviel ist sicher: Händlerischer Unternehmungsgeist und handwerkliches Können hatten selbst die dunkelsten Tage der Völkerwanderung und des Zusammenbruchs des römischen Reiches überdauert, freilich keineswegs überall und zumeist nur in sehr rudimentären Formen. Trotz einer unbestreitbaren Tendenz zur Agrarisierung entwickelte sich das Wirtschaftsleben des frühmittelalterlichen Europas nicht zu einer reinen Naturalwirtschaft, denn Fernhandel und Marktverkehr, Geld- und Münzwesen, Handwerk und gewerbliche Produktion kamen nicht völlig zum Erliegen. Die regionalen Unterschiede waren allerdings beträchtlich, auch innerhalb des fränkischen Reiches. Das westliche und südliche Gallien bewahrten die spätrömischen Traditionen im wirtschaftlichen Leben stärker, hier behielten auch viele Städte wenigstens einen Teil ihrer ökonomischen Funktionen. Im nordöstlichen Frankenreich dagegen verlagerte sich die handwerkliche und gewerbliche Produktion, soweit sie nicht ganz zum Erliegen kam, aufs Land. Das Mittelmeer behauptete auch nach dem weitgehenden Zusammenbruch der römischen Herrschaft seinen Rang als wichtigster, den Westen und Osten verbindender Handelsraum.

Die ohnehin spärliche Überlieferung zur Geschichte des frühen Mittelalters versagt fast vollständig, wenn man sie nach Umfang und Verbreitung, nach Wegen und Formen von Handel, Handwerk und Gewerbe fragt. Diese Bereiche werden nur hin und wieder ganz am Rande erwähnt, und statistisch auswertbare Nachrichten fehlen überhaupt. Nur mühsam gelingt es allmählich, in Zusammenarbeit mit der Archäologie ein Mosaik zu gestalten, das aber noch immer recht lückenhaft ist. In der Geschichtsschreibung sind es nicht selten Episoden und anekdotenhafte Erzählungen, die schlaglichtartig Einblick in jene Sphären des Daseins gewähren, wie etwa die Anekdote von der einbalsamierten Hausmaus, die Notker der Stammler überliefert:

Da war ein Bischof, der sehr auf eitlen Ruhm und nichtige Dinge bedacht war. Als der kluge Karl das bemerkte, gebot er einem jüdischen Händler, der oft das Land der Verheißung aufsuchte und von dort viele kostbare und unbekannte Dinge in die Länder diesseits des Mittelmeeres brachte, diesen Bischof zu täuschen und der Lächerlichkeit preiszugeben. Der Jude nahm eine Hausmaus, balsamierte sie mit verschiedenen Wohlgerüchen ein und brachte sie dem Bischof zum Kauf. Er behauptete, er habe dieses kostbare und bisher nie gesehene Tier aus Judäa mitgebracht. Hocherfreut bot ihm der Bischof dafür drei Pfund Silber. Da rief der Jude: Welch unziemlicher Preis für eine so teure Ware! Eher werfe ich sie ins tiefe Meer, als daß sie irgend jemand für einen so geringen und schändlichen Preis bekommt. Der Bischof, der viel besaß, aber nie den Armen etwas gegeben hatte, bot ihm zehn Pfund, um diese unvergleichliche Sache zu bekommen. Doch da sagte der verschlagene Kaufmann mit gespieltem Ärger: Das verhüte der Gott Abrahams, daß ich Mühe und Kosten verliere. Da bot ihm der geistliche Herr voller Gier nach der wertvollen Sache zwanzig Pfund. Der Jude packte nun zornig die Maus in kostbare Seide und wandte sich zum Gehen. Der Bischof aber, der hereingelegt war und wahrhaft verdiente, hereingelegt zu werden, rief ihn zurück und gab ihm einen vollen Scheffel Silber, um in den Besitz dieser großen Kostbarkeit zu gelangen. Mit vielen Bitten bestürmt, gab der Händler schließlich nach. Das empfangene Geld brachte er dem Kaiser und erzählte ihm das Geschehene. Wenig später rief der König alle Bischöfe und Würdenträger des Reiches zu einer Beratung zusammen. Nachdem viele wichtige Angelegenheiten erledigt waren, ließ er das Geld herbeiholen und in der Pfalz niederlegen. Dann sagte er: Ihr Bischöfe, meine Väter und Sachwalter, Ihr sollt den Armen und in ihnen Christus dienen, aber nicht hinter eitlen Dingen herjagen. Nun aber tut Ihr das Gegenteil und seid mehr als andere Sterbliche ruhmsüchtig und habgierig. Einer von Euch hat einem Juden soviel Geld für eine einbalsamierte Hausmaus gegeben. Der Bischof aber, der auf so schmählicher Tat ertappt worden war, warf sich ihm zu Füßen und bat um Gnade für sein Vergehen. Der König hielt ihm eine wohlverdiente Strafrede und ließ ihn beschämt ziehen.[13]

Die Protagonisten dieser drolligen Geschichte waren den Menschen der Karolingerzeit gewiß vertraute Gestalten: Der geschickte jüdische Kaufmann, der den Orient bereist und kostbare Waren herbeiholt, auf der einen, der Kirchenfürst als Käufer von Luxuswaren dieser Art auf der anderen Seite. Der Bischof war reich und konnte eine große Summe an barem Geld für eine fremdländische Kuriosität auf den Tisch legen. Der gefahrvolle, risikoreiche und kostspielige Orienthandel lohnte sich also für den Kaufmann, auch wenn er in diesem Fall den erzielten Gewinn dem König ablieferte, der ihm den Auftrag zu diesem Täuschungsmanöver erteilt hatte.

Der Evangelist Matthäus war Zöllner, bevor er in den Kreis der Jünger Jesu eintrat, und wird deshalb mit der Geldwaage dargestellt, Zeichnung nach einer Miniatur im Codex Egberti (985/990)

Größere Geldsummen wurden nicht gezählt, sondern gewogen. Die Geldwaage gehörte daher zu den Attributen des Kaufmanns, aber auch des Zöllners.

Jüdische Kaufleute haben als Mittler zwischen Orient und Okzident, aber auch zwischen dem Frankenreich und dem maurischen Spanien eine wichtige Rolle gespielt; im Frankenreich waren sie wohl die Hauptträger des Orienthandels. In verschiedenen Städten wie Marseille, Arles, Narbonne, Lyon, Clermont, Bourges, Orléans, Paris und auch in Saragossa lebten jüdische Kaufleute. Die Lage dieser Hafen- und Handelsstädte läßt erkennen, daß sie den Handel zwischen dem fränkischen Reich und Spanien, Italien, Byzanz und den arabischen Ländern vermittelten.

Marseille war vom 6. bis zum 8. Jahrhundert der wichtigste Umschlaghafen für den Warenaustausch zwischen Europa und den arabischen und byzantinischen Gebieten. Es waren wohl vor allem Sklaven, die von Marseille aus verschifft wurden. Aus dem Orient kamen Gewürze, Weihrauch, Arzneipflanzen, Seidenstoffe und andere kostbare Gewebe, koptisches Bronzegeschirr, Weine aus Kreta, Zypern und Samos, Öl und in der Merowingerzeit auch noch Papyrus als Beschreibstoff, der erst allmählich von dem haltbareren Pergament verdrängt wurde.

Von den Häfen Marseille und Fos aus führte die bis ins 8. Jahrhundert wichtigste Handelsstraße des Reiches durch das Tal der Rhône und Saône nach Norden, über Arles, Avignon, Valence, Vienne und Lyon nach Chalon-sur-Saône. Hier verzweigte sich der Weg. Über Autun führte die westliche Route zur Loire, an deren Mündung Nantes und Noirmoutier lagen, von wo man mit dem Schiff nach Irland gelangte. In nordwestlicher Richtung erreichte

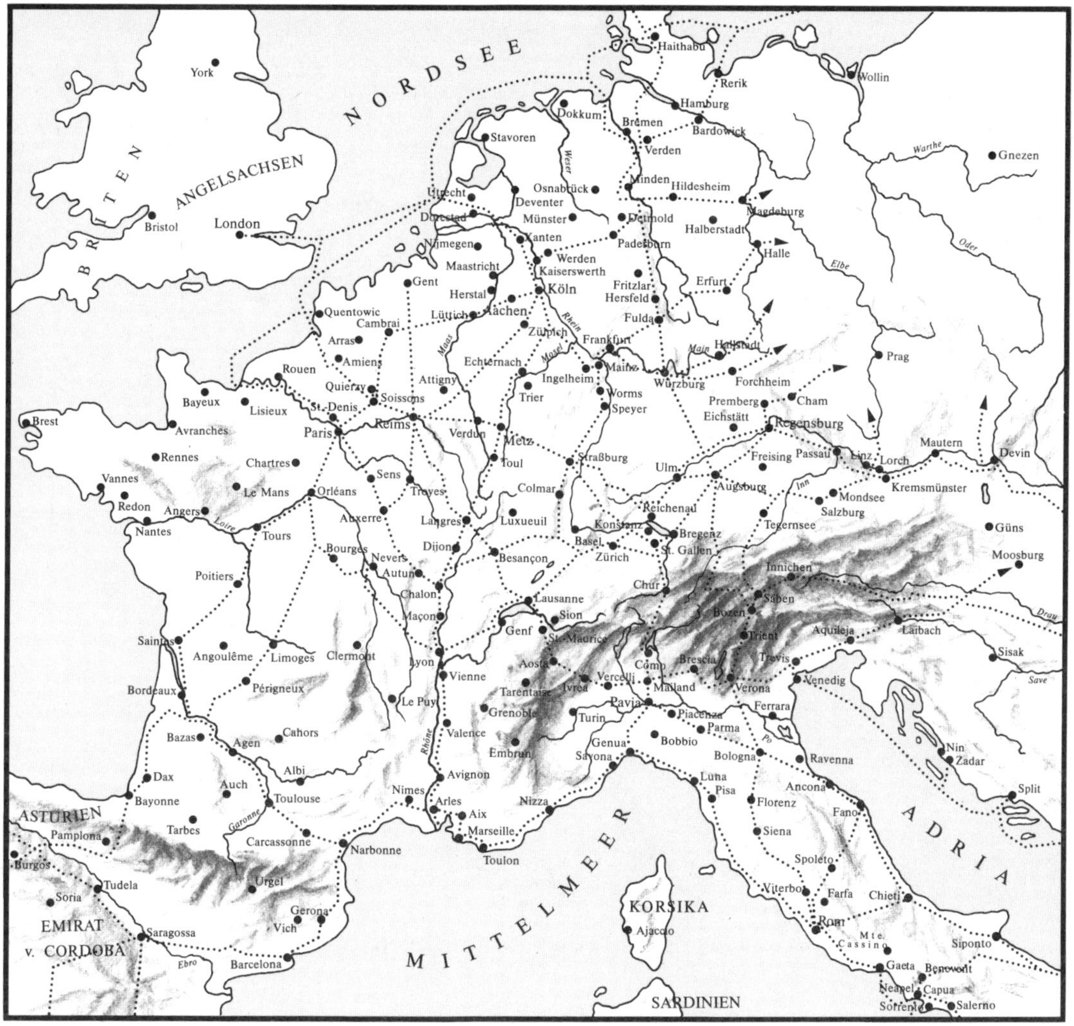

Die Fernhandelswege der Karolingerzeit

man über Sens, Paris und Rouen die Kanalküste, während die dritte Route weiter nach Norden führte, wo sie sich dann mehrfach verzweigte, Verdun, Metz, Trier, Huy, Dinant und andere Orte lagen an dieser Route, die den Rhône-Saône-Weg mit dem Rhein verband, an dessen Mündung der wichtige Handelsplatz Dorestad entstanden war. Der Verlauf der Handelswege läßt die große Bedeutung der Wasserstraßen erkennen, neben Rhein und Rhône sind es vor allem Loire, Seine, Schelde, Maas und Mosel.

Während der Mittelmeerhandel zwischen dem 5. und 8. Jahrhundert zwar fortgeführt wurde, aber doch beträchtliche Einbußen erlitt, entwickelte sich seit der späten Merowingerzeit im Norden ein neuer Handels- und Wirtschaftsraum. Auf der Nord- und der Ostsee vollzog sich der Warenaustausch zwischen dem Frankenreich, Irland und England, Skandinavien, den slawischen Ländern an der südlichen Ostseeküste, dem Baltikum und den Weiten Rußlands. Das Frankenreich, das Kernland des werdenden Europa, wendete

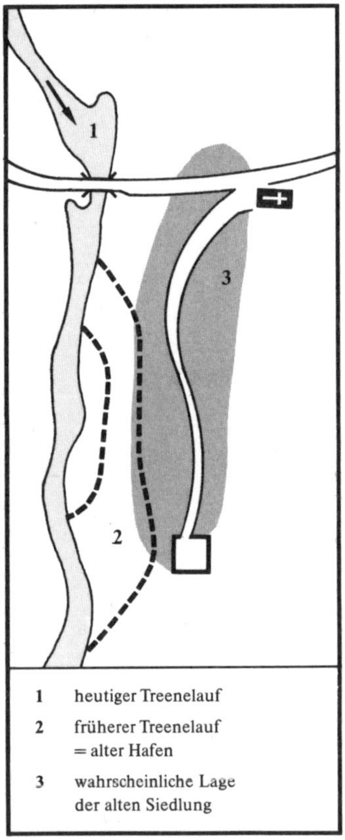

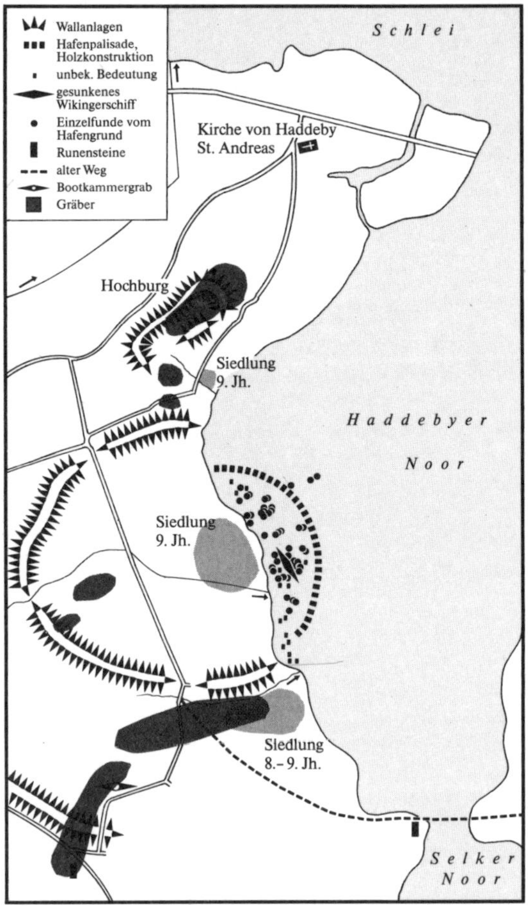

Die Häfen von Haithabu und Hollingstedt

Die Wallanlagen des Danewerk

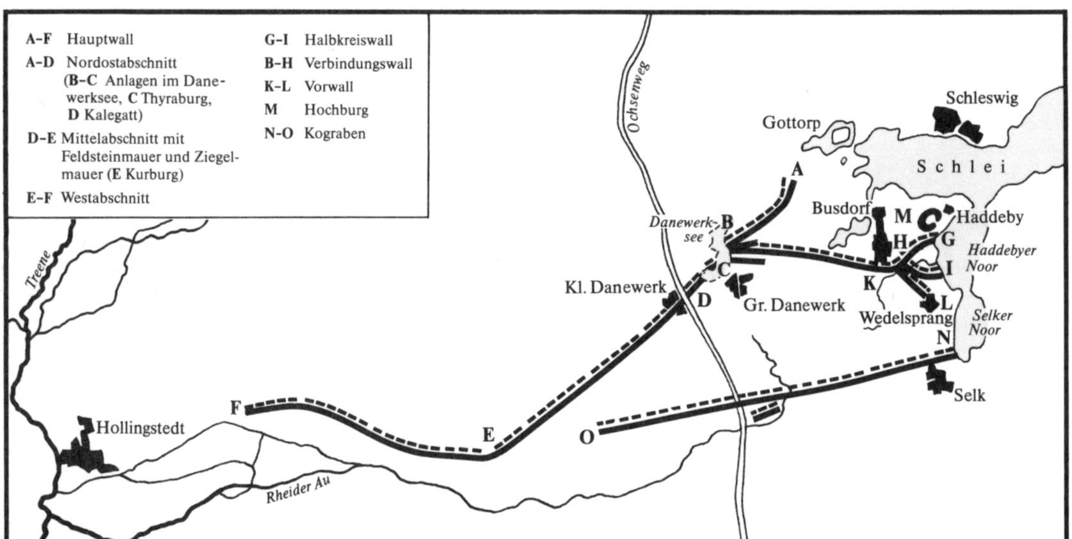

sein Gesicht dem Norden zu. Die Völker des germanischen Nordens und des slawischen Ostens kommen mit dem Westen in Berührung und treten allmählich in die europäische Geschichte ein.

Innerhalb des großfränkischen Reiches gewannen Neustrien und Austrien, die politisch ausschlaggebenden Gebiete, auch an wirtschaftlicher Bedeutung. Der nordfranzösisch-niederrheinische Raum erlebte einen beachtlichen wirtschaftlichen Aufschwung, nicht nur auf dem Sektor des Warenaustausches, sondern auch in der Warenproduktion, besonders durch Töpferei, Glaserzeugung und Metallverarbeitung. Die günstige Verkehrslage dieser Region kam jetzt zur Geltung und verlieh ihr eine Mittlerfunktion zwischen dem nord- und osteuropäischen und dem mediterranen Handelsraum.

Der Handelsplatz Haithabu bei Schleswig, Rekonstruktionszeichnung nach den Ergebnissen umfangreicher Ausgrabungen

Schon im Verlauf des 7. Jahrhunderts intensivierte sich der Schiffsverkehr mit England, und zu Beginn des 8. Jahrhunderts gab es offenbar eine regelmäßige Passage zwischen London und dem Hafen- und Handelsplatz Dorestad am Niederrhein in der Nähe von Utrecht. Weitere wichtige Englandhäfen waren Rouen an der unteren Seine und Quentowik an der Mündung der Canche etwas südlich von Boulogne. Der Haupthandelsweg vom fränkischen Reich zu den Ländern und Völkern des Ostseeraumes führte von Dorestad auf dem Seeweg zur Jütischen Halbinsel. Da der weitere Seeweg um Jütland herum durch Skagerak und Kattegat lang war und gefährlich auf Grund der vielen Stürme und häufiger Piratenangriffe, nutzte man die Flüsse Eider und Treene, um die Landenge zu überwinden. Von Hollingstedt aus wurden die Waren und vielleicht auch kleinere Boote über Land zur Schlei transportiert. Dort entstand am Haddebyer Noor der Handelsplatz Haithabu, dessen Erbe im 11. und 12. Jahrhundert die Stadt Schleswig antrat. Haithabu, dessen Rang als Handelsmetropole des Ostseeraumes durch umfassende Ausgrabungen immer deutlicher hervortritt, war im 9. und 10. Jahrhundert der wichtigste Umschlagplatz für den Handel zwischen dem Westen und der skandinavisch-slawischen Welt. Mit der Bedeutung Haithabus als Handels- und Wirtschaftszentrum hängt sicher auch die

Errichtung der gewaltigen Befestigungsanlagen des »Danewerks« durch die dänischen Könige zusammen, die ohne Zweifel nicht nur dem Schutz der dänischen Südgrenze, sondern auch der Sicherung des Verbindungsweges zwischen Nord- und Ostsee dienten.

Als Stützpunkte für den Handelsverkehr auf der Nord- und Ostsee und den großen Strömen dieses Wirtschaftsraumes dienten Handelsniederlassungen an der Küste oder im Mündungsbereich schiffbarer Flüsse. Für diesen »präurbanen« Siedlungstyp, eine Vorstufe der Stadt des Mittelalters, hat sich der Begriff »Kaufmannswik« eingebürgert. Das alte Wort »Wik« bedeutet »Handelsplatz« und ist in Ortsnamen wie Schleswig, Braunschweig und Bardowick überliefert. Die Kaufmanswiken waren nicht nur Händlertreffpunkte, die dem periodischen Warenaustausch dienten, sondern Dauersiedlungen, bewohnt von »wiksässigen« Kaufleuten, Handwerkern und Gewerbetreibenden verschiedener Art. So war zum Beispiel Dorestad nicht nur Hafen und Handelsplatz, sondern auch Münz- und Zollstätte. Eine Burg diente dem Schutz des Ortes, und es wurden auch Kirchen errichtet. Soweit die Wiken innerhalb des fränkischen Reiches lagen, waren sie einem königlichen Beamten, dem »Wikgrafen«, unterstellt, der den Handelsverkehr überwachte, die Gerichtsbarkeit ausübte, die Verteidigung leitete und die Abgaben für den König einzog.

Handelsplätze und Schatzfunde mit arabischen Münzen im Ostseeraum

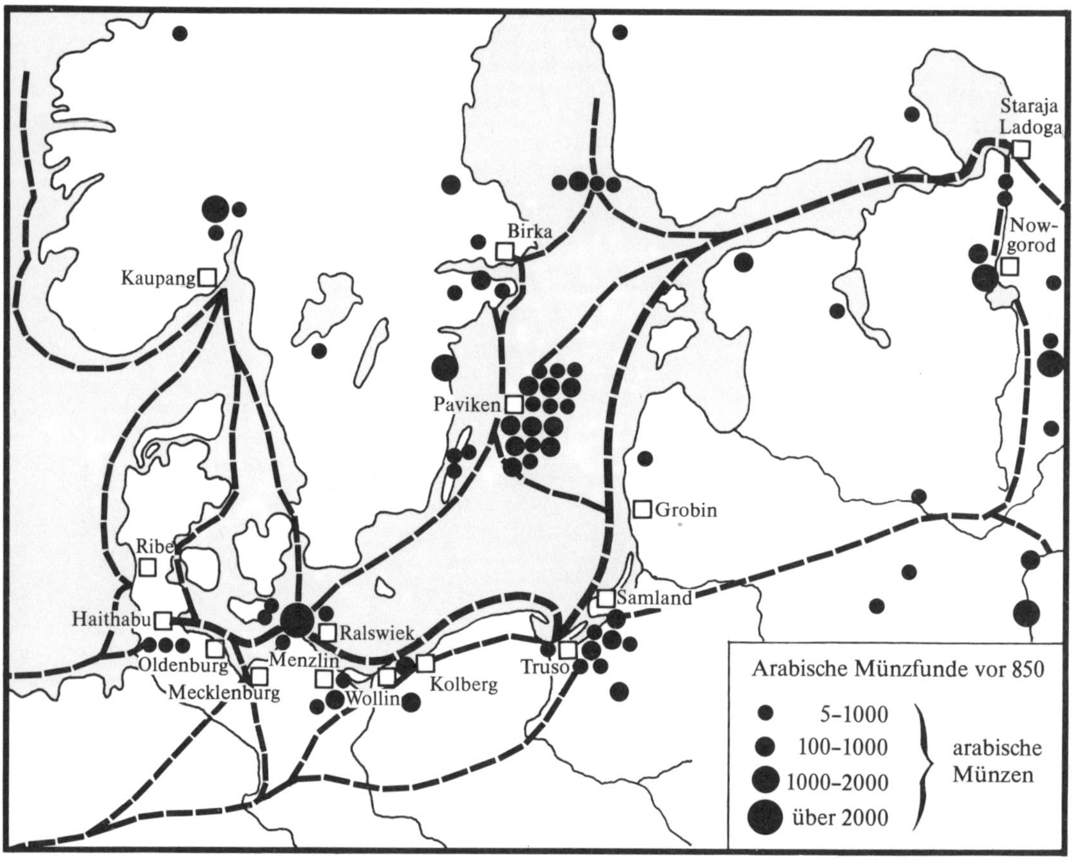

Die wichtigsten Handelsplätze dieses Typs waren Quentowik, Dorestad, Haithabu und Birka im schwedischen Mälarsee, doch spielten auch Domburg auf der ehemaligen Insel Walcheren, Emden, Bremen, Hamburg, der slawische Handelsplatz Rerik im heutigen Mecklenburg, das norwegische Kaupang i Skiringssal, das schwedische Lillö (Helgö), Truso bei Elbing und Grobin eine Rolle. Die Blütezeit dieser Kaufmannswiken lag zwischen dem Ausgang des 7. und den ersten Jahrzehnten des 9. Jahrhunderts. Wegen ihres Reichtums wurden sie in der Wikingerzeit immer wieder angegriffen, ausgeplündert und zerstört. Die meisten von ihnen, darunter Quentowik, Dorestad, Haithabu und Birka, wurden aufgegeben, so daß nur wenigen eine Weiterentwicklung zur Stadt beschieden war.

Der Aufschwung des Wirtschaftslebens im 8. und frühen 9. Jahrhundert machte sich auch in anderen Regionen des fränkischen Reiches bemerkbar. Das Netz der See- und Flußhandelsplätze im Nord- und Ostseeraum wurde im Binnenland durch die Entstehung von Marktsiedlungen ergänzt. Im Unterschied zu den nordischen Kaufmannswiken wuchsen diese binnenländischen Niederlassungen von Händlern, Handwerkern und Gewerbetreibenden in aller Regel in enger Anlehnung an bereits bestehende Siedlungen. Vor allem ehemalige Römerstädte, aber auch Bischofssitze, Klöster, Königspfalzen und Burgen wirkten als Kristallisationskeime. Für die mei-

Im Münzbild der in Quentowik unter Karl dem Großen geprägten Denare werden sowohl die Münzhoheit des Kaisers als auch die Bedeutung von Handel und Seefahrt für diesen Ort sichtbar gemacht.

sten dieser präurbanen Siedlungskomplexe ist ein »topographischer Dualismus« zwischen einem älteren Herrschaftszentrum und einer jüngeren Marktsiedlung charakteristisch. Diese Entwicklung förderten die ortsansässigen Konsumentengruppen, deren Bedarf auf Handel und Gewerbe stimulierend wirkte. Neben dem Fernhandel nahm daher auch der Handel mit Gütern des täglichen Bedarfs auf den Märkten der neuen Siedlungen einen wichtigen Platz ein. Vor allem dort, wo bedeutende Kirchen vorhanden waren, strömten an hohen kirchlichen Feiertagen die Menschen zusammen. Die kirchliche Meßfeier förderte so das muntere Markttreiben, und die Sprache hat diesen Zusammenhang zwischen Messe und Markt im Begriff der Mustermesse bis zur Gegenwart getreu bewahrt.

Das Zentrum der Entwicklung derartiger Kaufmanns- und Marktsiedlungen lag im Rhein-, Maas- und Schelderaum, den man ein wenig übertreibend die Wiege des mitteleuropäischen Städtewesens genannt hat. Die große Rolle dieser Region für die Entstehung des spezifisch mitteleuropäischen Städtetyps soll nicht bestritten werden, doch entstanden ähnliche Frühformen städtischen Lebens auch in anderen Teilen des Frankenreiches, selbst in den wirtschaftlich zurückgebliebenen östlichen Reichsteilen.

Durch die Wiedereingliederung der ostrheinischen Stammesgebiete durch die ersten Karolinger und die Unterwerfung Sachsens durch Karl den Großen wurde der Rhein gleichsam zur Nord-Süd-Achse des Frankenreichs. Die ehemaligen Römerstädte Köln, Mainz, Worms, Speyer, Straßburg und Basel gewannen wirtschaftliche Bedeutung, seit der Warenaustausch mit Italien nicht mehr hauptsächlich über Marseille und Fos auf dem Seeweg, sondern immer mehr über die Alpenpässe abgewickelt wurde. Die Eroberung des Langobardenreiches durch Karl den Großen hatte auch die wirtschaftlichen Beziehungen zwischen dem nordalpinen Frankenreich und Italien enger gestaltet. Hinzu kam, daß die Lagunenstadt Venedig im 9. Jahrhundert immer mehr aufblühte und zum wichtigsten Ein- und Ausfuhrhafen für den Handel mit dem byzantinischen und arabischen Raum wurde.

Handelsbeziehungen zwischen dem Frankenreich und dem Osten sind schon in merowingischer Zeit bezeugt. Unter König Dagobert I. unternahm der fränkische Kaufmann Samo mit seinen Gefährten eine Handelsreise in den böhmisch-mährischen Raum. Als Anführer eines erfolgreichen Aufstandes der Slawen gegen ihre awarischen Unterdrücker stieg er dort zum König empor. Seine Handelsfahrt war durchaus kein ungewöhnliches Unternehmen, denn einige Zeit später weilten wiederum fränkische Kaufleute im Osten. Im Reich des Königs Samo wurden sie beraubt und getötet – Anlaß für den großangelegten Feldzug Dagoberts I. gegen den neuen König.

In der Zeit Karls des Großen, in der sich das Schwergewicht des Reiches etwas nach Osten verlagerte, scheint auch der Warenaustausch mit den benachbarten slawischen Gebieten intensiviert worden zu sein. Darauf weist die Aufzählung von zahlreichen Grenzhandelsplätzen in einer Verordnung des Kaisers von 805 hin.[14] Königliche Beauftragte sollten an diesen Punkten den Handel fränkischer Kaufleute mit den Slawen und Awaren kontrollieren und die Einhaltung eines Waffenembargos gewährleisten, das Karl der Große verhängt hatte. Die Kette dieser Kontrollpunkte reichte von der unteren Elbe bis zur Donau. Die wichtigsten Plätze waren ohne Zweifel Bardowick, Magdeburg, Erfurt und Regensburg. An diesen Orten dürften auch schon feste Siedlungen von Kaufleuten und Handwerkern bestanden haben. Magdeburg war der Endpunkt des vom Rheinland kommenden Hellweges, Grenzfestung und wichtiger Elbübergang. Über Erfurt, das Zentrum Thüringens, führte der von Mainz über Frankfurt am Main und Fulda laufende alte Heer- und Handelsweg weiter nach Osten, zur Elbe und nach Böhmen. Regensburg war ein wichtiger Übergang über die Donau. Mehrere von Westen kommende Straßen liefen in der bayerischen Herzogs- und Königsstadt zusammen und wurden über Cham nach Böhmen und donauabwärts nach Pannonien weitergeleitet.

Der Handel mit Luxuswaren, mit den seltenen und die Phantasie anregenden Erzeugnissen des Orients, qualitätvollen fränkischen Waffen und Rüstungen, guten Pferden und edlem Pelzwerk, dürfte wertmäßig an der Spitze des frühmittelalterlichen Warenaustausches gestanden haben. Es gab aber auch einen ausgedehnten Handel mit Gütern des gehobenen und sogar des täglichen Bedarfs. Salz, Getreide und Wein, Wolle und Tuche waren Objekte des Fernhandels, da sie nicht überall in ausreichendem Maße zur Verfügung standen. Selbst Töpferwaren, für die geeignete Tonerde gebraucht wurde, und Mühlsteine aus der Eifel wurden über größere Strecken transportiert und verkauft. Aus Skandinavien und Rußland wurden Felle und Häute importiert, aus den slawischen Gebieten auch Wachs, Honig und Bernstein. Eine große Rolle spielte der Sklavenhandel. Sklaven kamen zunächst vielfach aus England, dann aus den slawischen Stammesgebieten. Hauptumschlagplatz für den gewinnbringenden Sklavenhandel mit dem maurischen Spanien und den anderen arabischen Ländern war zunächst Marseille, dann Verdun. Unter den Menschen, die als willenlose Handelsobjekte dienen mußten, waren so viele slawischer Herkunft, daß der Völkername »Slawe« zur Sachbezeichnung für den Unfreien wurde. Freikauf und Freilassung von Sklaven galten zwar als ein gottgefälliges Werk, aber am Sklavenhandel nahm selbst die Kirche nur dann Anstoß, wenn es um den Verkauf christlicher Sklaven an die Ungläubigen ging.

Übertriebene Vorstellungen vom Volumen des frühmittelalterlichen Handels sollte man sich nicht machen; allein die Straßenverhältnisse und die Beschaffenheit der Transportmittel setzten dem Warenaustausch enge Grenzen. Träger, Packpferde und Saumtiere beförderten die Waren auf unwegsamen Strecken, sonst benutzte man einfache Karren und Wagen. Die bequemsten Transportmöglichkeiten, auch für größere Partien, boten die Wasserstraßen und der Seeweg.

Das Dasein des Kaufmanns war risikoreich und gefahrvoll. Der Handel war über weite Strecken internationaler Handel. Der Kaufmann, der seine Waren selbst begleitete, mußte fremde Völker aufsuchen und sich in den Machtbereich fremder Herrscher begeben. Die Gefahren, die ihm drohten, betrafen nicht nur Geld und Gut, sondern vielfach auch Freiheit, Leib und Leben. Als der Missionar und spätere Erzbischof Anskar um 830 mit einigen Gefährten von Dänemark nach Schweden reisen wollte, schloß er sich einer Gruppe von Kaufleuten an. Während der Überfahrt wurde ihr Schiff von Piraten überfallen:

Als sie etwa die halbe Strecke zurückgelegt hatten, begegneten ihnen Seeräuber. Die Kaufleute auf ihrem Schiff verteidigten sich mannhaft und anfangs auch erfolgreich. Beim zweiten Angriff wurden sie jedoch von den Angreifern überwältigt und mußten ihnen mit den Schiffen auch ihre gesamte Habe überlassen. Kaum konnten sie selbst entrinnen und sich ans Land retten. Auch die Geschenke des Königs, die sie überbringen sollten, und all ihr Eigentum gingen verloren bis auf die Kleinigkeiten, die sie zufällig beim Sprung ins Wasser bei sich hatten.[15]

Nicht nur unterwegs, sondern auch in den festen Niederlassungen sahen sich die Kaufleute räuberischen Angriffen ausgesetzt. In der Lebensbeschreibung des heiligen Anskar wird von einer Belagerung der bedeutenden Kaufmannswik Birka erzählt.[16] Ein aus seinem Reich vertriebener Schwedenkönig warb dänische Wikinger an zu einem Beutezug gegen diesen Ort mit dem Versprechen auf reiche Beute, denn in Birka gebe es viele wohlhabende Kaufleute und der Ort sei voll von Waren, Geld und Schätzen. Die Kaufleute und die übrigen Bewohner fühlten sich für eine erfolgreiche Verteidigung gegen die große Wikingerflotte zu schwach, boten und bezahlten 100 Pfund Silber und wurden schließlich durch den Übertritt zum christlichen Glauben gerettet. Die Angreifer segelten daraufhin zur Südküste der Ostsee und plünderten einen slawischen Handelsplatz aus.

Die Kaufleute mußten sich ihrer Haut wehren - mit Geld oder mit dem Schwert. Auf der Handelsfahrt schlossen sie sich zu Fahrtgenossenschaften, zu Gilden oder Hansen, zusammen. Durch feierliche Eide verpflichteten sie sich zu genossenschaftlicher Selbsthilfe, zum gegenseitigen Beistand im Kampf, bei Schiffbruch, Krankheit, Verwundung und Tod in der Fremde. Die Anfänge der Kaufmannsgilden, die später eine wichtige Rolle in den nordwesteuropäischen, englischen und skandinavischen Städten spielen sollten, reichen sicher in die Karolingerzeit zurück.

An der Tätigkeit der Kaufleute war freilich auch die Gesellschaft interessiert. Maßnahmen zu ihrem Schutz waren deshalb dringend erforderlich. Im fränkischen Reich standen die Kaufleute, auch die jüdischen Glaubens, unter dem Schutz des Königs, der auch die öffentlichen Straßen und die Märkte unter seine Obhut genommen hatte. Einzelne Gruppen von christlichen und jüdischen Kaufleuten wurden vom König mit besonderen Privilegien ausgestattet und zu einer Art von »Hofkaufleuten« gemacht. Dafür hatten sie im regelmäßigen Turnus den königlichen Hof aufzusuchen und Abgaben zu zahlen.[17] Jener Jude, der in der Geschichte mit der einbalsamierten Maus den Bischof auf Befehl des Herrschers hereinlegte, gehörte sicher zu dieser Gruppe der Hofkaufleute. Für die Juden war die Erlangung besonderer königlicher Protektion von größtem Interesse. Sie garantierte ihnen die freie Verfügung über ihren Besitz, gewährte ihnen Befreiung von Zollabgaben, gestattete ihnen, christliche Diener zu halten, und hinderte die Geistlichkeit daran, die Sklaven der Juden zu taufen und damit ihren Export in die islamische Welt zu verbieten.

Die karolingischen Herrscher haben auch fremde Kaufleute unter ihren Schutz gestellt und sogar mit anderen Königen Verträge über handelspolitische Fragen abgeschlossen. Bekannt sind die Verträge zwischen Karl dem Großen und dem angelsächsischen König Offa von Mercia, Kaiser Lothar I. und Venedig, sowie Ludwig dem Deutschen und König Siegfried von Dänemark.[18] Freizügigkeit des Kaufmanns und Handelsfreiheit, Regelung des Preises durch Angebot und Nachfrage und ungehinderter Export und Import von Waren bildeten die Grundvoraussetzungen für ein Florieren des Güteraustausches. Sie wurden in besonderen Situationen eingeschränkt oder aufgehoben, etwa bei Mißbrauch der Handelsfreiheit durch angebliche Pilger, durch Festsetzung von Höchstpreisen wegen einer Hungersnot oder ein Waffenausfuhrverbot bei drohender Kriegsgefahr.

Wer waren diese wandernden Kaufleute, die ihre Waren auf oft monatelangen, beschwerlichen und gefahrvollen Reisen zu begleiten pflegten? Aus welchen Völkern und aus welchen gesellschaftlichen Schichten kamen sie? Waren es Aufsteiger, Abenteurer, Männer, die im Handel ihre Chance witterten? Diese Fragen sind schwer zu beantworten. In der frühen Merowingerzeit waren Juden, Syrer und Griechen wichtige Träger des Handels im mediterranen Raum und im südlichen Gallien. Syrer und Griechen verschwanden; nur die Juden konnten sich im Mittelmeerhandel und besonders im Handel mit Spanien behaupten. Schon im 7. Jahrhundert traten die Friesen stärker hervor, daneben aber auch Kaufleute angelsächsischer und skandinavischer Herkunft. Im 8. und frühen 9. Jahrhundert dominierten friesische Händler im Verkehr zwischen dem Frankenreich und England.. Das Zentrum dieses friesischen Handelsraumes bildete Dorestad. Von dort aus befuhren die Friesen nicht nur die Nordsee, sondern auch den Rhein. Schon früh sind sie in London, York und Winchester nachweisbar. Später gab es friesische Händlerkolonien in Worms und Mainz, wahrscheinlich auch in Köln, Speyer und Straßburg.

Ihrem sozialen Status nach dürften die Händler schon damals zu einem großen Teil Berufskaufleute gewesen sein. Zumindest gilt das für die fränkischen und jüdischen »Hofkaufleute«. Die Friesen waren vielleicht mehrheitlich auf dem Lande ansässig und verkörperten den Typus des »Bauernkaufmanns«, der nur in periodischen Abständen seinen Hof verließ und auf Handelsfahrt ging. Auch die Grundherrschaft war »trotz ihres agrarischen Charakters ein Faktor im Handelsgeschehen«[19] und nahm daher nicht nur am lokalen Marktverkehr, sondern partiell auch am Fernhandel teil. Die Abwicklung derartiger Geschäfte vollzogen Personen abhängigen Standes im Auftrag und auf Rechnung ihrer Herrschaft.

Einen Kaufmannstypus eigenartiger Prägung verkörperte der Norweger Ottar, der dem angelsächsischen König Alfred dem Großen (871-901) einen sehr anschaulichen Bericht über seine Handelsreisen gab.[20] Ottar lebte auf einem großen Hof im nordnorwegischen Hálogaland. Er besaß zwar nur je zwanzig Kühe, Schweine und Schafe, aber nicht weniger als sechshundert Rentiere. Von den weiter nördlich sitzenden Finnen zog er Tribute ein, übte also in einer nicht näher erkennbaren Art und Weise Herrschaft über Teile Finnlands aus. Im Sommer rüstete er ein Schiff aus und fuhr mit einer Ladung aus Fellen, Vogelfedern, Walknochen und Schiffstauen aus Walfischhaut an der norwegischen Küste entlang nach Haithabu oder auch hinüber nach England. Um die Tribute einzutreiben, segelte er auch weit nach Osten und gelangte möglicherweise bis ins Weiße Meer. Ottar von Hálogaland war Großbauer, Kaufmann, Seefahrer und Entdeckungsreisender in einer Person.

Als Karl der Große seine umfassende Reorganisation der Krongutsverwaltung in Angriff nehmen ließ, dachte er natürlich in erster Linie an die Steigerung der landwirtschaftlichen Produktion und ihre konsequente Nutzung für die Belange des Königtums, doch er vergaß auch Handwerk und Gewerbe nicht:

Jeder Krongutverwalter soll in seinem Amtsbezirk tüchtige Handwerker beschäftigen: Eisen-, Gold- und Silberschmiede, Schuhmacher, Schreiner, Stellmacher, Schildmacher, Fischer, Falkner, Seifensieder und Brauer, die Bier, Apfelwein, Birnenmost und andere wohlschmeckende Getränke herstellen können, sowie Bäcker, die Semmeln für unsere Hofhaltung zu backen verstehen, Netzmacher, die Netze für die Jagd, für den Fisch- und Vogelfang zu fertigen wissen, und sonstige Dienstleute, deren Aufzählung zu umständlich wäre.

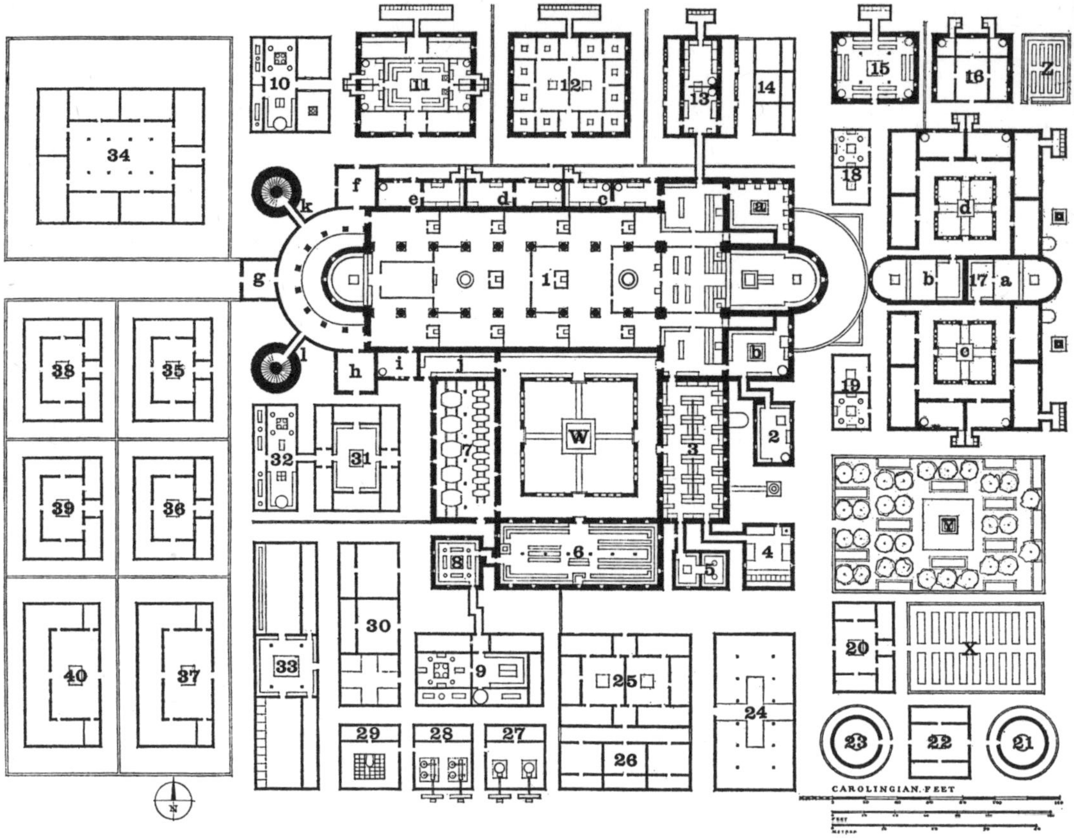

Planschema von Sankt Gallen (nach Horn)

1 Kirche
- a Schreibstube im Erdgeschoß, Bibliothek im Obergeschoß
- b Sakristei im Erdgeschoß, Kammer für die liturgischen Gewänder im Obergeschoß
- c Wohnung für durchreisende Ordensbrüder
- d Wohnung des Vorstehers der Äußeren Schule
- e Wohnung des Pförtners
- f Zugangshalle zum Haus für die vornehmen Gäste und zur Äußeren Schule
- g Empfangshalle für alle Besucher des Klosters
- h Zugangshalle zum Pilger- und Armenhaus und zu den Wirtschaftsgebäuden
- i Wohnung des Verwalters des Pilger- und Armenhauses
- j Sprechraum der Mönche
- k Turm des heiligen Michael
- l Turm des heiligen Gabriel

2 Zubereitungsraum des heiligen Brotes und Öles
3 Schlafsaal der Mönche im Obergeschoß, Wärmeraum im Untergeschoß
4 Abtritt der Mönche
5 Bade- und Waschraum der Mönche
6 Speisesaal der Mönche im Erdgeschoß, Kleiderraum im Obergeschoß
7 Wein- und Bierkeller der Mönche im Erdgeschoß
8 Küche der Mönche
9 Bäckerei und Brauerei der Mönche
10 Küche, Bäckerei und Brauerei für die vornehmen Gäste
11 Haus für vornehme Gäste
12 Äußere Schule
13 Abtshaus
14 Küche, Keller und Badehaus des Abtes
15 Aderlaßhaus
16 Ärztehaus
17 Noviziat und Krankenhaus
18 Küche und Bad des Krankenhauses
19 Küche und Bad des Noviziats
20 Gärtnerwohnung
21 Hühnerstall
22 Haus der Hühner- und Gänsewärter
23 Gänsestall
24 Kornscheune
25 Haupthaus der Werkleute
26 Nebenhaus der Werkleute
27 Mühle
28 Stampfe
29 Darre
30 Küferei, Drechslerei und Getreidehaus für die Brauer
31 Pilger- und Armenhaus
32 Küche, Bäckerei und Brauerei für die Pilger
33 Pferde- und Ochsenstall und Wärterunterkunft
34 Haus für des Kaisers Gefolgschaft (Identifizierung nicht gesichert)
35 Schafstall und Hirtenunterkunft
36 Ziegenstall und Hirtenunterkunft
37 Kuhstall und Hirtenunterkunft
38 Haus für die Knechte in der Gefolgschaft des Kaisers (unsicher, vgl. Nr. 34)
39 Schweinestall und Schweinehirtenunterkunft
40 Stall für die trächtigen Stuten und Füllen und Wärterunterkunft
X Gemüsegarten der Mönche
Y Friedhof und Obstgarten
Z Garten für Heilkräuter

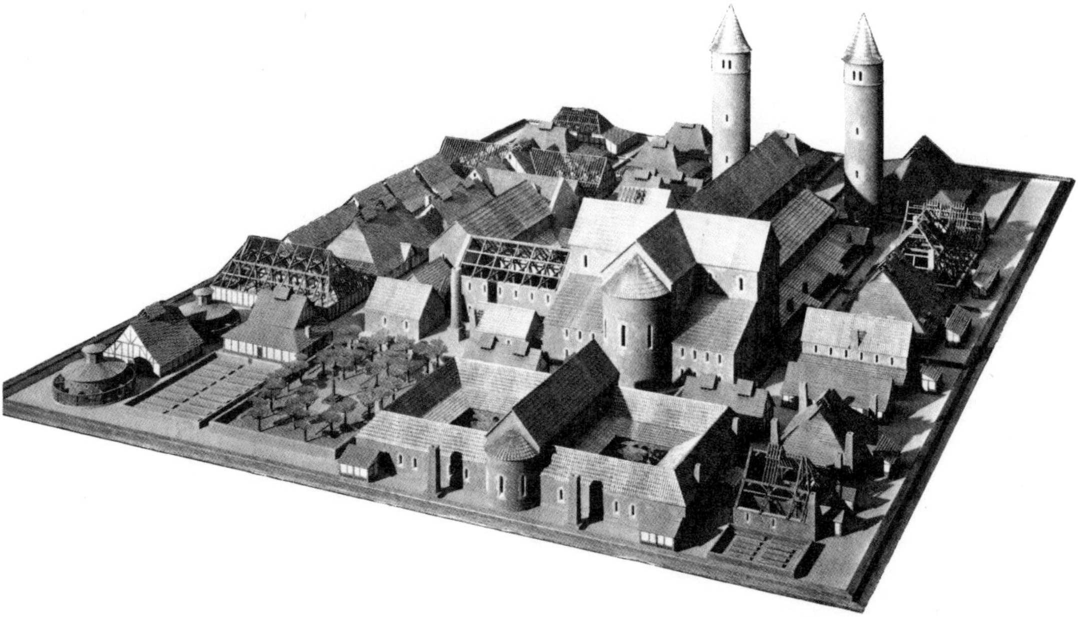

Modell eines Idealklosters nach dem Sankt Galler Klosterplan aus dem Anfang des 9. Jahrhunderts

Im Zentrum dieser nach einer Idealvorstellung entworfenen Klosteranlage stehen Klosterkirche, Kreuzgang und Klausur, um die zahlreiche Gebäude mit verschiedenen Zweckbestimmungen gruppiert sind. Ein großes frühmittelalterliches Benediktinerkloster präsentierte sich als eine in sich stark differenzierte Kult-, Lebens- und Wirtschaftsgemeinschaft, in die auch das hofhörige Handwerk eingeordnet war.

Umzeichnung des Sankt Galler Klosterplans

Der auf ein großes Pergamentblatt gezeichnete Idealplan entstand vermutlich in der Abtei Reichenau 830 und wurde von dem dortigen Abt Heito an Abt Gozbert von Sankt Gallen geschickt, um ihm eine Orientierungshilfe für den geplanten Neubau des Klosters an die Hand zu geben.

Unseren Frauenarbeitshäusern soll man zur rechten Zeit Material liefern, also Flachs, Wolle, Waid, Scharlach, Krapp, Wollkämme, Kardendisteln, Seife, Fett, Gefäße und andere kleine Dinge, die man dort benötigt.[21]

Es wird deutlich: Nicht nur die Weiterverarbeitung der in der eigenen Landwirtschaft erzeugten Produkte, sondern auch echte handwerkliche Tätigkeiten erfolgten im Rahmen der königlichen Grundherrschaft. Auf den Höfen der fränkischen Aristokratie und vor allem auf den gewaltigen Gütern der Kirche sah es ähnlich aus, auch wenn nicht überall alle die Handwerker ansässig waren, die in der königlichen Verordnung aufgezählt werden. In den großen Grundherrschaften lebten viele Menschen in engen wirtschaftlichen Verflechtungen, die eine Spezialisierung auf bestimmte Tätigkeiten nahelegten und auf diese Weise die Entwicklung des Handwerks förderten. Die Träger dieser hofgebundenen handwerklichen und gewerblichen Produktion waren in der Regel unfreien Standes. Sie arbeiteten im Auftrag ihrer Herrschaft und zur Versorgung des herrschaftlichen Haushalts, des grundherrlichen Wirtschaftsbetriebes und allenfalls noch für die im grundherrlichen Verband lebende bäuerliche Bevölkerung, kaum jedoch für den Markt. Diese hofhörigen Handwerker hatten persönlich wohl wenig Nutzen von ihrer Arbeit und dürften deshalb auch kaum an einer Steigerung und Verbesserung der Produktion interessiert gewesen sein. Nennenswerte Impulse für die weitere Entwicklung der handwerklichen und gewerblichen Arbeitstechniken und Produktionsmittel waren vom hofgebundenen Handwerk sicher nicht zu erwarten. Ausnahmen hat es gewiß gegeben, namentlich im Bannkreis bedeutender Klöster, wo sich die Mönche selbst um die Weitergabe und Verbesserung handwerklicher Fertigkeiten bemühten und handwerkliches Können und künstlerische Gestaltungskraft bisweilen in bedeutenden Kunstwerken zusammenflossen.

Die enge Verbindung zwischen landwirtschaftlicher Arbeit und handwerklich-gewerblicher Produktion ist auch für den gesamten bäuerlichen Bereich charakteristisch. Die einfache Technik ermöglichte es, die meisten Gegenstände des täglichen Bedarfs auf dem Bauernhof selbst herzustellen. Die auf dem Hof erzeugten pflanzlichen und tierischen Produkte wurden weiterverarbeitet, Speisen und Getränke zubereitet, Schuhwerk und Kleidung und auch die meisten Geräte und Haushaltsgegenstände angefertigt. Selbst Tischler-, Zimmermanns- und Stellmacherarbeiten wurden ausgeführt, gegebenenfalls in nachbarschaftlicher Selbsthilfe. Der wichtigste Werkstoff war das Holz, das in reicher Fülle zur Verfügung stand, leicht zu bearbeiten war und für Gebrauchsgegenstände aller Art Verwendung fand.

Diese handwerkliche Tätigkeit im Rahmen des Hauses und der Familie für den eigenen Bedarf, der »Hausfleiß«, wie man später zu sagen pflegte, war zwar für die nach größtmöglicher wirtschaftlicher Autarkie strebende frühmittelalterliche bäuerliche Wirtschaft charakteristisch, hielt sich aber in großen Teilen Europas bis weit in die Neuzeit hinein.

Neben dem hofhörigen Handwerk hat es während des frühen Mittelalters immer freie Handwerker gegeben, die entweder in den ehemaligen Römerstädten und an anderen Zentren des gesellschaftlichen Lebens wie Königspfalzen, Bischofssitzen, Klöstern und Burgen ansässig waren oder als »Wanderhandwerker« dorthin gingen, wo sie gebraucht wurden. Mit der Intensivierung des Wirtschaftslebens in karolingischer Zeit und der Zunahme des Marktver-

Der zum liturgischen Gebrauch bestimmte Elfenbeinkamm aus der 2. Hälfte des 9. Jahrhunderts gehört zu den Spitzenleistungen des karolingischen Kunsthandwerks.

kehrs boten sich für diese Schicht bessere Existenzmöglichkeiten, und allmählich entwickelte sich der Typus des persönlich freien und wirtschaftlich selbständigen Handwerkers.

Eine Sonderstellung im frühmittelalterlichen Wirtschaftsleben nahmen die Produktionszweige ein, deren Rohstoffe nicht überall gewonnen werden konnten: die Herstellung von Glas, die Töpferei, die Salzsiederei und die Gewinnung von Eisen.

Die Kenntnis der Glaserzeugung gehörte zur Hinterlassenschaft der Antike. Die römischen Glasmanufakturen in Gallien gingen zwar mit dem Verfall des Städtewesens zugrunde, aber die Technik wurde nicht vergessen. Außerhalb der verödenden Städte entstanden neue Produktionsstätten, vor allem in den Wäldern der Ardennen und Argonnen. Das Glas, das diese frühmittelalterlichen Glashütten erzeugten, hatte allerdings längst nicht mehr die hohe Qualität römischer Glaswaren. Das »Waldhüttenglas« war oftmals blasig und zeigte eine grünlich-schwärzliche Färbung.

In Verbindung mit römischen Traditionen stand wohl auch die Blüte der Keramikherstellung im Rheinland. Im 7. und 8. Jahrhundert arbeiteten dort Werkstätten sogar für den Export in entfernte Gegenden, zum Beispiel Mayen in der Eifel, Badorf und Pingsdorf. Die feine Tonerde, die dort gewonnen wurde, ermöglichte die Herstellung guter Ware auf der Drehscheibe. Seit dem Ende des 8. Jahrhunderts wurde sogar glasiertes Steingut hergestellt, für das sehr hohe Temperaturen im Brennofen erforderlich waren.

Die Gewinnung von Salz ist ohne Zweifel einer der ältesten Produktionszweige. Da es nicht überall gewonnen werden konnte, war

Mähender Bauer mit Sense und Wetzstein

es zugleich eines der ältesten und wichtigsten Handelsgüter. Im Karolingerreich wurde Salz im Küstenraum durch das Verdunsten von Meerwasser gewonnen, im Binnenland und im Alpenraum durch Salzsiederei, die schon auf beachtlichem technischem Niveau stand. Von besonderer Bedeutung waren die Salzvorkommen in Lothringen, im mitteldeutschen Raum und in den Ostalpen. Sehr intensiv ausgebeutet wurden die Salzvorkommen in Reichenhall und im Salzkammergut. Nicht zufällig trägt der Patron der Salzburger Kirche, der heilige Rupert, als Heiligenattribut eine Salzkufe.

Gold und Silber rangierten natürlich an der Spitze der Wertskala, aber auch die anderen Metalle waren kostbar und selten, selbst das Eisen. Eiserne Geräte wie Sensen, Sicheln, Pflugscharen und eiserne Spaten gab es sogar auf größeren grundherrschaftlichen Gütern nur in geringer Anzahl. Die verfügbare Menge Eisen war so klein, daß man es immer wieder erneut verarbeitete und sogar römische Bauten zerstörte, um an die darin enthaltenen Klammern heranzukommen. Dabei bereitete die Eisengewinnung kaum technische Probleme, denn man begnügte sich mit dem Abbau der Oberflächenvorkommen in den Mittelgebirgen und im Alpenraum; im Norden nutzte man das Raseneisenerz. Bergmännisch abgebaut wurden Eisenvorkommen in der Lombardei und in der Steiermark. Der Abbau der Oberflächenvorkommen wurde vielfach von der bäuerlichen Bevölkerung neben der Landwirtschaft betrieben. In manchen Gegenden mußten die hörigen Bauern kleinere Mengen Eisen als Abgaben liefern.

Eisen war vor allem für Waffen und Rüstungen erforderlich, für Helme und Brünnen, Schwerter, Lanzen- und Pfeilspitzen, Schildbuckel, Hufeisen und Steigbügel. Es war freilich eine Kunst, aus dem meist minderwertigen Roheisen gute Waffen zu schmieden. Ein geschickter Waffenschmied erfreute sich hoher Achtung, und gute Waffen wurden überall geschätzt, besonders gute biegsame Schwertklingen. Von König Ludwig dem Deutschen weiß Notker der Stammler zu berichten, er habe sich von Jugend an bis ins hohe Alter am Eisen, das heißt an wertvollen Waffen, erfreut:

Als die Könige der Normannen ihm als Zeichen ihrer Ergebenheit Gold und Silber und als Symbol ihrer Unterwerfung ihre Schwerter schickten, ließ der König das Gold auf den Boden werfen, damit man es verachte und wie Kot mit den Füßen trete. Auf dem Thron sitzend ließ er sich die Schwerter reichen, um ihre Qualität zu prüfen. Sie zerbrachen bis auf das Schwert eines der Gesandten, das die Prüfung bestand. Die normannischen Gesandten waren erstaunt darüber, daß der König Gold und Silber verachtete und die Schwerter so hoch schätzte, und sagten zueinander: »Wenn doch auch unseren Fürsten Gold und Silber ebenso wertlos erschiene und Eisen ebenso wertvoll.«[22]

Währungsreformen, so notwendig und segensreich sie auch sein mögen, stoßen selten auf allgemeine Zustimmung. Das mußte auch Karl der Große erfahren, als er in den neunziger Jahren des 8. Jahrhunderts die Neuordnung des fränkischen Münz- und Geldwesens energisch in Angriff nahm. Um das in Verfall geratene Währungssystem zu reformieren, vollendete er die Umstellung von der Gold- auf die Silberwährung, die sich bereits am Ende des 7. Jahrhunderts angebahnt hatte. Hauptziele der karolingischen Münzreform waren die Schaffung eines einheitlichen Währungssystems im ganzen Imperium, die Prägung eines guten Silbergeldes und die Durchsetzung des königlichen Münzregals. Aus einem Pfund Silber sollten die im Auftrag des Königs an bestimmten Münzstätten arbeitenden Münzmeister 240 Pfennige (Denare) prägen. Sie trugen das Bild oder das Monogramm Karls des Großen, der damit ihre Echtheit und Reinheit garantierte. Der Solidus oder Schilling sollte künftig zu 12 Denaren gerechnet werden, das Pfund (Libra) zu 20 Solidi. Pfund und Solidus wurden nicht ausgeprägt, sondern waren reine Recheneinheiten. Es dauerte zwar einige Zeit, bis sich der neue größere und schwerere silberne Pfennig mit dem ungewohnten Münzbild im ganzen Reich durchsetzte, aber es zeigte sich, daß Karl der Große mit seiner Münzreform die Grundlagen für das europäische Währungssystem geschaffen hatte. Bis weit in die Neuzeit hinein

Denar Karls des Großen aus der Zeit nach der Münzreform. Er zeigt auf der einen Seite das Monogramm des Königs, auf der anderen ein Kreuz. Die Umschriften nennen Namen und Titulatur des Herrschers, sowie den Prägeort.

blieben diese karolingischen Grundlagen erhalten, am deutlichsten und längsten in England, wo man bis in die jüngste Vergangenheit hinein das Pfund zu 20 Schilling, den Schilling zu 12 Pennies rechnete.

Das Münzwesen des fränkischen Reiches stammte – wie hätte es anders sein können – aus dem römischen Erbe. Die Germanen hatten das Geld erst durch die Berührung mit dem römischen Reich kennengelernt. Sie schätzten die römischen Münzen, freilich nicht als Zahlungsmittel, sondern als Schmuckstücke und Wertgegenstände. Dies änderte sich im Zuge der Landnahme und Reichsgründungen auf römischem Boden, auch im Frankenreich.

Der Geldumlauf, der natürlich vom Umfang der Handelstätigkeit abhängig war, ging zwar stark zurück, kam aber nicht völlig zum Erliegen. Geld diente auch weiterhin als Wertmesser, und Zahlungsverpflichtungen aller Art wurden in merowingischer Zeit in Denaren oder Solidi festgesetzt, auch wenn im konkreten Fall die Zahlungen

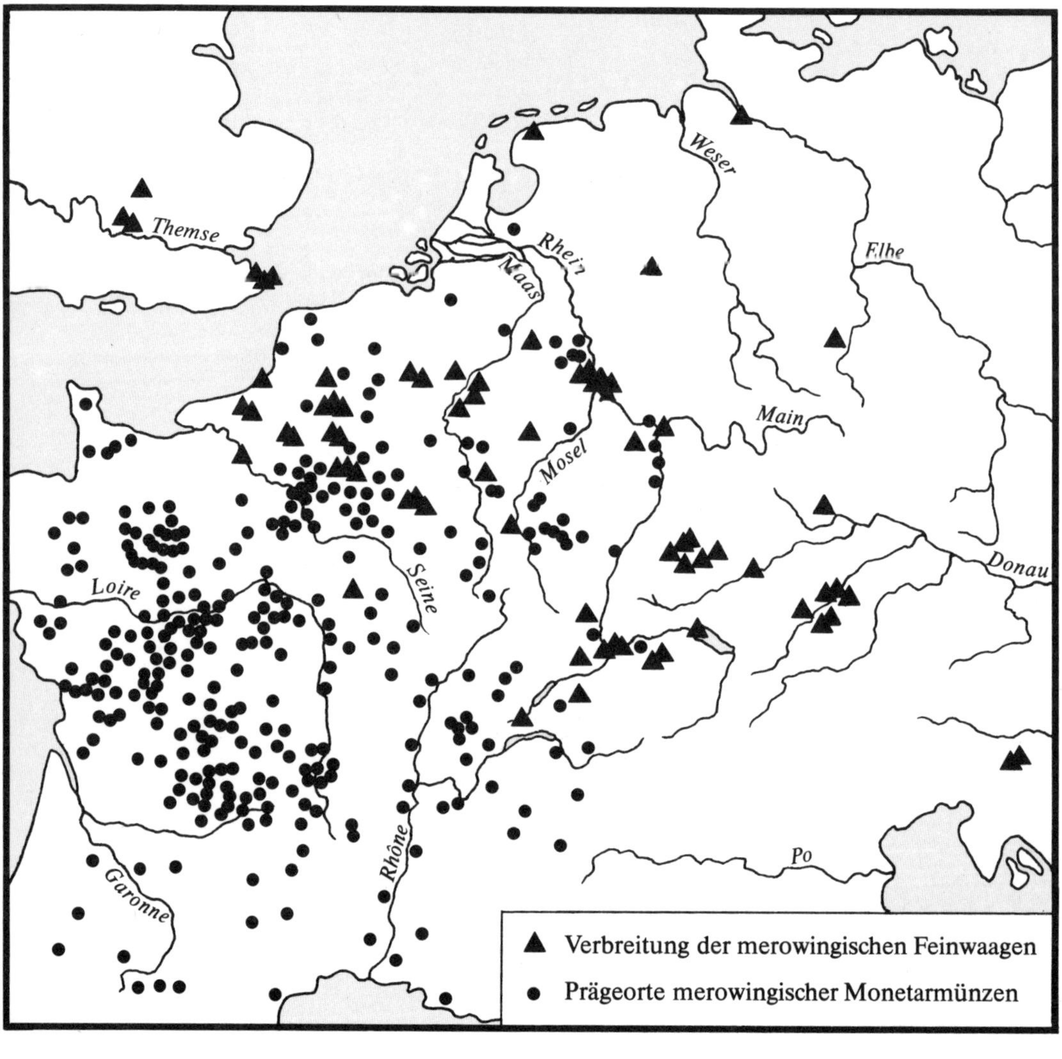

dann in Wertgegenständen oder Naturalien erfolgten. Im Fernhandel dürfte Geld immer eine nicht unwesentliche Rolle neben dem geläufigen Austauch von Handelsware gespielt haben.

Auf dem Gebiet des Münzwesens führend war im frühen Mittelalter noch lange das oströmisch-byzantinische Reich. Die Merowingerkönige nahmen jedoch bald die Münzhoheit in ihrem Herrschaftsgebiet für sich in Anspruch, die ja vor allem ein gewinnbringendes Vorrecht war. Nach römischem Vorbild ließen sie Goldmünzen prägen, sowohl den von Konstantin dem Großen eingeführten Goldsolidus als auch den kleineren Triens, der nur den Wert eines Drittelsolidus hatte. Diese merowingischen Nachprägungen waren allerdings nicht so qualitätvoll wie ihre byzantinischen Originale. König Theudebert I. wagte es als erster fränkischer Herrscher, Goldmünzen im eigenen Namen prägen zu lassen und damit das kaiserliche Münzmonopol auch nach außen hin sichtbar zu durchbrechen. Im Typus hielten sich auch die Goldmünzen Theudeberts an das

Merowingische Münze aus der Zeit um 630, geprägt in Banassac. Die Rückseite, der Revers, zeigt das Symbol für das wichtigste Gewerbe des Ortes, die Töpferei.

Münze Pippins mit dem Namen des Königs auf der Vorderseite und der Abkürzung RP (Rex Pippinus) auf der Rückseite

Goldsolidus Ludwigs des Frommen mit dem Bildnis des Kaisers. Die Umschrift auf dem Revers »Munus divinum« soll wohl zum Ausdruck bringen, daß Ludwig der Fromme seine kaiserliche Herrschaft als ein »göttliches Geschenk« auffaßte.

byzantinische Vorbild. Als wirkliches Zahlungsmittel haben die wertvollen Goldstücke allerdings nur in Ausnahmefällen gedient.

Die Kontrolle über das Münzwesen ist den Merowingerkönigen allmählich entglitten. An immer mehr Orten wurden von Münzmeistern im Namen des Königs oder anderer Machthaber Münzen geprägt, die meist den Namen des Münzmeisters und des Prägeortes trugen. Die Münzmeister, die vielfach eine Ausbildung als Gold- und Silberschmiede besaßen, waren oft an mehreren Münzstätten tätig. Zum Beispiel prägte der heilige Eligius, von Beruf Goldschmied und Monetarius, in der ersten Hälfte des 7. Jahrhunderts für Dagobert I., Chlothar II. und Chlodwig II. in Marseille, Paris, Arles und Limoges. Die Prägung dieser »Monetarmünzen« an etwa acht- bis neunhundert verschiedenen Orten, nicht nur in ehemaligen Römerstädten, sondern auch auf dem flachen Lande, führte zu einem ziemlichen Chaos, zumal Gold immer seltener wurde, so daß der Goldgehalt der Münzen immer weiter verringert wurde. Wahrscheinlich floß ständig Gold aus Europa in den Orient ab, um die Zahlungsbilanz auszugleichen, die im großen und ganzen für das Frankenreich negativ war. Größere Goldmengen dürften auch für den Schmuck der Kirchen und die Anfertigung liturgischer Geräte benötigt worden sein. In der zweiten Hälfte des 7. Jahrhunderts hörte die Prägung von Goldmünzen ganz auf; man begann mit der Herstellung von Silbermünzen. Die letzten merowingischen Goldmünzen wurden nicht zufällig in Marseille geprägt, dessen Handelsbeziehungen zum Orient besonders eng waren.

Bereits König Pippin hatte versucht, das königliche Münzrecht wieder zur Geltung zu bringen und die Münzstätten unter die Kontrolle und in die Verfügungsgewalt des Königtums zu überführen. Gewicht, Feingehalt und Typus der Münzen sollten vom Königtum bestimmt und garantiert werden. Den Durchbruch erzielte dann Karl der Große mit seiner Münzreform, bei deren Durchführung ihm sicher die Tatsache zugute kam, daß ihm durch die Eroberung des Awarenschatzes eine große Menge an Edelmetall zur Verfügung stand. Um das Münzwesen wirksamer kontrollieren zu können, wurde die Zahl der Münzstätten stark reduziert. Bezeichnenderweise lagen sie alle im linksrheinischen Teil des Frankenreiches und in Italien.

Die Bemühungen der Karolinger um das Münz- und Geldwesen, die von den Nachfolgern Karls des Großen fortgesetzt wurden, hingen ohne Zweifel mit einer allgemeinen Aufwärtsbewegung im Wirtschaftsleben zusammen. Wirtschaftspolitik und Geldpolitik waren schon damals eng miteinander verbunden. Die kleinen Silbermünzen, zu denen im 9. Jahrhundert noch der Obolus und der Halbdenar traten, eigneten sich als Zahlungsmittel auch für Umsätze mit geringerem Wert. Karl der Große hatte befohlen, die von ihm geschaffenen neuen Denare im ganzen Reich als Zahlungsmittel zu akzeptieren, so daß eine in Gewicht und Gehalt offizielle Münze überall zur Verfügung stand. Dies hat ohne Zweifel den Waren- und Zahlungsverkehr angeregt, die Rolle des Geldes als Zahlungsmittel und Wertmaßstab erhöht, Vergleiche ermöglicht und ganz allgemein »die Rationalität des Wirtschaftens« gefördert.[23]

VIII.
Die »Karolingische Renaissance«

1. Bildungsnotstand und Bildungsreform

Verfall der geistigen Kultur im Abendland gibt sich in den Quellen und fast noch mehr im Versiegen der Quellen vom 6. bis weit ins 8. Jahrhundert hinein vielfältig zu erkennen. Auf dem Gebiet der Bildungstradition bedarf das keiner Ausmalung. Die damaligen Autoren und Urkunden bieten sprachlich meist einen hilflos verworrenen Zwitter zwischen dem Latein des römischen Spätreiches und dem dazumal gesprochenen Romanisch: also weder Schrift- noch Volkssprache. Die Schulen verkamen sogar in Italien und dem westgotischen Spanien, viel mehr noch in Frankreich, während Iren und Angelsachsen sie auf ihrem schmalen Boden neu begründeten.

Verfall, das heißt ja nicht, daß es an Kulturbemühungen gänzlich fehlte. Aber was erreichten sie? Aus den Ländern der Merowinger und frühen Karolinger haben wir außer verwilderten Abschriften älterer Literatur nur einen ganz geringen Bestand eigener Produktion: Heiligenlegenden, historische Aufzeichnungen, Urkunden. Zwischen 600 und 770 gibt es da keinen einzigen einheimischen Autor von literarischem Rang. Die erhaltenen Kunstwerke wirken roh, unbeholfen, abergläubisch. Es ist bekannt, mit wie vielen Zersetzungen im Staat und sozialen Leben diese Verwilderung zusammenhing. Sie gewann aber eine besondere Bedeutung deshalb, weil die Religion, zu der man sich doch intensiv bekannte, samt ihrer Kirche, ihrem Kult und dem Verständnis ihrer heiligen Bücher in den Prozeß der Barbarisierung hineingezogen wurde.[1]

So beschreibt Wolfram von den Steinen, der Kulturhistoriker aus dem Stefan-George-Kreis, das barbarisierte Europa, in dem letzte Reste der antiken und der altchristlichen Kultur ein nur noch kümmerliches Dasein fristeten. Die Entwicklung dieser Übergangszeit war am Ende auf eine Bildungskatastrophe hinausgelaufen; hier beklagt, dort kaum bemerkt, ein erst allmählicher, dann dramatischer Prozeß, der von dem Glanz der antiken Welt wenig übriggelassen hatte. Dies war der Moment, als ein Herrscher kam, der dies erkannte und auch den »Bildungsnotstand« ausrief.

Aber warum wurde gerade Karl der Große, der germanische Heerkönig, der siegmächtige Eroberer, zum Bildungsreformer, zum Motor jener großen geistig-kulturellen Bewegung, die seit dem 19. Jahrhundert als »Karolingische Renaissance« mit dem Namen ihres Initiators verbunden ist? Wie kam es, daß er seinen Hof, die politische Schaltzentrale des fränkischen Großreiches, auch zum kulturellen Mittelpunkt machte, zur Heimstatt von Gelehrsamkeit, zur Akademie im platonischen Sinne, zur Hohen Schule einer geistigen Elite, zum Musenhof? Seine eigene Erziehung wies nicht in diese Richtung. Er selbst hatte in seiner Jugend nicht einmal das Schreiben gelernt. Aber vielleicht waren es gerade die Defizite seiner eigenen Bildung, die ihn zu dem wissensdurstigen und bildungsbeflissenen Schüler machten, als den ihn Einhard schildert:

Die edlen Wissenschaften pflegte er mit allergrößtem Eifer, und ihre Vertreter verehrte er sehr und belohnte sie reichlich. Um die Grammatik zu erlernen, nahm er Unterricht bei dem Diakon Petrus von Pisa, einem hochbejahrten Mann; in den übrigen Disziplinen ließ er sich von Albinus unterrichten, einem auch Alkuin genannten Diakon aus England, einem allumfassend gelehrten Manne. In dessen Gesellschaft verwandte er viel Zeit und Mühe, um Rhetorik und Dialektik, vor allem aber Astronomie zu studieren. Er befaßte sich mit Mathematik und erforschte mit emsigem Fleiß und großer Wißbegierde den Lauf der Gestirne. Auch Schreiben wollte er lernen und pflegte deshalb Schreibzeug und Büchlein unter dem Kopfkissen im Bett zu haben, um in müßigen Stunden seine Hand an die Gestaltung von Buchstaben zu gewöhnen, mit geringem Erfolg, denn er hatte viel zu spät mit diesem Bemühen begonnen.[2]

Diese Szenerie ist wahrhaft rührend, pädagogisch wertvoll und verwertbar, und sie fehlte in der Vergangenheit in kaum einer Fibel oder einem »Quellen-Lesebuch für den Unterricht in der vaterländischen Geschichte«: Der alternde Kaiser, in schlaflosen Nächten über die Schreibtafel gebeugt, die Schwerthand zu ungewohntem Tun zwingend, sein herrscherliches Analphabetentum als einen Makel empfindend, den er mit der Unbeirrtheit des Autodidakten zu tilgen sucht. Ohne bildungspolitische Wirkung war das kaiserliche Bildungsstreben wohl schon im Ansatz nicht. Bewies es doch, daß der Herrscher über Reiche und Völker Schriftkultur und Gelehrsamkeit sehr hoch einschätzte und sich nicht scheute, seinem Volk mit gutem Beispiel voranzugehen.

Bei Elementarem war in der Tat zu beginnen, bei der Sprache und der Schrift, keineswegs nur bei der wohl gänzlich illiteraten fränkischen Aristokratie, sondern auch bei der Geistlichkeit, der in der späten Merowinger- und frühen Karolingerzeit durch den Verfall der Laienbildung das berühmte »Bildungsmonopol« zugefallen war, ein »Privileg« nur aus der anachronistischen Sicht unserer so bildungsbeflissenen Gesellschaft. Trotz des frischen Windes, der im bonifatianischen Zeitalter von den grünen Inseln herübergeweht und das kontinentale Geistesleben mit angelsächsisch-irischer Gelehrsamkeit befruchtet hatte, war es schlecht bestellt um den Bildungsstand der allermeisten Priester und Mönche. Das war bedenklich, denn das Christentum als Buchreligion basiert auf der Schrift, und ohne das richtige Verständnis der heiligen Texte ist es nicht möglich, in die Tiefen des rechten Glaubens vorzudringen.

Das Phänomen der »Karolingischen Renaissance«, des Aufschwunges des geistigen, künstlerischen und kulturellen Lebens im Reiche Karls des Großen, ist unlösbar mit der Persönlichkeit des Herrschers verbunden. Nicht, daß es an Vorläufern und Wegbereitern gefehlt hätte: Willibrord und Bonifatius an erster Stelle, auch Pirmin und der gelehrte Virgil von Salzburg. Aber erst Karl der Große hat mit bewundernswerter Weitsicht die Zeichen der Zeit erkannt, die vorhandenen Energien gebündelt und sich und seinen Hof zum Kristallisationskern und Strahlungszentrum der geistigen Erneuerung gemacht.

Die enorme Rolle der Persönlichkeit des Herrschers und seines Hofes auch für das geistige und religiöse Leben erklärt sich natürlich aus der Struktur der Herrschaftsführung, die in hohem Maße auf die Person des Staatsoberhauptes zugeschnitten war. Je mehr sich die Herrschaft Karls des Großen mit theokratischen Elementen anreicherte, desto stärker fühlte er sich auch für das Seelenheil und die Sittlichkeit der ihm anvertrauten Völker verantwortlich. Rechtes

Denken, Handeln und Glauben waren aber ohne ein Minimum an Wissen nicht erreichbar. Stimulierend wirkte auch die Berührung mit dem, was in Italien, Spanien und Byzanz von der Antike übriggeblieben war. Karl der Große dürfte rasch erkannt haben, daß seine Franken auf geistig-kulturellem Gebiet beachtlich zurückstanden.

Mit den Kräften des eigenen Volkes waren diese Defizite zunächst noch nicht aufzuholen. Deshalb importierte Karl der Große die Gelehrsamkeit, die er brauchte. Von überall her zog er hervorragende Gelehrte an seinen Hof: Iren, Angelsachsen, Westgoten und Langobarden. Erst allmählich wuchsen im Frankenreich selbst Kräfte heran, die sich den neuen kulturellen Aufgaben gewachsen zeigten, literarisch und künstlerisch begabte Franken wie die Dichter Angilbert und Moduin, der »Dombaumeister« Odo

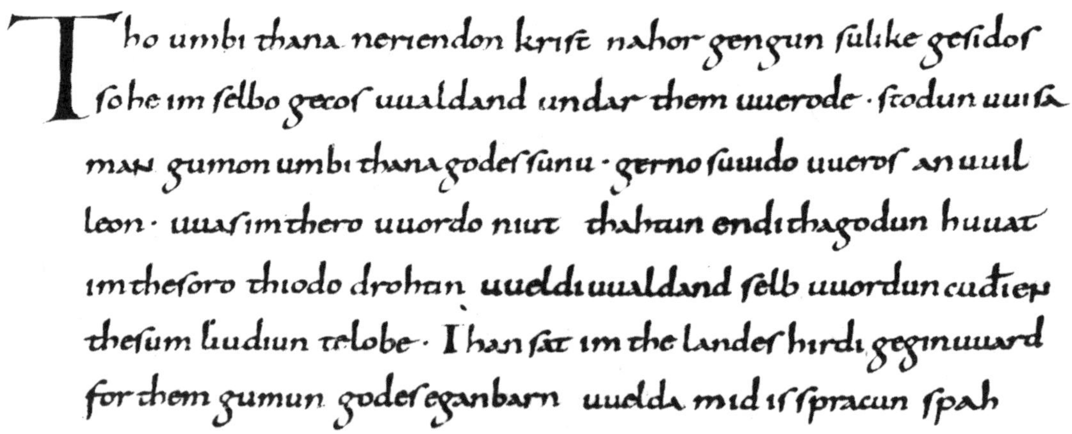
Tho umbi thana neriendon krist nahor gengun ſulike geſidoſ
ſo he im ſelbo gecoſ uualdand undar them uuerode · ſtodun uuiſa
man gumon umbi thana godeſ ſunu · gerno ſuuido uueroſ an uuil
leon · uuaſ im thero uuordo niut thahtun endi thagodun huuat
im theſoro thiodo drohtin uueldi uualdand ſelb uuordun cudien
theſum liudiun te lobe · Than ſat im the landeſ hirdi geginuuard
for them gumun godeſ eganbarn uuelda mid iſ ſpracun ſpah

Der »Heliand«, ein biblisches Gedicht in altsächsischer Sprache, ist wahrscheinlich um 830 auf Anregung Kaiser Ludwigs des Frommen im Kloster Fulda gedichtet worden. Der unbekannte Dichter erzählt die Geschichte des Heilands und bemüht sich, das biblische Geschehen den in einer ganz anderen Lebens- und Gedankenwelt beheimateten Sachsen verständlich zu machen.

von Paris oder Karls Biograph Einhard. Voll zur Entfaltung gelangten die von Karl dem Großen geförderten geistigen Begabungen während des 9. Jahrhunderts, in dem Männer wie Hrabanus Maurus, Lupus von Ferrières, Otfried von Weißenburg, Walafried Strabo, Notker der Stammler und der unbekannte Dichter des Heliand lebten und wirkten.

In der ersten Phase waren es Fremde, die den Ton angaben: Aus dem langobardischen Italien kamen der Grammatiker Petrus von Pisa, der gelehrte Paulinus, den Karl der Große später zum Patriarchen von Aquileja machte, dazu der Dichter Fardulf und der Historiker Paulus Diakonus. Aus Irland kamen Clementius Scottus, Dungal und Dicuil und aus England Karls späterer langjähriger Vertrauter und Berater Alkuin. Westgotischer Herkunft waren Theodulf von Orléans und Agobard von Lyon, um nur die hervorragendsten Repräsentanten dieser importierten Gelehrsamkeit zu nennen. Von ihnen ließ sich Karl der Große selbst unterrichten, ihnen gab er Schüler zur weiteren Ausbildung, aus ihrem Kreis formierte er seinen kultur- und bildungspolitischen Beraterstab, sie berief er als Experten für die Lösung künstlerischer und technischer Probleme und bot auf diese Weise ihren Fähigkeiten fruchtbare Wirkungsfelder. Ihre Dienste belohnte er überreichlich durch die Verleihung von Pfründen in der Form von Bistümern und Abteien.

Individuelle Schicksale hatten diese Männer an den Hof und in den Bannkreis Karls des Großen geführt, zum Beispiel den Gelehrten, Dichter und Geschichtsschreiber Paulus Diakonus, geboren in der langobardischen Herzogsstadt Cividale, in der man noch heute das angebliche Geburtshaus zeigt. Längere Zeit hatte er am langobardischen Königshof gelebt und war dann an den beneventanischen Herzogshof gegangen. Vermutlich im Zusammenhang mit der Unterwerfung des Langobardenreiches durch Karl den Großen hatte er sich in das Kloster Monte Cassino zurückgezogen. Als stammesstolzer Langobarde, der an einer Geschichte seines Volkes schrieb, litt er unter dem Ende des Langobardenreiches und stand dem neuen Herrscher ablehnend gegenüber.

Es war das Schicksal seines Bruders, das ihn veranlaßte, die Stille des Klosters wieder zu verlassen und den Hof Karls des Großen auf-

Der gelehrte Mönch Hrabanus Maurus (um 780-856), Abt von Fulda und später Erzbischof von Mainz, überreicht sein Werk »Vom Lob des heiligen Kreuzes« dem heiligen Martin. Sein berühmter Lehrer Alkuin (um 730-804), bei dem er in Tours studiert hatte, geleitet ihn vor den heiligen Martin, der den jungen Gelehrten segnet. Sankt Martin, der fränkische Reichsheilige, ist als Bischof von Tours dargestellt.

zusuchen. Sicher ein bitterer Entschluß für diesen stolzen Mann, aber sein Bruder Arichis befand sich als Gefangener in den Händen der Franken, und die Familie litt auch materiell große Not. Arichis hatte am Aufstand des Herzogs Hruodgaud teilgenommen und war nach der Niederwerfung der Revolte als Hochverräter ins Frankenreich gebracht worden. Der Besitz der Familie verfiel der Konfiskation zugunsten des Königs. Das war schon 776 geschehen, aber erst im Jahre 782 wandte sich Paulus Diakonus mit einer Bittschrift an Karl den Großen, um ihn zur Freilassung seines Bruders und zur Rückgabe der Güter zu bewegen. Erfolg hatte er damit nicht, und so mußte er sich in eigener Person an den fränkischen Hof begeben, an dem er mit offenen Armen empfangen wurde. Er selbst blieb eher kühl und zurückhaltend. Erst nach der Freilassung seines Bruders 783 stimmte er in das allgemeine Lob auf Karl den Großen ein und war bereit, sich im Sinne der karolingischen Reformbestrebungen zu betätigen. Er stellte eine Predigtsammlung, ein »Homiliar«, zusammen, tat er sich als Hofdichter hervor und unterrichtete an der Hofschule. Man darf vermuten, daß er Karls Tochter Hruodrud, damals noch die Braut des byzantinischen Kaisers Konstantin VI., durch Unterricht in der griechischen Sprache auf ihr künftiges Leben in Konstantinopel vorbereitete. Gewiß nicht zufällig schrieb er eine Geschichte der Bischöfe von Metz, war doch gerade dieses Bistum durch Bischof Arnulf auf das engste mit dem Aufstieg des karolingischen Hauses verbunden. Um das Jahr 786 kehrte Paulus Diakonus nach Monte Cassino zurück, wo er weiter an seiner Geschichte der Langobarden arbeitete. Seinem Volk, dessen eigenständige Geschichte nach der Eroberung durch Karl den Großen sich ihrem Ende zuneigte, hat er damit ein unvergleichliches Denkmal gesetzt.

In dem von Karls Hoftheologen und bildungspolitischem Berater Alkuin formulierten berühmten »Brief über die Pflege der Sprache«[3] findet sich eine theoretisch-philosophische Begründung für die karolingische Bildungsreform: Rechtes Tun stehe zwar höher als rechtes Wissen, aber der Wille zum rechten Tun setze das Wissen um das Rechte voraus. Vor allem für diejenigen, die Gott dienen, sei es unerläßlich, Gottes Wort zu kennen, zu verstehen und richtig zu gebrauchen. Wer sich um das »rechte Leben« bemüht, dürfe das »rechte Sprechen« nicht verachten, denn sie bedingten einander.

Aus den Schreiben, die am Königshof aus vielen Klöstern einliefen, hatte zwar oft genug »rechtes Fühlen« gesprochen, aber in einer so unbeholfenen Sprache, daß man sich dort des Verdachtes nicht erwehren konnte, die Verfasser solcher Schreiben seien kaum in der Lage, die Heilige Schrift zu lesen und zu verstehen. Das war höchst bedenklich, denn schon die »Irrtümer im Gebrauch der Worte« waren gefährlich, und noch viel gefährlicher waren die »Irrtümer im Verstehen«. Der Gottesdienst aber muß in der *rechten* Form gehalten, Gottes Lob mit *rechten* Worten verkündet und die in der Heiligen Schrift verborgene Weisheit *recht* verstanden werden. Die Bildungsreform, die in diesem Rundschreiben vorrangig auf die Sprache zielte, hatte also ein hohes Ziel, die Erkenntnis der Weisheit der Heiligen Schrift und die Enträtselung der in ihr verborgenen Mysterien.

Adressiert war Alkuins Epistel an die Erzbischöfe des fränkischen

Karl der Große und sein geistlicher und bildungspolitischer Berater, der Angelsachse Alkuin

Als »Hoftheologe« und Propagandist der karolingischen Herrscherideologie spielte Alkuin auch im politischen Leben eine wichtige Rolle. Geist und Macht stehen auf dieser Miniatur aus dem 12. Jahrhundert gleichberechtigt nebeneinander.

Reiches, die innerhalb ihrer Kirchenprovinzen den Bildungsstand des Klerus heben und für pädagogisch begabte und vor allem hingebungsvolle Lehrer sorgen sollten. Nachdrücklich befahl ihnen der König, Kopien des Schreibens an ihre Suffraganbischöfe und die Klöster ihres Metropolitansprengels zu senden. Huldverlust wurde ihnen bei Säumigkeit angedroht, denn der Brief war als Mandat gedacht, als königlicher Befehl.

Es gehörte zu den Hauptcharakteristika der bildungspolitischen Bestrebungen der karolingischen Renaissance, daß sie Reformen von oben waren, getragen vom Willen und der Autorität des Herrschers, der sie in einem erstaunlich großen Umfang sogar zum Gegenstand »gesetzgeberischer Maßnahmen« machte. Schon in einem Mandat aus der Anfangszeit seiner Regierung forderte der König von der Geistlichkeit seines Reiches ein Minimum an Bildung. In dem programmatischen kirchenpolitischen Kapitular des Jahres 789 wurde die Bildungsreform zum integralen Bestandteil der Bemühungen Karls des Großen um die Verbesserung des religiösen und sittlichen Lebens.[4] Den Bischöfen wurde die Ausübung einer strengen Kontrolle über die Pfarrgeistlichkeit zur Pflicht gemacht, einer Kontrolle, die nicht zuletzt der Erfüllung aller liturgischen Vorschriften und dem Verständnis ihrer Worte und ihres

Die feierliche Ausgestaltung des Gottesdienstes gehörte zu den Hauptzielen der karolingischen Erneuerung. Auf den beiden Elfenbeintafeln, die wahrscheinlich zum Einband eines um 875 in Saint-Amand geschaffenen Evangeliars gehörten, sind Szenen aus der Liturgie dargestellt. Der Priester, ein Erzbischof, eröffnet die Meßfeier, der Chor der Geistlichen unter Leitung seines Dirigenten singt den Introitus. Hinter dem Erzbischof, der als Hauptfigur groß herausgehoben wird, fünf Diakone als Ministranten. Die Stadtmauer, die die Szene umschließt, symbolisiert Rom oder Jerusalem.

Sinnes galt. Aber durch Kontrolle allein war nicht allzuviel zu erreichen; notwendig war die Verbesserung der schulischen Vorbildung. Nur so konnte das intellektuelle Niveau des fränkischen Klerus gehoben werden.

Solche Erwägungen waren es, die zur Gründung von Schulen führten. Gewiß gab es schon vor 789 im Frankenreich Schulen, vor allem in den Klöstern, aber das waren winzig kleine Inseln. Nun wurde eine Verbreitung der schulischen Versorgung angestrebt. Bischofssitze und Klöster sollten zu regionalen Kultur- und Bildungszentren werden und sind das in unterschiedlichem Maße auch geworden, Saint-Martin zu Tours, Saint-Denis, Saint-Wandrille, Corbie, Saint-Riquier, Reims, Orléans, Metz, Utrecht, Fulda, Lorsch, Weißenburg im Elsaß, Mainz, Trier, Sankt Gallen, Reichenau, auch Regensburg und Salzburg, Corvey, Ferrières, Fleury-sur-Loire, Lyon, Aniane und viele andere weniger bedeutsame. Ihre Schulen, Bibliotheken und Skriptorien waren Brennpunkte geistigen Lebens im Reiche der Karolinger nördlich der Alpen.

Die Pläne Karls des Großen und seiner Gelehrten gingen sogar noch einen Schritt weiter und wiesen über die vorwiegend monastische Kultur hinaus. Auch an Pfarrkirchen sollte Unterricht erteilt und wenigstens ein Minimum an Bildung vermittelt werden. Bischof Theodulf von Orléans wies seine Priester auf dem Lande an, allen Kindern, deren Eltern dies wünschten, Unterricht zu erteilen. Damit wurden auch den Laien gewisse Bildungsmöglichkeiten eröffnet. Natürlich war Karl der Große damit nicht der Erfinder einer Art Volksschule. Die wirtschaftlich-sozialen Grundbedingungen hätten solche Bestrebungen sogleich ins Reich der Utopie verwiesen; das Bedürfnis nach einer an die Schrift und die lateinische Sprache gebundenen Bildung war gering, und Bildungschancen mußten in einer sozial zerklüfteten Gesellschaft, in der große Teile der Bevölkerung in persönlicher Abhängigkeit und Unfreiheit lebten, von vornherein auf sehr wenige Menschen beschränkt bleiben. Bildung war Angelegenheit einer sehr kleinen Elite.

Nicht, daß es an Aufstiegschancen für Hochbegabte gefehlt hätte. Karl der Große hat sich bemüht, die »Begabtenreserven« seines Reiches auszuschöpfen. Dem gelehrten Iren Clementius Scottus übergab er eine Schar von Knaben aus vornehmen Geschlechtern, aus dem Mittelstand und aus den unteren Schichten zur Unterrichtung und setzte für diejenigen, die es nötig hatten, sogar Stipendien aus, indem er für Nahrung, Kleidung und Unterkunft sorgte. Nach einiger Zeit überzeugte sich der Herrscher regelmäßig persönlich von den Fortschritten der Schüler und fand – »wider Erwarten«, wie der Chronist, Notker der Stammler, ausdrücklich feststellt – hervorragende Leistungen bei den Schülern aus dem Mittelstand und der Unterschicht, Unbildung bei den Söhnen aristokratischer Herkunft.[5] Karl der Große tadelte die schlechten Schüler, lobte die guten und versprach ihnen hohe Ehren und reiche Bistümer und Abteien. Nicht die Herkunft solle über die Karriere entscheiden, wie dies bisher ganz selbstverständlich war, sondern die Leistung. In einem ganz begrenzten Umfang gab es Chancengleichheit durch geistiges Streben und herrscherliche Leistungskontrolle, durch Prüfungen und Leistungsdruck.

Die Schüler Alkuins, so berichtet wiederum Notker, seien alle

Äbte oder Bischöfe geworden, abgesehen von den beiden Söhnen eines leibeigenen Müllers, denn »es hätte sich nicht gehört, ihnen die Leitung von Bistümern oder Klöstern zu übertragen«.[6] Aber immerhin wurde ihnen nacheinander die Würde eines Propstes, des zweiten Mannes nach dem Abt also, im Kloster Bobbio anvertraut. Als Grund für diesen Aufstieg innerhalb der kirchlich-monastischen Hierarchie werden die Verdienste ihres hochberühmten Lehrers Alkuin genannt, bei dem sie ihre wissenschaftliche Ausbildung erhalten hatten.

Ein wenig übertreibend und modernisierend kann man für das Zeitalter der karolingischen Renaissance von einem »differenzierten Schulsystem« mit einem »differenzierten Bildungsangebot« sprechen, natürlich nur für eine sehr kleine geistige Elite. Die höchstrangige Lehranstalt war die Aachener Hofschule. Ihre »Absolventen« hatten die Chance, in geistliche, vielleicht auch in weltliche Spitzenpositionen einzurücken. Eine Stufe tiefer standen die Schulen in den großen Klöstern und an den Kathedralkirchen, deren Rang und Prestige vom Ruhm ihrer Lehrer und den Studienmöglichkeiten abhingen, nicht zuletzt natürlich von der Qualität ihrer Bibliothek. Wie es um den »Elementarunterricht« an den Pfarrkirchen bestellt war, entzieht sich unserer Kenntnis, sehr viel darf man sich darunter freilich nicht vorstellen.

Eine gewisse »Durchlässigkeit« der Bildungspyramide war vorhanden, eine Delegation von der Klosterschule an die Hofschule möglich, dafür ist Einhard ein Beispiel; er war einfacher, wenn auch freier Herkunft und kam aus der Fuldaer Klosterschule an den Hof Karls des Großen. Gegeben war auch eine gewisse »Mobilität«, ein Studium an verschiedenen Orten und in verschiedenen Ländern, in Gallien, Germanien, Italien oder sogar in England. Vorläufer der Vaganten des Hochmittelalters waren diese Männer freilich nicht, sondern ernsthafte Gelehrte, die es zu berühmten Lehrern oder in berühmte Bibliotheken zog. Ob und wieweit das ursprüngliche Ziel, das Bildungsniveau der niederen Geistlichkeit zu heben, tatsächlich erreicht wurde, daran sind ernste Zweifel angebracht.

Es ist sehr schwer, sich einen Begriff von dem allgemeinen Niveau zu machen. Wie stand es um die Bildung, um die Kenntnis der Schrift und der lateinischen Sprache unter den Laien? Ohne Zweifel gab es nur sehr wenige Menschen weltlichen Standes, die lesen und schreiben konnten. In der Lebenswelt des Volkes im Sinne der »kleinen Leute« bedurfte man dieser Künste ohnehin nicht. Die fränkischen Adligen waren in der Regel selbst als Analphabeten den Anforderungen ihres Standes gewachsen. Mit modernen Maßstäben gemessen, herrschte Karl der Große über ein Volk von Analphabeten.

Aber Kultur war und ist nicht grundsätzlich und unter allen Bedingungen Buch- und Schriftkultur, zumal dann nicht, wenn die Schriftlichkeit an das Medium einer sich verfremdenden oder sogar gänzlich fremden Sprache gebunden ist, wie dies im Reiche Karls des Großen der Fall war. In der Laienwelt herrschte eine Volkskultur, die sehr gut ohne die Schrift auskam. Sie beruhte auf der Autorität von Sitte und Brauch, von Wort und Gebärde. Und es gab geschichtliche Überlieferungen, Dichtungen und Gesänge, Märchen und Sagen, die in mündlicher Form von Generation zu Generation weitergegeben und ausgestaltet wurden.

Auf der zweiten Tafel steht der Priester hinter dem Altar, auf dem der Kelch, die Weihbrotschale, das geschlossene Evangelium und das aufgeschlagene Sakramentar zu sehen sind. Vor dem Altar, dessen Antependium ornamental reichverziert ist, singt der Chor das Sanctus, dahinter steht die Gruppe der Diakone.

Auch im Rechtswesen war die Schrift entbehrlich. Rechtssätze und Rechtsbräuche wurden mündlich tradiert, die Verhandlung war mündlich, das Urteil wurde »gesprochen«. Mit der Sprache, deren man sich vor Gericht zu bedienen hatte, waren eng die Gebärde und die symbolische Handlung verbunden. Der Zeuge war wichtiger als die Urkunde. Ausdruck dieser mündlichen Rechtskultur ist es, daß das Wort »urchundo« im Althochdeutschen nicht das Pergament, das geschriebene Beweismittel, bezeichnete, sondern den Zeugen, der mit seinem Munde die Wahrheit »kund«tun konnte. Für das religiöse Leben erachtete man es als wünschenswert und letztlich ausreichend, wenn die Laien das Vaterunser und das Glaubensbekenntnis gelernt hatten; wenn nicht den authentischen lateinischen Text, dann wenigstens die Übersetzung in ihre angestammte Volkssprache.

Gegen »die alte Legende von der Unwissenheit der Laien« spricht in karolingischer Zeit die Tatsache, daß man in den Kreisen der Hocharistokratie Bücher sammelte. Angilbert, Laienabt von Saint-Riquier, stiftete der Bibliothek dieses Klosters mehr als zweihundert Bände, Markgraf Eberhard von Friaul, durch seine Ehe mit Gisela, der Tochter Ludwigs des Frommen, in den Kreis der karolingischen Hofkultur geraten, besaß eine beachtliche Bibliothek, und ähnliches gilt für den Grafen Eckhard von Mâcon.

Die Bestände der Privatbibliotheken, von denen man nur durch glückliche Zufälle Kunde hat, lassen den geistigen Horizont dieser Männer erkennen, ihr Interesse an Religion, Recht, Geographie und Geschichte. Von praktischem Wert für ihre amtliche Tätigkeit dürften die Handschriften der germanischen Stammesrechte gewesen sein, die sie besaßen. Die beiden Grafen gedachten ihrer Bibliotheken in ihren Testamenten, so daß unter den Angehörigen der karolingischen Reichsaristokratie die Bildungsmisere so arg nicht gewesen sein kann. Hochgebildet war auch Dhuoda, die Frau des Grafen Bernhard von Septimanien, die nicht nur eine Bibliothek besaß oder zumindest Zugang zu einer solchen hatte, sondern für ihren Sohn Wilhelm selbst eine sehr persönlich gefärbte Unterweisung zum rechten Verhalten schrieb, eine Art »Fürstenspiegel« für noch junge Angehörige des fränkischen Hochadels.[7] Sinn hatte das doch wohl nur, wenn der Sohn gebildet genug war, um die in einem nicht eben eleganten Latein geschriebenen Ermahnungen seiner besorgten Mutter auch zur Kenntnis nehmen zu können.

Ohne Zweifel lag der Hauptakzent der karolingischen Bildungsreform auf dem religiösen Sektor. Aber es gab noch einen anderen Bereich, der von ihr berührt wurde und offensichtlich gebessert werden sollte, der Bereich der Administration und der Jurisdiktion. Zwar wurden Rechtspflege und Verwaltung, die in der Praxis nicht Bürokratie, sondern Ausübung von Herrschaft im Namen des Königs waren, keineswegs an die Schrift gebunden, aber zunehmend durch ihre Anwendung unterstützt und abgesichert. Karl der Große und seine Berater hatten offensichtlich den Wert der Schrift für die Verwaltung und Beherrschung des Großreiches, für die Erhöhung der Rechtssicherheit, für Verbesserungen in der Heeresverfassung und für den diplomatischen Verkehr erkannt und zu nutzen versucht. Unübersehbar ist der dadurch bewirkte gewaltige Aufschwung des Schriftwesens. Die alten Stammesrechte wurden in neuen verbesserten Handschriften verbreitet und die bisher nur mündlich überlieferten Rechte der Thüringer, Sachsen und Friesen erstmals kodifiziert.[8] Der Grundbestand an Rechtssätzen blieb dabei unangetastet, aber neue Rechtssätze wurden beschlossen und schriftlich fixiert. Im Rechtsleben spielte die Urkunde eine immer größere Rolle, wobei es vor allem die Klöster waren, die gesteigerten Wert auf die Absicherung durch die Schrift legten.

Von besonderer Bedeutung für die Verwaltungspraxis des Karlsreiches wurden die vom Königshof ausgehenden Verordnungen. Merowingische und frühkarolingische Traditionen wurden dabei unter der Herrschaft Karls des Großen fortgesetzt und zur Blüte gebracht. Die Beschlüsse der Reichsversammlungen, königliche Mandate, Anweisungen an die Königsboten, Additamenta zu den Stammesrechten und manches andere wurden schriftlich verbreitet. Neben anderen wichtigen Dokumenten verdankt die Wissenschaft diesem Streben nach Schriftlichkeit auch die berühmte »Verordnung über die Königshöfe«, eine detaillierte Anweisung Karls des Großen zur sorgsameren und rationelleren Bewirtschaftung der Krondomänen.[9]

Die Sprache aller dieser Dokumente, der Urkunden, Kapitularien und Rechtstexte, war Latein. Schwer zu sagen, ob dieses einfache, mit fränkischen, notdürftig latinisierten Brocken durchsetzte Latein von den Adressaten, den Grafen, Pfalzgrafen und Markgrafen, Richtern und Schöffen, Krongutsverwaltern und Königsboten, auch wirklich verstanden wurde oder ob sie auf Gedeih und Verderb den Übersetzungskünsten der Geistlichkeit ausgeliefert waren. Karl der Große, dessen Muttersprache das Fränkische war, hatte am Ende so viel Latein gelernt, daß er es fließend sprach. Es ist zu vermuten, daß nicht wenige Angehörige der Reichsaristokratie diesem Beispiel gefolgt sind.

Bildung im Sinne der karolingischen Renovatio war literarische Bildung, gebunden an die lateinische Schrift und die lateinische Sprache, gebunden an das theologische, philosophische, wissenschaftliche und künstlerische Erbe der Antike und gebunden an das Buch als den Träger dieser Überlieferung. Tatsächlich sollte das Bildungsideal jener Zeit grundlegend werden für die Ausformung der europäischen Kultur des Mittelalters, nachwirkend bis in die Gegenwart.

Bei der Pflege der lateinischen Sprache mußte auch deshalb angesetzt werden, weil sie als damals noch lebende Sprache mehr und mehr einem breitgefächerten Differenzierungs- und Romanisierungsprozeß unterlag, als Schriftsprache gleichsam den Boden unter den Füßen verlor. Die werdenden romanischen Volkssprachen entfremdeten sich ihrer gemeinsamen Mutter und überließen ihr zunächst noch die religiöse Sphäre und den literarisch-kulturellen und politisch-administrativen Bereich. Latein wurde der niederen Sphäre einer tagtäglich gebrauchten Volkssprache entrückt und gewann jenen esoterischen Nimbus, der es noch heute umgibt.

Zu einer toten Sprache wurde Latein gleichwohl nicht:

Es war die Sprache von Gottes Wort und zugleich die, in der sich der Unterwiesene zu dem Herrn seines Lebens wandte: die Sprache des Gebetes, des Gesanges, der sakralen Lesungen, des höheren Wissens: niemandes Muttersprache, aber lebendige Vatersprache.[10]

Die Bemühungen um Hebung des sprachlichen Niveaus hatten tatsächlich Erfolg. Die Grammatik kam wieder zu ihrem Recht. Das verwilderte Merowingerlatein wurde von den schlimmsten Auswüchsen befreit. Vulgärlateinische Texte wurden stilistisch überarbeitet und geglättet, von einigen Volksrechten wurden sprachlich emendierte Fassungen hergestellt. Die Reichsannalen, die offiziöse Geschichtsdarstellung, erhielten in den sogenannten Einhardsannalen eine sprachlich gereinigte Überarbeitung und Fortsetzung. Freilich erstrebte man nicht wie die späteren Humanisten eine Rückkehr zur strengen ciceronianischen Latinität, sondern orientierte sich mehr an den spätantiken Sprachformen, am Latein der Bibel und der Kirchenväter.

Man legte nicht umsonst besonderes Gewicht auf die Pflege der Orthographie: mit ihrer Hilfe schaltete man zunächst die durch die volkssprachliche Akzentuierung hervorgerufenen Wandlungen im Lautstand aus und lernte wieder lange und kurze Silben unterscheiden. Vor allem gab man den Endungen ihre grammatisch feste Form und Kraft zurück und festigte auf diese Weise die Konstruktion des Satzes wieder neu. Es war die schönste Folge dieser Mühen, daß sich nun auch ein neues lateinisches – wenn auch nicht klassisches – Sprachgefühl in den jetzt entstehenden Werken wieder bemerkbar machte.[11]

2. Die karolingische Schriftreform

Von den Bemühungen um die Pflege der lateinischen Sprache war es nur ein kleiner Schritt zur Pflege der Schrift. Im Schriftwesen der Merowingerzeit herrschte eine bunte Vielfalt. Man bediente sich der feierlichen antiken Formen der quadratischen und gerundeten Majuskel, aber auch kursiver Gebrauchsschriften. Regionale Schriftprovinzen waren entstanden, in Italien, im westgotischen Spanien, im angelsächsisch-irischen Kulturkreis und im Frankenreich. Die Majuskelschriften zeichneten sich zwar durch ihre gute Lesbarkeit aus, erforderten aber große Sorgfalt. Die kursiven Schriften der merowingischen Periode hingegen waren zumeist verwildert und schwer lesbar geworden.

Unziale, Seite aus dem Lorscher Evangeliar (um 810) mit dem Lukasevangelium

Für besonders kostbare Handschriften gebrauchte man auch weiterhin die feierlich wirkenden Majuskelbuchstaben.

Während der Regierungszeit Karls des Großen bemühte man sich um die Schaffung einer gut lesbaren und zugleich zum zügigen Schreiben geeigneten Schrift. Aus den älteren Typen entstand nach tastenden Versuchen am Ende des 8. Jahrhunderts eine neue Buchschrift, die »karolingische Minuskel«, die nach einigen Jahrzehnten auch Eingang in die Urkunden fand. »Schlichte Klarheit und gestochene Schönheit« und eine »fast kalligraphische Festigkeit ihrer Buchstabenformen«[12] zeichnen die karolingische Minuskel aus, die sich rasch ausbreitete und die älteren regionalen Schriftformen verdrängte. Die Zunahme der Schriftlichkeit auf den verschiedensten Gebieten, die Kontakte zwischen den kulturellen Zentren des Reiches und die Vorbildfunktion der Aachener Hofschule wirkten hier

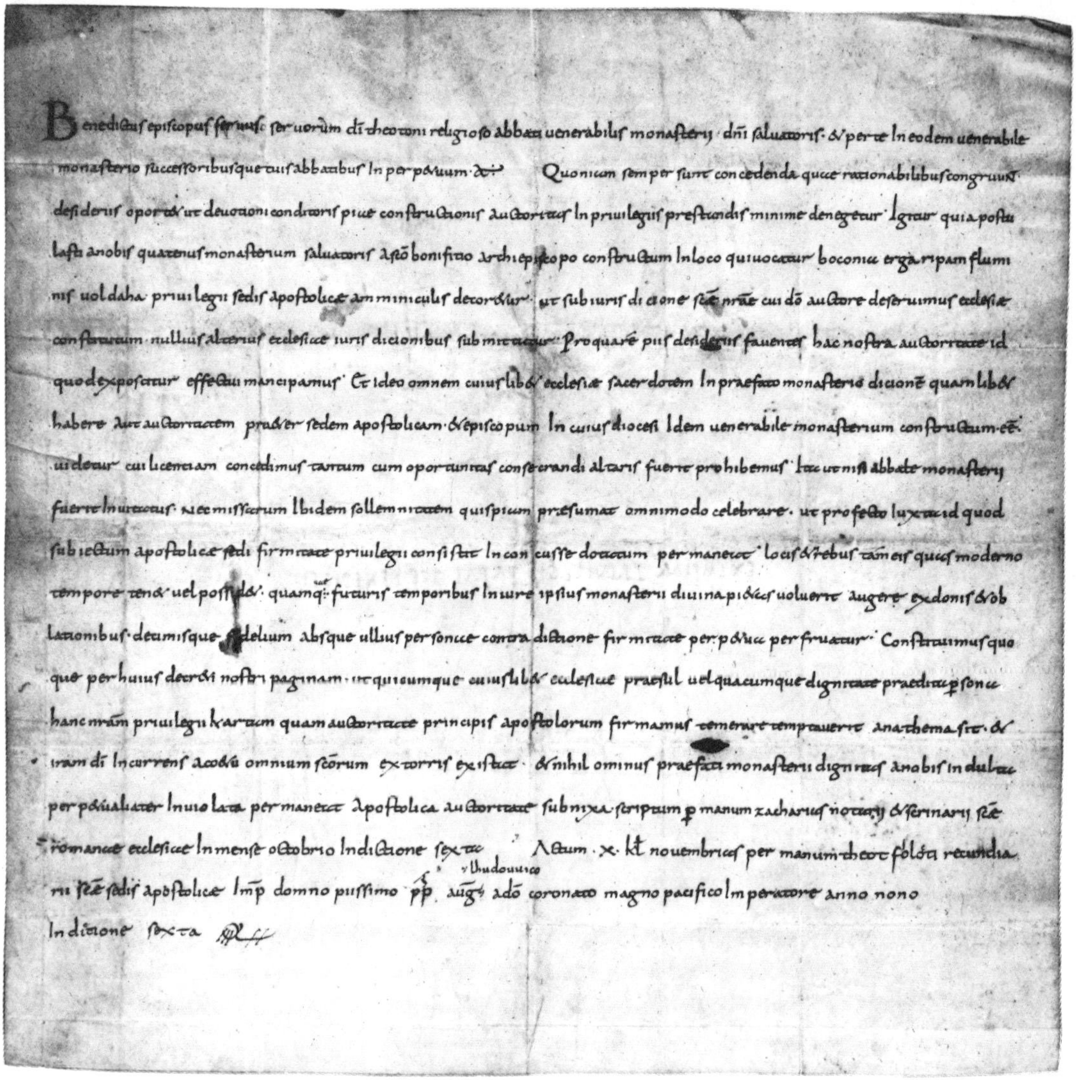

Benedictus episcopus servus servorum dei Theotoni religioso abbati venerabilis monasterii dni salvatoris et per te in eodem venerabile monasterio successoribusque tuis abbatibus in perpetuum. Quoniam semper sunt concedenda quae rationabilibus congruunt desideriis oportet ut devotioni conditoris piae constructionis auctoritas in privilegiis praestandis minime denegetur. Igitur quia postulasti a nobis quatenus monasterium salvatoris a sancto bonifatio archiepiscopo constructum in loco qui vocatur boconia erga ripam fluminis uoldaha privilegii sedis apostolicae amminiculis decoretur ut sub iuris dicione sanctae nostrae cui deo auctore deservimus ecclesiae constitutum nullius alterius ecclesiae iuris dicionibus submittatur. Pro qua re piis desideriis faventes hac nostra auctoritate id quod exposcitur effectui mancipamus. Et ideo omnem cuiuslibet ecclesiae sacerdotem in praefato monasterio dicionem quamlibet habere aut auctoritatem praeter sedem apostolicam et episcopum in cuius diocesi idem venerabile monasterium constructum esse videtur cui licentiam concedimus tantum cum oportunitas consecrandi altaris fuerit prohibemus. Ita ut nisi abbate monasterii fuerit invitatus nec missarum ibidem sollemnitatem quispiam praesumat omnimodo celebrare. ut profecto iuxta id quod subiectum apostolicae sedi firmitate privilegii consistit inconcusse dotatum permaneat. locis et rebus tamen eis quas moderno tempore tenet vel possidet quamque futuris temporibus in iure ipsius monasterii divina pietas voluerit augere ex donis et oblationibus decimisque fidelium absque ullius personae contradictione firmitate perpetua perfruatur. Constituimus quoque per huius decreti nostri paginam ut quicumque cuiuslibet ecclesiae praesul vel quacumque dignitate praedita persona hanc nostram privilegii kartam quam auctoritate principis apostolorum firmamus temerare temptaverit anathema sit et iram dei incurrens a coetu omnium sanctorum extorris existat. Et nihil ominus praefati monasterii dignitas a nobis indulta perpetualiter inviolata permaneat apostolica auctoritate subnixa. Scriptum per manum Zachariae notarii et scrinarii sanctae romanae ecclesiae in mense octobrio indictione sexta. Datum x kl novembris per manum theotfoloti recundiarii sanctae sedis apostolicae imperante domno piissimo pp augusto Hludouuico a deo coronato magno pacifico imperatore anno nono indictione sexta.

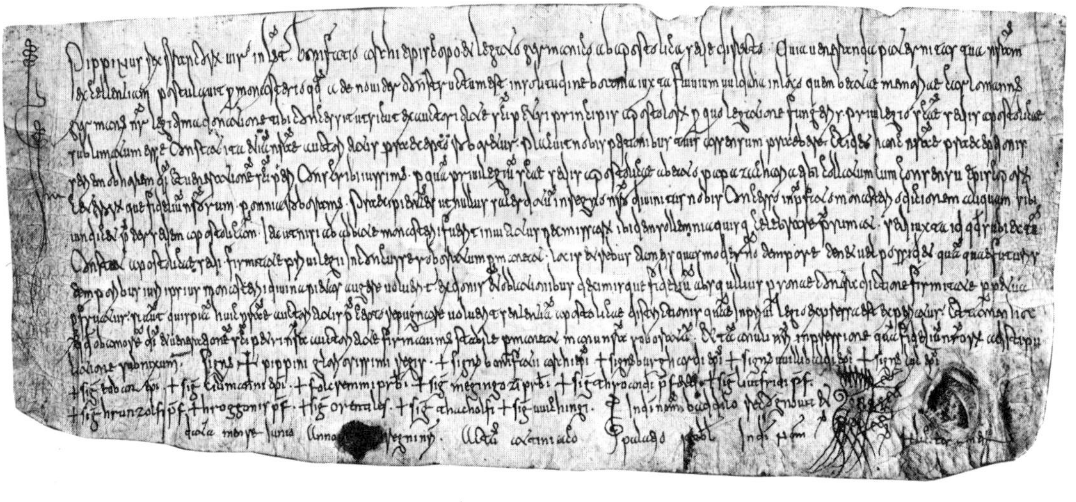

Unziale, Seite aus dem Lorscher Evangeliar (um 810) mit dem Lukasevangelium

stimulierend. Der Siegeszug der karolingischen Minuskel ist so eng mit der Entstehung des Karlsreiches und der Entwicklung und Ausbreitung der fränkischen Reichskultur verbunden, daß man in der karolingischen Minuskel sogar das Symbol der Einheit der lateinisch-okzidentalen Kultur des Mittelalters gesehen hat.

Mit der karolingischen Minuskel wurde Gültiges, Fortwirkendes geschaffen. Sie herrschte unangefochten bis ins 12. Jahrhundert, unterlag dann einem zunehmenden, in einen ungeheuren Formenreichtum ausmündenden Gotisierungsprozeß und wurde schließlich in der Zeit des Humanismus und der Renaissance wiederentdeckt. Die Humanisten der italienischen Renaissance wandten sich von der verschnörkelten gotischen Schrift ab und kehrten zur karolingischen Minuskel zurück, die sie fälschlich für eine Schrift der Antike hielten. Sie unterlagen einem »gelehrten literarischen Irrtum«,[13] der freilich verzeihlich ist. Waren doch die Werke der antiken Autoren zum allergrößten Teil in Handschriften überliefert, die in dieser Schrift geschrieben waren.

Aus der »humanistischen Minuskel«, deren Entwicklung schon mit Petrarca begann, entstand am Ende des 15. und zu Beginn des 16. Jahrhunderts unsere moderne Druckschrift, die »Antiqua«, angereichert durch die Versalien, die Großbuchstaben, die man der Kapitalschrift der antiken Inschriften entlehnte. Auf diesem etwas komplizierten Wege wurde die Schrift der karolingischen Renaissance zu einer Universalschrift, die heute überall da, wo romanische oder germanische Sprachen gesprochen werden, nahezu souverän und absolut herrscht und sogar über diese beiden Sprachsphären hinausgreift.

Linke Seite:
Karolingische Minuskel, Kopie einer Urkunde Papst Benedikts III. von 857 für das Kloster Fulda

In der päpstlichen Kanzlei benutzte man im frühen Mittelalter noch den leicht vergänglichen Papyrus als Beschreibstoff. Deshalb fertigte man in Fulda eine Kopie auf Pergament an.

Angebliche Urkunde König Pippins für das Kloster Fulda

Die Kenntnis der Schriftentwicklung ermöglicht dem Historiker die Datierung von Handschriften und das Entlarven von Fälschungen. Der Fälscher dieser Urkunde ahmte mit viel Geschick die merowingische Kursive, die Schrift der Merowingerurkunden, nach.

3. Skriptorien und Bibliotheken

Im Skriptorium, Elfenbeinschnitzerei aus dem 9. oder 10. Jahrhundert auf dem Buchdeckel eines Evangeliars

Dem über sein Schreibpult gebückten Papst Gregor dem Großen werden die Worte vom Heiligen Geist in Gestalt einer Taube zugeflüstert. Darunter ein klösterliches Skriptorium, in dem die Schreiber die Texte kopieren.

Das Buch ist eines der größten Weltwunder, es ist ein materielles Gefäß für das Immaterielle, den Geist. Das hat es mit den Menschen gemein.
Gerhart Hauptmann

Materielles Gefäß für das Immaterielle, das war das Buch für den Menschen des Mittelalters in ganz besonderer Weise. Das Buch enthielt die Heilige Schrift – in der Gottes Wort gleichsam materialisiert erschien –, die Liturgie und die geheiligten Worte der Kirchenväter. Bücher waren nicht nur Voraussetzung für theologische und wissenschaftliche Studien, nicht nur Mittel der Erkenntnis, Instrumente der Forschung, sondern sie hatten Anteil am Sakralen selbst, sie waren geheiligte Gegenstände.

Die Bücher, die für die Liturgie gebraucht wurden, die Evangeliare, Sakramente, Perikopenbücher, Graduale, Antiphonare und Epistolare, gehörten nicht so sehr dem Bereich der Bibliothek und der Studierstube als der Sphäre der Kirche an. Eine entsprechende Sorgfalt mußte man ihnen angedeihen lassen, in Form und Inhalt. Das Buch als liturgischer Gegenstand wurde zum Kunstwerk: »Je prachtvoller die Gotteshäuser, desto unvermeidlicher wurde es aber, daß auch das geistige Zentrum der Kirche, die Heilige Schrift, ein ihr würdiges Festkleid anlegte.«[14] Man schuf Prachthandschriften, die Einbände mit Edelsteinen und Elfenbeinschnitzereien geschmückt, mit kunstvollen Initialen, Ornamenten und Miniaturen, geschrieben mit dem Bemühen um kalligraphische Gestaltung und Ausformung. Die kostbaren Handschriften legten Zeugnis ab von Gottes Macht und Herrlichkeit und zugleich von Pracht und Reichtum seiner Kirche.

Materielles Gefäß für das Immaterielle zu sein, das bedeutet für Bücher religiösen Inhalts die Wahrheit des Wortes, die Authentizität des Textes, der letztlich im Numinosen seinen Urgrund hat. Wer sich an seinen Gott wendet, muß dies in den vorgeschriebenen Worten und Gebärden tun. Die »Magie des Wortes«[15] herrscht deshalb nicht nur in Zauber- und Beschwörungsformeln, sondern in jeder Liturgie. Die aus religiösen Motiven erwachsene Sorge um die Korrektheit und Authentizität des Bibelwortes und der liturgischen und kanonischen Überlieferung mündete aber bei einzelnen Repräsentanten der karolingischen Renaissance in ein wissenschaftliches Bemühen um »die beste Lesart«, um den philologisch besten Text.

Karl der Große und Alkuin setzten auch hier Maßstäbe, denn sie verlangten, daß die sakralen Werke mit höchster Sorgfalt kopiert wurden, eine Tätigkeit, die Verantwortungsbewußtsein erforderte und daher nicht unreifen Zöglingen der Kloster- und Domschulen anvertraut werden sollte. Die heiligen Texte sollten emendiert, also verbessert werden, nicht etwa beim Vorlesen oder Abschreiben korrumpiert.

Überflüssig waren diese Forderungen nicht. Mußte doch Alkuin in einem kleinen Gedicht, das vielleicht über dem Eingang zum

Bischof Erembert von Worms (764-793) widmet sein Werk dem heiligen Martin

Sankt Martin ist als Bischof dargestellt, Erembert im Gewand eines Benediktiners, da er zugleich Abt des Klosters Weißenburg im Elsaß war.
Der Titelheilige einer Kirche galt als Empfänger der liturgischen Bücher, die seiner Kirche gestiftet wurden. Die demütige Haltung Ereмberts und die überdimensionalen Hände verdeutlichen den Akt des Gebens und Nehmens.

Skriptorium der Abtei von Saint-Martin zu Tours zu lesen war, seine Schreiber zu höchster Konzentration auf ihr heiliges Werk ermahnen:
Hier sollen die sitzen, die die Worte des göttlichen Gebotes und die geheiligten Werke der Kirchenväter kopieren; sie sollen sich hüten, die Worte mit ihren frivolen Gedanken zu vermischen, damit wegen solcher Leichtfertigkeit ihre Hand nicht irrt. Sie sollen sich eifrig bemühen, fehlerfreie Bücher zu schreiben und ihre eilende Feder auf dem rechten Wege dahingleiten zu lassen. Mit einem feinen Sieb sollen sie ihre eigenen Gedanken aussondern und alle Abschnitte in die rechte Ordnung bringen, damit der Lektor nichts Falsches vorliest oder vielleicht plötzlich in der Kirche vor den andächtigen Brüdern verstummt. Es ist ein edles Werk, heilige Bücher zu kopieren, und der Schreiber selbst entbehrt nicht des Lohnes. Besser als Weintrauben zu keltern, ist es Bücher zu schreiben, denn mit dem einen dient man nur seinem Bauch, mit dem anderen aber seiner Seele.[16]

Himmlischen Lohn erwartete den Schreiber heiliger Bücher, denn das sorgfältige Kopieren sakraler Texte und die künstlerische Gestaltung eines Buches waren ein gottgefälliges Werk. Jedenfalls herrschte Hochbetrieb in den Skriptorien mancher Klöster und Bistümer, und die »Buchproduktion« war beachtlich, gemessen an der der vorangegangenen Perioden und gemessen an den techni-

Christus als Sieger über Tod und Verderben: Der jugendliche Christus tritt mit bloßen Füßen auf Löwe und Drache; Schlange und Basilisk stürzen besiegt zu Boden.
Ausschnitt aus der Christustafel des Lorscher Evangeliars

Die Elfenbeinschnitzerei, um 810 in der Palastwerkstatt Karls des Großen geschaffen, folgt spätantiken Vorbildern, denen sie an künstlerischem Ausdruck nicht nachsteht.

schen Möglichkeiten der Zeit. Gutausgebildete Spezialisten arbeiteten in den berühmten Schreibstuben, Schreiber und Korrektoren, Illustratoren und Koloristen, Goldschmiede und Elfenbeinschnitzer. Viele Hände waren also an der Herstellung eines Kodex beteiligt, von der Bereitung des feinen Pergaments bis zum Binden der vollendeten Handschrift. Nicht selten arbeiteten mehrere Schreiber an einem Kodex, sie schrieben nach Vorlage oder nach Diktat.

Auftrieb erhielt die künstlerische Buchherstellung durch den gesteigerten Bedarf an Prachthandschriften, die die großen Kirchen des Reiches schmücken sollten, in die Bibliotheken weltlicher und geistlicher Herren gelangten oder auch als kostbare Geschenke für hochgestellte Persönlichkeiten dienten. Die höchsten Leistungen wurden in der Hofschule Karls des Großen erzielt, wo Prachthandschriften wie das Godescalc-Evangeliar, das Lorscher Evangeliar oder das Wiener Krönungsevangeliar geschaffen wurden.

Etwa sieben- bis achttausend Handschriften unterschiedlicher Art sind aus dem 8. und 9. Jahrhundert erhalten geblieben. Doch ist das sicher nur ein kleiner Teil des ursprünglich weitaus reicheren Bücherschatzes. Vieles stammt aus dem antiken Erbe. Man fahndete nach alten Handschriften, mühte sich, die schwer lesbaren Schriften zu entziffern, füllte viele Pergamentbogen mit heiligen und weniger heiligen Texten und rettete so – gezielt oder zufällig – nicht wenig von Geist und Wissen der Antike. Auch wenn sich manchesmal das christliche Gewissen regte und beim Kopieren und Studieren heidnischer Werke die Angst vor dem Verlust des Seelenheils beklemmend aufstieg, engherzig verfuhr man dabei nicht: Voller Bewunderung für die Offenheit des geistigen Horizonts, die Größe des Einsatzes und die gediegene Arbeit der Kopisten schreibt Wolfram von den Steinen:
Man hat alte Dichter abgeschrieben, die doch heidnisch waren, Geschichtsbücher, die schwerlich jemanden angingen, Militaria, die für das gegenwärtige Heerwesen nicht zu gebrauchen waren, Erotika, die man doch gar nicht lesen sollte, und so fort.[17]

Seit dem ausgehenden 8. Jahrhundert erwuchsen im Frankenreich reichhaltige und für die damalige Zeit stattliche Bibliotheken, in aller Regel mit angesehenen Schulen und leistungsfähigen Skriptorien verbunden und von hervorragenden Gelehrten geleitet, betreut oder gefördert. Der Wunsch, Gottes Wort auch aus würdigen Gefäßen zu schöpfen, die Erfordernisse der geistigen Auseinandersetzung mit dem inneren Gehalt des christlichen Glaubens, das Aufblühen des Studiums der »Sieben Freien Künste« als Grundlage der Bildung und Voraussetzung für das Verständnis der Heiligen Schrift, die Adaption des künstlerischen, literarischen und technischen Erbes der Antike, antiquarische und philologische Entdeckerfreude, aber auch bibliophile Neigungen wirkten zusammen, um das mittelalterliche Bibliothekswesen nördlich der Alpen auf einen ersten Höhepunkt zu führen, einen Höhepunkt, dem in manchen Klosterbibliotheken eine bis ins 12. Jahrhundert andauernde Periode der Stagnation folgte.

Der Aachener Hof Karls des Großen, Herzstück und Strahlungszentrum der staatlichen Bildungs- und Kulturpolitik, übernahm fast selbstverständlich auch die Führung im Bibliothekswesen. Hofschule, Hofskriptorium, Hofatelier und Hofbibliothek waren in der

Thronender Christus im Godescalc-Evangeliar

Das Godescalc-Evangeliar, Zeugnis eines neuen künstlerischen Gestaltungswillens, ist zwischen 781 und 783 im Auftrag Karls des Großen und seiner Gemahlin Hildegard von dem Schreiber Godescalc im Skriptorium der Palastschule geschaffen worden. Die jugendliche Gestalt des Heilands bringt die optimistische Aufbruchsstimmung der ersten Jahrzehnte von Karls Regierungszeit zum Ausdruck. Der Künstler strebt nach Perspektive und Plastizität, doch überwiegt im Hintergrund noch immer das ornamental-dekorative Element.

Aachener Pfalz vereint. Als Herrscher über ein riesiges Reich, das auch wesentliche Teile des alten Kulturlandes Italien einschloß, hatte Karl der Große die Möglichkeit, Bücherschätze zu sammeln und eine Bibliothek von überragender Bedeutung zu schaffen. Irische und angelsächsische Mönche und Gelehrte vermittelten die Verbindung zu den Bibliotheken ihrer Heimat, besonders zu der reiche Bestände bergenden Kathedralbibliothek von York, die zeitweilig unter Alkuins Leitung gestanden hat. Einiges haben sicher auch die westgotisch-spanischen Emigranten beigesteuert, anderes fand sich im bibliothekarischen Fundus alter gallo-fränkischer Kathedralkirchen und Monasterien. Kostbares kam aus den Kulturzentren des langobardischen und byzantinischen Italiens, aus Rom, Pavia, Ravenna und Verona, manches wohl als willkommene Kriegsbeute, anderes auf legalem Wege. Aus Verona, der Stadt an

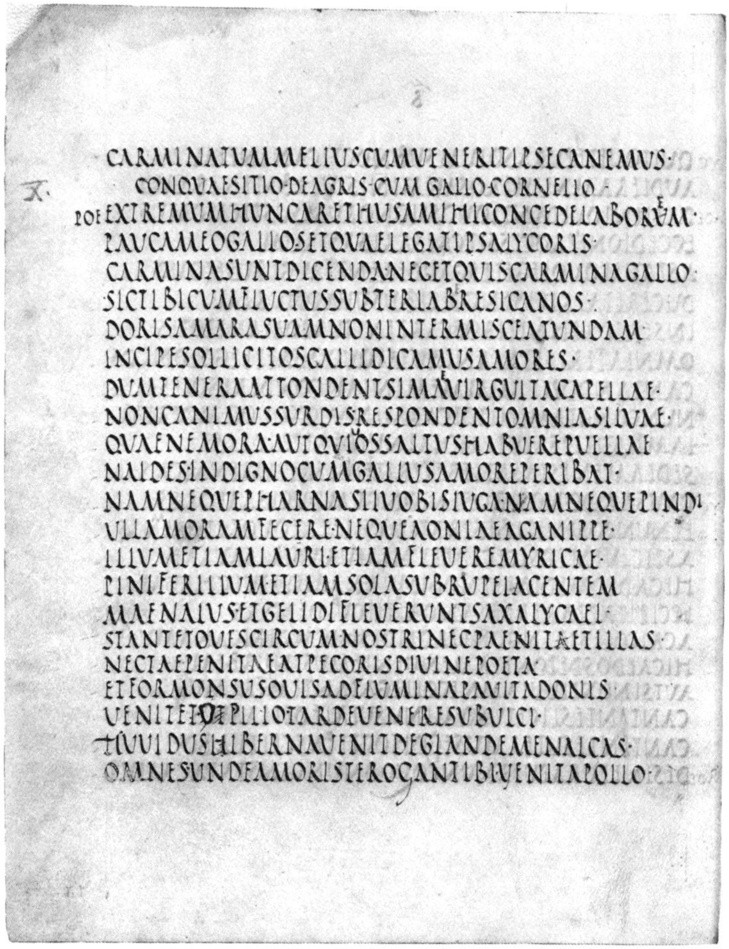

»Vergilius Palatinus«

Der Kodex, eine um 500 in Italien für einen wohlhabenden Literaturliebhaber angefertigte Prachthandschrift, kam kurz nach 800 in die Lorscher Klosterbibliothek, 1556 in die »Bibliotheca Palatina«, die berühmte Bibliothek der rheinischen Pfalzgrafen, 1623 in die Bibliothek des Vatikans.

der Etsch, wo die Dombibliothek sich wahrscheinlich einer bis in die Antike zurückreichenden bibliothekarischen Kontinuität rühmen kann, stammen vielleicht die spätantiken Vergilhandschriften, deren berühmteste und beste der Vergilius Palatinus ist, vielleicht auch der weltberühmte Codex argenteus der Ulfila-Bibel, jenes einzigartige Dokument der Sprache der Goten.

Karls Sorge um fehlerfreie liturgische Bücher und die humanistisch-philologische Geisteshaltung seines Gelehrtenkreises machten die Aachener Bibliothek zu einem Ort, an dem man authentische und autorisierte Texte erhalten konnte. Karl ließ sich zu diesem Zweck von Papst Hadrian I. ein Exemplar des Sakramentars Gregors des Großen und der kirchenrechtlichen Sammlung des Dionysius Exiguus schicken und erbat sich von dem Abt Theodemar von Monte Cassino eine Abschrift vom Originalmanuskript der Benediktinerregel. Dieses Sacramentarium Gregorianum sollte zum Mustersakramentar für das Frankenreich werden. Um das Predigtwesen zu reorganisieren, beauftragte der König den gelehrten

Kanontafel im Evangeliar aus Saint-Médard in Soissons

In diesem Werk der Aachener Hofschule hat die karolingische Renaissance ihren eigenen künstlerischen Stil gefunden. Im Gebälk über den schlanken Säulen stützen zwei Engel den Kosmos, den die Gestalt Christi erfüllt.

Paulus Diakonus mit der Überarbeitung der älteren Predigtsammlungen und der Herstellung eines vorbildhaften Homiliars.

In den überlieferten Bibelhandschriften gab es mancherlei Varianten, so daß Zweifel über den rechten Wortlaut entstanden. Gleich zwei Gelehrte, die besten der damaligen Zeit, wurden mit der Ermittlung des authentischen Textes beauftragt, Alkuin und Theodulf von Orléans. Der Angelsachse begnügte sich mit sprachlichen Korrekturen am Text der Vulgata, während der Westgote tiefer in die textliche Gestaltung eingriff. Alkuin konnte seine Bibel Karl dem Großen zu Weihnachten des Jahres 800 in Rom feierlich überreichen lassen. Der Kaiser autorisierte diese Version. Die »Alkuin-Bibel« fand weite Verbreitung. Das Skriptorium des Klosters Saint-Martin zu Tours diente als »Bibelanstalt« für das gesamte Karolingerreich; fast fünfzig Alkuin-Bibeln aus dieser Werkstatt lassen sich nachweisen. Von der Alkuin-Version führte der Weg über die »Pariser Bibel« zu der berühmten »Gutenbergbibel« des Druckzeitalters.

Karl der Große betrachtete die Aachener Bibliothek, soweit sie

Der heilige Hieronymus, Autorenbild in einem Evangeliar aus dem 9. Jahrhundert

Hieronymus, der am Ende des 4. Jahrhunderts eine lateinische Bibelübersetzung, die »Vulgata«, geschaffen hatte, wurde im Mittelalter als Theologe, Philologe und Bibelübersetzer hochgeschätzt.

nicht zum Kirchenschatz der Pfalzkapelle gehörte, als sein persönliches Eigentum. Dies wurde dem Aachener Bücherschatz zum Verhängnis, denn der Kaiser bestimmte in seinem Testament, daß die Bibliothek zugunsten der Armen verkauft werden sollte. Da ein Katalog der Hofbibliothek nicht überliefert ist, kann ihr Inhalt nur sehr partiell aus indirekten Zeugnissen erschlossen werden. Von ein paar besonders kostbaren Büchern wird vermutet, daß sie einmal in Aachen gestanden und sogar zum persönlichen Gebrauch des Kaisers gedient haben, etwa die Gruppe antiker Handschriften mit den Dichtungen Vergils, der Codex argenteus, die Prachtevangeliare der Hofschule, der Dagulf-Psalter und die Gruppe um das Wiener Krönungsevangeliar. Die Bibliotheken der Klöster Saint-Denis, Corbie, Lorsch und Werden konnten vielleicht im Zuge der Auflösung der Hofbibliothek ihre Bestände komplettieren.

Ein paar hundert Bücher waren freilich schon eine außergewöhnlich stattliche und höchst wertvolle Bibliothek, und man mußte schon viel Mühe aufwenden, um durch Verbindungen zu anderen Bibliotheken den eigenen Bestand zu vermehren, zu komplettieren und gegebenenfalls zu verbessern, wenn sich die eigenen Texte als unzulänglich erwiesen. Die Bitte um Bücher findet sich deshalb nicht selten in den Briefen der Karolingerzeit, von Bonifatius bis zu Lupus von Ferrières, um nur zwei leidenschaftliche Bücherfreunde zu nennen. Komplett erhalten und noch am alten Ort ist nur die Bibliothek des Klosters Sankt Gallen; dagegen ist die Bibliothek des Lorscher Nazariusklosters im wesentlichen in die Bibliotheca Palatina und mit dieser nach Rom in die Vatikanische Bibliothek gelangt. Die Schätze der meisten anderen Klosterbüchereien sind in alle Winde zerstreut.

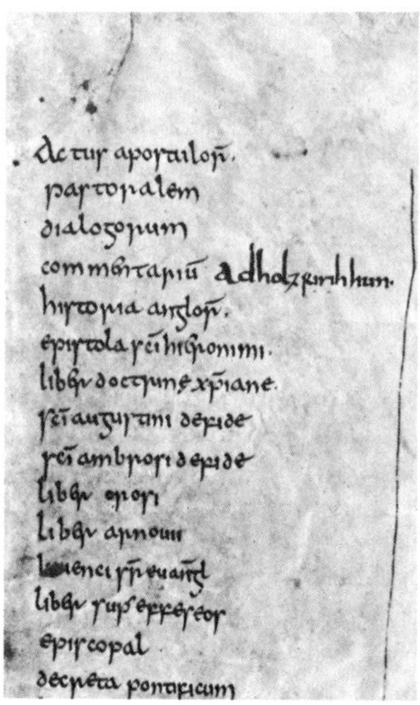

Ausschnitt aus einem Würzburger Bibliothekskatalog, geschrieben in einer angelsächsischen Minuskel um das Jahr 800

4. Die »Hofakademie«

Zum Bild der karolingischen Renaissance gehört aber auch jener um Karl den Großen gruppierte Personenkreis, der mit einem eingängigen, leicht aber falsche Assoziationen weckenden Schlagwort als »Hofakademie« bezeichnet wird. Dieser Kreis, Mitte und Strahlungszentrum der Bildungs- und Wissenschaftseuphorie jener Tage, war keine Institution nach Art neuzeitlicher Akademien der Wissenschaften und der Künste, sondern eine Mischung aus gelehrtem Zirkel, Freundeskreis und Musenhof. Die gelehrten Lehrer der Hofschule gehörten ihm an, die Spitzen des Hofstaates und der Hofverwaltung, aber auch die Angehörigen der Familie des Herrschers, selbst die Frauen. Der gefeierte und in panegyrischen Lobeshymnen überschwenglich gepriesene Mittelpunkt dieser höfischen Gesellschaft war natürlich Karl der Große selbst.

Der Kreis der »Akademiker« umfaßte vor allem die Personen, die an die Tafel des Herrschers geladen wurden. »Tischgenosse« des Königs zu sein, war schon unter den Merowingerkönigen eine hohe Ehre; die Speisegemeinschaft bewahrte immer etwas von ihrem rituellen und magischen Urgrund und schuf Vertrautheit und Freundschaft. Diese Vertrautheit fand am Hofe zu Aachen ihren Ausdruck auch in der Mode der Pseudonyme, die wohl aus England importiert wurde und mit deren Hilfe man die krassen Unterschiede in Herkunft, Rang und Würde zwanglos überspielen konnte. Scherz und Ernst mischten sich in diesem höfisch-verspielten Tun, das so gar nicht zur überragenden Gestalt des germanischen Heerkönigs und christlich-abendländischen Kaisers zu passen scheint. Mag Karls Name »David« auch auf das Priesterkönigtum des Herrschers hinweisen und so einer symbolischen Deutung zugänglich sein, die Namen der anderen sind doch eher ironische Übertreibungen, wenn etwa Alkuin als Flaccus in die Fußstapfen des Dichters Quintus Horatius Flaccus tritt, Theodulf von Orléans als Pindar, Angilbert als Homer erscheint, Einhard als der alttestamentliche Baumeister der Stiftshütte Beseleel, Karls Erzkaplan Hildebald als der Hohepriester Aaron, Adalhard von Corbie als Mönchsvater Antonius oder Karls Tochter Rotrud als Columba, die Taube.

An der Tafel ging es bei aller Fröhlichkeit - Wein und Musik fehlten nicht - recht gesittet zu. Die Gespräche drehten sich nicht selten um theologische, philosophische und wissenschaftliche Probleme, man sprach über Astronomie, die Karl besonders faszinierte, über Kunst und Literatur. Rätsel wurden aufgegeben, eigene Gedichte vorgetragen. Selbst das Bad, das der Herrscher gern in Gesellschaft anderer in den Aachener Thermalquellen nahm, wurde zum Ort ernster und heiterer Gespräche gemacht.

Alkuin verglich den Karlshof mit der platonischen Akademie zu Athen, ein Vergleich, der die Antike heraufbeschwört und ein sehr wichtiges Zeugnis für das Selbstverständnis der profiliertesten Repräsentanten der karolingischen Renaissance ist. Allerdings konnte er sich mit einer einfachen Anknüpfung an Athen, die Hochburg der heidnischen Kunst und Philosophie, nicht begnügen, sondern mußte dem Vergleich das Anstößige wieder nehmen:

Die Kirche der Abtei Saint-Riquier (Centulum) in Nordfrankreich war eines der vollkommensten Werke der karolingischen Architektur, erbaut unter Abt Angilbert 790 bis 799

Karls Freund und »Schwiegersohn« Angilbert (»Homer«) war Laienabt von Saint-Riquier und förderte das Kloster durch Bautätigkeit und Vermehrung des Bibliotheksbestandes. Karl der Große pflegte seine Ratgeber durch Verleihung kirchlicher Pfründen zu belohnen.

Wenn recht viele Eurem eifrigen Bemühen folgen, dann würde wohl ein neues Athen im Frankenreich geschaffen werden, sogar ein viel herrlicheres, denn das Frankenland, geadelt, weil es Christus zum Herrn hat, übertrifft alle in der Akademie geübte Weisheit. Athen, bloß in den platonischen Lehren unterwiesen, glänzte in den Sieben Freien Künsten; Franken, darüber hinaus durch die siebenfache Fülle des Heiligen Geistes bereichtert, überragt auch die würdigste Weisheit der Weltlichen.[18]

Weltliches Wissen wird mit der göttlichen Weisheit verbunden und dadurch ins Unermeßliche gesteigert und überhöht.

Im Selbstverständnis der geistigen Elite der karolingischen Zeit wurde die karolingische Renaissance als ein im Kern religiöses Phänomen begriffen: Um die »Mysterien der göttlichen Offenbarung« enträtseln zu können, bedarf der Mensch auch des Wissens. Dieses Wissen war zu einem guten Teil in der antiken Überlieferung enthalten, die man daher studieren und für das christliche Denken nutzbar machen konnte und sollte. Studium der antiken Überlieferung war in dieser Sicht nicht Selbstzweck, sondern diente der religiösen Durchdringung der Gesellschaft.

Saint-Riquier, Blick ins Innere vom Chor aus. Im Hintergrund das »Westwerk« mit der »Kaiserloge«, Rekonstruktion

In dieser christlichen Grundstimmung liegt der fundamentale Unterschied zur Renaissance des späten Mittelalters und der frühen Neuzeit, die durch den Rückgriff auf die klassische Antike die religiös fundierten Denk-, Kunst- und Lebensformen des als finster empfundenen Mittelalters gerade zu überwinden hoffte. Die Beibehaltung des traditionellen Begriffs »Karolingische Renaissance« ist also vertretbar. Es gibt starke renaissancehafte Züge in dieser Periode: eine ausgeprägte kulturoptimistische Aufbruchstimmung, eine faszinierende Bildungseuphorie und eine mehr als nur prähumanistische Gelehrtenmentalität. Renaissancehaft auch Karls fürstliches Mäzenatentum, das ihn zum emphatisch gefeierten Zentrum einer wahrhaft »höfischen Kultur« machte.

IX.
Karl der Große oder Charlemagne?

Wie ein mächtiger Granitblock steht vor dem Eingang der deutschen und französischen Nationalgeschichte die Gestalt Karls des Großen. Die Reihe seiner Kriegs- und Friedenstaten war so überwältigend und das menschliche Bild, das die Kunst des getreuen Einhard bald nach seinem Tode entwarf, so eindeutig überzeugend, daß elf Jahrhunderte den Koloß wohl mit legendarischem Efeugerank überziehen, aber an dem Gebilde selbst nichts ändern konnten. Haben sie trotzdem unter dem Bann eines verhängnisvollen Irrtums gestanden?[1]

Karl Hampe, 1935

Das waren damals mutige Worte eines engagierten Historikers, gerichtet gegen den Ungeist der Zeit, aber natürlich auch nicht frei vom Zeitgeist. In dem von den Nationalsozialisten verbreiteten Geschichtsbild wurde Karl der Große mit dem Odium des »Sachsenschlächters« behaftet, weil er sich im Verdener Blutbad schwer gegen die nordische Rasse versündigt habe. Aber führende deutsche Historiker, darunter Hermann Aubin, Martin Lintzel, Albert Brackmann und Carl Erdmann, waren dem Versuch, Karl den Großen gleichsam auszubürgern, scharf entgegengetreten und hatten seine für Deutschland bedeutsamen geschichtlichen Leistungen hervorgehoben: »Karl der Große hat als erster die Stämme der Franken, Sachsen, Friesen, Thüringer, Schwaben und Bayern in einem Reiche zusammengefaßt; sein Werk war es, daß ein einziges Deutschland überhaupt entstehen konnte.«[2] Zur Abwehr des nationalsozialistischen Verdikts über den Kaiser hatten sie nicht bloß antifranzösische Akzente gesetzt, sondern auch mit einer gewissen Penetranz die »germanisch-deutsche Art und Abstammung« des Herrschers über Gebühr betont.

»Karl der Große oder Charlemagne?« Ist das eine echte Alternative? Ist die Frage, ob der Herrscher nun Deutscher oder Franzose war, nicht völlig anachronistisch?

Karl der Große war Franke wie alle seine Ahnen, er sprach die Sprache dieses Volkes, trug fränkische Waffen und fränkische Tracht und lebte nach fränkischer Sitte. Auf fränkischem Boden, wo seine Lieblingspfalzen Herstal und Diedenhofen, Worms und Aachen lagen, fühlte er sich heimisch.

Die weltliche und geistliche Führungsschicht des Reiches wurde von den Franken gestellt, ergänzt durch Angehörige anderer Stämme. Auch in der Umgebung des Herrschers dominierten Menschen germanischer Herkunft – selbst unter den Theologen, Gelehrten, Dichtern und Künstlern, die er an seinen Hof gezogen hatte. Romanen spielten offenbar keine oder nur eine geringe Rolle. Wieweit unter den Germanen, die die politische Führungsschicht bildeten, am Ende des 8. und zu Beginn des 9. Jahrhunderts Männer waren, die bereits sprachlich romanisiert waren, ist kaum zu ermitteln. Mit einem germanischen »Rassegedanken«, wie ihn die Neuzeit hervorbrachte, hatte das alles nichts zu tun, sondern mit Stammesbewußtsein und Stammesstolz, denn die Franken waren nun einmal noch immer der das Reich tragende Stamm und blieben es, bis die zentrifugalen und partikularistischen Kräfte die Oberhand gewannen.

Der Lebensstil Karls des Großen war heroisch-feudaler Art, geprägt von Kriegs- und Herrschaftsführung, von der Notwendigkeit, die eigene Macht in Krieg und Frieden zu bewahren und demonstrativ zur Schau zu stellen. Wie dies geschah, läßt sich im »Paderborner Epos« nachlesen, in dem, gewiß in panegyrischer Weise übertreibend, aber kaum unzutreffend, Karls Aachener Mäzenatentum, die Pracht der zum Jagdausflug ausreitenden Hofgesellschaft und der Empfang des Papstes zu Paderborn im Angesicht des zur Parade angetretenen Reichsheeres geschildert werden.[3] Hinzu kamen bei Karl die Freude am geselligen Bade und die renaissancefürstliche Neigung zur Pflege von Bildung und Wissenschaft, Kunst und Literatur. Renaissancehaft erscheint auch der

Gelehrte und Theologen, Dichter und Künstler, Geistliche und Laien umfassende Kreis der »Hofakademie«, an dem ein so intensiver, auch Karl den Großen einschließender Freundschaftskult getrieben wurde, daß ein moderner Kulturhistoriker sogar homoerotische Strömungen zu erkennen glaubte. Das ist nicht eben sehr wahrscheinlich. Vielmehr war der Aachener Hof zuzeiten fast ein Eldorado der freien Liebe. Die Freiheiten, die sich Karl in seinen Beziehungen zum anderen Geschlecht gestattete, verweigerte er auch seinen Töchtern nicht. Ludwig der Fromme mußte nach dem Tode des alten Kaisers mächtig aufräumen, um den allgemeinen Sittenverfall zu beseitigen.

Menschlich-Allzumenschliches tritt uns in Karls Familienleben entgegen, von dem Einhard aus intimer Kenntnis, immer aber so taktvoll wie möglich berichtet.[4] Der König verehrte seine Mutter Bertha sehr, schaltete sie aber politisch aus, als ihre diplomatischen Aktivitäten seinen eigenen Zielen zuwiderliefen. Zu seiner Schwester Gisela, Äbtissin des merowingischen Klosters Chelles bei Paris, hatte er stets ein gutes Verhältnis und liebte sie offenbar sehr. Karls starke Religiosität wird stets gerühmt, aber sein Ehe- und Liebesleben entsprach keinesfalls den kirchlichen Normen, und sosehr sich der Herrscher um Religion und Kirche bemühte, auf diesem Gebiet machte er, was er wollte. In früher Jugend schon mit Himiltrud, einem Mädchen alemannischer Herkunft, verbunden - vielleicht nur in einer »Friedelehe« -, vermählte er sich auf Wunsch seiner Mutter 770 mit einer Tochter des Langobardenkönigs Desiderius, die er bald verstieß, um die schöne, erst dreizehnjährige Schwäbin Hildegard zu heiraten. Sie starb schon mit fünfundzwanzig Jahren, wohl von den vielen Schwangerschaften erschöpft. Von wenigstens neun Kindern, die sie im Laufe ihrer zwölfjährigen Ehe zur Welt brachte, überlebten nur drei Söhne und drei Töchter: Karl, Pippin und Ludwig, Rotrud, Bertha und Gisela. Als Hildegard 783 starb, trauerte ihr Gemahl heftig, aber nur kurz. Noch vor Ablauf eines Trauerjahres heiratete er die aus einem ostfränkischen Adelsgeschlecht stammende Fastrada, die ihm zwei Töchter gebar.

Statue Karls des Großen in der Kirche Sankt Johann in Müstair

Karl der Große wurde in Müstair als Stifter des Graubündener Klosters verehrt. Das lebensgroße Kaiserstandbild stammt vielleicht schon aus dem 9. Jahrhundert, doch ist die Entstehungszeit umstritten.

Fastrada, kränklich, herrschsüchtig und zur Grausamkeit neigend, gab Veranlassung zu zwei gefährlichen Aufständen gegen Karl den Großen, der eine geführt von dem thüringischen Grafen Hardrad, der andere vom ältesten Sohn des Königs, Pippin dem Buckligen. Beide Fronden scheiterten, und der Prinz, dem schon zuvor sein Erstgeburtsrecht - er war der Sohn der Himiltrud - bestritten worden war, verschwand in einem der karolingischen Staatsgefängnisse, dem Kloster Prüm. Fastrada hat wohl in Abwesenheit ihres Mannes eine Art Statthalterschaft ausgeübt und also politisch eine gewisse Rolle gespielt, wenn auch mit negativen Auswirkungen. An sie ist ein seltenes Dokument gerichtet, ein sehr persönlich gehaltener und in besorgtem Ton abgefaßter Brief ihres Gemahls vom Awarenfeldzug.[5]

Nach Fastradas Tod 794 heiratete Karl wiederum eine Schwäbin, die Luitgard, mit der er wohl schon zuvor eine Verbindung eingegangen war. Sie starb sechs Jahre später. Karl - mittlerweile fast sechzig Jahre alt - schloß keine neue Ehe, sondern begnügte sich mit drei Beischläferinnen, die ihm noch drei Söhne und eine Tochter schenkten, Drogo, Hug, Theoderich und Adaltrud. Von einer weiteren

Reiterstatuette Karls des Großen aus dem 9. Jahrhundert

Die nur 24 Zentimeter hohe Bronzestatuette ist das Bildnis eines karolingischen Königs, am ehesten ein Idealbild Karls des Großen.
Die Tracht des reitenden Herrschers stimmt weitgehend mit der Kleidung überein, die Karl der Große zu tragen pflegte:
Er kleidete sich nach fränkischer Sitte. Auf dem Leib trug er ein Hemd und Unterhosen aus Leinen, darüber Hosen und ein mit seidenen Bordüren verbrämtes Wams. Die Waden umwickelte er mit Binden, und an den Füßen trug er Schuhe. Im Winter schützte er Schultern und Brust mit einem Rock aus Fischotter- oder Zobelpelz. Dazu trug er einen blauen Mantel und stets ein Schwert, dessen Griff und Gehenk aus Gold oder Silber waren. An festlichen Tagen schritt er in einem mit Gold durchwirkten Kleide und mit Edelsteinen besetzten Schuhen einher, den Mantel mit einer goldenen Spange zusammengehalten, auf dem Haupte ein aus Gold und Edelsteinen verfertigtes Diadem.
Einhard, Biographie Karls des Großen, Kapitel 23

Konkubine aus früheren Jahren hatte er eine Tochter namens Hruodheid. Der Kaiser war also fünfmal verheiratet, hatte zwei seiner Frauen wieder verstoßen und lebte zeitweilig mit einigen Nebenfrauen in eheähnlichen Beziehungen zusammen. Hat er sich in altbiblischen Verhältnissen gesehen, an Jakobs Ehe mit Lea, Rahel und deren Mägden Bilha und Silpa gedacht – mit denen er gewiß vertraut war –, oder hielt er nur an der Sitte seiner Vorgänger fest? Kritik an Karls anstößigem Lebenswandel wagte jedenfalls zu Lebzeiten des Kaisers niemand zu äußern; erst später wird er in der Jenseitsvision des Mönches Wetti, einer frühmittelalterlichen Vorwegnahme von Dante Alighieris »Göttlicher Komödie«, seiner sexuellen Ausschweifungen wegen ins Purgatorium versetzt.[6]

Seine Söhne und Töchter, die »echtgeborenen« und die unehelichen, liebte er zärtlich, wenn sie sich nicht gegen ihn empörten, wie der unglückliche Pippin der Bucklige. Sie wuchsen am Königshofe auf, bis sie wie der »echtgeborene« Pippin und Ludwig der Fromme in herrscherliche Positionen eingewiesen wurden. Die Töchter behielt der Vater alle in seiner Umgebung. Rotrud, die Älteste, wurde zwar mit dem byzantinischen Kaiser Konstantin VI., dem Sohn der Kaiserin Irene, verlobt, trat aber nie die Reise nach Konstantinopel an. Auch um ihre Schwester Bertha warb der angelsächsische König Offa von Mercien für seinen Sohn vergeblich. Die beiden Mädchen trösteten sich mit hochgestellten Männern der Hofgesellschaft, die eine mit dem Grafen Rorik von Maine, die andere mit Karls Freund Angilbert, dem Laienabt von Saint-Riquier.

Ein Vorbild für ein sittenreines Leben bot Karl also nicht, und so konnte es bei Hofe kaum besonders tugendhaft zugehen. Überliefert werden mancherlei Geschichten über die Prinzessinnen, die man glauben mag oder nicht; auf jeden Fall fühlte sich Alkuin in seinem fernen Martinskloster in Tours bemüßigt, seine an den Hof delegierten Zöglinge väterlich-scherzhaft vor den »gekrönten Tauben, die durch die Gemächer des Palastes flattern,« zu warnen. Der Abt muß es schließlich gewußt haben, und Einhard wußte es auch, wie sehr deutlich zwischen den Zeilen zu lesen ist.

Bloße Objekte männlicher Sinnlichkeit waren die Frauen der Karolinger aber nicht. Die Königinmutter Bertha spielte schon zu Lebzeiten ihres Gemahls eine wichtige Rolle und suchte nach dessen Tod in die Reichspolitik einzugreifen, bis ihr übermächtiger Sohn sie zum Rückzug aus der Politik nötigte. Karls Gemahlinnen traten, abgesehen von Fastrada, politisch kaum in Erscheinung, und das gilt auch für seine Töchter. Sie waren schön und stattlich, hatten eine gute Erziehung genossen, waren gebildet und nahmen an den Vergnügungen der Hofgesellschaft lebhaften Anteil, nicht nur an den prunkvollen Hofjagden, sondern auch am musischen, literarischen und philosophisch-theologischen Leben.

In der Biographie Karls des Großen wird die Sorge um die germanische Volkssprache mit auffälliger Ausführlichkeit geschildert: *Ebenso ließ er die uralten volkssprachlichen Lieder, in denen die Heldentaten der alten Könige besungen werden, aufschreiben und der Nachwelt überliefern. Auch eine Grammatik seiner Muttersprache ließ er in Angriff nehmen. Auch gab er den Monaten Namen in seiner eigenen Sprache, da bei den Franken bis zu jener Zeit teils lateinische, teils volkssprachliche Bezeichnungen gebraucht wurden. Ebenso gab er den zwölf Winden muttersprachliche Namen, während man zuvor kaum für vier Winde besondere Namen kannte. Und zwar nannte er von den Monaten den Januar Wintarmanoth, den Februar Hornung, den März Lentzinmanoth, den April Ostarmanoth, den Mai Winnemanoth, den Juni Brachmanoth, den Juli Hewimanoth, den August Aranmanoth, den September Witumanoth, den Oktober Windumemanoth, den November Herbistmanoth, den Dezember Heiligmanoth. Den Winden aber gab er folgende Namen: den Ostwind nannte er Ostroniwint, den Südostwind Ostsundroni, den Südsüdostwind Sundostroni, den Südwind Sundroni, den Südsüdwestwind Westsundroni, den Westwind Westroni, den Nordwestwind Westnordroni, den Nordnordwestwind Nordwestroni, den Nordwind Nordroni, den Nordostwind Nordostroni, den Ostnordostwind Ostnordroni.*[7]

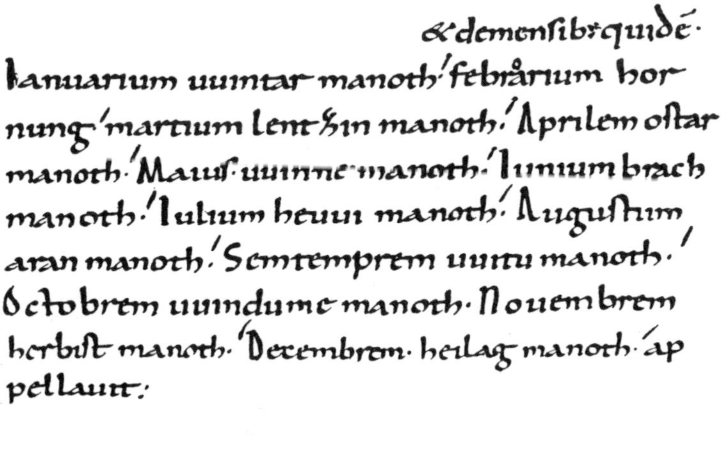
& de mensib; quide
Ianuarium uuintar manoth' februarium hor
nung' martium lentzin manoth' Aprilem ostar
manoth· Maius uuinne manoth· Iunium brach
manoth' Iulium heuui manoth' Augustum
aran manoth' Septembrem uuitu manoth·
Octobrem uuindume manoth· Nouembrem
herbist manoth· Decembrem· heilag manoth· ap
pellauit:

Die in der Biographie Karls des Großen von Einhard überlieferten althochdeutschen Monatsnamen in einer Handschrift aus dem 10. Jahrhundert

War die Sammlung der alten Heldenlieder eine »Rettungsaktion für ein schwindendes Kulturgut«?[8] War die zugegebenermaßen etwas artifizielle Namengebung für Monate und Winde nur die Folge einer Neigung zu Antiquarischem? Und war die Abfassung einer Grammatik für eine Sprache, die kaum erste tastende Schritte auf dem Wege zur Schriftsprache tat, nicht ein zum Scheitern verurteiltes Wagnis? Oder ist Karl der Große vielleicht im Gegenteil sogar der Ahnherr der deutschen Hochsprache? Diese Frage darf man angesichts seiner gutbezeugten Bemühungen ruhig stellen, sosehr man zögern wird, sie mit einem klaren Ja zu beantworten. Soviel ist sicher: Hinter Karls Bemühungen um die Volkssprachen standen nicht nur die Erfordernisse der Seelsorge und der Mission, die natürlich der volkssprachlichen Vermittlung des Glaubensgutes in Predigt, Vaterunser, Glaubensbekenntnis und Taufgelöbnis bedurften, sondern auch der Wunsch, die altfränkisch-althochdeutsche Sprache auf ein höheres Niveau zu heben und ihr den Rang einer Schriftsprache zu verleihen. Dazu mußten ihre Regeln erkannt und grammatikalisch beschrieben werden.

Sosehr Karl der Große das lateinisch-christliche und das antike Erbe lateinischer Prägung schätzte, er dürfte wohl geahnt und sicher auch gewünscht haben, daß die Volkssprachen allmählich einen Platz neben dem Lateinischen beanspruchten. Sein Augenmerk galt vornehmlich dem Germanischen, denn die romanischen Sprachen, noch nicht wirklich vom Lateinischen gelöst und emanzipiert, im Verdacht stehend, nur verderbtes Latein zu sein, waren unter diesem Aspekt ja Schriftsprachen. Man darf auch nicht verkennen, daß das Althochdeutsche in seinen verschiedenen gentilsprachlichen Ausprägungen im Frankenreich eine starke Position besaß. In weiten Teilen des Reiches war es die Sprache des Volkes und zugleich Gerichtssprache – auch am Aachener Hof dürfte man selten Latein oder Altfranzösisch gesprochen haben. Vor allem war Althochdeutsch die Kommandosprache des Reichsheeres. Nicht zufällig ist das erste Wort, das durch einen Zusatz als ein Wort der deutschen Sprache, der »theodisca lingua«, gekennzeichnet wird, ein Begriff militärischer Art, nämlich »harisliz«, »Fahnenflucht«.[9] Die Heldendichtung, die dem Kaiser sehr am Herzen lag und von der uns aus karolingischer Zeit nur das Bruchstück des Hildebrandsliedes überliefert ist, war und blieb lebendige Poesie. Sie floß ganz unabhängig von der Niederschrift als rein unterirdischer Strom weiter und gewann später in künstlerischen Hochleistungen literarische Gestalt: in den altfranzösischen Chansons de geste, dem lateinischen Waltharius, dem mittelhochdeutschen Nibelungenlied.

Das Bekenntnis Karls des Großen zu seiner angestammten fränkischen Art und Sitte, seine Sorge für die Pflege der germanischen Volksrechte und seine Bemühungen um die Volkssprachen wären nur unzulänglich bekannt, wenn er nicht in Einhard, dem Vertrauten seiner letzten Lebensjahre, einen außergewöhnlichen, ganz unverkennbar an den Kaiserviten Suetons geschulten Biographen gefunden hätte, der mit Liebe und Verehrung, aber ohne übertriebene Heroisierung die Erinnerung an die Persönlichkeit des großen Kaisers pflegte. Die Kaiser und Könige des Mittelalters treten uns in den Quellen in allererster Linie und nicht selten fast ausschließlich in ihrem herrscherlichen Tun entgegen, während das Persönliche im

Thron Karls des Großen im Aachener Münster

Sinne des Menschlich-Allzumenschlichen vom traditionellen Katalog herrscherlicher Tugenden überdeckt wird und eher episodenhaft aufleuchtet, wenn es nicht sogar in rein diffamierender Absicht ans Licht gezerrt oder zur Befriedigung geschwätziger Neugier mißbraucht wird. Nur Einhard hat sich der Persönlichkeit seines Helden mit solchem Interesse am Alltäglichen angenommen, daß der große Herrscher auch als Mensch im Kreise seiner Mitmenschen lebendig vor uns steht:

Er war von breitem und kräftigem Körperbau und hoher Statur, die jedoch das rechte Maß nicht überschritt, denn seine Größe betrug, wie man weiß, sieben Fuß. Sein Kopf war rund, seine Augen sehr groß und lebhaft, die Nase ging etwas über das Mittelmaß hinaus; er hatte schönes graues Haar und ein freundliches und heiteres Gesicht. Seine Gestalt war im Stehen wie im Sitzen würdig und stattlich, obwohl sein Bauch

Karl der Große, Miniatur in einer Handschrift der Kölner Königschronik aus der Mitte des 13. Jahrhunderts

Aus der Sicht des Chronisten ist das deutsche Königtum eine Fortsetzung des karolingischen, so wie das karolingische in der Tradition der römischen Imperatoren stand.

etwas hervortrat, aber das Ebenmaß seiner Glieder verdeckte diesen Fehler. Er hatte einen festen Gang und eine sehr männliche Haltung, aber eine helle Stimme, die zu der ganzen Gestalt nicht recht passen wollte. Seine Gesundheit war gut, abgesehen davon, daß er in den letzten vier Jahren vor seinem Tode häufig vom Fieber ergriffen wurde und zuletzt auch auf dem einen Fuß hinkte. Aber auch damals folgte er mehr seinem eigenen Gutdünken als dem Rat der Ärzte, die ihm geradezu verhaßt waren, weil sie ihm rieten, auf den gewohnten Braten zu verzichten und gekochtes Fleisch zu essen. Ständig übte er sich im Reiten und Jagen, wie es Sitte bei seinem Volke ist: man wird ja nicht leicht auf Erden ein Volk finden, das sich in dieser Kunst mit den Franken messen könnte. Sehr angenehm waren ihm auch die Dämpfe warmer Quellen; er übte sich fleißig im Schwimmen und konnte das so vortrefflich, daß keiner besser war als er. Darum erbaute er sich auch in Aachen seine königliche Residenz und bewohnte sie in seinen letzten Lebensjahren ständig bis zu seinem Tode. Und er lud nicht bloß seine Söhne, sondern auch die Großen des Reiches und seine Freunde, nicht selten auch sein Gefolge und seine Leibwache zum Bade, so daß bisweilen hundert und mehr Menschen mit ihm badeten.[10]

Trotz Einhards unvergleichlichen Schilderungen ist es nicht leicht, die Persönlichkeit Karls des Großen gerecht zu würdigen. Zu viele Äußerungen über seine Person bewegen sich in den Bahnen des traditionellen Herrscherlobes oder entlarven sich durch ihre Überschwenglichkeit als pure Schmeichelei. Zu früh hat sich auch die Sage des großen Kaisers bemächtigt und ihn und seine Zeit in ein verklärendes Licht getaucht:

Recht und Gerechtigkeit hat dieser Herrscher gemäß seiner Stellung kraftvoll, solange er lebte, gefördert.
Auch im Dienste des Herrn gestärkt die Lehre des Glaubens.
Redlich und fromm gewährte er Schutz dem heiligen Volke.
Leuchtend stand er über den Reichen auf leuchtendem Gipfel;
Recht war sein Ziel, beglückender Ruhm aber trug seinen Namen.[11]

Die verschiedenen Seiten von Karls Leben und Wirken hat der englische Historiker Donald Bullough in einem Miniaturporträt zusammengefaßt:

Karl war unverkennbar ein Kind seiner Zeit, in einer harten Schule erzogen, leidenschaftlich und wollüstig, grausam und in seinen jungen Jahren jederzeit bereit, eine Gelegenheit zu seinem Vorteil auszunutzen, den äußeren Formen der christlichen Religion treu ergeben, aber wohl kaum mit ihrem tieferen Sinn vertraut. Was ihn von anderen Menschen und Herrschern unterschied, war seine außergewöhnliche körperliche und geistige Energie, seine Fähigkeit, bei Hindernissen und Schicksalsschlägen seine Anstrengungen zu verdoppeln und wiederkehrende Schwierigkeiten mit neuen Maßnahmen zu überwinden, eine bemerkenswerte Wißbegierde und stete Bereitschaft zu lernen, die – wenn auch noch nicht klare – Erkenntnis, daß der Mensch sich zu mehr als nur fleischlichen Genüssen und über die ständig lauernde Furcht erheben kann, seine Fähigkeit, in anderen Menschen verborgene Gaben zu entdecken, und vor allem die Eigenschaft, andere durch die Kraft seiner Persönlichkeit zu beeindrucken und zu ungeahnten Leistungen zu bringen.[12]

Was bedeutete Karl der Große für die deutsche, was für die französische Geschichte? Ohne Zweifel schuf er mit seinem Werk wichtige Voraussetzungen für die Entstehung Deutschlands und der deutschen Nation. Die Unterwerfung der Sachsen und Friesen und die Integration dieser Stämme ins Reich waren notwendige Schritte auf dem Wege zum deutschen Volk. Waren doch nun die Stämme der Bayern, Alemannen, Thüringer, Sachsen und Friesen mit den Franken in einem staatlichen Gemeinwesen vereinigt. Es war fest genug, um mannigfache Bande politischer, sozialer, wirtschaftlicher, religiöser und kultureller Natur zwischen ihnen zu knüpfen und ein in seinen Formen und seiner Intensität zwar schwer einzuschätzendes, aber doch dauerhaftes Gemeinschaftsbewußtsein wachsen zu lassen. Auf der anderen Seite waren die im Karlsreich herrschenden Zentralisierungs- und Nivellierungstendenzen nicht stark und nachhaltig genug, um die Existenz der Stämme als ethno-historische Gemeinschaften in Frage zu stellen. Damals gewann das deutsche Volk Gestalt »in seinen Stämmen«, wie es noch in der Weimarer Verfassung heißt.

Auch für die Entstehung der französischen Nation war Karls Wirken bedeutsam. Mit der Eroberung Septimaniens, der Beseitigung der starken herzoglichen Partikulargewalten in Aquitanien und der Gascogne und der Aufrichtung des Schutzschildes der Spanischen Mark an der Pyrenäengrenze legte er die Fundamente Frankreichs und verband den stärker frankisierten Norden mit dem romanisch-westgotisch-burgundischen Süden.

Karl der Große ist die mittelalterliche Herrscherfigur schlechthin. Mehr als ein Jahrtausend lang mußte er zur Legitimation von Herrschaftsansprüchen und territorialen Forderungen dienen. Französische Könige und deutsche Kaiser beriefen sich auf ihn als ihren Vorgänger. Noch Napoleon Bonaparte verknüpfte seine anachronistische Kaiserwürde höchst theatralisch mit dem Kaisertum Karls des Großen und scheute sich nicht, wie einst Kaiser Otto III. in die Aachener Kaisergruft hinabzusteigen.

Und auch heute noch dient die Gestalt Karls des Großen den westeuropäischen Staaten als Legitimations- und Integrationsfigur; sie haben ihm sogar eine neue Verantwortung aufgebürdet, die Verantwortung für ein vereinigtes Europa. Das ist eine überraschende Rückkehr zu einem Karlsbild, wie es dem unbekannten Dichter des Paderborner Epos vor Augen stand, der Karl den Großen als den »Vater Europas« verherrlichte.[13]

Karl der Große als heiliger König, Glasfenster aus dem Straßburger Münster, um 1200

Friedrich Barbarossa hatte 1165 die Heiligsprechung Karls des Großen veranlaßt, um die Sakralität des deutschen Königtums zu erhöhen. Mit der Darstellung des heiligen Königs auf einem Kirchenfenster brachte das Straßburger Domkapitel seine Reichstreue zum Ausdruck.

X.
Zerrüttung und Zerfall

1. Die Saat des Bösen: Die Schlacht von Fontenoy

Des Frührots erster Strahl das Dunkel der Nacht zerriß,
Da wurde Macht gegeben dem Fürsten der Finsternis.
Kein Sabbat war's, der graute: gebrochen der Brüder Bund,
Mit wildem Hohngelächter frohlockte der Hölle Schlund.
Dröhnend aller Enden der Hall der Hörner gellt,
Vom Schlachtgeschrei der Gegner erzittert rings das Feld,
Zum Todeskampf sind Brüder, sind Neffe und Ohm entbrannt,
Frevelnd wider den Vater erhebt der Sohn die Hand.[1]

Die Klage des fränkischen Dichters Angilbert über die unheilvolle Schlacht von Fontenoy bei Auxerre am 25. Juni des Jahres 841 spiegelt die Verzweiflung, die die Menschen jener Tage erfaßt hatte. Der Dichter - nicht identisch mit Angilbert von Saint-Riquier, dem Hofpoeten Karls des Großen - hatte selbst mitgekämpft und als einziger seiner Schar das Gemetzel überlebt. Er verfluchte diesen Tag, nicht weil Blut geflossen war, sondern weil Franken gegen Franken in einer Schlacht gekämpft hatten, in der keine Freundschafts-, keine Blutsbande mehr etwas galten.

Fast auf den Tag genau ein Jahr nach dem Tode Kaiser Ludwigs des Frommen erreichte der Kampf um das Erbe seinen blutigen Höhepunkt. In der Schlacht von Fontenoy kämpften die Könige Ludwig der Deutsche und Karl der Kahle gegen ihren älteren Bruder, Kaiser Lothar I., auf dessen Seite ihr Neffe, König Pippin II. von Aquitanien, stand. Das erbitterte Ringen, eine der größten Feldschlachten der Karolingerzeit, endete mit der vollständigen Niederlage des kaiserlichen Heeres. In den Augen Angilberts, der auf seiten Lothars gefochten hatte, war die Schlacht ein Triumph des Höllenfürsten Luzifer, des Herrn der Zwietracht und der Rebellion.

Die Sieger sahen es anders: für sie war die Schlacht keine Tragödie, sondern ein Gottesurteil. Gott selbst, dessen Beistand sie vor der Schlacht erfleht hatten, hatte gegen die Suprematieansprüche des Kaisers und damit auch gegen die Idee der Reichseinheit entschieden. Der Kaiserenkel und Historiker Nithard hat den Aufmarsch der Heere, die Schlacht und das Ende des Kampfes beschrieben, freilich aus der Sicht der Sieger und im angestrengten Bemühen, das Geschehene zu rechtfertigen.[2] Die Sieger, die sich als »schuldlose Vollstrecker des göttlichen Willens« sahen, verzichteten immerhin auf die Verfolgung der Fliehenden, ob aus Großmut, frommem Erbarmen, Schuldgefühl oder Schwäche - die Verluste auf beiden Seiten waren ungeheuer -, das sei dahingestellt.[3]

Die Blüte des fränkischen Kriegeradels war in dieser Schlacht gefallen. Das Reichsheer, das wichtigste Machtinstrument des Königtums, war zerbrochen. Die Periode der fränkischen Expansion war längst vorbei gewesen, und von Stund an reichten die Kräfte nicht einmal mehr zur Verteidigung der eigenen Grenzen aus. Ein späterer Geschichtsschreiber, Regino von Prüm, hat das so gesehen, denn er berichtet über die Schlacht bei Fontenoy:

Kaiser Ludwig der Fromme und der Kampf zwischen Lothar I. und seinen Brüdern Ludwig dem Deutschen und Karl dem Kahlen, Miniatur aus der Weltchronik Ottos von Freising aus dem 12. Jahrhundert

Die mörderische Schlacht von Fontenoy, die den unwiderruflichen Zerfall des Reichs besiegelte, mußte der Vater nicht mehr erleben.

In diesem Kampfe wurde die Streitmacht der Franken so geschwächt und ihr glorreiches Heldentum so zerstört, daß sie fortan nicht einmal zum Schutz des eigenen Landes ausreichten, geschweige denn zur Ausweitung der Grenzen des Reiches.[4]

Ob Gottesurteil oder Freveltat, einer Zerreißprobe wie der Schlacht von Fontenoy war das Karolingerreich nicht mehr gewachsen. Zerrüttung und Zerfall waren nicht mehr aufzuhalten, denn schon in den vorangegangenen Jahrzehnten hatte das Reich schwere Belastungen ertragen müssen. Lange vorbei war das Frühjahr des Jahres 812, da die Gesandten des byzantinischen Kaisers Michael I. Karl dem Großen zu Aachen kaiserliche Ehren erwiesen und damit das okzidentale Kaisertum diplomatisch anerkannt hatten.

In diesen späten Jahren Karls war das Reich unbestritten und unbestreitbar die Vormacht des christlichen Abendlandes gewesen, und doch hatten sich bereits feine Risse in dem stolzen, fest in sich ruhenden Gebäude dieses Reiches gezeigt. Vorzeichen kündeten Unheil an: In den letzten Lebensjahren des Kaisers häuften sich Sonnen- und Mondfinsternisse, die Astronomen beobachteten gewaltige Sonnenflecken, ein Erdbeben erschütterte die Kaiserpfalz, die Aachener Marienkapelle wurde vom Blitz getroffen, der Säulengang zwischen dem Palast und der Kirche stürzte ein, und die Rheinbrücke, dieses großartige technische Kunstwerk, das der Kaiser bei Mainz hatte erbauen lassen, ging in Flammen auf. Auf dem Feldzug gegen den Dänenkönig Göttrik im Jahre 812 erglühte ein Feuerzeichen am heiteren Himmel, das Schlachtroß Karls des Großen scheute und warf seinen Reiter ab: Der Kaiser hatte vor den fränkischen Kriegern im Staub gelegen, die Waffen waren seinen Händen entglitten, der Königsmantel von seinen Schultern gerissen.

Das war ein böses Omen, und die Franken mögen froh gewesen sein, daß der Tod des Dänenkönigs den Waffengang überflüssig machte. Denn der Mensch des Mittelalters war gläubig und abergläubisch zugleich: er achtete auf himmlische Zeichen. Diese schienen nicht nur den Tod des greisen Herrschers anzukündigen, sondern auch Unheil für das ganze Reich. Einhard, der die Vorzeichen sorgsam registrierte, deutete sie dann aus der Rückschau tiefer und düsterer als der Kaiser selbst, der sie nicht gelten lassen wollte.[5]

Symptome der Bedrohung und des Verfalls zeigten sich aber nicht nur als himmlische Menetekel, sondern auch in höchst irdischen Phänomenen. Normannische Seeräuber suchten die friesische Küste heim, sarazenische Angriffe bedrohten die fränkischen Positionen im Mittelmeerraum, die slawischen Völker jenseits der Reichsgrenze gerieten in Bewegung. Es kam so weit, daß sich slawische Reiche zu formieren begannen, die das fränkische Reich herausforderten, das sich noch immer als Hegemonialmacht fühlte. Vielleicht gewichtiger noch als die äußeren Bedrohungen waren Verfallserscheinungen im Inneren. Von Unrecht und Gewalt sprechen die Quellen, von Amtsmißbrauch und Unterdrückung, von Enteignung und Versklavung. Es war kein leichtes Erbe, das Ludwig der Fromme nach dem Tode des Vaters am 28. Januar 814 antrat.

2. Der Erbe: Ludwig der Fromme

Ludwig der Fromme (814-840) hat zwei Biographen gefunden, die mit Lobpreisungen nicht sparten: Thegan, einen Franken vornehmer Herkunft, und einen unbekannten Geschichtsschreiber, einen »Anonymus«, den man wegen seiner Vorliebe für die Beobachtungen des gestirnten Himmels auch den »Astronomus« zu nennen pflegt.[6]

Die neuere Geschichtsschreibung geht weniger freundlich mit dem Sohn Karls des Großen um. Einen »trüben Schwächling« nennt ihn Wilhelm Giesebrecht, von »kläglichster Ohnmacht im eigenen Hause« und von »schimpflicher Abhängigkeit von der Geistlichkeit« ist die Rede. Sein »Mangel an Wirklichkeitssinn und Charakterstärke« wird beklagt. Selbst seine Tugenden hätten sich aus Mangel an Energie in Schwächen verwandelt.[7] Freigebigkeit sei in Verschleuderung der Krondomänen ausgeartet, Friedfertigkeit in Führungsschwäche, und sein frommer Sinn habe ihn unter den unheilvollen Einfluß geistlicher Ratgeber gebracht. Völkisch-germanisch eingestellte Historiker und Germanisten warfen ihm seine Abneigung gegen die altfränkischen Heldenlieder vor und verdächtigten ihn, diesen vom Vater gesammelten Schatz mutwillig vernichtet zu haben. Aber auch Historiker, die sich um eine gerechtere Würdigung Ludwigs des Frommen bemühen, müssen zugeben, daß er kein willensstarker Mensch war, sondern viele allzumenschliche Schwächen wie Jähzorn und Rachsucht auf der einen, Mutlosigkeit und Neigung zur Resignation auf der anderen Seite besaß.

Von jeher ist man versucht, sein Wirken an dem seines Vaters zu messen. Die gewaltige Persönlichkeit Karls des Großen hatte die widerstrebenden Kräfte zusammengehalten und gebändigt; nach seinem Tode geriet vieles wieder in Bewegung. »Denn die lebendige Persönlichkeit, in welcher sich die Momente des Lebens berühren, ist immer die dominierende Erscheinung der Welt; die Kräfte, deren sie sich bedient, werden zugleich von ihr gefesselt; beim Abgang des maßgebenden Oberhauptes regen sich diese nach ihren inneren Trieben und den Umständen der Zeit.«[8] Gleichwohl ist es fraglich, ob ein Nachfolger mit größeren Führungsqualitäten das Reich hätte retten können.

Dabei hatte der neue Herrscher keinen schlechten Beginn. Mit fünfunddreißig Jahren, im besten Mannesalter, trat er die Herrschaft an. Ein wenig zögerlich, fast besorgt kam er aus Aquitanien nach Aachen. Aber nirgends regte sich Widerstand. Wer sollte ihm den Thron auch streitig machen? Er war schon lange König und seit einem Jahr auch Kaiser und Mitregent; seine beiden vollbärtigen Brüder Karl und Pippin waren tot, der Halbbruder Pippin der Bucklige als Rebell in klösterlicher Haft verschollen und die Söhne Karls des Großen aus seinen letzten illegitimen Verbindungen noch so jung, daß von ihnen keine Gefahr drohte.

Zunächst sorgte der Kaiser in der Aachener Pfalz für Ordnung, verbannte seine leichtlebigen Schwestern, die »gekrönten Tauben«, vom Hofe und traf Maßnahmen gegen den allgemeinen Verfall der Sitten. Wichtig war, daß er die politische Führungsmannschaft auswechselte. Adalhard von Corbie und dessen Bruder Wala, die Vettern Karls des Großen, die zuletzt im »Kabinett« dominiert hatten, mußten den Hof ebenfalls verlassen. Aus Aquitanien kam Ludwigs Kanzler Helisachar und übernahm die Leitung der kaiserlichen Kanzlei, fungierte also gleichsam als Innenminister. Wichtiger noch war die Berufung des Abtes Benedikt von Aniane (779-821), der im südlichen Frankenreich eine energische Reform des monastischen Lebens in Gang gesetzt hatte und nun seine Energien in den Dienst einer Erneuerung von Reich und Kirche stellen sollte. Zunächst erhielt er das Kloster Maursmünster im Elsaß, dann die vom Kaiser als Reformkloster gegründete Reichsabtei Kornelimünster bei Aachen.

In den ersten Jahren gingen kräftige Impulse von Ludwig dem Frommen und seinem Beraterstab aus; Reformsynoden wurden einberufen, programmatische Kapitularien erlassen, Bistümer und Klöster privilegiert und unter kaiserlichen Schutz gestellt. Auch im weltlichen Bereich tat der Kaiser, was in seinen Kräften stand:

Um dieselbe Zeit schickte der Kaiser in alle Teile seines Reiches seine Königsboten, um zu untersuchen und nachzuforschen, ob jemandem ein Unrecht zugefügt worden wäre, und befahl ihnen, wenn sie jemand fänden, der dies behaupte und mit wahrheitsliebenden Zeugen beweisen könne, sogleich mit diesen vor dem Kaiser zu erscheinen. Diese gingen aus und fanden eine gewaltige Menge von Unterdrückten, sei es, daß ihnen das väterliche Erbe geraubt oder sie um ihre Freiheit gebracht worden waren, wie dies ungerechte Würdenträger, Grafen und Vizegrafen arglistigerweise zu tun pflegten. Alle Maßnahmen, die zur Zeit seines Vaters von treulosen Amtsinhabern durchgeführt worden waren, ließ er rückgängig machen. Den Beraubten gab er ihr väterliches Erbe zurück, befreite die widerrechtlich Verknechteten, ließ allen Urkunden darüber ausstellen und bestätigte sie eigenhändig. Und dies tat er lange Zeit.[9]

Kirchenreform und Reichsreform erwiesen sich letztlich als zwei Seiten derselben Sache. Man hegte hochfliegende Pläne und war voll guten Willens, dem auch der moderne Historiker die Hochachtung nicht versagen wird: »Es kann in keiner Weise in Abrede gestellt werden«, resümiert Walter Schlesinger, »daß das große kirchliche Reformprogramm des ersten Jahrzehnts Ludwigs des Frommen, das sozusagen die totale Kirche zu verwirklichen strebte, das Karlsreich hätte in eine Verfassung bringen können, die derjenigen zu Lebzeiten Karls überlegen war.«[10]

Bald bot sich Gelegenheit, die Einheit von Kirche und Staat durch ein Treffen zwischen den beiden ranghöchsten Repräsentanten der abendländischen Christenheit demonstrativ zur Schau zu stellen. Im Frühjahr 816 war in Rom Papst Leo III. gestorben, der den Stuhl Petri zwei Jahrzehnte lang innegehabt hatte. Sein Nachfolger Stephan IV. zog noch im gleichen Jahre über die Alpen, um Verhandlungen mit Ludwig dem Frommen aufzunehmen. Höhepunkt der Begegnung zwischen dem neuen Kaiser und dem neuen Papst waren Salbung und Krönung des Kaisers und seiner Gemahlin in der Marienkathedrale zu Reims, an einem symbolträchtigen Ort also. Hier hatte Chlodwig, der Namenspatron Ludwigs, mehr als drei Jahrhunderte zuvor als erster fränkischer König die Taufe empfangen.

Kaiser Ludwig der Fromme als Verteidiger des christlichen Glaubens in einem Figurengedicht im Werk des Hrabanus Maurus »Vom Lob des heiligen Kreuzes«

Ludwig der Fromme war seit 813 Kaiser, und es hätte dieser kirchlichen Weihehandlung nicht bedurft, aber er sah in dieser Zeremonie wohl ein geeignetes Mittel, seinen theokratischen Herrschaftsanspruch zu befestigen. Für den Papst bot sich die Chance, seine Rolle als Koronator in Erinnerung zu bringen. Er versäumte es nicht, durch die Krönung mit einer Krone, für die er konstantinischen Ursprung beanspruchte, auf die römische Herkunft des abendländischen Kaisertums hinzuweisen. Einen dauernden Erfolg hat die päpstliche Krönung freilich noch nicht gehabt, denn schon ein Jahr später krönte Ludwig der Fromme seinen ältesten Sohn Lothar mit eigener Hand - wiederum byzantinischem Hofbrauch folgend - in Aachen zum Mitkaiser.

Auch diese Krönung auf dem großen Reichstag des Jahres 817 hatte viel mit dem Reformeifer der ersten Regierungsperiode Ludwigs des Frommen zu tun. Unter den führenden Persönlichkeiten in der Umgebung des Kaisers dominierten diejenigen, denen die Reichseinheit am Herzen lag. Mit den Bemühungen um die Formulierung und die Durchsetzung eines allgemeinen Reichs- und Kirchenreformprogramms verknüpfte sich unvermeidlich die Frage nach der Zukunft des Reiches, einer Zukunft, die wiederum unlöslich mit dem Schicksal der karolingischen Dynastie verbunden war.

Nach der traditionellen fränkischen Reichsvorstellung kam die Herrschaft nicht dem König als Person zu, sondern dem Königsgeschlecht als Ganzem, als »stirps regia«. Mit einiger Mühe hatten die Karolinger sich einen Mythos des Blutes geschaffen, durch ihre Siegmächtigkeit, durch die Huld Gottes, die ihnen so sichtbar zuteil geworden war, aber auch durch den Eintritt in die alten Königsrechte und in den Königsmythos der Merowinger, durch die in den Namen dokumentierte »Ansippung« an die charismatische Dynastie Chlodwigs. Sie hatten damit aber auch das Prinzip der dynastischen Erbteilung übernommen, das allen Königssöhnen einen geheiligten Rechtsanspruch auf einen Anteil am Reich garantierte. Inzwischen war der Anspruch auf Teilhabe an der Königsherrschaft zwar unter dem Einfluß des kanonischen Rechts auf die legitimen Söhne eingeschränkt worden, aber für sie war er unbestreitbar.

Ganz anders stand es um das Kaisertum, das universale Geltung beanspruchte und deshalb keine Aufsplitterung vertrug. Die neuen geistigen Strömungen und die materiellen Interessen einer mächtigen Gruppe von Kirchenfürsten und weltlichen Herren ließen nun den Ausweg nicht mehr zu, den Karl der Große 806 gesucht hatte, als er bei der vorgesehenen Reichsteilung unter seine drei Söhne das Kaisertum einfach ausklammerte.[11] Die Zukunft der okzidentalen Kaiserwürde war damals in der Schwebe geblieben, bis der Tod der beiden ältesten Brüder den gordischen Knoten durchschlug. Das Kaisertum Ludwigs des Frommen und die Bewahrung der Reichseinheit erscheinen so fast als ein Spiel des Zufalls, eine Laune des Schicksals; wenn man will, aber auch als eine Folge der Vergänglichkeit des menschlichen Lebens.

Bildnismünze Ludwigs des Frommen

Um seinen kaiserlichen Rang zur Schau zu stellen, ließ Ludwig der Fromme wieder Goldmünzen nach byzantinischem Vorbild prägen.

Der neue Kaiser setzte 814 zunächst die traditionelle Politik seines Vaters fort, die auf eine Beteiligung der Dynastie an der Regierung in der Form von »Sekundogenituren« abzielte. Karl der Große hatte in Italien nach dem Tod Pippins (810) dessen Sohn Bernhard als Unterkönig in Italien eingesetzt. Ludwig der Fromme akzeptierte diese Regelung, die der Sonderstellung Italiens Rechnung trug. Er ließ sich von Bernhard huldigen, empfing den Treueid und bestätigte ihn in seiner Würde. Auch seine beiden ältesten Söhne erhielten periphere Gebiete als Königreiche zugewiesen, Lothar Bayern, Pippin Aquitanien. Letzteres hatte der Kaiser einst selbst von seinem Vater erhalten und bis zur Übernahme der Herrschaft im Jahre 814 verwaltet. Damit schien eine sinnvolle Gliederung des Reiches unter kaiserlicher Herrschaft gesichert. Zu weitergehenden Verfügungen über die Nachfolge wäre vorderhand eigentlich kein Anlaß gewesen, denn der Kaiser war erst knapp vierzig Jahre alt. Aber er achtete ängstlich auf himmlische Zeichen; ein Unglücksfall in der Aachener Pfalz führte ihm die ständige Nähe des Todes vor Augen. So gewarnt, stellte er sich nun den Problemen, die mit der Thronfolge im Frankenreich und im Imperium verbunden waren.

Im Juli 817 traten in Aachen die weltlichen und geistlichen Großen des Reiches zu einer mit einem Hoftag zusammenfallenden Synode zusammen, um durch eine umfassende Thronfolgeordnung die Einheit des Reiches für die Zukunft zu sichern. Die Einheit des christlich-abendländischen Imperiums war zu einem Wert an sich geworden, zu einem Geschenk Gottes, das es zu bewahren galt. Die vom fränkischen Recht vorgeschriebene Teilung war in den Augen des Kaisers und seiner Berater ein Ärgernis, ein Skandal für die heilige Kirche. Die Wahrung der Reichseinheit forderte nicht nur die Geistlichkeit, sondern offensichtlich auch jene Spitzengruppe innerhalb der fränkischen Führungsschicht, die mit einem nicht ganz unumstrittenen Ausdruck als »Reichsaristokratie« bezeichnet wird. Ihre Angehörigen waren überregional im Hof- und Reichsdienst tätig, verfügten über weitreichende verwandtschaftliche Beziehungen und besaßen Familienbesitz und Lehengüter in den verschiedenen Reichsteilen. Naturgemäß konnten sie an einer wirklichen Reichsteilung nach altfränkischem Brauch nicht interessiert sein, da dadurch das Beziehungsgeflecht in seiner Funktionsfähigkeit beeinträchtigt worden wäre.

Leicht war es für die Vertreter der kirchlichen Reformpartei und der überregionalen Hocharistokratie allerdings nicht, die im Volke und in Teilen des Adels tiefeingewurzelten Rechtsvorstellungen zu überwinden. Es bedurfte der göttlichen Inspiration, die die gesamte Reichsversammlung ergriff und den Prozeß der politischen Willensbildung in die gewünschte Richtung lenkte. Die konservativ gesinnten Kräfte, die den Kaiser zu einer Reichsteilung traditioneller Art drängten, hatten zu diesem Zeitpunkt dem eminenten politischen Gestaltungswillen der Repräsentanten der Einheitspartei, in deren Bann der Kaiser stand, wenig entgegenzusetzen.

Die Thronfolgeordnung des Jahres 817, die Ordinatio imperii, wurde zu einem großartigen Dokument der neuen politischen Konzeption, die Kaiser, Reich und Kirche in einen unauflösbaren Zusammenhang brachte.[12] Die Sicherung der Reichseinheit war eine Grundvoraussetzung für ihre Verwirklichung. Mit Hilfe des Prinzips der Primogenitur wurde der Teilungsgedanke verworfen: Der älteste Sohn Lothar wurde mit der Kaiserkrone geschmückt und zum »Teilhaber und Nachfolger« im Reich erhoben. Ihm sollten die jüngeren Brüder Pippin und Ludwig, denen der königliche Rang verliehen wurde, unterstellt werden. Die volle imperiale Herrschaft behielt sich freilich Ludwig der Fromme selbst vor. Die Königreiche, die Pippin und Ludwig zugeteilt wurden, sollten fest innerhalb des Reichsverbandes bleiben und unter der Oberhoheit des Kaisers stehen. Königliche Rechte wurden den Königen innerhalb ihrer Gebiete zugestanden, nicht aber Souveränität. Der Erstgeborene sollte weitgehende Kontrollrechte erhalten und die gesamtfränkische Außenpolitik leiten.

Pippin erhielt Aquitanien, die Gascogne, die Spanische Mark, die Grafschaft Carcassonne in Septimanien und drei burgundische Grafschaften. Ludwig, dem die Nachwelt den Beinamen »der Deutsche« verliehen hat, sollte Bayern, Karantanien und Böhmen, die an Bayern grenzenden awarischen und slawischen Gebiete sowie wie Königshöfe im Nordgau erhalten.

Die Thronfolgeordnung trug also dem Anrecht der jüngeren Söhne auf die Teilhabe an der Herrschaft wenigstens in einer beschränkten Form Rechnung. Sie durften den königlichen Namen führen und erhielten jeder eine der großen peripheren Regionen, die in der langen Zeit ihrer Zugehörigkeit zum großfränkischen Reichsverband fast durchgängig eine Sonderstellung eingenommen hatten, Aquitanien im Westen und Bayern im Osten. Ihr Rang als Königreiche sollte auch in der Zukunft gewahrt bleiben, wobei allerdings eine weitere Teilung ausgeschlossen sein sollte. An die Stelle der Primogenitur sollte die Wahl durch das Volk treten, das unter mehreren legitimen Söhnen einen zum König wählen konnte. Der dritte Bereich, dessen historisch-kulturelle Sonderstellung nicht zu übersehen war, nämlich Italien, sollte dem Mitkaiser und präsumtiven Nachfolger Lothar unterstehen. Die Existenz des Königs Bernhard von Italien, der seine Würde immerhin Karl dem Großen verdankte, wird in der »Ordinatio imperii« ignoriert. Sein Name taucht nicht auf.

Mit dieser Regelung war Bernhard freilich nicht einverstanden, und er setzte sich zur Wehr. Von Teilen der italo-fränkischen Aristokratie in seinem Widerstandswillen bestärkt, ließ er die Alpenpässe sichern und versuchte, seine Stellung als König von Italien zu festigen. Ein Erfolg Bernhards hätte leicht zur Entstehung einer italienischen Königsdynastie führen und die Geschicke des Landes in ganz andere Bahnen lenken können. Für Ludwig den Frommen waren Bernhards Präventivmaßnahmen offene Rebellion, und da ein Kaisertum ohne die Herrschaft über Rom und Italien immer weniger vorstellbar war, bot der Kaiser ein gewaltiges Heer auf und rückte in Eilmärschen nach Süden vor. Der Streitmacht des fränkischen Reichsheeres fühlte sich Bernhard, von vielen seiner Gefolgsleute im Stich gelassen, nicht gewachsen. Er vertraute wohl auch auf sein Recht und die Gnade des Kaisers. Er legte die Waffen nieder und unterwarf sich mit seinen Getreuen dem Kaiser, der schon bis nach Chalon-sur-Saône vorgedrungen war.

Ludwig der Fromme, der seinem Vater beim Empfang der Kaiserkrone feierlich geschworen hatte, seinen Verwandten mit Liebe und Huld zu begegnen, achtete nicht das Gebot der Nächstenliebe, sondern verhängte harte Strafen über die Rebellen. Die Häupter des Widerstandes, König Bernhard, sein Kämmerer Reginhard, sein Vertrauter Eggideo und Graf Reginhar wurden vom Heer zum Tode verurteilt. Der Kaiser wandelte das Urteil zwar in die Strafe der Blendung um, doch starben Bernhard und Reginhar an den Folgen dieser Tortur, die sich nun – byzantinischem Brauche folgend – im Frankenreich einbürgerte.

Die übrigen Anhänger Bernhards wurden verbannt, die Geistlichen unter ihnen in Klosterhaft genommen, darunter auch der unter Karl dem Großen hochangesehene Bischof Theodulf von Orléans. Ob er wirklich mit Bernhard von Italien konspiriert hat, ist ungewiß, vielleicht wurde er nur von der »Säuberungswelle« erfaßt, die sich an die Blendung und Verbannung der italienischen Insurgenten anschloß und von der auch die kleinen Stiefgeschwister des Kaisers, Drogo, Hugo und Theoderich, nicht verschont blieben. Um sie als Anwärter auf den Thron und als Konkurrenten für seine Söhne auszuschalten, ließ sie der Kaiser scheren und damit regierungsunfähig machen. Für den geistlichen Stand bestimmt, erhielten sie im Kloster eine gute Erziehung, die ihnen zumindest die Aussicht auf eine Karriere in der kirchlichen Hierarchie eröffnete, auch wenn ihr Aufenthalt hinter Klostermauern zunächst mehr einer »Schutzhaft« geglichen haben dürfte.

Ludwig der Fromme führt seinen Beinamen dennoch nicht zu Unrecht; es war sicher aufrichtige Frömmigkeit, die ihn im August 822 zur Kirchenbuße in der Pfalz Attigny veranlaßte. In feierlicher Form bat er im Rahmen einer Reichsversammlung um Vergebung der Sünden, die er in Ausübung seiner Herrschaft begangen hatte:
Als die Bischöfe, Äbte und geistlichen Männer sowie auch die Großen seines Reiches zur Beratung zusammengerufen worden waren, suchte er sich zuerst mit seinen Brüdern zu versöhnen, die er wider Willen hatte zu Mönchen scheren lassen, dann aber überhaupt mit allen, welchen er

irgendeine Kränkung zugefügt hatte. Dann aber bekannte er öffentlich, gesündigt zu haben und übernahm, das Beispiel des Kaisers Theodosius nachahmend, eine freiwillige Buße für alles, auch für das, was er an seinem eigenen Neffen Bernhard verübt hatte. Er ließ alles Unrecht, das von ihm oder von seinem Vater ausgegangen war, aufspüren und sühnte es durch reiche Almosenspenden, eindringliche Gebete der Geistlichkeit und eigene Bußleistungen, und er suchte die Gottheit so zu versöhnen, als ob das, was jeden nach dem Gesetz getroffen hatte, Folge seiner eigenen Grausamkeit gewesen wäre.[13]

Schon vor der öffentlichen Kirchenbuße zu Attigny, durch die Ludwig der Fromme in der Nachfolge des römischen Kaisers Theodosius Zeugnis von seiner frommen Gesinnung und seiner Verpflichtung gegenüber dem christlichen Herrscherethos ablegte, hatte der Kaiser Begnadigungen ausgesprochen und Inhaftierte und Verbannte zurückkehren lassen, darunter Adalhard von Corbie und dessen Bruder Wala. Ludwigs Stiefbruder Drogo wurde auf kaiserlichen Befehl 823 zum Priester geweiht und trotz seiner Jugend - er war etwa zweiundzwanzig Jahre alt - zum Bischof von Metz erhoben; Hugo wurde Abt der hochangesehenen Abteien Saint-Quentin und Saint-Bertin.

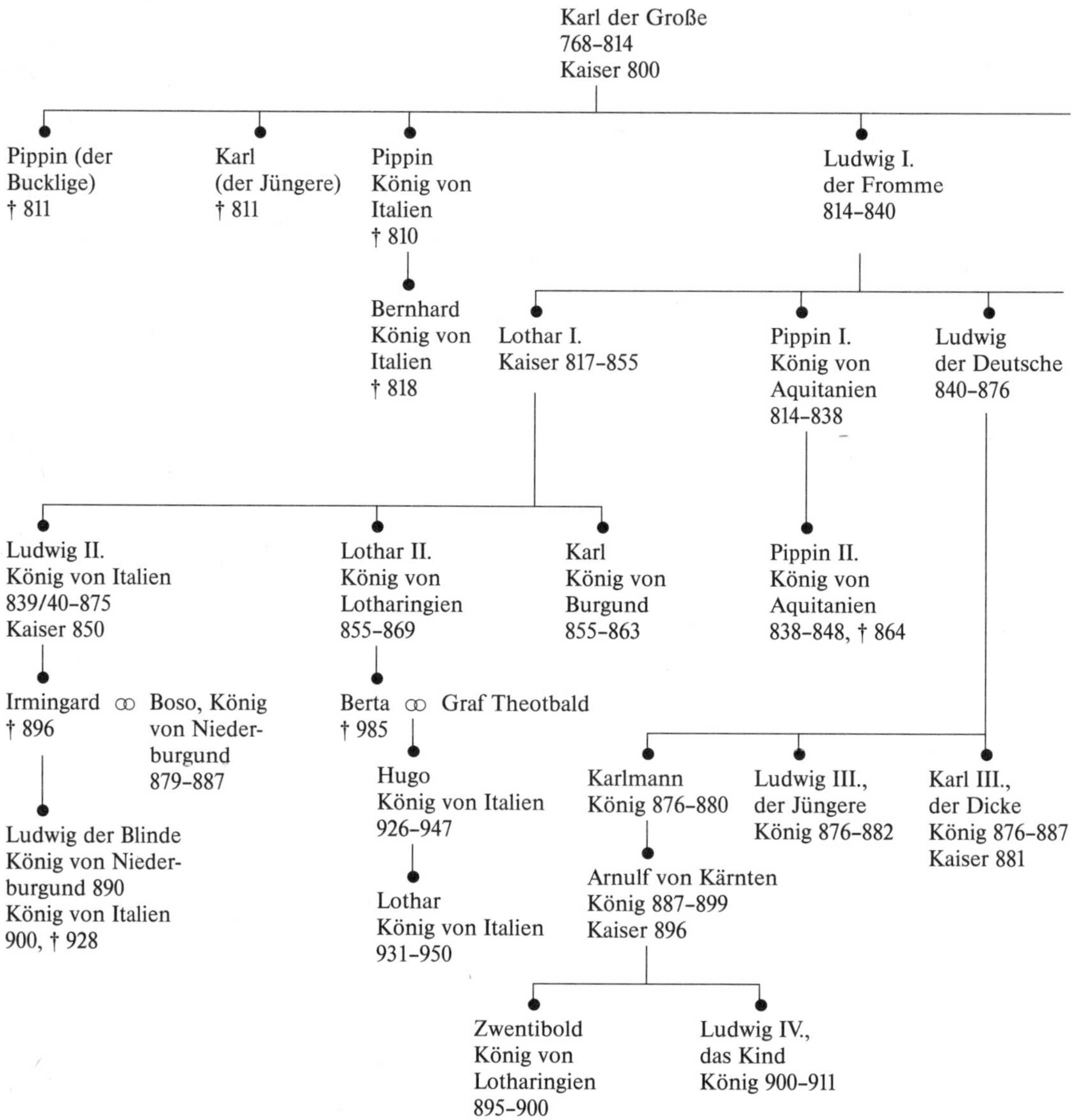
Karl der Große
768–814
Kaiser 800
Pippin (der Bucklige) † 811
Karl (der Jüngere) † 811
Pippin König von Italien † 810
Ludwig I. der Fromme 814–840
Bernhard König von Italien † 818
Lothar I. Kaiser 817–855
Pippin I. König von Aquitanien 814–838
Ludwig der Deutsche 840–876
Ludwig II. König von Italien 839/40–875 Kaiser 850
Lothar II. König von Lotharingien 855–869
Karl König von Burgund 855–863
Pippin II. König von Aquitanien 838–848, † 864
Irmingard † 896 ∞ Boso, König von Niederburgund 879–887
Berta † 985 ∞ Graf Theotbald
Hugo König von Italien 926–947
Karlmann König 876–880
Ludwig III., der Jüngere König 876–882
Karl III., der Dicke König 876–887 Kaiser 881
Ludwig der Blinde König von Niederburgund 890 König von Italien 900, † 928
Lothar König von Italien 931–950
Arnulf von Kärnten König 887–899 Kaiser 896
Zwentibold König von Lotharingien 895–900
Ludwig IV., das Kind König 900–911

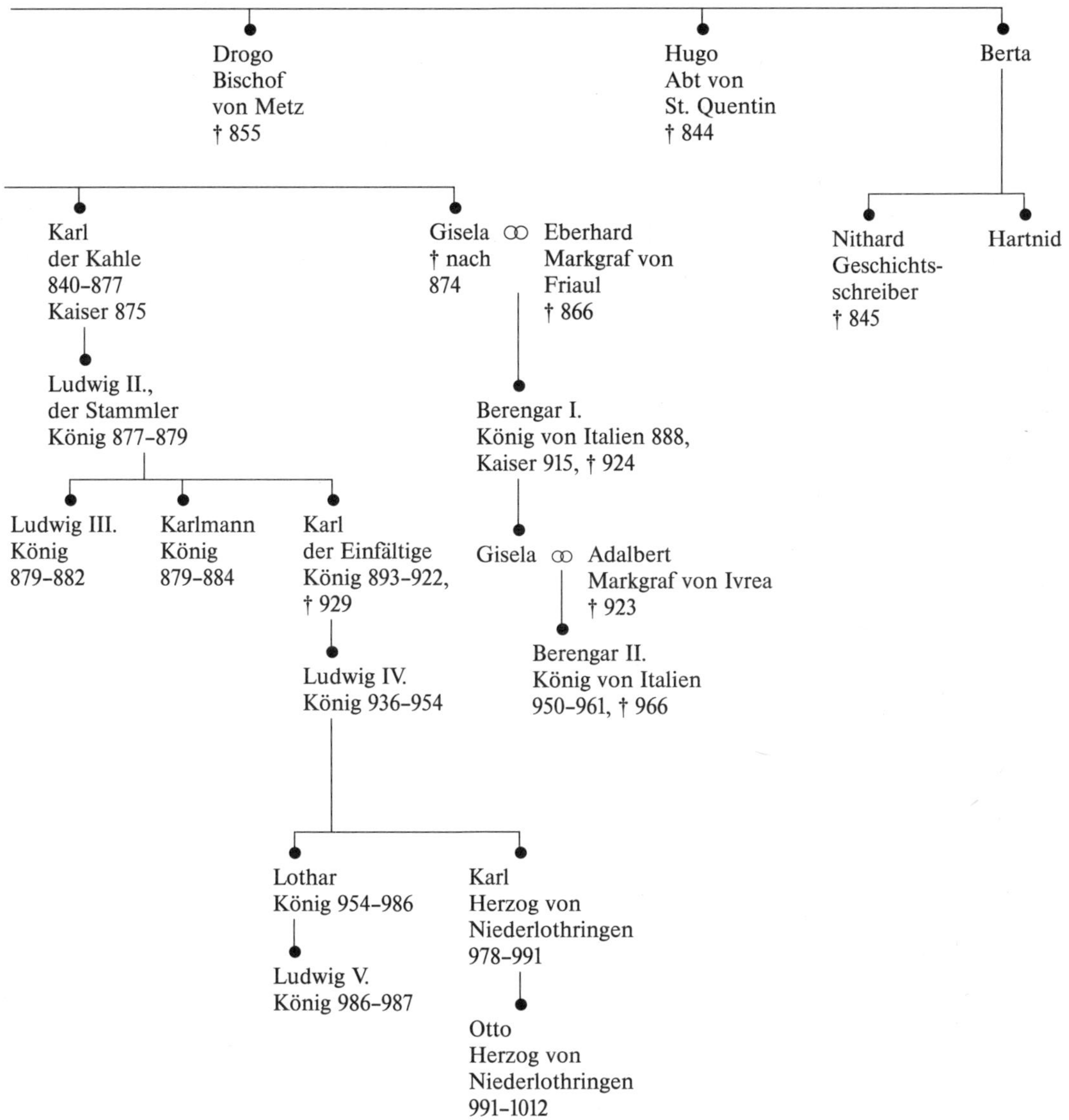
Drogo
Bischof
von Metz
† 855
Hugo
Abt von
St. Quentin
† 844
Berta
Karl
der Kahle
840–877
Kaiser 875
Gisela ∞ Eberhard
† nach
874
Markgraf von
Friaul
† 866
Nithard
Geschichts-
schreiber
† 845
Hartnid
Ludwig II.,
der Stammler
König 877–879
Berengar I.
König von Italien 888,
Kaiser 915, † 924
Ludwig III.
König
879–882
Karlmann
König
879–884
Karl
der Einfältige
König 893–922,
† 929
Gisela ∞ Adalbert
Markgraf von Ivrea
† 923
Berengar II.
König von Italien
950–961, † 966
Ludwig IV.
König 936–954
Lothar
König 954–986
Karl
Herzog von
Niederlothringen
978–991
Ludwig V.
König 986–987
Otto
Herzog von
Niederlothringen
991–1012

3. Der Aufstand der Söhne

Die Rebellion Bernhards von Italien gegen das politische Konzept des kaiserlichen Onkels war schon angesichts ihres unglücklichen Ausgangs kein Ereignis, das die Stabilität des Reiches auf eine ernste Probe gestellt hatte. Dagegen mußte es zu großen Erschütterungen kommen, als der Kaiser selbst von den Regelungen der Ordinatio imperii abrückte und einen Aufstand der Söhne heraufbeschwor, der in einen Bruderkrieg und eine Periode der Reichsteilungen mündete.

Der Familienzwist im Kaiserhaus wurde durch eine Frau ausgelöst, durch die Kaiserin Judith, die Ludwig der Fromme im Februar 819, kurz nach dem Tode seiner ersten Frau Irmingard, heiratete. In der Umgebung des Hofes hatte man gefürchtet, der von Depressionen heimgesuchte Kaiser - es war die Zeit zwischen der todbringenden Blendung seines Neffen Bernhard und dem Sündenbekenntnis zu Attigny - könne der Herrschaft und der Welt entsagen. Um dem vorzubeugen, hatte man ihn zu einer neuen Ehe gedrängt. Kandidatinnen aus den vornehmsten Familien des Reiches waren ihm präsentiert worden, und die schöne und verführerische Judith aus dem Hause der Welfen, eine Tochter des Grafen Welf I. aus dem Schwäbischen, hatte souverän diese etwas märchenhaft anmutende Schönheitskonkurrenz, die so wenig zum Bild Ludwigs des Frommen passen will, gewonnen. Die Kaiserin muß trotz ihrer Jugend eine faszinierende Frau mit viel Ausstrahlung gewesen sein, im Guten wie im Bösen. Schwärmerische Verehrung zollten ihr die einen, die anderen verteufelten sie als dämonische Buhlerin, die »das Zepter der ganzen Monarchie nach unten kehrte, Fluten und Meere aufwühlte, die Stürme losließ und die Herzen der Männer ihrem Willen unterwarf«, wie es in der Lebensbeschreibung des Abtes Wala von Corbie heißt.[14] Mit ihren Teufelskünsten, so glaubte man, habe sie das Karlsreich in den Abgrund gestürzt.

Zunächst schien die junge Kaiserin eher Mittelpunkt eines künstlerisch-literarischen Hofkreises zu sein als eine in den Niederungen der Politik agierende Persönlichkeit, doch dann gab die Geburt eines Sohnes ihrem Streben Richtung und Ziel. Der Knabe, am 13. Juni 823 in der Frankfurter Kaiserpfalz geboren, wurde auf den Namen Karl getauft. Es war klar, daß man den Enkel Karls des Großen, der noch dazu seinen Namen trug, nicht von der Herrschaft ausschließen konnte. Das war zumindest Judiths Ansicht, während ihr Gatte zunächst ratlos war und durch diese Ratlosigkeit das heraufziehende Unheil nur vermehrte. Was dann geschah, hat der Geschichtsschreiber und Kaiserenkel Nithard, ein Zeitgenosse und Mithandelnder, etwas beschönigend und die intrigante Rolle der Kaiserin verschweigend so beschrieben:

Nach Karls Geburt wußte der Kaiser nicht, was er mit ihm machen sollte, da er das ganze Imperium unter die übrigen Söhne verteilt hatte. Und da der Vater, in Sorge für den Sohn, die Söhne befragte, stimmte endlich Lothar zu und bezeugte durch einen Eid, der Vater solle einen Teil des Reiches, welchen er wolle, dem Sohn geben; er selbst werde Karls Beschützer und Verteidiger gegen alle seine Feinde in der Zukunft sein.

Auf Anstiften Hugos aber, dessen Tochter Lothar zur Frau genommen hatte, und Mathfrieds und anderer reute ihn das später, und er versuchte mit allen Mitteln das Geschehene rückgängig zu machen. Doch dies entging Vater und Mutter nicht, und daher war Lothar bemüht, wenn nicht offen, so doch im geheimen, das Werk des Vaters zu vernichten.[15]

Von nun an füllen Intrigen und diplomatische Aktivitäten, Aufstieg und Fall führender Persönlichkeiten, Bündnisse und Verrat, Demütigungen und Rachehandlungen, schließlich Fehde und Krieg die Seiten der Chroniken. Die Schlacht von Fontenoy warf ihre Schatten voraus. Die Agonie der Dynastie wurde begleitet vom Zerfall der inneren Ordnung: Die rivalisierenden Herrscher verschleuderten die Krondomänen und die von Karl dem Großen aufgehäuften Schätze, um Gefolgsleute zu gewinnen und zu belohnen. Skrupellose Männer schlossen sich dem Meistbietenden an, Emporkömmlinge bedrohten die Positionen der altfränkischen Führungselite, und alle Machtkämpfe wurden letztlich auf dem Rücken des Volkes ausgetragen. Klagen über Unterdrückung, über bestechliche Richter, habgierige Grafen, Bischöfe und Äbte, über die Entfremdung von Kirchengut und über sittliche Verwilderung in allen gesellschaftlichen Schichten wurden laut.

Die allgemeine Anarchie, die nur durch das Wirken dämonischer Mächte erklärbar schien, wurde begleitet von Naturkatastrophen, Mißernten und Hungersnöten. Bedrohungen durch äußere Feinde, die das Reich nicht abwehren konnte, traten hinzu: Ein wichtiges Faktum, in einer Zeit, in der das Prestige der Herrscher von Krieg und Sieg abhängig war. Und doch gingen in den zwanziger Jahren die Bemühungen um die Kirchenreform und um die Stabilisierung der Verfassung und der inneren Struktur des Reiches weiter. Neue Männer sammelten sich um den Kaiser, nachdem Erzkaplan Hildebald von Köln und Benedikt von Aniane gestorben waren und Helisachar als Reichskanzler resigniert hatte. Adalhard von Corbie und Wala waren an den Hof zurückgekehrt, Erzkaplan wurde Abt Hilduin von Saint-Denis, die Leitung der Kanzlei übernahm Fridugis, ein enger Vertrauter der Kaiserin Judith. Eine wichtige Rolle begann Erzbischof Ebbo von Reims zu spielen, ein Emporkömmling unfreier Herkunft, der in den Kreisen der alten Aristokratie mit Mißtrauen beobachtet wurde. Als Prinzenerzieher für den kleinen Karl wurde später Markgraf Bernhard von Barcelona an den Kaiserhof berufen, der vorübergehend zum mächtigsten Manne im Reich werden sollte. Kaiserin Judith, als Objekt politischen Kalküls dem Kaiser zugeführt, hatte sich längst einen Platz auf der politischen Bühne erkämpft.

Manche Entwicklungen waren noch offen, als Judith ihren Gemahl 829 veranlaßte, für ihren Sohn einen Reichsteil auszusondern. Karl sollte Alemannien, das Elsaß, Churrätien und einen Teil Burgunds, der etwa der heutigen romanischen Schweiz entspricht, als Königreich erhalten. Die Verfügung, die der Kaiser ohne Zustimmung der Großen aus eigener Machtvollkommenheit traf, ging zu Lasten Lothars, der wohl nur widerwillig zugestimmt haben dürfte. Ludwig der Fromme schickte daher seinen Ältesten wieder nach Italien zurück, das ihm schon zuvor als Betätigungsfeld zugewiesen worden war. Lothar hatte sich 823 in Rom in der Peterskirche vom Papst noch einmal zum Kaiser krönen lassen. Es war ihm auch gelungen, die Abhängigkeit des Papsttums vom okzidentalen Kaisertum wiederherzustellen und in der »Constitutio Romana« von 824 gesetzlich zu verankern. Dem Kaiser wurde darin das Recht zugesprochen, die Papstwahl vor der Weihe des Gewählten zu bestätigen.

Der wachsende Unmut gegen die Herrschaft Ludwigs des Frommen, der nahezu vollkommen unter den Einfluß seiner Frau und ihres Günstlings Bernhard von Barcelona geraten war, entlud sich 830 in offener Empörung. Widerstand unter den Großen gegen eine Heerfahrt gegen die Bretonen nutzte König Pippin von Aquitanien, um den Kaiser zu entmachten. Markgraf Bernhard ergriff die Flucht. Die Kaiserin, die man des Ehebruchs mit dem Markgrafen beschuldigte, wurde gezwungen, den Schleier zu nehmen und nach Poitiers ins Kloster zu gehen. Lothar zog eilends aus Italien heran, und der von allen Getreuen im Stich gelassene Kaiser mußte ihm die Herrschaft überlassen. Der junge Kaiser, so berichtet wiederum Nithard, hielt seinen Vater, der nominell noch immer Kaiser war, in freier Haft und war bemüht, ihn durch den Umgang mit Mönchen auf ein Leben im Kloster vorzubereiten. Ludwig der Fromme wurde in Compiègne zu einem öffentlichen Schuldbekenntnis gezwungen und mußte sogar den unfreiwilligen Eintritt Judiths in den geistlichen Stand gutheißen.

Es sah so aus, als habe der Kaiser resigniert und als sei seine Abdankung nur noch eine Frage der Zeit; das war ein Irrtum. Ludwig wartete nur auf seine Chance. Es gelang ihm, für den Herbst 830 einen Reichstag nach Nimwegen einzuberufen. Er wußte, daß das Ansehen der Krone bei den deutschen Stämmen noch immer ungebrochen war, und tatsächlich fand er in Nimwegen wieder Anerkennung. Das drohende Blutvergießen zwischen Romanen und Germanen, zwischen Gegnern und Freunden des Kaisers konnte noch einmal verhindert werden, denn Vater und Sohn zeigten sich dem Volke einmütig.

Der Sieger aber hieß Ludwig der Fromme. Mehrere fränkische Adlige – Anhänger Lothars und Pippins – wurden als Aufrührer verhaftet und zum Tode verurteilt, vom Kaiser aber begnadigt. Judith kehrte an seine Seite zurück, reinigte sich, da kein Ankläger auftrat, durch einen Eid von den gegen sie erhobenen Beschuldigungen und wurde wieder in ihre kaiserlichen Rechte und Würden eingesetzt. Die Söhne zogen in ihre Reichsteile zurück, Lothar nach Italien, Pippin nach Aquitanien und Ludwig der Deutsche, der sich offensichtlich tatkräftig für die Rehabilitierung des Vaters eingesetzt hatte, in sein bayrisches Herrschaftsgebiet. Der Verlierer hieß Lothar, der – auf Italien zurückgeworfen – nun nicht mehr als Mitregent anerkannt wurde. Von einer Lösung der Konflikte war man nun weiter entfernt als vorher, denn Ludwig der Fromme war zu einer straffen hegemonialen Herrschaft nicht fähig, Lothar mit seiner Herabsetzung gedemütigt, Pippin und Ludwig mit den ihnen zugewiesenen Reichsteilen weiterhin unzufrieden, und die Kaiserin Judith nutzte jede Möglichkeit, ihrem kleinen Sohn einen größeren Anteil am Reich zu sichern. Auf ihr Betreiben wuchs der Einfluß Lothars wieder, denn sie sah im Taufpaten ihres Sohnes einen Sachwalter ihrer Interessen. Pippin fiel in Ungnade, wurde in Haft genommen, floh und empörte sich und verlor dadurch Aquitanien, das dem

Reichsteil Karls zugeschlagen werden sollte. Auch Ludwig der Deutsche lehnte sich gegen den Kaiser auf, mußte sich aber im Mai 832 in Augsburg den überlegenen militärischen Kräften kampflos beugen. Ludwig der Fromme, an einer Verschärfung der Lage nicht interessiert, nahm den Sohn wieder in Gnaden auf.

Die streng hierarchische Struktur, die die Einheit des fränkisch-römischen Imperiums erhalten sollte, hatte keine realen Chancen mehr. Die Konzeption der Ordinatio imperii hatte sich als eine politische Utopie erwiesen. Dennoch hatte die Idee der Reichseinheit weiterhin Anhänger in den Kreisen des Reformklerus und der Reichsaristokratie. Erzbischof Agobard von Lyon, einer ihrer Wortführer, bemühte sich aber vergeblich, Ludwig den Frommen zur Rückbesinnung auf die Prinzipien der Ordinatio imperii zu bewegen. Schließlich setzten er und andere auf Lothar, der den kaiserlichen Titel führte und berufen schien, ihre Ideen zu verwirklichen. Eigentlich hätte das Lothars Brüder auf die Seite des alten Kaisers treiben müssen, aber dieser bevorzugte unter dem Einfluß seiner Gemahlin den jüngsten Sohn in einer für die übrigen unerträglichen Weise.

So kam es zum Aufstand der Söhne des Kaisers. Lothar, Pippin und Ludwig der Deutsche fanden sich zusammen, boten ihre Heere auf und zogen gegen den Vater ins Feld. Lothar hatte Papst Gregor IV. (827-844) aus Rom herbeigerufen, um die päpstliche Autorität gegen den Kaiser auszuspielen. Auch der Vater zog mit einem gewaltigen Heer heran. Unter seinen Anhängern befanden sich zahlreiche Bischöfe, denen die dem Papst zugedachte Rolle suspekt war. Bei Colmar im Elsaß trafen die Heere aufeinander, schlugen ihre Feldlager auf und bereiteten sich auf die Schlacht vor. Gregor IV. versuchte zu vermitteln, aber der Aufschub nützte nur den Rebellen: Drohungen, Bestechungen, Geschenke und Versprechungen führten im Lager des alten Kaisers zum Massenabfall. Von seinem gesamten Heer verlassen, mußte der Vater mit wenigen Getreuen den Weg in die Gefangenschaft seiner Söhne antreten.

Eine Schlacht war zwar vermieden worden, aber der Vorgang, der sich wohl im Juni des Jahres 833 auf dem Lügenfeld bei Colmar abspielte, war kaum weniger schändlich: Der Kaiser wird vor der Schlacht, die doch immer auch den Charakter eines Gottesurteils hatte, von seinem Heer verlassen. Die Getreuen brechen ihren Treueid und verraten ihren Gefolgsherrn. Die sakrale Aura, die den Eid umgab, mußte den Bruch der Treue als Sakrileg erscheinen lassen. Und dann die bitteren Szenen der Niederlage: Der Vater in der Gewalt der Söhne, der Waffen und Würden beraubt, als Gefangener ins Medarduskloster nach Soissons gebracht und dort in strenger Haft gehalten. Die Kaiserin ließ Lothar in seinen engeren Machtbereich bringen und in Tortona inhaftieren. Der kleine Karl kam zuvor ins Kloster Prüm, doch scheute Lothar davor zurück, ihn scheren zu lassen.

Noch immer war Ludwig der Fromme Kaiser, und es hatte sich auf dem Reichstag zu Nimwegen gezeigt, daß der Sohn und Erbe Karls nach wie vor von vielen seines Volkes als der legitime Herrscher angesehen wurde, namentlich von den noch in archaischeren Königsvorstellungen befangenen ostrheinischen Stämmen. Der Tag von Nimwegen sollte sich jedoch nicht wiederholen, der Vater regie-

»Einhardsbasilika« in Steinbach bei Michelstadt im Odenwald

Die heillosen Zustände im Reich veranlaßten Einhard, einen der letzten Vertrauten Karls des Großen und dann Berater Ludwigs des Frommen, sich aus der Politik auf seine Güter in Ostfranken zurückzuziehen. Er hatte schon um 820 in Steinbach eine Kirche erbauen lassen und gründete 828 in Seligenstadt am Main eine Benediktinerabtei, wo er in Erinnerung an die große Zeit des karolingischen Reiches eine Biographie Karls des Großen schrieb.

rungsunfähig gemacht, gedemütigt und sein Nimbus zerstört werden. Mit Hilfe willfähriger Bischöfe, an ihrer Spitze Erzbischof Agobard von Lyon und Erzbischof Ebbo von Reims, des Kaisers einstiger Freund, erreichte Lothar dieses Ziel:

Sie wählten dazu einen schlimmen und grausamen Menschen aus, den Bischof Ebbo von Reims, aus ursprünglich unfreiem Geschlecht, damit er den Kaiser mit Lügen unmenschlich peinige. Unerhörtes redeten sie, Unerhörtes taten sie, indem sie ihm täglich Vorhaltungen machten, sie nahmen ihm das Schwert von der Seite, und nach Urteil seiner Knechte wurde er mit einem härenen Gewande bekleidet. Da erfüllte sich das Wort des Propheten Jeremias: Knechte herrschen über uns.[16]

Der seelischen Tortur folgten die Verurteilung des Kaisers auf dem Reichstag zu Compiègne am 1. Oktober 833 und wenig später die Demütigung in der Kirche des Medardusklosters in Soissons. In der alten fränkischen Königsstadt Soissons, in der sein Großvater Pippin als erster Karolinger die Königskrone empfangen hatte, wurde der Kaiser gezwungen, vor allem Volk ein Sündenbekenntnis zu verlesen, die Waffen abzulegen und die kaiserlichen Gewänder mit dem Büßergewand zu vertauschen. Für die Augen der Öffentlichkeit war dieses Schauspiel bestimmt, das ein kaisertreuer Berichterstatter »ein unerhörtes Trauerspiel«, nannte:

In Furcht, das Geschehene könnte wieder rückgängig gemacht werden, griffen die Anstifter dieses nichtswürdigen Verbrechens, unterstützt von einigen Bischöfen, zu einem, wie sie meinten, schlauen Mittel: Sie wollten nämlich den Kaiser für das, wofür er Buße geleistet hatte, noch einmal nach Ablegung der Waffen öffentlich Kirchenbuße leisten lassen, obgleich doch sowohl die weltlichen Gesetze eine Schuld nicht zweimal bestrafen und auch unser göttliches Gesetz besagt, daß Gott nicht zweimal um ein und dasselbe verdamme. Nur wenige widersetzten sich diesem Urteil. Viele waren damit einverstanden, und die große Masse stimmte wie üblich zu, um es nicht mit den Vornehmen zu verderben. In Abwesenheit und ohne gehört zu werden, ohne Geständnis und ohne Beweise wurde der Kaiser verurteilt. Er mußte vor den Reliquien des heiligen Bekenners Medardus und des heiligen Märtyrers Sebastian seine Waffen ablegen und vor dem Altar niederlegen; dann bekleidete man ihn mit einem Büßergewand und nahm ihn in strengen Gewahrsam.[17]

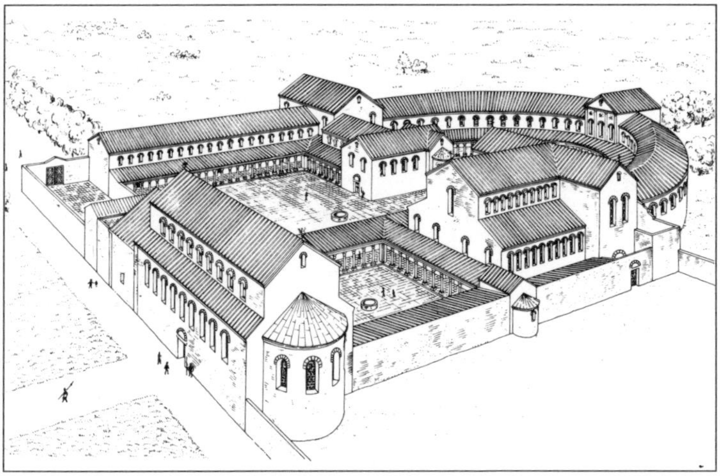

Ingelheim, die Lieblingspfalz Ludwigs des Frommen, rekonstruiert nach den Ergebnissen archäologischer Untersuchungen

Die karolingischen Hauptpfalzen dienten vor allem einer repräsentativen Hofhaltung.

Zur Kirchenbuße und zum Verzicht auf Waffen und Herrschaftszeichen ließ Ludwig sich bewegen, die Ablegung der monastischen Gelübde verweigerte er standhaft. Noch immer hatte er Anhänger im Adel und im Volke und seine Lage war durchaus nicht hoffnungslos, denn bald zeigten sich auch Risse im Bündnis zwischen Lothar und seinen Brüdern. Solange es gegen den Kaiser, die Kaiserin und den kleinen Halbbruder gegangen war, hatten sich ihre Interessen gedeckt, doch weder Pippin noch Ludwig der Deutsche hatten Lust, sich nun den imperialen Herrschaftsansprüchen Lothars zu beugen. Mit Heeresmacht zogen sie heran, Lothar wich nach Süden aus, Ludwig der Fromme wurde befreit und am Sonntag, den 1. März 834 in der Abtei Saint-Denis wieder in seine kaiserlichen Rechte eingesetzt. Auch die Kaiserin wurde freigelassen und von ihren Bewachern aus Italien nach Aachen zurückgeleitet. Ludwig der Fromme übernahm wieder die Herrschaft, während die Söhne wieder auf ihre alten Herrschaftsbereiche verwiesen wurden.

Aber die Zwistigkeiten hörten nicht auf; neue Reichsteilungsprojekte erhöhten die Verwirrung, und die innere Ordnung des Reiches brach mehr und mehr zusammen. Im September 838 erhielt der fünfzehnjährige Karl in Quierzy feierlich die Waffen überreicht und wurde von seinem Vater zum König gekrönt. Als Reichsteil sollte er die fränkischen Kerngebiete Austriens und Neustriens erhalten. 838 löste der Tod Pippins den Kampf um Aquitanien aus, das der Kaiser seinem jüngsten Sohn Karl zugesprochen hatte, das aber von Pippins gleichnamigem Sohn mit Hilfe des aquitanischen Adels verteidigt wurde. Die Aussöhnung zwischen Ludwig dem Frommen und seinem ältesten Sohn im Jahre 839 reizte wiederum Ludwig den Deutschen zur Rebellion, denn sie ging auf seine Kosten zugunsten seines älteren Bruders Lothar I. und seines Halbbruders Karl des Kahlen.

Auf dem Feldzug gegen den unbotmäßigen Sohn Ludwig starb der alte Kaiser am 20. Juni 840 in der Nähe seiner Lieblingspfalz Ingelheim. Sein Bruder, Bischof Drogo von Metz, bereitete ihm ein feierliches Begräbnis in der alten Karolingerstadt Metz in der Kirche Sankt Arnulf, in der schon die Gebeine seines heiligen Vorfahren Arnulf ruhten.

4. Der Zerfall des Kaiserreiches

Kaiser Ludwig der Fromme hatte die Einheit des vom Vater ererbten Imperiums trotz aller Gefährdungen ein Vierteljahrhundert lang bewahren, aber keines der damit verbundenen Probleme wirklich lösen können. Sein Tod mußte deshalb unvermeidlich eine neue schwere Reichskrise heraufbeschwören.

Ludwig der Fromme hatte vom Vater nicht nur das Reich, sondern auch das Kaiserproblem geerbt. Die Idee eines mit der katholischen Kirche und dem Papsttum verbundenen abendländischen Kaisertums war zu einer geistigen Kraft geworden, die man nicht mehr ignorieren und wieder im Dunkel der Geschichte verschwinden lassen konnte. Kaisertum und Reichseinheit waren Werte geworden, die in Konflikt mit den dynastischen Denkvorstellungen gerieten. Die Regierungszeit Ludwigs des Frommen war deshalb in der Frage der Herrschaftsordnung geprägt von dem verzweifelten Versuch, das seiner Idee nach unteilbare Kaisertum für die Dynastie zu sichern, die Einheit des großfränkischen Reiches zu bewahren und beides doch zugleich in irgendeiner Form mit dem Erbrecht des in germanischen Denkkategorien befangenen karolingischen Herrscherhauses zu vereinen.

Die schwerwiegenden Entscheidungen fielen im Laufe weniger Jahre. Lothar I. (840-855) rückte aus Italien heran, um seinen Suprematieanspruch geltend zu machen und vor allem die fränkischen Kerngebiete mit Aachen und den anderen großen Pfalzen und Königshöfen unter seine Herrschaft zu bringen. Als Kaiser gebührte ihm die Aachener Pfalz. Im Bunde mit Pippin II. von Aquitanien machte er gegen seine Brüder Ludwig den Deutschen und Karl den Kahlen Front, aber in der als Gottesgericht aufgefaßten Schlacht von Fontenoy 841 entschied Gott sichtbar gegen ihn. Nach der Niederlage des Kaisers war die Reichseinheit unwiederbringlich dahin; offen waren nur die Modalitäten des Zerfalls, die Frage, wo die Risse das Gebäude sprengen und die Grenzen sich verfestigen würden. Den Akteuren selbst blieb das noch verborgen. Der Kaiser kämpfte weiter, ohne Rücksicht darauf, daß zur gleichen Zeit die Normannen die Küstenregionen des Reichs furchtbar heimsuchten. Er nahm sogar den Wikingerfürsten Harald in seine Dienste und belehnte ihn mit der Insel Walcheren und anderen friesischen Gebieten, was ihm ein Chronist als fluchwürdiges Verbrechen ankreidete.

Die kaiserliche Autorität besaß Lothar offenbar, und sie sicherte ihm Anhänger, vor allem bei den ostrheinischen Stämmen. In Sachsen nutzte Lothar die sozialen Spannungen zwischen den verschiedenen Schichten des Volkes und wiegelte die Freien und Halbfreien gegen die Edlinge auf. Im Bunde mit dem Kaiser wollten diese ihre alten, durch die fortschreitende Ausbreitung der Grundherrschaft und der Feudalisierung bedrohten Rechte wiederherstellen. Der Aufstand der sächsischen Unter- und Mittelschicht, in der man mit einiger Phantasie die erste revolutionäre Volksbewegung auf deutschem Boden sehen kann, trieb die Geistlichkeit und den Adel Sachsens in die Arme Ludwigs des Deutschen. Mit der Niederschla-

Kaiser Lothar I., der älteste Sohn Ludwigs des Frommen, Miniatur aus dem Evangeliar Lothars

gung dieser als »Stellinga-Aufstand« bezeichneten Volksbewegung konnte der König seinen Herrschaftsbereich nach Norden ausdehnen.

Gegen den Kaiser, der seinen Zweifrontenkrieg unbeirrt fortsetzte, schlossen Ludwig der Deutsche und Karl der Kahle in Straßburg ein festes Bündnis, das sie am 14. Februar 842 durch die »Straßburger Eide« in althochdeutscher und altfranzösischer Sprache im Kreise ihrer Krieger feierlich beschworen. Die beiderseitigen Heermannen verbürgten sich für die Einhaltung der Abmachungen, indem sie versicherten, daß sie ihrem jeweiligen König, falls er eidbrüchig würde, die Gefolgschaft gegen den Bruder verweigern würden. Der Bruch des Bündnisses hätte unter diesen Umständen eine tödliche Bedrohung für den Eidbrüchigen bedeutet.

Der ganze von Nithard ausführlich geschilderte Vorgang läßt die eminente Abhängigkeit der beiden Könige vom Willen ihres Heeres erkennen.[18] Der Bruderkrieg wurde damit aus der Sphäre des rein Dynastischen herausgehoben und gewann eine andere Dimension. Die Herrscher, durch ihre Kämpfe gegeneinander geschwächt, gerieten unter den Druck der Aristokratie. Auch Lothar mußte sich schließlich zu einem Abkommen mit seinen Brüdern bequemen. Nach Vorverhandlungen im Juni 842 zu Mâcon, im Oktober in

Koblenz sowie im November in Diedenhofen kam es im August des folgenden Jahres schließlich zur Reichsteilung im Vertrag von Verdun.

Der Vertrag von Verdun führte keineswegs sofort zu der Dreiteilung in Deutschland, Frankreich und Italien, denn ein Denken in völkischen Kategorien lag den Herrschern und ihren Beratern noch zu fern. Dem dynastischen Erbrecht gemäß, sollte das Reich vielmehr in drei möglichst gleichwertige Teile geteilt werden, wobei Lothar Italien, Ludwig der Deutsche sein Stammland Bayern und Karl der Kahle Aquitanien beanspruchte. Danach blieb eigentlich nichts anderes übrig, als das Reich von außen nach innen zu teilen. Schon in der Vorbereitungsphase hatte man sich auf die Einsetzung einer Reichsteilungskommission geeinigt, in die jeder der drei Könige vierzig seiner Getreuen entsenden sollte. Ohne Landkarten, ohne Landesbeschreibungen und ohne statistische Unterlagen war das natürlich ein höchst schwieriges Unterfangen. Kein Wunder, daß die Gesandten zunächst überfordert waren und die Teilung zweimal verschoben werden mußte. Der Text des Vertrages ist nicht überliefert. Wir müssen uns auf den Bericht des Abtes Regino von Prüm verlassen, der trotz des falschen Datums den Inhalt wohl richtig wiedergibt:

Im Jahre der göttlichen Menschwerdung 842 teilten die drei Brüder das Reich der Franken untereinander: Karl bekam die westlichen Gebiete vom Britannischen Ozean bis zur Maas, Ludwig die östlichen, nämlich ganz Germanien bis zum Rhein und wegen des Weinbaus einige Städte samt ihren Gauen links des Rheins, Lothar aber, der der älteste war und den Kaisertitel führte, erhielt das Reich in der Mitte, das noch heute nach seinem Namen Lotharingien genannt wird, dazu die Provence und ganz Italien mit der Stadt Rom.[19]

Die Teilung des Karlsreiches in das West-, Ost- und Mittelreich war nur partiell und eher zufällig unter Beachtung der natürlichen Grenzen erfolgt; auch Sprach-, Volkstums- und Stammesgrenzen spielten nicht jene Rolle, die ihnen aus moderner Sicht hätte zugemessen werden müssen, dennoch war das Ergebnis nicht schlecht. Westfränkisches und ostfränkisches Reich waren in sich geschlossene Gebilde, regierbar und bei Konzentration der Kräfte auch zu verteidigen, jedenfalls gegen äußere Feinde. Für Karl den Kahlen stellte sich die Aufgabe, die Pyrenäenfront gegen die spanischen Mauren und die riesige Küste gegen die Normannen zu sichern, während es Ludwig der Deutsche an der Ostgrenze mit den slawischen Völkerschaften zu tun hatte und im nördlichen Küsten- und Grenzraum von den Dänen bedroht wurde.

Auf den ersten Blick mutet die geographische Gestalt des Mittelreiches abstrus an. In seiner südlichen Hälfte umfaßte es Mittel- und Norditalien, die Provence und Burgund, dann aber erstreckte es sich als schmaler Schlauch bis nach Friesland im Norden. Diese Form ergab sich jedoch folgerichtig aus der Ausgangssituation, denn Lothar regierte Italien, und als Inhaber der Kaiserwürde kam ihm ein Ehrenvorrang zu, der ihm Anspruch auf den Besitz von Rom und Aachen verlieh. Er beherrschte die wichtigen Westalpenpässe, die Mittelmeerküste zwischen Arles und Rom mit der Insel Korsika und den Adriabogen von Ancona bis nach Istrien. Das Mittelreich verfügte überdies ohne Zweifel über die beste verkehrstechnische

Die karolingischen Teilreiche nach dem Vertrag von Verdun 843

Erschließung, denn es wurde in voller Länge von der wichtigsten Nord-Süd-Route durchzogen, die das Mittelmeerbecken mit dem Maas- und Moselraum, dem Niederrheingebiet und weiter mit dem Nord-Ostseeraum verband.[20] Man gewinnt fast den Eindruck, als sei das Reich Lothars durch den Verlauf dieser Verkehrslinie bestimmt.

Ein weiterer Aspekt kam hinzu. Jedes der drei Reiche erhielt Anteil an den fränkischen Kernlandschaften, auf denen die Macht des Königtums zum guten Teil beruhte, nicht nur in materieller Hinsicht in Form der wichtigsten Pfalzen, der ausgedehntesten Krondomänen und der mächtigsten Bistümer und Reichsabteien, sondern auch in ideologischer Hinsicht, denn der Stamm der Franken war noch immer das »Staatsvolk« schlechthin, und die Könige waren eben »Könige der Franken«. Noch immer stellte die fränkische Aristokratie, auch wenn sie im westfränkischen Reich wohl schon weitgehend romanisiert war, die politische Führungsschicht, und noch immer beruhte die militärische Kraft des Reiches zu einem beträchtlichen Teil auf den Kriegern fränkischer Herkunft. Deshalb erhielt Karl der Kahle das fränkische Neustrien zwischen Seine, Aisne und Schelde, Lothar den größten Teil Austriens zwischen Schelde und Rhein, während Ludwig der Deutsche das fränkisch besiedelte Rhein-Main-Gebiet erhielt. Das Reich Ludwigs des Deutschen reichte zudem im Raum von Mainz, Worms und Speyer nach Westen über den Rhein hinweg, gewiß nicht wegen des Rheinweins, wie Regino von Prüm glauben machen will. Vielmehr sollte auch Ludwig in angemessener Weise an den fränkischen Königslandschaften beteiligt werden. Vielleicht spielte auch die Rücksichtnahme auf die kirchliche Gliederung eine Rolle, denn der Verlauf der Grenze den Rhein entlang hätte bedeutet, daß der Erzbischof von Mainz, dessen Metropolitanverband sich über den weitaus größten Teil des ostfränkischen Reiches erstreckte, seinen Sitz im Reiche Lothars gehabt hätte.

Der Vertrag von Verdun, ein fairer und nicht einmal ungeschickter Kompromiß, beendete den Bruderkrieg der Söhne Ludwigs. Die allgemeine Erschöpfung der Heere und die unter den fränkischen Aristokraten offenbar verbreitete Kriegsmüdigkeit hinderten die Könige, allzubald wieder übereinander herzufallen. Trotz der Realteilung hielt man an der Idee von der fränkischen Gesamtmonarchie fest, so daß eine weitere Teilung der Teile ebenso im Bereich des Möglichen lag wie die Wiederherstellung der Reichseinheit.

Endgültiges war also nicht gewollt, als die Brüder das Reich teilten, aber die Geschichte entschied anders. Es waren dynastische Zufälligkeiten, die das Mittelreich zum Zankapfel zwischen den west- und ostfränkischen Karolingern machten, so daß es schließlich zwischen dem Ost- und Westreich zerrieben wurde. Die Einheit, 843 noch fiktiv in dem Gedanken der Brüdergemeinschaft bewahrt, kehrte nicht zurück, von dem flüchtigen und folgenlosen Intermezzo unter Kaiser Karl dem Dicken einmal abgesehen.

Der Glanz der Kaiserkrone verblaßte, denn ihr Träger war nicht mehr der Herr der okzidentalen Hälfte des einstigen römischen Weltreiches, sondern nur Herrscher über einen der fränkischen Reichsteile, wenn auch als Herr über Rom und Aachen noch am stärksten in der Tradition Karls des Großen stehend. Aber Lothar versuchte nicht mehr, kaiserliche Rechte gegenüber seinen Brüdern geltend zu machen, ein Rückzug des Kaisertums nach Italien bahnte sich an. Die weitere Entwicklung tendierte zu einem auf Italien beschränkten Kaisertum, obwohl der universale Gedanke immer wieder aufflackerte und die Zukunft der abendländischen Kaiserwürde auf diese Weise offenhielt.

Die Frage drängt sich auf: Markiert der Vertrag von Verdun den Beginn der deutschen Geschichte? Konnte man im Jahre 1843 wirklich das tausendjährige Jubiläum der deutschen Selbständigkeit feiern, wie dies König Friedrich Wilhelm IV. von Preußen, dem »Romantiker auf dem Königsthron«, mit seinem Plan einer nationalen Gedenkfeier vorschwebte? Berühmte Historiker wie Georg Waitz und Gustav Droysen meldeten sich in diesem Sinne zu Wort, und Wilhelm Giesebrecht stellte in seiner das Geschichtsbild der Deutschen tief prägenden »Geschichte der deutschen Kaiserzeit« fest, der Vertrag von Verdun sei zwar nicht im Interesse der Völker, sondern allein in dem der Herrscher geschlossen worden, habe aber doch »für die Entwicklung und Ausbildung der Nationalität im Abendlande eine ungemeine Wichtigkeit« gewonnen. Der Zerfall des großen germanisch-romanischen Kaiserreiches habe den Weg für die Entstehung und Konsolidierung des ost- und westfränkischen Reiches freigemacht, aus denen Deutschland und Frankreich erwachsen sollten: »Die Deutschen, wie die Franzosen, sehen deshalb nicht ohne Grund in der Teilung von Verdun die Geburtsstunde ihrer Nationalität.«[21]

In der modernen deutschen Geschichtswissenschaft ist man geneigt, dem Vertrag von Verdun diesen hohen Stellenwert im Prozeß der Nationwerdung eher abzusprechen und eine solche Einschätzung der Dinge als eine zeitbedingte, von romantischen Gefühlen und nationalen Stimmungen getragene Vorstellung zu betrachten. Gewiß ist Vorsicht am Platze, wenn man nach der Rolle des Kompromisses von 843 für die deutsche und französische und darüber hinaus für die europäische Geschichte im Sinne einer Nationalgeschichte fragt. Aber es ist unübersehbar, daß sich in jener Zeit aus den alten Stammes- und Volksgruppen die französische und die deutsche Nation herauszubilden begannen, und es ist wert, über die komplexen und schwer durchschaubaren Interdependenzen zwischen der dynastisch präformierten Reichsgeschichte und einer wie auch immer gearteten »Volksgeschichte« nachzudenken.

Daß tatsächlich Neues im Werden war, hatte sich 842 in Straßburg offenbart. Die Sprache des Heeres war nicht mehr das Fränkische: im Heer Ludwigs des Deutschen sprachen die Krieger Althochdeutsch, im Heer Karls des Kahlen aber Altfranzösisch. Da das Heervolk gleichsam zum Garant der Vertragstreue gemacht wurde, mußte Ludwig der Deutsche seinen Eid in romanischer Sprache ablegen und Karl der Kahle in germanischer. Anschließend leisteten die Heere einen Eid, jedes in seiner Sprache. Erstmals spielte die Sprache eine politisch relevante Rolle. In den Straßburger Eiden, einem der ältesten althochdeutschen Sprachdenkmäler und zugleich dem ältesten Zeugnis des Altfranzösischen, spiegeln sich Trennungsprozeß und Volkwerdung in einem.

Natürlich ist vieles noch im Fluß, denn gerade das 9. Jahrhundert erweist sich als eine Umbruchperiode. Die deutsch-französische oder, wenn man will, die romanisch-germanische Sprachgrenze bildet sich heraus und bleibt in ihren Grundzügen über die Jahrhunderte hinweg konstant. Zufällig oder geplant, das Reich Ludwigs des Deutschen umfaßte zunächst nur germanischsprachige Gebiete, von dem romanischen Churrätien und den von Slawen besiedelten östlichen Randlandschaften abgesehen. Im Reiche Karls des Kahlen lebten ausschließlich Romanen, romanisierte oder vom Romanisierungsprozeß erfaßte Germanen und als eine Minderheit Basken. Nur im Mittelreich lebten unter dem Zepter Kaiser Lothars I. sowohl Romanen als auch Germanen. Im Nordteil dominierten die germanisch sprechenden Franken und Friesen, die mittleren und südlichen Teile, Burgund, die Provence und Italien, bewohnte eine wohl ziemlich rein romanisch sprechende Bevölkerung, vielleicht von den Angehörigen der weltlichen und geistlichen Führungsschicht abgesehen. Zwar waren auch das Ostreich und das Westreich keine sprachlich und ethnisch völlig einheitlichen Gebilde, aber es ist zu erwägen, ob die weitaus stärkere ethnischsprachliche Mischung des Mittelreiches nicht einer der Gründe für seinen raschen Zerfall gewesen sein könnte.

Auch wenn der Vertrag von Verdun wenig Rücksicht auf Sprachgrenzen genommen hat, so ist die Orientierung an den Stammesgrenzen nicht zu übersehen. Die Gründe, die zur Aufteilung des reichstragenden fränkischen Stammes geführt haben, sind einsichtig und ergeben sich aus der Sonderstellung dieses Volkes; die übrigen germanischen Stämme aber blieben als Einheit erhalten. Die Friesen kamen zum Mittelreich, während Bayern, Alemannen, Ostfranken, Thüringer und Sachsen der Herrschaft Ludwigs des Deutschen unterworfen wurden. So konnte Regino von Prüm am Ausgang des 9. Jahrhunderts feststellen, daß Ludwig bei der Teilung »ganz Germanien bis zum Rhein« erhalten habe. Die Westgrenze seines Reiches führte von der Unterweser, der sächsisch-friesischen Stammesgrenze folgend, auf den Niederrhein zu, bog dann - ohne den Rhein zu erreichen - nach Süden ab, so daß die Kölner Bucht noch zum Reich Lothars gehörte. Zwischen Bonn und dem Binger Loch bildete der Rhein die Grenze. Westlich des Stromes wurden Mainz, Worms und Speyer mit ihren Gauen zum Ostreich geschlagen, während das Elsaß zum Mittelreich gehörte. Dann folgte die Grenze wieder dem Rhein und der Aar bis zum Sankt Gotthard. Die Südgrenze verlief im großen und ganzen auf dem Alpenhauptkamm, schloß aber Südtirol ein. Die Ostgrenze begann etwa an der Schleswiger Bucht, führte dann nach Süden bis zur Elbe auf der Höhe von Bardowiek, folgte zunächst der Elbe bis Magdeburg, dann der Saale, überschritt den Thüringer Wald und zog weiter zur Donau, die sie am Donaudurchbruch östlich von Linz erreichte. Böhmerwald und Bayerischer Wald bildeten gewaltige Grenzbarrieren. Der pannonische Raum war mehr oder weniger fest dem Ostreich eingegliedert und in Marken und Tributärfürstentümern organisiert. Ob die adriatische Küste im Süden erreicht wurde, ist unsicher.

Auf jeden Fall erhielt Ludwig der Deutsche, der - wenn auch nicht im amtlichen Sprachgebrauch - schon im 9. Jahrhundert als »rex Germaniae« bezeichnet wird, im Vertrag von Verdun ein Herrschaftsgebiet zugesprochen, das zum Kristallisationskeim für das deutsche Reich und zum territorialen Rahmen für die Bildung des deutschen Volkes wurde. Dieser ostfränkisch-deutsche Kernraum hat, um einige Länder vergrößert und um einige andere Gebietsteile verkleinert, mehr als ein Jahrtausend und sogar die Katastrophen der jüngsten Vergangenheit überdauert.

Einander widerstreitende Tendenzen kennzeichnen die spätkarolingische Periode: Stabilisierung und Konsolidierung neuer geschichtlicher Gemeinschaften einerseits, weitere Zerrüttung und Zerfall andererseits. Vordergründig wurde die Geschichte jener Zeit vom politisch-dynastischen Geschehen bestimmt. Schwer überschaubar, faszinierend und doch wieder von einer bedrückenden Eintönigkeit ist das politisch-diplomatische Spiel der Jahrzehnte nach dem Vertrag von Verdun, dieser Wechsel von Verträgen und Verrat, von Kriegen und Aufständen, von Reichsteilungen und Annexionen.

Sucht man eine Leitlinie für diesen dynastisch-politischen Wirrwarr der spätkarolingischen Zeit, so findet man sie am ehesten im Ringen um den Besitz und die territoriale Gestaltung des zerfallenden Mittelreiches. Kaiser Lothar I. hatte schon 850 seinen ältesten Sohn Ludwig II. zum Kaiser krönen lassen - vom Papst, der damit seine Position als Koronator endgültig festigte - und zwar in Rom, das seither unbestritten als der »rechte Ort« für die Kaiserkrönung galt. Bei der Teilung des Mittelreiches im Jahre 855 erhielt Ludwig II. Italien mit der Kaiserstadt Rom, während der nordalpine Teil des Reiches zwischen den beiden anderen Söhnen geteilt wurde. Karl wurde die Provence und das südliche Burgund (Niederburgund) zugesprochen, Lothar II. aber Hochburgund und die nördlich davon gelegenen Regionen bis zur Nordseeküste. Der Name dieses Herrschers lebt bis heute in dem Namen Lothringen weiter. Die Bewohner seines Reiches begannen, sich als »Lotharinger«, das heißt »Leute des Lothar«, zu bezeichnen.

Für das Kaisertum war die Teilung des Mittelreiches überaus folgenreich, denn es wurde gleichsam nach Italien abgedrängt. Kaiser Ludwig II., ein keineswegs untüchtiger Herrscher, konnte und wollte keinerlei imperiale Rechte gegenüber den anderen karolingischen Königen mehr geltend machen und bemühte sich lediglich, die Kaiserwürde wenigstens für die karolingische Dynastie zu retten. Freilich verlor sie ihren universalen Charakter, entglitt schließlich sogar den schwachen Händen der letzten Karolinger und wurde ebenso wie die italienische Königskrone eine Beute burgundischer und italischer Potentaten.

Kaiser Ludwig II. hatte nur eine Tochter, Irmingard, die mit dem tatkräftigen Grafen Boso von Vienne vermählt war, dessen Schwester Richilde die Frau Karls des Kahlen wurde. Bosos Aufstieg im Dienste Karls des Kahlen, der nach dem Tode Kaiser Ludwigs 875 mit Erfolg nach der Kaiserkrone griff, ermöglichte es ihm, sich einen Teil des in Anarchie versinkenden Mittelreiches anzueignen. Am 15. Oktober 879 wurde er in Mantaille vom Episkopat und der weltlichen Aristokratie der Provence und Niederburgunds zum König von Burgund gewählt. Damit hatte erstmals der Wahlgedanke, kombiniert mit einer tatsächlichen Machtstellung, in diesem Teil des Reiches zur Abwendung der politischen Führungsschicht von der karolingischen Dynastie und zur Verselbständigung unter einem gewählten König geführt. Daß Graf Boso mit einer Kaisertochter verheiratet war und in den Adern seines Sohnes Ludwig mithin Karolingerblut floß, hat natürlich seine Wahl begünstigt. Hier zeigt sich, wie klug Karl der Große seinerzeit beraten war, als er seine Töchter bei sich behielt, statt sie zu vermählen und sich in den Schwiegersöhnen Rivalen im Kampf um das Reich heranzuzüchten.

Lothar II. besaß in seinem Reichsteil, der die fränkischen Kernlande an Schelde, Maas, Mosel und Niederrhein einschloß, eigentlich eine starke Machtbasis, die er nach dem Tode seines jüngsten Bruders Karl von der Provence 863 noch um einen guten Teil burgundischen Bodens vergrößern konnte. Zu seinem Unglück hatte er aus der Ehe mit seiner rechtmäßigen Gemahlin Theutberga keine Kinder, sondern nur aus einer Friedelehe mit Waldrada. Als er versuchte, den Fortbestand seines Hauses dadurch zu sichern, daß er die Königin verstieß, um durch eine echte Ehe mit Waldrada den Friedelsohn Hugo zum rechtmäßigen Thronfolger zu machen, regte sich starker Widerstand.

Der Ehehandel Lothars II., eine weniger moralische und theologische als politische Affäre, führte zu neuer Unruhe. Erzbischof Hinkmar von Reims, einer der mächtigsten fränkischen Kirchenfürsten, stellte sich gegen ihn, um mit kirchenrechtlichen Argumenten die Anwartschaft Karls des Kahlen auf Lotharingien zu unterstützen. Der König scheute sich nicht, Theutberga der Blutschande mit ihrem Bruder, dem Abt Hukbert von Saint-Maurice, zu beschuldigen. Mit Hilfe willfähriger Bischöfe zwang Lothar die Königin sogar, ihre angeblichen Verfehlungen zuzugeben. Freilich widerrief sie ihr Geständnis sofort, nachdem sie der Klosterhaft entflohen und im Reich Karls des Kahlen Zuflucht und Schutz gefunden hatte. Sie

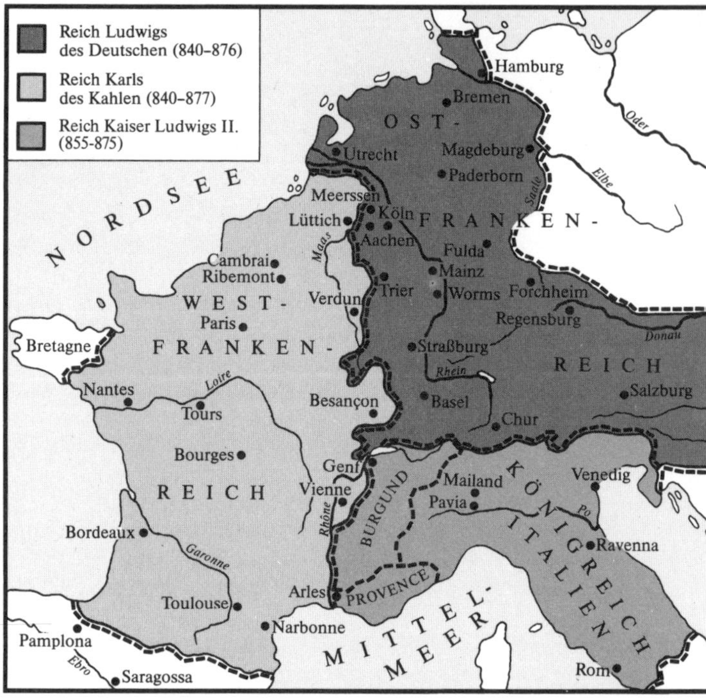

Die karolingischen Teilreiche nach dem Vertrag von Meerssen 870

wandte sich an den Papst Nikolaus I. (858-867), der den skandalösen Synodalbeschluß aufhob, die maßgeblich beteiligten Erzbischöfe Gunther von Köln und Theutgaud von Trier, Lothar und seine Geliebte Waldrada exkommunizierte und die politisch und kirchenrechtlich brisante Situation nutzte, um die moralische und rechtliche Autorität des Papsttums beachtlich zu steigern. Durch seine unbeugsame Haltung, die er auch durchhielt, als Kaiser Ludwig II. Druck auf ihn ausübte, brachte er die Pläne Lothars zum Scheitern.

Nikolaus war einer der bedeutendsten Päpste des Mittelalters, den Regino von Prüm mit Gregor dem Großen (590-604) verglich: »Seit dem heiligen Gregor ist ihm bis heute kein Papst zu vergleichen, den Königen und Tyrannen gab er Befehle und stellte sich über sie, als wenn er der Herr des Erdkreises wäre.«[22] Erst sein weniger tatkräftiger und rigoroser Nachfolger Hadrian II. (867-872) nahm die Exkommunizierten wieder in die Gemeinschaft der Gläubigen auf. Die verzweifelten, ungeschickten und auch mit verwerflichen und daher leicht angreifbaren Methoden inszenierten Versuche Lothars II. zur Rettung seines Reiches blieben gleichwohl zum Scheitern verurteilt. Als Lothar II. 869 starb, hatte sein illegitimer Sohn Hugo keine Chance, das Erbe seines Vaters anzutreten.

Karl der Kahle und Ludwig der Deutsche warteten schon lange auf diesen Augenblick: Bereits 867 hatten sie im Vertrag von Metz das Erbe unter sich geteilt. Nun griff der westfränkische König zu, die Gunst der Stunde nutzend, denn Kaiser Ludwig II. war durch die Kämpfe mit den Sarazenen in Italien gebunden, und der ostfränkisch-deutsche König lag schwerkrank in seiner Pfalz in Regensburg. Es war freilich nicht nur reiner Machtwille, der Karl den Kahlen dazu

Papst Nikolaus I. und Kaiser Ludwig II.

Die italienische Miniatur aus dem 9. Jahrhundert bringt die Zusammenarbeit von Kaisertum und Papsttum zum Ausdruck.

trieb, die Abmachungen mit seinem Bruder zu brechen, sondern auch eine von einem großen Teil der lotharingischen Aristokratie ausgehende Initiative.

Offensichtlich hatte sich bereits ein Einheitsbewußtsein und Zusammengehörigkeitsgefühl während der Herrschaft der beiden Lothare unter den Lotharingern ausgeprägt, so daß es eine starke Gruppe gab, welche die Pläne zur Teilung ihres Landes zu durchkreuzen suchte. Für manche der großen Familien des Landes und für viele der reichen Kirchen und Klöster barg die Teilung Lotharingiens zwischen dem west- und ostfränkischen Reich schwierige rechtliche Probleme. Während ein Teil der lotharingischen Großen eine abwartende Haltung einnahm, luden andere Karl den Kahlen zur Übernahme der Herrschaft ein.

Am 9. September 869 wurde Karl in der Stephanskirche zu Metz gesalbt und zum König von Lotharingien gekrönt. Zuvor hatte er sich öffentlich verpflichten müssen, die Kirche und ihre Diener zu schützen, Gerechtigkeit gegen jedermann zu üben und das ihm von Gott anvertraute Reich zusammenzuhalten und zu verteidigen. In einer großen Ansprache betonte Erzbischof Hinkmar von Reims, der Hoftheologe Karls des Kahlen, zwar die Ansprüche seines Königs auf Lotharingien und wertete Salbung und Krönung als bloße Symbolakte, aber die geistlichen und weltlichen Großen ließen sich ihre Zustimmung durch diese »Wahlkapitulation« von Karl dem Kahlen honorieren.

Der Besitz des gesamten Reiches Lothars II. hätte eine beachtliche Vergrößerung und Stärkung des westfränkischen Reiches bedeutet, aber die Rechnung ging nicht auf. Ludwig der Deutsche gesundete wieder. Die Erfolge seiner Söhne gegen die slawischen

Grabinschrift für Kaiser Ludwig II.
in Sant' Ambrogio zu Mailand

Fürsten entlasteten ihn vom Druck auf seine bedrohte Ostflanke, so daß er sein Augenmerk wieder nach Westen richten konnte. Da er militärisch offensichtlich der Überlegene war, gab Karl der Kahle ohne Kampf nach und willigte in eine Teilung Lotharingiens ein. Nach relativ kurzen Vorverhandlungen kam im August 870 der Vertrag von Meerssen zustande. Sein Ziel war es, jedem der beiden Kontrahenten einen möglichst gleichwertigen Anteil zu sichern. Die Grenze folgte ein Stück dem Niederrhein, dann der Maas bis Lüttich, lief durch die Ardennen und erreichte bei Diedenhofen die Mosel, bog nach Westen aus, so daß die alte Karolingerstadt Metz zum Anteil Ludwigs des Deutschen geschlagen wurde, und führte dann weiter in südlicher Richtung auf Besançon zu, das Karl der Kahle erhielt, während Hochburgund bis zum Genfer See an Ludwig den Deutschen fiel. Der Vertrag von Meerssen brachte dem ostfränkischen Herrscher somit die Hoheit über zwei traditionsgesättigte Zentren karolingischer Reichsgeschichte ein, die Herrschaft über die alte Karolingerstadt Metz und die Kaiserresidenz Aachen. Begehrlich blickten Ludwig der Deutsche und Karl der Kahle nun auf das Reich Kaiser Ludwigs II., denn auch dieser hatte keinen legitimen Thronfolger und designierte deshalb Karlmann, einen der Söhne Ludwigs des Deutschen, zu seinem Nachfolger in der Kaiserwürde. Allerdings gelang es nach dem Tode Ludwigs II. dem wendigeren Westfranken, seinen Neffen zu übertölpeln und selbst die Kaiserkrone zu gewinnen. Am 12. August 875 war Ludwig II. gestorben, und schon am Weihnachtstage desselben

Jahres wurde Karl der Kahle im Petersdom von Papst Johannes VIII. (872-882) gekrönt, ein Dreivierteljahrhundert nach seinem Großvater. Judiths Träume, die in ihrem Sohn den wiedergeborenen Karl den Großen gesehen hatte, waren in Erfüllung gegangen. Karl der

Karl der Kahle

Die Prachtliebe des westfränkischen Herrschers hat ihren Niederschlag auch auf diesem Bild gefunden, das aus einem für ihn angefertigten Psalter stammt. Der König, von der Hand Gottes gesegnet und geschützt, sitzt auf einem edelsteingeschmückten Thron unter einem reichverzierten Baldachin. Er trägt einen goldenen Mantel, eine violette Tunika und purpurne Schuhe.

Kahle fühlte und gebärdete sich wie ein Kaiser. Die romanischen Gebiete des großväterlichen Imperiums waren in seiner Hand, und als Kaiser konnte ihm niemand mehr den höchsten Rang im Abendland bestreiten. Als prachtliebend, anmaßend und ruhmredig schildert ihn der freilich mißgünstige Verfasser der Fuldaer Annalen, einer ostfränkisch-deutsch orientierten Quelle:

Als König Karl aus Italien nach Gallien zurückgekehrt war, nahm er, so erzählt man, eine neumodische und ungewöhnliche Tracht an; denn mit einer Dalmatika bis zum Knöchel bekleidet und mit einem Wehrgehänge, das bis zu den Füßen herabhing, auch den Kopf in ein seidenes Tuch gehüllt, darüber das Diadem, so pflegte er an Sonn- und Festtagen zur Kirche zu schreiten. Die Sitte der fränkischen Könige verachtend, hielt er griechischen Prunk für den besten, und um seinen gesteigerten Stolz zu zeigen, legte er den Königstitel ab und ließ sich Kaiser und Augustus über alle Könige diesseits des Meeres nennen.[23]

Karl der Kahle hatte seinen Aufstieg zum Kaiser zwar mit Zugeständnissen an das Papsttum erkaufen müssen, aber der Gewinn an Ansehen und Macht schien ihm zunächst recht zu geben. Sein Bruder und Rivale Ludwig der Deutsche, der nicht geneigt war, die hegemoniale Stellung des westfränkischen Herrschers zu akzeptieren und zum Kriege rüstete, starb am 28. August 876 in der Pfalz zu Frankfurt und wurde im Kloster Lorsch bestattet. Für Karl den Kahlen war damit nicht nur die Gefahr eines Angriffs auf Italien gebannt, sondern sogar die Möglichkeit gegeben, seine Herrschaft über Lotharingien und vielleicht sogar über das ganze ostrheinische

Gebiet auszudehnen. Eine Revision der Verträge von Meerssen und Verdun lag greifbar nahe. Zu seinen Zielen gehörte die Annexion von Mainz, Worms und Speyer, also das Erreichen der Rheingrenze.[24] Seine Neffen, die Söhne Ludwigs des Deutschen, die nun als Könige ostfränkischer Teilreiche ohnehin rangmäßig tiefer standen, wollte er zur Anerkennung seiner Oberhoheit zwingen, falls er nicht sogar hoffte, sie nacheinander beseitigen zu können.

Das Rad der Fortuna, für das mittelalterliche Denken das Sinnbild der Wechselfälle des Lebens und des menschlichen Schicksals, hatte sich sichtlich für den Sohn der Judith günstig gedreht. Aus dem jüngsten, gefährdetsten der Ludwigsöhne war der Senior des karolingischen Hauses geworden: Kaiser und Herr über Gallien und Italien, Burgund und die Provence, erst dreiundfünfzig Jahre alt, zum zweiten Male vermählt und die junge Kaiserin Richildis guter Hoffnung. Um einen Thronfolger brauchte er sich ohnehin keine Sorgen zu machen. Aus erster Ehe stand sein Sohn Ludwig, von der Geschichte mit dem wenig schmückenden Beinamen »der Stammler« versehen, bereit. Sonst waren nur noch die Söhne Ludwigs des Deutschen echte Karolinger, sie waren zwar kriegserfahren, auf vielen Feldzügen erprobt, auch jung an Jahren, aber von labiler Gesundheit, wie sich zeigen sollte. Gemessen an den Dimensionen des westfränkisch-burgundisch-italienischen Imperiums ihres kaiserlichen Onkels, waren sie »Kleinkönige«. Sah es in diesem Augenblick nicht so aus, als sei eine Machtkonzentration auf der einen, ein Machtvakuum auf der anderen Seite entstanden? Konnte rasches Handeln nicht neue Perspektiven eröffnen? Die Wiederherstellung des Reiches Karls des Großen durch seinen gleichnamigen Enkel schien möglich.

Der Sarkophag Ludwigs des Deutschen aus der Kirche des Klosters Lorsch

Der Kaiser ergriff die Initiative. Aber es sollte sich bald zeigen, wie brüchig die Fundamente seiner Herrschaft waren: Eine einzige Schlacht gegen einen der ostfränkischen Kleinkönige, gegen Ludwig den Jüngeren, entschied gegen diese imperiale, auf die großfränkische Reichstradition zurückweisende Konzeption und beschleunigte den Auflösungsprozeß. So wurde die blutige Schlacht bei Andernach am 8. Oktober 876 ein Markstein in der wechselvollen Geschichte des 9. Jahrhunderts.

Die Lorscher Tor- oder Königshalle ist ein ganz außergewöhnliches Denkmal der karolingischen Architektur aus der Zeit um 800. Sie erinnert mehr an einen römischen Triumphbogen als an eine Klosterpforte und sollte wohl Reichtum und Rang des Nazariusklosters zur Schau stellen.
Das von dem Adelsgeschlecht der Rupertiner gegründete Benediktinerkloster erhielt von Karl dem Großen den Status einer Reichsabtei und wurde unter den ostfränkisch-deutschen Karolingern zur Grablege der königlichen Familie.

Karl der Kahle hatte in Quierzy die Nachricht vom Tode seines Bruders empfangen und handelte rasch. Er zog nach Aachen und nahm die Pfalz Karls des Großen in Besitz, führte sein Heer weiter nach Köln, immer bemüht, die lotharingischen und ostfränkischen Großen auf seine Seite zu ziehen. Er forderte sie auf, ihm zu huldigen, versprach ihnen Ämter und Lehen, sparte nicht mit Geschenken und drohte den Widerstrebenden mit Enteignung und Verbannung.

Ludwig der Jüngere, zu dessen Erbteil Lotharingien gehörte, rückte mit einem eilig zusammengerufenen Heer aus Ostfranken, Sachsen und Thüringern heran und setzte bei Andernach über den Rhein. Um sein unanfechtbares Recht zu erweisen, unterwarf sich der König einem Gottesurteil: Für ihn bestanden dreißig seiner Getreuen Wasser- und Feuerprobe im Angesicht des ganzen Heeres. Damit wurde die Schlacht bei Andernach wie einst die bei Fontenoy zum Gottesgericht hochstilisiert. Noch während Verhandlungen liefen, führte der Kaiser sein Heer heran, um Ludwig durch einen Überraschungsangriff in seine Gewalt zu bringen. Nach dem Bericht des Fuldaer Annalisten wollte er ihn blenden und damit regierungsunfähig machen, um seinen Reichsteil ungestört in Besitz nehmen zu lassen. Doch der Kriegsplan des Kaisers wurde verraten, und sein Heer, das sich in ungünstiges Gelände gewagt hatte, erlitt eine schwere Niederlage. Der nachrückende Troß verstopfte die Fluchtwege, viele der Großen fielen oder wurden gefangengenommen. Die ganze Beute, die die Kaiserlichen auf ihrem Zug durch Lotharingien zusammengeraubt hatten, fiel in die Hände der Sieger.

Karl der Kahle konnte fliehen; die Kaiserin Richildis, die er in der alten Karolingerpfalz Herstal zurückgelassen hatte, geriet in Panik, als ihr das Debakel gemeldet wurde und »gebar auf der Flucht in der nächsten Nacht beim ersten Hahnenschrei auf offener Straße einen Sohn«, wie der Annalist von Saint-Bertin zu berichten weiß.[25]

Im nächsten Jahr wendete sich Karl, nachdem er die Regierung im Westfrankenreich seinem Sohn Ludwig dem Stammler anvertraut hatte, nach Italien. Papst Johannes VIII. hatte ihn zu Hilfe gerufen. Offenbar hoffte der Kaiser, im Kampf gegen die Feinde der Christenheit, die Sarazenen, sein Ansehen wiederherstellen zu können. Schlimm genug ging es in Italien zu, auch wenn die Hilferufe des Papstes vielleicht ein wenig zu alttestamentarisch-dramatisch klingen:

Christenblut wird vergossen, gläubiges Volk von unablässigem Verderben betroffen. Wer dem Feuer oder dem Schwert entgeht, wird zur Beute gemacht, als Gefangener verschleppt und ewiger Verbannung überliefert. Siehe da! Von ihren Bewohnern verlassen, gingen Städte, Burgen und Landgüter zugrunde, und die Bischöfe sind in alle Winde zerstreut. Einzig die Schwellen der Apostelfürsten sind ihnen als Zuflucht geblieben, weil ihre Bischofssitze in Lagerstätten der wilden Tiere verwandelt werden und sie selbst ruhe- und obdachlos nicht mehr predigen, sondern nur noch betteln können.[26]

Abdruck des Siegelringes der Kaiserin Richildis, der Gemahlin Karls des Kahlen, nach einem Stich von 1729. Das Original der Gemme ist verschollen.

Ein energisches Eingreifen des Kaisers, der durch seinen Herrschaftsauftrag zum Schutze der Kirche, des Reiches und der Christenheit verpflichtet war, hätte einen Wandel bringen können, doch dazu war Karl der Kahle nicht der Mann, und die Umstände waren ihm nun auch nicht mehr günstig. Er brach zu einem Italienzug auf, aber er kam nur bis Pavia. Dort erreichte ihn die Meldung vom Herannahen seines Neffen Karlmann, den er um die Kaiserkrone betrogen hatte und der ihn nun aus Italien zu vertreiben suchte. Zusammen mit dem Papst, mit dem er in Pavia zu Verhandlungen zusammengetroffen war, zog Karl sich nach Tortona zurück, um die westfränkischen Truppen zu erwarten, die Abt Hugo von Saint-Germain, Graf Boso von Vienne, Graf Bernhard von Clermont und Markgraf Bernhard von Septimanien heranführen sollten. Aber diese waren an einer weiteren Stärkung der kaiserlichen Machtposition wenig interessiert; vielmehr bemühten sie sich, keinen der karolingischen Herrscher zu stark werden zu lassen, und hofften auf die Fortdauer der anarchischen Zustände. Die Hilfstruppen kamen nicht, sondern rebellierten, und der Stern des Kaisers sank. Auf der Flucht über die Alpen erkrankte er schwer und starb am 6. Oktober 877 eines schmählichen Todes in einer elenden Hütte. Man sagte, sein Leibarzt, der Jude Zedechias, habe ihm statt einer Medizin ein starkes Gift gereicht. Nicht einmal sein Wunsch nach einem Grab im Königskloster Saint-Denis ging in Erfüllung. Seine notdürftig einbalsamierte Leiche verweste rasch und mußte wenig würdig in einem mit Pech verschmierten Faß weitertransportiert werden, bis der unerträgliche Gestank seine Getreuen zwang, ihren Herrn im nächstbesten Kloster im burgundischen Nantua zu bestatten.

Die Träume von einem hegemonialen westfränkischen Kaisertum waren innerhalb Jahresfrist zerstoben. Karl der Kahle hatte das Reich Karls des Großen nicht wieder zusammenfügen können, trotz einer langen Regierungszeit und einer Fülle von glücklichen Fügungen, gewiß nicht nur, weil ihm das Format seines Großvaters fehlte. Die Zeit des expansiven fränkischen Großreiches mit seinem theokratischen Königtum und seiner gewaltigen militärischen Schlagkraft war unwiederbringlich vorüber. Auch wenn noch immer die Dynastie der Karolinger herrschte und das Reich nach wie vor ein »Reich der Franken« war, entfaltete sich in der zweiten Hälfte des 9. Jahrhunderts in verschiedenen Räumen ein neues politisches Bewußtsein, das nicht mehr gesamtfränkisch war, sondern - nun darf man dieses Wort wagen - nationale Züge trug.

Eigentlich hätte der Tod Karls des Kahlen nicht zwangsläufig das Ende der westfränkischen Kaiserherrlichkeit bedeuten müssen, denn der Kaiser hatte sein Haus bestellt, bevor er nach Italien zog, und so begab sich der nach wie vor von inneren und äußeren Feinden bedrängte Papst Johannes VIII. zu Ludwig dem Stammler ins Frankenreich, um ihn als Schutzherrn zu gewinnen und vielleicht zum Zug nach Rom und zur Kaiserkrönung zu ermutigen.

Der Sohn Karls des Kahlen hatte zwar die Herrschaft antreten können, aber letztlich nur mit großen Zugeständnissen an die weltlichen und geistlichen Würdenträger. Die hochfliegenden Pläne seines Vaters lagen ihm fern, er verzichtete auf Kaiserträume. »Das westfränkische Reich«, schreibt Johannes Haller, »versagte sich dem Hilferuf [des Papstes] und trat damit für Jahrhunderte zurück von der politischen Führung des Abendlandes. Sie ging nun auf die östliche Hälfte über, auf die Deutschen.«[27] Daß das ostfränkisch-deutsche Reich in diese hegemoniale Machtstellung einrücken würde, danach sah es im Augenblick freilich keineswegs aus. Ludwig der Deutsche hatte seinen Reichsteil zwar zusammengehalten und sogar um Lotharingien vergrößern können, er war aber 876 gestorben und hatte sein Reich - dem fränkischen Brauch folgend - unter seine drei Söhne geteilt: Karlmann, der Älteste, hatte Bayern erhalten und damit das Kernland und die verläßliche Basis der väterlichen Königsherrschaft. Die Ostfranken, Thüringer, Sachsen und Lotharinger waren Ludwig dem Jüngeren anvertraut worden, während der jüngste Sohn Karl III. Alemannien, das Elsaß und Churrätien empfangen hatte. Viel Staat war mit diesen Königreichen nicht zu machen, denn Karlmann und Karl waren kaum mehr als Stammesführer mit königlichem Rang, und Ludwig der Jüngere herrschte über einen Bereich, der großenteils wirtschaftlich und kulturell nur mäßig entwickelt war.

Die besten Chancen hätte Karlmann gehabt, vor dessen Herannahen sein kaiserlicher Onkel so rasch die Flucht ergriffen hatte. Sein bayerisches Königreich sicherte ihm den Besitz wichtiger und leicht begehbarer Alpenpässe als Einfallstore nach Italien, und die Designation durch seinen Onkel Ludwig II. verlieh ihm ein gewisses Anrecht auf die Kaiserkrone. Im Oktober 877 konnte er tatsächlich in die alte langobardische Hauptstadt Pavia einziehen, die Huldigung italienischer Großer in Empfang nehmen und die italienische Königswürde erlangen, auch für eine Reihe von Bistümern und Klöstern die Privilegien seiner Vorgänger bestätigen und neue erteilen, aber zu einem Romzug reichten seine Kräfte nicht aus. Eine Seuche suchte sein Heer heim, und er selbst erkrankte schwer. Ende November oder Anfang Dezember kehrte er nach Bayern zurück, kümmerte sich zwar auch im folgenden Jahr noch um die italienischen Angelegenheiten, verließ aber seine Pfalz Ötting offenbar nur noch selten. Schwerkrank und schon vom Tode gezeichnet, überließ er 879 die Herrschaft in Bayern seinem Bruder Ludwig dem

Jüngeren. Italien sollte Karl III. erhalten. Schon einige Zeit regierungsunfähig, verstarb Karl der Kahle am 22. März 880.

Ludwig der Jüngere vereinte nun bis auf die Alemannen alle deutschen Stämme unter seinem Zepter, aber auch ihm war keine lange Regierungszeit beschieden. Er war stärker nach Westen hin orientiert, denn schon sein Vater hatte ihm offensichtlich eine aktive Rolle in seiner »Westpolitik« zugedacht und ihn mehrfach mit der Führung entsprechender Feldzüge beauftragt. Seine größte Tat blieb sein aus Not und Bedrängnis erfochtener Sieg über Karl den Kahlen in der Schlacht bei Andernach, während sein Versuch, sich nach dem frühen Tod Ludwigs des Stammlers 879 zum Herrn des westfränkischen Reiches aufzuschwingen, am Widerstand des westfränkischen Adels und der hohen Geistlichkeit scheiterte. Die westfränkischen Herren hielten am Thronrecht der Söhne Ludwigs des

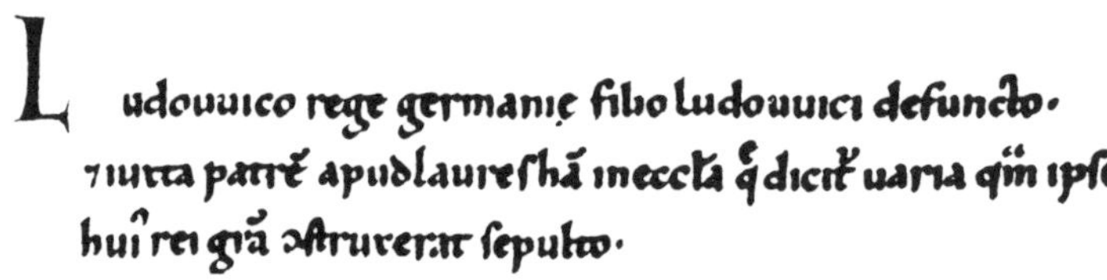
Ludouuico rege germanię filio ludouuici defuncto. & iuxta patrē apud laureshā in eccła q̄ dicit̄ uaria quā ipse hui' rei grā construxerat sepulto.

Ausschnitt aus dem Codex laureshamsensis

In der Chronik des Klosters Lorsch wird von Tod und Begräbnis Ludwigs des Jüngeren berichtet, der wie sein Vater Ludwig der Deutsche zu den Gönnern dieser wichtigen ostfränkischen Abtei gehörte.

Stammlers fest und erhoben Ludwig III. (879-882) und Karlmann (879-884) trotz ihrer Jugend zu westfränkischen Königen. Immerhin gelang es Ludwig dem Jüngeren, in den Verträgen von Verdun 879 und Ribemont 880 die Zugehörigkeit ganz Lotharingiens zu seinem Reichsteil abzusichern. Im Kampf gegen die Normannen, die gerade in dieser Zeit den Kontinent verstärkt heimsuchten, blieben ihm Erfolge versagt. Er hatte auch wenig Zeit, die Verteidigung zu organisieren, denn er starb schon 882 nach nur sechs Jahren selbständiger Herrschaft.

Als »heldenhaft tapfer und zu Führungsaufgaben geeignet« charakterisiert ihn Johannes Fried, der sich aus Anlaß des tausendsten Todestages mit der Persönlichkeit Ludwigs des Jüngeren beschäftigt hat.[28] Er kommt dabei zu einem ungleich günstigeren Urteil über seinen Helden als dessen Zeitgenosse und zugleich auch Gegenspieler Hinkmar von Reims, der behauptet hatte, König Ludwig habe ein für Kirche und Reich gänzlich nutzloses Leben geführt.[29] Soviel ist sicher, von den Söhnen Ludwigs des Deutschen war er derjenige, dessen Wirken am ehesten in die Zukunft wies.

5. »Nicht würdig kaiserlicher Majestät«

»Es war ein des Bedenkens würdiges Ereignis«, kommentiert nachdenklich Abt Regino von Prüm die Absetzung Kaiser Karls des Dikken, des letzten überlebenden Sohnes Ludwigs des Deutschen, im Jahre 887, »und für die Schätzung des menschlichen Loses durch den Umschwung der Dinge erstaunlich.«[30]

Der Sturz aus großer Höhe regte den Menschen des Mittelalters stets zu Betrachtungen über die Schnelligkeit an, mit der sich das Rad der Fortuna dreht. Abt Regino von Prüm, dem aufmerksamen Chronisten der Ereignisse seiner Zeit, erscheint das politische Geschehen als ein Gleichnis für das irdische Schicksal des Menschen, sein Ausgeliefertsein, das den allmächtigen Monarchen, den Herrn dieser Welt, in einem einzigen Augenblick zum Bettler machen kann.

Große Hoffnungen und Erwartungen hatten sich mancherorts auf den Kaiser gerichtet, der den ruhmreichen Namen seines Urgroßvaters trug und der vom Schicksal bestimmt schien, eine neue glanzvolle Periode großfränkischer Geschichte heraufzuführen. Schon im jugendlichen Alter von seinem Vater Ludwig dem Deutschen als Regent in Alemannien eingesetzt, stieg er nach dem Tode des alten Königs 876 rasch empor. Launen des Schicksals begünstigten ihn in reichem Maße. Sein Bruder Karlmann überließ ihm seinen Anspruch auf die italienische Krone und die Kaiserwürde, den er in den nächsten beiden Jahren einlöste. 882, nach dem Tode seines Bruders Ludwig des Jüngeren, der 880 seinen Bruder Karlmann von Bayern beerbt hatte, war das ostfränkische Reich in Karls Hand wiedervereinigt. Bald zeichnete sich auch die Möglichkeit zum Erwerb des westfränkischen Reiches ab. Der westfränkische König Ludwig III. starb am 5. August 882 in Saint-Denis an den Folgen eines ridikülen Liebesabenteuers, in dessen Verlauf er ein Mädchen überstürzt in das Haus ihres Vaters verfolgte und vergaß, zuvor vom Pferd zu steigen. Der Türsturz setzte dem stürmischen Liebesdrang ein Ende.

Zwei Jahre später, am 12. Dezember 884, starb auch Ludwigs Bruder Karlmann, und die westfränkischen Großen wählten nicht den erst fünfjährigen Karl den Einfältigen, den jüngsten Sohn Ludwigs des Stammlers, zum neuen König, sondern luden Karl den Dicken ein, die Herrschaft im Westreich zu übernehmen. Der Kaiser eilte aus Italien herbei und empfing im Juni 885 in Ponthion die Huldigung der westfränkischen Aristokratie. Es war nur ein kleiner Schönheitsfehler, daß die burgundischen Großen unter ihrem selbstgewählten König Boso fernblieben. »Er wurde«, so beschreibt Alexander Cartellieri in seiner »Weltgeschichte als Machtgeschichte« den Aufstieg Karls des Dicken, »vom Glück geradezu verfolgt, ein Reich nach dem anderen fiel ihm zu, und mit jedem wuchsen die Gefahren, mehrten sich die Aufgaben.«[31] Und ganz zuletzt, kurz vor dem Sturz, ein letzter Triumph: Bosos Witwe Irmingard unterstellte das Burgunderreich der Oberhoheit des Kaisers und bat ihn um

Kaisersiegel Karls des Dicken

Schutz für ihren kleinen Sohn Ludwig. Der schwerkranke Kaiser vereinigte alle Teile des Karlsreiches für kurze Zeit wieder unter seinem Zepter, aber es war doch nicht mehr das Reich Karls des Großen, es waren nur die Teile, die überraschend schnell wieder getrennte Wege gehen sollten.

Da die Wiedervereinigung auf friedlichem Wege erfolgte, im Erbgang oder durch freiwilligen Anschluß, schienen die Auspizien für den Kaiser günstig. Die Gründe für sein Scheitern darf man nicht nur im persönlichen Bereich suchen, obwohl Krankheit und Unfähigkeit des Kaisers sicher viel dazu beitrugen, den Nimbus, der die karolingische Dynastie in den Augen des Volkes noch immer umgab, zum Schwinden zu bringen. Karl der Dicke bemühte sich durchaus, das Reich in den Griff zu bekommen, und entfaltete eine fast hektische Reisetätigkeit. Kein Kaiser vor und nach ihm ist während einer so kurzen Zeitspanne so oft nach Italien gezogen: Zwischen Herbst 879 und Frühjahr 886 hat er nicht weniger als sechs Italienzüge durchgeführt. Zum Herrn des Landes und zum Führer im Kampf gegen die sarazenische Gefahr konnte er sich freilich nicht aufschwingen, und so mußten die lokalen Machthaber versuchen, die Gefahr zu bannen, so gut es eben ging. Schwerer noch erschütterten die Fehlschläge bei der Bekämpfung der Wikinger das Ansehen des Kaisers. »Nicht würdig kaiserlicher Majestät« schien Regino von Prüm das Verhalten Karls des Dicken vor den Mauern der Stadt Paris, die Graf Odo heldenhaft und ausdauernd gegen die Wikingerscharen verteidigte, während der Kaiser mit seinem unermeßlichen Heer kampflos wieder abzog, das Land dem Feind zur Plünderung und Brandschatzung preisgebend.[32] »Nicht würdig kaiserlicher Majestät« waren die letzten Monate seines Lebens, als er seinen Vertrauten, Bischof Liutward von Vercelli, schimpflich davonjagte, die Kaiserin Richardis des Ehebruchs mit diesem bezichtigte und sie zwang, sich auf einer Reichsversammlung öffentlich zu rechtfertigen und sich einem Gottesurteil zu unterwerfen.

Freilich war der Kaiser ein kranker Mann, wahrscheinlich litt er an Epilepsie, und sein Zustand bereitete ihm unerträgliche Pein, von der ihn auch eine schwierige Operation, eine Öffnung der Schädeldecke, nicht befreien konnte. Als ihm im November 887 die Großen des ostfränkischen Reiches die Gefolgschaft aufkündigten, um Arnulf von Kärnten, den illegitimen Sohn König Karlmanns von Bayern, zum König zu erheben, ist er zu ernsthaftem Widerstand nicht mehr fähig: Von allen seinen Getreuen verlassen, zog er sich - ohne auf die kaiserliche Würde zu verzichten - auf den Königshof Neudingen bei Donaueschingen zurück, in sein geliebtes, ihm von Jugend an vertrautes Schwabenland. Dort starb er am 13. Januar des folgenden Jahres.

Die Menschen dieser Gegend verklärten seinen Tod:

Nur wenige Tage weilte er voll Frömmigkeit auf den Gütern, die der König ihm zugestanden hatte, denn nach Weihnachten beschloß er am 13. Januar in Frieden sein Leben. Wunderbarerweise haben, während man ihn ehrenvoll in der Kirche der Reichenau begrub, viele Zuschauer den Himmel offen gesehen, so daß offenbar wurde, daß derjenige, der, verachtet von den Menschen, irdischer Würde entkleidet wird, als ein von Gott geliebter, würdiger Bewohner der himmlischen Heimat zu gelten hat.[33]

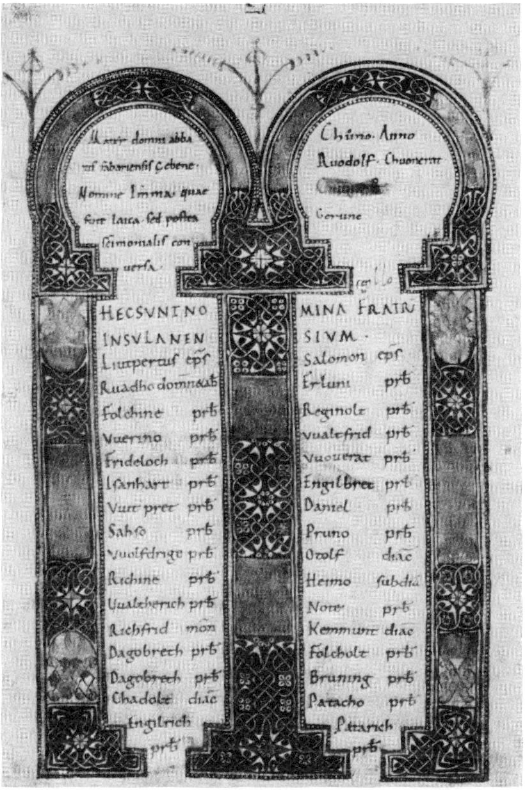

Die Mönche der Abtei Reichenau im Verbrüderungsbuch des Klosters Pfäfers. An ihrer Spitze mehrere bedeutende Persönlichkeiten jener Zeit, Erzbischof Liutbert von Mainz, Bischof Salomo II. von Konstanz und Abt Ruadho von Reichenau.

Dem unglücklichen Kaiser, dem sein tatkräftiger Nachfolger großmütig das Gnadenbrot gewährte, bewahrte man im Volke ein ehrenvolles Angedenken. Viktor von Scheffel läßt ihn in seinem berühmten historischen Roman »Ekkehard« im Verborgenen auf die Stunde warten, in der er sein verfehltes Leben durch den Schlachtentod im Kampf gegen die Hunnen sühnen darf.

Die Rivalität unter den Großen des Reiches im Kampf um die Spitzenposition bei Hofe vermehrte die Schwierigkeiten, zumal die herausragenden Persönlichkeiten dieser Jahre, Erzbischof Liutbert von Mainz (863-889), Karls langjähriger Vertrauter Liutward (880-900 Bischof von Vercelli und zuvor schon als Kanzler, Erzkanzler und Erzkaplan in seinen Diensten) und der kaiserliche Heerführer, der Babenberger Graf Heinrich, verschiedenartige Konzepte für die Abwehr der Normannen verfolgten. Der jähe Sturz Liutwards war dann wohl das Signal für die Rebellion gegen den Kaiser, dessen Regierungsunfähigkeit offenbar geworden war. Karl der Dicke war der Riesenaufgabe, die ihm das Schicksal stellte, als Persönlichkeit nicht gewachsen, aber es hätte wohl auch die Tatkraft eines Karls des Großen nicht ausgereicht, um das zerfallende, zerrüttete, zerrissene und von gefährlichen Feinden bedrohte Imperium wieder zusammenzuzwingen.

6. Zeit der »Diadochen«

Nach seinem Tode, so berichtet Regino von Prüm, nachdem er Karl den Dicken als einen zutiefst christlichen Fürsten gepriesen hat, *lösten sich die Reiche, die seiner Herrschaft unterworfen waren, aus dem Reichsverband, gleichsam als ob sie eines rechtmäßigen Erben entbehrten. Sie dienten nicht mehr ihrem natürlichen Herrn, sondern ein jeder Teil schickte sich an, sich einen König aus dem eigenen Inneren zu erwählen. Dieser Umstand rief große Kriege hervor; nicht etwa weil es den Franken an Fürsten gefehlt hätte, die durch Adel, Tapferkeit und Weisheit über die Reiche herrschen konnten, sondern weil unter ihnen selbst die Gleichheit der Abkunft, der Würde und Macht die Zwietracht steigerte, da niemand den anderen so überlegen war, daß die übrigen sich dazu verstanden hätten sich seiner Hoheit zu beugen. Denn viele zur Regierung des Reiches fähige Fürsten hätte das Frankenreich hervorgebracht, wenn das Schicksal ihnen nicht im Wettstreit der Kräfte die Waffen zu gegenseitigem Verderben in die Hand gedrückt hätte.*[34]

Regino von Prüm, der noch in großfränkischen Kategorien denkende Geschichtsschreiber, hat den Zerfall des Karolingerreiches unter dem Einfluß regionaler Kräfte zutreffend charakterisiert. Die Agonie der karolingischen Dynastie eröffnete der Hocharistokratie ein reiches Betätigungsfeld für ihren Ehrgeiz. Der Karolingersproß Arnulf von Kärnten war zwar ein tatkräftiger und zur Herrschaft befähigter Mann, aber nach streng legitimistischer Auffassung doch nur ein Bastard. Der einzige vollbürtige Karolinger, Karl der Einfältige, war noch ein Kind von höchstens neun Jahren. Den wagemutigen und kriegstüchtigen fränkischen Herren, die in dieser Periode der Diadochen ihre Chancen suchten, versagte Regino von Prüm seine Achtung nicht. Adel, Tapferkeit und Weisheit befähigten sie zur Herrschaft, aber es fehlte ihnen das, was den legitimen Herrn des Frankenreiches auszeichnete, das Charisma. Das aber vermochte nur die Zugehörigkeit zur alten Königsdynastie der Karolinger zu verleihen. Diesen Aristokraten, emporgetragen von mächtigen Strömungen regionaler Art, im Bunde und im Ringen mit dem Adel und der Kirche ihrer Herrschaftsbereiche, haftete immer etwas vom Makel des Emporkömmlings an, auch wenn sich einige von ihnen der Verwandtschaft mit dem Hause der Karolinger rühmen konnten.

Die Dezentralisierung der politischen Macht stand jedenfalls auf der Tagesordnung, auch wenn es im Episkopat und der Hocharistokratie noch immer Anhänger der großfränkisch-imperialen Einheitsidee gab. Die Bildung neuer Reiche und Völker auf dem Boden des zerfallenden Karlsreiches trat in ein entscheidendes Stadium. Von »Provinzialisierung« sollte man jedoch nicht sprechen. Nicht Provinzen entstanden, sondern Reiche, deren Herrscher mit dem königlichen Namen geschmückt wurden. Die regionalen Kräfte, die zum Durchbruch kamen, bedurften der Führung durch einen König. Nur der König garantierte nach der Auffassung jener Zeit Recht und Frieden. Dieser fast mystische Glaube an die vom König ausgehenden Wirkungen war sicher einer der Gründe für die inflationären Königserhebungen, die das späte 9. Jahrhundert erfüllten.

Königssiegel Arnulfs von Kärnten

Binnen wenigen Jahren gab es ein halbes Dutzend Könige und zwei Kaiser dazu. Der Vergleich mit der Ära der Diadochenkämpfe nach dem Tode Alexanders des Großen, den Cartellieri zog, ist nicht abwegig.[35]

Während Arnulf von Kärnten von den Großen der deutschen Stämme ziemlich einhellig zum König gewählt wurde und die Herrschaft über das ostfränkische Reich ohne größere Widerstände antreten konnte, wurden Italien und das westfränkische Reich zum Schauplatz verheerender Machtkämpfe. Der legitime Erbe, der neunjährige Karl der Einfältige, wurde übergangen, obwohl er legitimistisch gesinnte Anhänger besaß, die insgeheim auf ihre Stunde hofften. Um die Macht stritten Graf Odo von Paris, der Paris gegen die Normannen verteidigt hatte, und Herzog Wido II. von Spoleto, auch er aus eienem alten fränkischen Adelsgeschlecht. Obwohl Wido noch Verwandte und Freunde in der fränkischen Heimat hatte, konnte er sich gegen den Grafen von Paris nicht durchsetzen und kehrte nach Italien zurück.

Graf Odo von Paris wurde am 29. Februar 888 in Compiègne zum König gewählt und von Erzbischof Walther von Sens gesalbt, da Erzbischof Fulko von Reims, dem die Salbung eigentlich gebührt hätte, legitimistisch eingestellt war und am Anspruch des noch unmündigen Karolingers festhielt. So hing das Thronrecht Karls des Einfältigen wie ein Damoklesschwert über dem Haupte des neuen Königs aus dem Geschlecht der Robertiner, einer vornehmen Familie mittelrheinischer Herkunft.

Schon im Januar 888 hatte sich Hochburgund vom westfränkischen Reich gelöst. Hier stieg Graf Rudolf aus dem Geschlecht der Welfen zum Königtum empor. Er beherrschte den Raum zwischen dem Schweizer Jura und den Penninischen Alpen, also ein strategisch außerordentlich bedeutsames Gebiet, da es die Kontrolle über Zugänge zu wichtigen Alpenpässen ermöglichte. Zudem war Rudolf Laienabt des Klosters Saint-Maurice, in dessen Kirche er am 6. Januar 888 zum König gewählt und gekrönt wurde. Die Wahl des Tages war ebensowenig zufällig wie die des Ortes, denn der 6. Januar war der Epiphaniastag, der Tag der Erscheinung des Herrn. Der Epiphaniastag war einer der höchsten kirchlichen Feiertage überhaupt. An der Abtei Saint-Maurice haftete die ehrwürdige Tradition des völkerwanderungszeitlichen burgundischen Königtums, an die König Rudolf I. anzuknüpfen suchte. Von seinem Herrschaftszentrum um den Genfer See aus griff er nach dem Elsaß und sogar nach Lothringen, wo er schon im April in Toul noch einmal zum König gesalbt wurde. Dauerhafte Herrschaft konnte er jedoch nur über die Franche-Comté und Teile der Schweiz ausüben.

Nachdem Wido die Krone des Westfrankenreiches nicht hatte erobern können, war er nach Italien zurückgekehrt, wo seine Familie schon seit einigen Jahrzehnten den Dukat Spoleto innehatte, ein strategisch bedeutsames Gebiet an der Nahtstelle zwischen dem fränkisch beherrschten Nord- und Mittelitalien, dem Kirchenstaat und dem byzantinischen, aber von den Sarazenen bedrohten Mezzogiorno. Auch Italien hatte einen »Nationalkönig« gefunden, den Markgrafen Berengar von Friaul. Ihn hatten lombardische Große im Januar 888 in Pavia zum König gewählt, und wenige Wochen später war er geweiht und gekrönt worden.

Berengar war wie Wido fränkischer Abstammung, ein Angehöriger der hocharistokratischen Sippe der Unruochinger, Sohn des Markgrafen Eberhard von Friaul. Karolingerblut floß in seinen Adern, denn seine Mutter Gisela war die Tochter Ludwigs des Frommen und der Welfin Judith, er selbst also ein Urenkel Karls des Großen. Kein Wunder, daß er ein Anrecht auf die lombardische Königskrone zu besitzen glaubte, zumal er als Markgraf von Friaul eine wichtige, an ostfränkisch-deutsches, slawisch-kroatisches und byzantinisches Gebiet anrainende Grenzlandschaft beherrschte. Seine Familie war hier so fest verwurzelt wie die der Widonen in Spoleto.

Berengar von Friaul und Wido von Spoleto waren alte Gegner, denn der Markgraf hatte 883 auf Befehl Karls III. den widerspenstigen Herzog bekämpft. Zunächst konnte sich Berengar gegen Wido behaupten und seine Position durch Anlehnung an König Arnulf verbessern, doch in der Schlacht an der Trebbia unterlag er Anfang 889 und mußte sich in seinen angestammten nordostitalischen Machtbereich zurückziehen. Mit Brescia, Cremona und Verona hielt er allerdings wichtige vorgeschobene Bastionen. Wido dagegen konnte sich nach seinem Sieg in Pavia zum König wählen und krönen lassen. Aber Berengar gab seine Ansprüche nicht auf, und der desolate Zustand, in dem Italien noch jahrzehntelang verharren sollte, bot ihm ausreichend Gelegenheit zur Betätigung seines politischen Ehrgeizes. Es schien, als seien alle Kräfte vereint bemüht, der Unordnung im Lande südlich der Alpen Dauer zu verleihen.

Die ohnehin schon verworrene Geschichte der späteren Karolingerzeit wurde noch verworrener. Die Absetzung Karls des Dicken 887 hatte eine Vielzahl von Herrschaftsträgern emporwachsen lassen, die im Rahmen ihrer Möglichkeiten und diesen oft genug überschreitend eigenständige Politik zu machen bestrebt waren. Dem rückschauenden Historiker fällt es schwer, auch nur eine Schneise durch die Wildnis der verschlungenen und verwirrenden Ereignisse zu schlagen. Am leichtesten ist es noch, wenn man den ostfränkisch-deutschen König Arnulf von Kärnten zur Leitfigur dieser Jahre erhebt, um wenigstens ein Grundgerüst zu erstellen.

Arnulf von Kärnten war von Anfang an der mächtigste unter den Nachfolgern des abgesetzten Kaisers, und man kann sagen, er war *der* Nachfolger schlechthin. Als Sohn eines karolingischen Königs war auch er ein Karolinger, wenngleich nur ein illegitimer, aber über diesen Makel konnte man angesichts der Umstände hinwegsehen. Sein Vater, Karlmann von Bayern, hatte ihm Karantanien anvertraut, eine überwiegend von Slawen bevölkerte Grenzlandschaft, die weit über das heutige Kärnten hinausreichte. In dieser bedrohten Region war er zu einem kriegserfahrenen Manne herangereift und hatte seinen Machtbereich bis nach Pannonien hin ausgedehnt. Die schwere Krankheit des Kaisers war seine große Chance, und er nutzte sie: Mit einem Heer aus Bayern und Slawen rückte er heran, und die ostfränkischen Großen fielen prompt von Karl dem Dicken ab und wandten sich Arnulf zu. Dies geschah auf den Reichsversammlungen zu Tribur und Frankfurt am Main; Wahl und Huldigung Arnulfs folgten in Forchheim.

Um die Beurteilung dieser Vorgänge, um ihre Rolle im Prozeß der Entstehung des deutschen Volkes und Reiches ist seit Jahrzehnten

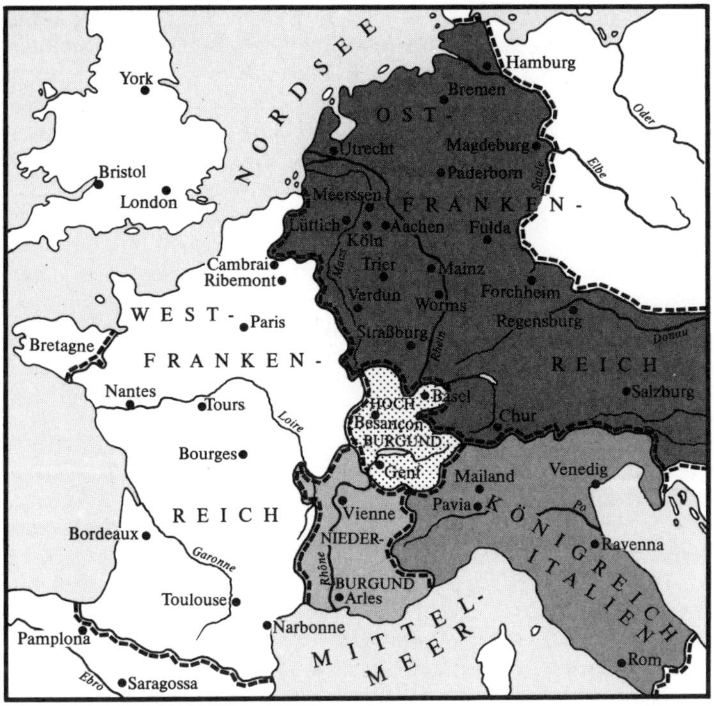

Die Teilreiche am Ende des 9. Jahrhunderts

ein Gelehrtenstreit entbrannt. War Arnulf der Handelnde, angestachelt von dem ehrgeizigen Liutward von Vercelli, der seinen jähen Sturz nicht verwinden konnte? Dann wäre der Thronwechsel nicht viel mehr als eine innerdynastische Affäre, ausgelöst durch intrigante Machenschaften bei Hofe. Oder lag die Initiative bei den Führern der deutschen Stämme, die einen tatkräftigen Herrscher an die Stelle des offensichtlich zur Regierung nicht mehr fähigen Kaisers setzen wollten? Diese beiden Momente schließen einander gewiß nicht aus. Arnulfs Wille zur Tat, dem sein Kommen mit bayerisch-slawischer Heeresmacht Ausdruck verlieh, korrespondierte mit der politischen Entscheidung der ostfränkischen Großen zur Absetzung des unfähigen Kaisers und zur Wahl eines neuen Herrschers.

Wichtig war etwas anderes. Es waren die deutschen Stämme, die den Abfall vollzogen und Arnulf zum König wählten und damit ein ostfränkisch-deutsches Zusammengehörigkeitsgefühl demonstrierten. Es waren Sachsen und Thüringer, Bayern und Alemannen und die Franken am Main und am Mittelrhein, die Arnulf von Kärnten zu ihrem König erkoren. An den einzigen vollbürtigen, mithin uneingeschränkt erbberechtigten Karolinger Karl den Einfältigen dachte man offenbar keinen Moment, obwohl dessen Jugend kein Grund war, ihn einfach zu übergehen. Hatte das damit zu tun, daß die ostfränkisch-deutschen Stämme gegenüber dem romanischen Westreich Distanz empfanden und zum Ausdruck brachten? Walter Schlesinger hat das so gesehen: »Das Distanzbewußtsein schlug um in ein neues sich selbst genügendes Gemeinschaftsbewußtsein, das als werdendes deutsches Volksbewußtsein gewertet werden darf, wenn es auch noch lange der fränkischen Tradition verbunden blieb.«[36] Das ist ein schwankender Boden. Geht es doch um mentale Prozesse, die sich in dieser quellenarmen Zeit dem sicheren Zugriff des Historikers entziehen.

Soviel scheint klar: Sachsen, Thüringer, Ostfranken, Alemannen und Bayern hatten sich zusammengefunden, und die Jahrzehnte, die sie unter der Herrschaft Ludwigs des Deutschen vereint gewesen waren, begannen sich auszuwirken. Das politische Zusammenwirken der ostrheinischen Stämme war ein neues, in die Zukunft weisendes Element, das erstmals klar und deutlich im gemeinsamen politischen Handeln jener Tage zum Ausdruck kam. Ob die Absetzung des Kaisers und die Wahl Arnulfs zum König ein bewußt separatistischer Akt waren und die Schaffung eines aus dem großfränkischen Gesamtreich herausgelösten Ostfrankenreiches zum Ziel hatten, bleibt unsicher.

Arnulf verfolgte zunächst eine von Vorsicht und Zurückhaltung gekennzeichnete Politik. Nach seiner Wahl kehrte er in sein bayerisch-karantanisches Kernland zurück und verzichtete sogar darauf, die Lotharinger zur Anerkennung seiner Königsherrschaft zu zwingen. Obwohl sich Italien und die westlichen Reichsteile nahezu gleichzeitig unter eigenen Königen selbständig gemacht hatten, war der Gedanke der Reichseinheit unter einem Herrscher aus karolingischem Hause noch keineswegs erloschen: Erzbischof Fulko von Reims und Graf Balduin von Flandern boten als Exponenten einer mächtigen westfränkischen Adelsgruppe Arnulf schon im Juni 888 die westfränkische Königswürde an. Es dürfte größte Verwunderung ausgelöst haben, daß Arnulf ihr Angebot ablehnte, ein gewiß singulärer Fall, denn jahrhundertelang hatten Merowinger und Karolinger bedenkenlos zugegriffen, wenn sich die Chance bot, den eigenen Reichsteil auf Kosten anderer zu vergrößern. Zu den Prinzipien dynastischer Herrschaft gehörte nicht nur die Teilung, sondern auch die Wiedervereinigung.

Aber Arnulf verzichtete darauf, den gescheiterten Versuch seines Vorgängers zur Wiederherstellung des Karlsreiches zu wiederholen, vielleicht unter dem Druck seiner Gefolgsleute, zumindest aber mit ihrer Zustimmung. Er steuerte vielmehr einen anderen politischen Kurs gegenüber seinen westfränkisch-burgundisch-italischen Mitkönigen, gerichtet auf die Errichtung einer hegemonialen Machtstellung über die auf dem Boden des Karlsreiches entstandenen Reiche.

Auf einen Kampf mit Odo von Paris, der sich rasch Ansehen bei der Abwehr der Normannen erworben hatte, wollte es Arnulf wohl ohnehin nicht ankommen lassen. Da auch Odo angesichts seiner zweifelhaften Legitimität und seiner prekären Position Anlehnung an den mächtigeren ostfränkischen Herrscher suchte, kam es im August 888 bei einem Treffen in Worms zu einer Übereinkunft. Odo huldigte König Arnulf und erkannte damit dessen Oberhoheit an. Arnulf übersandte ihm dafür wenig später eine Krone als Herrschafts- und Investitursymbol, mit der Odo am 13. November 888 noch einmal gekrönt und zum König proklamiert wurde, nun am rechten Ort und vom rechten Koronator, in Reims von Erzbischof Fulko. Gesandte Arnulfs waren zugegen und dokumentierten damit dessen Zustimmung zu diesem Staatsakt.

Im Spätherbst des Jahres 888 bequemte sich auch König Rudolf von Hochburgund, dessen Reich etwa das Gebiet von Besançon, Genf, Lausanne und Sitten umfaßte, zur Anerkennung der Oberhoheit Arnulfs. Er erschien auf dem Hoftag zu Regensburg, verzichtete auf seine Erwerbungen im Elsaß und in Lotharingien, freilich erst, nachdem der ostfränkische Herrscher den alemannischen Heerbann gegen ihn ins Feld geschickt hatte.

In der Provence, dem ehemaligen Reich des Königs Boso von Vienne, behauptete sich die Kaisertochter Irmingard, fest entschlossen, das provenzalisch-niederburgundische Reich ihres Gatten für ihren kleinen Sohn Ludwig zu retten. Dank ihrer Anlehnung an Arnulf und der Unterstützung durch die geistlichen Großen gelang es ihr, den noch minderjährigen Knaben im Jahre 890 in Valence an der Rhône zum König der Provence wählen und krönen zu lassen. Wiederum waren ostfränkische Gesandte zugegen, die hegemoniale Stellung Arnulfs zur Schau stellend. Nicht das gesamte Herrschaftsgebiet seines tatkräftigen Vaters konnte dem jungen König übergeben werden. Er mußte sich mit der Provence und den Landschaften um Vienne und Lyon begnügen.

Im westfränkischen Reich witterte die altkarolingische Partei Morgenluft, als Karl der Einfältige im Jahre 892 volljährig geworden war - mit dreizehn nach fränkischem Recht -, und sehr bald von Erzbischof Fulko von Reims zum König gekrönt wurde. Auch Karl suchte den Schutz Arnulfs, erschien auf einer ostfränkischen Reichsversammlung in Worms, brachte reiche Geschenke, huldigte und wurde von Arnulf anerkannt. Die beiden westfränkischen Könige paralysierten sich nunmehr und fügten sich nach Kräften Schaden zu. »Und so kommen wechselweise auf beiden Seiten viele ums Leben; man verübt gewaltig viel Böses, unzählige Räubereien und pausenlose Plünderungen«, berichtet Abt Regino von Prüm.[37] Das war ohne Zweifel nicht übertrieben.

Nicht weniger turbulent ging es in Italien zu. Hier hatte sich König Berengar, bedrängt von Wido, seinem Erzrivalen, eilends unterworfen, eingeschüchtert durch das große Heer, das Arnulf 888 gegen ihn heranführte. Berengar huldigte Arnulf in Trient und wurde in seiner Herrschaft bestätigt. Gegen Wido sollte ihm das allerdings wenig nützen. Nach der für Wido siegreichen Schlacht an der Trebbia konnte dieser in Italien nach seinem Belieben schalten und walten. Dem Papst Stephan V. blieb schließlich nichts anderes übrig, als den Wunsch Widos nach der Kaiserwürde zu erfüllen und ihn und seine Gemahlin Ageltrudis am 21. Februar 891 in Rom zu krönen. Zum ersten Mal trug jetzt ein Nichtkarolinger die Kaiserkrone. Der neue Kaiser dachte sogleich an die Begründung einer neuen Dynastie: Bereits am 1. Mai 891 ließ er seinen Sohn Lambert in Pavia zum König und am 30. April des nächsten Jahres in Ravenna zum Mitkaiser krönen. Das lief nicht etwa, wie Cartellieri gemeint hat,[38] auf ein italienisches Nationalkaisertum hinaus; dazu stand Wido als Angehöriger der Reichsaristokratie doch zu sehr in der großfränkisch-imperialen Tradition. Der Wahlspruch, den er für sein Siegel wählte, signalisiert universalere Bestrebungen: »Wiederherstellung des Frankenreiches«. Das Frankenreich, an das Wido dachte, war sicher das Karlsreich. Ob er damit Sinn für die Realitäten zeigte oder einem Phantom nachjagte, sei dahingestellt, aber in dieser bewegten Zeit schien manches möglich.

Für Arnulf mußten das Kaisertum Widos und seine anmaßende Devise eine Herausforderung sein. Seine Selbstbeschränkung im Verkehr mit den anderen Herrschern ließ sich nur solange durchhalten, wie diese sich seinem Suprematieanspruch beugten. Wido verweigerte sich diesem nicht nur, sondern stellte sich als Inhaber der Kaiserwürde sogar an die Spitze der feudalen Hierarchie des Abendlandes. Diesen Affront konnte Arnulf nicht hinnehmen, ohne sein Prestige aufs Spiel zu setzen. Er war schließlich ein Karolinger und damit auch den fränkisch-karolingischen Traditionen verpflichtet, und die verwiesen ihn auf das Reich, auf Italien und die Kaiserwürde. Sobald die Dinge für ihn günstig standen, mußte er sich gegen den Herausforderer wenden. Dieser Moment kam bald.

Der vor allem psychologisch wertvolle Sieg Arnulfs über ein Normannenheer an der Dyle in Belgien im Oktober 891 und der durch Dürre und Hungersnot im Sommer des folgenden Jahres erzwungene Abzug der Wikinger vom Kontinent machten Kräfte frei, die der König an der Ostflanke seines Reiches gegen den mährischen Fürsten Svatopluk einsetzen konnte. Aber die Plünderungs- und Verwüstungsfeldzüge in den Jahren 892 und 893 konnten Svatopluk nicht bezwingen; erst sein Tod 894 befreite Arnulf von diesem gefährlichen Gegner. Schon während dieser Sorgen wandte der ostfränkische König sein Augenmerk dem südalpinen Schauplatz zu.

Der neue Papst Formosus (891–896) hatte Wido von Spoleto noch einmal zum Kaiser gekrönt und auch die Krönung seines Sohnes Lambert vollzogen, sich aber dann an Arnulf mit der Bitte um Hilfe gegen den »Tyrannen« Wido gewandt. Ein erster Angriff unter Führung von Arnulfs illegitimen Sohn Zwentibold scheiterte vor Pavia; Erfolge stellten sich erst ein, als der König selbst im Januar 894 mit einem alemannischen Aufgebot die Alpen überschritt. Der Stoß richtete sich erneut gegen die lombardische Königsstadt Pavia, aber zunächst mußte Bergamo erobert werden. Von dem Grafen Ambrosius, einem Anhänger Widos, tapfer verteidigt, fiel die Stadt erst nach erbittertem Kampf. Der Sieger statuierte ein Exempel: Bergamo wurde geplündert, Graf Ambrosius vor den Toren der Stadt gehenkt, seine Frau, seine Söhne und sein Schatz fielen Arnulf in die Hände. Bischof Adalbert von Bergamo wurde in Haft genommen und dem Mainzer Erzbischof Hatto zur Bewachung übergeben.

Die harte Rache der Sieger entmutigte die Anhänger Widos: *Darob ergriff solche Furcht ganz Italien, daß die größten Städte, nämlich Mailand und Pavia, aus freien Stücken zum König kamen und sich unterwarfen.*

Und dann folgt ausführlich die Beschreibung des schwierigen und gefährlichen Rückwegs:

Als wegen der zu großen Wegeslänge das Heer ermattete, zog der König, der schon bis Piacenza gekommen war, zu Ostern zurück in die Nähe der Burg Ivrea. Diese Burg, sowie die sehr festen Klausen, die durch eine darüberliegende steinerne Burg gesperrt waren, verteidigte ein Graf Widos namens Ansger mit Vasallen des Königs Rudolf von Burgund, die herübergeschickt worden waren, um dem König hier den Rückweg zu versperren. Als der König nun sah, daß den Seinen auf der besetzten Straße ohne Gefahr eine Eroberung unmöglich war, stieg er mit Führern unter großen Anstrengungen die Alpen empor, wobei er wegen der Größe des

Heeres vom Wege abkam und durch steile Felsen kam; nur mit großer Gefahr der Seinen und auf wunderbare Weise, indem die Pferde an der mauerartigen Felswand von oben über die Abstürze heruntersprangen, Stufen als Platz zum Ausruhen benutzend. Endlich gelangten sie am dritten Tag ins Aostatal. Der König schickte nun das Heer voraus und zwang König Rudolf zur Flucht; er selbst zog durch Hochburgund nach Alemannien zum Königshof Kirchen, wo ihm die Königin entgegenkam.[39]

Regino von Prüm berichtet knapper, nicht abweichend, aber mit dem bezeichnenden Nachsatz:
Dem Land zwischen dem Jura und dem Großen Sankt Bernhard fügte das Heer großen Schaden zu.[40]

Jetzt erlaubten es die Umstände König Arnulf, seine hegemoniale Stellung zur imperialen zu steigern. Und noch im selben Jahr starben die beiden kühnen und tatkräftigen Männer, die er nie hatte wirklich bezwingen können: Wido von Spoleto und Svatopluk von Mähren. Mit deren Söhnen hatte Arnulf leichteres Spiel. Vom Westreich drohte keine Gefahr: Der König konnte die rivalisierenden Parteien auf die Reichsversammlung im Mai 895 nach Worms vorladen. Da Karl der Einfältige nicht erschien, entschied Arnulf gegen das Thronrecht des Karolingers zugunsten Odos von Paris. Die Herrschaft über Lotharingien vertraute er seinem eigenen illegitimen Sohn Zwentibold an, der mit Zustimmung eines Teils der Großen dieses Landes zum König gekrönt und gesalbt wurde. Arnulf suchte nun auch eine engere Verbindung zum Episkopat seines Reiches, wie dies dem Reichsgedanken karolingischer Provenienz entsprach. Die Zusammenarbeit der weltlichen und der geistlichen Gewalt bewährte sich auf der großen Synode von Tribur im Mai 895. Drei Erzbischöfe und mehr als fünfundzwanzig Bischöfe nahmen daran teil; sie erwarteten vom König Schutz und Schirm und kannten ihn dafür uneingeschränkt an als den Herrn der Reichskirche. Die Sakralisierung des arnulfingischen Königtums bahnte sich an, gleichsam als Präludium für den bevorstehenden Zug zur Kaiserkrönung nach Rom, der auf erneute dringende Bitten des Papstes Formosus im Oktober in die Wege geleitet wurde.

Unter großen Schwierigkeiten, bedroht durch widrige Witterungsverhältnisse und durch die aufsässige Haltung Berengars von Friaul und des Markgrafen Adalbert von Tuszien im Rücken, gelangte das aus Alemannen und Franken bestehende Heer im Februar 896 nach Rom, fand die Tore der Ewigen Stadt jedoch verschlossen. Es mag den Zorn der Deutschen gesteigert haben, daß es eine Frau war, die ihnen Widerstand zu leisten wagte, nämlich die Kaiserin Ageltrudis, die Witwe Widos von Spoleto. Der Sturm auf die Stadt, der jetzt notwendig war, gelang auf Anhieb und ohne Verluste, wohl nicht zuletzt deshalb, weil der Papst und die Römer selbst auf die Karte Arnulfs gesetzt hatten:
So wurde durch Gottes Vorsehung, ohne daß auf seiten des Königs aus dem großen Heere einer fiel, die festeste und edelste Stadt am Abend mit ruhmreichem Triumph erobert, und der Papst und die Stadt selbst wurden von den Feinden befreit. Der ganze Senat der Römer und die Schola der Griechen kamen mit Fahnen und Kreuzen an die Milvinische Brücke, um den König ehrenvoll mit Hymnen und Lobgesängen zu empfangen und in die Stadt zu geleiten. Nun empfing der Papst mit väterli-

cher Liebe den König vor den Stufen der Peterskirche, nahm ihn ehrenvoll auf und führte ihn voll Freude in die Basilika, die den Apostelfürsten geweiht ist. Indem er ihm nach der Sitte seiner Vorgänger zum Zeichen der Kaiserweihe die Krone aufs Haupt setzte, begrüßte er ihn als Cäsar und Augustus. Nachdem dort die wichtigsten Dinge geregelt waren, leistete das ganze Volk der Römer bei dem heiligen Paulus dem Kaiser den Treueid.[41]

Der Fuldaer Annalist kennt auch den Wortlaut dieses Eides, der den Papst Formosus einschloß und gegen Widos Sohn Lambert und seine Mutter Ageltrudis gerichtet war.

Arnulf hatte die Kaiserwürde errungen, aber der Preis, den er zahlen mußte, war hoch. Auf dem Zug gegen die Herzogsstadt Spoleto, in der Ageltrudis Zuflucht gesucht hatte, erkrankte er so schwer, daß das Heer den Rückzug antreten mußte. Wahrscheinlich erlitt er einen Schlaganfall, von dessen Folgen er sich nicht mehr erholen sollte. Italien wollte er nicht völlig aus der Hand geben und ließ deshalb seinen kleinen Sohn Ratold in Mailand zum König von Italien erheben. Es war dies ein Wechsel auf die Zukunft, der nie eingelöst werden konnte. Kaiser Lambert hatte das Heft bald wieder in der Hand. Er überließ das Land bis zur Adda Berengar von Friaul und suchte sich dadurch seine Nordostflanke zu sichern. Aber der Frieden hielt nicht lange, denn Berengar verbündete sich mit dem Markgrafen Adalbert von Tuscien gegen Lambert. Der Kaiser brachte zwar den Markgrafen in seine Gewalt, aber bevor er seine Position festigen konnte, verunglückte er am 15. Oktober 898 tödlich auf der Jagd, ein Ende, das bei den Großen der mittelalterlichen Gesellschaft nicht eben selten war. Berengar rückte wieder in seine Stellung als König von Italien ein.

Die Wirrnisse in Rom und Italien dauerten an, das Papsttum sank auf die niedrigste Stufe in seiner langen Geschichte herab. Die Kathedra Petri zu besteigen, bedeutete in jenen Jahren den sicheren Untergang. Höhepunkt war jenes legendäre, degoutant-makabre Leichengericht über den Papst Formosus, der immerhin drei Kaisern eine Krone aufs Haupt gesetzt hatte. Vielleicht in Gegenwart des Kaisers Lambert, sicher aber nicht gegen dessen Willen, wurde ein absurdes Schauspiel von seinem Nachfolger Stephan VI. inszeniert:

Der Papst versammelte eine Synode zum Gericht über seinen Vorgänger: der entseelte Leib desselben, der, neun Monate bereits im Grabe ruhend, in Verwesung überging, wurde von rohen Händen herausgeholt und in dem Ornat des Lebenden auf den päpstlichen Stuhl gesetzt; ein Diakonus mußte sodann die traurige Rolle übernehmen, für den Verstorbenen als sein Vertreter gleichsam Rede und Antwort zu stehen. Alle seine Verschuldungen wurden ihm nun vorgehalten: sein den Kirchengesetzen widerstreitender Ehrgeiz, der ihn von dem Stuhle von Porto auf den römischen geführt, der Bruch des Eidschwurs, welchen er Johann VIII. geleistet, Rom nie wieder zu betreten u. s. f. Schließlich ward er durch den Urteilsspruch der Synode feierlich seiner angemaßten Würde als Nachfolger Petri entsetzt und alle von ihm vollzogenen geistlichen Weihen für null und nichtig erklärt, weil er kein Recht gehabt, sie zu erteilen. Der Leiche, die statt des Lebenden büßen sollte, wurden die apostolischen Gewänder herabgerissen und die Laienkleidung dafür angelegt, die drei Finger der rechten Hand aber, die sich zu jenem Schwur erhoben, abgehackt und unter dem Wehrufe des Volkes, das um Schonung für den Verstorbenen bat, der tote Körper endlich an einem abgelegenen Orte begraben und später, auf Geheiß des Papstes, heimlich und mit Gewichten beschwert, sogar in den Tiber geworfen, wahrscheinlich, damit jene Ruhestätte nicht als das Grab eines Märtyrers verehrt werde.[42]

Kaiser Arnulfs Abgang von der Weltbühne war alles andere als glanzvoll. Der Kranke bemühte sich zwar unter Aufbietung aller Kräfte, die Herrschaft in den Händen zu behalten, aber er siechte dahin. Erfolge im Kampf gegen die Böhmen und Mährer wurden nicht von ihm, sondern von den bayerischen Fürsten errungen. Die Schwäche des Herrschers gab dem Adel Gelegenheit, die eigenen Machtpositionen wieder zu stärken. Vor allem in der Frage der Thronfolge warf die Aristokratie der deutschen Stämme ihr Gewicht in die Waagschale. Nur mit Mühe hatte Arnulf auf dem Reichstag zu Forchheim 889 die fränkischen und bayerischen Großen bewegen können, seine beiden illegitimen Söhne Zwentibold und Ratold als Thronfolger zu akzeptieren, freilich unter dem Vorbehalt, daß ihm nicht doch noch ein legitimer Erbe von der Königin Uta geschenkt würde. Durch die Geburt seines Sohnes Ludwig, vier Jahre später, trat dieser Fall dann ein. Zwentibold, der diesen slawischen Namen seinem Paten, Svatopluk von Mähren, verdankte, wurde daraufhin mit der Herrschaft über Lotharingien und dem Königstitel abgefunden. Ratold sollte König von Italien werden. Den vollbürtigen Thronfolger hoben Erzbischof Hatto von Mainz und Bischof Adalbero von Augsburg aus der Taufe und nahmen ihn unter ihre Fittiche.

Der Gesundheitszustand des Kaisers verschlechterte sich wohl auch unter dem Druck familiärer Sorgen. Gegen die Kaiserin richtete sich der Verdacht des Ehebruchs, und sie war gezwungen, sich auf einem Reichstag zu Regensburg zu rechtfertigen. Die Großen des Reiches saßen über die Kaiserin zu Gericht. Mit Hilfe von zweiundsiebzig Eideshelfern bewies Uta ihre Unschuld. Wohl über all diesen Aufregungen erlitt Arnulf erneut einen Schlaganfall. Er starb schließlich am 8. Dezember 899 in Regensburg, wo er im Kloster Sankt Emmeram begraben wurde.

7. »Wehe Dir, Land, dessen König ein Kind ist!«

Alles hadert, Bischof, Graf und Kriegsmann;
Im Streit liegen die Gaugenossen und die Gesippen,
Das Stadtvolk murrt, und in den Städten tobt der Krieg.
Zwietracht herrscht unter Verwandten:
Der Bruder trifft auf den Bruder im Kampf.
Ungezügelt tobt und wütet das niedere Volk,
Und im Streit der Sterblichen leidet das Recht.
Die Großen handeln nicht anders als jene.
Sie, die zu Verteidigern des Vaterlandes und des Volkes
Bestellt sind, geben den anderen Anlaß zum Streit,
Ihre Väter besänftigten den Aufruhr,
Sie aber steigern den bitteren Zorn.
Wenn die Zwietracht unter dem Volke so groß ist,
Glaubst Du, das zerrissene Reich könne bestehen?
Allenthalben fehlen die Führer, die Zucht verfällt
Und verkehrt sich in ihr Gegenteil. Ohne Furcht,
Sagt man, sei die Ehre nichts.
Die Barbaren, die einst in ihrer Heimat heimgesucht
Und zum Tribut vom Christenvolke gezwungen wurden,
Da ein König ihm gebot, überfallen jetzt
Die katholische Gemeinschaft, weil kein König sie leitet,
Und fordern den Tribut mit Blut zurück.
Die Schwäche des Kindes, das den Namen des Königs führt,
Hat uns schon lange des Herrschers beraubt.
Seiner Jugend wegen ist es unfähig, die Waffen zu führen
Und Recht und Gesetz zu handhaben.
Sein schwächlicher Körper und die zu tapferen Taten
Zu spät reifende Kraft machen es den Seinen verächtlich
Und ermuntern die Feinde zu kühnem Wagnis.
Wie sehr haben wir zu fürchten, daß sich die Worte Salomos
An uns erfüllen: Wehe Dir, Land, dessen König ein Kind ist![43]

Der Dichter dieser verzweifelten Verse war niemand anders als Bischof Salomo von Konstanz, Abt von Sankt Gallen, einer der begabtesten Staatsmänner unter den Kirchenfürsten an der Wende vom 9. zum 10. Jahrhundert. Der junge König, dessen Führungsschwäche das Reich in den Abgrund stürzte, war der legitime Sohn Arnulfs, Ludwig das Kind.

Es war ein sechsjähriger Knabe, den die Geistlichkeit und die Aristokratie am 4. Februar des Jahres 900 in Forchheim mit der Krone und den königlichen Gewändern schmückten und auf den Thron seiner Väter setzten. Die Königserhebung des letzten ostfränkischen Karolingers ging reibungslos über die Bühne. Bereits 897 hatten die Großen dem Kind – noch zu Lebzeiten seines Vaters – gehuldigt und den Treueid geleistet. Nur die Lotharinger hielten sich fern. Dem unmündigen König, der natürlich nur nominell die

Regierung führte, standen erfahrene Berater zur Seite, die tatsächlich die Politik lenkten: Erzbischof Hatto von Mainz (891 bis 913), der schon zu Arnulfs Beratern gehört hatte, Bischof Adalbero von Augsburg in der Rolle des Prinzenerziehers und die Brüder Salomo von Konstanz und Waldo von Freising.

Wie ein richtiger Herrscher durchzog König Ludwig vorschriftsmäßig sein Reich – zu dem nach dem Tode seines Halbbruders Zwentibold am 13. August 900 auch Lotharingien gehörte –, aber die Herrschaft konnte er sich dadurch nicht aneignen.

Die Zustände in der von Gewalt und Brutalität beherrschten Adelsgesellschaft, in der die Verpflichtung zur Blutrache, die Tyrannei der Ehre und der Wille zur Macht, von keinem starken Monarchen mehr gebändigt, Triumphe feierten, illustriert eindrucksvoll der Kampf der Konradiner und der Babenberger um die Vorrangstellung im hessisch-mainfränkischen Raum. Die sogenannte Babenberger Fehde, was eine eher verharmlosende Heroisierung eines blutigen Krieges ist, findet erst mit der Ausrottung eines der mächtigsten Adelsgeschlechter der späten Karolingerzeit ein Ende. Regino von Prüm füllte mit der Schilderung dieses wilden Ringens die letzten Seiten seiner Chronik:

Im Jahre der göttlichen Menschwerdung 902 sammelte [der Babenberger] Adalbert mit seinen Brüdern Adalhard und Heinrich eine starke Gefolgschaft und brach aus der Burg Bamberg gegen die [konradinischen] Brüder Eberhard, Gebhard und Rudolf hervor, um ihnen eine Schlacht zu liefern. Jene halten den Angriff mannhaft aus, durchbrechen die feindliche Schlachtreihe mit dem Schwert, strecken alle nieder, die sich ihnen entgegenstellen und lassen nicht eher ab, bis die Schar der Gegner die Flucht ergreift. In diesem Kampf wurde Heinrich erschlagen, Adalbert gefangengenommen und bald darauf auf Befehl Gebhards enthauptet. Auch Eberhard fiel – von vielen Wunden bedeckt – in diesem Treffen, wurde von den Seinen nach dem Ende des Kampfes unter den Leichen der Erschlagenen entdeckt und nach Hause geschafft, wo er aber nach einigen Tagen ebenfalls starb … Im Jahre der göttlichen

Siegel Ludwigs des Kindes

Der junge König benutzte ein Siegel, das schon Ludwig der Deutsche und Ludwig der Jüngere geführt hatten. Die antike Gemme zeigt die Büste eines Kaisers, wahrscheinlich Hadrians. Die Umschrift lautet: »Christus, schütze König Ludwig«. Neben dem Siegel der »Bienenkorb«, die eigenhändige Beglaubigung der Urkunde durch den Notar der Reichskanzlei.

Menschwerdung 903 verjagte Adalbert den Bischof Rudolf aus der Kirche von Würzburg und verwüstete die Besitzungen dieses Bistums mit großer Grausamkeit. Auch die Söhne Eberhards und sogar ihre Mutter zwang er, ihre Erbgüter und die durch königliche Gnade gewonnenen Lehen zu verlassen und sich hinter den Spessart zurückzuziehen.[44]

Weder die Babenberger noch die Konradiner waren so geschwächt, daß sie zum Frieden bereit gewesen wären. Die Konradiner griffen sogar in die Machtkämpfe kräftig ein, die nach dem Tode König Zwentibolds in Lotharingien tobten. Das kriegerische Engagement der Konradiner im Westen verlockte den Babenberger Adalbert, der den Tod seiner Brüder zu rächen hatte, zu einem raschen Angriff:

Während dies in Lothars Reich geschah, hatte der ältere Konrad mit einer großen Schar zu Fuß und zu Pferde sein Lager in Fritzlar in Hessen, da er häufige Einfälle Adalberts fürchtete. Sein Bruder Gebhard aber wartete mit seinen Gefolgsleuten in der Wetterau auf einen plötzlichen Angriff Adalberts. In der Tat gab ihnen der Ausgang der Dinge recht, denn als Adalbert merkte, daß die Macht seiner Gegner geschwächt war, weil sie sich auf drei Gegenden verteilt hatten, sammelte er, froh über diese günstige und lang ersehnte Gelegenheit, seine Gefolgschaft und griff zu den Waffen.[45]

Adalbert täuscht die Gegner und erringt einen vollständigen und blutigen Sieg bei Fritzlar über die Konradiner. Konrad der Ältere fällt im Kampf, die Fliehenden werden verfolgt und getötet, vor allem das Fußvolk. Adalberts Truppen ziehen plündernd und mordend durch Hessen und kehren beutebeladen nach Bamberg zurück. Der König lädt den Babenberger vor den Reichstag, der im Juli 906 in Tribur stattfindet, aber Adalbert erscheint nicht, sicher aus Sorge vor den Machenschaften seiner mächtigen Gegner, zu denen auch Erzbischof Hatto von Mainz gehört. Daraufhin wird er in seiner Burg Theres am Main östlich von Schweinfurt vom König belagert. Von seinem bisherigen Gefährten, dem Grafen Egino, verlassen, ergibt sich Adalbert der Gnade des Königs. Nach dem Bericht Reginos von Prüm unterwarf er sich aber nur zum Schein und wurde deshalb als Hochverräter am 9. September hingerichtet, sein Besitz zugunsten der Krone konfisziert und vom König freigebig als Lehen an seine Anhänger ausgeteilt. In späteren Quellen sah man die Sache anders, und der tapfere und heldenmütige Adalbert erschien als Opfer von Verrat und List, geübt vom Erzbischof Hatto von Mainz, dem die Nachwelt keine Kränze flocht, sondern den sie gewiß ganz zu Unrecht als grausamen Menschenverächter in den Mäuseturm zu Bingen verbannte.

Siegel Ludwigs des Kindes

Das Siegelbild zeigt Ludwig als germanischen König mit Krone, Speer und Schild.

Ludwig das Kind hatte vom Vater den Kampf gegen das Großmährische Reich geerbt, der nicht durch einen Sieg beendet wurde, sondern durch das Auftauchen eines neuen, viel gefährlicheren Feindes: die Magyaren, die Ungarn, in denen das entsetzte Europa die wiedererstandenen Hunnen sah.

Der junge König, der die Zügel der Herrschaft in dem von inneren Kämpfen zerrissenen und von gefährlichen äußeren Feinden bedrohten Reich nie wirklich hatte ergreifen können, starb im September des Jahres 911. Mit ihm erlosch die ostfränkische Linie der karolingischen Dynastie.

8. Bedrohungen

Noch bevor Karl der Große in seinem antiken Marmorsarkophag in der Aachener Marienkapelle zur ewigen Ruhe gebettet wurde, neigte sich das Zeitalter der großfränkischen Expansion seinem Ende entgegen. Das Imperium wurde zum Opfer feindlicher Einfälle, Nadelstiche zu Anfang, kaum fühlbar, eher lästig, die dann aber immer bedrohlichere, zerstörerische Formen annahmen, um in der zweiten Hälfte des 9. Jahrhunderts schließlich zur tödlichen Gefahr für weite Landstriche zu werden.

Karl der Große war für die Bedrohungen, die am Ende seiner langen Herrschaft fühlbar wurden, nicht blind. Der Kaiser, so erzählt Notker der Stammler, habe einstmals den Angriff normannischer Piraten auf eine Hafenstadt im narbonnensischen Gallien miterlebt. Die Nordmänner hätten zwar auf die Nachricht hin, daß der gewaltige Karl in der Stadt sei, sofort die Flucht ergriffen, aber der Kaiser habe nicht triumphiert, sondern heiße Tränen vergossen, weil er das Unheil vorausgesehen habe, das nach seinem Tode über sein Volk hereinbrechen würde.[46]

In Wirklichkeit spiegelt diese Anekdote die leidvollen Erfahrungen und tiefen Ängste in den Herzen von Notkers Zeitgenossen. Karl der Große dagegen hat sich keineswegs dem Schmerz hingegeben, sondern gehandelt. Das Frankenreich war bis zu seiner Zeit eine reine Landmacht gewesen. Erst mit der Eingliederung der Friesen hatte es tüchtige Seefahrer gewonnen. Karl der Große hat deren Fähigkeiten auch militärisch genutzt, in Feldzügen gegen die slawischen Stämme an Havel und Spree und im Krieg gegen die Awaren. Vor allem aber wird ihm der Vorstoß nach Italien die Bedeutung der Seefahrt vor Augen geführt haben. Wer im Mittelmeerraum etwas gelten wollte, bedurfte einer Flotte. Araber und Byzantiner gaben

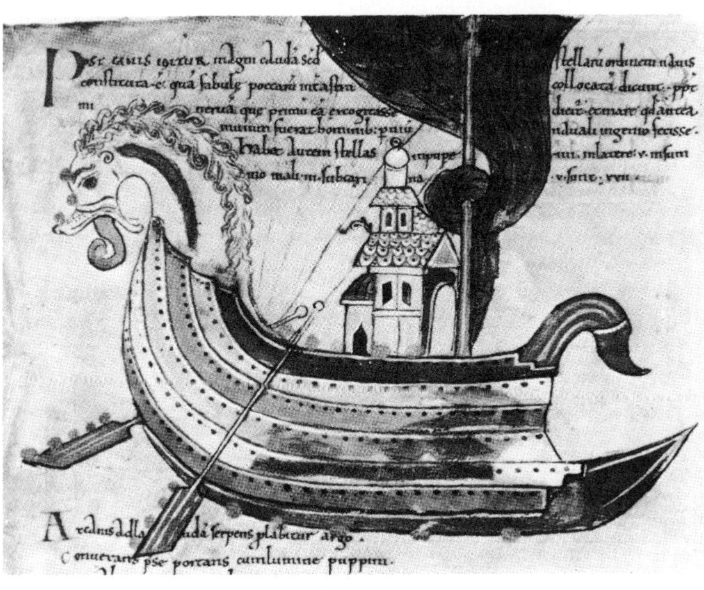

Wikingerschiff

Der überdimensionale Drachenkopf auf dieser angelsächsischen Miniatur aus dem 10. Jahrhundert läßt den Schrecken erahnen, der die Menschen beim Auftauchen der Wikingerflotten ergriff.

hier ein Beispiel. Karl der Große konnte in den Küstenregionen Ober- und Mittelitaliens auf erfahrene Seeleute zurückgreifen. Was seine Befehlshaber hier leisteten, war nicht einmal schlecht. Die Insel Korsika stand unter fränkischer Kontrolle und zeitweilig sogar die fernen Balearen, ein wichtiger Flottenstützpunkt im Kampf gegen die sarazenischen Piraten.

Als sich im Norden die Wikingergefahr abzeichnete, kümmerte sich der Kaiser auch hier um den Flottenbau und um den Küstenschutz. Schon bevor er im Jahre 800 nach Rom aufbrach, unternahm er eine ausgedehnte Inspektionsreise durch das gefährdete Küstengebiet. Vor allem die Flußmündungen bedurften des Schutzes. Im Jahre 811 wurde auf seinen Befehl hin sogar ein ehemaliger römischer Leuchtturm bei Boulogne-sur-Mer wiederhergestellt.[47] Probleme bereitete wohl die Bemannung der Flotten, die sich mit dem herkömmlichen Rekrutierungssystem des fränkischen Heerbannes nur schwer durchführen ließ.

Dies geschah in den letzten anderthalb Jahrzehnten von Karls Regierungszeit; das von ihm in der Kürze der Zeit Erreichte auf diesem Gebiet soll nicht überbewertet werden. Es gab mancherlei Schwierigkeiten struktureller und wirtschaftlich-sozialer Natur, so daß diese Ansätze einer fränkischen See- und Flottenpolitik wohl auch unter günstigeren Auspizien kaum zur Entfaltung gelangt wären. Immerhin sprechen Karls Bemühungen um einen wirksamen Küstenschutz für die erstaunliche Weitsicht des Kaisers, ja für sein Ahnungsvermögen. Nord- und Ostsee waren seit vielen Jahrzehnten ein vielbefahrener Handelsraum mit blühenden Handelsplätzen. Wenn der Handel auch nicht immer ganz friedlich verlief und es an Piraten selten fehlte, so war doch das Heraufziehen der Wikingerzeit kaum voraussehbar. Gegen Ende des 8. Jahrhunderts gab es ein paar Überfälle in England, darunter die Plünderung und Brandschatzung des Klosters Lindisfarne auf Holy Island an der Nordostküste, eine blutige Tat mit Signalwirkung für beide Seiten. Reiche und leichte Beute lockte zur Nachahmung, und auch das Frankenreich blieb nicht lange verschont.

Eine wirklich ernste Bedrohung war freilich nur der Angriff einer normannischen Flotte im Jahre 810 auf Friesland mit zweihundert Schiffen. Die friesischen Inseln wurden verwüstet und die friesischen Aufgebote von den Normannen in drei Schlachten geschlagen. Die Friesen mußten einhundert Pfund Silber als Tribut zahlen. Als Karl der Große mit einem Heer heranrückte, das er ursprünglich gegen den Dänenkönig Göttrik aufgeboten hatte, suchte die Piratenflotte rasch das Weite. Göttrik, der wahrscheinlich hinter diesem Angriff dänischer Wikinger stand, wurde noch im selben Jahr von einem seiner Gefolgsmannen ermordet. Die Rivalitäten und Kämpfe unter den dänischen Thronprätendenten eröffneten Karl dem Großen und seinem Nachfolger die Möglichkeit zu politisch-diplomatischen Verhandlungen.

Ludwig der Fromme schien in den ersten beiden Jahrzehnten an die Erfolge seines Vaters anzuknüpfen und die Bedrohung durch die Wikinger in Grenzen halten zu können. Einige Überfälle auf Flandern, die Seine- und Loiremündung wurden als lästige Episoden betrachtet, die in einer von kriegerischen Ereignissen beherrschten Periode nicht weiter ins Gewicht fielen. Offenbar bemühten sich die

Der Holzschnitt aus dem 16. Jahrhundert zeigt den römischen Leuchtturm, der auf Befehl Karls des Großen wiederhergestellt worden war. Er wurde 1544 zerstört.

Franken auch, die von Karl dem Großen eingeleiteten Maßnahmen zum Schutz der Küsten und zur Kontrolle der Häfen und Flußmündungen weiterzuführen. Noch gab es den Kaiser und das von ihm geführte Reichsheer. Der Ruhm, den sich die fränkischen Waffen unter dem großen Karl erworben hatten, war noch nicht ganz verblaßt und trug dazu bei, die Nordmänner von allzu waghalsigen Abenteuern auf fränkischem Boden abzuhalten.

Ludwig nahm aber auch die diplomatisch-missionarischen Aktivitäten Karls wieder auf, namentlich mit den Missionsreisen des späteren Erzbischofs Ansgar von Hamburg-Bremen. Die Ausbreitung des Glaubens gehörte gewiß zu den vornehmsten Aufgaben eines christlichen Herrschers. Bei den Ansätzen zur Christianisierung der Dänen und Schweden mag aber auch die Hoffnung mitgespielt haben, diese in einer sehr archaischen Vorstellungswelt lebenden Völker ein wenig zu domestizieren. Ein Teilerfolg war die Taufe des dänischen Fürsten Harald Klak und seiner Gefolgsleute, die im Jahre 826 in der Albanskirche zu Mainz in Anwesenheit des Kaisers mit großem Aufwand vollzogen wurde.[48] Der Däne, ein Gegner der Söhne Göttriks, erhielt die Grafschaft Rüstringen in Friesland und wurde damit als kaiserlicher Vasall gleichsam in die Hierarchie des Reiches eingegliedert. Der Kaiser hoffte wohl auch, daß Harald mit seinen Mannen Friesland gegen andere Wikinger schützen würde.

Auf diese erste Periode der normannischen Bedrohung mit ihren eher sporadischen Überfällen und raschen Beutezügen folgte jäh und unvermittelt die Zeit der großen und verheerenden Wikingerfahrten. Die Gefahr für das Reich gewann eine ganz andere Dimension. Die Nachricht vom Aufstand der Söhne gegen ihren kaiserlichen Vater Ludwig, vom Verrat seines Heeres auf dem Lügenfeld bei Colmar im Jahre 833 und von den Demütigungen und dem Sturz des Kaisers dürfte sich auch im Norden in Windeseile verbreitet und dort Siegesstimmung ausgelöst haben. Die tiefe Krise der fränkischen Monarchie war ja unübersehbar. Nun schien das Reich den wagemutigen Männern aus dem Norden leichte Beute zu bieten. So war es gewiß kein Zufall, daß bereits im folgenden Jahre die Dänen mit einer starken Flotte Friesland verheerten, dann über Utrecht nach Dorestad zogen, diesen reichen Handelsplatz zerstörten, die Bewohner töteten oder als Gefangene fortschleppten.

Das war der Auftakt zu jener Periode der Normanneneinfälle, die sich bis ins 10. Jahrhundert erstrecken sollte und die nur selten von kurzen Atempausen unterbrochen wurde. Im nächsten Jahr traf es wieder die Handelsmetropole Dorestad, auch im übernächsten, und im Jahre 837 können die Annalen des Klosters Saint-Bertin schon vom »gewohnten Einfall der Normannen« in Friesland sprechen.[49] *Nun aber forderte der Kaiser öffentlich auf einer großen Reichsversammlung von denen Rechenschaft, die er zum Schutz des Landes als Anführer eingesetzt hatte. Und die Untersuchung ergab, daß es zum Teil objektive Schwierigkeiten, zum Teil aber auch die Pflichtvergessenheit mancher waren, die den Widerstand gegen die Feinde lähmten. Um dem Ungehorsam der Friesen zu steuern, wurden tatkräftige Äbte und Grafen vom Kaiser entsandt. Um aber diesen Einfällen der Seeräuber fernerhin leichter Widerstand leisten zu können, erging die Weisung, überall die Schaffung einer Flotte mit größtem Eifer voranzutreiben.*[50]

Zwischen den guten Absichten und ihrer Realisierung lagen freilich Welten, und der Tod des Kaisers, die Schwächung der fränkischen Abwehrkraft durch die Schlacht bei Fontenoy, die Reichsteilung im Vertrag von Verdun und die anschließenden Machtkämpfe und Bruderkriege ließen keine planmäßige und koordinierte Verteidigung gegen die Wikinger mehr zu. Mit ermüdender Monotonie berichten die Quellen von feindlichen Einfällen: 841 fahren die Wikinger die Seine aufwärts, erobern und verbrennen Rouen, weichen aber dem Kampf mit einem fränkischen Heer noch aus, das sich ihnen bei Saint-Denis entgegenstellt. 842 wird Quentowic geplündert und zerstört, das neben Dorestad der zweite wichtige Handelshafen an der nordfranzösischen Küste war. 843 segeln norwegische Schiffe die Loire hinauf, erobern Nantes und errichten sich auf der Insel Noirmoutier in der Loiremündung sogar ein Winterlager. 844 dringen einige Scharen auf der Garonne bis nach Toulouse vor und plündern das Land nach Belieben, ohne Widerstand zu finden.

Einen vorläufigen Höhepunkt brachte das Jahr 845 mit Angriffen auf Paris, Dorestad und Hamburg. Die Wikinger, geführt von dem legendenumwobenen Ragnar Lodbrok, waren mit 120 Schiffen die Seine heraufgesegelt und hatten am Ostersonntag Paris erobert und geplündert. Obwohl Karl der Kahle ein gewaltiges Heer gesammelt hatte, wagte er keinen Angriff auf das etwa vier- bis fünftausend

Mann starke Wikingerheer, sondern erkaufte den Abzug des Gegners mit der stattlichen Summe von 7000 Pfund Silber. Die psychologische Wirkung dieses Verzichts auf den Kampf war verheerend und lähmte den fränkischen Verteidigungswillen.

Am meisten hatten die Reichsteile Karls des Kahlen und Kaiser Lothars I. unter den normannischen Einfällen zu leiden. Aber auch das ostfränkische Reich Ludwigs des Deutschen blieb nicht verschont. Hamburgs Zerstörung durch dänische Wikinger im Jahre 845 ist zwar nur ein Ereignis unter manchen anderen, aber man weiß mehr darüber, weil es nicht nur in den wortkargen Annalen überliefert wird, sondern auch in der Lebensbeschreibung des Erzbischofs Ansgar von Hamburg-Bremen, geschrieben von seinem Schüler Rimbert, wohl einem Augenzeugen:

Während sich die Arbeit in der Diözese und in der Mission lobenswert und gottgefällig gestaltete, tauchten unerwartet Piraten mit ihrer Flotte vor Hamburg auf und belagerten es. Die überraschende Plötzlichkeit dieses Ereignisses ließ keine Zeit, das Heeresaufgebot der Grafschaft zusammenzuziehen, zumal auch der Graf, der zugleich Befehlshaber des Ortes war, der erlauchte Herr Bernhard, nicht anwesend war. Als der Herr Bischof vom Herannahen des Feindes hörte, wollte er zunächst mit der Burgbesatzung und den Bewohnern des Handelsplatzes die Verteidigung übernehmen, bis Hilfe käme. Aber die Heiden griffen an, und schon war die Burg umzingelt. Da erkannte er, daß er keinen Widerstand leisten konnte und sann nur noch auf die Rettung der ihm anvertrauten Reliquien der Heiligen. Sein Klerus zerstreute sich auf der Flucht; er selbst entrann ohne Kutte nur mit größter Mühe. Auch die Bevölkerung, soweit sie aus der Burg entkommen konnte, irrte flüchtend umher; die meisten entkamen, einige wurden gefangen, viele getötet. Nach der Eroberung plünderten die Feinde die Burg und den benachbarten Wik gründlich. Am Abend waren sie erschienen, die Nacht, den folgenden Tag und noch eine Nacht blieben sie. Nach gründlicher Plünderung und Brandschatzung verschwanden sie wieder. Da wurde der unter bischöflicher Leitung erbaute kunstreiche Dom und der prächtige Klosterbau von den Flammen verzehrt. Da ging mit zahlreichen anderen Büchern die unserem Bischof vom erlauchtesten Kaiser geschenkte Prachtbibel im Feuer zugrunde. Alles, was Ansgar dort an Kirchengerät und anderen Kirchenschätzen besessen hatte, wurde bei dem feindlichen Überfall ebenfalls durch Raub und Brand vernichtet; ihm blieb nur das nackte Leben. Vorher hatte man ja nichts in Sicherheit gebracht, und dann ließ sich nur mitnehmen, was jeder auf der Flucht gerade greifen und tragen konnte.[51]

Gut zwanzig Jahre lang »heerten und hausten« wikingische Scharen im ehemaligen Karlsreich. Es waren nicht nur die chaotischen Zustände im Reich, die Bruderkriege und Adelsfehden, die eine erfolgreiche Abwehr verhinderten, sondern auch die Art der normannischen Kriegführung, der die Franken wenig entgegenzusetzen hatten. Die Wikinger hatten meist das Überraschungsmoment für sich; ihre schnellen leichten Boote verschafften ihnen eine ungekannte Beweglichkeit. Aus dem Nichts erschienen sie, segelten rasch die Küsten entlang und stießen auf den größeren Flüssen weit ins Binnenland vor.

Die fränkischen Heere aber mußten immer erst aufgeboten und herangeführt werden, waren schwerfällig und, wie sich bald zeigte,

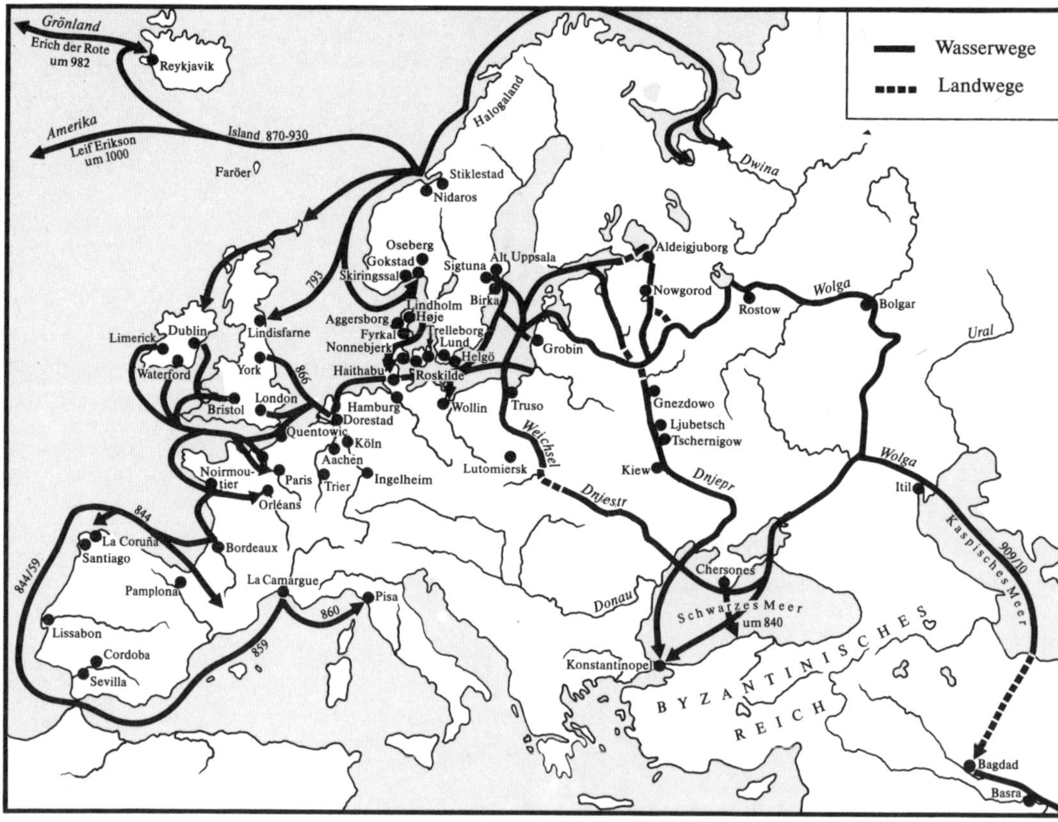

Expansions- und Handelswege der Wikinger im 8. und 10. Jahrhundert

den kampferprobten Wikingern auch in der Schlacht nicht gewachsen. Die großen Verluste in den innerfränkischen Auseinandersetzungen hatten gerade unter dem fränkischen Kriegeradel die Kampfkraft des Heeres geschwächt. Die freien Kriegerbauern gerieten mehr und mehr in grundherrliche Abhängigkeit und schieden aus der Heeresorganisation aus. Kriegsmüdigkeit und Furcht breiteten sich aus. Der Mythos von der Unbesiegbarkeit des waffentüchtigen fränkischen Heeres hatte sich verflüchtigt. Panik erfaßte die Bevölkerung, wo auch immer die Segel der Drachenschiffe auftauchten. Die Wikinger erschienen den verängstigten Menschen als Strafe des Himmels für die sündhafte Christenheit; Gott in seinem Zorn schickte sie über das geplagte Land. In mannigfachen Variationen wurde dieser Gedanke von der Geistlichkeit verbreitet und fand auch in der zeitgenössischen Geschichtsschreibung seinen Niederschlag.

Furcht, Resignation und Defätismus der Christen, denen ihre Heiligen nicht helfen konnten, stärkten das Selbstvertrauen der Wikinger bis zum offenen Hohn über den feigen Gegner. Wagemutige und abenteuerlustige Gesellen waren die »Nordmannen« ohnehin. Nicht nur England, Irland und das Frankenreich suchten sie heim, sie besiedelten Island und die Faröer, beherrschten den Ostseeraum und stießen, den großen Strömen folgend, in die Weiten Rußlands vor, erreichten das Schwarze Meer und das Kaspische

Das reichverzierte und elegant geschwungene Heck des Wikingerschiffes von Oseberg

Das Schiff, das man im 9. Jahrhundert einer norwegischen Königin für die letzte Reise mit ins Grab gab, hat eine Länge von 21,44 Metern und eine Breite von 5,10 Metern. Die reiche Ausstattung des Grabhügels läßt die Achtung erkennen, die man im Norden einer Frau fürstlichen Geblüts entgegenbrachte.

Meer, Byzanz (»Miklagard«) und wohl sogar Bagdad. »Waräger« nannte man sie im Osten, »Nordmannen« oder auch »Dänen« im Westen. Der schwer deutbare Name »Wikinger« - zwar poetischer, aber seltener gebraucht - hängt wohl mit dem nordischen Wort für Handelsplatz »Wik« zusammen und kann als eine »vielsagende Bezeichnung für den nordischen Mann in seiner doppelten Tätigkeit als Krieger und Händler« gedeutet werden.[52]

Kurz nach der Mitte des 9. Jahrhunderts begannen die Normannen ihre Raubzüge auch auf den Mittelmeerraum auszudehnen. Ihr Ausgangspunkt waren die großen Lager im Mündungsgebiet der Loire, von wo aus die Drachenschiffe über die Straße von Gibraltar ins Mittelmeer eindrangen. An den Küsten Südfrankreichs, Italiens und Nordafrikas tauchten nun normannische Segel auf. Selbst Griechenland und Kleinasien wurden heimgesucht.

Gefahrlos waren solche Fahrten in weite Fernen nicht, wie der erste Vorstoß der Wikinger ins Mittelmeer 859 unter Björn Eisenseite und dem Führer der Loire-Wikinger, Hasting, zeigt. Drei Jahre waren die Männer unterwegs, überwinterten auf einer gutgeschützten Insel in der Camargue im Rhônedelta, eroberten und plünderten verschiedene Städte in der Provence und Italien, darunter Arles, Nîmes und Pisa. Mit zweiundsechzig Schiffen waren sie aufgebrochen, nur achtzehn kehrten zurück; vier waren im Kampf mit den Sarazenen verlorengegangen, vierzig vernichtete ein Sturm, der die

Wikingerschiffe auf Fahrt. Da günstige Winde herrschen, sind die Ruder eingezogen.

Auf dem Teppich von Bayeux aus dem späten 11. Jahrhundert rollt die Eroberung Englands durch die Normannen unter Herzog Wilhelm dem Eroberer wie in einem Film ab. Viele Szenen zeigen die Art wikingischer Seefahrt und Kriegführung bis ins kleinste Detail.

Flotte bei Gibraltar überraschte. Trotzdem plünderten die Heimkehrenden noch Navarra, nahmen den dortigen Fürsten gefangen, erpreßten ein stattliches Lösegeld und kehrten beutebeladen in das Wikingerlager bei Nantes zurück.

In zahllosen Kämpfen auf abenteuerlichen Fahrten erprobte, gutbewaffnete und durch ständige Kampfbereitschaft ausgezeichnete Krieger waren die Wikinger, stets gewillt, in der Hoffnung auf Ehre und Ruhm, auf Reichtum und Macht ihr Leben einzusetzen. In der feindlichen Umwelt, der Fremde, blieb ihnen oftmals auch keine andere Wahl, als bis zum Äußersten gegen einen überlegenen Gegner zu kämpfen. Dieser kriegerische Sinn, der »Wikingergeist«, verbunden mit der Beweglichkeit ihrer Kampfführung, ihrem taktischen Geschick, ihren Kriegslisten und der Geschlossenheit ihres Kampfverbandes, war das Geheimnis ihres Erfolgs.

Man weiß vieles über die Heldenzeit der Wikingerfahrten; die angelsächsischen und fränkischen Chronisten berichten von Kampf und Tod, von Raub und Brandschatzung, einseitig natürlich und parteiisch-negativ. In den nordischen Sagas und Liedern werden die Taten der »Seekönige« besungen und glorifiziert. Die Archäologen heben mehr und mehr die Schätze jener Tage und liefern weiteres Anschauungsmaterial. Aber noch immer ist ein ungelöster Rest geblieben: Was trieb die Männer aus dem Norden zu ihren kühnen Taten? Waren es allein Abenteuerlust und die Hoffnung auf Beute, war es Kriegertum als Selbstzweck, eine archaische Form der Selbstverwirklichung? Lockten die Reichtümer der christlichen Kirchen und Klöster, das Pelzwerk des Ostens, das Gold von Byzanz und Arabiens? Oder spielten Bevölkerungswachstum und Mangel an Siedlungsland im kargen Norden eine Rolle? Gab es Wandlungen im politischen und sozialen Leben, Machtkämpfe um den Aufbau von Herrschaftspositionen, die unruhige und freiheitshungrige Kräfte aufs Meer hinaustrieben?

Vielleicht war es das Zusammenwirken all dieser Motive, die das Zeitalter der Wikinger heraufführten. Es war eine Epoche durchaus eigener Prägung, keineswegs oder nur sehr marginal ein ferner Nachklang der großen germanischen Völkerwanderung. Das

Phänomen der Landnahme, sogar der bäuerlichen, fehlte nicht ganz, wie der Blick auf Island und die Faröer-Inseln, auf das englische Danelag und nicht zuletzt auf jene Landschaft zeigt, die bis zum heutigen Tag die Erinnerung an die große Ära der Nordmänner in ihrer Benennung festhält: Die zu Beginn des 10. Jahrhunderts besiedelte Normandie war Basis und Ausgangspunkt für die normannische Eroberung Englands durch Wilhelm den Eroberer und die Gründung des süditalienisch-sizilianischen Normannenreiches, anglo-normannische Bastion und Brückenkopf auf dem Kontinent, umkämpft noch im Hundertjährigen Krieg.

Neben den Britischen Inseln waren die Küstenregionen des Frankenreiches das bevorzugte Operationsfeld der Wikinger. Seit der Mitte des 9. Jahrhunderts gab es für die Bewohner dieser Gebiete kaum noch Atempausen. Alljährlich wurden weite Teile des Landes von Wikingerscharen heimgesucht.

Die Kirche hatte unter den Raubzügen der Normannen besonders zu leiden, denn die Wikinger hatten bald erkannt, daß in Kirchen, Klöstern und Bischofssitzen reiche Beute zu holen war. Hatte die Kirchenreform der früh- und hochkarolingischen Periode den Kriegsdienst der Geistlichen scharf bekämpft, wenn auch nicht beseitigt, so führte jetzt die Not der Zeit geradezu zu einer »Militarisierung des hohen Klerus«.[53] Bischöfe und Äbte stellten sich an die Spitze ihrer Vasallen und organisierten im engeren geographischen Rahmen die Verteidigung. Meist adliger Herkunft, zeigten sich nicht wenige von ihnen der Aufgabe gewachsen, auf dem Schlachtfeld gegen die Heiden zu kämpfen. Viele hohe Geistliche opferten dabei ihr Leben. »Gerade im Zuge der Normannenabwehr entwickelte der Episkopat des Frankenreiches eine militärische Energie, die auf die Dauer gesehen auch für die politische Stellung des Reichsklerus bedeutsam sein mußte.«[54]

Weniger deutlich als die Rolle des Adels und der hohen Geistlichkeit bei der Normannenabwehr lassen die Quellen ein anderes Phänomen erkennen, nämlich die Selbstorganisation der Landesverteidigung durch die unteren Schichten der Gesellschaft. Die Landbe-

Reisewagen aus dem Oseberggrab

völkerung konnte dabei auf alte Traditionen zurückgreifen, auf die »Landwehr«, geprägt von der Verpflichtung eines jeden waffenfähigen Mannes zur Verteidigung der Heimat bei einem feindlichen Einfall. Jetzt schloß sie sich aber auf eigene Faust zusammen, ohne Befehl und Führung von oben, bildete Schwurverbände und griff zur Selbsthilfe. Militärisch fielen die Schwurverbände kaum ins Gewicht, denn die kampferprobten Wikinger metzelten diese Bauernhaufen mühelos nieder.

Vom fränkischen Adel wurden die Schwurbruderschaften des Volkes, primär und im Ansatz gegen den äußeren Feind gerichtet, als sehr ernste Bedrohung der hierarchischen Gesellschaftsordnung empfunden und blutig unterdrückt:
Die Dänen verheerten das Land jenseits der Schelde, berichten die Annalen von Saint-Bertin zum Jahre 859. *Das gemeine Volk zwischen Seine und Loire, das sich miteinander verschworen hatte, leistete den Dänen, die sich an der Seine festgesetzt hatten, tapfer Widerstand. Aber da sie ihre Verschwörung unvorsichtig betrieben hatten, wurden sie von unseren Großen ohne Mühe niedergehauen.*[55]

In den achtziger Jahren kam es zu einer dramatischen Zuspitzung. Die Wikinger hatten eine Niederlage gegen die Angelsachsen erlitten; von König Alfred dem Großen von Wessex im Jahre 878 bei Edington geschlagen, wandten sie sich dem wiederum von dynastischen Streitigkeiten zerrissenen Frankenreich zu. Am 12. April 879 landeten sie an der Mündung der Schelde, zogen weitere Scharen an sich und bildeten eine gewaltige Streitmacht, die unter dem Namen des »Großen Heeres« in die Geschichte einging. Fast dreizehn Jahre lang sollte das Große Heer, »ein wanderndes und segelndes Reich«,[56] Nordfrankreich, Flandern, Brabant und Lotharingien durchstreifen, kämpfend, siegend, plündernd, brennend und mordend. Kaum eine Stadt, kaum ein Kloster, kaum eine Landschaft, die nicht in Mitleidenschaft gezogen worden wäre. Im ersten Winter schlugen die Normannen ihr Lager in Gent auf, im nächsten Jahr erbauten sie sich eine Befestigung in Courtrai.

Allmählich konnten auch die Könige nicht mehr so tun, als ginge sie das alles nichts an. Der ostfränkische König Ludwig der Jüngere erzielte wenigstens einmal einen Teilerfolg, der den Normannen den Nimbus der Unbesiegbarkeit nahm, als er im Jahre 880 bei Thiméon im Hennegau eine Schar beutebeladener Wikinger stellte und in die Flucht schlug. Sein illegitimer Sohn Hugo, zu kühn vorpreschend im Kampf, fand dabei den Tod. Weniger erfolgreich war der König im Kampf um Nimwegen, in dessen gewaltiger Kaiserpfalz sich die Wikinger ebenfalls festgesetzt hatten. Er mußte ihnen freien Abzug gewähren und mit ansehen, wie die Pfalz in Flammen aufging. Ruhmvoller als der ostfränkische König kämpfte der junge westfränkische Herrscher Ludwig III. gegen die Normannen. Anfang August 881 konnte er normannische Scharen auf der Rückkehr von einem Beutezug im Gebiet zwischen unterer Seine und Somme abfangen und zum Kampf stellen. Die persönliche Tapferkeit des Königs entschied die Schlacht, so berichten die Quellen, und so weiß es auch das althochdeutsche »Ludwigslied«. Der Sieger von Saucourt wird in diesem Heldenlied nach altgermanischem Brauch gefeiert, er ist Heerkönig und Gottesstreiter zugleich. Im Namen Gottes und der Heiligen hat er den Sieg errungen:

Thâr uaht thegeno gelîh	*Nichein sôsô Hluduîg:*
Snel ind kuoni	*Thaz uuas imo gekunni*
Suman thuruhskluog her,	*Suman thuruhstah her.*
Her skancta cehanton	*Sînan fianton*
Bitteres lîdes.	*Sô nuê hin thes lîbes!*
Gilobôt sî thiu godes kraft:	*Hluduig uuarth sigihaft.*
Ioh allên heiligôn thanc!	*Sîn uuarth ther sigikamf.*

Doch keiner der Helden kämpfte wie Ludwig,
so gewandt und kühn. Das war ihm angeboren.
Den einen Feind erschlug er, den andern erstach er.
Er schenkte sogleich seinen Feinden bitteren Wein ein.
Wehe über ihr Leben.
Gelobt sei die Macht Gottes: Ludwig wurde Sieger.
Auch allen Heiligen Dank! Er errang den Sieg.[57]

Die Bitte des Dichters, Gott möge den jungen König bewahren, ging nicht in Erfüllung. Ludwig III. fand schon im folgenden Jahr den Tod. Die Normannen aber gingen weiteren Kämpfen aus dem Wege, räumten ihr Lager bei Gent und schlugen ein neues Standlager weiter im Osten in Elsloo an der Maas in der Nähe von Maastricht auf.

Das Große Heer verwüstete nun Lotharingien und das Rheinland; Maastricht, Lüttich, Tongeren, Cambrai, Utrecht, Köln, Bonn, Zülpich, Jülich und Neuss wurden geplündert, auch die Klöster Stablo, Malmedy, Prüm und Kornelimünster. Im Herzen des Karlsreiches hausten und heerten die Wikinger. Beschämend und deprimierend zugleich war die Eroberung der Pfalz Karls des Großen zu Aachen; die Marienkapelle mit dem Grab des Kaisers entweiht, zum Pferdestall herabgewürdigt. Wie manche andere sakrale Stätte ließen die Wikinger auch die Aachener Pfalz bei ihrem Abzug in Flammen aufgehen.

Erfolgschancen hatten die karolingischen Könige nur noch, wenn sie machtvolle Heere aufbieten und auch selbst in den Kampf führen konnten. Den Glauben an die Siegmächtigkeit ihrer Heerführer hatten die Krieger noch immer nicht ganz verloren, trotz mancherlei gegenteiliger Erfahrungen. Mythen halten lange. Ludwig der Jüngere sendet 881 sein Heer aus, muß aber selbst schwerkrank in Frankfurt am Main zurückbleiben. Am 18. Januar 882 erscheint ein Komet mit einem riesenlangen Schweif am nächtlichen Himmel, Unheil ankündigend. Zwei Tage später stirbt der König, das Heer kehrt unverzüglich um, als es diese Nachricht erhält. Der Tod des Königs raubt dem Heer den Glauben an den Sieg, es löst sich auf. So wichtig ist die Person des mittelalterlichen Herrschers, so sehr sind die Krieger an ihren königlichen Herrn gebunden, nicht an das Reich, nicht an das Vaterland. Aber natürlich schuf der Tod auch Probleme, die die Großen zur Umkehr bewogen, das war vor allem die Frage nach dem neuen Herrscher.

Die Wikinger triumphierten über den Tod Ludwigs des Jüngeren, von dessen Siegen bei Andernach und Thiméon sie erfahren hatten. »Sie dachten nicht mehr an Kampf, sondern nur noch an Beute«.[58] Tief stoßen sie jetzt ins Land hinein, bis nach Koblenz und schließlich nach Trier. Die ehrwürdige Kaiserstadt Trier wird erobert und verbrannt. Zwischen Trier und Metz werfen sich der Erzbischof Bertulf von Trier, Bischof Wala von Metz und Graf Adalhard von Metz den Normannen entgegen. Ihre Truppen werden zwar geschlagen, Bischof Wala stirbt den Tod in der Schlacht, aber die Feinde treten den Rückzug an, beutebeladen wie eh und je. Trier erlebte die wohl tiefgreifendste Zerstörung seiner Geschichte; das römische Erbe ging bis auf geringe Reste zugrunde.

Auf Ludwigs Bruder und Nachfolger, Karl den Dicken, setzte man gleichfalls große Hoffnungen. Er bot die deutschen Stämme im Sommer 882 zum Feldzug gegen die Normannen auf und zog mit einem gewaltigen Heer aus Franken, Bayern, Alemannen, Thüringern, Sachsen und Friesen nach Norden. Selbst Langobarden nahmen an diesem Heereszug teil. Das große Wikingerlager bei Elsloo wurde umzingelt. Obwohl die Lage der Eingeschlossenen ziemlich hoffnungslos war, schloß der Kaiser mit ihnen Frieden. Der Normannenfürst Gottfried trat zum Christentum über, erhielt Friesland als kaiserliches Lehen und Gisela, die Tochter Lothars II., zur Frau. Der Normannenfürst Siegfried erhielt 2412 Pfund Silber und Gold und verließ mit dem größten Teil des Wikingerheeres das Gebiet des Kaisers.

Was mag den Kaiser bewogen haben, einen fast sicheren, wenn auch voraussehbar opferreichen Sieg aus der Hand zu geben? Mußte er nicht wissen, daß dieser Vertrag ihn für immer zu einem Feigling stempeln würde, zu einem Schwächling auf dem Thron Karls des Großen? Von der Schande des Kaisers und seines ganzen Heeres sprechen die Quellen: »Darüber war das Heer sehr betrübt und beklagte es, daß ein solcher Fürst über es gekommen sei, der die Feinde begünstigte und ihm den Sieg über die Feinde geraubt habe, und beschämt kehrte es in die Heimat zurück.«[59] Die Erbitterung war groß, und natürlich munkelte man auch von Verrat und Bestechung, und der Verdacht richtete sich gegen Karls Kanzler Liutward von Vercelli und andere Herren seiner Umgebung.

In einer anderen Quelle, deren Verfasser dem Kaiser wohlgesinnt war, ist von schweren Unwettern die Rede, die Freund und Feind zu schaffen machten, vom Verwesungsgeruch, der von den Gefallenen in der sommerlichen Hitze ausging, vom Ekel, den das Heer erfaßte, von Seuchen, die sich ausbreiteten.[60] Unter diesen Umständen mag das Vertrauen des Kaisers in die Kampfeslust seines Heeres nicht allzugroß gewesen sein; die umzingelten Normannen hatten keine andere Wahl als zu siegen oder zu sterben, und unter diesen Umständen hatte man ihre Waffen noch mehr zu fürchten als sonst. Der Vertrag mit Gottfried, dem sogar die Einheirat in das Karolingerhaus geboten wurde, wenn auch nur durch die Hand einer illegitimen Königstochter, ist als Versuch zu werten, die normannische Bedrohung mit anderen als militärischen Mitteln zu bekämpfen. Den Vorstellungen der Zeit von kaiserlicher Majestät entsprach Karls Verhalten allerdings so wenig, daß der Prestigeverlust nicht wieder wettgemacht werden konnte. Im übrigen mußte diese Politik letztlich scheitern, denn die Wikinger ließen sich von Verträgen, die der eine oder der andere ihrer Häuptlinge mit den Karolingern schloß, wenig beeindrucken, sammelten sich unter neuen Führern und setzten ihre Raubzüge fort. In den Annalen von Saint-Vaast heißt es daher auch wieder zum Jahre 884:

Die Normannen aber hörten nicht auf, das christliche Volk in Gefangen-

schaft zu führen und zu töten, die Kirchen zu zerstören, die Mauern niederzureißen und die Dörfer zu verbrennen. Auf allen Straßen lagen die Leichen von Geistlichen, Adligen und einfachen Menschen, von Weibern, Kindern und Säuglingen; es gab keinen Ort, an dem nicht Tote lagen, und es war für jedermann qualvoll und schmerzlich zu sehen, wie das christliche Volk dem Untergang preisgegeben wurde.[61]

Das westfränkische Reich wurde auch in den folgenden Jahren schwer heimgesucht, während sich die Ostfranken einigermaßen zur Wehr setzen konnten, geführt von Karls ebenso kampferprobtem wie skrupellosem Heerführer, dem Grafen Heimrich. Den Normannenfürsten Gottfried, der sich mit Giselas Bruder Hugo verbündete und vom Kaiser Koblenz und Andernach als Lehen forderte, lockte er in eine Falle und ließ ihn rücksichtslos umbringen.

Im Westreich griffen die Wikinger im Spätherbst 885 mit einem großen Heer die Stadt Paris an, einen für sie auch strategisch wichtigen Platz, da die Pariser Brücken dem Vordringen ihrer Flotten hinderlich waren. Grand Pont und Petit Pont verbanden die Stadt auf der Seine-Insel mit ihren beiden Vorstädten. Die Pariser, geführt von Graf Odo von Paris, dem Sohn Roberts des Tapferen, verteidigten sich monatelang gegen die Angriffe, die zu Wasser und zu Land vorgetragen wurden. Der Kampf schwankte hin und her; Hochwasser zerstörte den Petit Pont, die Normannen plünderten das Land bis zur Loire und bis nach Reims.

Erst im August des nächsten Jahres rückte ein kaiserliches Heer heran. Bei der Vorhut war Graf Heimrich, der eigentliche Anführer der kaiserlichen Truppen. Anders als sein Kaiser immer zum Kampf bereit, läßt er sich reizen und in einen Hinterhalt locken. Mit seinem Tod ist letztlich der Feldzug schon gescheitert, denn als Karl der Dicke endlich selbst eintrifft, schließt er erneut einen schimpflichen Vertrag mit den Wikingern. Trotz seines unermeßlichen Heeres - es waren die Heere der Ostfranken und der Westfranken - »vollbrachte er nichts, was der kaiserlichen Majestät würdig gewesen wäre«, wie Regino von Prüm urteilt.[62]

Paris war gerettet, aber das Große Heer verwüstete weiter das Land. Die Bewohner lernten es, die Städte wieder zu befestigen und zu verteidigen; Burgen wurden errichtet und die Verteidigung auf regionaler Basis von den örtlichen Machthabern organisiert. Nicht nur Paris konnte erfolgreich verteidigt werden, sondern auch andere Plätze, etwa Chartres, Le Mans, Sens, Soissons, Saint-Omer und Tours.

Nach dem Sturz Karls des Dicken rafften sich die neuen Könige, Odo von Paris und Arnulf von Kärnten, zu energischer Abwehr auf. Odo schlug ein normannisches Heer im Juni 888 bei Montfaucon in der Nähe von Verdun, und Arnulf konnte endlich im Oktober 891 einen schwer erkämpften Sieg an der Dyle bei Löwen erringen. Aber die Wikingerscharen sammelten sich erneut, um bei Löwen zu überwintern und im Frühjahr 892 wieder auszuschwärmen. Sie waren freilich arg zusammengeschmolzen, denn offenbar war der Zustrom neuer Scharen aus dem Norden zu einem dünnen Rinnsal geworden. Als im Sommer 892 eine lange Dürre eine schwere Hungersnot heraufbeschwor, zogen die Reste der Wikinger nach England ab. Zum ersten Male seit einem halben Jahrhundert war das Frankenreich »normannenfrei«, das Westreich allerdings nur für wenige Jahre.

Hatten sich die Wikinger, die die Küsten des Karlsreiches im Westen und Norden heimsuchten, zum Herrn der nördlichen Meere aufgeschwungen, so beherrschten die Araber den Mittelmeerraum und drückten auf die südfranzösischen und italienischen Küstenregionen. Sie setzten sich auf den Balearen, auf Sardinien und Korsika fest, begannen 827 von Tunesien aus mit der Eroberung Siziliens, das bis dahin noch fest in der Hand der Byzantiner gewesen war. Mit periodischen Plünderungszügen und Piratenfahrten suchten sie die Küsten der Provence und Liguriens heim. 842 stießen sie von der Rhônemündung bis nach Arles vor. Am Ende des 9. Jahrhunderts schufen sie sich in Fraxinet in der Nähe von Saint-Tropez einen festen Stützpunkt für ihre Raubzüge, die sie weit in den Alpenraum hineinführten. Erst in der zweiten Hälfte des 10. Jahrhunderts konnten sie endgültig aus diesem Schlupfwinkel wieder vertrieben werden. Noch heute künden die Ruinen von Wachtürmen, der »Sarazenentürme«, von der ständigen Bedrohung, der die Menschen der Küstenregionen vom Meer her ausgesetzt waren.

Die sarazenischen Kaperfahrten und Plünderungszüge im Bereich des Mittelmeerraumes im 9. Jahrhundert rissen immer wieder tiefe Wunden, kosteten Opfer an Gut und Blut, aber eine existentielle Bedrohung des christlichen Abendlandes ging von ihnen nicht mehr aus, denn die arabische Expansion hatte ihren großen Schwung bereits verloren. Die Herrschaft der Kalifen wurde durch die Autonomiebestrebungen der Emire, durch dynastische Streitigkeiten und Aufstandsbewegungen geschwächt. Deshalb stand hinter dem Kampf um Sizilien und Unteritalien im 9. Jahrhundert auch nicht das Kalifat, sondern das mächtige Emirat der Aglabiden im heutigen Tunesien. Die Aglabidenherrscher waren es, die die Eroberung Siziliens einleiteten, die sich fast über acht Jahrzehnte erstreckte. Stadt um Stadt, Festung um Festung wurde von den Sarazenen erobert: 831 fiel Palermo, 843 Messina, 872 Syrakus und schließlich als letzte byzantinische Bastion 902 Taormina. Erst jetzt war die Insel ganz in arabischer Hand, die letzte der großen Eroberungen der panarabischen Expansionsperiode.

In den vierziger Jahren des 9. Jahrhunderts sah es freilich so aus, als könne Italien auch noch zu einem Teil der islamischen Welt werden. Der Seeherrschaft der Sarazenen hatten die Franken nichts mehr und die Byzantiner nicht mehr viel entgegenzusetzen. Und von Sizilien nach Kalabrien war es über die Meerenge von Messina schließlich nur ein Sprung. Die inneren Zustände Italiens mußten die Sarazenen zum Angriff geradezu einladen; die karolingischen Herrscher waren mit sich selbst und ihren dynastischen Streitigkeiten beschäftigt, Byzanz suchte verlorene Positionen auf der Apenninhalbinsel wiederzugewinnen, und die unteritalienischen Fürsten strebten nach größtmöglicher Souveränität und nach Ausdehnung ihrer Machtbereiche.

An eine gemeinsame Abwehrfront der Christen gegen die Sarazenen war in dieser Lage nicht zu denken; im Gegenteil: Die Rivalität zwischen dem Herzog Andreas von Neapel und dem Fürsten Sikard von Benevent war in den dreißiger Jahren so groß, daß der Herzog sich an die Sarazenen auf Sizilien um Hilfe wandte. War der Kampf Christen gegen Christen schon schlimm genug, so mußte das Kriegsbündnis eines christlichen Fürsten mit den Ungläubigen gegen einen anderen christlichen Herrscher geradezu demoralisierend wirken. Da nun auch Benevent sarazenische Hilfstruppen nicht verschmähte, war die Verwirrung der Fronten vollständig. Die Araber nutzten sie, um sich in Apulien und Kalabrien festzusetzen; schon 838 eroberten sie Brindisi, später folgten Tarent, Bari, Canosa, Ordona und Ascoli. Ihre wichtigsten Stützpunkte und Waffenplätze wurden Bari und Tarent, die als Emirate mehrere Jahrzehnte in arabischer Hand blieben, Bari von 847 bis 871, Tarent von 841 bis 880. Vom oströmischen Kaiser Theophilus gerufen, kreuzte zwar eine venezianische Flotte im Golf von Tarent auf, aber sie erlitt eine vernichtende Niederlage. Im Gegenzug segelten die Sarazenen ins Adriatische Meer und brannten Ancona nieder. Nun war auch die Adria vor arabischen Überfällen nicht mehr sicher.

Der Höhepunkt islamischer Angriffe war das Erscheinen sarazenischer Scharen in Rom selbst. Im August des Jahres 846 landete ein arabisches Heer bei Ostia, schlug die stadtrömischen Kontingente, die sich ihm entgegenwarfen, eroberte die unbefestigten Stadtviertel am rechten Ufer des Tibers, plünderte die Peterskirche und zerstörte die Gräber der Apostel. Aber die noch von Kaiser Aurelian errichtete gewaltige Stadtmauer schützte die Stadt Rom, so daß die Sarazenen nach Süden abzogen, Gaeta plünderten, ein aus dem Herzogtum Spoleto heranrückendes Heer schlugen und schließlich 847 wieder in See stachen, wobei jedoch ihre Flotte großenteils von einem Sturm vernichtet wurde. In Rom bemühte sich jetzt Papst Leo IV. (847–855) um die Verteidigung der Stadt und ließ auch die bisher unbefestigten Teile, die »Leostadt«, ummauern. Die Vollen-

Die arabischen Eroberungen und das arabisch-islamische Reich vom 7. bis 9. Jahrhundert

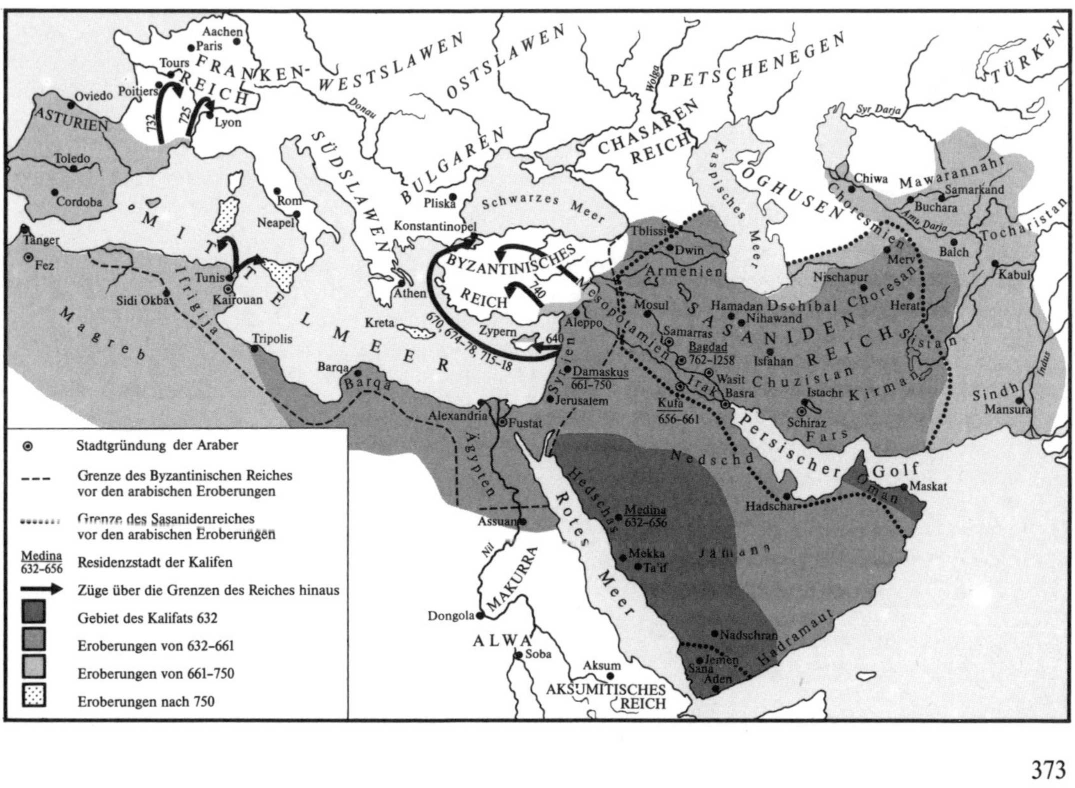

dung des Mauerbaus konnte schon im Sommer 852 mit einer feierlichen Prozession begangen werden.

Die Bedrohung Roms und der Apostelgräber durch die Araber verfehlte ihre Wirkung nicht. Schon 844 hatte Kaiser Lothar I. seinen Sohn Ludwig nach Italien geschickt, damit er dort die karolingischen Herrschaftsrechte wahrnehme. Nach dem Überfall auf Rom und der Schändung der Peterskirche trafen Kaiser Lothar und Ludwig II. umfangreiche Vorbereitungen zu einem Feldzug gegen die Sarazenen, der von Pavia aus mit fränkischen, burgundischen, provenzalischen und italienischen Aufgeboten unternommen werden sollte. Ludwig II. konnte die Sarazenen schlagen, aber nicht aus ihren festen Stützpunkten vertreiben. Um wenigstens den verhängnisvollen Kampf der einheimischen Fürsten gegeneinander zu beenden, teilte er das Herzogtum Benevent zwischen den beiden Prätendenten Radelchis und Sikonolf, die um das Erbe des Fürsten Sikard (832–839) stritten. Radelchis erhielt die östliche Hälfte mit Benevent, Sikard die westliche mit Salerno. Die Fürsten verpflichteten sich, künftig keine Koalitionen mehr mit den Sarazenen einzugehen. Die Aufteilung des einstmals so mächtigen Herzogtums Benevent, das selbst Karl der Große nicht wirklich hatte bezwingen können, erwies sich wenig später als Fehler, denn sie vergrößerte das unteritalische Machtvakuum weiter.

Kaiser Lothar I. war deutlich geworden, daß das bedrohte Italien eines tatkräftigen und vor allem eines präsenten Herrschers bedurfte. Nachdem sein Sohn Ludwig II. schon 844 die lombardische Königskrone empfangen hatte, ließ er ihn am Ostersonntag des Jahres 850 in Rom von Papst Leo IV. zum Kaiser krönen. Ohne Zweifel war dies ein kluger Schachzug, der das Prestige Ludwigs gegenüber der fränkisch-langobardischen Aristokratie, dem Papsttum und dem oströmischen Kaisertum stärkte.

Es war wichtig, den Byzantinern ranggleich gegenüberzutreten, denn sie betrachteten Unteritalien und Sizilien nach wie vor als Bestandteile des oströmischen Reiches und waren weit davon entfernt, auf diese Gebiete zu verzichten. Immerhin hielten sie in der Mitte des 9. Jahrhunderts noch die Hälfte Siziliens mit den wichtigen Städten Syrakus und Taormina.

Der erste Versuch eines Bündnisses zwischen dem Westen und dem Osten gegen die Araber scheiterte kurz nach der Mitte des 9. Jahrhunderts, weil Ludwig II. sich mit Engelberga, einer Frau fränkischer Herkunft aus dem Geschlecht der Supponiden, vermählte statt wie vereinbart mit der Tochter des Kaisers Theophilus. In den sechziger Jahren hatte Ludwig II., unterstützt von Benevent und Capua, einen militärischen Erfolg. Er konnte die Sarazenen 866 zwar zurückdrängen, Bari und Tarent allerdings nicht erobern, wobei mitgespielt haben mag, daß er die wohl nicht ganz uneigennützige Hilfe einer byzantinischen Flotte, die Kaiser Basileus I. vor Bari aufkreuzen ließ, ablehnte.

Erst vier Jahre später kam es dann wirklich zu gemeinsamen fränkisch-byzantinischen Aktionen gegen die Sarazenen. Am 2. Februar 871 fiel Bari, das vier Jahre lang belagert worden war. Kaum war diese Hauptfestung der Araber auf der Apenninhalbinsel genommen, regte sich der Hader unter den christlichen Fürsten erneut. Rangstreitigkeiten mit Byzanz und eine Rebellion der Fürsten Adel-

Kaiser Leon VI., der Weise, vor dem thronenden Christus, Mosaik in der Hagia Sophia in Istanbul

Unter der Dynastie der makedonischen Kaiser, der auch Leon VI. (886-912) angehörte, erlebte das byzantinische Reich trotz starker äußerer Bedrängnis durch Sarazenen und Bulgaren eine neue Blütezeit.

chis von Benevent, Lambert von Spoleto und Waifar von Salerno machten dem Kaiser zu schaffen und minderten seine Fähigkeit, den Sarazenen wirkungsvoll entgegenzutreten. Nach seinem Tode am 12. August 872 aber war die Ära der fränkisch-karolingischen Interventionen in Süditalien zu Ende. Machtkämpfe und Fehden der Fürsten untereinander und ein neues Vordringen der Byzantiner kennzeichnen die Entwicklung am Ende des 9. und in der ersten Hälfte des 10. Jahrhunderts. Unteritalien wurde wieder in lockerer Form Bestandteil der byzantinischen Machtsphäre, stets von Einfällen der Sarazenen bedroht.

Als am Ende des 9. Jahrhunderts die Segel der normannischen Drachenschiffe am Horizont in Richtung Norden verschwanden, tauchten an der Ostgrenze des Karlsreiches die Reiterscharen eines neuen Feindes, der Ungarn, auf. Im Jahre 895 waren die Ungarn in einer blutigen Schlacht von den Bulgaren unter ihrem Khan Simeon besiegt worden; jetzt wurden sie von den turko-tatarischen Petschenegen in solchem Maße bedrängt, daß sie in ihrer völkischen Existenz bedroht waren. So suchte das Reitervolk aus den Steppen Asiens eher Zuflucht als Eroberung, als es die Pässe der Karpaten überwand und sich unter seinem legendären Fürsten Arpad nach Westen durchschlug. Im folgenden Jahr breiteten sich die Ungarn, die Magyaren, in den Ebenen zwischen der mittleren Donau und der

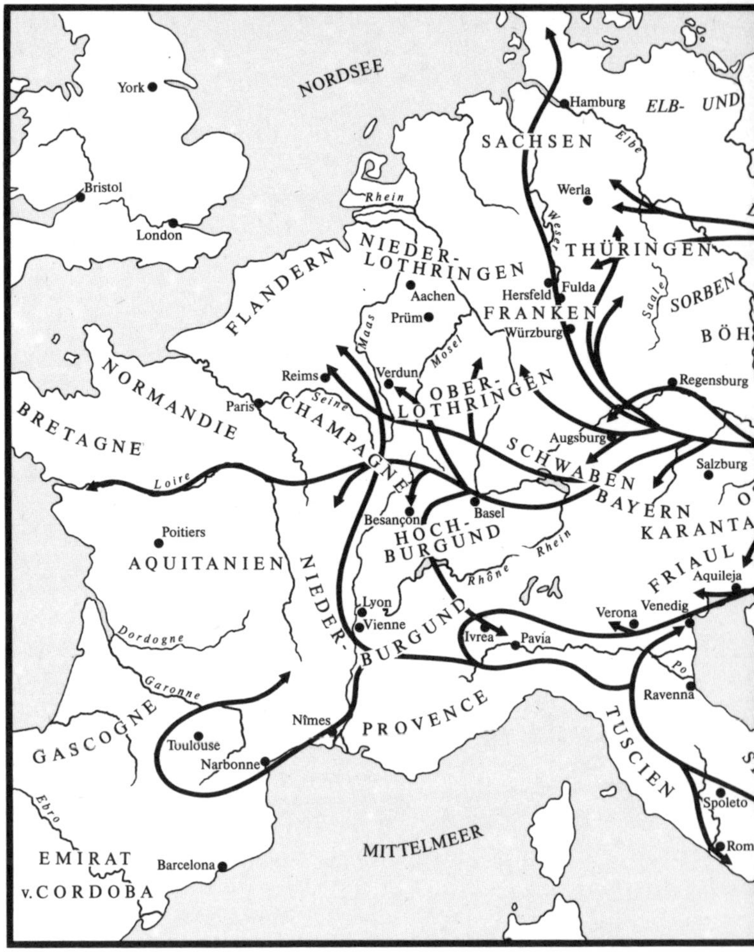

Theiß aus; bald dehnten sie ihren Aktionsradius über ganz Pannonien aus und unterjochten die dort ansässige slawische Bevölkerung.

Schon an der Wende vom 9. zum 10. Jahrhundert brachen die Ungarn in Friaul, Venetien und der Lombardei ein; in den ersten Jahrzehnten des neuen Jahrhunderts wurden sie zum Schrecken der europäischen Völker. Nicht nur das ostfränkisch-deutsche Reich wurde von ihnen heimgesucht; sie durchstreiften auch Italien bis hinunter nach Apulien, verheerten Südfrankreich, wo sie erst am Fuße der Pyrenäen zur Umkehr gezwungen wurden, drangen mehrfach nach Nordfrankreich vor und erreichten auf ihrem Zuge im Jahre 926 sogar das Mündungsgebiet der Loire. Selbst an der Grenze zu den Dänen im Süden der Jütischen Halbinsel tauchten sie 915 einmal auf. Weder militärisch noch politisch-diplomatisch waren Mittel- und Westeuropa den Attacken dieses neuen Gegners gewachsen.

Wäre es nicht die geschichtliche Mission des ostfränkisch-deutschen Reiches gewesen, diesen Stoß aus dem Osten aufzufangen und die magyarische Gefahr zu bannen, so wie ein Jahrhundert zuvor Karl der Große die Bedrohung durch die Awaren beseitigt

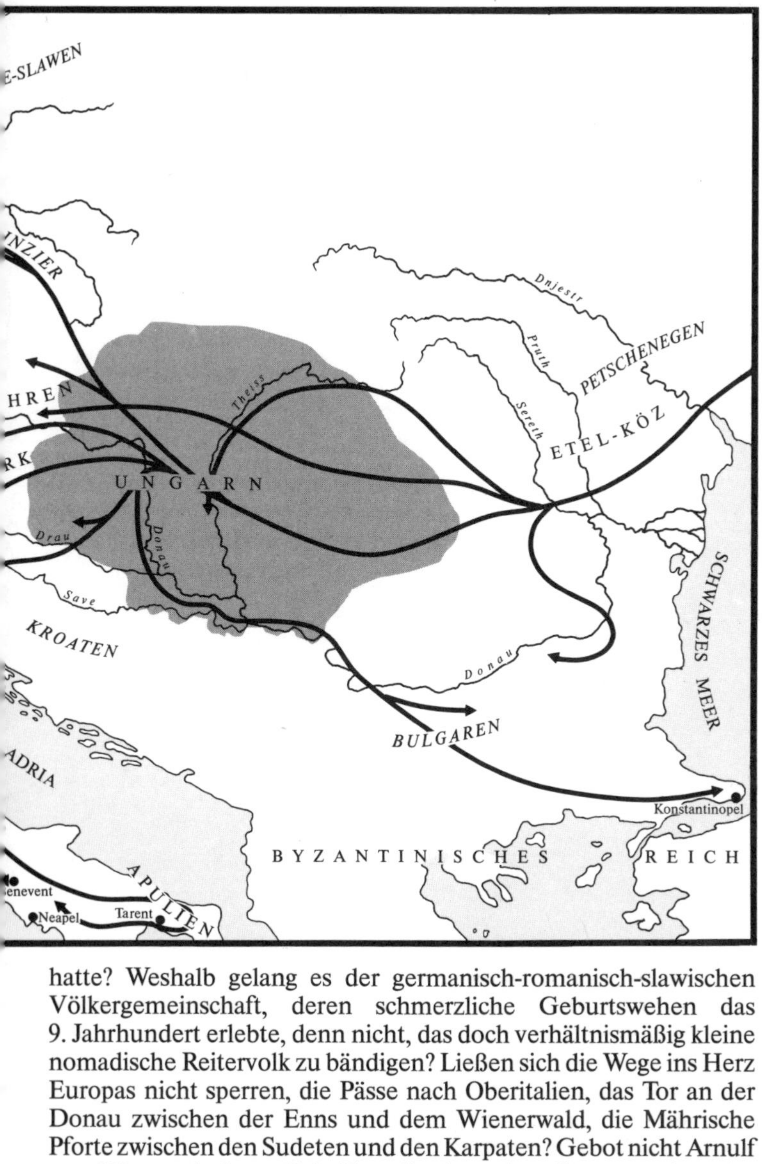

Landnahme und Kriegszüge der Ungarn im 9. und 10. Jahrhundert

hatte? Weshalb gelang es der germanisch-romanisch-slawischen Völkergemeinschaft, deren schmerzliche Geburtswehen das 9. Jahrhundert erlebte, denn nicht, das doch verhältnismäßig kleine nomadische Reitervolk zu bändigen? Ließen sich die Wege ins Herz Europas nicht sperren, die Pässe nach Oberitalien, das Tor an der Donau zwischen der Enns und dem Wienerwald, die Mährische Pforte zwischen den Sudeten und den Karpaten? Gebot nicht Arnulf von Kärnten in jener Zeit über die deutschen Stämme, einer der wenigen tüchtigen Nachkommen Karls des Großen? Lebten in Oberitalien nicht die kriegstüchtigen Herren langobardisch-fränkischer Herkunft, Bundesgenossen oder auch Gegner König Berengars, des einstigen Markgrafen von Friaul, erprobt in unzähligen Grenzkämpfen, Kriegen und Fehden? Und gab es damals nicht das Großmährische Reich, die erste bedeutende slawische Staatsbildung, deren kriegerische und von herrscherlichem Gestaltungswillen erfüllte Fürsten Rastislav und Svatopluk den ostfränkischen Karolingern zu ebenbürtigen Gegnern und Partnern geworden waren? Fragen über Fragen drängen sich auf.

Um zu verstehen, weshalb ein so kleines Reitervolk mit einer archaisch-nomadischen Hirtenkultur das ganze Abendland mit Krieg überziehen und in panischen Schrecken versetzen konnte, nicht nur im ersten Anlauf und einer den Überraschungseffekt ausnutzenden Überrumpelung, sondern fast kontinuierlich über ein halbes Jahrhundert, muß man den äußeren Zerfall und die innere Dekadenz des Karlsreiches im Auge haben, auch die Geschehnisse, die im Laufe des 9. Jahrhunderts zu chaotischen Zuständen im südöstlichen Grenzraum des Abendlandes geführt hatten.

Die ostfränkisch-deutschen Könige aus karolingischem Hause, deren dynastisch motivierte Politik zwar in erster Linie auf das Westreich und Italien zielte, hatten doch auch den problemgeladenen östlichen Grenzraum geerbt, der sich von der westlichen Ostsee bis zum Adriatischen Meer in einer Länge von anderthalbtausend Kilometern erstreckte. Damit hatten sie auch das von Karl dem Großen in den letzten beiden Jahrzehnten seiner Regierung aufgebaute Grenzsicherungssystem übernommen, eine sehr flexible Kombination aus Burganlagen, Markgrafschaften und Tributärfürstentümern diesseits und jenseits der Reichsgrenzen. Im großen und ganzen bewährte sich dieses System fast ein Jahrhundert, ein überzeugender Beweis für den strategischen Weitblick und die organisatorische Begabung des Kaisers und seiner Heerführer.

Von der Dänischen Mark und dem Limes Saxoniae im Norden bis zu den Marken Istrien und Friaul erstreckte sich diese Kette von Grenzlandschaften, die an strategisch wichtigen Stellen durch Burganlagen geschützt waren. Rein defensiv war dieses Markensystem nicht konzipiert, denn die fränkischen Grenzburgen waren zumindest an einigen Schlüsselstellen zugleich Ausfallstore nach Norden und Osten, etwa die Burg Esesfeld bei Itzehoe im Grenzraum zu den Dänen, das Kastell Höhbeck auf dem Hochufer der Elbe gegenüber von Lenzen, Magdeburg an der Elbe und Halle an der Saale. Die Brückenkopffunktion wird besonders deutlich in Magdeburg und Halle, wo Burgen sowohl auf dem westlichen als auch auf dem östlichen Ufer der Flüsse angelegt wurden.

Jenseits des Markengürtels siedelten im Osten slawische Völkerschaften. Im Norden wohnten die Abodriten, etwa in dem Raum zwischen der unteren Elbe und der mecklenburgischen Ostseeküste, weiter östlich die Wilzen, im Süden die Havel-Spree-Stämme, daran anschließend im Gebiet zwischen Saale und Elbe die Sorben und die Daleminzier, noch weiter östlich die Lausitzer und die Milzener. Von den elbslawischen Stämmen durch die riesigen Gebirgswälder des Erzgebirges und der Sudeten getrennt, siedelten slawische Stämme, die in den Quellen der Karolingerzeit als Böhmen bezeichnet wurden und für die sich erst in späteren Jahrhunderten nach dem um Prag beheimateten Hauptstamm der Name Tschechen einbürgerte. Im Tal der March lag das Zentrum des Siedlungs- und Herrschaftsgebietes der Mährer, weiter nach Süden hin das der Slowaken, Karantanen (Slowenen) und Kroaten. Auch in Pannonien gab es unter awarischer Herrschaft ein slawisches Bevölkerungssubstrat.

Diese slawischen Völkerschaften, die meist in eine Reihe von Kleinstämmen mit eigenen Stammesnamen zersplittert und in ständiger Umbildung begriffen waren, sahen sich in karolingischer Zeit immer wieder von Westen her bedroht. Karl der Große nutzte die

Die Einwanderung slawischer Stämme in den Elbe-Oder-Raum

nach dem Sieg über die Awaren und der Unterwerfung der Sachsen freigewordenen militärischen Kräfte, um an der Ostgrenze seines Herrschaftsgebiets eine hegemoniale Stellung aufzubauen und die slawischen Völkerschaften zur Anerkennung seiner Oberhoheit zu zwingen. So ist es kein Wunder, daß der Name des fränkischen Herrschers in den slawischen Sprachen als »kral« oder »krol« zur Bezeichnung für den König schlechthin geworden ist; eine sinnfällige Parallele zu Julius Cäsar, dessen Name in der deutschen Sprache noch heute den Träger der universalen Herrschaft, den »Kaiser«, bezeichnet.

Karl der Große eröffnete den Kampf gegen die elbslawischen Stämme im Jahre 789 mit einem Paukenschlag. Durch einen großangelegten Feldzug unterwarf er die Havel-Spree-Stämme und die Wilzen seiner Herrschaft, wobei er sich wieder auf eine friesische Flotte stützte, die auf der Havel operierte; zudem zog er seine alten Verbündeten, die Abodriten unter ihrem Fürsten Witzan, wieder heran. Der Awarenkrieg gewährte den slawischen Völkerschaften an Elbe und Saale nur für wenige Jahre eine Atempause. Nach der endgültigen Niederwerfung des letzten sächsischen Widerstandes wurden 805 und 806 die Böhmen mit Krieg überzogen, 806 die Sorben bezwungen, 808 das Land der Linonen und Smeldinger verwüstet. 812 wurde wiederum ein Heer gegen die Wilzen ins Feld geführt, die zwei Jahre zuvor das Kastell auf dem Höhbeck erobert und zerstört hatten. Damit war das Karlsreich zur Hegemonialmacht im Nordosten geworden.

Im Südosten hatte der Sieg über die Awaren den Franken die Möglichkeit geboten, weite Räume unter ihre Herrschaft zu bringen. Die bayerische Ostmark sicherte den strategisch wichtigen Donaudurchbruch zwischen Enns und Wienerwald, die Pannonische und Karantanische Mark, das Land bis zur mittleren Donau, und im Flußgebiet von Save und Drau war den Marken ein kroatisches Tributärfürstentum vorgelagert.

Offensichtlich sollten hier im Südosten größere Räume ins Reich eingefügt werden, denn die Mission unter den Slawen und den Resten des awarischen Volkes schritt rasch voran, getragen vom Patriarchat Aquileja und dem Erzbistum Salzburg.

Die offensive, aber nur im Südosten auch annektionistische Ostpolitik, die Karl der Große betrieben hatte und die ihm den zweifelhaften Ruhm einbrachte, der Urvater des deutschen Dranges nach Osten zu sein, war nach seinem Tode zum Erliegen gekommen. Unter Ludwig dem Frommen verlor die Ostpolitik an Gewicht; sie trat hinter den dynastischen Konflikten und den innenpolitischen Problemen deutlich zurück, ohne gänzlich vernachlässigt zu werden. Der Kaiser bemühte sich, die fränkischen Positionen zu halten. Im großen und ganzen ist ihm das auch gelungen. Der Kroatenaufstand unter dem Fürsten Ljudewit (819–823) erschütterte zwar die karolingischen Positionen im Südosten, konnte am Ende aber unter großen Anstrengungen niedergeworfen werden. Gefahr drohte auch von den Bulgaren, die unter ihrem Khan Omurtag (814–831) nach Westen vordrangen, doch gelang es, durch eine Neuordnung der Pannonischen und Karantanischen Mark diese Krise zu überwinden und die fränkische Stellung wieder zu festigen.

Die slawischen Nachbarn machten im 9. Jahrhundert offensichtlich bedeutsame strukturelle Wandlungen durch, Veränderungen im politischen und sozialen Gefüge, gekennzeichnet durch die Intensivierung der Macht der Stammesfürsten, das Hervortreten einer Stammesaristokratie, starke politische und vielleicht auch soziale Spannungen innerhalb der Stämme, aber auch durch die Tendenz zur Bildung und Konsolidierung von Stammesstaaten.

Ludwig der Fromme und seine ostfränkisch-deutschen Nachfolger konnten die Machtkämpfe innerhalb der slawischen Führungsschichten, den Familienzwist innerhalb der Dynastien und die Revolten der Stammesaristokratie gegen die erstarkende Fürstenmacht immer wieder geschickt ausnutzen, um gegenüber den Abodriten, Wilzen und Sorben die Oberhoheit des Reiches zur Geltung zu bringen und diese gegenüber Böhmen und Mähren wenigstens anzustreben. An Elbe und Saale herrschte daher für einige Jahrzehnte Ruhe, natürlich nur nach den Maßstäben jener kriegerischen und unruhevollen Zeit.

Der Freiheitswille der slawischen Völker, die die Tributpflicht gegenüber dem Reich als drückend und schimpflich empfanden, war freilich ungebrochen. Ihre Fürsten beobachteten die Lage im Westen genau und schlugen los, sobald sich eine günstige Gelegenheit zu bieten schien. So dürfte es die Nachricht vom Tode des gefürchteten Königs Ludwig des Deutschen und von der Teilung des Reiches unter seine drei Söhne gewesen sein, die die Stämme der Linonen und Siusler 877 zum Aufstand gegen die deutsche Suprematie ermutigte. Drei Jahre später reizte die vernichtende Niederlage des sächsischen Heerbannes gegen die Normannen die Sorben, Daleminzier und Böhmen zur Rebellion, die jedoch von dem Markgrafen Poppo niedergeschlagen wurde.

An Elbe und Saale, die von Karl dem Großen zur Reichsgrenze ausersehen waren, blieb trotz aller Kriege, Aufstände und Einfälle letztlich der Status quo erhalten und bot den slawischen Stämmen die Chance, sich zu konsolidieren und ihre gesellschaftliche und politische Ordnung weiterzuentwickeln. Erst unter König Heinrich I. sollte dann am Ende der zwanziger Jahre des folgenden Jahrhunderts eine neue Etappe der deutsch-slawischen Beziehungen beginnen.

Weitaus bewegter ging es im Südosten zu, wo Karl der Große nach seinem Sieg über die Awaren auf den Trümmern des awarischen Reiches ein weites in sich gestaffeltes fränkisches Glacis geschaffen hatte. Der Donauraum und der Balkan wurden zum Schauplatz der Auseinandersetzungen zwischen dem um die Wahrung seiner hegemonialen Stellung kämpfenden byzantinischen Kaisertum, dem höchst expansiven bulgarischen Khanat, dem aufstrebenden Großmährischen Reich und dem ostfränkisch-deutschen Imperium. Das Bild vereinfachend: Die stärksten Spannungen, zugleich aber auch die größten Affinitäten bestanden zwischen den Bulgaren und Byzanz, während für Großmähren das ostfränkisch-deutsche Reich zum wichtigsten Gegenspieler und Hauptpartner wurde. Es zeigte sich das ewige Bestreben etablierter Mächte, neue Völkerschaften, die man nicht bezwingen kann, wenigstens in die überkommenen geopolitischen Machtstrukturen einzufügen. So wie Byzanz die Bulgaren in seine politische und religiös-kulturelle Welt einzugliedern suchte, strebte das ostfränkisch-deutsche

Reich danach, das Großmährische Reich in die eigene politische, kirchliche und kulturelle Sphäre zu integrieren. In der historischen Überlieferung treten die geistigen Auseinandersetzungen allerdings stark hinter den kriegerischen Ereignissen zurück, die wenig von Partnerschaft, aber viel von Feindschaft zwischen den Völkern und Reichen erkennen lassen. Aber in Wirklichkeit wurden auf der bewegten politischen Bühne auch die dogmatischen, kirchenpolitischen und jurisdiktionellen Konflikte zwischen dem Bischof von Rom und dem Patriarchen von Konstantinopel ausgefochten.

Der Aufstieg des Großmährischen Reiches ging relativ rasch vonstatten. Die Mährer werden erstmals 822 in einer fränkischen Quelle erwähnt, als sie auf einer Reichsversammlung in Frankfurt am Main erscheinen und Geschenke überbringen, gewiß als Zeichen einer lockeren Abhängigkeit. Gleichzeitig waren Gesandtschaften der Abodriten, Sorben, Wilzen, Böhmen und Awaren gekommen. Dies waren Abgesandte tributpflichtiger Völkerschaften. Das spricht dafür, daß auch die Mährer dieser Kategorie zugerechnet werden können.

In den ersten Jahrzehnten des 9. Jahrhunderts waren aus einer Reihe von Kleinstämmen zwei größere Fürstentümer hervorgegangen, deren Herrscher Mojmír und Pribina freilich Rivalen im Kampf um die Alleinherrschaft waren. Das Fürstentum Mojmírs lag im Tal der March und hatte seinen Herrschaftsmittelpunkt wahrscheinlich in Mikulczyce, wo bei Ausgrabungen eine gewaltige Burganlage aufgedeckt wurde. Fürst Pribina herrschte in der südwestlichen Slowakei in Nitra, wurde jedoch um 830 von Mojmír vertrieben und erhielt als fränkischer Vasall ein neues Herrschaftsgebiet im Raum um den

Burg und Siedlung in Spandau an der Havel, Rekonstruktion nach dem Grabungsbefund

Bei den slawischen Stämmen spielten die Burgen schon im frühen Mittelalter als Stammeszentren, Fürstensitze und Zufluchtsstätten eine wichtige Rolle.

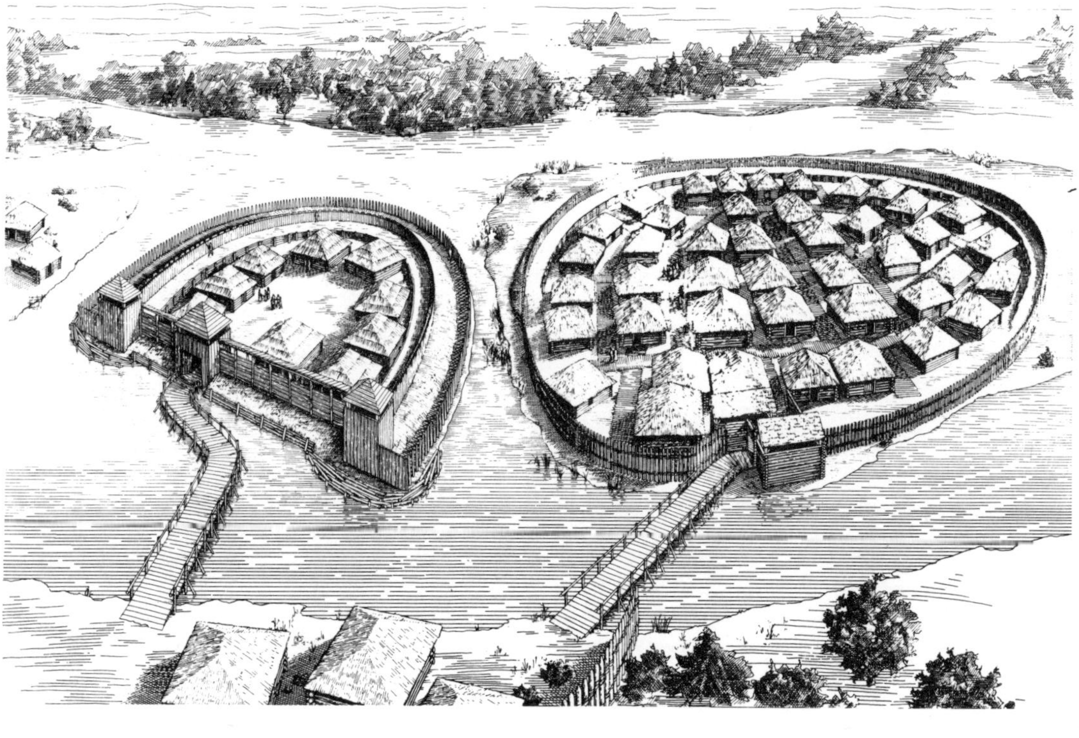

Plattensee. Mojmír vereinigte die beiden Fürstentümer in seiner Hand und bemühte sich offensichtlich, sein Reich politisch zu konsolidieren, wirtschaftlich zu stärken und durch kirchliche und kulturelle Kontakte zum ostfränkisch-deutschen Reich den Anschluß an die weiter fortgeschrittene Entwicklung des Westens zu finden. Er förderte die vom bayerischen Bistum Passau ausgehende Mission und den Aufbau einer Kirchenorganisation. Die umfangreichen archäologischen Untersuchungen im großmährischen Raum haben ein eindrucksvolles Bild von der Blüte dieses versunkenen Slawenreiches entstehen lassen.

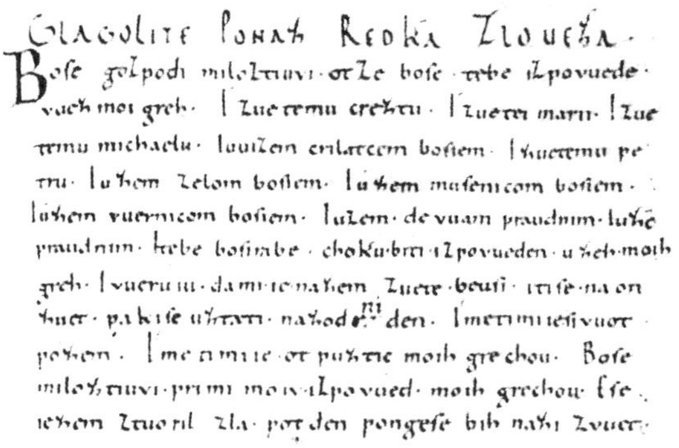

Die altslawische Beichtformel, die in den »Freisinger Fragmenten« aus dem 10. Jahrhundert überliefert wird, ist mit lateinischen Buchstaben geschrieben. Die Handschrift ist ein wichtiges Zeugnis für die Bemühungen der ostfränkisch-deutschen Kirche um die Slawenmission.

In den letzten Jahren seiner Herrschaft scheint Fürst Mojmír bestrebt gewesen zu sein, seine mährische Herrschaft auch über den böhmischen Kessel auszudehnen. Dic böhmischen Kleinstämme suchten wohl deshalb den Schutz Ludwigs des Deutschen. Im Jahre 845 erschienen vierzehn böhmische Fürsten vor dem König und ließen sich taufen, wahrscheinlich auf einem Hoftag zu Regensburg. Dies war ganz ohne Zweifel ein politisch hochbedeutsamer Akt, nicht etwa ein bloß persönliches Bekenntnis dieser Stammesfürsten zum christlichen Glauben. Als Fürst Mojmír, der offenbar die ostfränkisch-deutsche Oberhoheit anerkannt hatte, 846 starb, rebellierten die Mährer gegen das Reich. Ludwig der Deutsche mußte ein Heer gegen sie aufbieten, um sie zu unterwerfen. Er griff in ihre inneren Verhältnisse ein und übertrug die Herrschaft Rastislav, einem Neffen des verstorbenen Fürsten. Es gab also eine großmährische Dynastie, deren Thronrecht auch vom ostfränkisch-deutschen König respektiert wurde.

Rastislav (846–870) war aber alles andere als ein folgsamer Vasall und agierte nicht als Statthalter Ludwigs des Deutschen. Er festigte rasch seine herrscherliche Position und setzte sich 855 zur Wehr, als der König erneut seine Oberhoheit zur Geltung zu bringen suchte und Mähren verheerte. Der Fürst hatte sich zunächst in eine starke Festung zurückgezogen und fiel dann seinerseits nach dem Abzug des königlichen Heeres in die bayerischen Grenzregionen ein. Auch ein Feldzug Karlmanns drei Jahre später scheint wenig Erfolg gehabt zu haben.

Rastislav erkannte wohl, daß er trotz militärischer Erfolge kaum wirkliche Souveränität erlangen konnte, solange Christianisierung und Kirchenorganisation von der fränkisch-bayerischen Kirche aus geleitet wurden. Staat und Kirche waren in jener Zeit zu eng mit-

einander verwoben, um die politische und die religiöse Sphäre voneinander lösen zu können. Nachdem der Versuch, mit Rom zu einer Regelung zu kommen, gescheitert war, wandte sich Rastislav im Jahre 862 an den byzantinischen Kaiser Michael III., bot ihm ein Bündnis an und bat um die Entsendung eines Bischofs und geeigneter Priester. In den »Pannonischen Legenden«, den erbaulich-heroisierenden, aber historisch sehr zuverlässigen Lebensbeschreibungen der Slawenapostel Kyrill und Method, heißt es dazu:
Rastislav, der mährische Fürst, von Gott ermahnt, ging zu Rate mit seinen Fürsten und den Mährern und schickte zu Kaiser Michael und ließ sagen: Für unser Volk, das sich vom Heidentum abgekehrt hat und das christliche Gebote einhält, haben wir keinen solchen Lehrer, der uns in unserer Sprache den wahren christlichen Glauben erklären könnte, damit auch die anderen Länder, wenn sie das sehen, uns nacheifern. So schicke uns, Herrscher, einen Bischof und einen solchen Lehrer.[63]

Kaiser Michael war zwar vorsichtig und schickte keinen Bischof, sondern nur den gelehrten Priester Konstantin, bekannt unter seinem Mönchsnamen Kyrill, nebst dessen Bruder, dem Mönch Method, aber diese beiden schufen etwas, was dauerhafter und bedeutungsvoller werden sollte als eine kirchliche Organisation, das glagolitische und kyrillische Alphabet. Die altslawische Sprache wurde damit in den höheren Rang einer Schrift-, ja einer Sakralsprache erhoben. Die Brüder, in dem slawisierten Thessaloniki, dem heutigen Saloniki, zu Hause und des Slawischen mächtig, übersetzten die heiligen Texte und entwarfen eine Liturgie in slawischer Sprache. Nach den Pannonischen Legenden, die freilich ein Hohelied auf das Altslawische als sakrale Sprache sind, soll Kaiser Michael an Rastislav geschrieben haben, sein Volk werde nun »zu den großen Völkern gerechnet, die Gott in ihrer Sprache preisen«.[64]

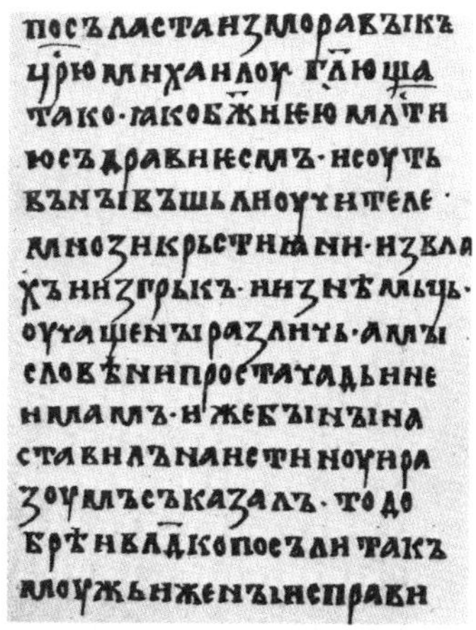

Vita des heiligen Method in altslawischer Sprache und kyrillischer Schrift

Konstantin kam 863 mit seinen Gefährten ins Großmährische Reich, wo er zwar missionarische Erfolge hatte, aber als einfacher Priester den vom Fürsten gewünschten Aufbau einer national-mährischen Kirchenorganisation nicht in die Wege leiten konnte. Der bayerisch-fränkische Klerus hatte in Großmähren bereits Fuß gefaßt und war nicht gewillt, sich vor der Autorität eines schlichten griechischen Priesters und seiner Gefährten zu beugen. Die Mission bewegte sich hier wie anderwärts im Spannungsfeld von Politik und Theologie. Mit der Einführung des Slawischen als Kirchensprache gab sich Konstantin-Kyrill zudem eine Blöße, die seine Gegner nutzten, um ihn der Häresie, der Ketzerei, zu verdächtigen. Mit seinem Tun, so wirkungsvoll es war, um die Welt der Slawen für den christlichen Glauben zu gewinnen, verletzte er das »Dreisprachendogma«, die Lehre von den heiligen drei Sprachen Hebräisch, Griechisch und Latein, von Gott selbst auserwählt als die Sprachen, die im christlich-sakralen Raum erklingen durften.

Als Konstantin das Großmährische Reich nach vierzig Monaten in der Absicht verließ, einige seiner Schüler in Byzanz zu Bischöfen weihen zu lassen, um sie auf diese Weise mit höherer kirchenrechtlicher Autorität auszustatten, stellte er sich in Venedig seinen Gegnern zu einer theologischen Disputation über die Sprachenfrage. Bevor er sich nach Konstantinopel einschiffen konnte, erreichte ihn eine Vorladung nach Rom, denn seine Gegner hatten ihn auch beim Papst wegen seiner häretischen Ansichten denunziert.

Das Papsttum nahm jedoch eine andere Position ein, als die Denunzianten erwartet hatten. Papst Nikolaus I. (858-867), der erste Papst des Mittelalters, der universale Träume hegte und imperiale Ziele ansteuerte, wollte die günstigen Konstellationen nutzen, um die Führung in der Slawenmission an sich zu reißen und die im Entstehen begriffene großmährische und bulgaro-slawische Landeskirche an den lateinischen Westen zu binden. Die früheren kirchenpolitischen Erfolge bei den Kroaten und Bulgaren sollten durch die Anbindung Mährens und Pannoniens an Rom ergänzt werden. Es ging dem Papst dabei nicht nur um die Zurückdrängung seines griechisch-orthodoxen Gegenspielers, des Patriarchen Photios von Konstantinopel (858–886), sondern auch um eine direkte Unterordnung der entstehenden Bistümer unter den päpstlichen Stuhl und damit auch um eine Beschneidung des Einflusses der ostfränkisch-deutschen Kirche auf den slawischen Osten.

Als Konstantin mit großem Gefolge 867 in Rom eintraf, war Papst Nikolaus I. bereits gestorben. Aber sein Nachfolger Hadrian II. (867–872) empfing ihn mit großen Ehren, erkannte kraft apostolischer Autorität das Slawische als sakrale Sprache an und genehmigte die von den Missionaren entworfene slawische Liturgie. Mit großem Gepränge und in bildhaften und symbolischen Formen wurde dieser weltgeschichtliche Akt zelebriert. Der Papst empfing die slawischen Bücher, weihte sie und legte sie feierlich auf dem Altar der Kirche Santa Maria Maggiore nieder. Die slawischen Schüler Konstantins wurden zu Priestern geweiht, und drei Tage lang feierten sie in den Hauptkirchen Roms die Messe nach slawischem Ritus, über den Gräbern der Apostel, in Santa Maria Maggiore, in der Andreaskirche und in der Kirche der heiligen Petronella. So berichten es die Pannonischen Legenden, vielleicht ein wenig überschwenglich, aber gewiß nicht falsch.[65]

Die päpstliche Entscheidung zugunsten der Slawenapostel im theologisch brisanten Dreisprachenstreit war freilich nur ein Teilerfolg, denn die Missionare und ihre Gefährten mußten vorerst der fränkischen Geistlichkeit das Feld überlassen und in Rom bleiben. Konstantin entschied sich kurz vor seinem Tode 869 für das monastische Leben und nahm bei seinem Eintritt in ein römisches Kloster den Namen Kyrill an.

Im Jahre 869 lehnte sich Rastislav aber gegen die ostfränkisch-deutsche Herrschaft auf; das war für Method, der inzwischen vom Papst zum Erzbischof geweiht worden war, eine Gelegenheit, in den slawischen Osten zurückzukehren, um im Auftrag des Papstes eine großmährisch-pannonische Kirchenprovinz unmittelbar unter dem apostolischen Stuhl ins Leben zu rufen. Ein Verrat seines Neffen Svatopluk vereitelte dann aber nicht nur Rastislavs Träume von einem Großmährischen Reich als slawischer Vormacht, sondern reduzierte auch die hochfliegenden Pläne des Papstes und seiner Helfer. Rastislav und Method wurden an Ludwig den Deutschen ausgeliefert; der Fürst wurde 870 auf dem Reichstag zu Regensburg wegen Hochverrats zum Tode verurteilt, vom König »begnadigt«, seines Augenlichts beraubt und in ein als Staatsgefängnis dienendes Kloster gesperrt. Das Los des Erzbischofs Method war nicht ganz so grausam, aber auch er wurde auf Betreiben der fränkischen Geistlichkeit zwei Jahre lang gefangengehalten, wahrscheinlich in ehrenvoller Klosterhaft auf der Insel Reichenau.[66] Dann mußte er auf Grund einer Intervention des Papstes Johannes VIII. (872-882) freigelassen werden.

Svatopluk (870-894) hatte sich zwar mit Hilfe des fränkischen Reiches seines Rivalen entledigen können, aber er war noch weniger als dieser bereit, die Hegemonie Ludwigs des Deutschen anzuerkennen. Harte Kämpfe folgten, die schließlich 874 im Frieden zu Forchheim einen vorläufigen Abschluß fanden. Aus deutscher Sicht, die in den Fuldaer Annalen ihren Niederschlag fand, hat der Mährerfürst durch Treueid und Tributzahlung zuvor die Oberhoheit des Reiches anerkannt, und wahrscheinlich mußte er trotz seiner militärischen Erfolge gegen ostfränkisch-deutsche Heere in die Bedingungen des Forchheimer Friedens einwilligen, um sein Reich im Inneren konsolidieren und seine Herrschaft nach außen hin erweitern zu können. Tatsächlich konnte er bald die böhmischen Stämme unterwerfen und wohl auch nach Norden hin seine Oberhoheit über die slawischen Stämme jenseits des Erzgebirges und der Sudeten zur Geltung bringen. Es kam ihm zugute, daß der Aufstand der Söhne der beiden Ostmarkgrafen Wilhelm und Engilschalk im Jahre 884, in den nicht nur der neue Markgraf der Ostmark, Aribo, und Karlmanns illegitimer Sohn Arnulf von Kärnten, sondern fast der gesamte Adel dieser Region verwickelt wurde, die Position des Reiches im Donauraum so entscheidend schwächte, daß Svatopluk sogar Pannonien erobern konnte. So mußte sich Kaiser Karl der Dicke zu einem Treffen mit Svatopluk bereit finden, wobei er sich zwar huldigen ließ, ihm aber dafür wohl Teile Pannoniens als Lehen gab. Die Stellung des mährischen Herrschers war stärker als je. Im nächsten Jahr wurde der Friede zwischen dem Mährerfürsten und Arnulf von Kärnten geschlossen.

Method, der nach seiner Freilassung ins Slawenland zurückgekehrt war, hatte keinen leichten Stand, obgleich Johannes VIII. weiterhin seine schützende Hand über ihn hielt. An seinen pannonischen Erzbischofssitz Sirmium konnte er nicht zurückkehren, sondern mußte nach Mähren ausweichen. Hier hatte er in dem fränkischen Bischof Wiching von Nitra einen einflußreichen Gegenspieler, einflußreich vor allem am Hofe Svatopluks. Der mährische Hof hatte sich der lateinischen Liturgie zugewandt, und entsprechend prekär wurde die Lage der Anhänger der slawischen Liturgie, zumal auch der Papst sie nun nur noch mit Einschränkung gelten ließ. Als Erzbischof Method im Jahre 885 starb, brach die byzantinoslawische Missionsbewegung, die auch aus Rom keine Unterstützung mehr erhielt, sondern jetzt von Papst Stephan V. (885-891) sogar bekämpft wurde, in sich zusammen. Svatopluk, offenkundig an guten Beziehungen zum Reich und zum westlichen Episkopat interessiert, vertrieb die Gefährten des heiligen Method, von denen sich ein Teil ins Bulgarenreich flüchtete, wo die von Kyrill entwickelte Schrift weiter gepflegt und verbreitet wurde. So sind die slawischen Völker, die die kyrillische Schrift noch heute benutzen, die einzigen, die den Schöpfer ihrer Schrift kennen:

Wer hat eure Schrift geschaffen und euch die heiligen Bücher übersetzt? Alle wissen es, und werden dir antworten: Der heilige Konstantin, der Philosoph, genannt Kyrill.[67]

Im Jahre 892 begann der letzte Akt in dem Drama der wechselvollen Beziehungen zwischen dem Großmährischen und dem ostfränkisch-deutschen Reich. König Arnulf befand sich nach seinem Sieg über die Wikinger auf dem Höhepunkt seiner Macht und forderte Svatopluk zur Anerkennung seiner Oberhoheit auf. Der Fürst verweigerte die Huldigung, und Arnulf überzog sein Land mit Krieg, unterstützt von ungarischen Scharen, die der König in seinen Sold genommen hatte. Trotz verheerender Plünderungen behauptete sich Svatopluk, obgleich der König schon im nächsten Jahr erneut in Mähren einfiel. Aber nach Svatopluks Tod 894 begann der Zusammenbruch des Großmährischen Reiches.

Die Söhne Svatopluks, Mojmír und Svatopluk II., teilten das Reich untereinander, aber sehr bald kam es zu einem Bruderzwist. Das gab den böhmischen Stämmen Gelegenheit, sich von der Beherrschung durch die Mährer zu befreien. 895 erschienen die böhmischen Fürsten in Regensburg und huldigten Arnulf, der in den Mährern den Hauptgegner des Reiches im Osten sah. Verheerende Feldzüge unter Führung der Markgrafen Aribo und Luitpold 898 und 899 bringen in den folgenden Jahren das Großmährische Reich an den Rand des Abgrunds. Selbst nach dem Tode des Kaisers setzten die bayerischen Großen ihre Einfälle fort. Erst 901 wurde Frieden geschlossen, zu spät, um das Großmährische Reich noch vor der Vernichtung durch die Ungarn retten zu können. Im Verlauf des ersten Jahrzehnts des 10. Jahrhunderts erlag das von dynastischen Wirren zerrissene und von den deutschen Angriffen zermürbte Mähren dem Ansturm der Magyaren.

O blinde Herrschsucht des Königs Arnulf! O unseliger, schmerzlicher Tag! Um einen einzigen Menschen zu demütigen, wird ganz Europa in Not und Jammer gestürzt. O blinder Ehrgeiz! Wie viele Frauen machst du zu Witwen, wie viele Väter beraubst du ihrer Kinder, wie vielen Mädchen raubst du die Ehre, wie vielen Priestern Gottes samt ihren Gemeinden die Freiheit, wie viele Kirchen veröden durch dich, wie viele bewohnte Gebiete verwüstest du, verblendeter Ehrgeiz![68]

Wortreich und leidenschaftlich erklingt diese Anklage, die der Bischof Liudprand von Cremona gegen Kaiser Arnulf erhebt, weil er ungarische Reiterscharen zu Hilfe rief, um seinen Erzfeind, den großmährischen Svatopluk II., endlich zu Boden zu werfen. Er hat damit, so die Meinung späterer Geschichtsschreiber, den Magyaren, dieser Geißel Gottes, den Weg nach Europa gewiesen.

Nach einem halben Jahrhundert der Ungarnnot war der Tenor dieser Klagen und Anklagen nur zu verständlich, aber der vermeintlich schuldige Kaiser konnte die Folgen seines Tuns kaum voraussehen. Als er sich mit einigen magyarischen Reiterscharen verbündete, stand das Großmährische Reich auf der Höhe der Macht, und wer konnte ahnen, daß vor diesen herumstreunenden Steppenkriegern nach wenigen Jahren ganz Europa zittern würde?

Der allein Schuldige war Arnulf ohnehin nicht. Den Weg nach Westen hatten die Ungarn schon früher gefunden. Bereits 862 waren sie ins Reich Ludwigs des Deutschen eingefallen als ein neuer und den Völkern bisher noch unbekannter Feind, wie die Jahrbücher von Saint-Bertin berichten.[69] Das war zwar ein einmaliges Ereignis geblieben, von dem die Kunde aber immerhin bis in den Westteil

Angriff der Bulgaren auf Konstantinopel

des Frankenreichs gedrungen war. Schuldiger, wenn man im politischen und diplomatischen Geschehen überhaupt von Schuld sprechen kann, war Byzanz, das die Ungarn 894 auf die Bulgaren gehetzt hatte. Aber das war ein Akt der Notwehr gewesen, da die Bulgaren unter ihrem Khan Simeon schon vor den Toren der oströmischen Kaiserstadt Konstantinopel standen.

Aber auch die Magyaren, die von den fränkischen Chronisten als blutrünstige Ungeheuer, als eine Horde berittener Teufel geschildert werden, waren Getriebene. In ihren Sitzen im »Etelköz« (»Zweistromland«) zwischen dem Don und dem Donaudelta waren sie bedrängt; der Niederlage gegen die Bulgaren 895 war bald eine neue Katastrophe im Kampf gegen die Petschenegen gefolgt. Nicht Kriegslust und Beutegier trieb die Ungarn nach Westen, sondern Furcht vor der Ausrottung durch die noch barbarischeren Petschenegen, die inzwischen im Bunde mit den Bulgaren waren. An eine nomadisierende Lebensweise gewöhnt, brachen sie ihre Zelte ab und wanderten über die Karpaten nach Westen, wo sie sich in den Ebenen an der Theiß und der mittleren Donau niederließen. Ein bulgarisches Heer, das die Landnahme der Ungarn verhindern sollte, wurde 896 von dem magyarischen Heerführer Árpád an der Theiß bei Alpár in die Flucht geschlagen.

Die Magyaren, ein der ugro-finnischen Sprachfamilie zugehöriges Nomadenvolk, wurden im Donaubecken rasch seßhaft; sie fanden Weiden für ihre Pferde- und Rinderherden, Möglichkeiten für Jagd und Fischfang. Den Ackerbau überließen sie der dünnen slawisch-awarischen Bevölkerungsschicht, die sie in der »Awarenwüste« vorfanden und unterwarfen. Als fremdes Volk in einer fremden Umwelt behaupteten sie sich dank ihrer Kriegstüchtigkeit, ihrer permanenten Kriegsbereitschaft, ihrer guten Bewaffnung, ihrer straffen militärischen Disziplin und der klugen Strategie und Taktik ihrer Heerführer. Ohne diesen bedingungslosen Selbstbehauptungswillen wäre das Steppenvolk, eingekeilt zwischen dem ostfränkisch-deutschen Reich, dem bulgarischen Khanat und den slawischen Völkerschaften, zum Untergang verurteilt gewesen.

Der Druck von allen Seiten, der trotz aller militärischen Erfolge auf den Ungarn lastete, führte auch zu einer sehr erfolgreichen Veränderung in der Verfassung. Der Herrschaftsaufbau war bei ihnen wie bei verschiedenen anderen östlichen Reitervölkern durch eine doppelte Führungsspitze gekennzeichnet. Neben einem aus der sakralen Sphäre stammenden Großfürsten (»Kende«) hatte stets der oberste Heerführer (»Gyula«), eine Art magyarischer Heerkönig, gestanden. Nach der Ermordung des Sakralfürsten Kurszán durch die Bayern während eines Gastmahls wohl im Jahre 902 riß aber der Heerführer Árpád die Alleinherrschaft an sich und begründete die Dynastie der Arpaden, die vier Jahrhunderte lang in Ungarn herrschen sollte.

Die Landnahme der Ungarn begann 896 im Raum östlich der mittleren Donau in Gebieten, über die sich die bulgarische Oberhoheit erstreckte, also eigentlich jenseits der ostfränkisch-deutschen Machtsphäre. So bekämpfte Arnulf die Ankömmlinge nicht, sondern suchte sie für die Durchsetzung der eigenen Ziele zu benutzen; es ist nicht gänzlich ausgeschlossen, daß es sogar ein Bündnis zwischen den Ungarn und dem Kaiser gegeben hat. Diese Vermutung wird durch die Beobachtung erhärtet, daß die Ungarn zu Lebzeiten Arnulfs das Reich niemals angriffen und nur gegen die unbotmäßigen mährischen Fürsten und gegen den nach Souveränität strebenden König Berengar von Italien ins Feld zogen. Der Kriegsruhm des Kaisers war es gewiß nicht, der die Ungarn von Einfällen nach Deutschland abhielt, denn auch ihnen wird die schwere Krankheit, unter der der Karolinger litt, nicht verborgen geblieben sein.

Es war das Machtvakuum im Donauraum, das den Magyaren die folgenreiche Landnahme ermöglichte, und es waren die chaotischen Zustände, die an der Wende vom 9. zum 10. Jahrhundert auf dem Boden des Karlsreiches herrschten, die die Ungarn zum weiteren kriegerischen Vordringen einluden; der Kaiser suchte das Beste daraus zu machen. Auch waren die ungarischen Angriffe keineswegs nur wilde Raubzüge eines barbarischen Kriegervolkes, geboren aus bloßer Kampfeslust und Beutegier; zumeist handelte es sich um planvolle Unternehmungen, militärisch und diplomatisch gut vorbereitet und in Einklang mit den jeweiligen politischen Konstellationen. Die Führer der Magyaren hatten offenbar rasch erfaßt, daß die christlich-abendländische Welt in einer tiefen Krise steckte, das Kaiser- und Königtum unendlich viel an Macht und Würde verloren hatte und zur wirklichen Führung kaum mehr fähig war. Und sie hatten gesehen, daß man sich in diesen Kampf aller gegen alle einschalten konnte, um den wechselnden Konstellationen Rechnung zu tragen.

Nur wenige Jahre nach ihrer Landnahme im Donaubecken suchten die Ungarn Italien heim. Ein erster Vorstoß im Jahre 898 in die Markgrafschaft Friaul diente wohl nur der Erkundung der Aufmarschwege und der inneren Verhältnisse Oberitaliens, also der Vorbereitung des großen Heerzuges des folgenden Jahres. Ohne großen Widerstand stießen sie über Venetien in die Lombardei vor, erreichten Pavia und unternahmen Streifzüge gegen Brescia und Bergamo. Im Herbst des Jahres 899 traten sie den Rückzug an, verfolgt von König Berengar, der inzwischen ein stattliches Heer aus allen Teilen Ober- und Mittelitaliens zusammengezogen hatte. Erst in Venetien an der Brenta konnte Berengar die beutebeladenen Ungarn stellen; aber er unterschätzte ihre Kampfkraft und erlitt eine vernichtende Niederlage.

Nach dieser Schlacht an der Brenta am 24. September 899 stand Italien den Ungarn nun ganz zur Plünderung offen. Sie verwüsten die Lombardei, stoßen über den Po nach Süden bis in die Gegend von Parma vor und überwintern sogar in Italien. Auf dem Rückmarsch im Juni des folgenden Jahres wagen sie einen Angriff auf Venedig, der jedoch abgewehrt wird. Aber die Reiterscharen ziehen erst ab, nachdem ihnen Berengar durch die Stellung von Geiseln den ungehinderten Rückzug garantiert hat. Der König trachtete wohl auch danach, durch ein Abkommen mit den Ungarn den Rücken frei zu bekommen, um sich gegen Ludwig von der Provence, einem neuen Rivalen im Kampf um die Herrschaft über Italien, behaupten zu können. 904 ist von einem regelrechten lombardisch-ungarischen Vertrag die Rede, der es Berengar mit ungarischer Hilfe ermöglichte, seine Stellung zu behaupten, seinen Rivalen gefangenzunehmen und blenden zu lassen.

Das Auftauchen der Ungarn in Oberitalien 899/900 und 904, das furchtbare Verwüstungen mit sich brachte, veränderte die militärische Taktik. Die Magyaren hatten lediglich das flache Land und die kleineren unbefestigten Orte geplündert und gebrandschatzt, nicht aber die großen befestigten Städte, die sich als uneinnehmbar erwiesen hatten, da sie zu einer regelrechten Belagerung weder willens noch fähig waren. Aus dieser Erfahrung heraus suchten die Städte sich durch Instandsetzung oder Errichtung von Mauern zu schützen, und dies sollte sich als ein wichtiger Schritt auf dem Wege zur Ausbildung der mittelalterlichen Stadt in Oberitalien erweisen. Die Leitung dieser Verteidigungsanstrengungen wurde den lokalen Machthabern übertragen, nicht selten den Bischöfen, die damit ein wichtiges Element der Stadtherrschaft erlangen konnten.

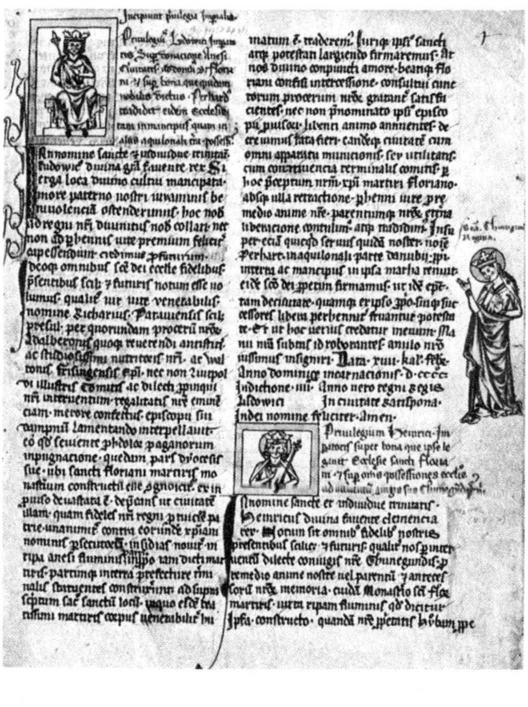

König Ludwig das Kind schenkt dem Stift Sankt Florian die zum Schutz gegen die Einfälle der Ungarn erbaute Ennsburg, Abschrift einer Urkunde von 901 im Kopialbuch des Stifts Sankt Florian aus dem 13. Jahrhundert

Es war offensichtlich der Tod Kaiser Arnulfs am 8. Dezember 899, der den Dingen eine andere Wendung gab. Vielleicht waren es die Ungarn, die den Frieden brachen, weil sie glaubten, mit einem Reich, dessen König ein Kind war, leichtes Spiel zu haben, vielleicht drängten die Kirchenfürsten an der Spitze der neuen Reichsregierung auf eine Kursänderung gegenüber den Ungarn, weil sie die Gefahr erkannten, die von der ständig steigenden Macht dieses Volkes ausging. Jedenfalls kam es zu Spannungen, die sich bald in Feindseligkeiten entluden.

Die Ereignisse sind rasch erzählt. Die Magyaren waren stark genug, einen Krieg an drei Fronten zu beginnen. Den bayerischen Heerbann fesselten sie durch einen Angriff auf die wichtige bayerische Ostmark, der allerdings zurückgeschlagen werden konnte. Eine ungarische Streifschar wurde bei Linz von Markgraf Luitpold und Bischof Richar von Passau besiegt. Da das Gebiet zwischen Wienerwald und Enns nicht mehr sicher schien, erbaute man eine Sperrfestung an der Enns, die Ennsburg.

Schon im Jahre 900 hatten die Ungarn den in Moosburg-Zalavár residierenden Slowenenfürsten Brazlavo angegriffen, dem einst Arnulf den Schutz Unterpannoniens anvertraut hatte. Unter immer neuen Anstürmen brach dieses südöstliche Bollwerk des Reiches zusammen; die Residenzburg wurde zerstört, das Land von den Magyaren in Besitz genommen. Weniger leichtes Spiel hatten sie im Kampf gegen die Reste des Großmährischen Reiches, dessen Fürst Mojmír II. Rückendeckung beim ostfränkisch-deutschen Reich fand. Aber ein im Jahre 901 geschlossenes Bündnis und die vorübergehende slawisch-bayerische Waffenbrüderschaft konnte den raschen Zusammenbruch nicht mehr aufhalten. Die Ungarn dehnten ihre Herrschaft über Mähren aus, beherrschten damit die wichtige Mährische Pforte und schoben ihren Aktionsradius bald über die Mittelgebirgsschwelle hinaus nach Norden vor. Die slawischen Stämme an Oder und Elbe gerieten in den militärisch-politischen Interessenbereich der Ungarn; wieweit auch die Böhmen einbezogen waren, läßt sich nicht genau erkennen.

Die ostfränkisch-deutsche Aristokratie, praktisch ohne monarchische Führung, in brutale und blutige Machtkämpfe verstrickt, war zur Abwehr der Ungarn nicht fähig. An den Dauerzustand des Krieges mit Mord und Brand, Raub und Verschleppung war man seit Jahrzehnten gewöhnt; die Geistlichkeit predigte von den Einfällen der Heiden als einer gerechten Strafe Gottes für die sündige Menschheit, und der Stolz der deutschen Krieger wurde hin und wieder durch Erfolge gegen kleinere ungarische Heere oder Streifscharen befriedigt. So erschienen die Kämpfe um den Ausbau der eigenen Machtposition, die Beseitigung der Rivalen und die Mitwirkung in der Reichspolitik wichtiger als der Kampf gegen die Ungarn, in denen man wohl auch nicht die kommende große Herausforderung des Reiches erkannte.

Das änderte sich im Jahre 906 mit dem Zusammenbruch des Großmährischen Reiches und dem folgenden ungarischen Angriff auf Sachsen, der durch einen Hilferuf der slawischen Daleminzier ausgelöst worden war. Auch die Daleminzier zahlten teuer für diese Bundesgenossenschaft; die Ungarn plünderten sie so aus, daß sie bei benachbarten Stämmen um Nahrungsmittel betteln mußten. In dieser Lage ergriff der bayerische Markgraf Luitpold die Initiative, wenn gewiß auch mit Billigung des Kinderkönigs und seiner Berater. 907 versammelte sich der bayerische Heerbann bei Ennsburg und machte sich zum Zug nach Osten bereit. Ob man eine vorbeugende Strafexpedition im Auge hatte oder die Rückeroberung Pannoniens, läßt sich aus den Quellen nicht feststellen. Jedenfalls drang Luitpolds Heer, das wohl in mehrere Heeresgruppen aufgeteilt war, weit in die ungarischen Grenzgebiete ein. Bei Preßburg kam es am 4. Juli zur Schlacht, die nach späteren Berichten drei Tage gedauert haben soll und mit einer vernichtenden Niederlage der Deutschen endete. Markgraf Luitpold selbst, Erzbischof Theotmar von Salzburg, zwei bayerische Bischöfe, drei Äbte und neunzehn Grafen blieben in der Schlacht; der bayerische Heerbann wurde aufgerieben. Der Gegenschlag war gescheitert, jetzt ging die ganze karolingische Ostmark verloren, die Ostgrenze des Reiches mußte bis zur Enns zurückgenommen werden. Das von Karl dem Großen mühsam geschaffene Grenzsystem im Südosten war völlig zusammengebrochen. Das Reich war in die Defensive gedrängt und mußte versuchen, sich wenigstens notdürftig zu verteidigen.

In Bayern folgte dem in der Schlacht bei Preßburg gefallenen Markgrafen Luitpold sein Sohn Arnulf, aus der Not der militärischen Niederlage heraus wohl unangefochten. Der junge König mußte die Erbfolge in Bayern anerkennen, da das Grenzland einer einheitlichen Führung bedurfte. Die Ungarn griffen im nächsten Jahr allerdings nicht im Süden an, sondern zogen erneut durch die Mährische Senke nach Sachsen. Hier schlugen sie ein mainfränkisch-thüringisches Heer. Jetzt wurden Teile Sachsens und Thüringens verwüstet, die Bevölkerung grausam drangsaliert. Die großen Ungarnangriffe, die die letzten Jahre der Königsherrschaft des letzten ostfränkisch-deutschen Karolingers füllten, wurden wieder durch das Donautal vorgetragen und richteten sich gegen den deutschen Süden und Südwesten. Der desolate Zustand des Reiches erlaubte keine wirksame Verteidigung mehr, zumal die Ungarn auch die rascheren und taktisch überlegenen Krieger waren. Einzig Arnulf von Bayern errang einige Siege in militärisch weniger bedeutsamen Treffen, die vielleicht eine stabilisierende Wirkung auf die Kampfmoral hatten, die militärische Überlegenheit der Ungarn aber nicht aufhoben.

Erst im Jahre 910 gelang es dem König, ein allgemeines Reichsaufgebot zusammenzubringen, in dem nur die Sachsen gefehlt zu haben scheinen, da das Sachsenland seinerseits durch überraschende Angriffe von Osten her gefährdet schien. Die ungarischen Reiterscharen schlugen jedoch das schwäbische Aufgebot in der Nähe von Augsburg, dann das fränkische Hauptheer unter dem König selbst, noch bevor sich die beiden Armeen vereinigen konnten. Der königliche Heerführer, der Konradiner Graf Gebhard, fiel in der Schlacht. Siegreich und beutebeladen kehrte das ungarische Hauptheer nach Pannonien zurück, um gleich im nächsten Jahre wiederzukommen, den deutschen Süden mit Krieg zu überziehen und sogar den Rhein in Richtung Westen zu überqueren. Dem letzten Erben Ludwigs des Deutschen blieben militärische Erfolge versagt; ruhmlos sank er im September 911 ins Grab. Die Ungarnnot war nicht gebannt, sie hatte noch nicht einmal ihren Höhepunkt überschritten. Die nächsten Jahrzehnte gehörten den Ungarn.

Epilog
Agonie einer Dynastie?

Karl, den man schon bei Lebzeiten den Großen nannte, er hatte am Abend seines Lebens zur alles überschattenden Macht auch den Glanz der höchsten Herrscherwürde gewonnen und war römischer Kaiser geworden. Wie konnte es anders sein, als daß die Nachwelt ihn für den Erneuerer des vor Jahrhunderten erloschenen Kaisertums der Römer und das ganze weite Gebiet seiner Herrschaft für das wiedererstandene Römerreich hielt? Ein Jahrhundert nach seinem Tode, und dieses erneuerte römische Reich war zerfallen. Von inneren Gegensätzen zerrissen, von äußeren Feinden, Sarazenen im Süden, Normannen, das heißt Dänen, im Norden und Westen bedrängt, hatte es sich in seine Bestandteile aufgelöst. Ein Land nach dem anderen hatte dem angestammten Königshaus den Rücken gekehrt und, wie ein gleichzeitiger Chronist sich ausdrückt, »Könige aus den eigenen Eingeweiden sich zu setzen unternommen«. So war ein westliches und ein östliches Frankenreich, ein burgundisches, ein provenzalisches und ein italienisches Königtum entstanden, und die Würde des Kaisers mitsamt der Herrschaft über Rom und den Staat St. Peters war der Zankapfel geworden, den jene sich nacheinander aus der Hand schlugen, gewannen und wieder verloren.[1]

War es die Agonie der karolingischen Dynastie, die zur Zerrüttung und zum Zerfall des Reiches führte? Waren es die verheerenden Bruderkriege, die unstillbare Machtgier der Könige und das Fehlen jeglicher dynastischer Solidarität trotz mancherlei Bekenntnissen zu Eintracht und brüderlicher Liebe, die das spätkarolingische Jahrhundert in ein so dunkles Licht tauchten? Hellsichtig-mahnenden Zeitgenossen erschien die Lage als eine Strafe Gottes für die menschliche Sündhaftigkeit, als Vorbote der kommenden Endzeit, der Zeit des Antichrist. Agonie der Dynastie, sich vollendend in der Spannung zwischen rücksichtslosem Machtstreben, hochfliegenden Plänen, brutalem Vorgehen gegen Schwächere, Versagen vor der Bedrohung durch äußere Feinde, menschlichen Schwächen, Mangel an herrscherlichen Führungsqualitäten und einem unübersehbaren biologischen Verfall des karolingischen Hauses.

Die letzten Karolinger sind von schwerer Krankheit geplagt, von langem Siechtum und bedroht von frühem Sterben, als ginge die physisch-psychische Substanz des Geschlechts zur Neige. Ein großes Sterben überfällt die inzwischen weitverzweigte Sippe; im letzten Drittel des 9. Jahrhunderts sterben mehr als ein Dutzend Könige und Kaiser, die meisten nach sehr kurzer Regierungszeit. Hart suchte das Schicksal vor allem die Nachkommen Ludwigs des Deutschen heim. König Karlmann und Kaiser Karl der Dicke wurden von schwerster Krankheit hinweggerafft, der tüchtige Ludwig der Jüngere starb schon nach kurzer Regierungszeit, und der tatkräftige Arnulf siechte in seinen letzten Lebensjahren fast regierungsunfähig dahin. Sein zwar kriegstüchtiger und kühner, staatsmännisch aber wenig begabter Sohn Zwentibold von Lothringen fand den Tod in der Schlacht. Mit Ludwig dem Kind, dem Typus des Spätlings, dem das Schicksal nur Kindheit und unreife Jugend gewährte, verließen die ostfränkisch-deutschen Nachkommen Karls des Großen fast lautlos die Weltbühne. Nichts Tragisches verbindet sich mit dem Tod dieses Jünglings, der zwar volljährig war und waffenfähig, nicht aber reif für seine hohe Würde und sein schweres Erbe.

Bischof Salomo von Konstanz sah die Zeit Ludwigs des Kindes mit den Augen des Predigers Salomonis und zitierte das warnende Wort der Schrift »Wehe Dir, Land, dessen König ein Kind ist«.[2] Seine Sicht war die Sicht des mittelalterlichen Menschen, der stets voller Hoffnung auf die Person seines Königs blickte, der ihm die Inkarnation von Eintracht und Friede, Schutz und Schirm, Recht und Ordnung war.

Fast zwangsläufig mußte dies auch die Sicht der mittelalterlichen Geschichtsschreibung sein, die alles Geschehen um den König als die Zentralfigur der irdischen Herrschaftsordnung gruppierte und vieles, manchmal fast alles aus dem Handeln des Monarchen erklärte, aus seinen Stärken und Schwächen, Tugenden und Lastern, seinen höchst individuellen Eigenschaften wie Weisheit, Frömmigkeit, Tapferkeit, Tatkraft und Gerechtigkeit oder Feigheit, Torheit, Grausamkeit und Sündhaftigkeit. Hinter aller Geschichte wirkt Gottes unerforschlicher Ratschluß, aber sie vollzieht sich für den mittelalterlichen Menschen im politischen Handeln ihrer Protagonisten. Das Versagen eines Königs in seinem herrscherlichen Tun ist fast immer eine Katastrophe für sein Volk, und eine Abfolge von schwachen, kranken und minderjährigen Königen kann im Mittelalter kein Reich überstehen. Wichtig ist der König nicht nur als Einzelperson, sondern auch als Glied in der Abfolge der Generationen, die erst die Dynastie konstituiert. Es ist die Dynastie, die herrscht und auch das Reich trägt. Reich und Dynastie sind fast untrennbar miteinander verbunden, und so entscheidet auch das Schicksal der karolingischen Dynastie über das Schicksal des Karlsreiches und greift zutiefst in die Geschicke der Völker und Länder ein. Es ist kein bloß zufälliger Zusammenklang, wenn sich die Agonie der Dynastie und der Zerfall des Reiches im gleichen Zeitraum abspielen.

Tatsächlich waren die Herrscher der karolingischen Spätzeit der Herausforderung der Epoche nicht gewachsen. Aber keineswegs alle waren schwache Charaktere, doch selbst die tüchtigen verließ das Glück, als ihnen das Schicksal eben alle Trümpfe in die Hand gegeben zu haben schien. Der Nimbus des Siegers, der Karl Martell, Pippin und Karl den Großen umstrahlt hatte, wurde zerstört, der Mythos des Blutes schwand, das »Königsheil« hatte die Dynastie verlassen. Aber auch ein Monarch vom Format Karls des Großen hätte wohl Mühe gehabt, die Probleme zu bewältigen, die im Verlaufe des 9. Jahrhunderts ins Riesenhafte wuchsen. Es waren nicht nur die unheilvollen Wirkungen der Kämpfe innerhalb der Dynastie, das Machtstreben der Kirche und des Adels und die Bedrohung durch äußere Feinde, die das Karlsreich in Chaos und Anarchie stürzten und seine Auflösung herbeiführten, sondern Wandlungen im gesellschaftlichen Sein und Bewußtsein der in dem gewaltigen Imperium Karls des Großen lebenden Völker und Stämme.

Die Frage nach Ursachen und Wirkungen, nach primären und sekundären Faktoren ist kaum zu beantworten, wenn ein so epochales Phänomen wie die Dekomposition des Karolingerreiches zur Debatte steht. Das riesige Imperium Karls des Großen, ohnehin kein Staat im modernen Sinne, sondern eben ein Reich, wie es nur das Frühmittelalter hervorbringen konnte, war auf die Dauer wohl nicht beherrschbar. Karl der Große hatte das offenbar klarer erkannt als Ludwig der Fromme, denn dessen großartige Idee eines hierarchisch gestuften Herrschaftssystems, die in der Ordinatio imperii waltet, kam noch zu früh und konnte den traditionellen dynastischen Teilungsgedanken nicht überwinden. Auf das Konto des dynastischen Teilungsprinzips mit seinen politischen Auswirkungen kommt manches, manches auch auf das der Erschütterungen, die die Einfälle der Normannen, Sarazenen, Slawen und Magyaren ausgelöst hatten.

Aber Zerrüttung und Zerfall hatten ihre tiefsten Ursachen am Ende doch in spannungsreichen Wandlungen im Gesellschaftsaufbau und in der allgemeinen Schwäche der inneren Organisation des Karolingerreiches. In den Zeiten erfolgreicher Expansion war dies durch die äußerste Anspannung aller Kräfte überdeckt worden. Die fränkische Aristokratie war mit militärischen Aufgaben vollauf beschäftigt. Die Ausdehnung des Reiches bot ihr gewaltige Aufstiegschancen. Im Dienste des Königs hatte sie Anteil am Reich; Opposition gegen die Karolinger war unnütz und zudem gefährlich. Die fränkische Aristokratie und die Führungsschichten der anderen Völker gingen mit dem Königtum konform. Frondeure waren selten. Erst als die Expansion an ihre Grenzen stieß, verlor sie die reichs- und herrschaftsstabilisierende Wirkung, zeigten sich Risse im Herrschaftsaufbau, Mängel im administrativen System, unbewältigte wirtschaftlich-soziale Probleme und kaum lösbare Spannungen im Verhältnis zwischen Königtum und Kirche.

Das Karolingerreich, in Schüben zusammengefügt im Laufe von drei Jahrhunderten, mit mehrfachen Unterbrechungen von Phasen der Dekomposition, umfaßte Völker und Länder höchst unterschiedlicher Struktur, mit großen Unterschieden in Geschichte und Kultur, Sprache und Sitte, Siedlungsweise und Wirtschaftsleben, Recht, Verfassung und sozialer Schichtung. Gemessen an den Möglichkeiten der Zeit, Entfernungen zu überwinden, war es von einer geradezu abenteuerlichen Größe.

Die wirkungsvolle Beherrschung und Verwaltung des Riesenreiches stieß schon auf Grund der Ausdehnung auf größte Schwierigkeiten. Die Verbindungen zwischen dem Königshof, der ja zugleich Regierungszentrum war, und den lokalen Amtsträgern waren schwer herzustellen; es dauerte Wochen, bis ein Markgraf, der zur Berichterstattung oder zur Rechtfertigung seiner Amtsführung an den Hof befohlen worden war, wieder in seinem Amtsbezirk eintraf. Die großen Entfernungen, der Zustand und die Unsicherheit der Verkehrswege beeinträchtigten die Funktionsfähigkeit der Administration und vor allem eine wirksame Kontrolle der regionalen Machthaber. Nur zeitweilig und ansatzweise konnte sie durch die Institution der reisenden Königsboten ausgeübt werden. Den überall greifbaren Bemühungen Karls des Großen um die Verbesserung der Verkehrs- und Nachrichtenverbindungen kommt deshalb große Bedeutung zu, auch wenn ihre Wirksamkeit zweifelhaft bleibt. Die beachtlichen Ansätze zur Intensivierung der Schriftlichkeit im Verwaltungs- und Herrschaftssystem gehören zum Teil in diesen Zusammenhang, denn Schriftlichkeit eröffnet zusätzliche Möglichkeiten der Kommunikation. Von einem bürokratischen Schreiberstaat war das Karlsreich freilich meilenweit entfernt.

Wirklich zusammengehalten wurde dieses heterogene Staatsgebilde, das sich zudem über geographisch höchst unterschiedliche Zonen erstreckte, durch die monarchische Spitze in Gestalt des fränkischen Königs, die fränkische Aristokratie als allgegenwärtige Führungselite und das fränkische Reichsheer als wirkungsvolles, herrscherliche Überlegenheit garantierendes Machtinstrument. Mit diesen drei Pfeilern stand und fiel das Karolingerreich, das eben nicht ausschließlich ein Reich der Karolinger, sondern ganz wesentlich auch ein Reich der Franken war. Das fränkische Reichsheer erwies sich so lange als eine überlegene Militärmaschinerie, wie die Initiative zur Kriegführung vom Reich ausging oder im Falle eines feindlichen Angriffs genügend Zeit blieb, den Heerbann aufzubieten und ins Feld zu führen. Wikinger, Sarazenen und später auch Magyaren waren auf diese altfränkische Weise jedoch nicht wirkungsvoll zu bekämpfen, weder durch die Aufbietung des Heerbannes noch mit Hilfe der »Landwehr«, der uralten Verpflichtung aller waffenfähigen Männer zur Abwehr eines ins Land eingedrungenen Feindes.

Hinzu kam, daß die Wehrkraft des Reiches durch die Unterdrükkung und Verknechtung der freibäuerlichen Schichten, die bisher große Kontingente für das Reichsheer gestellt hatten, beeinträchtigt wurde. Dieser Verlust an Wehrkraft konnte durch die Entstehung eines vasallitischen Berufskriegerstandes nicht sofort wieder wettgemacht werden. Die Ausbildung vasallitischer Kampfverbände, die unter Führung ihrer kirchlichen oder hochadligen Lehnsherren ins Feld zogen, bewirkte eine Veränderung der Wehrverfassung zuungunsten des Königs, denn er war nun auf die Loyalität der Lehnsherren angewiesen. Der Konflikt zwischen dem von den Grafen geführten Volksaufgebot und den Vasallenverbänden schwelte schon zur Zeit Karls des Großen, der das Dilemma mit Hilfe rechtlicher Regelungen zu beseitigen hoffte, wahrscheinlich mit zweifelhaftem Erfolg.

Die weitere Entwicklung des Lehnswesens brachte einen beträchtlichen Machtzuwachs aufseiten der Lehnsherren, obgleich die Wehrhoheit des Königtums niemals ernsthaft bestritten wurde. Eine andere Frage war es, wieweit schwache Herrscher die Wehrhoheit des Königtums wirklich zur Geltung bringen konnten. Die Wehrverfassung des Reiches verlor jedenfalls im Zuge eines allgemeinen sozio-ökonomischen und ideologischen Strukturwandels der Gesellschaft ihre alte volksmäßige Grundlage. Diese Entwicklung trug dazu bei, die Machtgrundlagen der fränkischen Monarchie ins Wanken zu bringen.

Die Stellung des karolingischen Königtums wurde erschüttert auch durch die zunehmende Macht des Adels. Die Karolinger waren mit Hilfe der fränkischen Aristokratie emporgestiegen, und das Bündnis hielt, solange der Aufstieg der Dynastie andauerte. Der Adel war, so hat man zutreffend gesagt, Helfer und Gegenspieler der Monarchie zugleich. Es hing immer wieder von der historischen Situation ab, wie die Gewichte verteilt waren. Karl der Große hatte die Aristokratie gezügelt; die Anforderungen, die er an sie stellte, hielten sie in Atem. Die großen Herren aus den vornehmen Familien, die gern als »Reichsadel« oder »Reichsaristokratie« bezeichnet werden, die Männer, die im Königsdienst aufgestiegen waren, sie alle konnte eine Herrscherpersönlichkeit wie Karl der Große an sich binden, wiewohl es auch Widerstrebende gab. Um herrschen zu können, bedurfte der König des Adels, dem er Ämter, Würden und Lehen verlieh und der in aller Regel auch über reiche, von den Vorfahren ererbte Besitzungen verfügte:

Der Gegensatz von Königtum und Adel, der wie ein roter Faden die gesamte fränkische Verfassungsgeschichte durchzieht, war auch im Karlsreich nicht überwunden, sondern nur überdeckt. Die Adelsmacht konnte nicht beseitigt werden, und die Schaffung einer auf Weisung der Zentralregierung wirklich funktionierenden Verwaltung gelang infolgedessen nicht.[3]

In der Zeit der Kämpfe zwischen Ludwig dem Frommen und seinen Söhnen, der Epoche der Bruderkriege, der Reichsteilungen und der dynastischen Streitigkeiten wuchsen Macht und Ansehen der Aristokratie auf Kosten der Monarchie. Ämter und Lehen wurden nahezu erblich und entglitten der Verfügungsgewalt der Krone; der Gedanke, daß ein Amt im Namen des Königs und zum Nutzen des Reiches zu verwalten sei, trat zurück hinter der Vorstellung von der Adelsherrschaft kraft eigenen ererbten Rechts.

Mit der Degeneration des Amtsgedankens ging eine Verschleuderung von Reichsgut einher. Um Anhänger zu gewinnen, gingen die Könige sehr großzügig mit den Krondomänen um und schwächten damit die materielle Basis ihrer Herrschaft. Das begann schon unter Ludwig dem Frommen, von dem Thegan, sein sehr wohlmeinender Biograph, berichtet:

So freigebig war er aber, wie man weder in alten Schriften noch in neuerer Zeit gehört hat, daß er die königlichen Güter, welche sein Vater, Großvater und Urgroßvater besessen hatten, seinen Getreuen zum ewigen Besitz gab und Urkunden darüber ausstellte und durch Aufdrücken seines Ringes und mit eigenhändiger Unterschrift bekräftigte. Das tat er lange.[4]

Die Nachfolger Ludwigs des Frommen setzten diese Praxis fort, von der auch die Kirchenfürsten kräftig profitierten, mehr in den westlichen als in den östlichen Reichsteilen.

Natürlich stieg der Einfluß der Aristokratie auch im politischen Leben; die Abhängigkeit der Könige von ihren adligen Gefolgsleuten war groß, und namentlich bei einem Wechsel in der Herrschaft kam die wachsende Adelsmacht zum Tragen. Die Großen der einzelnen Landschaften spielten bei der Königserhebung eine wesentliche, oft ausschlaggebende Rolle. Sie luden ihnen genehme Thronprätendenten ein, die Herrschaft anzutreten, verließen aber ebenso leicht wieder ihren König, um sich einem anderen Anwärter zuzuwenden. Bis zum Ausgang des 9. Jahrhunderts respektierten die Großen bei diesem Wechselspiel immerhin noch das Thronrecht der karolingischen Dynastie, obwohl das Erbrecht der Karolinger im Anspruch des Adels auf Mitsprache und Mitwirkung bei der Thronfolge schwere Konkurrenz erhielt. Das Mitwirkungsrecht der Großen steigerte sich zum Wahlrecht und führte schließlich zur Erhebung nichtkarolingischer Prätendenten und zur Abkehr von der karolingischen Dynastie.

Der Aufstieg des Adels erfolgte fast zwangsläufig und darf keineswegs als eine schlechthin unselige gesellschaftliche Entwicklung gesehen werden. Aber Adelsmacht und Adelsherrschaft, von keiner straffen monarchischen Spitze mehr in ihre Schranken gewiesen, entwickeln nur allzuoft die Tendenz, in eine Adelsanarchie einzumünden. Die Großen nutzen die Freiräume, die ihnen der Verfall der königlichen Gewalt bot, zum rücksichtslosen Vorgehen gegen alle Schwächeren aus. Die Kirchen waren ihren Angriffen preisgegeben, nachdem die Könige nicht mehr ihre schützende Hand über Bistümer und Klöster ausbreiten konnten. Macht- und Amtsmißbrauch gegenüber den niederen Bevölkerungsgruppen waren an der Tagesordnung. Den Unterdrückten blieb kaum etwas anderes übrig, als sich unter den Schutz eines Mächtigeren zu stellen, einen Schutz, der jedoch zugleich Abhängigkeit, wenn nicht Schlimmeres, nämlich Unterdrückung und Ausbeutung bedeutete. Tatkräftige Geschlechter mehrten ihre Macht durch die Kumulation von Grafschaften, Kirchenvogteien und Herrschaftsrechten der verschiedensten Art, sie fanden Gefolgsleute und Anhänger und traten dem Königtum als Führer von Adelsfraktionen entgegen. Aus den Reihen dieser aristokratischen Spitzengruppe stiegen die nichtkarolingischen Könige des ausgehenden 9. und 10. Jahrhunderts empor.

Der Aufstieg der Aristokratie als Klasse sagt noch nichts über das Schicksal des einzelnen und einzelner Familien. Besitzstreben und Machtgier entfesselten Adelsfehden und führten bisweilen zum Untergang ganzer Geschlechter in diesen mit unglaublicher Brutalität ausgefochtenen Kämpfen. Spektakuläre Geschehnisse dieser Art waren die blutige Fehde zwischen den Konradinern und den Babenberger-Popponen, die Hinrichtung der schwäbischen Pfalzgrafen Erchanger und Burchard oder der Untergang des Geschlechts des bayerischen Markgrafen Wilhelm. Neue Familien stiegen empor, denn die Rivalitäten innerhalb der alten karolingischen Machtelite schufen ein günstiges Klima für tatkräftige und skrupellose Männer aus anderen Schichten. Die Emporkömmlinge wurden mit Mißtrauen beobachtet, und es mehrten sich die Klagen über den Hochmut und die Anmaßungen dieser Aufsteiger.

Nicht nur in den inneren Kriegen wurde von der Aristokratie ein hoher Blutzoll gefordert, auch im Kampf gegen den äußeren Feind. In den Schlachten gegen die Ungarn vollzog sich der Untergang ganzer Heere, in heroischer Manier oder auch in feiger Flucht. Allein im ersten Jahrzehnt des 10. Jahrhunderts hat die Aristokratie des ostfränkisch-deutschen Reiches einen gewaltigen Substanzverlust nicht nur durch die Adelsfehden und die Hinrichtungen der Unterlegenen, sondern auch auf den östlichen Schlachtfeldern erlitten. Bei Preßburg wurde 907 das bayerische Heer aufgerieben; unter den Toten waren Markgraf Luitpold, Erzbischof Theotmar von Salzburg, Bischof Udo von Freising und sein Amtsbruder Zacharias von Säben. Ein Jahr später fielen Markgraf Burchard von Thüringen, Bischof Rudolf von Würzburg und Graf Egino an der Spitze eines ostfränkisch-thüringischen Aufgebotes, und 910 melden die Quellen den Tod des Grafen Gebhard, der das königliche Heer in der Schlacht am Lech führte, in der auch viele andere Edle fielen. Die Epoche ging blutig zu Ende. Die Agonie der Dynastie mündete ein in die Agonie des zerfallenden Karlsreiches. Die karolingische Welt wandelte sich in inneren Krisen und äußerer Bedrohung.

Aber das karolingische Erbe wirkte weiter, und so gebührt auch der spätkarolingischen Periode ein Platz in der Weltgeschichte. Von einem »erstaunlichen Jahrhundert« hat Walter Schlesinger gesprochen, einem Jahrhundert, das mit der Kategorie »Verfall« nur sehr unzureichend charakterisiert sei, da es vielmehr »Grundlagencharakter für die Geschichte Europas« besessen habe.[5] Unbestreitbar ging es chaotisch zu in jenem Jahrhundert, aber es war trotz aller Zerstörungen, aller Verluste an materieller und geistiger Substanz doch eine Art von fruchtbarem Chaos, das den Urstoff für neue Gestaltungen lieferte.

Neue Perspektiven eröffneten sich; die Zukunft Europas wurde gleichsam zur Disposition gestellt. Im ostfränkisch-deutschen Reich, das in dieser Periode Gestalt gewann, konnte das Königtum so viel von seiner alten Würde bewahren, daß auf den Niedergang am Ausgang des 9. und zu Beginn des 10. Jahrhunderts bald wieder eine Phase des Aufschwungs folgte. Die Demontage des Königtums ging hier nicht so weit wie in anderen Teilen des Karlsreiches, so daß die ostfränkisch-deutschen Herrscher in gewissem Umfang in West- und Mitteleuropa eine hegemoniale Stellung einnehmen konnten. Natürlich ist der Machtzuwachs auf seiten des Hochadels auch hier unübersehbar. Die weltlichen und geistlichen Großen setzten sich politisch wirkungsvoll in Szene, standen aber im großen und ganzen dem karolingischen Königtum loyal gegenüber. Auch die militärische Führung kam unbestritten dem König zu, aber die Kämpfe an den Grenzen boten dem Hochadel die Chance zur Bewährung und vielfach zur Stärkung der eigenen Machtposition. So ist es kein Zufall, daß unter den politisch handelnden Personen die Grenzgrafen und Markherzöge immer deutlicher hervortraten, etwa Thachulf und Poppo im mainfränkisch-thüringischen Grenzraum, die Liudolfinger im östlichen Sachsen, die Hunfridinger in Churrätien oder Leute wie Aribo, Wilhelm, Engilschalk, Luitpold und Arnulf der Böse in den bayerisch-pannonischen Marken.

Im Reichsteil Ludwigs des Deutschen wurde der Zug zur weiteren Aufsplitterung in feudale Herrschaftsbereiche durch die Existenz der Stämme weit stärker abgeschwächt als in den Teilen des großfränkischen Imperiums, in denen es derartig kompakte gentile Verbände nicht gab. Die ostfränkisch-deutschen Stämme der Franken, Bayern, Schwaben, Thüringer, Sachsen und Friesen, zu denen noch die Lotharinger traten, gewannen als Kampfgemeinschaften, Rechtsverbände und auch als politische Mächte an Bedeutung. Die Regeneration der Stämme und das Wiedererwachen ihres gentilen Selbstbewußtseins fanden ihren Ausdruck in der Entstehung einer neuen Führungsspitze in Gestalt des »jüngeren Stammesherzogtums«. Meist in Anlehnung an das Königtum und im Kampf gegen Mitbewerber aus der eigenen Klasse stiegen Familien zu einer hegemonialen Stellung innerhalb ihres Stammes empor und erlangten als Anführer des Stammesaufgebotes den Herzogstitel. Die Stämme, von ihren Herzögen repräsentiert, traten wieder als politisch handlungsfähige Verbände auf und wirkten als stabilisierender Faktor.

Die Teilung des Reiches unter die Söhne Ludwigs des Deutschen beschwor nur kurzzeitig die Gefahr einer Dekomposition in Stammeskönigreiche herauf. Die Spannungen zwischen den gentil-separatistischen Tendenzen und dem allmählich wachsenden Zusammengehörigkeitsgefühl der Stämme wurden zugunsten des ostfränkisch-deutschen Einheitsbewußtseins aufgehoben, während die Idee vom großfränkischen Universalreich immer mehr in den Hintergrund trat, bis sie schließlich ganz erlosch. So gesehen vollzog sich im 9. Jahrhundert nicht nur die Auflösung des Karlsreiches, sondern auch der Aufbruch zu neuen Gestaltungen.

Der Zerfall des Großreiches gab den Völkern den Weg frei zur individuellen Gestaltung ihrer Geschichte; nicht zufällig sind aus diesem Jahrhundert erste und eindrucksvolle Zeugnisse für das Werden der europäischen Nationen und auch für ihre sprachliche Emanzipation überliefert, althochdeutsche, altfranzösische und altslawische Texte. Zu den Völkern, die sich im zerbröckelnden Rahmen des karolingischen Reiches voneinander sonderten, zur romanisch-germanischen Völkergemeinschaft also, traten die nord- und osteuropäischen Völker, die Normannen, Slawen und Magyaren. Aus dem zerfallenden Karlsreich formierte sich die Gemeinschaft der europäischen Nationen:

Denn geschichtlich sind Nation und Europa nicht Gegensätze, sondern Wechselbegriffe: daß es Nationen gibt, ist historisch das Europäische an Europa.[6] Hermann Heimpel, 1954

Anmerkungen

Die folgenden Anmerkungen sind kein wissenschaftlicher Apparat, sondern sollen dem interessierten Leser den Zugang zu einigen wichtigen Quellen ermöglichen. Deshalb sind die Quellen in der Regel in Übersetzungen oder zweisprachigen Ausgaben angeführt. Wo dies nicht möglich war, werden die Editionen in den Monumenta Germaniae Historica (MGH), dem wissenschaftlich-kritischen Quellenwerk zur deutschen Geschichte des Mittelalters, zitiert.

Anmerkungen zu Kapitel I

1 Alfred Dove: Studien zur Vorgeschichte des deutschen Volksnamens (Sitzungsberichte der Heidelberger Akademie der Wissenschaften, Philosophisch-historische Klasse 1916, Heidelberg 1916, S. 75.
2 Franz Steinbach/Franz Petri: Zur Grundlegung der europäischen Einheit durch die Franken, Leipzig 1939.
3 Christopher Dawson: Die Gestaltung des Abendlandes. Eine Einführung in die Geschichte der abendländischen Einheit (The Making of Europe, o.O. 1932), deutsche Ausgabe Köln ^{2}1950.
4 Gregor von Tours, Fränkische Geschichte, Buch II, Kapitel 27–43 (Freiherr-vom-Stein-Gedächtnisausgabe, Bd. II).
5 Numa Denis Fustel de Coulanges: Histoire des institutions politiques de l'ancienne France, Bd. 2, Paris 1891, S. 499.
6 Liber Historiae Francorum, Kapitel 2. (Freiherr-vom-Stein-Gedächtnisausgabe, Bd. IVa)
7 Lex Salica. In: Germanenrechte. Texte und Übersetzungen, Bd. 1.
8 Lex Ribuaria. In: Germanenrechte. Texte und Übersetzungen, Bd. 1.
9 Lex Chamavorum. In: Germanenrechte. Texte und Übersetzungen, Bd. 2, Teil III.
10 Tacitus, Germania, Kapitel 30f.
11 Lex Salica, 100 Titel-Text (Germanenrechte. Texte und Übersetzungen, Neue Folge Bd. 3), Prolog § 1.
12 Lex Salica, 100 Titel-Text, Prolog § 4.
13 Heinz Löwe: Deutschland im fränkischen Reich. In: Bruno Gebhardt: Handbuch der deutschen Geschichte, hrsg. von Herbert Grundmann, Stuttgart ^{8}1954, S. 97.
14 Vgl. dazu S. 28ff.
15 Franz Steinbach/Franz Petri: Zur Grundlegung der europäischen Einheit durch die Franken, Leipzig 1939; Franz Petri: Germanisches Volkserbe in Wallonien und Nordfrankreich. Die fränkische Landnahme in Frankreich und den Niederlanden und die Bildung der westlichen Sprachgrenze; Franz Petri (Hrsg.): Siedlung, Sprache und Bevölkerungsstruktur im Frankenreich (Wege der Forschung, Bd. 49), Darmstadt 1973.
16 Reihengräberfriedhöfe sind typisch für große Teile des merowingischen und karolingischen Frankenreiches. Sie enthalten Körpergräber mit Grabbeigaben, die wertvolle Aufschlüsse über Tracht, Schmuck, Bewaffnung, materielle Kultur und gesellschaftliche Gliederung der Bevölkerung geben.
17 Das »Wergeld« (auch »Manngeld«) war die Buße, die für einen Totschlag an die Erben des Getöteten zu leisten war. Ihre Höhe richtete sich nach Rang und Stand des Erschlagenen. Als germanische Sitte wird die Zahlung von Wergeld schon bei Tacitus, Germania, Kapitel 21 bezeugt.

18 Einhard, Das Leben Karls des Großen, Kapitel 29 (Freiherr-vom-Stein-Gedächtnisausgabe, Bd. V)
19 Theodor Schieffer: Winfrid-Bonifatius und die christliche Grundlegung Europas, Freiburg i.Br. 1954, Neudruck Darmstadt 1972, S. 3.
20 Gregor von Tours, Fränkische Geschichte, Buch II, Kapitel 38.
21 Hermann Aubin: Maß und Bedeutung der römisch-germanischen Kulturzusammenhänge im Rheinland. In: Ders.: Grundlagen und Perspektiven geschichtlicher Kulturraumforschung und Kulturmorphologie, Bonn 1965, S. 211.
22 Henri Pirenne: Mahomet und Karl der Große. Untergang der Antike am Mittelmeer und Aufstieg des germanischen Mittelalters (Mahomet et Charlemagne, Paris 1937), Frankfurt/Hamburg 1963.
23 Tacitus, Germania, Kapitel 33.
24 Gregor von Tours, Fränkische Geschichte, Buch II, Kapitel 37.
25 Gregor von Tours, Fränkische Geschichte, Buch III, Kapitel 4.
26 Venantius Fortunatus, De excidio Thoringiae. In: MGH AA IV, 1, hrsg. von Friedrich Leo, Berlin 1881, S. 271–275.
27 Lex Burgundionum. In: Germanenrechte, Texte und Übersetzungen, Bd. 10.
28 Hermann Heimpel: Der Mensch in seiner Gegenwart. Acht historische Essais, Göttingen 1954, ^{2}1957, S. 183f.
29 Epistolae Austrasicae, hrsg. von Wilhelm Gundlach. In: MGH Epistolae III, Berlin 1892, S. 132f. Nr. 210.
30 Gregor von Tours, Fränkische Geschichte, Buch III, Kapitel 10; Buch IV, Kapitel 14.
31 Paulus Diaconus, Historia Langobardorum, Buch II, Kapitel 10 (MGH SS rer. Langobardorum).
32 Fredegarchronik, Buch IV, Kapitel 68 (Freiherr-vom-Stein-Gedächtnisausgabe, Bd. IV a).
33 Fredegarchronik, Buch IV, Kapitel 75.
34 Fredegarchronik, Buch IV, Kapitel 77.
35 Fredegarchronik, Buch IV, Kapitel 77.
36 Fredegarchronik, Buch IV, Kapitel 87.
37 Lex Thuringorum. In: Germanenrechte. Texte und Übersetzungen, Bd. 2, Teil III.
38 Die verschiedenen Quellen zur Geschichte der Alemannen sind jetzt in einer modernen Ausgabe mit Übersetzung und Kommentaren leicht zugänglich: Quellen zur Geschichte der Alamannen, übersetzt von Camilla Dirlmeier, bearbeitet von Gunther Gottlieb, Klaus Sprigade und Wolfgang Kuhoff (Heidelberger Akademie der Wissenschaften, Schriften der Kommission für Alamannische Altertumskunde), 6. Bde., Heidelberg 1976–1984.
39 Agathias, Historiae, Buch I, Kapitel 7. In: Quellen zur Geschichte der Alamannen, Bd. II, S. 80.
40 Lex Alamannorum. In: Germanenrechte, Texte und Übersetzungen, Bd. 2, Teil II; Pactus Alamannorum, ebda. Neue Folge Bd. 2, Teil II.
41 Breviarium Erchanberti. In: Quellen zur Geschichte der Alamannen, Bd. IV, S. 57.
42 Die Gründungsurkunden der Reichenau, hrsg. von Peter Classen (Vorträge und Forschungen, Bd. 24), Sigmaringen 1977.
43 Die Nachrichten über das Cannstatter Blutbad sind in den Quellen zur Geschichte der Alamannen, Bd. III, S. 17, 79, 85 zusammengestellt.
44 Venantius Fortunatus, Werke, hrsg. von Friedrich Leo und Bruno Krusch, MGH AA IV 1/2, Berlin 1881/85, Teil 1, S. 2 und 368.
45 Jordanes, De origine actibusque Getarum, hrsg. von Theodor Mommsen. In: MGH AA V, 1, 1882, S. 130.
46 Überliefert in den sogenannten Kasseler Glossen. Zitiert nach dem

Handbuch der bayerischen Geschichte, Bd. I, hrsg. von Max Spindler, München 1967, S. 512.

47 Lex Baiuvariorum III § 1. In: Germanenrechte. Texte und Übersetzungen, Bd. 2, Teil II.

48 Reinhard Wenskus: Stammesbildung und Verfassung. Das Werden der frühmittelalterlichen gentes, Köln-Wien [2]1977.

49 Vgl. dazu Klaus Lindner: Untersuchungen zur Frühgeschichte des Bistums Würzburg und des Würzburger Raumes (Veröff. des Max-Planck-Instituts für Geschichte, Bd. 35), Göttingen 1969, S. 52ff.

50 Camillus Wampach: Geschichte der Grundherrschaft Echternach im Frühmittelalter, 2 Bde. Luxemburg 1929/30, Quellenband Nr. 8 und 26.

51 Böhmer-Mühlbacher: Die Regesten des Kaiserreiches unter den Karolingern 751–918, hrsg. von Carlrichard Brühl und Hans K. Kaminsky, Hildesheim 1966, Nachdruck der 2. Auflage Innsbruck 1908, Nr. 767, 768; MGH Die Urkunden Ludwigs des Deutschen, Nr. 41; Die Urkunden König Arnulfs, Nr. 66, 67, 69.

52 Willibald, Bonifatiusvita, Kapitel 5 (Freiherr-vom-Stein-Gedächtnisausgabe, Bd. IV b).

53 Die Briefe des Bonifatius, Nr. 43 (Freiherr-vom-Stein-Gedächtnisausgabe, Bd. IV b).

54 Widukind von Corvey, Sachsengeschichte, Buch I, Kapitel 2 (Freiherr-vom-Stein-Gedächtnisausgabe, Bd. VIII).

55 Widukind von Corvey, Sachsengeschichte, Buch I, Kapitel 2.

56 Einhard, Das Leben Karls des Großen, Kapitel 7.

57 Beda Venerabilis, Historia ecclesiastica gentis Anglorum, V 10; Beda der Ehrwürdige, Kirchengeschichte des englischen Volkes, hrsg. und übersetzt von Günter Spitzbart, 2 Bde. Darmstadt 1982 (Texte zur Forschung, Bd. 34), Bd. II, S. 456ff.; Vita Lebuini antiqua, Kapitel 4. (Freiherr-vom-Stein-Gedächtnisausgabe, Bd. IV a).

58 Rudolf von Fulda, Translatio sancti Alexandri. In: MGH SS II, Hannover 1829, S. 673–681.

59 Rudolf von Fulda, Translatio sancti Alexandri, Kapitel 1.

60 Vita Lebuini antiqua, Kapitel 4.

61 Reinhard Wenskus: Stammesbildung und Verfassung (wie Anm. 48), S. 547ff.

Anmerkungen zu Kapitel II

1 Einhard, Das Leben Karls des Großen, Kapitel 1.

2 Die karolingische Hausüberlieferung hat ihren reinsten Niederschlag in den Metzer Annalen gefunden: Annales Mettenses priores, hrsg. von Bernhard Simson, 1905 (MGH SS rer. Germ. in usum scholarum).

3 Die wichtigsten Quellen dieser Art sind die Reichsannalen und ihre sprachlich überarbeitete und inhaltlich ergänzte Fassung, als deren Autor früher Karls Biograph Einhard galt. Die Überarbeitung wird deshalb noch immer als »Sogenannte Einhardsannalen« bezeichnet.

4 Fredegarchronik, Buch III, Kapitel 9.

5 Gregor von Tours, Fränkische Geschichte, Buch II, Kapitel 9.

6 Gregor von Tours, Fränkische Geschichte, Buch III, Kapitel 27.

7 Liber Historiae Francorum, Kapitel 52 (Freiherr-vom-Stein-Gedächtnisausgabe, Bd. IV a).

8 MGH Epistolae III, S. 113, Nr. 2.

9 Annales Mettenses priores (wie Anmerkung 2), S. 7ff.

10 Quellen zur Geschichte der Alamannen, Bd. III, S. 61, 77, 83.

11 Heinrich Dannenbauer: Die Entstehung Europas, Bd. II, S. 192.

12 Paulus Diaconus, Historia Langobardorum, Buch VI, Kapitel 53.

13 Annales Mettenses priores (wie Anmerkung 2), S. 19f.
14 Reichsannalen zu 749.
15 Reichsannalen zu 750.
16 Nota de unctione Pippini. In: MGH SS XV, 1, S. 1.
17 Codex Carolinus, hrsg. von Wilhelm Gundlach. In: MGH Epp. III, Berlin 1892, S. 491ff. Nr. 7.
18 Vita Stephani. In: Liber pontificalis, hrsg. von L. Duchesne, 3 Bde. Paris 1955–1957, Bd. I, S. 440ff.
19 Vita Stephani (wie Anm. 18), Bd. I, S. 447f.; Annales Mettenses priores (wie Anm. 2), S. 44f.
20 Eine Schenkungsurkunde ist nicht erhalten, so daß Umfang und rechtliche Form der Pippinischen Schenkung schwer zu erkennen sind.
21 Das Constitutum Constantini (Konstantinische Schenkung), hrsg. von Horst Fuhrmann, Hannover 1968 (MGH Fontes iuris Germanici antiqui 10).
22 Codex Carolinus (wie Anm. 17), S. 504ff. Nr. 11.

Anmerkungen zu Kapitel III

1 Theodor Schieffer: Winfrid-Bonifatius und die christliche Grundlegung Europas, Freiburg i. Br. 1954, Neudruck Darmstadt 1972, S. 106.
2 Willibald, Bonifatiusvita, Kapitel 6 (Freiherr-vom-Stein-Gedächtnisausgabe, Bd. IV b).
3 Willibald, Bonifatiusvita, Kapitel 5; Bonifatiusbriefe, Nr. 109 (Freiherr-vom-Stein-Gedächtnisausgabe, Bd. IV b).
4 Zur irischen Missionstätigkeit vgl.: Die Iren und Europa im früheren Mittelalter, hrsg. von Heinz Löwe, Stuttgart 1982 (Veröff. des Europazentrums Tübingen, Kulturwiss. Reihe).
5 Willibald, Bonifatiusvita, Kapitel 6.
6 Willibald, Bonifatiusvita, Kapitel 6.
7 Bonifatiusbriefe, Nr. 19, 20.
8 Bonifatiusbriefe, Nr. 22.
9 Bonifatiusbriefe, Nr. 25.
10 Vitae Willibaldi et Wynnebaldi, hrsg. von Oskar Holder-Egger, In: MGH SS XV, S. 80–117.
11 Theodor Schieffer: Winfrid-Bonifatius (wie Anm. 1), S. 160.
12 Bonifatiusbriefe, Nr. 50, 51, 52.
13 Bonifatiusbriefe, Nr. 63.
14 Concilium Germanicum (Freiherr-vom-Stein-Gedächtnisausgabe, Bd. IV b) S. 376ff.
15 Concilium Germanicum (wie Anm. 14), Kapitel I (c).
16 Concilium Germanicum (wie Anm. 14), Kapitel I (d) und VI.
17 Die Beschlüsse der Synoden von Estinnes und Soissons (Freiherr-vom-Stein-Gedächtnisausgabe, Bd. IV b) S. 382ff.
18 Beschlüsse der Synode von Estinnes (wie Anm. 17) Kapitel II.
19 Bonifatiusbriefe, Nr. 60.
20 Theodor Schieffer: Winfrid-Bonifatius (wie Anm. 1), S. 241.
21 Theodor Schieffer: Winfrid-Bonifatius (wie Anm. 1), S. 143.
22 Bonifatiusbriefe, Nr. 86.
23 Fragen und Antworten bei der Taufe – Interrogationes et responsiones baptismales (Freiherr-vom-Stein-Gedächtnisausgabe, Bd. IV b) S. 448f.
24 Theodor Schieffer: Winfrid-Bonifatius (wie Anm. 1), S. 147.
25 Bonifatiusbriefe, Nr. 23.
26 Theodor Schieffer: Winfrid-Bonifatius (wie Anm. 1), S. 102
27 Jonas, Das Leben Columbans, Kapitel 27 (Freiherr-vom-Stein-Gedächtnisausgabe, Bd. IV a) S. 482ff.

28 Bonifatiusbriefe, Nr. 19.
29 Bonifatiusbriefe, Nr. 111, 112.
30 Vita sancti Pirminii, hrsg. von Oskar Holder-Egger. In: MGH SS XV, 1, S. 28f.
31 Ursmar Engelmann: Der heilige Pirmin und sein Pastoralbüchlein (Reichenau-Bücherei), Sigmaringen [2]1976.
32 Heinz Löwe: Pirmin, Willibrord und Bonifatius. Ihre Bedeutung für die Missionsgeschichte ihrer Zeit. In: Settimane di studio del centro italiano di studi sull'alto medioevo, Bd. XIV, Spoleto 1967, S. 225.
33 Theodor Schieffer: Winfrid-Bonifatius (wie Anm. 1), S. 162f.
34 Bonifatiusbriefe, Nr. 93.

Anmerkungen zu Kapitel IV

1 Einhard, Das Leben Karls des Großen, Kapitel 23.
2 Notker, Die Taten Karls des Großen, Buch II, Kapitel 17 (Freiherr-vom-Stein-Gedächtnisausgabe, Bd. VII).
3 Reichsannalen zu 790 (Freiherr-vom-Stein-Gedächtnisausgabe, Bd. IVa).
4 Vita Lebuini Antiqua, Kapitel 5 und 6 (Freiherr-vom-Stein-Gedächtnisausgabe, Bd. IV a).
5 Vita Lebuini Antiqua, Kapitel 6.
6 Einhard, Das Leben Karls des Großen, Kapitel 7.
7 Reichsannalen zu 772.
8 MGH Epistolae IV, S. 163ff., Nr. 113.
9 Einhard, Das Leben Karls des Großen, Kapitel 7.
10 Reichsannalen zu 776.
11 Reichsannalen zu 782.
12 Einhardsannalen zu 782.
13 Einhard, Das Leben Karls des Großen, Kapitel 7. Die Zahl 4500, die in den Reichsannalen genannt wird, halten manche Historiker für übertrieben.
14 Capitulatio de partibus Saxoniae (MGH Capitularia I, Nr. 26).
15 Reichsannalen zum Jahre 804; Einhard, Das Leben Karls des Großen, Kapitel 7.
16 Translatio sancti Liborii. In: MGH SS IV, S. 151.
17 Einhard, Das Leben Karls des Großen, Kapitel 7 (Schluß).
18 Codex Carolinus Nr. 45 (wie Kapitel II, Anm. 17).
19 Einhard, Das Leben Karls des Großen, Kapitel 18.
20 Alexander Cartellieri: Weltgeschichte als Machtgeschichte, Bd. 1, Jena 1926, S. 185f.
21 Synodus Franconofurtensis, Kapitel 3 (MGH Capitularia I, Nr. 28).
22 Lex Baiuvariorum III § 1 (Germanenrechte, Texte und Übersetzungen, Bd. 2, Teil II).
23 Kurt Reindel: Das Zeitalter der Agilolfinger. In: Handbuch der bayerischen Geschichte, hrsg. von Max Spindler, München 1967, Bd. I, S. 127.
24 Reichsannalen zu 788; Einhard, Das Leben Karls des Großen, Kapitel 11.
25 Reichsannalen zu 788.
26 Einhard, Das Leben Karls des Großen, Kapitel 13.
27 Notker, Die Taten Karls des Großen, Buch II, Kapitel 1.
28 Reichsannalen zu 791.
29 Einhardsannalen zu 793.
30 Zitiert nach Josef Deer: Karl der Große und der Untergang des Awarenreiches. In: W. Braunfels (Hrsg.): Karl der Große, Bd. 1, S. 783.
31 Zitiert nach Deer (wie Anmerkung 30), S. 763f.

32 MGH Capitularia I, Nr. 21.
33 Heinrich Sproemberg: Die feudale Kriegskunst. In: Ders.: Beiträge zur belgisch-niederländischen Geschichte (Forschungen zur mittelalterlichen Geschichte, Bd. 3), Berlin 1959, S. 30–55.
34 Otto Hintze: Staatsverfassung und Heeresverfassung. In: Ders.: Staat und Verfassung. Abhandlungen zur allgemeinen Verfassungsgeschichte, hrsg. von Gerhard Oestreich, Göttingen [2]1962, S. 53.
35 Diedenhofener Kapitular, Kapitel 5 und 7 (MGH Capitularia I, Nr. 44).
36 Notker, Die Taten Karls des Großen, Buch II, Kapitel 12.

Anmerkungen zu Kapitel V

1 Reichsannalen zu 801.
2 Einhard, Das Leben Karls des Großen, Kapitel 28.
3 MGH Epistolae IV, S. 287ff., Nr. 174.
4 Karolus Magnus et Leo Papa. Ein Paderborner Epos vom Jahre 799. Mit Beiträgen von Helmut Beumann, Franz Brunhölzl und Wilhelm Winkelmann (Studien und Quellen zur westfälischen Geschichte, Bd. 8), Paderborn 1966, S. 88ff.
5 MGH Epistolae IV, S. 136ff., Nr. 93.
6 Reichsannalen zu 812.
7 MGH Epistolae IV, S. 556f., Nr. 37.
8 Thegan, Das Leben Kaiser Ludwigs des Frommen, Kapitel 6 (Freiherr-vom-Stein-Gedächtnisausgabe, Bd. V).
9 MGH Urkunden der Karolinger, Bd. I, Nr. 197.
10 Paderborner Epos (wie Anm. 4), S. 66/67.
11 Paderborner Epos (wie Anm. 4), S. 66/67ff.

Anmerkungen zu Kapitel VI

1 Leopold von Ranke: Weltgeschichte, Bd. V, 2, 1884, S. 243. Ähnliche Urteile finden sich auch bei anderen Historikern. Vgl. dazu Heinrich Sproemberg: Die Seepolitik Karls des Großen. In: Ders.: Beiträge zur belgisch-niederländischen Geschichte (Forschungen zur mittelalterlichen Geschichte, Bd. 3), Berlin 1959, S. 1ff.
2 Nithard, Vier Bücher Geschichten, Buch I, Kapitel 1 (Freiherr-vom-Stein-Gedächtnisausgabe, Bd. V).
3 Einhard, Das Leben Karls des Großen, Kapitel 15.
4 Walter Schlesinger: Die Auflösung des Karlsreiches. In: Wolfgang Braunfels (Hrsg.): Karl der Große, Bd. I, S. 826.
5 Notker, Die Taten Karls des Großen, Buch I, Kapitel 13.
6 In der Dresdner Bilderhandschrift des Sachsenspiegels (Faksimile-Ausgabe von Karl von Amira, Leipzig 1902/25) findet sich vor dem Beginn des Textes die Überschrift »Dys recht satzte der keyser«.
7 Annales Laureshamsenses zu 802. In: MGH SS I, S. 22–39.
8 Einhard, Das Leben Karls des Großen, Kapitel 29.

Anmerkungen zu Kapitel VII

1 Wolfram von den Steinen: Der Kosmos des Mittelalters, Bern-München 1959, S. 92.
2 Capitulare de villis, Kapitel 69 (MGH Capitularia I, Nr. 32). Faksimile-Ausgabe und Textausgabe mit Übersetzung (vgl. die Angaben in der Bibliographie).

3 Paderborner Epos (wie Kapitel V, Anm. 4), S. 68ff.
4 Sachsenspiegel Landrecht, hrsg. von Karl August Eckhardt (MGH Fontes iuris Germanici antiqui, nova series, Bd. I, Teil 1), Göttingen 1973, III 42, §6.
5 Augustinus, De Civitate Dei XIX, Kapitel 15 (Gottesstaat), übersetzt von A. Schröder (Bibliothek der Kirchenväter, Bd. 28), Kempten–München 1916, Bd. III, S. 234ff.
6 Rather von Verona, Praeloquiorum libri sex. In: Migne, Patrologia latina, Bd. 136, Paris 1881, Spalte 175.
7 Concilium Moguntinum (MGH Capitularia II, Nr. 248, Kapitel 22).
8 Ekkehard, Sankt Galler Klostergeschichten, Kapitel 14/15, (Freiherr-vom-Stein-Gedächtnisausgabe, Bd. X).
9 Kapitular Karls des Großen von 811 (MGH Capitularia I, Nr. 72, Kapitel 5).
10 »Kolonenstatut« der Lex Baiuvariorum I 13, (Germanenrechte. Texte und Übersetzungen, Bd. II, Teil 2).
11 Brevium Exempla (MGH Capitularia I, Nr. 128; Freiherr-vom-Stein-Gedächtnisausgabe, Bd. XXXI, Nr. 27).
12 Capitulare de villis (MGH Capitularia I, Nr. 32). Faksimile-Ausgabe und Textausgabe mit Übersetzung (vgl. die Angaben in der Bibliographie).
13 Notker, Die Taten Karls des Großen, Buch I, Kapitel 16.
14 Das Diedenhofener Kapitular von 805 (MGH Capitularia I, Nr. 44, Kapitel 7).
15 Rimbert, Vita Anskarii, Kapitel 10 (Freiherr-vom-Stein-Gedächtnisausgabe, Bd. XI).
16 Rimbert, Vita Anskarii, Kapitel 19.
17 Dietrich Claude: Hofkaufleute im Frühmittelalter. In: Akten des 26. Deutschen Rechtshistorikertages, hrsg. von Dieter Simon, Frankfurt am Main 1987, S. 403–409. Quellen: Formulae imperiales Nr. 30/31 und 37 (MGH Formulae, S. 309ff. und 314f.).
18 MGH Epistolae IV, S. 144ff., Nr. 100; MGH Capitularia II, Nr. 233, Kapitel 16; Fuldaer Annalen zum Jahre 873 (Freiherr-vom-Stein-Gedächtnisausgabe, Bd. VII).
19 Peter Johanek: Der fränkische Handel der Karolingerzeit im Spiegel der Schriftquellen. In: Untersuchungen zu Handel und Verkehr der vor- und frühgeschichtlichen Zeit in Mittel- und Nordeuropa Teil IV (Abh. der Akad. der Wiss. in Göttingen, Philolog.-Hist. Klasse, 3. Folge, Nr. 156), Göttingen 1987, S. 12.
20 Richard Henning: Terrae incognitae. Eine Zusammenstellung und kritische Bewertung der wichtigsten vorcolumbinanischen Entdeckungsreisen an Hand der darüber vorliegenden Originalberichte, Leiden 1950, S. 202–215 (Übersetzung mit Kommentar).
21 Capitulare de villis (wie Anm. 12) Kapitel 43 und 45.
22 Notker, Die Taten Karls des Großen, Buch II, Kapitel 18.
23 Ernst Pitz: Wirtschafts- und Sozialgeschichte Deutschlands im Mittelalter, Wiesbaden 1979, S. 30.

Anmerkungen zu Kapitel VIII

1 Wolfram von den Steinen: Der Neubeginn. In: W. Braunfels (Hrsg.): Karl der Große, Bd. II, S. 9.
2 Einhard, Das Leben Karls des Großen, Kapitel 25.
3 Epistola de litteris colendis (MGH Capitularia I Nr. 29).
4 Admonitio generalis (MGH Capitularia I, Nr. 22).
5 Notker, Die Taten Karls des Großen, Buch I, Kapitel 2–4 (Freiherr-vom-Stein-Gedächtnisausgabe, Bd. VII).

6 Notker, Die Taten Karls des Großen, Buch I, Kapitel 8.
7 Joachim Wollasch: Eine adlige Familie des frühen Mittelalters. Ihr Selbstverständnis und ihre Wirklichkeit. In: Archiv für Kulturgeschichte 39, 1957, S. 150–188.
8 Vgl. dazu S. 222f.
9 Capitulare de villis (wie Kapitel VII, Anm. 12).
10 Wolfram von den Steinen: Der Neubeginn (wie Anm. 1), S. 20.
11 Josef Fleckenstein: Die Bildungsreform Karls des Großen als Verwirklichung der Norma rectitudinis, Freiburg i. Br. 1953, S. 76.
12 Wolfram von den Steinen: Der Neubeginn (wie Anm. 1), S. 25.
13 Ahasver von Brandt: Werkzeug des Historikers (Urban-Taschenbücher 33), Stuttgart [10]1983, S. 91.
14 Carl Nordenfalk: Die Buchmalerei. In: W. Braunfels (Hrsg.): Karl der Große, Bd. III, S. 224.
15 Percy Ernst Schramm: Karl der Große. Denkart und Grundauffassungen. In: Historische Zeitschrift 198, 1964, S. 333.
16 Alcuini carmina (MGH Poetae I, S. 320, Nr. 94).
17 Wolfram von den Steinen: Der Neubeginn (wie Anm. 1), S. 13.
18 MGH Epistolae IV, S. 279.

Anmerkungen zu Kapitel IX

1 Karl Hampe: Die Persönlichkeit Karls. In: Karl der Große oder Charlemagne? Acht Antworten deutscher Geschichtsforscher, Berlin 1935, S. 9.
2 Karl der Große oder Charlemagne?, Vorwort S. 5.
3 Paderborner Epos (wie Kapitel V, Anm. 4).
4 Einhard, Das Leben Karls des Großen, Kapitel 18–20.
5 MGH Epistolae II, S. 528f. Nr. 20.
6 Walahfrid Strabo, Visio Wettini. Die Vision Wettis, Lateinisch-Deutsch. Übersetzung, Einführung und Erläuterungen von Hermann Knittel, Sigmaringen 1986, S. 66/67.
7 Einhard, Das Leben Karls des Großen, Kapitel 29.
8 Mit dieser abfälligen Charakterisierung kontrastiert die Wertschätzung, die namentlich in der älteren deutschen Geschichtsschreibung den Bemühungen Karls des Großen um die »geistigen Schätze in seiner deutschen Muttersprache« entgegengebracht wurde.
9 Reichsannalen zu 788 (Freiherr-vom-Stein-Gedächtnisausgabe, Bd. V).
10 Einhard, Das Leben Karls des Großen, Kapitel 22.
11 Walahfrid Strabo, Visio Wettini (wie Anm. 6, S. 66/67).
12 Donald A. Bullough: Karl der Große und seine Zeit, Wiesbaden 1966, S. 204f.
13 Paderborner Epos (wie Kapitel V, Anm. 4), S. 94/95.

Anmerkungen zu Kapitel X

1 MGH Poetae II, S. 137. Zitiert nach Gerd Tellenbach: Die Entstehung des deutschen Reiches, München 1946, S. 74.
2 Nithard, Vier Bücher Geschichten, Buch II, Kapitel 9/10 (Freiherr-vom-Stein-Gedächtnisausgabe, Bd. V).
3 Hermann Dörries: Die geistigen Voraussetzungen und Folgen der karolingischen Reichsteilungen. In: Der Vertrag von Verdun, hrsg. von Theodor Mayer und Walter Platzhoff, Leipzig 1943, S. 150–180.
4 Regino von Prüm, Chronik zum Jahr 841 (Freiherr-vom-Stein-Gedächtnisausgabe, Bd. VII).

5 Einhard, Das Leben Karls des Großen, Kapitel 32.
6 Thegan, Das Leben des Kaisers Ludwig (Freiherr-vom-Stein-Gedächtnisausgabe, Bd. V); Das Leben des Kaisers Ludwig vom sog. Astronomus (ebda.).
7 Wilhelm Giesebrecht: Geschichte der deutschen Kaiserzeit, Bd. 1, Braunschweig [3]1863, S. 145f.
8 Leopold von Ranke, Weltgeschichte, Bd. 9/10, S. 16.
9 Thegan, Das Leben des Kaisers Ludwig, Kapitel 13.
10 Walter Schlesinger: Die Auflösung des Karlsreiches. In: W. Braunfels (Hrsg.): Karl der Große, Bd. I, S. 833.
11 Divisio regnorum (MGH Capitularia I, Nr. 45).
12 Ordinatio imperii (MGH Capitularia I, Nr. 136).
13 Astronomus, Das Leben Kaiser Ludwigs, Kapitel 35.
14 Vita Walae, Buch II, Kapitel 16, In: MGH SS II, S. 562.
15 Nithard, Vier Bücher Geschichten, Buch I, Kapitel 3.
16 Thegan, Das Leben Kaiser Ludwigs, Kapitel 44.
17 Astronomus, Das Leben Kaiser Ludwigs, Kapitel 49.
18 Nithard, Vier Bücher Geschichten, Buch III, Kapitel 5.
19 Regino von Prüm, Chronik zum Jahr 842.
20 Vgl. die Karte auf dieser Seite.
21 Wilhelm von Giesebrecht, Geschichte der deutschen Kaiserzeit, Bd. I, S. 149.
22 Regino von Prüm, Chronik zum Jahre 868.
23 Fuldaer Annalen zu 876 (Freiherr-vom-Stein-Gedächtnisausgabe, Bd.VII).
24 Fuldaer Annalen zu 876.
25 Annales Bertiniani zu 876 (Freiherr-vom-Stein-Gedächtnisausgabe, Bd.VI).
26 MGH Epistolae VII, 1, S. 19ff., Nr. 22.
27 Johannes Haller: Die Karolinger und das Papsttum. In: Historische Zeitschrift 108, 1912, S. 74.
28 Johannes Fried: König Ludwig der Jüngere in seiner Zeit, Lorsch 1984, S. 7.
29 Johannes Fried: König Ludwig der Jüngere in seiner Zeit, Lorsch 1984, S. 5.
30 Regino von Prüm, Chronik zu 887.
31 Alexander Cartellieri, Weltgeschichte als Machtgeschichte, Bd. I., S. 336.
32 Regino von Prüm, Chronik zu 887.
33 Fuldaer Annalen (Handschrift von Niederaltaich) zu 887.
34 Regino von Prüm, Chronik zu 888.
35 Alexander Cartellieri: Weltgeschichte als Machtgeschichte, Bd. I, S. 347.
36 Walter Schlesinger: Die Auflösung des Karlsreiches, S. 852.
37 Regino von Prüm, Chronik zu 893.
38 Alexander Cartellieri: Weltgeschichte als Machtgeschichte, Bd. I, S. 348.
39 Fuldaer Annalen zu 894.
40 Regino von Prüm, Chronik zu 894.
41 Fuldaer Annalen zu 896.
42 Ernst Dümmler: Geschichte des ostfränkischen Reiches, 3 Bände, Leipzig [2]1887/88, Bd. III, S. 427.
43 Salomonis Carmina (MGH Poetae IV, S. 296ff.)
44 Regino von Prüm, Chronik zu 902/903.
45 Regino von Prüm, Chronik zu 906.
46 Notker, Die Taten Karls des Großen, Buch II, Kapitel 14.
47 Reichsannalen zu 811.

48 Rimbert, Vita Anskarii, Kapitel 7 (Freiherr-vom-Stein-Gedächtnisausgabe, Bd. XI).
49 Annales Bertiniani zu 837 (Freiherr-vom-Stein-Gedächtnisausgabe, Bd.VI).
50 Annales Bertiniani zu 837.
51 Rimbert, Vita Anskarii, Kapitel 16.
52 Eric Graf Oxenstierna: Die Wikinger, Stuttgart ²1966, S. 40.
53 Friedrich Prinz: Klerus und Krieg im frühen Mittelalter (Monographien zur Geschichte des Mittelalters, Bd. 2), Stuttgart 1971, S. 115ff.
54 Friedrich Prinz: Klerus und Krieg, S. 123f.
55 Annales Bertiniani zu 859.
56 Eric Graf Oxenstierna, Die Wikinger, S. 113.
57 Älteste deutsche Dichtung und Prosa. Ausgewählte Texte, hrsg. von Heinz Mettke, Leipzig 1979, S. 248ff.
58 Regino von Prüm, Chronik zu 882.
59 Fuldaer Annalen zu 882.
60 Fuldaer Annalen (Niederaltaicher Handschrift) zu 882.
61 Annales Vedastini zu 884 (Freiherr-vom-Stein-Gedächtnisausgabe, Bd.VI).
62 Regino von Prüm, Chronik zu 887.
63 Die Pannonischen Legenden. Das Leben der Slawenapostel Kyrill und Method, übertragen und herausgegeben von Norbert Randow, Berlin 1972, S. 34
64 Die Pannonischen Legenden, S. 35.
65 Die Pannonischen Legenden, S. 42.
66 Karl Schmid: Zum Quellenwert der Verbrüderungsbücher von St. Gallen und Reichenau. In: Deutsches Archiv 41, 1985, S. 361ff.
67 Das Zitat stammt aus dem Traktat des bulgaro-slawischen Mönches Chrabr »Über die Schrift«. Zitiert nach Dimitär Angelov: Die Entstehung des bulgarischen Volkes, Berlin 1980, S. 121.
68 Liudprand von Cremona, Antapodosis, Buch I, Kapitel 13 (Freiherr-vom-Stein-Gedächtnisausgabe, Bd.VIII).
69 Annales Bertiniani zu 862.

Anmerkungen zum Epilog

1 Johannes Haller: Das altdeutsche Kaisertum, Stuttgart–Berlin–Leipzig 1926, S. 10.
2 Salomonis Carmina (MGH Poetae IV, S. 296ff.). Vgl. dazu S. 356ff.
3 Walter Schlesinger: Die Auflösung des Karlsreiches, S. 843.
4 Thegan, Das Leben Kaiser Ludwigs, Kapitel 19.
5 Walter Schlesinger: Die Auflösung des Karlsreiches, S. 794.
6 Hermann Heimpel: Der Mensch in seiner Gegenwart, S. 173.

Literaturhinweise

Die Bibliographie ist der Versuch, den Leser dieses Buches zum Weiterlesen anzuregen. Sie enthält daher vorzugsweise Bücher, die ungeachtet ihres mehr oder weniger ausgeprägten wissenschaftlichen Anspruchs zur vertiefenden und ergänzenden Lektüre geeignet sind. Auf die Nennung von Aufsätzen in wissenschaftlichen Fachzeitschriften wurde grundsätzlich verzichtet; hingegen wird auf Ausstellungskataloge verwiesen, die vielfach nicht nur Abbildungen, sondern auch zusammenfassende Beiträge enthalten. Das gelehrte Schrifttum, das ich nach Maßgabe des Möglichen dankbar zu Rate gezogen habe, wird in den umfangreichen Bibliographien der Werke von Eduard Hlawitschka, Friedrich Prinz, Reinhard Schneider und Harald Zimmermann aufgeführt.

Übersicht:

A. Darstellungen

Allgemeine Geschichte

Allgemeine Geschichte des Mittelalters, hrsg. v. Bernhard Töpfer, Berlin 1985.

Barraclough, Geoffrey: Die mittelalterlichen Grundlagen des modernen Deutschland (The Origins of Modern Germany, Oxford 1946), Weimar 1953.

Braunfels, Wolfgang (Hrsg.): Karl der Große. Lebenswerk und Nachleben, 5 Bde., Düsseldorf 1965–1968.

Bullough, Donald A.: Karl der Große und seine Zeit (The Age of Charlemagne, London 1965), Wiesbaden 1966.

Cartellieri, Alexander: Weltgeschichte als Machtgeschichte, 4 Bde., München/Berlin 1927–1941.

Classen, Peter: Karl der Große, das Papsttum und Byzanz, in: W. Braunfels (Hrsg.), Karl der Große, Bd. 1, S. 537–608.

Dannenbauer, Heinrich: Die Entstehung Europas. Von der Spätantike zum Frühmittelalter, 2 Bde., Stuttgart 1954–1962.

Dawson, Christopher: Die Gestaltung des Abendlandes. Eine Einführung in die Geschichte der abendländischen Einheit (The Making of Europe, o.O. 1932), 2. verb. Aufl. Köln 1950.

Deutsche Geschichte, hrsg. v. Heinrich Pleticha, Bd. 1: Vom Frankenreich zum Deutschen Reich 500 bis 1024, Gütersloh 1981.

Deutsche Geschichte in zwölf Bänden, hrsg. vom Zentralinstitut für Geschichte der Akademie der Wissenschaften der DDR, Bd. 1: Von den Anfängen bis zur Ausbildung des Feudalismus Mitte des 11. Jahrhunderts, Berlin/Köln 1982.

Duby, Georges: Europa im Mittelalter, Stuttgart 1986.

Fichtenau, Heinrich: Das karolingische Imperium. Soziale und geistige Problematik eines Großreiches, Zürich 1949.

Fleckenstein, Josef: Grundlagen und Beginn der deutschen Geschichte (Deutsche Geschichte 1), Göttingen 1974, 2. Aufl. 1980.

Génicot, Leopold: Das Mittelalter. Geschichte und Vermächtnis, Graz/Wien/Köln 1957.

Giesebrecht, Wilhelm von: Geschichte der deutschen Kaiserzeit, 6 Bde., Braunschweig/Leipzig 1855 bis 1895.

Günther, Rigobert: Vom Untergang Westroms zum Reich der Merowinger, Berlin 1984.

Haller, Johannes: Das altdeutsche Kaisertum, Stuttgart/Berlin/Leipzig 1926.

Heer, Friedrich: Karl der Große und seine Welt, Wien/München/Zürich 1975.

Hlawitschka, Eduard: Vom Frankenreich zur Formierung der europäischen Staaten- und Völkergemeinschaft 840–1046. Ein Studienbuch zur Zeit der späten Karolinger, der Ottonen und der frühen Salier in der Geschichte Mitteleuropas, Darmstadt 1986.

Ohnsorge, Werner: Das Zweikaiserproblem im frühen Mittelalter, Hildesheim 1947.

Pirenne, Henri: Geschichte Europas. Von der Völkerwanderung bis zur Reformation (Histoire de l'Europe. Des invasions au XVIe siècle, 1917), Frankfurt 1961.

Pirenne, Henri: Mahomet und Karl der Große. Untergang der Antike am Mittelmeer und Aufstieg des germanischen Mittelalters (Mahomet et Charlemagne, Brüssel 1937), Frankfurt/Hamburg 1963.

Pörtner, Rudolf: Die Erben Roms. Städte und Stätten des deutschen Früh-Mittelalters, Düsseldorf 1964.

Prinz, Friedrich: Grundlagen und Anfänge. Deutschland bis 1056 (Neue Deutsche Geschichte Bd. 1), München 1985.

Ranke, Leopold von: Weltgeschichte, 9 Bde., Leipzig 1881–1888.

Riché, Pierre: Die Welt der Karolinger (La vie quotidienne dans l'Empire carolingien, 1963), Stuttgart 1981.

Schlesinger, Walter: Die Auflösung des Karlsreiches, in: W. Braunfels (Hrsg.), Karl der Große, Bd. 1, S. 792–857.

Schneider, Friedrich (Hrsg.): Universalstaat oder Nationalstaat. Macht und Ende des Ersten deutschen Reiches. Die Streitschriften von Heinrich v. Sybel und Julius Ficker zur deutschen Kaiserpolitik des Mittelalters, Innsbruck 1941.

Schneider, Reinhard: Das Frankenreich (Oldenbourg Grundriß der Geschichte 5), München/Wien 1982.

Zimmermann, Harald: Das Mittelalter. 1. Teil: Von den Anfängen bis zum Ende des Investiturstreits, Braunschweig 1975.

Biographien

Beumann, Helmut (Hrsg.): Kaisergestalten des Mittelalters, München 1984.

Boshof, Egon: Erzbischof Agobard von Lyon. Leben und Werk (Kölner historische Abhandlungen 17), Köln/Wien 1969.

Calmette, Joseph: Karl der Große, Innsbruck/Wien 1948.

Epperlein, Siegfried: Karl der Große. Eine Biographie, Berlin 1972.

Fried, Johannes: König Ludwig der Jüngere in seiner Zeit, Lorsch 1984.

Hampe, Karl: Herrschergestalten des deutschen Mittelalters, Leipzig 1927, Nachdruck Darmstadt 1987.

Hampe, Karl (Hrsg.): Karl der Große oder Charlemagne? Acht Antworten deutscher Geschichtsforscher, Berlin 1935.

Kasten, Brigitte: Adalhard von Corbie. Die Biographie eines karolingischen Politikers und Klostervorstehers (Studia humaniora 3), Düsseldorf 1986.

Schieffer, Theodor: Winfrid-Bonifatius und die christliche Grundlegung Europas, Freiburg i.B. 1954, Neudruck Darmstadt 1972.

Schieffer, Theodor: Zum 1100. Todestag König Ludwigs des Deutschen, Lorsch 1976.

Wahl, Rudolph: Karl der Große. Eine Historie, München 1948.

Wampach, Camille: Sankt Willibrord. Sein Leben und Lebenswerk, Luxemburg 1953.

Weinrich, Lorenz: Wala. Graf, Mönch und Rebell. Die Biographie eines Karolingers (Historische Studien 386), Lübeck/Hamburg 1963.

Gesellschaft, Wirtschaft und Technik

Abel, Wilhelm: Geschichte der deutschen Landwirtschaft vom frühen Mittelalter bis zum 19. Jahrhundert (Deutsche Agrargeschichte 2), Stuttgart 1962, 2. Aufl. 1967.

Bertsch, Karl und Franz: Geschichte unserer Kulturpflanzen, Stuttgart 1947.

Bloch, Marc: Die Feudalgesellschaft (La société féodale, 2 Bde. [L'Evolution de l'humanité. Synthèse collective 34.1,2] Paris 1939/40), Zürich 1982.

Claude, Dietrich: Der Handel im westlichen Mittelmeer während des Frühmittelalters (Untersuchungen zu Handel und Verkehr der vor- und frühgeschichtlichen Zeit in Mittel- und Nordeuropa, Teil II), (Abh. d. Akad. d. Wiss. in Göttingen, phil.-hist. Kl., Folge 3, Nr. 144), Göttingen 1985.

Curschmann, Fritz: Hungersnöte im Mittelalter. Ein Beitrag zur deutschen Wirtschaftsgeschichte des 8. bis 13. Jahrhunderts (Leipziger Studien auf dem Gebiet der Geschichte 6.1), Leipzig 1900.

Donat, Peter: Haus, Hof und Dorf in Mitteleuropa vom 7. bis 12. Jahrhundert. Archäologischer Beitrag zur Entwicklung und Struktur der bäuerlichen Siedlung (Schriften zur Ur- und Frühgeschichte 33), Berlin 1980.

Doppelfeld, Otto/Pirling, Renate: Fränkische Fürsten im Rheinland. Die Gräber aus dem Kölner Dom, von Krefeld-Gellep und Morken (Schriften des Rheinischen Landesmuseums Bonn 2), 2. Aufl. Düsseldorf 1966.

Duby, Georges: Krieger und Bauern. Die Entwicklung der mittelalterlichen Wirtschaft und Gesellschaft bis um 1200 (Guerriers et paysans. VII–XIIe siècle. Premier essor de l'économie européenne, London 1973), Frankfurt 1984.

Ellmers, Detlev: Frühmittelalterliche Handelsschiffahrt in Mittel- und Nordeuropa (Offa-Bücher 28), Neumünster 1972.

Ennen, Edith: Frauen im Mittelalter, München 1984.

Franz, Günther: Geschichte des deutschen Bauernstandes vom frühen Mittelalter bis zum 19. Jahrhundert (Deutsche Agrargeschichte 4), Stuttgart 1970, 2. Aufl. 1976.

Goetz, Hans-Werner: Leben im Mittelalter vom 7. bis zum 13. Jahrhundert, München 1986.

Grierson, Philip: Münzen des Mittelalters, München/Fribourg 1976.

Hofmann, Hans Hubert: Kaiser Karls Kanalbau, Sigmaringen 1969, 2. Aufl. 1976.

Jankuhn, Herbert: Haithabu. Ein Handelsplatz der Wikingerzeit, 6. Aufl. Neumünster 1976.

Kuchenbuch, Ludolf: Bäuerliche Gesellschaft und Klosterherrschaft im 9. Jahrhundert. Studien zur Sozialstruktur der familia der Abtei Prüm (VjschrSozialWirtschG Beih. 66), Wiesbaden 1978.

Lütge, Friedrich: Geschichte der deutschen Agrarverfassung vom frühen Mittelalter bis zum 19. Jahrhundert (Deutsche Agrargeschichte 3), Stuttgart 1963, 2. Aufl. 1967.

Ohler, Norbert: Reisen im Mittelalter, München/Zürich 1986.

Pauli, Ludwig: Die Alpen in Frühzeit und Mittelalter. Die archäologische Entdeckung einer Kulturlandschaft, München 1980.

Peyer, Hans Conrad: Von der Gastfreundschaft zum Gasthaus. Studien zur Gastlichkeit im Mittelalter (Schriften der MGH 31), Hannover 1987.

Pirenne, Henri: Sozial- und Wirtschaftsgeschichte Europas im Mittelalter, 3. Aufl. München 1974.

Pitz, Ernst: Wirtschafts- und Sozialgeschichte Deutschlands im Mittelalter, Wiesbaden 1979.

Portmann, Marie-Louise: Die Darstellung der Frau in der Geschichtsschreibung des früheren Mittelalters (Basler Beiträge zur Geschichtswissenschaft 69), Basel/Stuttgart 1958.

Rey, Manfred van: Einführung in die rheinische Münzgeschichte des Mittelalters (Beiträge zur Geschichte der Stadt Mönchengladbach 17), Mönchengladbach 1983.

Rösener, Werner: Bauern im Mittelalter, München 1985.

Schulze, Hans K.: Grundstrukturen der Verfassung im Mittelalter, Bd. 1: Stammesverband, Gefolgschaft, Lehnswesen, Grundherrschaft, Bd. 2: Familie, Sippe und Geschlecht, Haus und Hof, Dorf und Mark, Burg, Pfalz und Königshof, Stadt (Urban-Taschenbücher 371/372), Stuttgart 1985–1986.

Sprandel, Rolf: Das Eisengewerbe im Mittelalter, Stuttgart 1968.

Staab, Franz: Untersuchungen zur Gesellschaft am Mittelrhein in der Karolingerzeit (Geschichtliche Landeskunde 11), Wiesbaden 1975.

Suhle, Arthur: Deutsche Münz- und Geldgeschichte von den Anfängen bis zum 15. Jahrhundert, 6. Aufl. Berlin 1973.

Treue, Wilhelm: Achse, Rad und Wagen. 5000 Jahre Kultur- und Technikgeschichte, Göttingen 1986.

White jr., Lynn: Die mittelalterliche Technik und der Wandel der Gesellschaft (Medieval Technology and Social Change), München 1968.

Whitting, Philipp D.: Münzen von Byzanz, München 1973.

Kirchen- und Missionsgeschichte

Angenendt, Arnold: Das Frühmittelalter. Geschichte des abendländischen Christentums von der Völkerwanderung bis zum Reich Karls des Großen, Stuttgart 1986.

Borst, Arno: Mönche am Bodensee 610–1525 (Bodensee-Bibliothek 5), Sigmaringen 1978.

Frühes Mönchtum in Salzburg (Salzburg-Diskussionen 4), hrsg. v. Eberhard Zwink, Salzburg 1983.

Graus, František: Volk, Herrscher und Heiliger im Reich der Merowinger. Studien zur Hagiographie der Merowingerzeit, Prag 1965.

Haller, Johannes: Das Papsttum. Idee und Wirklichkeit, 5 Bde., Urach/Stuttgart 1950–1953.

Löwe, Heinz: Pirmin, Willibrord und Bonifatius. Ihre Bedeutung für die Missionsgeschichte ihrer Zeit, in: La conversione al cristianesimo nell'Europa dell'alto Medioevo (Settimane di studio di Spoleto 14), 1967, S. 217–261.

Prinz, Friedrich: Klerus und Krieg im früheren Mittelalter. Untersuchungen zur Rolle der Kirche beim Aufbau der Königsherrschaft (Monographien zur Geschichte des Mittelalters 2), Stuttgart 1971.

Schieffer, Theodor: Winfrid-Bonifatius und die christliche Grundlegung Europas, Freiburg i.B. 1954, Neudruck Darmstadt 1972.

Wampach, Camille: Sankt Willibrord. Sein Leben und Lebenswerk, Luxemburg 1953.

Zimmermann, Harald: Das Papsttum im Mittelalter (UTB 1151), Stuttgart 1981.

Kunst-, Kultur-und Geistesgeschichte

Betz, Werner: Karl der Große und die Lingua theodisca, in: W. Braunfels (Hrsg.), Karl der Große, Bd. 2, S. 300–306.

Beyerle, Konrad (Hrsg.): Die Kultur der Abtei Reichenau, 2 Halbbde., München 1925.

Bischoff, Bernhard: Die Hofbibliothek Karls des Großen, in: W. Braunfels (Hrsg.), Karl der Große, Bd. 2, S. 42–62.

Botschaften aus dem Meer ob der Enns. Enträtselte Bildgeschichten nach Kult- und Herrschaftsdarstellungen des frühen Mittelalters, erzählt v. Herwig Wolfram, hrsg. v. Gerhart Langthaler, Wien/Köln/Graz 1984.

Braunfels, Wolfgang: Die Welt der Karolinger und ihre Kunst, München 1968.

Brunhölzl, Franz: Der Bildungsauftrag der Hofschule, in: W. Braunfels (Hrsg.), Karl der Große, Bd. 2, S. 28–41.

Classen, Peter (Hrsg.): Recht und Schrift im Mittelalter (Vorträge und Forschungen 23), Sigmaringen 1977.

Elze, Reinhard: Die »Eiserne Krone« in Monza, in: Percy Ernst Schramm, Herrschaftszeichen und Staatssymbolik (Schriften der MGH 13), Bd. 2, Stuttgart 1955, S. 450–479.

Fleckenstein, Josef: Die Bildungsreform Karls des Großen als Verwirklichung der Norma rectitudinis, Freiburg i.B. 1953.

Fleckenstein, Josef: Karl der Große und sein Hof, in: W. Braunfels (Hrsg.), Karl der Große, Bd. 1, S. 24 bis 50.

Hugot, Leo: Die Pfalz Karls des Großen in Aachen, in: W. Braunfels (Hrsg.), Karl der Große, Bd. 3, S. 534 bis 572.

Kiesow, Gottfried: Romanik in Hessen, Stuttgart 1984.

Le Goff, Jacques: Kultur des europäischen Mittelalters, München/Zürich 1970.

Löwe, Heinz: Von Cassiodor zu Dante. Ausgewählte Aufsätze zur Geschichtsschreibung und politischen Ideenwelt des Mittelalters, Berlin/New York 1973.

Roth, Helmut: Kunst und Handwerk im frühen Mittelalter. Archäologische Zeugnisse von Childerich I. bis zu Karl dem Großen, Stuttgart 1986.

Schramm, Percy Ernst: Herrschaftszeichen und Staatssymbolik. Beiträge zu ihrer Geschichte vom dritten bis zum sechzehnten Jahrhundert (Schriften der MGH 13), 3 Bde., Stuttgart 1954–1956.

Schramm, Percy Ernst und Mütherich, Florentine: Denkmale der deutschen Könige und Kaiser, Bd. 1, 2. Aufl. München 1981.

Schramm, Percy Ernst: Die deutschen Kaiser und Könige in Bildern ihrer Zeit. 751–1190, 2. Aufl. München 1983.

Steinen, Wolfram von den: Der Kosmos des Mittelalters. Von Karl dem Großen zu Bernhard von Clairvaux, Bern/München 1959.

Steinen, Wolfram von den: Der

Neubeginn, in: W. Braunfels (Hrsg.), Karl der Große, Bd. 2, S. 9–27

Landschaften und Stämme

Behm-Blancke, Günter: Gesellschaft und Kunst der Germanen. Die Thüringer und ihre Welt, Dresden 1973.

Christlein, Rainer: Die Alamannen. Archäologie eines lebendigen Volkes, 2. Aufl. Stuttgart/Aalen 1979.

Geschichte Niedersachsens, hrsg. v. Hans Patze. Bd. 1: Grundlagen und frühes Mittelalter, Hildesheim 1977.

Geschichte Thüringens, hrsg. v. Hans Patze u. Walter Schlesinger. Bd. 1: Grundlagen und frühes Mittelalter, Köln/Graz 1968.

Handbuch der bayerischen Geschichte, hrsg. v. Max Spindler. Bd. 1: Das alte Bayern. Das Stammesherzogtum bis zum Ausgang des 12. Jahrhunderts, München 1967.

Jarnut, Jörg: Geschichte der Langobarden (Urban-Taschenbücher 339), Stuttgart/Berlin/Köln/Mainz 1982.

Krüger, Bruno (Hrsg.): Die Germanen. Geschichte und Kultur der germanischen Stämme in Mitteleuropa. Ein Handbuch in 2 Bänden (Veröffentlichungen des Zentralinstituts für Alte Geschichte und Archäologie der Akademie der Wissenschaften der DDR), Berlin 1976.

Menghin, Wilfried: Die Langobarden. Archäologie und Geschichte, Stuttgart 1985.

Reindel, Kurt: Bayern im Karolingerreich, in: W. Braunfels (Hrsg.), Karl der Große, Bd. 1, S. 220–246.

Rheinische Geschichte, hrsg. v. Franz Petri und Georg Droege. Bd. 1.2: Eugen Ewig, Frühes Mittelalter, Düsseldorf 1980.

Wenskus, Reinhard: Die deutschen Stämme im Reiche Karls des Großen, in: W. Braunfels (Hrsg.), Karl der Große, Bd. 1, S. 178–219.

Das Werden Hessens, hrsg. v. Walter Heinemeyer (VeröffHistKommHess 50), Marburg 1986.

Westfälische Geschichte, hrsg. v. Wilhelm Kohl. Bd. 1: Von den Anfängen bis zum Ende des Alten Reichs, Düsseldorf 1983.

Zöllner, Erich: Geschichte der Franken bis zur Mitte des sechsten Jahrhunderts, München 1970.

Zöllner, Erich: Die politische Stellung der Völker im Frankenreich (Veröffentlichungen des Instituts für österreichische Geschichtsforschung 13), Wien 1950.

Benachbarte Völker

Angelov, Dimitár: Die Entstehung des bulgarischen Volkes (Veröffentlichungen des Zentralinstituts für Alte Geschichte und Archäologie der Akademie der Wissenschaften der DDR 10), Berlin 1980.

Borgolte, Michael: Der Gesandtenaustausch der Karolinger mit den Abbasiden und mit den Patriarchen von Jerusalem (Münchener Beiträge zur Mediävistik und Renaissance-Forschung 25), München 1976.

Brøndsted, Johannes: Die große Zeit der Wikinger, Neumünster 1964.

Cahen, Claude: Der Islam. Bd. I: Vom Ursprung bis zu den Anfängen des Osmanenreiches (Fischer Weltgeschichte 14), Frankfurt 1968.

Claude, Dietrich: Geschichte der Westgoten (Urban-Taschenbücher 128), Stuttgart 1970.

Deér, Josef: Karl der Große und der Untergang des Awarenreiches, in: W. Braunfels (Hrsg.), Karl der Große, Bd. 1, S. 719–791.

Gabrieli, Francesco: Geschichte der Araber (Urban-Taschenbücher 73), Stuttgart 1963.

Herrmann, Joachim: Frühe Kulturen der Westslawen. Zwischen Hradschin und Vineta, Leipzig/Jena/Berlin 1971, 3. Aufl. 1981.

Herrmann, Joachim (Hrsg.): Die Slawen in Deutschland. Geschichte und Kultur der slawischen Stämme westlich von Oder und Neiße vom 6.–12. Jahrhundert. Ein Handbuch, Neubearb. Berlin 1985.

Herrmann, Joachim (Hrsg.): Welt der Slawen. Geschichte, Gesellschaft, Kultur. Leipzig/Jena/Berlin 1986.

Hunke, Sigrid: Allahs Sonne über dem Abendland. Unser arabisches Erbe, Stuttgart 1965.

Löwe, Heinz (Hrsg.): Die Iren und Europa im früheren Mittelalter, 2 Bde. (Veröffentlichungen des Europa-Zentrums Tübingen, Kulturwissenschaftliche Reihe), Stuttgart 1982.

Prinz, Friedrich: Böhmen im mittelalterlichen Europa. Frühzeit, Hochmittelalter, Kolonisationsepoche, München 1984.

Prinz, Friedrich: Die Stellung Böhmens im mittelalterlichen deutschen Reich, in: ZBayerLdG 28, 1965, S. 99–113.

Oxenstierna, Eric Graf: Die Wikinger, 2. neubearb. Aufl. Stuttgart 1966.

Vajay, Szabolcs de: Der Eintritt des ungarischen Stämmebundes in die europäische Geschichte (862 bis 933), (Studia Hungarica, hrsg. v. Georg Stadtmüller, 4), Mainz 1968.

Wikinger und Slawen. Zur Frühgeschichte der Ostseevölker. Von einem Autorenkollektiv, 2. Aufl. Berlin 1984.

Kriegswesen

Bodmer, Jean-Pierre: Der Krieger der Merowingerzeit und seine Welt. Eine Studie über Kriegertum als Form der menschlichen Existenz im Frühmittelalter (Geist und Werk der Zeiten 2), Zürich 1957.

Conrad, Hermann: Der Gedanke der allgemeinen Wehrpflicht in der deutschen Wehrverfassung des Mittelalters (Wehrrechtliche Abhandlungen 5), Berlin 1937.

Conrad, Hermann: Geschichte der deutschen Wehrverfassung, Bd. 1: Von der germanischen Zeit bis zum Ausgang des Mittelalters, München 1939.

B. Ausstellungskataloge

Bibliotheca Palatina. Katalog zur Ausstellung vom 8. Juli bis 2. November 1986, Heiliggeistkirche Heidelberg, hrsg. v. Elmar Mittler, 2 Bde., Heidelberg 1986.

Großmähren. Ein versunkenes Slawenreich im Lichte neuer Ausgrabungen (Ausstellungskatalog), Berlin 1967/68.

Hessen im Frühmittelalter. Archäologie und Kunst, hrsg. v. Helmut Roth und Egon Wamers, Sigmaringen 1984.

Das erste Jahrtausend. Kultur und Kunst im werdenden Abendland an Rhein und Ruhr, 3 Bde., Düsseldorf 1962–1964.

Karl der Große. Werk und Wirkung, (Zehnte Ausstellung unter den Auspizien des Europarates), hrsg. v. Wolfgang Braunfels, Aachen 1965.

Ornamenta ecclesiae. Kunst und Künstler der Romanik. Katalog zur Ausstellung des Schnütgen-Museums in der Josef-Haubrich-Kunsthalle Köln, hrsg. v. Anton Legner, 3 Bde., Köln 1985.

Rhein und Maas. Kunst und Kultur 800–1400. Eine Ausstellung des Schnütgen-Museums der Stadt Köln und der belgischen Ministerien für französische und niederländische Kultur, hrsg. v. Anton Legner, 2 Bde., Köln 1972.

Sankt Peter in Salzburg. Das älteste Kloster im deutschen Sprachraum. Schätze europäischer Kunst und Kultur, 3. Landesausstellung, Salzburg 1982.

Slawen und Deutsche zwischen Elbe und Oder. Vor 1000 Jahren: Der Slawenaufstand von 983, Berlin 1983.

C. Quellensammlungen
(mit Übersetzungen)

Freiherr-vom-Stein-Gedächtnisausgabe

Freiherr-vom-Stein-Gedächtnisausgabe. Ausgewählte Quellen zur deutschen Geschichte des Mittelalters und der Neuzeit: A. Ausgewählte Quellen zur deutschen Geschichte des Mittelalters:

Bd. II/III: Buchner, Rudolf (Hrsg.): Gregor von Tours, Zehn Bücher Geschichten (Fränkische Geschichte), 2 Bde., 6. Aufl. 1974/1986.

Bd. IV a: Wolfram, Herwig (Hrsg.): Quellen zur Geschichte des 7. und 8. Jahrhunderts, Darmstadt 1982.

Bd. IV b: Rau, Reinhold (Hrsg.): Briefe des Bonifatius; Willibalds Leben des Bonifatius nebst einigen zeitgenössischen Dokumenten, Darmstadt 1986.

Bd. V–VII: Rau, Reinhold (Hrsg.): Quellen zur karolingischen Reichsgeschichte, T. 1: Die Reichsannalen; Einhard, Leben Karls des Großen; Zwei »Leben« Ludwigs. Nithard, Geschichten, Darmstadt 1955; T. 2: Jahrbücher von St. Bertin; Jahrbücher von St. Vaast; Xantener Jahrbücher, Darmstadt 1958. T. 3: Jahrbücher von Fulda; Regino, Chronik. Notker, Taten Karls, Darmstadt 1960.

Bd. X: Haefele, Hans F. (Hrsg.): Ekkehard IV, St. Galler Klostergeschichten, Darmstadt 1980.

Bd. XI: Trillmich, Werner/Buchner, Rudolf (Hrsg.): Quellen des 9. und 11. Jahrhunderts zur Geschichte der hamburgischen Kirche und des Reiches, 5. Aufl. Darmstadt 1978.

Bd. XXXI: Franz, Günther (Hrsg.): Quellen zur Geschichte des deutschen Bauernstandes im Mittelalter, 2. Aufl. Darmstadt 1974.

Rechtsquellen
(Germanenrechte)

Germanenrechte. Texte und Übersetzungen:

Bd. 1: Die Gesetze des Merowingerreiches 481–714, hrsg. v. Karl August Eckhardt, Weimar 1935.

Bd. 2: Die Gesetze des Karolingerreiches 714–911, hrsg. v. Karl August Eckhardt, I. Salische und ribuarische Franken; II. Alemannen und Bayern; III. Sachsen, Thüringer, Chamaven und Friesen, Weimar 1934.

Bd. 3: Die Gesetze der Langobarden, bearb. v. Franz Beyerle, Weimar 1947.

Bd. 10: Gesetze der Burgunder, hrsg. v. Franz Beyerle, Weimar 1936.

Germanenrechte. Texte und Übersetzungen, Neue Folge: Bd. 1: Die Gesetze des Merowingerreiches 418-714, hrsg. v. Karl August Eckhardt, I: Pactus legis Salicae; II: Pactus legis Alamannorum, Göttingen 1955/57.

Einzelausgaben

Paulus Diaconus, Historia Langobardorum, hrsg. v. Georg Waitz, MGH SS rer. Germ. in usum scholarum, 1878, Nachdr. 1978; übersetzt von O. Abel u. R. Jacobi (Geschichtsschreiber der deutschen Vorzeit, 2. Gesamtausg. Bd. 15), Leipzig 1888.

Beda der Ehrwürdige. Kirchengeschichte des englischen Volkes, übersetzt v. Günter Spitzbart (Texte zur Forschung 34), 2 Teilbde., Darmstadt 1982.

Annales Mettenses priores, hrsg. v. Bernhard von Simson, MGH SS rer. Germ. in usum scholarum, 1905, Nachdruck 1979.

Karolus Magnus et Leo Papa. Ein Paderborner Epos vom Jahre 799. Mit Beiträgen von Helmut Beumann, Franz Brunhölzl und Wilhelm Winkelmann (Quellen und Studien zur Westfälischen Geschichte 8), Paderborn 1966.

Walahfrid Strabo, Visio Wettini. Die Vision Wettis, übersetzt u. erläutert v. Hermann Knittel, Sigmaringen 1986.

Capitulare de villis. Faksimile-Ausgabe: hrsg. v. Carlrichard Brühl, Stuttgart 1971; übersetzt v. Günther Franz, in: Ders. (Hrsg.), Quellen zur Geschichte des deutschen Bauernstandes im Mittelalter (Freiherr-vom-Stein-Gedächtnisausgabe XXXI), Darmstadt 1974, S. 38-59.

Quellen zur Geschichte der Alamannen, übersetzt v. Camilla Dirlmeier, bearb. v. Gunther Gottlieb, Klaus Sprigade und Wolfgang Kuhoff (Heidelberger Akademie der Wissenschaften, Schriften der Kommission für Alamannische Altertumskunde), bisher 6 Bde., Heidelberg 1976ff.

Rheinisches Landleben im 9. Jahrhundert. Wandalberts Gedicht über die 12 Monate, hrsg. v. Karl Theodor von Inama-Sternegg, in: WestdtZGKunst 1, 1882, S. 277 bis 290.

Die Pannonischen Legenden. Das Leben der Slawenapostel Kyrill und Method. Aus dem Altslawischen übertr. und hrsg. v. Norbert Randow, Berlin 1972.

Personenregister

Abbildungsnachweis

Archive, Bibliotheken, Leihgeber

Archiv für Kunst und Geschichte, Berlin: 159; - Archives Nationales Paris: 344; - Archives Photographiques Paris: 300; - Bayerisches Nationalmuseum München: 62, 63 oben; - Bayerische Staatsbibliothek München: 26, 276, 382; - Biblioteca Apostolica Vaticana, Rom: 268, 287, 387; - Biblioteca Hertziana, Rom: 102; - Bibliothèque Nationale Paris: 100, 113, 115, 197, 291, 293, 327, 337; - Bibliothèque Royale Brüssel: 304; - Bildarchiv Foto Marburg: 23, 40, 49, 96, 108, 131, 151, 193, 203 unten, 206 oben, 299, 301, 338; - Bildarchiv der Österreichischen Nationalbibliothek, Wien: 123, 238, 277, 313; - Bodleian Library, Oxford: 294 unten; - British Library London: 359; - Cabinet des Médailles, Paris: 25, 57, 188, 196; - Deutsches Archäologisches Institut Rom: 205; - Fitzwilliam-Museum, Cambridge: 280; - Frauenhaus-Museum, Straßburg: 305; - Germanisches Nationalmuseum, Nürnberg: 143; - Göldner, H., Marburg: 28 links, 28 rechts, 29 links, 29 rechts; - Gundermann, L., Würzburg: 117; - Herzog August Bibliothek, Wolfenbüttel: 83; - Hugot, Leo, Aachen: 203 oben; - Kestner-Museum, Hannover: 279; - Kunsthistorisches Museum Wien: 288; - Kunsthistorisches Seminar München: 194; - Landesamt für Denkmalpflege Hessen, Außenstelle Marburg: 86; - Landesamt für Denkmalpflege Hessen, Wiesbaden (Christine Krienke): 339; - Landesdenkmalamt Westfalen, Münster: 191; - Landeshauptarchiv Koblenz: 35, 309; - Leonhard, K., Leipzig: 103, 182, 189, 335; - Lepper, A. Bredol, Aachen: 302; - Lichtbildarchiv älterer Originalurkunden Marburg: 215, 221, 286 oben, 286 unten, 347, 357, 358; - Mähler, Gilbert, Enger: 156; - Manx Museum Douglas, Isle of Man: 135; - Münchow, Ann, Aachen: 204, 206 unten links, 290; - Oberrauch, E., Rom: 207; - Ratsbibliothek Lüneburg: 223; - Rheinisches Bildarchiv, Köln: 109, 111, 119, 132, 133, 152, 206 unten rechts, 236 oben, 236 Mitte, 236 unten, 294 oben; - Rheinisches Landesmuseum, Bonn: 34, 55 oben; - Römisch-Germanisches Zentralmuseum, Mainz: 169; - Sächsische Landesbibliothek Dresden: 239 unten, 249 links, 249 rechts; - Scala, Florenz: 161, 216, 217; Schatzkammer Wien: 99; - Schmölz & Ullrich KG, Köln: 265; - Schnütgen-Museum, Köln: 266, 267; - Staatliche Münzsammlung München: 314; - Stadtarchiv Kassel: 410; - Stadtarchiv Würzburg: 175 oben; - Stadtbibliothek Cambrai: 87; - Stadtbibliothek Trier: 239 oben; - Stadt- und Universitätsbibliothek Frankfurt am Main: 281; - Stiftsbibliothek St. Gallen: 33, 77, 136; - Stiftung Preußischer Kulturbesitz, Berlin: 157; - Studio Currit, Paris: 47; - Studio C. Kobler, Genf: 172; - Universitätsbibliothek Leyden: 183; - Universitets Oldsáksamling Oslo: 367; - Yan, Toulouse: 184.

Publikationen

Behm-Blancke, Günter: Gesellschaft und Kunst der Germanen. Die Thüringer und ihre Welt, Dresden 1973: 44, 45, 55 unten, 229, 245; - Bertsch, Karl und Franz: Geschichte unserer Kulturpflanzen. Stuttgart 1947: 235; - Beyerle, Konrad (Hrsg.): Die Kultur der Abtei Reichenau, 2 Halbbde., München 1925: 134, 345; - Beyerle, Konrad (Hrsg.): Lex Baiuvariorum, München 1926: 248; - Bibliotheca Palatina. Katalog zur Ausstellung vom 8. Juli bis 2. November 1986, Heiliggeistkirche Heidelberg, hrsg. von Elmar Mittler, 3 Bde., Heidelberg 1986: 289, 292; - Braunfels, Wolfgang: Die Welt der Karolinger und ihre Kunst, München 1968: 264; - Capitulare de villis: Cod. Guelf. 254, Helmst. d. Herzog August Bibliothek Wolfenbüttel, hrsg. von Carlrichard Brühl, (Dokumente zur Deutschen Geschichte in Faksimiles 1,1), Stuttgart 1971: 251; - Christlein, Rainer: Die Alamannen. Archäologie eines lebendigen Volkes, 2. durchgesehene Aufl. Stuttgart/Aalen 1979: 63 unten links, 63 unten rechts; - Die Chroniken des Wigand Gerstenberg von Frankenberg, bearb. von Hermann Diemar (Chroniken von Hessen und Waldeck 1; Veröffentlichungen der Historischen Kommission für Hessen und Waldeck 7,1), Marburg 1909: 149; - Dahmlos, Ulrich: Francisca - bipennis - securis. Bemerkungen zu archäologischem Befund und schriftlicher Überlieferung, in: Germania 55, 1977, S. 141-165: 178; - Doppelfeld, Otto/Pirling, Renate: Fränkische Fürsten im Rheinland. Die Gräber aus dem Kölner Dom, von Krefeld-Gellep und Morken (Schriften des Rheinischen Landesmuseums Bonn 2), Düsseldorf, 2. Aufl. 1966: 39, 41 unten; - Eckhart, Johann Georg von: Commentarii de rebus Franciae orientalis et episcopatus Wirceburgensis, Würzburg 1729: 175 unten; - Effmann, Wilhelm: Centula, St. Riquier (Forschungen und Funde II, 5) Münster 1912: 296 links; - Effmann, Wilhelm: Die Kirche der Abtei Corvey, Paderborn 1929: 190 links; - Deutsche Geschichte, hrsg. von Heinrich Pleticha, Bd. 1, Gütersloh 1981: 179, 257; - Deutsche Geschichte in zwölf Bänden, hrsg. von Horst Bartel u.a., Bd. 1, Köln 1982: 325; - Ellmers, Detlev: Frühmittelalterliche Handelsschiffahrt in Mittel- und Nordeuropa (Offa-Bücher 28), Neumünster [2]1984: 254, 361; - Fried, Johannes: König Ludwig der Jüngere in seiner Zeit, Lorsch 1984: 342; - Grierson, Philip: Münzen des Mittelalters, München/Fribourg 1976: 259 links, 259 rechts, 269 links, 269 rechts, 271 oben links, 271 oben rechts, 271 Mitte links, 271 Mitte rechts, 271 unten links, 271 unten rechts; - Großmähren. Ein versunkenes Slawenreich im Lichte neuer Ausgrabungen (Ausstellungskatalog), Berlin 1967/68: 383; - Hessen im Frühmittelalter. Archäologie und Kunst, hrsg. von Helmut Roth und Egon Wamers, Sigmaringen 1984: 244, 263; - Hinz, Paulus: Deus homo. Das Christusbild von seinen Ursprüngen bis zur Gegenwart, Bd. 1, Berlin/DDR 1973: 375; - Das archäologische Jahr in Bayern 1980, hrsg. von Rainer Christlein, Stuttgart 1981: 228; - Tausend Jahre Oberösterreich. Das Werden eines Landes, Beitragsteil (Ausstellungskatalog), Wels 1983: 389; - Das erste Jahrtausend. Kultur und Kunst im werdenden Abendland an Rhein und Ruhr, Textbd. II, Düsseldorf 1964: 54, 202 oben, 202 unten; - Kampers, Franz: Karl der Große, Mainz 1910: 296, 324; - Karl der Große. Werk und Wirkung (Zehnte Ausstellung unter den Auspizien des Europarates), hrsg. von Wolfgang Braunfels, Aachen 1965: 285; - Krautheimer, Richard: Rome. Profile of a City. 312-1308, Princeton/New Jersey 1980: 129, 165; - Liber memorialis von Remiremont, bearb. von Eduard Hlawitschka/Karl Schmid/Gerd Tellenbach, 2 Teile, Dublin/Zürich 1970: 97; - Menghin, Wilfried: Die Langobarden. Archäologie und Geschichte, Stuttgart 1985: 158, 173; - Osterhaus, U.: Oberparbing - Kreuzhof. Frühmittelalterliche Siedlung. Gewinn und Verlust (Ausgrabungsnotizen aus Bayern 2, 1977) : 237; - Oxenstierna, Eric Graf: Die Wikinger, 2. neubearb. Aufl. Stuttgart 1966: 365; - Rave, Wilhelm: Corvey, Münster 1958: 190 rechts; - Schramm, Percy Ernst/ Mütherich, Florentine: Denkmale der deutschen Könige und Kaiser I (Veröffentlichungen des Zentralinstituts für Kunstgeschichte in München 2), 2. ergänzte Aufl. München 1981: 219, 336; - Schramm, Percy Ernst: Herrschaftszeichen und Staatssymbolik. Beiträge zu einer Geschichte vom dritten bis zum sechzehnten Jahrhundert, Bd. 1 (Schriften der MGH 13), Stuttgart 1954: 24, 43; - Schramm, Percy Ernst: Die deutschen Kaiser und Könige in Bildern ihrer Zeit 751-1190, hrsg. von Florentine Mütherich, Neuaufl. München 1983: 225, 340; - Slawen und Deutsche zwischen Elbe und Oder. Vor 1000 Jahren: Der Slawenaufstand von 983 (Ausstellungskatalog), Berlin 1983: 381; - Stenton, Frank u.a.: Der Wandteppich von Bayeux. Ein Hauptwerk mittelalterlicher Kunst, Köln 1957: 366; - Wampach, Camillus: Geschichte der Grundherrschaft Echternach im Frühmittelalter, Bd. 1, Luxemburg 1929: 137.

Kartenmaterial

Für die Herstellung der Karten, die weitgehend neu gestaltet worden sind, wurden besonders folgende Werke herangezogen:
Atlas zur Geschichte, Bd. 1, Gotha / Leipzig 1981: 255; - Brøndsted, Johannes: Die große Zeit der Wikinger, Neumünster 1964: 256 unten; - Ellmers, Detlev: Frühmittelalterliche Handelsschiffahrt in Mittel- und Nordeuropa, Neumünster ²1984: 256 oben; - Deutsche Geschichte in zwölf Bänden, hrsg. vom Zentralinstitut für Geschichte der Akademie der Wissenschaften der DDR, Bd. 1, Berlin 1982: 329, 334, 349; - Hermann, Joachim: Hofverband und Handwerksproduktion als Grundlage des frühgeschichtlichen Handels im Ostseegebiet. In: Society and Trade in the Baltic during the Viking Age. Acta Visbyensia VII: 258; - Das erste Jahrtausend. Kultur und Kunst im werdenden Abendland an Rhein und Ruhr, 3 Bde., Düsseldorf 1962-1964: 116, 148; - Schieffer, Theodor: Winfrid-Bonifatius und die christliche Grundlegung Europas, Darmstadt ²1972: 110; - Slawen und Deutsche zwischen Elbe und Oder, Berlin 1983: 378; - Töpfer, Bernhard (Hrsg.): Allgemeine Geschichte des Mittelalters, Berlin 1985: 364, 373; - Vajay, Szabolcs de: Der Eintritt des ungarischen Stammesbundes in die europäische Geschichte (862-933), Mainz 1968 (Studia Hungarica, Bd. 4): 376/77; - Volk, Otto (Originalentwurf): 240; - Werner, Joachim: Waage und Geld in der Merowingerzeit, München 1954: 272.

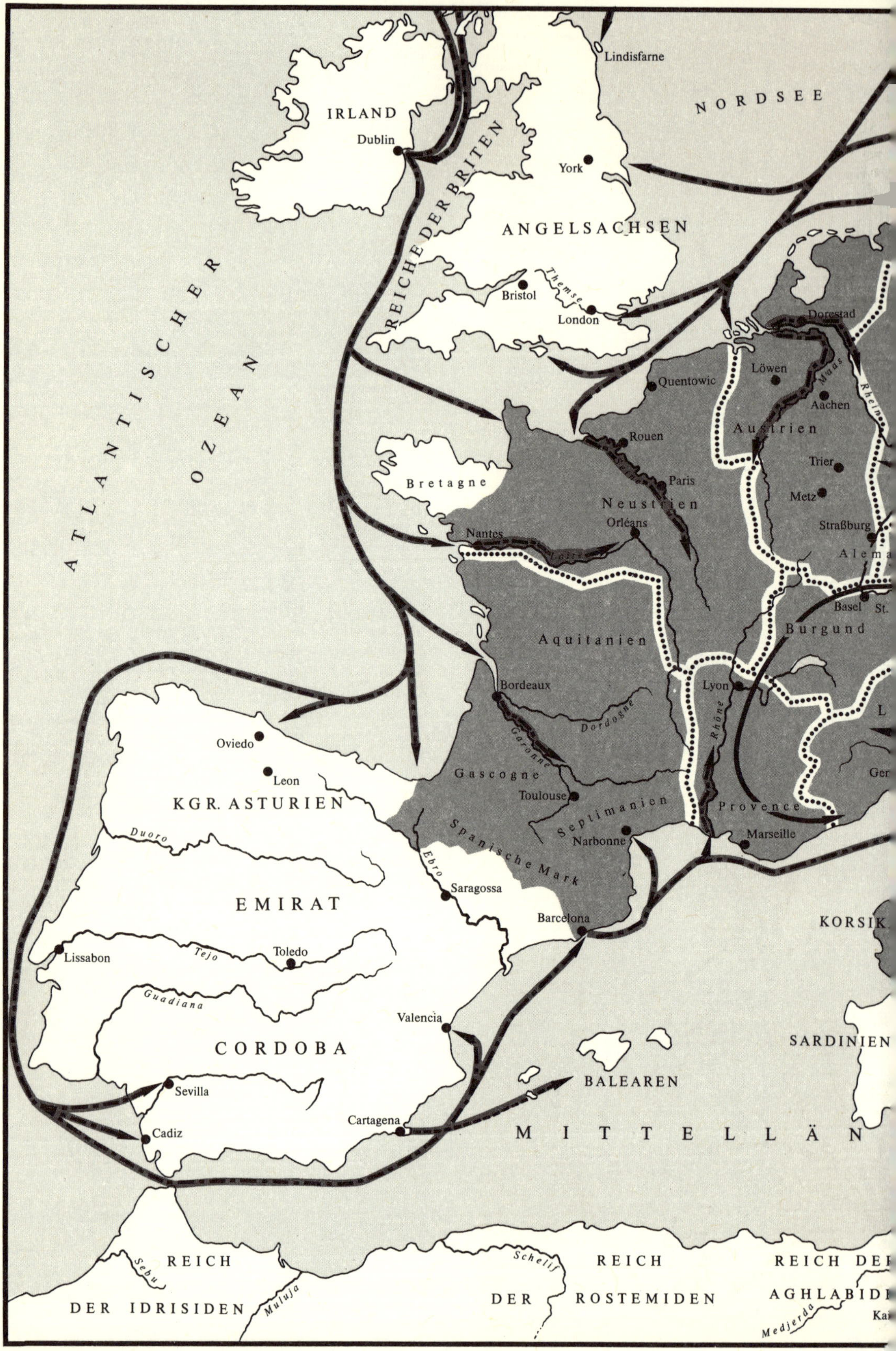
IRLAND
Dublin
Lindisfarne
NORDSEE
York
REICHE DER BRITEN
ANGELSACHSEN
Themse
Bristol
London
Dorestad
Löwen
Maas
Quentowic
Aachen
Austrien
Rouen
Trier
Paris
Metz
Neustrien
Orléans
Straßburg
Bretagne
Nantes
ATLANTISCHER OZEAN
Basel
Burgund
Aquitanien
Lyon
Bordeaux
Dordogne
Rhône
Garonne
Gascogne
Toulouse
Septimanien
Provence
Marseille
Narbonne
Spanische Mark
Oviedo
Leon
KGR. ASTURIEN
Duoro
Ebro
Saragossa
EMIRAT
Barcelona
Lissabon
Tejo
Toledo
Guadiana
Valencia
CORDOBA
SARDINIEN
BALEAREN
Sevilla
Cadiz
Cartagena
REICH DER IDRISIDEN
Sebu
Muluja
Schelif
REICH DER ROSTEMIDEN
REICH
Medjerda